東西方文化思潮的審視與反思

東方在何處

顧乃忠 著

蘭臺出版社

當我們從希臘的歷史——都是通過它，其它一切古代的或其同時代的歷史才得以為我們保留下來，或者至少是才成為可以徵信的——而起始的時候；當我們追溯它對於併吞了希臘國家的羅馬民族的國家共同體之形成與破壞所起的影響以及羅馬對於後來又消滅了羅馬民族的野蠻人所起的影響時，下迄我們自己的時代為止；這裡面還應該加入其它民族的國家史作為插曲（……）；那麼我們就會發現，我們這個大陸上的國家憲法是有著一個合規律的進步歷程的（這或許有一天會給其它一切大陸提供法則吧）。

——伊曼努爾・康德：
《世界公民觀點之下的普遍歷史觀念》

因為「歷史」這樣東西需要理智——就是在一種獨立的客觀的眼光下去觀察一個物件，並且瞭解它和其它物件間合理的聯繫的這一種能力。所以只有那些民族，它們已經達到相當的發展程度，並且能夠從這一點出發，個人已經瞭解他們自己是為本身而存在的，就是有自我意識的時候，那種民族才有「歷史」和一般散文。

——格・威・弗・黑格爾：《歷史哲學》

一個社會即使探索到了本身運動的自然規律，它還是既不能跳過也不能用法令取消自然的發展階段。但是它能縮短和減輕分娩的痛苦。

——卡爾・馬克思：《資本論》

目錄

自序	014
第一章　地理－文化分離論	050
第一節　地理上的東方和文化上的東方——	
東方和西方的地理－文化重合論考察	051
一、李大釗的地理－文化重合論	052
二、薩義德的地理－文化重合論	055
三、霍布森的地理－文化重合論	058
第二節　德國是西方還是東方	065
第三節　日本是東方還是西方	071
第二章　世界原本全是東方	078
第一節　從西方文化的源流看西方之初的東方文化	079
第二節　從基督教的起源看西方之初的東方文化	089
第三節　從前希臘文化看西方之初的東方文化	096
一、前希臘社會的經濟形態	096
二、前希臘社會的家庭形態	098
三、前希臘社會的政治制度	101
四、前希臘社會中個人自由的狀況	114
五、前希臘社會中的集體主義和愛國主義	118
第四節　從日爾曼世界的開端看西方之初的東方文化	120

第三章　西方的出現：希臘文化的產生 125

第一節　理性主義的產生 126

第二節　個人主義的產生 131

第三節　自由思想的產生 136

第四節　民主政治的產生 143

第五節　羅馬對希臘文化的發展 153

　　一、世界主義 155

　　二、混合政體 160

　　三、法律至上 164

第四章　東西方界線的變動 171

第一節　意大利的東方性及其希臘化（上）............ 172

第二節　意大利的東方性及其希臘化（下）............ 186

第三節　英國的東方性及其意大利化 200

第四節　法國的東方性及其英國化 219

第五節　德國的東方性及其法國化（上）............ 236

第六節　德國的東方性及其法國化（下）............ 243

第七節　初步的結論 262

第五章　歐洲國家西方化的原因初探 264

第一節　關於西方專制主義 264
一、西方是否沒有專制主義 265
二、西方專制主義的三種形態 275
三、專制主義的解體與歐洲國家西方化 287

第二節　關於基督教在歐洲國家西方化過程中的作用 297
一、基督教主張政教分離嗎 297
二、政教競爭與歐洲國家西方化 314

第六章　亞細亞生產方式與所謂東方社會的特殊性 331

第一節　亞細亞生產方式在空間上是否具有普遍性——
論亞細亞生產方式是東西方共同的原始的生產方式 332

第二節　東方社會的亞細亞性質——
主論中國社會的亞細亞性質 340

第三節　東方有過奴隸社會嗎——
兼論中國社會是如何被奴隸制的 350

第四節　東方有過封建社會嗎——
兼論中國社會是如何被封建主義的 364

第五節　馬克思所謂的「四種生產方式」
在空間上是否具有普遍性（上）——
古代社會和封建社會在何種意義上不可超越 389

第六節　馬克思所謂的「四種生產方式」
　　　　　　在空間上是否具有普遍性（下）——
　　　　　　資本主義的「卡夫丁峽谷」可以跨越嗎 401
　　第七節　東西方社會生產方式的錯位及
　　　　　　其實質和原因 420

第七章　改變東西方社會生產方式的錯位與馬克思主義本土化 440
　　第一節　馬克思主義本土化何以成為問題——
　　　　　　兩重意義上的兩個馬克思 441
　　第二節　馬克思主義本土化的成功範例——以西歐為例 447
　　第三節　馬克思主義本土化的失敗典型——以蘇俄為例 465
　　第四節　對與馬克思主義本土化有關的其他幾個問題的簡評 486

結語 498

參考文獻 503

後記 521

自 序

　　呈現在讀者面前的這本書是一部歷史哲學著作，也是一部文化哲學著作。我們知道，歷史即人類的文化史；歷史的發展，在本質上即文化的演變。我們也知道，當歷史變成了歷史哲學的時候，它也就成了文化哲學。因此，歷史哲學和文化哲學不是兩個主題，而是同一個主題，只是二者考察問題的角度不同而已。有鑑於此，本書試圖將二者結合起來，既從歷史的角度，也從文化的角度，對歷史和文化，特別是反映歷史和文化的東西方文化思潮進行哲學的審視與反思。

　　東西方文化思潮的內容龐雜，範圍寬泛，應從何處著手？本書作為歷史哲學和文化哲學，既不是討論東方文化中的儒家思想、佛教教義，以及伊斯蘭教的原教旨主義或伊斯蘭世界的世俗化，也不是討論西方文化中的人本主義、科學主義或後現代主義。本書討論的是，上述諸種思潮中或隱或顯地都包含的共同的核心問題——東方在何處。而這種討論，必須從歐洲國家西方化的歷史過程入手。惟有如此，方能找到「東方在何處」這個重大問題的正確答案，認清歷史發展的必然趨勢，並從中得到有益的啟示。也惟有如此，方能在「東方在何處」這個問題上對東西方文化思潮作出深刻的審視與反思。

　　中外學術界在近 200 年間，尤其是在近 100 年間，且不說以歷史哲學和文化哲學為主題的著作汗牛充棟，單以「歷史哲學」和「文化哲學」冠名的著作也不勝枚舉。在這樣的學術背景下，為什麼著者還要費盡心力，寫一部歷史哲學或文化哲學著作？作為一部歷史哲學和文化哲學著作，本書與同類著述有什麼不同？下面擬對這個問題作一簡單回答，同時對歷史哲學和文化哲學研究中的若干問題作一簡要評論。

一

歷史哲學和文化哲學雖然是同一個問題，但是為了論述的方便，還是把它們分開來討論。這裡，首先談談本書作為歷史哲學的問題。

本書不是研究歷史主體性質的批判的歷史哲學，而是研究歷史客體性質的思辨的歷史哲學。而作為思辨的歷史哲學，其特點不是構建歷史哲學的理論體系，而直接就是一部世界史。

建立一部世界普遍史的思想是伊曼努爾·康德提出來的，格·威·弗·黑格爾和卡爾·馬克思對這一思想給出了一個大致輪廓。黑格爾認為，世界歷史的發展經歷「東方世界」、「希臘世界」、「羅馬世界」和「日爾曼世界」[1]；這四個世界既是空間上從東方民族到西方民族的排序，也是時間上每個民族從古至今，或從古至未來的排序。馬克思認為世界歷史的發展經歷「亞細亞的、古代的、封建的和現代資產階級的」[2] 幾種生產方式；這幾種不同的生產方式既是空間上從東方民族到西方民族的排序，也是時間上每個民族從古至今，或從古至未來的排序。黑格爾的世界歷史觀念和馬克思的世界歷史觀念都是正確的。但問題在於：

第一，無論是黑格爾的世界歷史觀念，還是馬克思的世界歷史觀念，都未被學術界接受，而且還受到批判。第二，他們的世界歷史觀念，也有需要完善之處。對黑格爾而言，他注重在空間上對從東到西各民族特性的考察，而疏於從時間上對各民族由古至今的考察。對於西方民族，他雖然也提及它們的東方形態，但往往只是帶過而已；而對於東方民族，由於其本身的歷史在當時尚未充分展開，所以自然無從考察其後續階段。對馬克思而言，他對於世界歷史的許多論述雖然十分深刻、極富洞見，但這些論述往往散見於不同的篇章之中。由於缺乏研究世界歷史的專門著作，所以他的世界歷史理論只有點點思想火花，而未形成系統的理論體系。況且，由於他在世界歷史的一些根本性的問題上存在相互矛盾之處，也不可能形成一個系統的理論體系。

以上兩個問題是相互關聯的，但第二個問題更為根本。因為黑格爾的世界

---

[1] 〔德〕黑格爾：《歷史哲學》，王造時譯，北京：三聯書店，1956 年，第 148—155 頁。
[2] 《馬克思恩格斯選集》第 2 卷，北京：人民出版社，1972 年，第 83 頁。

歷史理論和馬克思的世界歷史理論自身存在某些缺陷，所以遭到批評時無力自辯。本書所做的工作就在於：第一，堅持並重申黑格爾的和馬克思的世界歷史觀念；第二，試圖對它們的缺陷加以彌補。所謂彌補是這樣進行的：對於黑格爾，本書闢專章論述西方民族的曾經的東方形態，並凸顯這些西方民族的歷史由東方形態向西方形態轉化的過程；對於東方民族，則根據其歷史本身展開的程度，盡可能展現其向後續階段轉化的形態，並且揭示有些東方民族尚處於東方形態的原因。對於馬克思，在繼承他的世界歷史理論的基礎上加以發展和完善，形成一個關於世界歷史的相對系統的理論體系；同時，對他在世界歷史的一些根本問題上的矛盾予以揭示和糾正。由於這兩方面的工作，我想不謙虛地說，也許會使本書作為一部世界史更接近於康德所設想的目標，從而也許會使黑格爾和馬克思的世界歷史觀念更加彰顯。

　　歷史決定論是歷史哲學的老問題，也是討論歷史哲學時不可回避的問題。但是在今天，歷史決定論被很多論者認為是過時的老話題，應該被解構了。尤其是馬克思的歷史決定論，被認為是極權主義的同義語，是 20 世紀乃至今日主要罪惡的根源。本書與這種時髦的觀點相反，始終不渝地堅持馬克思的歷史決定論──儘管沒有專門對歷史決定論的問題進行討論。值得慶幸的是，在國內外學術界，堅持馬克思的歷史決定論者大有人在。但是，本書與他們的理解，或者說堅持歷史決定論的理由卻有很大不同。這裡值得一提的主要觀點有：第一，堅持歷史決定論並非一定要堅持唯物史觀，堅持唯心史觀同樣可以堅持歷史決定論。例如黑格爾的唯心史觀和馬克思的唯物史觀都是堅持歷史決定論的，而且對世界歷史的發展過程得出同樣的結論。第二，堅持歷史決定論意味著必須堅持社會發展的「自然歷史過程」的觀點。就是說，歷史決定論認為，社會發展的任何一個自然歷史階段都是不可逾越的。一邊堅持歷史決定論，一邊反對社會歷史過程的不可逾越性，是不合乎邏輯的。第三，堅持歷史決定論必須以堅持社會歷史與自然界的統一性為前提。本書的思路是：自然過程是可以重複的，因而在自然過程中是有規律的；歷史過程也是可以重複的，因而在歷史過程中也是有規律的。法國 18 世紀的圈地運動就是英國 16 世紀圈地運動的翻版。當某一社會演化到某種特定程度時，必然要出現某種性徵，這就是歷史過程的重複性和規律性。而認識和承認歷史過程中的這種重複性和規律性，

就是歷史決定論。需要指出的是，那種認為在決定論的解釋框架內沒有人的自由，沒有道德責任，沒有對歷史人物的褒貶的觀點，是值得商榷的。恰恰相反，歷史決定論及其所包含的歷史發展單線論並沒有取消人的自由，也沒有取消道德責任。在順應歷史規律、推動歷史潮流和違逆歷史規律、阻擋歷史潮流之間，人有廣闊的自由活動空間，但沒有從根本上改變歷史潮流的自由。在上述空間內，人們如何選擇，就是他們必須承擔的道德責任，而歷史人物也因他們在特定空間內的表現而得到或褒或貶的評價。所以，認為歷史決定論中沒有人、沒有人的自由之類的批評是沒有道理的。

有沒有一般歷史哲學理論，是歷史哲學又一個無法回避的問題。本來，在哲學界這是不成問題的。但是，自從馬克思在《給「祖國紀事」雜誌編輯部的信》中，對尼‧康‧米海洛夫斯基把他的《資本論》關於西歐資本主義起源的歷史概述當成一般發展道路的歷史哲學理論而進行批判，並否定存在一般歷史哲學理論以後，很多論者不加思索地附和馬克思，認為不存在一般歷史哲學理論，並對主張存在一般歷史哲學理論的觀點大加撻伐。本書對此持不同觀點，認為沒有一般歷史哲學理論不符合人類歷史的本性，也不符合歷史觀的本性。至於一般歷史哲學理論的具體內容是什麼，以及它為什麼會成為一般歷史哲學理論，本書作了較詳盡的論述。在此，著者只想作出一點提示：當我們在思考什麼是一般歷史哲學理論的時候，本書扉頁上康德的那段話，能給我們提供某種啟示。

二

再談談本書作為文化哲學的問題。

本書作為文化哲學，也不是對文化哲學這門學科的理論體系的建構，其直接就是一部人類文化史。本書對長期以來文化哲學研究領域許多重大的、有爭議的問題，直接或間接地闡明自己的見解——其中包括不被時下多數人接受、甚至被認為是奇談怪論的見解。這裡不揣淺陋，略作介紹。

地理－文化重合論——認為地理上的東方只能產生東方文化，地理上的西方只能產生西方文化的觀點；或者認為東方文化只能在地理上的東方產生，西方文化只能在地理上的西方產生的觀點——，長期以來根深蒂固地佔據人們的

頭腦。其實，這是一個皮相的、錯誤的認識。其根源在於，它是人們在特定的歷史條件下，用靜止的方法觀察世界所得出的結論。如果用宏觀的、動態的方法進行考察，我們就會發現，沒有一個西方民族——包括西方文化的發源地希臘民族——在歷史上未經歷過東方形態的文化，即以農耕經濟和專制政治為基本特徵的文化。而今天幾乎所有的東方民族，都不同程度地出現了西方形態的，即以工商經濟和民主政治為基本特徵的一些文化因素。如果我們承認這種考察是正確的，其所觀察到的事實是確鑿的，那麼結論就應該是：地理－文化重合論是錯誤的，地理－文化的相互分離論才是正確的結論。

　　文化的普遍性和文化的特殊性，也是被長期誤解的一個問題。學術界一般認為，文化的普遍性就是各民族的文化中永恆存在著的共同性，文化的特殊性就是一個民族永恆地區別於其它民族的特殊本質。這種觀點也根深蒂固，但在根本上是錯誤的。其錯誤的根源在於，把文化當作純粹客觀的認識物件，當成一種靜止不變的東西。其實，文化作為研究物件，不可能是認識論意義上的客觀物件，而是為我的東西；不可能是靜止不變的，而是處在不斷的變化中。從這一視角考察，應該得出如下看法：文化的普遍性，指的是各民族的文化都是由人性的一致性所決定的，按照共同的規律發展，並依次經歷著共同的基本形態。文化的特殊性，是指每一個經歷過不同文化發展階段的民族，在其文化發展的某一階段上區別於其它階段的特殊本質；或者兩個處於不同文化發展階段的民族，各自所具有的區別於他者的特殊本質。基於這一認識，那種像在蘋果、梨子和香蕉等各種水果中尋找水果的普遍性一樣，在中國文化、印度文化和西方文化等各種文化中尋找共同性，以解決文化普遍性問題的做法，無異於緣木求魚；類似於前者，在中國文化、印度文化和西方文化等各種文化中尋找各自永恆地區別於他者的特殊本質的做法，無異於水中撈月。就後者而言，梁漱溟的西方文化意欲「向前」、中國文化意欲「持中」、印度文化意欲「向後」[3]的

3　梁漱溟：《東西文化及其哲學》，北京：商務印書館，1999 年，第 62—63 頁。

「文化三路向」說，錢穆的「中國文化是內傾的，西方文化是外傾的」[4]文化兩路向說，既缺乏文化人類學的史料支撐，又缺乏文化哲學的理論證明。從文化人類學特別是文化哲學的角度看，文化的東西問題，實際上是古今問題。馮友蘭在後來的研究中認識到這一點。馮氏在開始思考文化問題時，也像梁漱溟、錢穆等人一樣，「用地理區域來解釋文化差別，就是說，文化差別是東方、西方的差別」。[5]但是，他「後來逐漸認識到這不是一個東西的問題，而是一個古今的問題。一般人所說的東西之分，其實不過是古今之異。……至於一般人所說的西洋文化，實際上是近代文化。所謂西化，應該說是近代化。」[6]馮友蘭後來的的觀點是正確的。基於這樣一種認識，我們似乎可以這樣說：任何文化都是普遍的——如果現在不是普遍的，那麼肯定在過去或者在將來是普遍的；任何文化又都是特殊的——因為都是在歷史上產生並在歷史上消亡的。

與文化的普遍性和特殊性問題相聯繫，文化的發展、演化，尤其是文化的轉型，究竟是對傳統的繼承還是決裂，是學術界長期爭論且未解決的問題。就中國學術界的情況看，認為對傳統應該在批判基礎上的繼承，即所謂「取其精華、棄其糟粕」，一直是主流觀點。一般說來，這種主張當然不錯。但問題在於，這裡的批判是虛空的、次要的，繼承是實在的、主要的。——弘揚五千年文化傳統的口號喊得震天響就是證明。在「五四」前後的新文化運動中，雖然流行過「打倒孔家店」之類同傳統決裂的主張，但未見有人對這一主張從學理上進行論證。李大釗對中國傳統文化的批判不可謂不深，但他卻提出模稜兩可、似是而非的東西方文化「調和論」——調和的手段是「自他」「兩讓」，調和的目的是「自他兩存」。[7]胡適與李大釗一樣，也是東西文化調和論者。他雖明確提出過「全盤西化」的口號，但同時認為，世界上的哲學大概可分為東西兩

---

4 錢穆認為，文化有兩大類型。「因為文化兩大類型之不同，在經濟人生之下，便分出偏政治、偏科學的兩條歧向」。具體地說，中國文化的特點是重政治，而「政治內傾，偏向人世界」；西方文化的特點是重科學，而「科學外傾，偏向物世界」。同時，中國文化在政治支派之下「偏向道德」，西方文化在科學支派之下「偏向宗教」；而「宗教外傾，道德內傾」。（錢穆：《錢賓四先生全集》第37卷，臺北：聯經出版公司，1998年，第65—66頁。）
5 《馮友蘭文集》第1卷，長春：長春出版社，2008年，第232頁。
6 《馮友蘭文集》第1卷，長春：長春出版社，2008年，第162頁。
7 《李大釗文集》上，北京：人民出版社，1984年，第550頁。

支。「到了今日,這兩大支的哲學互相接觸,互相影響。五十年後,一百年後,或竟能發生一種世界的哲學,也未可知。」[8]鑒於胡適是公認的自由主義思想家,因此對他的文化觀有必要多說幾句。在20世紀20—30年代的中西文化論戰中,面對中國文化派認為的全盤西化、否定傳統會導致「中國本位」文化的毀滅,即「從文化的領域去展望,現代世界裡面固然已經沒有了中國,中國的領土裡面也幾乎已經沒有了中國人」[9]的批評,胡適不是理直氣壯地告訴對方:對於文化轉型中的民族,文化的自性危機乃至毀滅不是壞事而是好事;不僅是必然的,而且是必要的。「衰頹滅亡標誌著在這個民族中出現了一個作為純粹否定它自己的更高原則。」[10]相反,他認為,中國本位文化沒有毀滅的危險。他的理由是,文化的「本位」是人;「物質生活無論如何驟變,思想學術無論如何改觀,政治制度無論如何翻造,日本人還是日本人,中國人還是中國人。」[11]胡適的這種說法顯然是模棱兩可、似是而非的。固然,從古至今乃至可以預見的將來,日本人還是日本人,中國人還是中國人。但另一方面,今日的日本人已不再是昨日的日本人,明日之中國人將不再是今日之中國人。這裡有一個精神和肉體的分離和重組的問題。胡塞爾提出過「精神的歐洲」的概念。這一概念所包含的內容是,希臘文化的產生意味著歐洲出現了「新的人性」或「歐洲的人性」,即「精神的歐洲」。[12]這就是說,在希臘文化產生之前,地理上的歐洲民族,人們的肉體雖然是歐洲的,但精神卻是「亞洲的」;只有在希臘文化產生以後,肉體上的歐洲民族才成為精神上也是「歐洲的」民族。歐洲人由精神上的「亞洲」人轉變為精神上的「歐洲」人的過程,從一方面(肉體上)說,歐洲人仍然是歐洲人;從另一方面(精神上)說,歐洲人已不再是歐洲人——原來意義上的歐洲人,已經發生了「脫亞入歐」的變化。所以,胡適簡單地以「日本人還是日本人」、「中國人還是中國人」為理由,不能說服認為中國文化可能毀

---

8 胡適:《中國哲學史大綱》,北京:團結出版社,2005年,第3—4頁。
9 王新命等:《中國本位的文化建設宣言》,載於馬芳若編:《中國文化建設討論集》上冊,上海:國音書局,1936年,第1—2頁。
10 〔德〕黑格爾:《法哲學原理》,范揚、張企泰譯,北京:商務印書館,1982年,第354頁。
11 《胡適文存》肆,北京:華文出版社,2013年,第411頁。
12 〔德〕胡塞爾:《歐洲科學的危機與越驗論的現象學》,王炳文譯,北京:商務印書館,2001年,第375、374頁。

滅的中國文化派；他的「全盤西化」的主張一直受到批判，並且毫無還手之力。而他本人，也一直在「全盤西化」論和中西文化調和論中左右搖擺。

眾所周知，在中國近代和現代思想史上，在批判中國傳統文化、主張學習西方方面走得最遠者莫過於陳序經。但陳序經認為，西方文化或歐洲文化之所以先進，不是因為它實現了同傳統決裂，而是「因為在歐洲的文化裡，不單是歐洲各種文化以及近東非洲的文化的總和，而且是含了遠東中國的文化的要素。」[13] 由於問題的理論基礎始終沒有解決，同傳統決裂這一主張至今仍被當作錯誤觀點不斷受到批評。文化的演化，尤其是文化的轉型是與傳統決裂，這一觀點無疑是正確的。理解這個問題的關鍵在於，當我們觀察一種文化時一定要抓住其核心——價值觀。從價值觀上看，所謂文化的轉型就是拋棄原來的、陳舊的價值觀（對中國來說，就是拋棄情感優先於理性、社會優先於個人、道德優先於法律等之類的價值觀），確立一種全新的價值觀（對於中國來說，就是確立理性優先於情感、個人優先於社會、法律優先於道德等之類的價值觀）；而這就是同傳統決裂。其實，文化轉型意味著在價值觀上同傳統決裂，對於在文明時代已經經歷過文化轉型的民族比如西方民族來說，是一個常識性問題。希臘文化就是同前希臘文化的決裂，歐洲的近代文化就是同歐洲中世紀文化的決裂。即使在文明時代沒有經歷過文化轉型的民族，只要進行嚴密的邏輯論證，同樣可以得出這一常識性結論。——在哲學上，無論是本質主義的方法，還是「家族相似」的方法，都可以證明出文化的發展是同傳統決裂的結論。「在這裡，我們首先要排除我們心頭那種偏見，以為長久比短促是更優越的事情：永存的高山，並不比很快凋謝的芬芳的薔薇更優越。」[14] 排除了這一偏見，我們就再沒有理由為五千年的中華文化傳統的沒有中斷而自豪，再沒有理由以捍衛五千年的中華文化傳統的繼續傳承為己任。[15] 中國文化之所以落後，中國文化之所以尚未在文明史上實現過轉型，就是因為五千年的中華文化傳統沒有中

13　陳序經：《東西文化觀》，北京：中國人民大學出版社，2004年，第214頁。
14　〔德〕黑格爾：《歷史哲學》，王造時譯，北京：三聯書店，1956年，第266頁。
15　五千年的中華文化傳統的沒有中斷，這是人們通常的一個說法；嚴格地講，這一說法並不準確。中國近幾千年的文化傳統不是在5000年前傳承下來的，而是在3000年前即自殷周之際的變動後傳承下來的。這一點後文還會涉及，這裡不作詳論，姑且採用這一說法。

断,或者說就是因為中國文化在其演化中沒有實現同傳統決裂。文化轉型與同傳統決裂,是同一事物的同一發展過程的兩種不同說法。既要實現文化轉型,又不與傳統決裂,這在歷史上沒有先例,在邏輯上也不可能得到證明。

時下,文化多元論的觀點相當流行;然而,這又是一個似是而非的觀點。之所以說文化多元論的觀點「似是」,是因為它搭乘了多元論的便車。近代以來,人們在反對大一統的一元論的過程中,多元論開始受到人們的廣泛歡迎。但是,這裡的多元論是指以個人或自由、開放的團體為價值主體的多元論,而不是指以族群文化為價值主體的多元論。前者不是文化多元論,後者才是文化多元論。文化多元論的倡導者們就是在人們未分清價值主體層次的情況下提出文化多元論的口號,自覺或不自覺地在以個人為價值主體和以自由、開放的團體為價值主體的多元論的口號聲中,為以族群文化為價值主體的多元論張目。經過對價值主體的不同層次的辨析,我們不難發現,文化多元論的困境首先在於:它同個人自由相對立。因為文化多元論主張的不是個人自由的價值優先,而是族群文化的價值優先。在這種理念下,個人成為維護某種文化觀念的手段而非目的本身;為了維護某種文化觀念,可以對個體實施任何有利於這種文化觀念的強制和壓迫。這樣,文化多元論由於它自身的內在邏輯,必然取消個人多元即個人自由。以賽亞・伯林是一個著名的自由主義思想家,即一個特別強調個人自由的思想家,但他卻「不辭辛苦地闖入了與自由主義不共戴天的敵人的精神世界中」[16]。其原因就在於,他在倡導個人自由即個人多元論的同時,極力倡導文化多元論。文化多元論與個人自由不可相容的內在邏輯給我們提供的解決這一矛盾的思路是:我們應該堅持正義至上的原則。正義至上,就是正義一元論,亦即文化一元論。正義一元論或文化一元論倡導個人自由和個人多元論,但它與文化多元論相對立。因為文化多元論在邏輯上扼殺個人自由,因而它必然與極權主義相通。

文化多元論的困境不僅表現在個人和族群之間,而且表現在族群與族群、國家與國家之間。世界不是一個民族(國家)組成的,而是由許多民族(國家)組成的。許許多多的民族(國家)組成了世界,但是各民族(國家)的精神(文

---

16 〔加拿大〕伊格納季耶夫:《伯林傳》,羅妍莉譯,南京:譯林出版社,2001年,第338頁。

化）各不相同。如果按照文化多元論的觀點，世界可以存在兩種或多種精神，甚至可以由兩種或多種精神主導。然而，常識告訴我們，世界即人類整體在一定時期內只能由一種精神主導，不能同時由兩種或多種精神主導；如果同時由兩種或多種精神主導，就是精神分裂——對個人如此，對世界亦如此。這種觀點就是文化一元論。對於這種表面上的各民族（國家）精神（文化）的不同乃至對立所表現出來的所謂多元性與文化一元論的關係，黑格爾曾經寫道：「歷史是精神的形態，它採取事故的形式，即自然的直接現實性的形式。因此，它的發展階段是作為**直接的自然原則**而存在的。由於這些原則是自然的，所以它們是相互外在的多元性；因而它們又是這樣地存在著，即其中**每個歸屬於一個民族**，成為這個民族的**地理學上和人類學上的實存**。」[17] 為什麼「其中**每個歸屬於一個民族**」呢？或者，這**一個民族**為什麼有資格使其他**每個民族**都歸屬於它呢？黑格爾接著寫道：「這種環節作為**自然原則**所歸屬的那個民族，在世界精神的自我意識的自我發展進程中，有執行這種環節的使命。這個民族在世界歷史的這個時期就是**統治的民族；它在世界歷史中創立了新紀元，但只能是一次的**。它具有絕對權利成為世界歷史目前發展階段的擔當者，對它的這種權利來說，其他各民族的精神都是無權的，這些民族連同過了它們的時代的那些民族，在世界歷史中都已不再算數了。」[18] 按照黑格爾的自然法和國家學理論，如果有一個國家 C 不滿意於現在某一國家 B 對世界歷史的統治，從理論上說，其出路有兩條，而且只有兩條：一，不承認 B 國作為統治民族的權利，並公開宣布，「世界歷史目前發展階段的擔當者」應該是我 C，即世界應該由我 C 來統治。二，如果不能做到這一點，就必須老老實實地，最好是心悅誠服地承認 B 國是「世界歷史目前發展階段的擔當者」。自己所能做的，應該是也只能是：好好學習，積蓄力量，提升自己，而且在這個過程中首先必須使自己 B 國化，然後再超越 B 國，爭取在 800 年或 1000 年後取而代之，使自己成為那個時代的**統治的民族**。就像當年的 B 國在超越在它之前統治世界的 A 國時，首先是使自

---

17 〔德〕黑格爾：《法哲學原理》，范揚、張企泰譯，北京：商務印書館，2009 年，第 401 頁。
18 〔德〕黑格爾：《法哲學原理》，范揚、張企泰譯，北京：商務印書館，2009 年，第 401—402 頁。

己A國化,然後再發展和超越A國,最終成為當前這個時代的**統治的民族**一樣。而不應該在當下力圖使自己與那個正在統治世界的民族共同成為「世界歷史目前發展階段的擔當者」——特別在這兩個國家的價值原則完全對立的情況下。如果這個C國置黑格爾的這一重要理論於不顧,一意孤行地堅持使自己與那個正在統治世界的B國共同成為「世界歷史目前發展階段的擔當者」,不僅在這種絕無成果的努力中阻礙自己向文明世界前進的步伐,而且必然導致世界秩序的混亂乃至世界的分裂。通過以上兩點的簡要分析,文化多元論的錯誤和罪惡可見一斑。因此,文化應該是而且實際上是一元的,而不是多元的。

三

　　無論是歷史哲學還是文化哲學,它們的基本的研究方法都是形態學的方法。形態學的方法要求在比較兩個歷史過程或兩種文化的異同時,不僅要在編年史上共時態地進行比較,而且更需要將二者的相同歷史 - 文化形態加以比較,哪怕兩者的歷史 - 文化形態在編年史上相差幾十年、幾百年甚至幾千年。只有這樣,說兩個歷史過程或兩種文化的同或不同才有意義,否則是沒有意義的。地理－文化重合論關於東西文化的種種差異論,在各種文化中尋找永恆的共同性和特殊性的文化異同論,以及以各種形式表現出來的文化多元論,無不只是在編年史上對各種文化進行靜態比較,而沒有從形態學上進行比較的結果。從形態學上進行比較我們就可以發現,人類的歷史或文化呈一元的發展過程。但是,由於地理環境等方面的差異,在這一元性的發展過程中,不同民族的相同的歷史 - 文化性徵可能在相距遙遠的不同時期裡表現出來。比如,以個人主義而言,希臘出現的時間是西元前5世紀,意大利出現的時間是15世紀,英國出現的時間是17世紀,法國出現的時間是18世紀,而亞洲出現的時間則是20世紀和21世紀。認識到不同民族在不同的時間裡出現共同的歷史 - 文化性徵,並把它們歸入相同的歷史 - 文化形態,就是掌握了形態學的方法。

　　根據歷史形態學或文化形態學的方法,我想對在學術界流傳甚廣且影響很大的幾個觀點簡單地加以評論。

（一）「軸心期」理論是一種偽理論

卡爾·希歐多爾·雅斯貝斯的「軸心期」理論認為，在西元前五百年前後的幾百年間，在中國、印度、希臘等幾大文明中幾乎同時出現了偉大的思想家，比如中國有孔子，印度有佛陀，希臘有柏拉圖等；他們都對人的存在意義等人類關切的問題提出了自己的看法，這個時期就是人類的「軸心期」。「人類一直靠軸心期所產生、思考和創造的一切而生存。每一次新的飛躍都回顧這一時期，並被它重燃火焰」。[19] 雅斯貝斯的「軸心期」理論頗受學術界追捧，然而，它卻是一種偽理論。

對雅斯貝斯的「軸心期」理論證偽的方法十分簡單，只要以其矛攻其盾就行了。我們發現，雅斯貝斯的「軸心期」理論是一個充滿內在矛盾的理論。一方面，雅斯貝斯認為：「軸心期」的中國文化、印度文化與「軸心斯」的希臘文化一樣，都思考並創造了人類思考的「基本範疇」；它們對於人類社會的發展「總是提供了精神動力」；它們成為當時整個人類的「三個精神輻射中心」。[20] 從這個意義上說，「軸心期」的中國文化、印度文化與「軸心期」的希臘文化具有同等的價值和地位。另一方面，雅斯貝斯又明確指出：「希臘城邦奠定了西方所有自由的意識、自由的思想和自由的現實的基礎。按照這種政治意義，中國和印度對自由一無所知」；「和東方相對比，希臘理性包含一種奠定數學和完美的形式邏輯之基礎的一致性。……西方感受到了理性的限度，而清晰的理性具有世界其餘區域所不瞭解的力量」；「像所有文化一樣，西方意識到一種普遍原則的形式。但是在西方，這種普遍原則並沒有凝結成一種限定的制度和觀念的固定教條，也沒有凝結成在種姓制度與和諧秩序之內的生活。西方決非變得穩定起來」。[21] 鑒於這些理由，雅斯貝斯結論性地寫道：「將中國、印度和西方的三種歷史運動並立置放時，我們忽視了歐洲人慣於否定自己的卓越。……誠然，中國人和印度人也感到自己是真正顯示人類特點的民族……。

---

[19] 〔德〕雅斯貝斯：《歷史的起源與目標》，魏楚雄、俞新天譯，北京：華夏出版社，1989年，第8、9、14頁。

[20] 〔德〕雅斯貝斯：《歷史的起源與目標》，魏楚雄、俞新天譯，北京：華夏出版社，1989年，第8、9、14頁。

[21] 〔德〕雅斯貝斯：《歷史的起源與目標》，魏楚雄、俞新天譯，北京：華夏出版社，1989年，第74—76頁。

不過……只有歐洲通過實際成就證實了它的卓越。」[22] 從這個意義上說，雅斯貝斯斷然否認「軸心期」的中國文化、印度文化與「軸心期」的希臘文化具有同等的價值和地位。這是兩個完全對立的雅斯貝斯；然而，它們卻都是「軸心期」理論的真實內容。這種充滿內在矛盾的理論豈能不是偽理論？

「軸心期」理論之所以陷入無法克服的內在矛盾，根本原因在於它的炮製者對形態學採取既堅持又放棄的矛盾態度。當雅斯貝斯堅持（儘管很不自覺地堅持）形態學的方法論的時候，他看到「軸心期」的中國文化、印度文化和「軸心期」的希臘文化屬於不同的文化形態，具有不同的內在價值，因此根本不應該將這「三種歷史運動並列置放」。在此意義上，根本不存在所謂的「軸心期」。當雅斯貝斯放棄形態學方法論的時候，他不管「軸心期」的中國文化、印度文化和「軸心期」的希臘文化是否屬於不同的文化形態，是否具有不同的內在價值，稀裡糊塗地將這「三種歷史運動並列置放」，於是莫名其妙地提出了所謂的「軸心期」。因此，雅斯貝斯的「軸心期」理論的根本錯誤，就在於混淆了不同文明或文化的不同內容和價值。我們知道，任何民族的發展在時間上都要經歷神治時代、人治時代和平民聯合統治時代。在西元前 8 世紀至前 2 世紀的 600 年間的所謂「軸心期」，中國是在由神治時代向人治時代過渡，而希臘則

22　〔德〕雅斯貝斯：《歷史的起源與目標》，魏楚雄、俞新天譯，北京：華夏出版社，1989 年，第 8、9、14 頁。

是在由人治時代向平民聯合統治時代過渡。[23] 孔子是「東方世界」興起時期的思想家，柏拉圖則是「處於東方世界和西方世界交界處的」即由「東方世界」向「西方世界」過渡時期的思想家[24]。因孤立的、含有不同文化價值的文明恰好興起於編年史的同一時期，便稱之為所謂「軸心期」，不能不是皮相之見，因而不能不是偽理論。

其實，雅斯貝斯所謂「軸心期」理論必然是錯誤的，早在他提出此理論之前一百多年就有人指出了。黑格爾說：「當人們讓他們自己為形式所迷惑，把東方的形式和我們的平行並列，或者還更愛好東方的形式時，內容不同這一點，

---

[23] 關於在所謂的「軸心期」，希臘在由人治時代向平民聯合統治時代過渡，本書第二章第三節和第三章第四節對此有詳細討論，這裡不作說明。這裡僅就同期中國在由神治時代向人治時代過渡作一簡單說明。要說明在所謂的「軸心期」中國在由神治時代向人治時代過渡，首先必須明確中國的歷史上曾經有過神治的時代。對此《尚書》和《史記》均有明確記載：《尚書》曰：「今殷民，乃攘竊神祇之犧牷牲，用以容，將食無災。」（《尚書‧微子》）《史記》曰：顓頊「依鬼神以制義」。（《史記‧五帝本紀》）這就是說，中國在殷商及其之前的數千年間是神祇統治的時期。在明確了這一點以後，論證中國由神治時代向人治時代過渡就順理成章了；完成這一任務的是王國維。王國維認為，在中國歷史上，殷周之交是由神治時代向人治時代過渡的時期。王國維在《殷周制度論》中援引了包括上述《微子》在內的許多古人關於殷商時期是神權統治的時期，以及商末周初的人們已經認識到殷商衰亡的原因在於神權統治和「紀綱之廢、道德之墮」的論述後寫道：「夫商道尚鬼，乃至竊神祇之犧牲。卿士濁亂於上，而法令隳廢於下，舉國上下惟奸宄敵讎之是務，固不待孟津之會、牧野之誓，而其亡已決矣。而周自大王以後，世載其德。自西土邦君，禦事小子，皆克用文王教。……是殷周之興亡，乃有德與無德之興亡。故克殷之後，尤兢兢以德治為務。」（《王國維經典文存》，上海：上海大學出版社2003年版，第183頁。）眾所周知，「德治」也就是「人治」；王國維在這裡說的殷周之交是由神治時代向「德治」時代的過渡，也就是由神治時代向「人治」時代的過渡。雖然周朝存在的時間是西元前11世紀至前3世紀，但一個民族的文化轉型是一個漫長的歷史過程，在周初的幾百年裡神治的因素可能還有殘留，「德治」的因素可能還不鞏固，所以中國歷史上由神治時代向人治時代過渡的時間與雅斯貝斯的所謂「軸心期」基本吻合。如果考慮到孔子的復古不是要回到周以前商代的神權統治，而是要恢復周制周禮，即強調以周制周禮為內容的以德治國，就不難理解下文所說的孔子是「東方世界」興起時期的思想家。

[24] 〔法〕皮埃爾‧勒魯：《論平等》，王允道譯，北京：商務印書館，1988年，第93頁。

在作這類的比較時,是值得普遍注意的。」[25] 雅斯貝斯對黑格爾的這一形態學思想採取了「陰奉陽違」的態度,導致他的「軸心期」理論必然是偽理論。

(二) 中西封建社會能否比較是一個偽問題

在學術界,尤其中國學術界,很多人熱衷於中西封建社會異同的比較。在這種比較中形成兩種不同觀點:一種觀點認為,中國封建社會[26]與西歐封建社會相比儘管有許多不同,比如中國的地主經濟不同於西歐的領主經濟等,但二者大同小異,因此可以比較。另一種觀點認為,西歐封建社會是特殊的,中國傳統社會與西歐封建社會差別太大,因此不能把中國傳統社會稱作封建社會,應該給中國傳統社會另取一個名字,以與西歐中世紀的封建社會既相區別又相對應。[27] 這兩種觀點貌似對立,其實存在一個共同的致命的錯誤,即都是在編年史上共時態地將中國傳統社會與西歐封建社會進行比較,缺乏形態學的觀念。

用形態學的方法來看,如下兩點必須注意:第一,中國傳統社會是東方社會(黑格爾語)或亞細亞社會(馬克思語);無論在黑格爾的還是馬克思的思想體系中,它都與封建社會相差幾個級別。周代的所謂「封建」,其本質乃

---

25 〔德〕黑格爾:《哲學史演講錄》第1卷,北京大學哲學系譯,北京:商務印書館,1956年,第119頁。
26 這裡的「中國封建社會」在這些論者那裡是一個含混的概念;它有時專指中國周代至戰國時期的「封土建國」制社會,有時則泛指從西周直至明清的中國傳統社會。比如馬克垚主編的《中西封建社會比較研究》(上海:學林出版社,1997年)就是在這兩種意義上使用「中國封建社會」概念的。
27 如果不考慮論者們把西周的「封建制」和秦至清的「郡縣制」相區別這一點,而把上述兩個階段都稱為中國傳統社會:有的論者認為中國傳統社會應以「皇權專制主義」社會名之(侯建新:《「封建主義」概念辨析》,載於《中國社會科學》(北京),2005年第6期,第187頁);有的論者認為中國傳統社會應以「地主社會」——全名為「宗法地主專制社會」——名之(馮天瑜:《「封建」概念辨析》,載於《社會科學戰線》(長春),2006年第5期,第255頁)。李慎之還為此專門撰了一個英文名詞,他認為中國西周(封建社會)以後的傳統社會應稱之為「emperorism」(「皇權主義」)社會。(李慎之:《發現另一個中國》,載於《開放時代》(廣州)1998年第6期,第46頁。)

是繼攻伐徵服之後的武裝殖民,與唯物史觀的封建制毫不相干。[28] 相反,亞細亞社會的亦即亞細亞生產方式的基本特徵——土地國有、農村公社和專制王權——在中國傳統社會中一直存在。在中國傳統社會中雖有土地私有制,但它並不具有終極性;在終極的意義上,土地歸「最高所有者」即國家所有。這種東方社會或亞細亞社會在西歐的歷史上也存在過,封建社會就是從它一步步發展而來的。因此,中國傳統社會沒有理由以自己的所謂特殊性而自稱封建社會。

第二,西歐封建社會也不是特殊的,而是普遍的。固然,西歐封建社會是在特殊的歷史背景下產生的,其許多特徵在中國的傳統社會中並未出現。但是,拋開產生的具體背景不談,就社會發展的進程而言,過去未出現的東西並不等於以後不出現。西歐封建社會的特徵,從史學的角度來描述可能有很多,但從哲學的角度來概括無外乎如下幾點:1. 土地分封中所體現的封君封臣間的契約觀念;2. 教權與王權各自有所成長並在相互利用和相互鬥爭中形成的相互之間的某種程度的制約[29];3. 城市和社會組織因擺脫國家或教會控制而獲得的某種程度的獨立發展。馬克·布洛赫說:「歐洲封建主義應被視為舊社會劇烈解體的結果。」[30] 如果我們把西歐封建社會視為舊社會即東方社會或亞細亞社會解體並向現代社會過渡的過程,那麼這一過程無疑任何國家在發展中都是不可逾越的。至於那些尚未實現這一過程的國家,當這一過程到來時是否一定要模仿西歐稱之為封建社會,並不是問題的實質所在。換言之,西歐封建社會具有普遍性,中國傳統社會之所以與它有許多明顯的甚至相反的差別,乃是因為中國傳統社會還遠未發展到西歐封建社會的階段。[31]

從以上兩點可以看出,把實際上尚處於東方社會或亞細亞社會中的中國傳

---

28 杜正勝:《古代社會國家》,臺北:允晨文化實業股份有限公司,1992 年,第 450 頁。
29 相對於儒教的中國和東正教的俄國等世俗的極權政治國家,西歐封建社會的特點在於教權有所成長,並在一定程度上形成了對王權的制約;相對於伊斯蘭教的阿拉伯和其它地區極端的神權政治國家,西歐封建社會的特點在於王權有所成長,並在一定程度上形成了對教權的制約。
30 〔法〕布洛赫:《封建社會》下卷,李增洪等譯,北京:商務印書館,2004 年,第 700 頁。
31 關於中國傳統社會是亞細亞生產方式而未發展到封建社會的詳細討論,見本書第六章第二節、第四節。

統社會，當作封建社會或當作與封建社會並行的社會，與西歐的封建社會作共時態的比較，結論無論是說兩者基本相同，因此可以比較，還是說兩者不同，因此不可比較，都是錯誤的。因此，中西封建社會能否比較實際上是一個偽問題；中西封建社會比較研究，實際上是在研究一個偽問題。在這裡，我想特別奉勸那些致力於要給中國傳統社會另取一個既與西歐封建社會在編年史上相對應又與西歐封建社會相區別的名字的學者，你們不必為此勞精費神了。因為這個名字早就有了，而且今日看來仍非常科學、貼切——它就是東方社會或亞細亞社會。

需要進一步指出的是，目前史學界和哲學界面臨的一個任務就是規範封建主義概念的使用。[32] 規範封建主義概念，是一個關係到對中國傳統社會性質認定的問題，其意義非同小可。雖然本書後面對此還有專門討論，這裡不妨將著者解決這個問題的思路簡單一提：1.「封建主義」是從西歐近代用語英文 feudalism（或 Feudalismus，德文；feodalisme，法文）翻譯過來的，儘管這一譯詞是否貼切存在分歧，但已約定俗成。封建主義就是指的歐洲中世紀的封建主義（姑且不談日本的封建主義），它早在唯物史觀的社會形態系列中奠定了理論根基。2. 中國先秦的即西周的所謂封建社會是否改名，並不重要，只要明確歐洲的封建社會是以契約關係為基礎的，中國西周的封邦建國制是以血緣關係為基礎的，避免將二者相混淆即可。3. 更重要的是，千萬不要再把中國自秦漢以來的傳統社會稱作封建社會，因為從社會結構上看，它與歐洲中世紀的封建社會相差甚遠。

（三）中國古代社會分期問題也是一個偽問題

所謂中國古代社會分期問題，學界通常是指中國歷史上奴隸社會解體和封建社會產生的時間劃界問題。這個問題自 20 世紀 20 年代末、30 年代初開始討論，至今已歷時差不多近百年。如此長時間的討論，人們不僅沒有形成共識，

---

[32] 封建主義與專制主義是不同的概念，應該把二者區別開來。封建主義強調的是分權，專制主制強調的是集權，二者是完全對立的。顧准在評論人們通常使用的「中央集權的封建專制」這一概念時指出：「就名詞本身來說，這是極可笑的。因為它把『中央集權』、『專制』和『封建』搞在一起，真正是在調和無可調和的矛盾。」（《顧准筆記》，北京：中國青年出版社，2002 年，第 21 頁。）

而且分歧似乎越來越大，堪稱世界史學史上的一大奇觀。

　　造成這種現象，根本原因在於研究者缺乏形態學的觀念。學者們只知道在編年史上與西歐奴隸社會和封建社會大致相同的歷史時期內，在中國歷史上找出一個奴隸社會和封建社會並對它們進行時間劃界。中國古代社會分期的所謂西周封建論、戰國封建論，以及魏晉封建論等等五花八門的觀點，無不是在這種思維框架內提出的。殊不知，從形態學的觀念來看，中國歷史上奴隸社會和封建社會的分期問題本身就是一個偽問題。

　　如果中國歷史上奴隸社會和封建社會的分期是一個真問題，它必須以中國歷史既存在過奴隸社會又存在過封建社會的事實為前提，否則根本不存在二者的時間分界問題。前文的論證已經表明，從形態學的觀念來看，中國古代社會從來沒有產生過封建社會。這已足以說明中國古代社會的分期是一個偽問題了。但是，為了把問題說得更加透徹，我還是運用形態學的方法，簡要地論證一下，在中國歷史上，奴隸社會也是從來沒有出現過的。

　　關於中國歷史上有沒有過奴隸社會的問題，長期以來，史學界一直有不同觀點。不過，我否定中國產生過奴隸社會的理由與史學界否定的理由不同。他們認為，中國古代之所以沒有奴隸社會，是因為中國自夏商至明清的傳統社會都是封建社會，或者說中國直接由亞細亞社會過渡到封建社會。而我認為，就社會結構的發育程度而言，中國傳統社會不僅沒有發育到封建社會的水準，甚至沒有發育到奴隸社會的水準。奴隸社會的基本特徵如黑格爾所說，是少數人具有自由權即公民權；希臘社會和羅馬社會就是這樣的社會。[33] 換言之，在希臘和羅馬的奴隸制社會中，真正享有公民權的雖然只是少數人，但至少對這部分人而言，他們的個人權利、人格尊嚴和行為能力是受到尊重和保護的。並且這些少數的自由人能夠通過契約聯合起來，組成小的共同體與專制王權相對抗。[34] 這就是希臘社會和羅馬社會既是奴隸社會又是民主社會的奧秘所在。相反，在東方社會或亞細亞社會中，亦如黑格爾所說，「從古到今知道只有『一

---

[33] 黑格爾說：「希臘和羅馬世界知道『有些』是自由的」。（〔德〕黑格爾：《歷史哲學》，王造時譯，北京：三聯書店，1956年，第149頁。）

[34] 參見秦暉對羅馬社會和拜占廷社會對比的分析。見秦暉：《「大共同體本位」與傳統中國社會》，載於《社會學研究》（北京），1999年第3期，第49頁。

個』是自由的」[35]，即除了皇帝以外的所有人都「平等地」被剝奪自由權或公民權。或如馬克思所說，由於土地國有制的原因，「依附關係在政治方面和經濟方面，除了所有臣民對這個國家都有的臣屬關係以外，不需要更嚴酷的形式」[36]，亦即所謂亞洲的「普遍奴隸制」。所以從形態學的觀念來看，無論按照黑格爾的標準，還是按照馬克思的標準，中國傳統社會——我再強調一遍，就社會結構的發育程度而言——還沒有發育到奴隸社會的水準。[37]

中國沒有奴隸社會可以說明兩個問題：第一，直接證明中國傳統社會處在唯物史觀的社會形態發展序列的前希臘社會或前古代社會中，即東方社會或亞細亞社會中；第二，既然中國沒有奴隸社會，那麼作為中國古代社會分期的前提之一也不存在。

既然中國歷史上沒有產生過封建社會和奴隸社會，何來奴隸社會和封建社會的分期問題？所謂奴隸社會和封建社會的分期問題不是徹頭徹尾的偽問題嗎？再順便補充幾句：惟其是偽問題，答案才五花八門；惟其是偽問題，討論才曠日持久而無結果。如果研究者們不從傳統的思維框架中解放出來，用形態學的方法研究分析問題，可以斷言，再討論一百年也不會有任何結果。

需要指出的是，說中國古代社會分期問題是偽問題，是就問題本身的特定內容而言的，並不是說中國古代社會分期不存在真問題。這個真問題，就是王國維曾經討論過的殷周之際，中國社會政治和文化的大變革。前文已經提及，殷周之際，中國社會處在由神治時代向人治時代的過渡中。在這一過渡期，中國社會經歷了一場極為深刻的文化和制度方面的大變革。王國維在《殷周制度論》中，具體地論述了這場變革的內容。他在論及變革之前的社會狀況時說：「殷以前無嫡庶之制」；「自殷以前，天子諸侯君臣之分未定……周初亦然……」[38]王國維將變革後周的文化和制度與殷商的文化和制度對比時指出：「周人制度之大異於商者：一曰立子立嫡之制。由是而生宗法及喪服之制，並由是而有封建子弟之制，君天子臣諸侯之制。二曰廟數之制。三曰同姓不婚之制。

35　〔德〕黑格爾：《歷史哲學》，王造時譯，北京：三聯書店，1956年，第149頁。
36　〔德〕馬克思：《資本論》第3卷，北京：人民出版社，1975年，第891頁。
37　關於中國傳統社會沒有發展到奴隸社會的詳細討論，見本書第六章第三節。
38　《王國維經典文存》，上海：上海大學出版社，2003年，第170、177頁。

此數者皆周之所以綱紀天下，其旨則在納上下於道德，而合天子諸侯卿大夫士庶民以成一道德之團體。周公制作之本意，實在於此。」[39]王國維的這段話清楚地告訴人們，殷周之際中國社會變革的核心內容是：在神治時代向人治時代過渡這一大背景下，最高權力的交接方式由嫡庶、君臣未分制向傳子傳嫡、君君臣臣制過渡，家族形態由父子、男女尊卑未別制向父父子子、男女有別制過渡。不難看出，王國維的這番話深刻地揭示了中國社會自有史以來惟一的一次大變革。如果要討論中國古代社會分期問題，絕不能繞過王國維在《殷周制度論》中開宗明義地提出的「中國政治與文化之變革，莫劇於殷周之際」[40]這一極富洞見的結論。在王國維的視野下，中國歷史上的王權專制制度和中央集權制度不是始自周王朝的分封諸侯，也不是始自秦王朝的統一全國，而是始自周公制定的周制周禮。這場變革的歷史文化蘊涵，也許是王國維所不曾認識的，它就是中國歷史上亞細亞生產方式的正式確立。[41]自那以後，三千年一系，一直沒有變化。所以著者認為，真正的中國古代社會分期問題，是殷周之際的嫡庶未分制和傳子傳嫡制、君臣未分制和君君臣臣制的分期問題。至於後來幾千年中的分分合合、收權放權、改朝換代等統治方式和統治者或統治集團姓氏的變化，都是這一大前提下的小動作。認清了中國古代社會分期的真問題，我們就會更加清楚地看到，所謂奴隸社會和封建社會時間劃界的中國古代社會分期問題，純粹是一個在缺乏形態學觀念的情況下臆想出來的子虛烏有的偽問題。所以，我奉勸那些中國古代社會分期偽問題的研究者們，儘快解脫出來，去研究中國古代社會分期的真問題，即研究中國傳統社會為什麼長期走不出亞細亞生產方式，以及怎樣才能走出亞細亞生產方式——後者肯定更有意義。

（四）與上述諸問題相聯繫，中國為什麼沒有發展出資本主義又是一個偽問題

在學術界，追問中國為什麼沒有像西歐那樣發展出近代資本主義的人很多，其中尤以馬克斯·韋伯的追問以及他的回答最有影響。韋伯認為，西歐之

39　《王國維經典文存》，上海：上海大學出版社，2003年，第170頁。
40　《王國維經典文存》，上海：上海大學出版社，2003年，第169頁。
41　中國歷史上的細亞生產方式，從夏啟承襲父位開始播種，經過夏商兩代的孕育，至商末已基本成熟，而商周之交的變革則標誌著它的正式確立。

所以發展出近代資本主義，是因為宗教改革以後的新教倫理促成了資本主義的產生[42]；中國之所以未能成功地發展出資本主義，是因為沒有祛魅的儒家倫理阻礙了資本主義的發展[43]。

韋伯的中國問題和中國命題有一個理論框架，即他認為中國自周代至戰國的先秦時期是「封建制」社會，秦朝時期實行的俸祿等級制，「意味著封建主義的全面廢除」。[44]根據學界共認的社會形態理論，封建主義的解體即意味著資本主義的孕育。中國自秦代起封建主義就「全面」解體，但是到清末民初的兩千多年間一直未能孕育出資本主義，所以這不能不是一個值得追問的問題。而中國在漢武以降的兩千多年間一直以儒家思想作為統治思想，所以到儒家倫理裡尋找中國沒有產生出資本主義的原因，似乎也就成了順理成章的事情。然而從形態學的觀點來看，韋伯的中國問題和中國命題同樣是偽問題和偽命題。

韋伯把中國先秦的名為封建制的社會與西歐中世紀的封建社會都當作資本主義起點而相提並論、相互比較，本身就很成問題。中國先秦的所謂封建社會與西歐中世紀的封建社會，二者除了名稱相同、某些形式相似以外，沒有任何共同之處，這一點韋伯本人也是承認的。韋伯承認，中國的政治采邑制度最初並不是和西方意義上的封建領主土地所有制聯繫在一起的；相反，它始終是建立在氏族的世襲地位基礎之上的。「在中國封建的中世紀時代裡，大臣的職位，甚至某些使節的職位，牢牢地掌握在某些家族的手裡」；「但是，在西方封建主義的核心地區，徵服與遷徙使得傳統的等級秩序徹底結束，導致強固的氏族結構大為鬆弛」。[45]韋伯又承認，在所謂的中國封建社會中，「中國的君主首先是一位大祭司」；「就像所有天生具有神性的統治者一樣，他是個神授的君主，而不是近代西方的君主」，因為西方近代的君主實際上是不必對神負責的。[46]韋伯還承認，在所謂的中國封建社會初期，也有過以黷武主義為標誌

42　〔德〕韋伯：《新教倫理與資本主義精神》，于曉等譯，北京：三聯書店，1987年。
43　〔德〕韋伯：《儒教與道教》，洪天富譯，南京：江蘇人民出版社，1993年。
44　〔德〕韋伯：《儒教與道教》，洪天富譯，南京：江蘇人民出版社，1993年，第42、47頁。
45　〔德〕韋伯：《儒教與道教》，洪天富譯，南京：江蘇人民出版社，1993年，第43、45、44、45頁。
46　〔德〕韋伯：《儒教與道教》，洪天富譯，南京：江蘇人民出版社，1993年，第40—41頁。

的「荷馬」時代。但是,「中國的這段『荷馬』時代……從未導致像荷馬時代的希臘或中世紀時代的西方那樣的個人主義的社會狀況。」[47]總之,韋伯認為,中國古代的封建社會與西歐中世紀的封建社會相比,只有「外表上」的「相似性」,而「在內部有所不同」。[48]這種內部的即實質上的不同表明,中國古代的所謂封建社會根本不能與西歐中世紀的封建社會相提並論;而它的如韋伯所揭示的家族本位、政教合一以及沒有個人主義的社會狀況表明,它本質上屬於東方社會或亞細亞社會。

韋伯把中國自秦代廢除所謂封建制度起,至他寫作《中國宗教:儒教與道教》的20世紀初葉的兩千多年的中國傳統社會,稱之為「家產制國家形態」。[49]「家產制國家形態」在唯物史觀的社會形態序列中屬於哪個階段,韋伯語焉不詳。為了弄清楚這個問題,我們不妨仍以韋伯為依據,考察一下「家產制國家形態」的具體特徵。在《儒教與道教》中,韋伯從與西歐封建主義對比的角度揭示了中國「家產制國家形態」具有的如下主要特徵:1. 家族或氏族本位。「氏族,在西方中世紀時就已經完全失去了意義,但在中國則完全地被保存於地方管理的最小單位、以及經濟聯合會之中」;氏族的巨大權力體現的是「宗法制氏族的堅不可摧與無所不能」。[50]2. 沒有中間階級。在中國,「按照法律,家產制官僚機制直接統領小市民與小農民;西方中世紀時那種封建的中間階層,無論在法律上、還是實際上,都不存在。」[51]3. 沒有相對獨立的宗教力量對專制王權的制約,有的只是政教合一的體制。在中國,「宗教任何外在和內在的進一步發展,都被斷然斬絕。祭拜天地大神以及一些相關的被神化的英雄和專司神靈,乃是國家的事務。這些祭典並不由教士負責,而是由政權的執掌者來

---

47 〔德〕韋伯:《儒教與道教》,洪天富譯,南京:江蘇人民出版社,1993年,第31頁。
48 〔德〕韋伯:《儒教與道教》,洪天富譯,南京:江蘇人民出版社,1993年,第47頁。
49 〔德〕韋伯:《儒教與道教》,洪天富譯,南京:江蘇人民出版社,1993年,第59頁。
50 〔德〕韋伯:《儒教與道教》,洪天富譯,南京:江蘇人民出版社,1993年,第104、116頁。
51 〔德〕韋伯:《儒教與道教》,洪天富譯,南京:江蘇人民出版社,1993年,第100頁。

主持。」⁵²4.社會沒有與國家分離，因而沒有相對獨立的社會力量。中世紀的「西方還有一些獨立且強大的力量。諸侯的力量可以與之結合，以破除傳統的束縛；或者，在非常特殊的條件下，這些力量可以用自己的武力來擺脫家產制權力的束縛」；而中國「沒有類似的力量存在」。⁵³從韋伯揭示的中國「家產制國家形態」的基本特徵來看，它與西歐中世紀的封建社會不可同日而語，在本質上仍然是一個東方社會或亞細亞社會。

　　以上分析表明，中國先秦的所謂封建社會與秦以後的「家產制國家形態」只有某些形式上的區別，在本質上都是一樣的；就是說，中國自西周以來的傳統社會一直處於東方社會或亞細亞社會這一社會形態中。如前所說，無論在黑格爾的還是馬克思的社會形態理論體系中，東方社會或亞細亞社會都與封建社會相差幾個級別。面對名為封建社會或貌似封建社會，實為東方社會或亞細亞社會的中國傳統社會，追問它為什麼沒有發展出資本主義，是在缺乏形態學觀念的情況下，將中國傳統社會與西方近代資本主義社會在編年史上共時態考察所提出的問題。若用形態學的方法考察，與其追問中國為什麼沒有發展出資本主義，不如追問中國為什麼沒有發展出封建主義，甚至追問中國為什麼沒有發展出奴隸社會更為恰當。——當然，這裡所說的封建主義，既不是指中國先秦的封建主義，也不是指被人們通常誤認為的中國自秦漢至明清的所謂的封建主義，因為它們都不是唯物史觀中的封建主義；而是單指西歐中世紀的封建主義，亦即布洛赫意義上的作為「舊社會劇烈解體的結果」的封建主義。這種封建主義在中國傳統社會中並沒有產生。同樣，這裡所說的奴隸社會，既不是黑格爾和馬克思意義上的亞洲的那種「普遍奴隸制」社會，也不是史學界通常所說的中國的那種「家內奴隸制」社會，因為它們都不是唯物史觀中的奴隸社會；而是單指希臘、羅馬的奴隸社會，亦即已經爭得公民權的少數人能夠聯合起來與專制王權抗爭的奴隸社會。這種奴隸社會在中國傳統社會中也沒有產生。對於一個連封建主義和奴隸社會都沒有產生的東方社會或亞細亞社會，不追問它

52　〔德〕韋伯：《儒教與道教》，洪天富譯，南京：江蘇人民出版社，1993年，第168頁。
53　〔德〕韋伯：《儒教與道教》，洪天富譯，南京：江蘇人民出版社，1993年，第76—77頁。

為什麼沒有產生封建主義和奴隸社會，而追問它為什麼沒有產生資本主義，就像對一個半歲的幼童，不追問他為什麼沒有生長出乳牙而追問他為什麼沒有生長出恆牙一樣沒有意義。韋伯說儒家倫理阻礙了中國資本主義的發展，這話似乎很有道理，我們可以從儒家倫理中找到一百個證明它阻礙資本主義發展的理由。但是問題在於：第一，中國傳統社會並沒有發展到可能產生資本主義的階段，甚至還沒有發展到歐洲中世紀的封建主義階段和希臘、羅馬的奴隸社會階段；第二，儒家倫理本來就是只適應東方社會或亞細亞社會的意識形態，它固然阻礙資本主義的產生，但它首先阻礙了封建主義和奴隸社會中積極因素的生成。因此，說儒家倫理阻礙了中國資本主義的發展，就像說幼童的懵懂心智阻礙了他的恆牙的生成一樣沒有意義。如果說追問一個半歲的幼童為什麼沒有生長出恆牙是一個偽問題，那麼追問尚處在東方社會或亞細亞社會形態中的中國傳統社會為什麼沒有生長出資本主義同樣是一個偽問題；如果說幼童的懵懂心智阻礙了他的恆牙的生成是一個偽命題，那麼說儒家倫理阻礙了中國資本主義的產生同樣是一個偽命題。[54]

　　以上就是著者用形態學的方法對學術界幾個理論和問題的評論。在對上述諸理論和問題證偽以後，我們可以更清楚地看到歐洲國家西方化的過程，並從中得到有益的啟示。

54　像雅斯貝斯的「軸心期」理論被他的理論自身的內在矛盾所證偽一樣，韋伯的命題也被他的理論自身的內在矛盾所證偽。韋伯在《世界經濟史》中明確地說：「從長遠來看，當全副武裝的資本主義走到門口時，沒有任何宗教 倫理的信仰能擋住它向門內邁進的步伐。」（Max Weber, *General Economic History*, NewBrunswickandLondon:TransactionBooks,1981,p.381,n.4.）韋伯的這番話無異於在告訴人們，西歐之所以產生資本主義，主要不是新教倫理促進了它的產生，而是資本主義本身已經全身披掛地向前行進了；而中國之所以未能產生資本主義，主要也不是儒家倫理阻礙了它的產生，而是資本主義本身羽翼未豐，甚至尚未開始發育。關於如何理解韋伯的問題是偽問題的討論，第六章第七節還有進一步的論述。

四

在歷史哲學和文化哲學研究領域，有一個人雖然前文已經提及，但這裡還必須專門一提，他就是馬克思。專門提及馬克思有兩個原因：第一，馬克思的理論在歷史哲學和文化哲學領域起了奠基性的作用。從歷史哲學的角度來看，馬克思的社會發展的「自然歷史過程」的思想特別值得重視。馬克思認為，社會規律具有與自然規律相類似的性質，社會的發展是一個自然歷史過程。因此，「工業較發達的國家向工業較不發達的國家所顯示的，只是後者未來的景象。」也因此，「一個社會即使探索到了本身運動的自然規律，它還是既不能跳過也不能用法令取消自然的發展階段。」[55] 馬克思的這些話堪稱經典，作為一種思想可謂深刻無比。它既是對既往歷史經驗的總結，也似乎是在警告後人，千萬不能跳過也不能用法令取消自然的發展階段。歷史已經證明，凡是沒有聽從馬克思的這一教導和警告，企圖跳過或者用法令取消自然的發展階段的，無不以失敗而告終。馬克思的偉大在這裡，馬克思的價值也在這裡。

從文化哲學的角度來看，馬克思的貢獻在於，他的論著中貫串著這樣一種思想：文化的傳播或文化的流動不是沒有規律可循的；文化流動的規律用一句話來表述，就是高文化向低文化流動。馬克思在《共產黨宣言》中說，在歷史發展和文化演變中，「未開化和半開化的國家從屬於文明的國家」，「農民的民族從屬於資產階級的民族」，「東方從屬於西方」。[56] 馬克思在《不列顛在印度統治的未來結果》中說：「相繼徵服過印度的阿拉伯人、土耳其人、韃靼人和莫臥兒人，不久就被當地居民同化了。野蠻的徵服者總是被那些他們所徵服的民族的較高文明所徵服，這是一條永恆的歷史規律。不列顛人是第一批發展程度高於印度的徵服者，因此印度的文明就影響不了他們。他們破壞了本地的公社，摧毀了本地的工業，夷平了本地社會中偉大和突出的一切，從而消滅了印度的文明。」因此，「英國在印度要完成雙重的使命：一個是破壞性的使命，即消滅舊的亞洲式的社會；另一個是建設性的使命，即在亞洲為西方式的社會奠定物質基礎。」[57] 馬克思揭示的文化傳播中高文化向低文化流動無疑是一條

55　《馬克思恩格斯全集》第 23 卷，北京：人民出版社，1972 年，第 8、11 頁。
56　《馬克思恩格斯選集》第 1 卷，北京：人民出版社，1972 年，第 255 頁。
57　《馬克思恩格斯選集》第 2 卷，北京：人民出版社，1972 年，第 70 頁。

歷史規律；這一歷史規律就像水往低處流的自然規律一樣，是不以人的意志為轉移的。高文化向低文化流動，本是一個常識性的問題。然而，這一常識性的知識，很多人卻不認識或不承認。甚至違背規律，反其道而行之，枉費心力地使低文化向高文化地區流動。比如，低文化區域中的人自不量力地向高文化區域中的人輸出價值觀，就是屬於違背文化傳播規律的行為。因為今天仍然有大量的違背文化傳播規律的現象存在，所以強調馬克思的高文化向低文化流動的思想大有必要。歷史已經反複證明，馬克思的高文化向低文化流動的思想與社會發展的「自然歷史過程」的思想一樣，是一條顛撲不破的真理，具有永恆的價值。正因為馬克思的理論在歷史哲學和文化哲學領域起了奠基性的作用，做歷史哲學和文化哲學的研究，馬克思是繞不過去的。

第二，本文專門提及馬克思還有一個原因，就是因為他的思想中存在著矛盾。馬克思思想中的矛盾在兩個方面表現出來。第一方面是，馬克思的前期思想和後期思想之間存在著矛盾。馬克思的前期思想（以《共產黨宣言》和《資本論》為代表）以歷史主義為其歷史觀，馬克思的後期思想（以《給「祖國紀事」雜誌編輯部的信》和晚年的人類學筆記為代表）以人道主義為其歷史觀。前者堅持歷史發展單線論，後者堅持歷史發展雙線論；前者認為所有的民族都必須依次經歷他所描述的社會發展序列中的所有階段，後者認為有些民族可以超越他的社會發展序列中的某一個或某幾個基本階段。如果不為尊者諱，我們就應該坦率地承認，馬克思的前期思想和其後期思想是完全不能相容的。解決這個矛盾的惟一辦法是在二者之間擇其一——至於具體選擇何者，答案應該不言而喻。第二方面是，馬克思的前期思想本身也存在著矛盾，這就是愛德華·伯恩施坦所說的馬克思思想中的「二元論」。這種二元論，以《資本論》而言就是，「這一著作希望成為科學的研究，同時卻希望證明一個早在它起草之前就已完成的論綱」。所謂「一個早在它起草之前就已完成的論綱」，就是說，在著手研究之前，「馬克思基本上接受了空想主義者的解決方案」；或者說，在「馬克思體系中實際存在的空想主義殘餘」。[58] 這就是馬克思的前期思想中的科學傾向和價值傾向之間的二元對立。馬克思的前期思想中雖然具有二元論，但是，這二元並不是對等、並列的，而是有主次之分的。具體地說，科學傾向是其主

58　中共中央編譯局編譯：《伯恩施坦言論》，北京：三聯書店，1966年，第218頁。

体，價值傾向是其附帶的「空想主義殘餘」。因此，對於解決這種二元論的辦法，伯恩施坦的看法是正確的，即不「在於克服馬克思主義**本身**」，而「在於排除還拖在馬克思主義身上的某些空想主義殘餘」（黑體字系原文所用——引者注）。[59] 事實上馬克思之所以被譽為至今世界上最有影響力的思想家，馬克思主義在今天之所以還有強大的生命力，完全是馬克思的前期思想，而且是克服了「空想主義殘餘」的前期思想所致。比如，以伯恩施坦為代表的第二國際和社會民主黨的理論家們在西歐的理論和實踐就是如此。但是，與上述兩個方面的矛盾相聯繫，馬克思的後期思想在學術界乃至在實際生活中產生的影響仍不容低估，消除由這種影響而導致的混亂乃是思想文化領域今後長期的任務。馬克思前期思想中的二元論，也是長期困擾學術界的一個重大理論問題。認清這個二元論，並且防止顛倒這個二元論的主次地位，也是學術界的長期任務。因此，當人們說堅持馬克思主義的時候，最好先問一問自己所堅持的馬克思主義究竟是什麼。這一點極為重要。

五

　　現代性是歷史哲學和文化哲學研究不可回避的問題，然而，人們對現代性的理解卻大相逕庭。現代性是一個社會成熟到一定程度以後必然出現的性徵。西方現代化的經驗表明，現代性的基本內容就是市場經濟、民主政治和個人主義——它的核心或理論基礎是邏各斯中心主義即理性主義。不管哪個地區和哪個國家，當社會發展到由傳統向現代轉變的時候必然要出現這些基本特徵，這是不以人的意志為轉移的客觀規律。這就是西方現代性的普遍性和現代性的一元性。但是，幾乎所有處於前現代國家的文化保守主義者，都毫無例外地提出不同於西方現代性的另一種現代性來與西方現代性對抗。比如，亞洲一些國家的文化保守主義者，就提出所謂的亞洲現代性來與西方現代性相對抗。亞洲現代性的具體內容是什麼？至今我們沒有看到有人對它完整地加以定義，但是從零星的言說中仍可以覺察到，它的要害之處就是逆西方現代性而行之。這樣就出現了兩種現代性：一種是在理性主義基礎上，以市場經濟、民主政治和個人

59　殷敘彝編：《伯恩施坦讀本》，北京：中央編譯出版社，2008年，第346—347頁。

主義為內容的現代性；一種是在非理性主義甚至反理性主義基礎上，以統制經濟、專制政治和群體主義為內容的現代性。說走這兩條道路的國家都在倡導現代性、實現現代化，只能表明某些人在玩弄現代性和現代化的概念。誠然，在今天標榜這種原教旨主義的亞洲現代性的論者已經不多，絕大多數論者都對原教旨主義的亞洲現代性的內容作了或多或少的修正。但是，在實踐中必須將如下兩種情況區分：一種是對原教旨主義的亞洲現代性作某些表面的修正後以便更好地對抗西方現代性；一種是在以西方現代性為取向的社會改革中，由於自身社會結構中的東方性基礎深厚而沒有完全達到西方現代性的過渡狀態。前者才是堅持亞洲現代性，後者則不是。以後者的暫時存在說明亞洲現代性的特徵及其必然性，如果不是陷入理論誤區，就是有意混淆視聽。然而，許多人往往不能區分這兩種情況。有些論者，恰恰就是以亞洲一些國家在向西方現代性過渡中的未完成形態來論證亞洲現代性的特徵和必然性的。[60]

　　亞洲現代性和儒家價值觀密切相關。近幾十年來，有些人將東亞經濟騰飛作為儒家價值觀可以促進現代性的佐證，並用來作為儒家思想、亞洲價值可以同西方價值相抗衡的佐證。但是從本書的觀點來看，亞洲經濟騰飛的精神動力不是來自儒家思想和亞洲價值，而是來自西方。在東亞經濟騰飛的同時出現的所謂儒學熱，是儒學文化圈內、尤其是儒學核心區內的文化保守主義者為了對抗西方現代性而攪起的文化泡沫。吹滅這些泡沫以後我們不難發現，東亞的經濟騰飛是與這些地區的儒家價值觀的消亡是基本同步的。一個不爭的事實是，無論哪個經濟騰飛的東亞國家或地區，其個人主義因素無不是比以前更強大

---

[60] 比如有些論者在論證亞洲現代性與西方現代性的區別時說，西方現代性在市場經濟中的表現是，「有更多的自由主義和民間自治的色彩」，亞洲現代性在市場經濟中的表現是，「有更多的政府干預」的成分；在對內主權的問題上，西方現代性「允許較多的地方自治和個人自由」，亞洲現代性則「更多地強調中央集權」。同樣，在社會的治理上，西方現代性主張「依靠法律維持正常生活的秩序」，亞洲現代性主張「更多地訴諸道德」。（夏光：《東亞現代性與西方現代性：從文化的角度看》，北京：三聯書店，2005年第316頁。）而且論者認為，亞洲現代性和西方現代性在價值上是平等對置的，二者沒有好壞、優劣之分。因為它們之間的差異不是偶然的，而是由二者的「文化之差異」決定的。（同上書，第317頁。）顯然，這些論者是把一些亞洲國家在向西方現代性過渡中尚未完成的現代性形態作為亞洲現代性的永久特徵和必然結果看待的。

了。我們還注意到，亞洲現代性和儒家價值觀的抱持者，雖然口口聲聲要以亞洲現代性和儒家價值觀同西方現代性和基督教價值觀相對抗，但他們並不像西方現代性和基督教[61]價值觀的抱持者堅持西方現代性和基督教價值觀的普世性和一元性那樣，堅持亞洲現代性和儒家價值觀的普世性和一元性：他們要超越亞洲現代性和西方現代性，創造出一種既優於亞洲現代性也優於西方現代性的所謂普世現代性，以取代亞洲現代性和西方現代性；他們要超越儒家價值觀和基督教價值觀，即創造出一種既優於儒家價值觀也優於基督教價值觀的所謂普世價值觀，以取代儒家價值觀和基督教價值觀。姑且不說這種超越是否可能，從這種既要對抗西方又要超越西方的混亂的邏輯中可以確定的一點是，他們堅持亞洲現代性和儒家價值觀的底氣明顯不足。需要指出的是，著者並不是反對宗教信仰自由。問題在於，沒有袪魅的即仍然堅守政教合一的儒家根本不能與經過宗教改革的主張政教分離的基督教相提並論。因此，它不能成為現代人的一種信仰選擇。而當儒家有朝一日拋棄政教合一的主張，轉而主張政教分離時，它也就與基督教合而為一了。那時，我們這裡討論的關於儒家和基督教孰優孰劣的話題自然也就不存在了。

著者注意到，學術界有一種觀點認為，作為儒家原初思想的孔孟本人的思想是符合人性和天地之道的；作為華夏文明的道統是一種優秀文化傳統，既有利於人性的發展，也有利於社會的進步。中華文明之所以演變到今天這種專制霸道、沒有人權，特別是沒有思想自由和言論自由之格局，並非是原初儒學之過，而是孔孟身後歷代御用文人和專制帝黨歪曲詮釋所致。因此，今天中國實現現代化、發展現代性的任務或途徑，就是擦去長期以來後人塗抹在儒學身上的雜色，恢復其本真面貌，以弘揚真正意義上的儒家思想這一優秀文化傳統，而不必到西方去尋找價值觀。姑且不論這種觀念能否成立，即便能成立，要把兩千多年來歷代後儒和帝黨的歪曲詮釋從所謂原初的儒學中剝離出來，恐怕也是一件不可能的事。更何況前文已經指出，孔子是「東方世界」（實為宗法社會）興起時期的思想家。要依靠處在由神治時代向人治時代過渡時期的思想家解決「東方世界」（宗法社會）向「西方世界」（工商社會）過渡時期的社會問題，完全是一種天方夜譚。世界上的所有聖人都不可能那麼偉大，無論是佛

61　這裡指的是經過宗教改革後的主張政教分離的基督教。

陀，耶穌，還是孔子。每一個時代只能提出並解決自己時代的任務。中國現在面臨的是由傳統向現代轉型，儒家思想裡或許有零星的隻言片語可以利用，但作為整體、特別是核心的價值觀，早已失去了其存在的合理性。因此，到所謂原初的儒學中去尋找現代化的「思想動力」，注定是徒勞無益的。與其如此，不如直接向西方學習來得簡便迅捷。因為現代性是一元的，它就是西方已經展現的現代性。

現代性是一把雙刃劍。它在使人從人的統治下解放出來的同時又將人置於物的統治下，人在獲得形式上平等的同時卻在實際上不平等，人在獲得獨立的同時又陷於孤寂之中——這就是西方現代性的「鐵箍」。為了衝破這一鐵箍，西方的後現代主義者不再相信，至少不再滿意西方文明的基本原理，開始批判以理性主義為理論基礎的現代性，以尋求「更佳世界」的方案。從某種意義上說，西方後現代主義者的這種努力雖然在短期內很難成功，但還是有其合理性的，甚至是必要的。因為現代性強調的畢竟是工具理性而非價值理性，而缺乏價值理性的生活是不夠美滿的；就是說，他們在享盡現代性福祉的同時也受到了現代性所暴露出來的一些弊端的奴役。不可理解的是，前現代國家中的某些知識人，在工具理性遠沒有實現的情況下，從未享受過現代性的福祉，也鸚鵡學舌地跟著西方的後現代主義者批判現代性。比如，相當一批知識人著力於批評西方民主制的弊端。這是一種典型的時空錯位，如同不得溫飽者嘲諷為肥胖而發愁的人一樣可笑。而他們的基本做法，就是將傳統的和現代的、東方的和西方的等各種文明中的最佳元素抽取出來組合成一種「最佳文明」，並以此為目標從上到下地主導文明的發展。對於非西方國家在學習西方的時候不是學習西方的早期經驗而是學習西方晚期經驗的做法，弗裏德裏希·奧·馮·哈耶克的評論是，「此一發展趨向，甚為不幸」。而對於非西方國家力圖將現代性的消極作用和積極作用分離開來，並從上到下人為地主導文明生長的做法，哈耶克的勸告是：「如果人們容許那些受西方影響的地區所生發出來的文明自由生長，而非自上而下地迫使其生長，那麼它們就可能以一種更為快捷的方式獲致適當的發展形式」。[62] 哈耶克的評論和勸告，能給非西方國家如何學習西方文

---

62 〔英〕哈耶克：《自由秩序原理·導論》，鄧正來譯，北京：三聯書店，1997年，第3頁。

明提供某種啟示嗎？

六

用形態學的方法和傳統／現代或東方／西方二元對立的模式來研究歷史和文化，尤其是為堅持民主主義的馬克思（即本書所說的前期馬克思）辯護，在今天不是沒有挑戰的。毋庸諱言，這種挑戰主要來自文化保守主義及其在當代的變種——後殖民主義。這裡擬對後殖民主義，特別是作為後殖民主義的理論基礎的東方主義略加評論。

東方主義這一名詞具體產生於何時、由何人首先提出，我不清楚。但可以肯定的是，這一詞語的廣泛流行，與 1978 年出版的愛德華・W. 薩義德的《東方學》（*Orientalism*）[63] 一書有關。本來，東方主義指的是西方人對東方的傳統看法和言說東方的話語，不管對它作何種價值評價，其含義是十分明確的。但是，由於《東方學》的出版，東方主義這一概念變得模糊不清，十分混亂，以致我們面前呈現出兩種東方主義：西方傳統的東方主義和薩義德的東方主義。這兩種東方主義是有區別的。已有論者指出，薩義德的東方主義是「對傳統東方主義這一客體某一側面既片面又深刻的放大和重構」。[64] 我基本同意這一看法。但我要進一步指出的是，薩義德的東方主義不僅是對傳統東方主義的某一側面的片面的放大和重構，而且是對傳統東方主義的歪曲和重構。經歪曲和重構後的即薩義德的東方主義與西方傳統東方主義的根本區別在於：前者是以地理－文化重合論為基礎的，後者則是以地理－文化分離論為基礎的。

西方傳統的東方主義以地理－文化分離論為基礎是一個不難理解的命題。誠然，如《東方學》所說，西方傳統的東方主義是以「Self」（自我）／「Other」（他者）、「theOccident」（西方）／「theOrient」（東方）這一二元對立的思

---

[63] 薩義德的 *Orientalism* 有兩個中譯本：中國大陸學者譯為《東方學》（王宇根譯，北京：三聯書店，1999 年），臺灣學者譯為《東方主義》（王志宏等譯，臺北：立緒文化事業有限公司，1999 年）。已有論者指出，將薩義德的 *Orientalism* 譯為《東方學》是一種不成功的嘗試，因為它在形式上掩蓋了作者對東方主義所持的批判態度。我同意這一看法。

[64] 趙淳：《反思與質疑：薩義德和薩義德東方主義》，載於《外國文學》（北京），2007 年第 2 期，第 103 頁。

維方式來認識和言說西方和東方的。[65]在這種二元對立的思維模式下，西方／東方的關係變成了強者／弱者、現代／傳統、理性／非理性、先進／落後和文明／未開化或野蠻的關係。但是，西方傳統的東方主義並不認為在西方和東方之間有不可逾越的鴻溝。相反，所有的東方主義者都是地理－文化分離論者。馬克思是被《東方學》多次指為東方主義者並加以批評的，但僅從前述的馬克思的亞細亞生產方式概念就可以看出，馬克思是主張地理－文化分離論的。薩義德的《東方學》沒有提及黑格爾，但在薩義德的觀點下，黑格爾無疑是東方主義者；然而，黑格爾無疑也是地理－文化分離論者。也曾被《東方學》著力批評的東方主義者吉卜林，其詩句「東方是東方，西方是西方，二者永遠不能相遇」，被很多後殖民主義理論批判者援引，用以證明東方主義者在東方和西文之間劃出一條不可逾越的鴻溝。殊不知，吉卜林在這裡說的東方和西方「永遠不能相遇」是指地理而言的。如本書第一章第一節所論，在同一首詩中，在緊接前幾句談及文化時，吉卜林明確指出，東方和西方之間沒有「邊界」，意即文化在東方和西方之間可以由一方向另一方流動。可見，東方主義者吉卜林也是地理－文化分離論者。如果我們再考察美國東方主義者卡爾頓·約·亨·海思等人的觀點，那麼，東方主義者主張地理－文化分離論命題的正確性就更加確鑿無疑了。20世紀初，海思等人指出，自近代以降，民主制度、愛國主義以及物理、化學、生物、醫學等諸多科學發明，凡此種種，皆起源於歐洲。「但是歐洲並沒有把這些事情秘而不宣。從15世紀以來，歐洲各國就一點一點地把它們的文明傳播到全世界。」[66]無數事實證明，西方傳統的東方主義——姑且不對其作價值評價——是建立在地理－文化分離論的基礎上的。薩義德在《東方學》中引用了很多東方主義者的記述和言說，用以證明東方主義者在東方和西方之間劃出了一條不可逾越的界線。其實，這種批評是十分膚淺的。薩義德所引的材料大多是遊記、小說、散文等文學作品以及政府文告。對於這些材料，我們不能要求它們像一部學術著作那樣全面且系統地論述東方和西方的關係；

---

65 〔美〕薩義德：《東方學》，王宇根譯，北京：三聯書店，1999年，第3—4、6—7、263頁。
66 〔美〕海斯、穆恩、韋蘭：《世界史》下冊，中央民族學院研究室譯，北京：三聯書店，1975年，第1059頁。

即使是一部學術著作，也不一定非得從地理和文化的關係上論說東方和西方。但是不管它們如何言說，這些材料在邏輯上與地理－文化分離論的契合卻是確鑿無疑的，因為西方傳統的東方主義本來就是建立在地理－文化分離論的基礎上的。

　　與西方傳統的東方主義相反，薩義德的東方主義卻是建立在地理－文化重合論的基礎上的。如前所說，薩義德的《東方學》一書的核心觀念是剖析建立在東西二元對立基礎上的人我之別（Other／Self）。但是，薩義德筆下的東方主義也僅此而已。薩義德說西方傳統的東方主義在東方和西方之間劃出一條不可逾越的界線，實際上是他自己在東方和西方之間劃出一條不可逾越的界線。他認為「弱者完全能夠表達自己」，不需要強者表達，[67] 實際上是拒絕西方現代文明向東方傳布；他批評「現代東方，參與了其自身的東方化[68]」，[69] 實際上是要求東方拒絕西方現代文明；他拒絕馬克思的亞細亞生產方式理論，實際上是拒絕亞細亞生產方式理論中所包含的地理－文化分離論。《東方學》1995 年的《後記》最初在《泰晤士報文學副刊》上發表時，薩義德曾加了一個標題：「東方不是東方：東方主義時代的行將結束」。[70] 這「東方不是東方」與其說是對吉卜林的「東方是東方，西方是西方」的戲仿，不如說是對吉卜林的這一詩句的誤仿，因為他對吉卜林的東方和西方在文化上沒有「邊界」的詩句視而不見。誠然，說薩義德的東方主義有意要在東方和西方之間挖掘一條不可逾越的鴻溝，似乎也不公允。平心而論，《東方學》不辭辛苦地批判西方傳統的東方主義，其基本訴求就是要跨越幾個世紀以來東西方之間的似乎無法跨越的鴻溝。但是問題在於，他跨越的方法不是要求東方消滅自性，即改變自身的落後、非理性和野蠻，以跨越與西方之間的鴻溝，而是要求西方違背常理，即在承認、認可並尊重東方的落後、非理性和野蠻的前提下，發自內心地改變對東方的傳統的人文主義言說。如果說當年的空想社會主義是一種烏托邦，那麼薩義德的

67　〔美〕薩義德：《東方學》，王宇根譯，北京：三聯書店，1999 年，第 431 頁。
68　在後殖民批判主義理論的話語體系中，東方主義與西方中心主義同義。因此，這裡的「東方化」相當於人們平常所說的「西方化」或「西化」。——引者注
69　〔美〕薩義德：《東方學》，王宇根譯，北京：三聯書店，1999 年，第 418 頁。
70　Edward W. Said, *East isn't East: The impending end of the age of orientalism*, in Times Literary Supplement, February 3, 1995, p.3.

東方主義所包含的烏托邦成分與之相比有過之而無不及。所以從價值訴求到操作手段，薩義德的東方主義都在東方和西方之間挖掘了一條不可逾越的鴻溝。

吊詭的是，正是這種建立在地理－文化重合論基礎上的東方主義，卻批評西方傳統的東方主義是「共時本質論」的，[71] 即將東方和西方本質化。對於這種似是而非的批評，已有不少論者指出，這裡包含著不言自明的矛盾：當薩義德批評東方主義者的言說不符合伊斯蘭或東方的實際情況的時候，他的心目中實際上是存在一個客觀的伊斯蘭或東方的。在這裡我們需要追問的是：是什麼原因導致了薩義德在批評傳統東方主義的「共時本質論」的時候，自己又不自覺地走進了本質主義——而且是靜止不變的本質主義？根本原因在於，薩義德的東方主義以地理－文化重合論為基礎。

由於薩義德的東方主義以地理－文化重合論為基礎，所以，儘管薩義德一再反對本質主義，強調東方是發展、變化的，即所謂「東方不是東方」，但他卻不可能在從東方到西方的各國家和民族間建立起一種「家族相似」的關係。由於不能在世界各國間建立起「家族相似」的關係，當他論及東西方關係的時候，不得不又走進本質主義。相反，西方傳統的東方主義由於以地理－文化分離論為基礎，儘管它在很多時候將東方和西方本質化，但卻同時能在東方和西方的各國家和民族間建立起「家族相似」的關係。如果我們共時態地將目前世界上東方和西方的所有國家，按其現代性強弱的程度排在一個世界大家族的序列中，其排序大致應是這樣：美國、英國、法國、德國、俄國……，其餘的國家可以接著排下去；當然，尚未列出的國家，有些可能還應插在前述某國家之前。根據家族相似的在同一家族的成員中，「兩個相鄰的環節可能有共同的特徵，而且相互類似，而屬於同一家族相距很遠的兩個環節不再有任何共性」[72] 的原理，我們可以得出如下兩個結論：第一，西方傳統的東方主義並沒有像薩義德所批評的那樣，「將世界上的文化和民族強行分割成相互獨立的血統或本質」，或「將權力加入到理解之中以生產出像『東方』或『西方』這類類型化

---

71 〔美〕薩義德：《東方學》，王宇根譯，北京：三聯書店，1999年，第305頁。
72 《維特根斯坦全集》第4卷，程志民譯，石家莊：河北教育出版社，2003年，第66頁。

概念」。[73]試想,如果我們在上述長長的序列的中間階段,擇取幾個或十幾個、甚至幾十個國家,問一問這些國家在文化上究竟屬於東方還是西方,恐怕連薩義德自己也無法回答。第二,如果我們考察這一序列的兩端中每一端的幾個或十幾個、甚至幾十個國家,這兩組國家的文化性質無疑則存在著本質的差別。在這種情況下,我們說上述序列的前端和末端的幾個或十幾個、甚至幾十個國家分別為西方和東方,何錯之有?所以,西方傳統東方主義的「共時本質論」並不是在任何情況下都必然錯誤。相反,由於它以地理－文化分離論為基礎,它必然承認在歷時性上,上述序列後段的國家不管其地理位置屬於何方,在文化屬性上卻有不斷向前列國家靠近,並有一天實現文化轉型的可能。而且隨著時間的推移,這一序列整體的文化上的東方性和西方性亦會此消彼長。這種本質主義和家族相似的辯證關係,對於薩義德的東方主義來說,由於它以地理－文化重合論為基礎,所以無論如何是無法理解的。由此可見,薩義德的東方主義和西方傳統的東方主義雖然都叫東方主義,但二者只有表面上的相似之處,即在形式上都承認東方／西方的二元對立,但在深層上,即二者中的某特定一方是否能夠向對方轉化這一點上,則分道揚鑣了。這或許才是薩義德的東方主義與西方傳統的東方主義雖然同名,但卻批判後者的根本原因。由此看來,薩義德的東方主義由於奠基於地理－文化重合論,所以它對西方傳統東方主義的批判屬於無效批判,或者用生前任劍橋大學社會學人類學教授、被稱為「最後一個社會科學家」的厄內斯特·蓋爾納(Ernest Gellner)的話說,薩義德的東方主義是「淺薄的反殖民主義」。[74]在此意義上,本書以宏大敘事的方式對歷史和文化所作的形態學研究及其所得出的結論,應該能夠經受以薩義德的東方主義為代表當代後殖民批判主義理論的挑戰。

---

73 〔美〕薩義德:《東方學》,王宇根譯,北京:三聯書店,1999年,第447頁。
74 轉引自〔英〕齊亞烏丁·薩達爾:《東方主義》,馬雪峰、蘇敏譯,長春:吉林人民出版社,2005年,第111頁。

七

　　長期以來，學術界關於歷史哲學和文化哲學，特別是關於東方文化和西方文化關係的研究眾說紛紜，有些觀點甚至完全對立。為了給這一研究提供一種新的視角，同時，也為了踐行司馬遷所謂的「究天人之際，通古今之變，成一家之言」，在深知自己學力不逮的情況下，還是積 20 年之勞完成了這部人類文化史，並初步完成了對其理論基礎的論證。本書作為人類文化史，充其量只能稱作一個寫作提綱，甚至作為提綱也是很粗疏的；只是畫出人類文化史的主線，而即使作為一條主線也是很不連貫的。至於書中的缺點、錯誤更是難免；有些缺陷自己也明白，但苦於無力彌補。然而可以坦告讀者的是，書中的內容和觀點，都是我長期獨立思考的結果。讀者可以批評著者的觀點、見解有謬誤之處，但無法說著者言不由衷。就本書的基本觀點和理論體系而言，著者雖不無惶恐之感，但自認為言之有理，持之有據，邏輯自洽，至少可成一家之言。至於本書的基本觀點和理論體系以及重要觀點能否成立，其是非正誤，有待在爭鳴中得到驗證或澄清。

　　本書若能將歷史哲學和文化哲學的研究，特別是關於東方文化和西方文化關係的研究向前推進一步，則於願已足。

著者於南京
2023 年 5 月

第一章　地理－文化分離論

　　讀了本書題名中的副標題以後，可能有人會感到費解：「東方在何處」，還需要作為一個問題提出來討論？這是一個在中學教科書中早已解決了的問題。然而，正是這樣一個似乎早已解決了的問題，使古今中外的哲學家、社會學家、歷史學家乃至所有的人文社會學科的許許多多的專家們深感頭痛。因為這裡所說的「東方」不是自然中的東方，而是歷史中的東方，或者說不是地理上的東方而是文化上的東方。文化上的「東方在何處」的問題，是一個極為複雜的問題。一方面，文化上的東方與地理上的東方相聯繫，——東方文化的名稱因東方地理的名稱而來；另一方面，文化的上的東方又與地理上的東方相區別，——這從本書後面各章的論述中可以看到。由於文化上的東方同地理上的東方交織在一起，使得「東方在何處」的問題不能不變得極其複雜。它包括這樣一些需要我們去回答和解決的基本問題：什麼叫東方文化？什麼叫西方文化？東方有沒有西方文化？西方有沒有東方文化？如果有，那麼東方什麼時候有西方文化？西方什麼時候有東方文化？如此等等。顯然，這些問題都不是容易說清楚的，因為它們涉及文化研究的基礎理論。從某種意義上說，「東方在何處」的問題既是比較文化研究的核心問題，也是東西方各種文化思潮紛爭的焦點所在；只有正確地回答了它，比較文化研究以及世界範圍內的文化轉型和文化建設，特別是東方國家的文化轉型和文化建設，才能具有正確的方向。

　　那麼，東方究竟在何處呢？

　　要回答「東方在何處」的問題，首先必須明白地理上的東方和文化上的東方這兩者的聯繫和區別，同時也必須明白地理上的西方和文化上的西方這兩者的聯繫和區別。本章的主要任務就是討論以上這兩種（實際上是一種）聯繫和區別。

第一節
地理上的東方和文化上的東方——
東方和西方的地理－文化重合論考察

可以肯定地說，在遠古人類那裡，既無我們現在所理解的東方概念也無我們現在所理解的西方概念——無論是文化上的還是地理上的。我們現在所理解的東方和西方的概念最早出現在希臘人那裡，這見諸希多羅德的《歷史》。不過，希羅多德在他的著作中用的不是「東方」和「西方」，而是「亞細亞」和「歐羅巴」。但是，這裡的亞細亞和歐羅巴的概念分別同東方和西方的概念大致一致：亞細亞或東方指的是愛琴海以東的亞洲大陸，歐羅巴或西方指的是愛琴海以西的歐洲大陸。由希臘人確定並通過希羅多德流傳下來的東方和西方的概念至今沒有改變，估計以後也不會改變，因為這裡所說的「東方」或「西方」是地理上的——地理上東方和西方是自然形成的，它們將與地球同在。

但是，「東方」或「西方」的概念除了地理上的意義以外，還有文化上的意義。就是說，除了有東方地理或西方地理以外，還有東方文化或西方文化。什麼叫東方文化和西方文化？對於這個問題我們暫且不加嚴格界定，姑且沿用學界的通常理解，即主張靜止、情感和群體的文化叫東方文化，主張變化、理性和個體的文化叫西方文化。這裡需要著重討論的是這樣一個問題：既然東方或西方有地理上的和文化上的雙重含義，那麼地理上的東方或西方同文化上的東方或西方之間究竟是什麼關係？

在東方地理或西方地理與東方文化或西方文化之間的關係上，人們通常認為這兩者是相互重合的，即在地理上的東方所產生的文化就是東方文化，在地理上的西方所產生的文化就是西方文化。我們姑且把這種觀點稱之為地理－文化重合論。這種地理－文化重合論的觀點，同樣可以溯及希臘人及其歷史學家希羅多德。希氏在他的史書裡，根據當時的歷史幻想，記載了希臘人同波斯人之間的戰爭和「歐亞之間的世仇」，這樣就把「歐羅巴」和「亞細亞」當作相互對立和爭雄的實體。「由於他的大手筆的影響，這個西元前5世紀的古代希

臘的幻想便流行於後世」。[1]當然，在希臘人那裡，乃至於在近代以前，由於東西方交往不是很多，更由於西方還沒有發展出近代工業文明，因此，人們的地理－文化重合論的意識並不明顯。對地理歸屬和文化性質關係的思考，是近代以來歷史給人們提出的任務。具體地說，近代以降，尤其是19世紀以來，西方文化隨著軍事的和經濟的力量進入東方，與東方文化發生了直接的碰撞，地理－文化重合論正是在這一背景下產生的，而在現代特別是當代受到一部分人的強調。本節的任務就是對東方和西方的地理－文化重合論的三位代表者的思想加以考察，他們分別是中國的李大釗、阿拉伯世界的愛德華·薩義德和英國的約翰·霍布森。

一、李大釗的地理－文化重合論

20世紀20年代，國人李大釗持地理－文化重合論的觀點。李大釗認為，東西方文明之差異是同地理環境聯繫在一起的，「歐羅細亞大陸之中央有一凸地曰『棹地』（Table Land），此與東西文明之分派至有關係。因其地之山脈，不延於南北，而互乎東西，足以障阻南北之交通。人類祖先之分布移動，乃以成二大系統：一為南道文明，一為北道文明。……南道文明者，東洋文明也；北道文明者，西洋文明也。南道得太陽之恩惠多，受自然之賜予厚，故其文明為與自然和解、與同類和解之文明。北道得太陽之恩惠少，受自然之賜予嗇，故其文明為與自然奮鬥、與同類奮鬥之文明。」[2]李大釗還認為，東洋文明和西洋文明之間的差異是極其明顯的：「一為自然的，一為人為的；一為安息的，一為戰爭的；一為消極的，一為積極的；一為依賴的，一為獨立的；……一為直覺的，一為理智的；一為空想的，一為體驗的；一為藝術的，一為科學的；一為精神的，一為物質的」，等等。[3]在李大釗看來，東方文化是在東方這塊土地上產生的，西方文化是在西方這塊土地上產生的。東西方文化之間的差異不僅有其自然的即地理的因素，而且將與這個因素同在——與陽光輻射在地球上

1　〔英〕湯因比：《歷史研究》下冊，曹未風等譯，上海：上海人民出版社，1964年，第290頁。
2　《李大釗文集》上冊，北京：人民出版社，1984年，第557頁。
3　《李大釗文集》上冊，北京：人民出版社，1984年，第557—558頁。

不同部位的差異同在。

在這裡，我把李大釗的東西文化觀歸結為地理－文化重合論，但是，對此尚須作進一步的論證。李大釗的文化觀十分混亂，並相互矛盾。從某種意義上說，李大釗是一個全盤西化論者。他說東方文明是「靜的」文明，西方文明是「動的」文明；他認為：「吾人認定於今日動的世界之中，非創造一種動的生活，不足以自存。吾人又認定於靜的文明之上，而欲創造一種動的生活，非依絕大之努力不足以有成。」所以李大釗希望沉毅有為、堅韌不撓之青年要擔當如下重任，即「俾我國家由靜的國家變而為動的國家，我民族由靜的民族變而為動的民族，我之文明由靜的文明變而為動的文明，我之生活由靜的生活變而為動的生活；勿令動的國家、動的民族、動的文明、動的生活，為白皙人種所專有；以應茲世變，當此潮流」。[4] 從這一點來看，說李大釗是全盤西化論者一點不為過。但是縱觀李大釗的東西文化觀，全盤西化論在他的思想中並不占主導地位，占主導地位的是東西文化調和論。李大釗認為，東西文化或東西文明雖有種種差異，但「東西文明，互有長短，不宜妄為軒輊於其間」。「東洋文明與西洋文明，實為世界進步之二大機軸，正如車之兩輪、鳥之雙翼，缺一不可。而此二大精神之自身，又必須時時調和、時時融會，以創造新生命，而演進於無疆。」[5] 他還對如何調和東西方文明制定了原則：調和的手段在於「自他」「兩讓」，調和的目的在於「自他兩存」。[6] 在這裡，不難看出李大釗的東西文化調和論的觀點。

李大釗的東西文化調和論，不僅表現在一般的議論中，而且有具體的設想、具體的指向；這個具體的指向就是——他希望俄羅斯擔當此任。1918 年 7 月 1 日，李大釗在《言治》季刊第 3 冊發表的題為《法俄革命之比較觀》的文章中，具體討論了這個問題。李大釗在文中認為，由地理之位置言之，俄國位於歐亞接壤之交，故其文明之要素，實兼歐亞之特質而並有之，因此，「俄羅斯之精神，實具有調和東西文明之資格」。[7] 對於這個觀點，李大釗是這樣論證

4　《李大釗文集》上冊，北京：人民出版社，1984 年，第 439、440 頁。
5　《李大釗文集》上冊，北京：人民出版社，1984 年，第 560 頁。
6　《李大釗文集》上冊，北京：人民出版社，1984 年，第 550 頁。
7　《李大釗文集》上冊，北京：人民出版社，1984 年，第 574 頁。

的：「原來亞洲人富有宗教的天才，歐洲人富有政治的天才。世界一切之宗教，除多路伊德教[8]外，罔不起源於亞洲，故在亞洲實無政治之可言，有之皆基於宗教之精神而為專制主義之神權政治也。若彼歐洲及其支派之美洲，乃為近世國家及政治之淵源，現今施行自由政治之國，莫不宗為式範，流風遐被，且延及於亞洲矣。」在分析了亞歐各自的特點後，李大釗開始考察俄國：「俄國國民，有三大理想焉。『神』也，『獨裁君主』也，『民』也，三者於其國民之精神，殆有同等之勢力。所以然者，即由於俄人既受東洋文明之宗教的感化，復受西洋文明之政治的激動，『人道』、『自由』之思想，得以深中乎人心。故其文明，其生活，半為東洋的，半為西洋的」。但是，由於種種原因，直到十月革命之前，「蓋猶未奏調和融會之功」。而「今俄人因革命之風雲，沖決『神』與『獨裁君主』之勢力範圍，而以人道、自由為基礎，將統治一切之權力，全收於民眾之手。世界中將來能創造一兼東西文明特質，歐亞民族天才之世界的新文明者，蓋舍俄羅斯人莫屬。」[9]首先需要指出，李大釗的這番論證，姑且暫時拋開其觀點不談，其邏輯也是很有問題的。第一，既然亞洲的特點在於「皆基於宗教之精神而為專制主義之神權政治」，那麼，這種「專制主義之神權政治」何以能夠產生「人道」之思想？又何來的「人道」成為俄國人創造「新文明」的基礎？第二，既然俄國國民精神的三項內容中的兩項，即「神」和「獨裁君主」精神都來源於亞洲的「專制主義之神權政治」，而這兩項精神又是「今俄人之革命」「沖決之勢力範圍」，那麼，俄國人創造的新文化——即使有新文化，即使俄國人能夠創造新文化——主要不是調和東西文化，而是消滅東方文化，代之以西方文化。然而，在這些混亂的邏輯中，李大釗由於受他的東西文化調和論的支配，竟然牽強附會地得出「世界中將來能創造一兼東西文明特質，歐亞民族天才之世界的新文明」的結論；而且認為，這一任務的擔當者，「蓋舍俄羅斯人莫屬」。從李大釗在顯意識中刻意追求東西文化調和的觀點來看，我們有理由認為，李大釗是東西文化調和論者。

8　多路伊德教，即 Druidism，又譯督伊德教，是古代凱爾特人信奉的一種原始宗教，西元前一千年代後半期在高盧、不列顛和愛爾蘭等地廣泛傳播。——引者注

9　《李大釗文集》上冊，北京：人民出版社，1984年，第574—575頁。

东西文化调和论与地理－文化重合论具有内在逻辑联系：地理－文化重合论是东西文化调和论的逻辑前提，东西文化调和论是地理－文化重合论的逻辑发展。在此意义上，我认为李大钊的东西文化观的主导倾向是地理－文化重合论。这种观点直至今天仍然受到儒教文化圈中尤其是中国很多人的追捧。

二、萨义德的地理－文化重合论

如果说李大钊在 20 世纪前期是在具体的描述中将地理上的东方或西方同文化上的东方或西方相互重合起来的话，那么，爱德华·萨义德（Edward W. Said）在 20 世纪后期，则在抽象的论述中将地理上的东方或西方与文化上的东方或西方相互重合起来。不过，要说明萨义德的地理－文化重合论，不像说明李大钊的地理－文化重合论那样容易，需要花费较多的笔墨。但是，本书的结构又不允许对此花费太多的笔墨，因此这里只能尽量以浓缩的篇幅加以讨论。

萨义德在《东方学》中指出：「东方并非一种自然的存在。它不仅仅存在于自然之中，正如西方也并不仅仅存在于自然之中一样。……作为一个地理的和文化的——更不用说历史的——实体，『东方』和『西方』这样的地方和地理区域都是人为建构起来的。因此，像『西方』一样，『东方』这一观念有著自身的历史以及思维、意象和词汇传统。正是这一历史与传统使其能够与『西方』相对峙而存在，并且为『西方』而存在。因此，这两个地理实体实际上是相互支援并且在一定程度上相互反映对方的。」[10] 这种将「东方」和「西方」看成地理的和文化的实体，认为各自凭著「自身的历史以及思维、意像和词汇传统」与对方相对峙而存在，并且在一定程度上反映著对方的观点，明显地是地理－文化重合论。但是，问题并没有这么简单。如果我将这里的观点直接当成萨义德的地理－文化重合论，一定会遭到很多论者的反对。他们会说，这种将东方和西方二元对立的观点是东方主义的观点，而东方主义正是萨义德所批评的。对于这个问题，本书《自序》已经作了初步的讨论。在那里我已经指出，萨义德确实批评东方主义，但是，萨义德所批评的东方主义（我把它称之为西方传统的东方主义），与萨义德所理解的东方主义即萨义德的东方主义完全是

---

[10] 〔美〕萨义德：《东方学》，王宇根译，北京：三联书店，1999 年，第 6—7 页。

兩回事。前者以地理－文化分離論為基礎，後者以地理－文化重合論為基礎。這裡，我想對薩義德的地理－文化重合論再作點補充論證，而這一補充論證擬從薩義德的文化相對主義切入。

薩義德實際上是文化相對主義者，僅在《東方學》中可以證明這一點的論據就俯拾即是。他主張各種文明具有同等的價值：當東方主義者夏多布里昂認為主張自由、民主的西方文明優於並終將取代實行「暴政和奴役」的伊斯蘭文明的時候，他明確表示反對，並批評說：「這是對下面這樣一種在歐洲寫作中將獲得一種幾乎令人無法忍受的權威地位的觀念第一次意義深遠的表達（下面的這種在歐洲寫作中的「權威地位的觀念」，指的是夏多布里昂和其它東方主義者認為，東方人特別是穆斯林，不懂自由的意義。——引者注）」。[11] 他要求人們對東方和希臘懷有完全相同的感情：他在批評另一個東方主義者諾爾德克時說：「諾爾德克是希臘文化的愛好者，但令人奇怪的是，他對希臘的熱愛卻是通過表達對東方的厭惡而顯示出來的，這一點多少有些滑稽，因為不管怎麼說，後者畢竟是他的學術研究物件之一。」[12]（順便指出，薩義德的觀點確實有些滑稽，在他看來，人們不管研究什麼都應該對研究物件懷有景仰之情。）不僅如此，薩義德還像中國的季羨林一樣，持有「三十年河東，三十年河西」論。他承認自18世紀末以來，東學的西進與西學的東進不能相提並論。但是薩義德同時指出：「東西方之間的這一不平衡是不斷變化的歷史模式的產物。從8世紀到16世紀，伊斯蘭一直處於政治的和軍事的黃金時期，一直支配著東方和西方。接著，權力中心發生了西移，直到20世紀晚期才似乎又有回歸東方的趨勢。」[13] 更有甚者，薩義德也像季羨林一樣，持文化輸出和輸入相等論。他

11　〔美〕薩義德：《東方學》，王宇根譯，北京：三聯書店，1999年，第222頁。
12　〔美〕薩義德：《東方學》，王宇根譯，北京：三聯書店，1999年，第266頁。
13　薩義德的這段話載於他的《東方學》（王宇根譯，北京：三聯書店，1999年）第261頁。眾所周知，季羨林曾經說過：「從人類幾千年的歷史上來看，東西方文化的相互關係是『三十年河西，三十年河東』」。中國在漢唐時期「是世界經濟文化的中心」；近代以來，「西方人挾其科技優勢，自命為天之驕子」。但是，「自21世紀起，東方文化將逐漸取代西方文化」。（季羨林：《三十年河東三十年河西》，北京：華藝出版社，2008年，第20—21頁。）看來，儒教文化和伊斯蘭文化面臨的首要任務不是各自與西方文化比出高下，而是應該在相互之間分別伯仲了。

看到近東當代文化有受歐美文化模式主導的趨勢，並把反映這趨勢的東西方關係概括為「一邊倒的關係」，即：「美國是（阿拉伯）少量產品（主要是石油和廉價勞動力）有選擇的消費者，而阿拉伯則不加選擇地消費著各種各樣的美國產品——物質的和意識形態的。」但是，對於這種趨勢和這種關係，薩義德的態度不是樂見其成，而是感到「痛苦」。[14] 從薩義德和季羨林的比較中可以看出，狹隘的民族主義者有著共同的文化心態和共同的文化觀點。這裡更值得關注的是，以上各點無不顯示出薩義德的文化相對主義主張。

我們注意到，在《東方學》的結尾處，薩義德曾表示他的書是描述東方主義這一觀念體系，「而絕不是試圖用新的體系代替舊的體系」。然而在我看來，薩義德的這一表白並不符合他在描述這一體系時所持的批判立場，而且言不由衷。薩義德在他的書中明確指出：東方主義是失敗的：「既是學術的失敗也是人類的失敗」。[15] 一個觀念體系既然失敗了，而不用另一個可能成功的體系取代它，是說不通的。實際上，在薩義德的心目中，取代東方主義這一觀念體系的體系是存在的。雖然他本人沒有著手去建立這一體系，但他從未對這一體系的誕生失去希望，並且明確地把建構這一體系的希望寄託於別人：既寄希望於「對伊斯蘭的興趣足夠獨特和具體」的而不是拘泥於「東方學的成規、偏見和教條」的阿拉伯的學者，又寄希望於「將自己從舊的意識形態枷鎖中解脫出來」的「受傳統東方學訓練的（西方的）學者和批評家」。[16] 那麼，薩義德心目中的應該和可能取代東方主義這一觀念體系的體系是什麼呢？如果聯繫到他在《東方學》中也曾明確表達的取代東方主義的答案「不是西方主義」[17] 的觀點，我們就不難得出結論，薩義德的基本思路和基本觀點是：東方主義是錯誤的，西方主義也是錯誤的，它們都應該被超越；理想的言說世界的觀念體系應該是

14　薩義德的這一觀點見他的《東方學》（王宇根譯，北京：三聯書店，1999 年）第 415、417 頁。同樣眾所周知，季羨林也曾說過：「講文化交流，就要強調一個『交』字，出入應該基本等同。入超和出超，都不恰當。我們現在的問題是入超嚴重。」（季羨林於 1988 年 6 月 5 日給《中外比較文化叢書》所作的獻辭。載於高旭東：《生命之樹與知識之樹——中西文化專題比較》，石家莊：河北人民出版社，1989 年，扉頁。）

15　〔美〕薩義德：《東方學》，王宇根譯，北京：三聯書店，1999 年，第 421 頁。

16　〔美〕薩義德：《東方學》，王宇根譯，北京：三聯書店，1999 年，第 419 頁。

17　〔美〕薩義德：《東方學》，王宇根譯，北京：三聯書店，1999 年，第 422 頁。

既超越了東方主義的、又超越了西方主義的「普世主義」。從這種普世主義觀念出發，東方人在言說世界的時候只能（而且能夠）言說東方，即使在需要言說西方的時候，也不應對西方（文化）懷景仰之情。同樣，從這種普世主義觀念出發，西方人在言說世界的時候只能言說西方，即使在需要言說東方的時候，也不應對東方（文化）懷厭惡之感。這樣，東方和西方就完全平等、平權、平衡了。這就是薩義德主張的言說世界，具體地說，是言說東方和西方關係的普世主義的觀念體系和方法論。[18] 以薩義德的這種既超越東方主義又超越西方主義的普世主義的觀念體系和方法論為根據，我們說薩義德是文化相對主義者，難道還不足以成立嗎？再回到論題本身，根據理論邏輯，文化相對主義與地理－文化重合論二者之間具有內在聯繫──文化相對主義正是建立在地理－文化重合論的基礎上的。由此看來，前面引述的薩義德所概括的以東方和西方二元對立形式表現出來的地理－文化重合論，實際上並不是西方傳統的東方主義的方法論，而是薩義德本人所主張的方法論。事實上，薩義德是一個典型的地理－文化重合論者。如果說李大釗的觀點反映了儒教文化圈對地理上的東方或西方同文化上的東方或西方關係的理解，薩義德的觀點則反映了阿拉伯世界和伊斯蘭文化圈對地理上的東方或西方同文化上的東方或西方關係的理解，儘管後者的主張者身在西方。

三、霍布森的地理－文化重合論

我們也注意到，將地理上的東方或西方與文化上的東方或西方相重合的觀念不僅存在於東方世界，同樣也存在於西方世界。就當代而言，這種觀念主要存在於西方的後殖民主義理論中，這裡僅以英籍學者約翰・霍布森（John M. Hobson）為代表，試對他的地理－文化重合論略加剖析。

---

[18] 這使我們想起了亞洲價值觀的倡導者。本書《自序》指出，亞洲價值觀倡導者的基本主張是歐洲價值觀不是惟一的，亞洲價值觀也不是惟一，因為二者都有各自的缺點，因此二者都應該被超越和取代。取而代之的價值觀是一種既超越了亞洲價值觀又超越了歐洲價值觀的普世主義價值觀，這種價值觀既能被亞洲人接受，也能被歐洲人接受。在這裡我們不僅又一次看到狹隘的民族主義者有著共同的文化心態和共同的文化觀點，而且進一步確信上述對薩義德處理東方主義和西方主義關係的基本思路和基本觀點的歸納是正確的。

霍布森著有《西方文明的東方起源》[19]一書,該書的基本觀點是反對歐洲中心論。[20] 霍布森認為:長期以來,西方的主流觀點一直認為,自希臘起西方文明就一直高於東方文明,但這是歐洲中心論者製造的神話。實際情況是,在自西元500年至1800年間,「東方一直比西方發達」,東方一直領先於世界並影響著西方。[21] 據此,他提出「東方化西方」[22]的概念。所謂「東方化西方」,就是西方文明是在吸取東方的物質和思想資源的基礎上成長起來的,即西方被東方文化演而化之了,儘管西方在吸取東方資源的過程中也發揮了「能動性」;而西方只是在西元1800年以後才超過東方。對於霍布森的這一觀點,我們不難考察它同地理－文化重合論的內在聯繫。

從「東方化西方」的概念來看,霍布森似乎是反對地理－文化重合論的,至少承認文化和地理可以分離——東方文化可以離開東方向西方傳播。然而,這是霍布森在地理和文化關係上觀點的實質嗎?假如是,他為什麼要反對歐洲中心論呢?眾所周知,歐洲中心論不僅認為在西元500年至1800年間,西方文明高於東方文明,而且認為歐洲具有自由、民主的價值觀和理性的制度,東方則沒有,而這一價值觀和制度終將傳至東方。正是這後一層意思,霍布森無論如何是不能接受的。他在該書帶有緒論性的第一章中曾明確指出,他反對歐洲中心論「所有人類歷史都不可避免地、漸進地通向西方資本主義近代性的終點」[23]的觀點,這才是霍布森同歐洲中心論分歧的實質所在。本書在《自序》和稍前語及薩義德的地理－文化重合論時已用大量事實證明,東方主義或歐洲中心論(霍布森承認這兩個詞在他的書中作同義詞被交替使用)是建立在地理－文化分離論的基礎上的。霍布森既然反對歐洲中心論,那麼他必然反對作為

19　此書由英國劍橋大學出版社2004年出英文版;中文本由孫建黨譯,濟南:山東畫報出版社2009年出版。
20　〔英〕霍布森:《西方文明的東方起源》,孫建黨譯,濟南:山東畫報出版社,2009年,第2、4、5頁。
21　〔英〕霍布森:《西方文明的東方起源》,孫建黨譯,濟南:山東畫報出版社,2009年,第3、264頁。
22　〔英〕霍布森:《西方文明的東方起源》,孫建黨譯,濟南:山東畫報出版社,2009年,第5、18、23、261頁。
23　〔英〕霍布森:《西方文明的東方起源》,孫建黨譯,濟南:山東畫報出版社,2009年,第10頁。

歐洲中心論理論基礎的地理－文化分離論。霍布森既然反對地理－文化分離論，必然會主張地理－文化重合論；儘管他對地理－文化重合論和分離論的關係可能未作更多的和自覺的思考，但是邏輯的結論只能是如此。那麼，如何解釋霍布森在講述東方文化向西方傳播過程中所表現出來的地理和文化分離的現象呢？其實，霍布森在他的書中講的東方文化向西方傳播，其中能夠成立的內容，主要指的是某種物質產品（如茶葉、絲綢、陶瓷等）和某項技術成果（如鐵鏵犁、馬鐙、印刷術等）。這些東西固然也是文化的組成部分，但卻是文化的淺層次的部分，而不是深層次的部分，更不是文化的整體。這些東西是可能在不分整體文化高低的情況下，由一地向需要它的另一地流動的。承認這些東西由一地向另一地流動，並不等於承認了地理－文化分離論。所以，不能因為霍布森講述東方的這些東西向西方傳播，就說他主張地理－文化分離論。如果一定要把霍布森關於東方的某種物質產品和某項技術成果向西方傳播的歷史敘述說成是地理－文化分離論，那麼這也只是一種不自覺的和不徹底的地理－文化分離論。而不自覺的和不徹底的地理－文化分離論，必然導致地理－文化重合論，就像霍布森的實際所為。

在霍布森敘述的東方傳向西方並認為成為促進西方文明成長的資源中，不僅有具體的物質產品和技術成果，而且有思想和制度。遠的不說，就近代而言，霍布森認為：文藝復興是在東方尤其伊斯蘭的影響下產生的；[24] 啟蒙運動得益於中國的儒家思想；[25] 西方經濟發展中的「自由放任」原則來源於中國道家的「無為」思想；[26] 而英國的工業革命則是對中國宋代工業革命的「模仿」。[27] 這些不都是東方文化中深層次的東西向西方傳播嗎？誠然如此。但問題在於：霍布森

24　霍布森在這裡講伊斯蘭對歐洲文藝復興的影響，不是指的伊斯蘭教對希臘和羅馬典籍的保存和在文藝復興前向歐洲的傳遞，而是指伊斯蘭教對文藝復興的思想資源的貢獻。此處霍布森的觀點見他的《西方文明的東方起源》，孫建黨譯，濟南：山東畫報出版社，2009 年，第 105、157 頁。

25　〔英〕霍布森：《西方文明的東方起源》，孫建黨譯，濟南：山東畫報出版社，2009 年，第 170、172、174 頁。

26　〔英〕霍布森：《西方文明的東方起源》，孫建黨譯，濟南：山東畫報出版社，2009 年，第 176 頁。

27　〔英〕霍布森：《西方文明的東方起源》，孫建黨譯，濟南：山東畫報出版社，2009 年，第 170、172 頁。

的這些觀點本身能否成立？無論從歷史上考察還是從邏輯上論證，霍布森的這些觀點都是難以成立的。僅從東方來說，既然伊斯蘭影響了歐洲的文藝復興，為什麼伊斯蘭世界至今未實現對希臘羅馬文化的復興？既然中國的儒家思想影響了歐洲的啟蒙運動，為什麼產生儒家思想的中國至今自己尚未完成啟蒙？既然中國道教的「無為」思想是西方「自由放任」經濟原則的淵源，為什麼中國的經濟至今尚處於統制經濟的體制中？同樣，既然中國宋代的工業革命是英國工業革命的樣板，為什麼中國至今仍然處於農業國時代？除非霍布森認為並且能夠證明，伊斯蘭文化圈的阿拉伯世界和儒教文化圈的中國既實現了對希臘羅馬文化的復興，又完成了以弘揚理性精神為核心的啟蒙，並且已處於市場經濟和工業國時代。而這與霍布森認同的西元1800年以後東方才落後於西方的觀點是相矛盾的。所以，對這些問題的合理解釋只能是，霍布森犯了混淆東方文明和西方文明性質的錯誤。他為什麼會混淆東西方文明的性質呢？根本原因在於：在霍布森的心目中，文明或文化沒有性質之分，只有地區之別。或者說，在霍布森看來，凡是在東方產生的文明或文化，不管其演進程度如何，都是東方文明或東方文化；凡是在西方產生的文明或文化，也不管其演進程度如何，都是西方文明或西方文化。而這正是地理－文化重合論的要義所在。《西方文明的東方起源》一書對世界歷史的敘述就是奠定在這一基點之上的，儘管它在表面上以文化傳播的形式表現出來。

也許霍布森對我的批評不以為然。他會說，你這是歐洲中心論的觀點——認為世界歷史具有單一的發展模式：西方一直領先於東方。事實上，霍布森已經這樣說了。霍氏認為，世界歷史沒有、也不可能有單一的發展模式：全球的主導力量從來就不是一直在一個地方，而是在不同地區跳躍的。「在大約西元500至1000年之間，全球的主導力量在中東。到1100年時開始向東轉移，中國成了全球集約型經濟的主導力量，到15世紀時成了全球粗放型經濟的主導力量。約西元1500年後，當歐洲開始實行帝國主義，並且同時加強他們與東方的聯繫時，全球的主導力量開始逐漸向西轉移。但是，英國僅僅到進入工業化時期時才成為全球集約型和粗放型經濟的主導力量。」[28] 鑒於對世界歷史發展模

---

28 〔英〕霍布森：《西方文明的東方起源》，孫建黨譯，濟南：山東畫報出版社，2009年，第276—277頁。

式的這種認知，霍布斯進一步說：假設我們生活在西元 900 年，那時伊斯蘭中東或北非是文明的搖籃，它是世界上經濟最發達的地區和全球經濟的中心。這時，如果人們要寫一部關於宗教倫理與資本主義發展的書，題目肯定不會是《基督教新教倫理與資本主義精神》；相反，「人們更可能會寫一本叫做《伊斯蘭教倫理與資本主義精神》的書，它將明確闡釋為什麼只有伊斯蘭世界能夠取得重大的經濟發展，以及為什麼基督教歐洲將永遠陷入農業停滯的困境」。[29] 或者，假設我們回到了 1100 年，那時由於中國政權的強大和社會的穩定，特別是由於中國經濟在世界上的領先地位以及具有獨特理性的儒家信仰對經濟發展的促進作用，「也許我們可以寫本題為《儒教倫理與資本主義精神》的書，它將明確闡釋為什麼天主教教義不利於經濟發展，而為什麼只有儒家學說才包含了一套正確的美德，從而使經濟取得重大進步」。[30]「同樣地，如果我們生活在 1900 年並探討西方崛起成為主導力量的原因，如果我們還用先前伊斯蘭或中國的優越性理論來解釋就很成問題。」換言之，只有在這時，闡釋基督新教促進經濟發展的《基督教新教倫理與資本主義精神》一書才有意義。[31] 引文有點冗長，但評論可以簡短。在這裡我們又一次看到了季羨林同時也是薩義德的「三十年河東，三十年河西」論。前面的論證已經表明，「三十年河東，三十年河西」論是典型的文化相對主義。而文化相對主義同地理－文化重合論的內在聯繫不需要贅言。

　　這裡簡單分析一下霍布森對歐洲中心論者約瑟夫·魯德亞德·吉卜林的批評，也許對我們認識霍氏的地理－文化重合論不無補益。霍布森認為，吉卜林像其它東方主義者或歐洲中心論者一樣，把東方和西方的關係等同於落後和先進的關係，並在二者之間虛構了一條不可逾越的鴻溝；他舉出了吉卜林的「東

29　〔英〕霍布森：《西方文明的東方起源》，孫建黨譯，濟南：山東畫報出版社，2009 年，第 262—263 頁。
30　〔英〕霍布森：《西方文明的東方起源》，孫建黨譯，濟南：山東畫報出版社，2009 年，第 263 頁。
31　〔英〕霍布森：《西方文明的東方起源》，孫建黨譯，濟南：山東畫報出版社，2009 年，第 263—264 頁。

方是東方，西方是西方，二者永遠合不到一起」的詩句為他的觀點作證。[32] 下面我們將會看到，正是在這種舉例和論證過程中，顯示出霍布森的地理－文化重合論。實際上，吉卜林在《東方和西方的歌謠》的開頭和結尾處，曾兩遍寫下完全相同的如下的詩句，其英文原文是這樣的：

> Oh East is East, and West is West, and never the
> twain shall meet,
> Till Earth and Sky stand presently at God's
> great Judgment Seat;
> But there is neither East nor West Border,
> nor Breed, nor Birth,
> When two strong men stand face to face, tho'
> they come from the ends of the earth！

> （啊！東方是東方，西方是西方，
> 二者永遠不能相遇，
> 除非天地受到上帝的審判；
> 當兩位強者相逢，
> 儘管他們來自地球的兩端，
> 既沒有東方和西方的邊界，也沒有種族和出身的區別。）[33]

不難理解，吉卜林的「東方是東方，西方是西方，二者永遠不能相遇」這幾行詩是在地理意義上而言的，地理上的東方和西方當然永遠不能相會。而當談及文化時，吉卜林明確指出，東方和西方之間「沒有邊界、種族和出身的區別」，意即文化可以離開地理向需要它的另一方流動。很顯然，吉卜林是主張

---

32 〔英〕霍布森：《西方文明的東方起源》，孫建黨譯，濟南：山東畫報出版社，2009年，第9頁。
33 Rudyard Kipling, *The Favorite Poems & Ballads of Rudyard Kipling*, New York：Triangle Books , 1939, p.1 & p.7.

地理－文化分離論的，他並沒有像包括霍布森在內在的眾多後殖民主義者所批評的那樣，在東方和西方之間虛構出一條不可逾越的鴻溝。現在的問題是，霍布森為什麼像薩義德一樣，對吉卜林這首詩的緊接前面幾行的後面幾行視而不見？究竟是有意為之，還是無意所為？若是前者，只能說明霍布森本來就反對地理－文化分離論；若是後者，只能說明霍布森的頭腦中沒有地理－文化分離論的主觀圖式，所以對吉卜林詩中包含的地理－文化分離論不能理解並視而不見。而無論是哪種情況，只能說明霍布森主張的是地理－文化重合論。

綜上所述，我們有理由認為，霍布森的觀點反映了西方後殖民主義理論對地理上東方或西方同文化上東方或西方關係的理解。

由此可見，在地理上的東方或西方與文化上的東方或西方的關係問題上，世界各地的人相當普遍地認為，這二者是相互重合、密不可分的。就是說，東方文化就是東方這塊土地上產生的文化，西方文化就是西方這塊土地上產生的文化。反過來說也一樣，東方這塊土地只能產生東方文化，西方這塊土地只能產生西方文化。總之，地理上的東方或西方與文化上的東方或西方分別密不可分。如前所說，我們把這種觀點稱之為地理－文化重合論。這是從古希臘起一直流行下來的觀點，時至今日，這種觀點仍在人們的頭腦中占居統治地位。

然而，地理－文化重合論是正確的嗎？換言之，地理上的東方或西方與文化上的東方或西方是相互重合、不可分離的嗎？我暫且不想給出自己的答案，而只想依據事實提出兩個問題來供人們思考。我的問題是：昨日之德國在文化上是西方還是東方？今日之日本在文化上是東方還是西方？在回答這兩個問題之前，我們首先對東方文化和西方文化的內涵作較為全面的界定。

眾所周知，文化是包括物質技術層面、組織制度層面和思想觀念層面在內的整個社會系統。人們通常所說的東方文化，實際上是指建立在農耕生產方式之上的、以專制政治為其組織制度特徵的，並包括崇尚情感、群體和道德等價值觀念在內的整個社會體系；簡言之，實際上就是農業文化。同樣，人們通常所說的西方文化，實際上是指建立在工業生產方式之上的、以民主政治為其組織制度特徵的，並包括崇尚理性、個體、法律等價值觀念在內的整個社會體系，簡言之；實際上就是工業文化。那麼，根據這裡界定的東方文化和西方文化的內涵，究竟如何確定昨日之德國和今日之日本的文化屬性呢？或者更進一步說，在德國和日本是否存在過或存在著地理歸宿和文化屬性的分離呢？

第二節

德國是西方還是東方

在地理區域上,德國無疑屬於西方國家,而且地地道道位於西歐。然而在文化上,過去的德國卻很難說是西方國家。這裡且不說中世紀的德國到處存在著東方式的專制王權和東方式的田園詩畫,也不說作為日爾曼民族的幼年時代的「查理曼時代可以和波斯帝國相比擬」[34],更不說古代的德國存在著同東方的印度完全一樣的原始公社制度,僅考察一下近代史上的狀況,也完全可以說明德國在文化上曾經是一個地地道道的東方國家。德國在歷史上民族矛盾比較複雜,國家長期處於分裂狀態,與英國和法國相比,經濟發展十分緩慢,直到19世紀末基本上仍然是一個農業國家,容克階級一直執掌著這個國家的政治領導權。由於資本主義工商業的不發達,整個政治上層建築、社會意識形態和社會關係都停留在東方式的階段。

「朕即國家」是東方專制王權的基本理念之一。然而,這種專制王權的理念不僅存在於東方,同樣也存在於德國。它在東方的具體表現是「普天之下莫非王土,率土之濱莫非王臣」;它在德國的具體表現是「德國國王把人民稱為自己的人民,正像他把馬叫做自己的馬一樣。國王宣布人民是他的私有財產,只不過表明私有財產的所有者就是國王這樣一個事實。」[35] 國王把人民——人民的財產就更不用說了——當作自己的私有財產的制度和理念,難道是西方的制度和理念?

在「朕即國家」的國家,人民肯定是沒有自由的。德國東方性的表現形式之一是國民沒有自由和人權,其中又突出地表現在農民沒有自由和人權。18世紀末,德意志境內農奴制度幾乎沒有一處被徹底廢除,同中世紀一樣,大部分地方的人民仍牢牢地被束縛在封建領地上。據史載,在當時德意志的大多數邦國,農民不得離開領主莊園;如若離開,便到處追捕,並以武力押回。農民必須按照規定給領主服耕種、建築、運輸等各種勞役。在領地上,農民受主日法

---

34 〔德〕黑格爾:《歷史哲學》,王造時譯,北京:三聯書店,1956年,第391頁。
35 《馬克思恩格斯選集》第1卷,北京:人民出版社,1972年,第15頁。

庭[36]約制，私生活受其監督；倘若縱酒偷懶，便受處罰。農民的地位無法上升，職業不得改變；主人若不高興，他便不得結婚。農奴可以成為土地所有者，但是他的所有權始終是不完全的。他必須根據領主的眼色來決定在自己地裡種些什麼，他不能任意轉讓或抵押土地。在某些情況下，領主強迫他出賣產品；在另一些情況下，領主又阻止他出售。對農民來說，耕種土地永遠是強制性的。就連他的產業也不全部由他的子嗣繼承，其中一部分通常歸領主。[37]這種人民沒有遷徙自由、沒有財產所有權，並且不能自由處置自己的產品的社會制度，豈能不是東方性制度？

人們之所以把東方國家的政治制度稱之為東方專制主義，就是因為這種制度不容許人民自由運用理性，不允許人們憑藉自己的獨立思考來判斷是非，而強迫人們服從一個出自一人之口的統一的教條。顯然，這種東方式的專制主義決不僅僅存在於地理上的東方，同樣存在於德國。在康德時期，德國政府對待人民群眾言論自由的態度和制度，與東方專制政府如出一轍。康德寫道：啟蒙運動中的德國民眾普遍需要公開運用自己理性的自由；「可是我卻聽到從四面八方這樣的叫喊：不許爭辯！軍官說：不許爭辯，只許操練！稅吏說：不許爭辯，只許納稅。神甫說：不許爭辯，只許信仰。（舉世只有一個君主說：可以爭辯，隨便爭多少，隨便爭什麼，但是要聽話！）到處都有對自由的限制。」[38]在馬克思時期，情形仍然如此。普魯士的書報檢查令規定：「如果作品因熱情、尖銳和傲慢而帶有有害的傾向時，應禁止其發表」[39]；以致馬克思在批評普魯士政府的這一檢查令時指出：「你們讚美大自然悅人心目的千變萬化和無窮無盡的豐富寶藏，你們並不要求玫瑰花和紫羅蘭散發出同樣的芳香，但你們為什麼卻要求世界上最豐富的東西——精神只能有一種存在形式呢？」[40]而這種通

36　主日即星期。主日法庭即星期日法庭。——中譯者
37　〔法〕托克維爾：《舊制度與大革命》，馮棠譯，商務印書館，1997年，第64—65頁。
38　〔德〕康德：《歷史理性批判文集》，何兆武譯，北京：商務印書館，1990年，第24頁。
39　轉引自《馬克思恩格斯全集》第1卷，北京：人民出版社，1956年，第16頁。
40　《馬克思恩格斯全集》第1卷，北京：人民出版社，1956年，第7頁。

過取消新聞和出版自由來控制人們思想的做法,從後文[41]可以看到,在德國近代史上從未間斷,乃至在納粹時期達到登峰造極的地步。這種不給人民言論自由和出版自由,要求思想和言論只能以一種形式即官方形式存在的政治制度,究竟是西方還是東方?

貶抑物質崇尚精神、貶抑法律崇尚道德,是東方文化的又一基本特徵。但是,我們同樣看到,這種文化價值不僅存在於地理上的東方,同樣也存在於德國。長期以來,德國人一直以日爾曼文化的特殊性和優越性自居,甚至賦予日爾曼文化一種拯救人類的使命。而在他們看來,日爾曼文化的特殊性和優越性就在於它不同於英國和法國的崇尚物質和法律的文化,它是一種崇尚精神和道德的文化。這種價值理念突出地表現在約·戈·費希特(1762—1814年)的思想中。費希特對中古社會及其有機式的本質加以頌揚,並以中古時代的經濟政治制度和文化價值為其理想。他提倡一種「民族社會主義」,主張由國家控制經濟生活,使所有的經濟活動都置於國家的控制之下,目的在於在每個社會成員之間平均分配所有的生產工具。他創發了一整套的國家哲學,主張由國家提供民眾以經濟、社會和精神上的種種需要。因考慮到德國受啟蒙運動影響而變得個人主義化和道德敗壞,他倡議建立一種全民教育,特別是對年輕人的道德教育,以訓練他們不自私且能自治,使他們認識到社會比個人重要。[42] 以費希特所代表的德國文化價值之所以崇尚社會貶抑個人、崇尚德治貶抑法治,就是要同英國和法國的崇尚個人和法治的文化價值相抗衡。在費希特時期,英國和法國或已完全西方化了,或已初步西方化了。這種與英國和法國文化相抗衡的文化,難道不是東方文化?

反物質主義、反個人主義的文化精神不僅是費希特生活時期的即近代中期的德國文化的價值,甚至也是魏瑪共和國(1918—1933年)時期即現代早期的德國文化的基本價值。魏瑪共和國時期的德國文化不僅深受英國和法國的影響,而且深受美國的影響,主張物質主義、功利主義的文化思潮日漸為民眾所接受。因此,來自傳統的文化保守主義陣營的「反物質主義」、「反功利主義」

---

41 本書第四章,第六節。
42 參見〔美〕G. S. 艾愷:《世界範圍內的反現代化思潮》,貴陽:貴州人民出版社,1991年,第29—30頁。

的文化思潮也十分高漲。文學家戈特費裡德·本高呼：「自1918年以來，幾乎整個德意志文學藝術界都是用速度、爵士音樂、電影院、海外、技術活動等口號來工作的，在其中強調的不外乎是對所有靈魂問題的拒絕。我堅決反對這種美國主義，我認為，那種純粹的功利主義思想，是與歐洲國家的人民以及他們的歷史不相適合的。」[43]20世紀前期，美國已被公認為是西方社會的代表之一，這種以「反美國主義」為宗旨的文化價值究竟是西方文化還是東方文化，難道還不清楚嗎？

在個人與社會的關係上，西方文化的特點是主張個人優先，東方文化的特點是主張社會優先。而這種社會優先於個人的所謂集體主義傳統，在德國具有久遠的歷史。人們把社會看作一個有機的整體，把個人看作有機整體上的一個器官，個人毫無獨立性可言。這種奉行社會優先的傳統一直延續至20世紀前期。阿道夫·希特勒秉承了德國歷史上特別是費希特的文化和教育理念，在他統治的時期，將德國青年組織起來過斯巴達式的集體主義生活。希特勒要求德國青年，除了受到家庭和學校的教育外，還必須「通過希特勒青年團受到國家社會主義精神的體、智、德三方面的教育」[44]。希特勒軍隊中的士兵們，連吃飯、睡覺、走路等日常生活都必須貫徹集體主義精神。哈耶克對德國的這種社會結構和文化價值作了深刻的揭示。他在1944年寫道：在一二十年前，德國和英國是兩種不同的社會結構模式。「使德國社會具有特質的，與其說差不多在任何時期，德國和其它國家相比，有較大部分的人民為著進行戰爭而被組織起來，毋寧說德國把這一類型的組織用來達到許多其它的目的。給德國社會結構帶來特點的，是德國和其它國家相比，有更大部分的社會生活被有意識地自上而下組織起來了，是它的那麼大一部分人民不把自己看成是獨立的，而把自己看成是被指派的職員。正像德國人自己所誇耀的那樣，德國早已成了一個『吏治國家』，在這裡面，不但在文職工作本身，而且幾乎在一切生活的範圍內，收入

43　〔德〕埃爾哈德·許茨：《魏瑪共和國的小說，對德意文學的模式分析》，第73頁。轉引自北京：《世界歷史》1999年第2期，第20頁。

44　《德國法令公報》，1936年第1卷，第933頁。轉引自〔美〕威廉·夏伊勒：《第三帝國的興亡：納粹德國史》上卷，董樂山等譯，北京：世界知識出版社，2005年，第246頁。

和身份都是由當局指定了和保證了的。」[45] 這就是哈耶克筆下的 20 世紀前半期的德國。這樣一幅圖景，與其說是一個西方國家，遠不如說是一個東方國家更為確切。

　　在人類文化史上，有一個普遍有趣的文化現象，即凡是普通個人不被重視的國家，領袖個人必然受到特別的重視，乃至受到迷信式的崇拜。德國也沒有逃脫這一歷史規律。希特勒的《我的奮鬥》在 1925 年出版時，他沒有顯赫的頭銜，所以頭幾年銷售量一般，每年只有幾千冊，在任總理之前的兩年也只有數萬冊。但是，在 1933 年希特勒擔任總理的頭一年，《我的奮鬥》銷了 100 萬本，他的版稅收入（1933 年 1 月 1 日起他的版稅率從 10%增至 15%）達 100 多萬馬克（折合約 30 萬美元），使他成了德國最時行的作家，也是第一次成了百萬富翁。在當時的德國，學童們不論從什麼學校畢業，幾乎人人都會得到這本書。家家戶戶的桌子上都有這本書，否則就會感到不太安全。而在一對青年男女結婚的時候，向新郎新娘送一本《我的奮鬥》，幾乎是一種義務——當然也是很得體的。[46] 一種黑色恐怖加上對領袖個人崇拜的文化，難道不是東方文化？

　　德國的東方性在納粹統治時期表現得尤為充分。德國曾經有過為了個人自由而鬥爭的歷史，但是在納粹統治下，這種文化精神退化了；其表現形式之一就是多數個人的不覺醒和國家主義盛行。由於德國在第一次世界大戰中是戰敗國，因此，迅速地使德國擺脫凡爾賽和約的束縛，使德國在軍事上重新強大起來，使勝利的協約國陷於狼狽的境地，是希特勒的夢想，也是大多數德國人的願望。為了達到這一目標，人們願意作出這位領袖要求他們做出的犧牲：喪失個人自由，斯巴達式的飲食（「大炮先於牛油」）和艱苦的工作。據史載，當時人們可以聽到被剝奪了工會權利的工人們對著裝著豐盛午餐的飯盒子，一邊吃著一邊開玩笑說，至少在希特勒的統治下已不再有挨餓的自由。當時國內的氛圍是，一邊流行著下面的納粹口號：「Gemeinnutz Vor Eigennutz！」（「先公後私！」）一邊是「有許多黨的領袖，尤其是（員警頭子）戈林，正在秘密

45　〔奧〕弗裏德裏希·哈耶克：《通向奴役的道路》，滕維藻、朱宗風譯，北京：商務印書館，1962 年，第 127 頁。
46　〔美〕威廉·夏伊勒：《第三帝國的興亡：納粹德國史》上卷，董樂山等譯，北京：世界知識出版社，2005 年，第 93 頁。

地營私肥己」。[47] 然而，問題的嚴重性還在於，對於這種國家主義盛行的狀況，很多德國人處於一種麻木狀態。「絕大多數德國人似乎並不在乎他們的個人自由遭到剝奪，並不在乎他們的大量文化被摧殘，被沒有思想的野蠻狀態所代替，也不在乎他們的生活和工作已經被管制到了即使是一個世世代代以來習慣於嚴格管制的民族也從未經歷過的程度。」1934 年 6 月，納粹黨的血腥清洗已經開始，這是一個警告，它表明這幫新領袖會多麼殘酷無情。然而，「這個國家的人民似乎並不感到他們在受著一個放肆而殘忍的獨裁政權的威嚇和壓制。相反。他們還懷著真正的熱情支持這個政權。」[48] 希特勒和其它納粹黨頭目的瘋狂，人民普遍的不覺醒，很快將德國乃至世界拖進災難的深淵。這是人性的惡使然，也是德國文化的東方性使然。

關於近代德國的文化性質，馬克思曾經說過，1848 年的奧地利是一個「日爾曼式的中國」[49]。奧地利在歷史上與德國曾經是一個國家，它是當時德國的一個大邦。1848 年的奧地利是「日爾曼式的中國」，也就是說，1848 年的德國是「日爾曼式的中國」。如果說 1848 年的德國是「日爾曼式的中國」，那麼，此後近一個世紀的德國又何嘗不是「日爾曼式的中國」。這就是我對歷史上、主要是近代史上德國文化性質的認定。

誠然，無論近代的德國或中世紀的德國，其文化中都有某些不同於東方的成分。比如，在經濟結構層面，城市和手工業已在一定程度上擺脫對鄉村和農業的從屬地位而能夠相對獨立地發展；在社會結構層面，民間力量已經有了初步的發展，並在一定程度上形成了對政府權力的制約；在政治結構層面，專制王權因受到教權的某種程度的制約已不像中國、俄國等世俗極權主義國家那樣絕對，至上教權因受到王權的某種程度的制約已不像阿拉伯等地的極端神權政治國家那樣絕對。但是，這些不同一方面說明德國文化由於受希臘文化和羅馬文化的影響，工商文化的成分先於東方發育，另一方面，這種工商文化成分的初步發育並沒有使德國文化的基本性質發生改變。總之，德國從古代一直到近

---

47 〔美〕夏伊勒：《第三帝國的興亡：納粹德國史》上卷，董樂山等譯，北京：世界知識出版社，1996 年，第 225 頁。
48 〔美〕夏伊勒：《第三帝國的興亡：納粹德國史》上卷，董樂山等譯，北京：世界知識出版社，1996 年，第 225 頁。
49 《馬克思恩格斯選集》第 2 卷，北京：人民出版社，1972 年，第 3 頁。

代，甚至到 20 世紀前半期，在文化上一直是地地道道的東方國家——如果我們用本質主義的方法，把所有國家的文化屬性只分為東方和西方這兩極的話。在這裡，我們看到了地理上的西方與文化上西方的分離。

那麼，日本的情形如何呢？

第三節

日本是東方還是西方

眾所周知，日本在地理上位於亞洲最東部，屬於標準的東方國家。在明治維新之前，日本的文化在其根本性質上也是東方文化。

從歷史上看，日本的文化發展比較遲緩，早期文化的發育受中國的影響較大。在中國的秦漢時期，日本還沒有記錄自己歷史的資料，現在日本古代史資料主要來自漢書、《後漢書》和《三國志》等。日本在輸入漢字、漢籍的同時，也從大陸輸入儒教和佛教等精神文化，這些都決定了後來日本文化的性質。在中國文化的強烈影響下，西元 7 世紀，大寶時代的日本是唐代中國的「複製品」[50]：當時日本的社會結構是土地國有、皇權專制，且祭政一體。僅就祭政關係而言，根據《大寶律令》的規定，「天皇不僅是歷來那種宗教式的、族長式的首長，而且兼具德治國家的聖天子和法治國家的專制君主的性質，巍然高踞人民之上。主持傳統的神祇祭祀，聽取一切重大政務的上奏並加以裁決。作為人民的父母，要使人民安居樂業，休養生息，建立一個道德蔚然成風的理想國家。」[51] 這種家國一體的體制天然地蘊含著家族本位的觀念。律令制下的天皇，作為公的制度本來具有絕對性，可以無視上皇的監督和指導；但是，由於皇位世襲，父子之間的私人關係必然滲透到律令制的公家機構中，致使私的家

---

50 〔英〕安德森：《絕對主義國家的系譜》，劉北成譯，上海：上海人民出版社，2001 年，第 448 頁。
51 〔日〕阪本太郎：《日本史概說》，汪向榮等譯，北京：商務印書館，1992 年，第 80 頁。

族關係凸顯出來，上皇便處於天皇之上，對他進行指導和監督。這種以上皇的權力高於天皇為表現形式的家族本位的觀念和政治形態，從奈良時代（710—794年）已見端倪，歷時數百年，至院政時代（1086—1185年）已成定例。這是日本歷史上家族本位觀念的牢固基礎和深刻淵源。家族本位觀念和前文所說的土地國有、皇權專制以及祭政一體的結合，表明日本有過亞細亞生產方式，日本的文化曾經是典型的東方文化。

然而，日本是一個睿智的民族。雖然在文化上開化較晚，但是一經接受中國和大陸其它文化後，就不是簡單的模仿，而是在學習中有創新。「日本人借用了漢字，但發展了他們自己的書寫體系；借鑒了儒家學說，但更改了它的道德標準，調整了它的政治學說，以適應他們的社會結構。在保留其本族的神道教的同時，日本人還接受了佛教，但對之作了修改，以滿足他們自己的精神需要。」[52] 更為重要的是，日本在學習中國的基礎上創立了有別於中國、也有別於東方所有國家的政治制度。前文所說的《大寶律令》在規定皇權至上、祭政一體的同時，也規定了祭政有分的原則：「中央政府由二官八省一台五衛府構成。二官是神祇官和太政官，前者掌祭祀，後者是最高行政官廳。」[53] 這一規定雖然並不是在太政官之上又設置神祇官，相反，從二官的級別來看，太政官的長官位階高於神祇官，在行改事務方面，神祇官也要接受太政官的指示。但是，把祭祀神祇的事務從原本由太政官統轄的事務中分離出來，專門設立神祇官的職位，這不能不是對中國自古以來政教一體體制的背離。日本早期的這種祭政有分的原則，與中世的公（家）─武（家）二元的封建體制的產生應該不無關係。

寬泛地說，日本的文化向西方轉化，是從12世紀和13世紀之交的封建化開始的。當時，中央集權的帝國結構已經開始解體。在帝國國家框架之內，地方武士貴族悄悄地損害君權，篡奪了各省的土地，並且竊據了軍事權力。這樣，經過幾個世紀的持續發展，日本終於產生了一種類似於歐洲的封建的社會結構：

52　〔美〕L. S. 斯塔夫裡阿諾斯《全球通史》，吳象嬰、梁赤民譯，上海：上海社會科學院出版社，1988年，第447頁。
53　〔日〕阪本太郎：《日本史概說》，汪向榮等譯，北京：商務印書館，1992年，第73頁。

一邊是天皇——他像歐洲的國王一樣是個被神聖化的人物，在法律上代表全體人民，同時也與對方即幕府將軍爭奪世俗權力；一邊是名義上在天皇之下但實際上壟斷了大部分實權的幕府將軍——他之下隸屬各級附庸，下級附庸向上級附庸效忠，並互有權利義務關係。這就是日本中世的「公—武」二重的政治結構：「公」即公家，指以天皇為代表的皇室——總的說來，地位至尊，但權力不是至強；「武」即武家，指以幕府將軍為代表的貴族——總的說來，權力至強，但地位不是至尊。二者之間類似於歐洲的教權和王權之間的關係，既相互利用，又相互爭鬥。在此意義上，福澤諭吉說日本的政制不同於中國的政制：「中國是一個把專制神權政府傳之於萬世的國家，日本則是在神權政府的基礎上配合以武力的國家。中國是一個因素，日本則包括兩個因素。」[54] 這就是日本的中世的封建社會。日本是歐洲以外世界上惟一的發展出封建社會的國家。日本的封建社會因為沒有歐洲封建社會所具有的古典前身，所以封建契約關係不那麼具有契約性，也不那麼平等：臣僕的義務更廣泛，而主人的權利更武斷。因此，日本的封建社會沒有像歐洲的封建社會那樣，發展出內生的資本主義；它在19世紀和20世紀向資本主義轉變的動力主要是來自外部，即西方帝國主義對日本封建主義的衝擊。但是，自中世以來數百年之久的封建式的二元結構和政權分散到諸領主貴族的社會制度，是日本步入近代化進程的歷史前提。正是這一點，決定了日本在近代轉型中不同於亞洲其它國家——比如中國——的不同表現。

儘管如此，日本文化向西方轉型的道路並不平坦。從1542年第一次同西方交往到19世紀中葉，日本一直採取閉關鎖國的政策，對西方文化實質上遵循了拒絕主義的路線。在17世紀中葉曾把西方人全部驅逐，殺害西方傳教士的事件時有發生，「和魂洋才」一直是日本表面上學習西方、實質上抵制西方的口號，而日本的國門也不是自動向西方開放的，而是在1854年由美國海軍佩里艦隊打開的。

日本的嚴格意義上的西方化轉型是從明治維新開始的。由於西方——主要是荷蘭和美國——文化的長期影響，在明治維新中，日本確立了西方化的改革目標。

---

54 〔日〕福澤諭吉：《文明論概略》，北京編譯社譯，北京：商務印書館，2009年，第19頁。

啟蒙思想家福澤諭吉在《文明論概略》中，把當時的歐洲和美國劃為「最文明國家」，把土耳其、中國和日本等亞洲國家劃為「半開化的國家」，並明確提出日本「以西洋文明為目標」。[55] 福澤諭吉在同期報紙文章《脫亞論》中則更加明確地說：「我國不可猶豫，與其坐等鄰邦之進步而與之共同復興東亞，不如脫離其行伍，而與西洋各文明國家共進退，對待支那、朝鮮之辦法，不必因其為鄰邦而稍有顧慮，只能按西洋人對待此類國家之辦法對待之。」[56] 西方化的改革目標不僅是思想家們的認識，也是政治家們的認識。大久保利通是明治維新開始後前十年的政策制定者和執行者；與激進的改革者相比，大久保利通顯得較為保守，不願意為追求現代化而犧牲傳統。「然而，即使是大久保利通，也認為日本所奉行的『文明開化』政策與西化是同義詞。」顯然，他堅信西方列強是文明的化身。他在書中寫道：「目前世界上所有的國家都致力於傳播『文明開化』的學說，而他們一無所缺。從今而後，我們在這些方面必須效仿他們。」[57] 在此後的一百多年中，雖然也有短暫的反覆，但總的說來，「脫亞入歐」這一口號一直成為日本的建國方針。我們看到，經過明治維新的第一次開國，特別是經過第二次世界大戰失敗以後的「戰後改革」的第二次開國，日本在吸收西方文化、改造本土文化的過程中，使日本傳統文化的性質和外貌都發生了基本的改變。

首先，日本在經濟上建立起現代的工業生產方式。日本的國民經濟生產各部門的科學技術程度之高，日本的國民經濟生產的絕對總值及其在世界生產總值中所占的份額之大，這些都是有目共睹的。然而，更值得我們注意的是，日本通過明治改革和戰後改革，消除了各種束縛生產力發展的生產關係，建立起與現代市場經濟相適應的經濟體系。在日本的土地制度中，早在明治維新時就消滅了作為東方專制主義基礎的土地國家所有的土地制度和封建主義的土地制度，允許土地私人買賣；在城市，整個經濟也是建立在生產資料私有制的基礎

---

55 〔日〕福澤諭吉：《文明論概略》，北京編譯社譯，北京：商務印書館，1959年，第9頁。

56 〔日〕福澤諭吉：《脫亞論》，載於《時事日報》1885年3月16日。轉引自呂萬和：《簡明日本近代史》，天津：天津人民出版社，1984年，第384頁。

57 〔美〕馬里烏斯·B.詹森主編：《劍橋日本史》第5卷，王翔譯，杭州：浙江大學出版社，2014年，第404頁。

之上。在二戰後的經濟改革中,解散財閥,打擊壟斷,建立了資本和經營相對分離的新型管理體制。日本的經濟改革走的是一條普世化的道路。尤其是戰後的經濟改革,是在美國佔領和主導的情況下進行的,因此這種改革一開始就是同國際接軌的。所以日本的現代化的工業生產方式,在其基本性質方面已不再具有日本特點或東方特點,應該說它更具有西方特點。

第二,日本建立了西方式的民主政治制度。日本原本是一個典型的皇權專制主義國家,但是經過中世數百年的「公—武」二元的封建社會的過渡,特別是經過明治維新以後近百年的西方民主意識的輸入和自身政治制度的改良,截至二戰期間,日本的東方專制主義基本上已不復存在。而戰後的政治改革不僅進一步根除了專制主義的殘餘——軍閥專制,而且也剷除了幕末的封建主義殘餘。現在我們看到的日本,是一個主權在民的國家;世襲皇權只是國家和國民整體的象徵;按照西方的三權分立、多黨競爭原則建立起來的民主制度支配著國家的政治生活。在政治民主化的改革中,限制報紙和言論的法令被全面廢除,日本舊政府的新聞檢查制度被取消,人民的言論自由得以確立。憲法還規定保障思想及良心的自由、信教自由、學術自由等,思想從長期的統治枷鎖中得以解放。現在的日本已是公認的民主國家。阿蘭德·利普哈特和羅伯特·達爾都把日本同英國、美國、法國和意大利等國排在一起,認為它是世界上 21 個「老牌民主國家」之一;日本和其它的民主國家一樣,「它們的一些基本民主制度大約從 1950 年開始就沒有中斷過」。[58] 這就是日本目前的政治制度。這種政治制度的文化屬性,由西方七國集團首腦會議召開時日本首相位在其中這一事實做了結論。

第三,家族本位的價值觀念日趨瓦解。家族本位曾經是日本傳統文化的核心價值;由於這種價值觀的影響,在日本傳統文化中存在著權威的統治和人們對權威的無條件服從,存在著禁止獨立思考和自主批判的社會枷鎖。然而,這種家族本位的文化價值,早就受到日本啟蒙思想家們的嚴厲批判。在明治時期,福澤諭吉就倡導「百人不如十人,十人不如一人」的個人主義[59],直接向家族

58　〔美〕達爾:《論民主》,李柏光、林猛譯,北京:商務印書館,1999 年,第 128 頁。
59　〔日〕福澤諭吉:《文明論概略》,北京編譯社譯,北京:商務印書館,1982 年,第 68 頁。

本位和社會本位的文化價值發起衝擊。二戰以後，社會學家川島武宜也曾指出：「日本社會是由家族以及家族的結合而構成的，而在日本居統治地位的家族原理是與民主主義原理相對立的。正是這個家族原理，至今仍是妨礙我們的社會生活民主化的強大的阻力，不否定它，我們就不能達成民主化。」[60] 值得注意的是，福澤諭吉和川島武宜的觀點決不只是他們個人的看法。實際上，截至戰後初期，上述觀點已是日本社會科學界的一種「常識」，並且構成迄今為止的戰後日本思想文化領域的主旋律。雖然在 20 世紀 60 年代中期，以集團主義為表現形式的家族本位曾一度死灰復燃，但即使在這個時期它也不時受到人們的批評。甚至在 60 年代寫過以宣揚集團主義為核心觀點的、作為日本式經營理論代表作的《日本的經營》（中央公論社，1965 年）一書的作者高尾邦雄本人，到 80 年代中期也轉而批判這種家族本位的日本式經營。他曾指出，日本式經營存在的助長職工依賴心理、抑制自由創造精神和妨礙自由的橫向勞動力市場的形成等四大弊端。[61] 因此，我們看到，自 20 世紀 90 年代以來，日本企業中的「終身雇傭制」受到衝擊，企業員工的跳槽現象日漸頻繁。對員工的「溫情福利制」受到冷淡，取而代之的是嚴格的考核和管理。而由於在商品交換面前人人平等，日本傳統的人身依附關係已基本瓦解，獨立的人格卻正在生成。儘管日本的家族本位的文化傳統不可能在短時期內徹底根除——正是在這個意義上人們說日本是一個有民主而無自由的國家——但是，民主制度的長期運作必然帶來個人自由的發展。我們看到，日本的個人本位的生成與家族本位的消亡同樣日益彰顯。而這正是西方文化精神在向日本滲透，或者說日本的文化正在失去其東方傳統而變得越來越西方化。

　　總之，日本正在發生「脫亞入歐」的變化，並且在這個變化的歷程中已走完了大半的里程。但是，日本的「脫亞入歐」只能發生在文化上，而不可能發生在地理上。日本在地理上永遠只能是亞洲的國家，但是在文化上卻日益成為歐洲的或西方的國家。在這裡，我們看到了地理上的東方與文化上東方的分離。

60　〔日〕川島武宜：《日本社會的家族式構成》，東京：岩波書店，1983 年，第 15 頁。轉引自《日本研究》（瀋陽），1998 年第 1 期，第 63 頁。

61　〔日〕高尾邦雄：《日本式經營——神話與現實》，1984 年。轉引自《日本研究》（瀋陽），1998 年第 1 期，第 69 頁。

由此可見，地理上的東方或西方與文化上的東方或西方的相互重合論是錯誤的，它是在特定的歷史條件下用靜止的觀點觀察世界所得出的形而上學的結論。相反，地理和文化的相互分離論才是正確的，它是從歷史宏觀的角度，用變化的觀點觀察世界所得出的科學結論。我們在追問「東方在何處」這個問題時，必須以地理－文化的可分離論為前提。——在這一前提下，地理上的東方或西方與文化上的東方或西方之間的關係，呈現出另一番無比奇妙的情景。

第二章　世界原本全是東方

　　世界原本全是東方的命題，是黑格爾首先提出來的。黑格爾在《歷史哲學》中指出：「世界歷史從『東方』到『西方』，因為歐洲絕對地是歷史的終點，亞洲是起點。世界的歷史有一個東方……（『東方』這個名詞的本身是一個完全相對的東西）；因為地球雖然是圓的，歷史並不圍繞著它轉動，相反地，歷史是有一個決定的『東方』，就是亞細亞。那個外界的物質的太陽便在這裡升起，而在西方沉沒（的）那個自覺的太陽也是在這裡升起，散播一種更為高貴的光明。」[1] 黑格爾的這個世界原本全是東方的命題，一直被冠以「西方中心論」的罪名而長期受到批評。其實，這種批評是極其膚淺的。黑格爾的上述這段話包含著需要商榷的成分，即它的西方終結論的觀點，但它所包含的世界原本全是東方的論點不僅是正確的，而且是十分深刻的。

　　世界原本全是東方的命題，必須從兩個方面加以論證：第一，地理上的東方原來在文化上本是東方；第二，地理上的西方原來在文化上也是東方。關於第一個方面似乎無須花費筆墨，因為從過去到現在沒有人懷疑過地理上的東方在文化上是東方的，並且至少在未來的100年內大概也不會有人懷疑這一點。[2] 需要花費筆墨的是第二個方面，即地理上的西方原來在文化上也是東方的。這一結論的根據究竟何在？本章將對這個問題進行討論。

1　〔德〕黑格爾：《歷史哲學》，王造時譯，北京：三聯書店，1956年，第148頁。
2　之所以說在100年內不會有人懷疑地理上的東方在文化上是東方的，是因為100年後——也許300年或500年後——可能發生這種情況。100年或300年或500年後，這種情況的發生就像今天許多人忘記了地理上的西方曾經是東方文化一樣。

第一節
從西方文化的源流看西方之初的東方文化

　　首先需要說明，西方文化或西方文明概念，有廣義與狹義之分。廣義的西方的文化，指的是地理上西方曾經有過的文化；狹義的西方文化，指的是文化上西方的文化。因為論題的需要，此處討論的西方文化，是廣義的西方文化。

　　眾所周知，廣義的西方文化又稱「兩希文化」。所謂「兩希」文化，說的是西方文化具有兩個源流，即希伯來文化和希臘文化。著名歷史學者馬丁·伯納爾在他的著作《黑色雅典娜：古典文明的亞非之根》中指出，西方人看待希臘歷史有兩種模式，「一種認為希臘在本質上是歐洲人的或雅利安人的，另一種模式認為，希臘是地中海東岸諸國的，即埃及邊緣和閃族文化區域。我把它們分別稱作『雅利安模式』和『古典模式』。」[3] 伯納爾在這裡講的西方人看待希臘歷史的兩種模式，實質上反映了西方文化的兩個源流：「古典模式」的本質是著眼於西方文化的希伯來文化源流；「雅利安模式」的本質是著眼於西方文化的希臘文化源流。

　　西方文化雖然有兩個源流，但是這兩種文化源流在一開始就不是並列的。希伯來文化是西方文化的第一源流或主源流，[4] 希臘文化是西方文化的第二源流或次源流。我們現在所看到的西方文化主要是繼承了希臘傳統，那是因為在後來的歷史演化中主源流逐漸淡化成為次源流，乃至越來越微弱，而原來的次

3　Martin Bernal, Black Athena：*The Afroasiatic Roots of Classical Civilization*, London: Free Association Books, 1987, p.1.
4　威爾·杜蘭指出：「今天的西方文明，也可說就是歐美文明。歐美文明，與其說系起源於克裡特、希臘、羅馬，不如說系起源於近東。因為事實上，『雅利安人』並沒有創造什麼文明，他們的文明系來自巴比倫和埃及。希臘文明，世所稱義，然究其實際，其文明之絕大部分皆系來自近東各城市。」因此，杜蘭表示，「作為西方文明薰陶下之一分子，我們在開始研究近東前，我們應先感謝近東。因為，近東才真正是西方文明的創造者。」（〔美〕杜蘭：《世界文明史：東方的遺產》，幼獅文化公司譯，北京：東方出版社，1998年，第137頁。）正是在「近東才真正是西方文明的創造者」的意義上，我把希伯來文化當作西方文化的第一源流或主源流。

源流則逐漸強化成為主流源，乃至最後在西方佔據主導地位。19世紀的著名文人、學者馬修·阿諾德在其《希伯來精神和希臘精神》一文中，大致描述了希伯來精神和希臘精神這兩種文化精神互相較量，及其主次地位轉化的過程。阿諾德說：「一千八百年前，希伯來精神大獲全勝，早期基督教合法地真正地成為當時世界上的支配力量，人類在基督教的大發展中前進。另一次人類的大發展始於15世紀，在一段時期內，人們在希臘精神指引的大路上向前走。」[5]17世紀，英國出現了清教精神，而清教精神本質上是「是希伯來精神對希臘精神的反動」。因為「清教阻遏了，改變了在伊莉莎白治下成就卓然的文藝復興運動；中斷了我們稱之為希臘精神的思想體系的輝煌統治和直接發展，而將統率的位置給了一個不同的思想體系」。[6]然而，這畢竟只是暫時的和表面的現象。總的說來，自從15世紀的文藝復興以後，「清教主義不再是世界進步的主流，而只是斜裡插入的、阻擋主流的支流。逆反和阻擋或許是必要的，也是有益的，但不會因此就抹去了人類前進的主流同旁支的本質區別。二百年來，人類前進的大潮一直奔向（作為希臘精神基本特徵的）認識自我和世界，看清事物真相，以及意識的自發性」。[7]我們接著阿諾德的話，似乎還可以這樣說：近百年來，西方世界的後現代主義的各種流派，在本質上是希伯來文化的反映；雖然表面上十分活躍，但實際上已成明日黃花，根本不能與希臘精神的邏各斯中心主義相抗衡。在這裡我們清楚地看到，希伯來文化和希臘文化在長期的較量過程中主次地位的變化，以及在這一變化中呈現出的此消彼長的關係。

希伯來文化和希臘文化之所以呈現出此消彼長的關係，是因為這兩種文化在性質上是完全對立的。如果我們承認希臘文化是西方文化（狹義的）之母，與希臘文化對立的希伯來文化，在其本性上只能是東方文化；而事實也正是如此。

按照《聖經》的敘事順序來說，希伯來文化的東方性首先表現在父權主義

---

[5] 〔英〕阿諾德：《文化與無政府狀態：政治與社會批評》，韓敏中譯，北京：三聯書店，2008年，第112頁。

[6] 〔英〕阿諾德：《文化與無政府狀態：政治與社會批評》，韓敏中譯，北京：三聯書店，2008年，第111—112頁。

[7] 〔英〕阿諾德：《文化與無政府狀態：政治與社會批評》，韓敏中譯，北京：三聯書店，2008年，第112頁。

和夫權主義。《聖經》記載，上帝萬能，不僅創造了無靈的萬物，而且創造了有靈的人類；它是宇宙的主宰，具有絕對的權威。然而，上帝並不是沒有性別的抽象物，而是有形體且有性別的。就性別而言，根據《聖經》對它的稱謂和表述，上帝應該是一位男性，因為它經常以「天父」的形象出現。——基督教著名的主禱詞對上帝的稱呼就是「我們在天上的父」。[8] 上帝——天父——對人類的絕對權威，這是一種不言而喻的父權主義。而上帝創造的第一個人是男人亞當；這也就順理成章地決定了原始的希伯來社會，只能是由男性血統而形成的宗法族長制社會。族長制等級結構的向上延伸，形成了族國同構的國家政權；向下延伸，便是家長在家庭中具有至高無上的權力，即父權主義。在夫妻關係上，上帝對夏娃說：「你必戀慕你的丈夫，你的丈夫必管轄你。」[9] 在這裡，上帝賦予人類一種天然的夫權主義。因為夏娃是亞當的「骨中之骨，肉中之肉」。——身內之物，豈有不受主人支配之理。這恐怕是世界上所有民族的夫權主義中最經典的理由。

在西元前13世紀侵入巴勒斯坦之後的幾百年間，希伯來人在宗教上和整個生活方式上，處於半野蠻的狀態。據《舊約》記載，他們崇拜他們的雨神耶和——耶和華所用的儀式，包括用生人獻祭。耶弗大殺了他的女兒祭神；撒母耳在耶和華面前把亞甲劈成碎片；大衛為了遏止旱災，絞死了掃羅的七個兒子；而所有的原始材料沒有不把這種行為表現為完全正義和適當的。[10] 生人獻祭，活人殉葬之類的風俗，是所有原始的東方性民族的共同特徵之一，當然也是希伯來文化的特徵之一。

希伯來文化的東方性，突出地表現在政教合一的政治制度上。希伯來的政教合一體制，在撒母耳之前，是典型形態的政教合一，即宗教的和世俗的最高職務由一人擔任。《舊約》說，「那時以色列中沒有王，各人任意而行」，[11] 指的就是這種情形。不過，這裡所謂的沒有王，只是說在形式上沒有王，王的職能還是有人行使的，那就是執掌神權的祭司或士師。麥基洗德是亞伯拉罕時

8　《新約‧馬太福音》第6章，第9節。
9　《舊約‧創世紀》第3章，第16節；第2章，第23節。
10　〔英〕A. 羅伯遜：《基督教的起源》，宋桂煌譯，北京：三聯書店，1958，第16頁。
11　《舊約‧士師記》第21章，第25節。

代耶路撒冷的祭司,也是耶路撒冷的王。[12]摩西是紀元前13世紀的猶太人先知,也是猶太人的王。——沒有人行使王權,要帶領一支除婦孺以外60萬人的隊伍,成功地度過40年的出逃生涯是不可想像的。而撒母耳則是最後一個士師,他不僅是以色列人的宗教領袖和世俗領袖,還是以色列歷史上第一任國王的選立者。就是說,在沒有王的時代,祭司總攬教俗所有事務。比如在「士師時期」,士師既是政治、軍事統帥,又是宗教領袖,且擁有審判的權力。

自撒母耳立掃羅為王時起,希伯來的政治體制在形式上有所變化,即教權和俗權開始分立。但是,這種形式上政教分立的政教體制,在本質上仍然是政教合一的。這種形式的政教合一,又以兩種具體形式表現出來。第一種是,在政教兩方中,其中一方佔據絕對支配的地位。比如,在撒母耳時期,國王的立廢都由大祭司撒母耳借著耶和華的名義獨自決定。以色列歷史上第一任國王掃羅,就是撒母耳借著耶和華的名義獨自決定的——關於撒母耳選立掃羅為王的情形,下文將具體論述。掃羅任職之後,在征戰等事情上與耶和華產生分歧。此時,耶和華的話臨到撒母耳說:「我立掃羅為王,我後悔了,因為他轉去不跟從我,不遵守我的命令。」於是,撒母耳對掃羅說:耶和華選你作以色列的王,你為什麼不聽從耶和華的命令?「你既厭棄耶和華的命令,耶和華也厭棄你作王。」[13]儘管掃羅表示認罪,再三懇求寬恕,撒母耳還是果斷地廢棄了他,並至死不與之相見。撒母耳在廢了掃羅後,耶和華又有話臨到撒母耳:你往伯利恒人耶西那裡去,「因為我在他眾子之內預定一個作王」。於是,撒母耳就選立耶西最小的兒子大衛為王。[14]據說,撒母耳所作的這一切,都是根據耶和華的旨意而行的。至於是否真有一個耶和華給撒母耳降旨,還是撒母耳打著耶和華的旗號行使個人決斷,只有天知道。不管怎麼說,撒母耳是耶和華的代言人,二者都屬於教權一方。在這裡我們看到的是,教權對王權,包括國王的廢立具有絕對的支配權;這實際上是變相的政教合一。

希伯來政教分立後政教合一的第二種形式是,教權和王權的職能雖有分工,但又互有交叉,即祭司也管俗事,國王也理教務。前者如,在以色列有王

---

12 《舊約・創世紀》第14章,第17—20節;《新約・希伯來書》第7章,第1—3節。
13 《舊約・撒母耳記上》第15章,第10—11、23節。
14 《舊約・撒母耳記上》第16章,第1、12—13節。

之後的若干世紀內，教權一直沒有完全退出世俗領域，比如祭司干預甚至參與司法的事時有發生。直到千年之後，參與控告、策劃逮捕耶穌，乃至最後把耶穌推向死刑的，包括大祭司在內的宗教領袖始終是主要力量。[15]關於後者，《舊約》中有許多關於大衛王同時也是宗教領袖的記載。在迎接耶和華約櫃的過程中，無論是「大衛穿著細麻布的以弗得，在耶和華面前極力跳舞」，還是「大衛獻完了燔祭和平安祭，就奉萬軍之耶和華的名給民祝福」，[16]都明確提示著大衛在行使大祭司的職責。以色列的政教關係史表明，政教最高職位的分立，並不意味著政教分離，恰恰表明它可能是另一種形式的政教合一。

作為政教合一的伴生物，或者說，作為政教合一的表現形式之一，生動地體現在國王選舉的過程中。這裡介紹一下撒母耳選立掃羅為王的做法，可清楚地看到其中包含的典型的東方色彩。西元前1025年，大祭司撒母耳秉承耶和華的意旨，選定基士的兒子掃羅為以色列國王，同他談了話，也「膏」了他，並且為祝賀他擔任國王舉行了簡單而秘密的慶祝儀式。但是這一結果沒有公佈，因為還沒有經過選舉；只有經過選舉的形式後公諸於世，才能得到以色列各支派的支持和贊同。於是，撒母耳把以色列各支派的代表召集起來，對他們說：「你們要求立一個國王來統治以色列。上帝耶和華應允了你們的要求，現在開始選舉第一任國王。各支派各宗族都派你們的代表站到耶和華面前來。」當各支派和宗族的代表站出來以後，撒母耳就在他們面前抽籤。第一籤，抽到掃羅所在的便雅憫支派；第二籤，又在便雅憫支派的各宗族中抽到了掃羅所在的瑪特利族；第三籤，便在瑪特利族的各家庭中抽出了基士家的兒子掃羅。[17]——掃羅就是這樣在耶和華的「授意」和「操縱」下，經過撒母耳主持的裝神弄鬼般的選舉，合法地當上了以色列歷史上的第一任國王。這是一出多麼典型的選舉鬧劇！然而，它實實在在地是當年希伯來的選舉文化。

東方文化的基本特徵之一是王位世襲，希伯來文化也具有這一特徵，而且這一特徵貫串於整個希伯來的歷史之中。在「列王時期」的初期，大衛將王位

---

15 《新約·馬可福音》第14章，第一、10、43、53—55、60—63、66節；第15章，第1、3、10—11節。
16 《舊約·撒母耳記下》第6章，第14、18節。
17 《舊約·撒母耳記上》第9—10章。

傳給兒子所羅門，所羅門傳給兒子羅波安。[18] 以色列國王亞哈陣亡後，兒子亞哈謝接任王位；亞哈謝死後無子嗣，將王位傳給兄弟約蘭。[19] 兩個世紀後，在北部的撒瑪利亞王國，耶戶王朝持續了整整一個世紀（西元前843—前744年），五代王權全部都是子承父位元。在千年之後的耶穌時期，這種父位子承的制度仍然盛行。當時，統治巴勒斯坦的大希律（希律大帝）亡故後，他的三個兒子按照遺囑瓜分了巴勒斯坦，並各自繼承了王位。耶穌出生地的加利利由希律·安提帕統治。

　　王位世襲並不意味著王權的和平交接，相反，與王位世襲相伴隨的必然是政權的暴力更替。這是所有東方文化中國家的普遍現象，也是希伯來歷史上的普遍現象。據史載，在南北朝時期，在北部的撒瑪利亞王國，耶戶王朝是以謀殺贏得的，也是以流血而告終的。當耶羅波安的兒子撒迦利雅（Zachariah）於西元前744年被暗殺後，全國陷入了一種半無政府狀態。在以後的十年中，相繼有五位統治者登基，而其中只有一個是屬於自然死亡。與此同時，南部猶大王國的情形也好不了多少。當時，猶大國王拉摩特（Ramoth），在受外力攻擊時的出逃途中，被一位反叛的將軍捕獲，並受了致命傷。這是記載中大衛家族的第一個身遭橫死的國王。與此相應的是，在同一時期，至少有五個以色列王國的統治者死於刀劍之下。[20] 這種以暴力方式更迭政權的現象，在以色列的歷史上長期存在，以致八九個世紀後，耶穌還說，「從施洗約翰的時候到如今，天國總是用暴力取得的，並且強暴的人憑暴力取得它。」[21] 天國尚且用暴力取得，何況地上之國！

　　與王位世襲緊密相連的必然是王權專制，而王權專制的表現形式之一就是無法可依和有法不依。以色列也曾是一個無法可依、有法不依的王權專制的國家。耶和華早已對以色列人立法，規定國王自己的產業可以贈予他的兒子；但

18　《舊約·列王紀上》第1章，第30節；第11章，第43節。
19　《舊約·列王紀上》第22章，第40、51節；《舊約·列王紀下》第1章，第17節。
20　〔英〕塞西爾·羅斯：《簡明猶太民族史》，黃福武、王麗麗等譯，濟南：山東大學出版社，1997年，第32、37頁。
21　The Holy Bible: Matthew, 11:12; Luke 16:16. Salt Lake City, Utah, U. S. A.: Church of Jesus Christ of Latter　Day Saints, 1979.

是,「王不可奪取民的產業,以至驅逐他們離開所承受的」。²² 然而,國王對這樣的律法根本不予理會。也是在南北朝時期,耶斯列人拿伯有一個葡萄園,靠近撒瑪利亞王亞哈的宮。亞哈想以調換或購買的方式得到這個園子,拿伯以耶和華的平民有權承受祖先留下的產業為由予以拒絕,亞哈自然不悅。然而,還未等國王親自出手,王后便聯合拿伯所在城的長老貴冑,控以「拿伯謗瀆神和王」的罪名,用石頭將之打死。就這樣,亞哈未費吹灰之力且心安理得地奪取了拿伯的葡萄園。²³ 耶穌時期,是希律當王。希律娶了他兄弟的妻子希羅底,施洗約翰曾對希律說:「你娶你兄弟的妻子是不合理的。」於是,希律派人將約翰拘捕,關進監牢。希羅底也恨約翰,並想殺他,只是不能。一天,希律舉行生日宴會,邀請各部大臣和各地首領參加。席間,希羅底的女兒進來跳舞,希律和賓客都很高興。王就對女孩起誓說:「隨你向我求什麼,就是我國的一半,我也必給你。」女孩在其母親希羅底的授意下,要求得到約翰的頭。希律本來雖將約翰收監,但內心還認為約翰是義人、聖人,並不想殺他,甚至想保護他。但是,由於在眾人面前說過大話,礙於顏面,還是派人當即將約翰的頭取來,交給女孩。²⁴ 以色列就是這樣一個視人命如草芥且不經審判就殺人的國家。

沒有法治的國家,必然崇尚德治。當年的以色列也是以德治國的國家。摩西在世的時候,就與以色列人約法三章:你們到了那居住地的時候,如果需要立王治理,可以像四圍的國一樣立王;但是,有兩個條件必須遵守。第一,你總要立耶和華所揀選的人為王;第二,王不可為自己加添馬匹,不可為自己多立妃嬪,也不可為自己多積金銀。²⁵ 摩西為以色列人定下的規矩、向世人作出的承諾多好啊!但是,摩西如何保證國王們遵守規定、信守承諾,廉潔奉公呢?摩西給出的辦法是:「他登了國位,就要將祭司利未人面前的這律法書,為自己抄錄一本,存在他那裡;要平生誦讀,好學習敬畏耶和華他的神,謹守遵行這律法書上的一切言語和這些律例,免得他向弟兄心高氣傲,偏左偏右,離了

---

22 《舊約‧以西結書》第 46 章,第 18 節。
23 《舊約‧列王紀上》第 21 章,第 1—16 節。
24 《新約‧馬可福音》第 6 章,第 17—28 節。
25 《舊約‧申命記》第 17 章,第 14—17 節。

這誡命。這樣,他和他的子孫,便可在以色列中、在國位上年長日久。」[26]然而,具有諷刺意味的是,縱然摩西偉大,他的辦法卻一點也不管用。僅第三代國王所羅門,除了正妻以外,有妃700,嬪300;外國國王、雜族諸王、商人和國內省長,每年向他進貢的金銀財寶無數;他在為妻妾們建造宮殿時,在全國抽取勞工,僅監工者就達550人之眾。[27]對於所羅門的貪污腐敗,揮霍無度,據說耶和華不高興了,表示要下決心懲罰他的腐敗行為,奪回他的國,賜給他的臣民。然而,更具諷刺意味的是,懲罰竟然是這樣進行的:「因為你父大衛的緣故,我不在你活著的日子行這事,必從你兒子的手中將國奪回。只是我不將全國奪回,要因我僕人大衛和我所選擇的耶路撒冷,還留一支派給你的兒子。」就這樣,所羅門舒舒服服地在任上善終,並將王位順利地傳給兒子。[28]——我們在這裡看到,上帝也會跟人開玩笑:懲罰貪污腐敗分子,居然不懲罰其本人,且給他的兒孫留下足夠繼續腐敗的權力資本。這就是以色列!這就是耶和華!

　　對於希伯來文化的東方性,以上我們著重從政治制度方面作了考察。此外,考察其狹義的文化精神,也不無必要。在這方面,阿諾德在其《希伯來精神和希臘精神》一文中,運用和希臘文化對比的方法,作了深刻的揭示。阿諾德指出,希伯來精神和希臘精神兩者都有對於人生意義的終極追求,但追求這一目標的做法卻相去甚遠:「希臘精神最為重視的理念是如實看清事物之本相;希伯來精神中最重要的則是行為和服從。……希臘人對肉體和欲望的不滿在於它們妨礙了正確的思考,希伯來人則認為肉體和欲望阻礙了正確的行止。」[29]兩者都追求人的幸福,但兩者對幸福的理解卻大不相同:「『沒有異象,民就放肆;惟遵守律法的,便為有福』;『敬畏耶和華,甚喜愛他命令的,這人便為有福。』[30]這就是希伯來的幸福觀。」[31]希伯來的幸福觀還要求人們惡惡親善,

---

26　《舊約・申命記》第17章,第18—20節。
27　《舊約・列王紀上》第11章,第1—3、節;第10章,第14—23節;第9章,第15、23節。
28　《舊約・列王紀上》第11章,第9—13、42—43節。
29　〔英〕阿諾德:《文化與無政府狀態:政治與社會批評》,韓敏中譯,北京:三聯書店,2008年,第99頁。
30　《舊約・箴言》,第29章,第18節;《舊約・詩篇》,第112篇之一。
31　〔英〕阿諾德:《文化與無政府狀態:政治與社會批評》,韓敏中譯,北京:三聯書店,2008年,第99頁。

晝夜思念主的律令，並且手拿棕樹枝。[32] 希臘的幸福觀恰恰相反：人的幸福不是當他們厭惡邪惡之時，不是當他們日日夜夜按照主的律令進行修煉之時，不是當他們手拿棕樹枝走在新耶路撒冷之時；相反，「當他們能正確地思想，當他們的思想撞擊出火花的時候，就是感到幸福之時。」[33] 兩者都有追求普遍秩序的欲望即對神的熱愛，「但不同的是，希伯來精神一旦抓住了某些有關普遍秩序的樸素的、基本的默示，便以無比的認真和十足的幹勁去領悟並遵循其中的道理，而希臘精神的特點則是以靈活的方式密切關注普遍秩序的整體運行，生怕疏漏了任何局部，生怕為了某一局部而不顧另一局部，它不會在有關普遍秩序的某種默示上駐足不前，哪怕是根本性的默示。澄澈的頭腦，自由的思維，這便是希臘式的追求。」[34] 阿諾德對希臘文化精神和希伯來文化精神的區別總結性地寫道：「兩大精神準繩，一個注重智慧，另一個注重順服；一個強調全面透徹地瞭解人的職責的由來根據，另一個則力主勤勉地履行職責；一個慎之又慎，確保不將黑暗當成了光（……），另一個則是看到大的亮光就奮力向前」。[35]——這裡，阿諾德的三句話中的最後一句似乎可以翻譯成如下的意思：一個（希臘精神）在奮力拉車之前，首先抬頭看清道路；另一個（希伯來精神）只管低頭拉車，不管抬頭看路。所以，直到今天，那些和希伯來精神如出一轍的，且和希伯來精神處於同一發展水準的，只知道「實踐出真知」的實幹家們，仍然是一看到「大的亮光」——實際上很可能是在「將黑暗當成了光」的情況下——就奮力向前，以致貽害無窮；而這不僅是對希臘精神的反叛，而且是希臘精神的天敵。可見，希伯來文化和希臘文化是兩種在性質上截然不同的文化。

希伯來文化和希臘文化的本質的區別在於，前者是感情主義的，後者是理

---

[32] 《聖經》認為：「愛人不可虛假，惡要厭惡，善要親近」（《新約·羅馬人書》第12章，第9節）；「惟喜愛耶和華的律法，晝夜思想，這人便為有福」（《舊約·詩篇》，第1篇之二）；「此後，我觀看，見有許多的人……站在寶座和羔羊面前，身穿白衣，手拿棕樹枝」（《新約·啟示錄》第7章，第9節）。

[33] 〔英〕阿諾德：《文化與無政府狀態：政治與社會批評》，韓敏中譯，北京：三聯書店，2008年，第99頁。

[34] 〔英〕阿諾德：《文化與無政府狀態：政治與社會批評》，韓敏中譯，北京：三聯書店，2008年，第99—100頁。

[35] 〔英〕阿諾德：《文化與無政府狀態：政治與社會批評》，韓敏中譯，北京：三聯書店，2008年，第107頁。

性主義的。羅德·W.霍爾頓等人在吸收了阿諾德思想的基礎上又一次明確地指出了這一點。他們在論及希臘文化和希伯來文化的區別時寫道：「古典模式[36]從總體上來說是客觀的，外露的，它力求使普遍原則形式化，而希伯來的意向則截然不同：它神秘，直觀，尋求同神靈的交流，而不是公開表明它的宇宙觀。聖·保羅曾經指出這種區別，寫道：『猶太人是要神跡，希臘人是求智慧。』」[37]那麼，希伯來文化中的感情主義又是怎樣形成的呢？通過深入的研究，「我們發現了希伯來感情主義的核心：一個單一家族（亞伯拉罕和以色列〔雅各〕的子孫）的後裔和一個也是惟一的一個天父的選民的神秘的部落統一。」[38] 圍繞這個單一的上帝恩賜觀念所形成的希伯來文化的本質，同希臘文化的本質截然不同。亦如霍爾頓等人所指出的，希臘人的思維集中進行宇宙以及人類活動本質的外部研究，而希伯來人則在內心深處聆聽上帝的教誨；希臘世界的成長意味著闡明、構建和豐富原理寶庫，而希伯來世界的成長意味著更加深層、更加純潔、更加清醒地幻見造物主以及他同常人的關係。兩種文化都有一種對個人的尊敬，不管他的社會地位如何。但是希臘世界特別樂於尊敬有技藝的人，而希伯來人則懷著崇敬的心情去聆聽代表上帝的聲音的人。[39] 基於希臘文化和希伯來文化的這種區別，「人們完全可以說古典主義是思維的產物，而希伯來主義則是心靈的產物」。[40] 思維的產物即理性主義的產物，心靈的產物即感情主義的產物；前者是希臘文化的特徵，後者是希伯來文化的特徵。

　　總之，希伯來文化和希臘文化的區別是涇渭分明的。簡單地說，希臘文化是以理性主義為核心的工商文化即西方文化，希伯來文化是以感情主義為核心

36　霍爾頓等人使用的「古典模式」的概念與前文提及的伯納爾使用的「古典模式」的概念二者的含義正好是相反的，即前者指的是希臘傳統，後者指的是希伯來傳統。請讀者注意這一點。——引者注
37　〔美〕霍爾頓等：《歐洲文學的背景》，王光林譯，重慶：重慶出版社，1991年，第138—139頁。
38　〔美〕霍爾頓等：《歐洲文學的背景》，王光林譯，重慶：重慶出版社，1991年，第138—139頁。
39　〔美〕霍爾頓等：《歐洲文學的背景》，王光林譯，重慶：重慶出版社，1991年，第139頁。
40　〔美〕霍爾頓等：《歐洲文學的背景》，王光林譯，重慶：重慶出版社，1991年，第140頁。

的農耕文化即東方文化。希伯來文化既然作為西方文化的第一源流，因此我們有理由說，西方文化的最初源流是東方文化。

第二節

從基督教的起源看西方之初的東方文化

與希伯來傳統緊密相連，甚至可以說作為希伯來傳統的一種具體體現，基督教的起源特別明顯地表明了西方之初的文化的東方性質。

人們常說西方文化是基督教文化，這種說法固然不錯，但是基督教並不是西方本土的產物。眾所周知，無論是基督教的發源地還是基督教創始人耶穌的誕生地都是巴勒斯坦，而巴勒斯坦則是在東方。更重要的是，從基督教教義的演化史來看，基督教是由猶太教演變過來的，而猶太教則是地地道道的東方宗教。這裡我們姑且不論作為猶太教的初始經典的《摩西法典》中的東方文化的成分，僅從作為猶太教和基督教之間的過渡形式的埃塞尼教派的生活方式和價值觀念，也足見基督教原本起源於東方宗教。猶太歷史學家弗拉維於斯·約瑟夫（Flavius Joseph, 西元 37—100 年）這樣向我們記述埃塞尼教派的情況：「埃塞尼人生來就是猶太人，但他們是以彼此間的友愛聯繫在一起的，而且這種聯繫要比其它人之間的聯繫更加緊密。他們把感官的享樂看成邪惡，把禁欲和戰勝個人情欲看成美德。他們厭惡結婚。……這並非因為他們要破壞婚姻，要破壞由於婚姻產生的自然傳宗接代，而是他們害怕婦女的軟弱和縱欲無度。他們實際厭惡的東西，則是財富。他們中間實行著一種令人讚美的共同體生活制度，根本不可能找到某一個人比另一個人更加富裕的情形。因為這就是法律，根據這種法律，凡加入該教的人一律應該放棄財產，以避免他們之間有些人由於貧困而受辱，另一些人由於富裕而驕傲自大，同時可以將各人的財產像兄弟間共有的財富那樣聚集起來，形成眾人的共同財富。」[41] 這就是埃塞尼教派的生活

41　〔以色列〕弗拉維於斯·約瑟夫：《猶太戰爭》第 2 卷第 8 章。轉引自〔法〕勒魯：《論平等》，王允道等譯，北京：商務印書館，1988 年，第 178—179 頁。

方式和價值觀念，這是一幅標準的東方宗教的圖景。——其中，禁欲是所有東方宗教的共同的核心教義。印度佛陀的《遺教經》勸人禁欲：「當制五根，勿令放逸，入於五欲。」認為人之痛苦源於多欲，解決辦法只有禁欲。中國老子的《道德經》曰：「罪莫大于可欲，禍莫大於不知足，咎莫大於欲得。」所以「聖人之治」，就是「常使民無知無欲」。可見，「把禁欲和戰勝個人情欲看成美德」的埃塞尼教派是典型的東方宗教。然而，基督教就是直接導源於這種東方宗教。雖然基督教在開始時是作為猶太教的反對派出現的，但是正像中國歷史上歷代的農民起義都以推翻舊政權為目標，而它們建立的新政權無論在體制上還是在價值觀上都沿襲舊政權一樣，新產生的基督教因為是從猶太教演變而來的，因此在倫理觀上必然要承襲猶太教。[42] 在這裡我們已經找到了基督教起源時的東方文化本性的歷史淵源。

基督教起源時的東方文化價值不僅表現在它所由導出的猶太教的埃塞尼教派中，而且直接表現在基督教自身的教義中。

首先，基督教主張財產共有和平均主義。

主張財產共有和平均主義，這是所有東方文化的基本價值觀之一，也是初創期基督教的基本價值觀之一。據《新約偽經》記載，在理想的天國裡，「生活和財富將是共有的、不分家的」。[43]《新約》正典也記載，耶穌要求門徒，「你們要變賣所有的，賙濟人」；「你們無論什麼人，若不撇下一切所有的，就不

---

[42]　G. F. 莫爾指出：「基督教來自猶太教，這兩種宗教在一神論和道德觀念上基本相同，它又使用了猶太教的經典，最初幾代教徒也有許多是通過猶太會堂來的，這一切都可說明，為什麼猶太化傾向在基督教中如此根深蒂固，一再出現。」（〔美〕莫爾：《基督教簡史》，福建師範大學外語系編譯室譯，北京：商務印書館，1981年，第55頁。）

[43]　Montague Rhodes James, *The Apocryphal New Testament*, Oxford: The Crarendon Press, 1975, p.524. 有論者主張，*The Apocrypha New Testament* 不應譯為《新約偽經》，而應譯為《新約逸經》。其實，，不管叫《新約偽經》還是《新約逸經》，其稱謂並不意味作品本身是贗品，因為稱此書為 Apocrypha 者也並不認為其為偽造。（Montague Rhodes James, *The Apocrypha New Testament* 序言 , Oxford:, 1975, pp.9—10.）相反，它是指一般人看不到，僅為少數人掌握的經典「秘本」，應視其為莊嚴與尊貴之作品。只是在後來的教派鬥爭中因觀點分歧而未被收入正典的基督教經典。因此，《新約偽經》或《新約逸經》，特別是其中的《彼得啟示錄》，其史料價值應在《約翰啟示錄》之上。（於可：《試論原始基督教的政治思想》，載於《世界歷史》1981年，第6期，第37—78頁。）

能作我的門徒。」[44] 當有人向耶穌請教死後如何才能升入天國時,耶穌告訴他,除了要按照摩西十誡的要求行事而外,還有重要的一條就是,「去變賣你所有的,分給窮人」,這樣「就必有財寶在天上」,你就可以升入天國。當來人因為財產太多沒有照辦時,耶穌對他的門徒說:「我實在告訴你們:財主進入天國比駱駝穿過針眼還難呢。」[45] 由於耶穌的長期教導和訓誡,耶穌死後,其信眾們在使徒彼得的帶領下,一致遵行耶穌的誡命;他們聚在一處,「凡物公用,並且賣了田產家業,各人取得基本生活所需的一份」。[46] 這裡,我們清楚地看到了埃塞尼教派中財產公共所有的制度在基督教中的再現。

初創期的基督教在主張財產共有的同時,也主張人人平等。《彼得啟示錄》說:「大家共有的大地將不再用牆和籬笆隔開,……將沒有窮人,也沒有富人,也沒有暴君,也沒有奴隸,也不再有大小尊卑之分,沒有國王和王子,所有的男人將共同在一起」。[47] 如果說這種人人平等的平均主義思想,在《彼得啟示錄》中只是一種抽象的論述的話,那麼在《多馬福音》[48] 中則有形象的描述。據該福音書記載,耶穌講述過一個同桌共餐的寓言,內容大致是:主人準備了宴席,叫僕人去請客人,但所有客人都因為有客觀的原因不能赴宴。主人就對僕人說:「你到街上去,碰到誰就帶誰回來吃飯。」[49] 我們看到,主人用街上的任何人來代替缺席的客人。但是,如果一個人真正地把街上碰到的隨便一個人都帶來,結果完全可以想見,一定是不同性別、不同年齡、不同身份以及不同品行的人聚在一起,同桌共餐,這裡確實沒有窮富之分、主奴之分、尊卑之分。這是一幅多麼美妙的情景!這是多麼徹底的平均主義!雖然這個方案只是一個比喻,但實際上,它又何嘗不是耶穌的天國理想——耶穌的天國中的社會場景在各色人等的同一餐桌中濃縮地反映出來了。然而,正如有論者指出的:「耶穌的上帝之國的公開同桌和徹底的平等主義,比我們設想的任何東西都更具威脅性,

---

44 《新約・路加福音》,第 12 章,第 33 節;第 14 章,第 33 節。
45 《新約・馬太福音》,第 19 章,第 24 節。
46 《新約・使徒行傳》,第 2 章,第 44—45 節。
47 Montague Rhodes James, *The Apocryphal New Testament,* Oxford: The Crarendon Press, 1975, p.524.
48 《多馬福音》(Gospel of Thomas),大約在西元 50 年成書,是門徒多馬對耶穌說話的記載,在 1945 年於埃及發現,有「第五福音」之稱。
49 《多馬福音》,第 64 節。

即使我們絕不可能接受它,我們也不應該把它解釋成某種別的東西。通過把耶穌的觀點和綱領放回它產生的環境之中,我得出的結論是,古代的和普世的農民都夢想著一個正義的和平等的世界。」[50] 而古代的和普世的農民都夢想的正義的和平等的世界,正是飽含東方文化價值的世界。

第二,基督教輕視財富,反對商業。

重精神輕物質,是東方文化的又一基本價值,也是初創期基督教的基本價值。耶穌把重精神輕物質的觀念推向極端,並且將二者對立起來。耶穌說,一個人只能愛一個主人,「沒有人能事奉兩個主人」,「你們不能事奉天主而又事奉錢財」。[51] 在耶穌看來,富人不能進入天國的原因,就在於一僕不能事奉二主。因為這裡的兩個主人是對立的——富人的欺詐窒息了上主聖道的種子。[52] 因此,耶穌勸告人們不要積蓄易朽的財寶在地上,而要積蓄不朽的財寶在天上。[53] 耶穌的天國是和貧窮緊密地聯繫在一起的;或者說,寧要貧窮的天國,不要富裕的地國,這至少在理論上(表面上)是耶穌傳布的經義。

與輕視財富密切相連,基督教也反對商業,而反對商業又特別明顯地表現在反對高利貸。《舊約》原來就有反對高利貸的規定,但還只是限於兄弟之間:「你借給你弟兄的,或是錢財或是糧食,無論什麼可生利的物,都不可取利。」[54] 在這方面,《新約》比《舊約》走得更遠。為了禁止向所有人,不論是兄弟還是外人,搞有息借貸,《新約》對這一禁令的適用範圍取消了任何限制:「你們若借給人,指望從他收回,有什麼可酬謝的呢?就是罪人也借給罪人,要如數收回,借給人不指望償還。你們的賞賜就必大了。」[55]

基督教反對高利貸的教義在早期教父那裡有了進一步的發展。聖·格列高利(329—389 年)曾斥責放高利貸取息的人「玷汙了大地」;他「不勞而獲,不散財而斂財,不播種而收穫,他的富裕生活不是靠耕種土地而得,而是借窮

---

50 〔美〕約·多·克羅桑:《耶穌傳:一部革命性的傳記》,高師甯、段琦譯,北京:中國社會科學出版社,1997 年,第 96—97 頁。
51 《新約·馬太福音》第 6 章,第 24 節。
52 《新約·馬可福音》第 4 章,第 19 節。
53 《新約·馬太福音》第 6 章,第 19—21 節。
54 《舊約·申命記》第 23 章,第 19 節。
55 《新約·路加福音》第 6 章,第 34—35 節。

人無衣無食而獲」。聖·巴西勒（？—363年）指責高利貸者把向他借貸的人變為奴隸；尼斯的聖·格列高利（335—395年）指責高利貸同偷盜無異。聖約翰·克裡索斯托則聲稱，高利貸無論對借出者，還是對借入者，都是有害無益的，「因為借貸雙方都會因此而蒙受重大損失……當一方的貧困增加時，另一方的罪惡也隨著他的財富而增加」。而聖·安布羅斯（339—397年）則指責富人「冷酷殘忍」，「一聽到蠅頭小利就豎直了耳朵」，並對他們正面進行威嚇。[56]

這裡需要進一步指出的兩點是，第一，反對商業、反對高利貸，並不是文化意義上的西方傳統。在後文將會看到，希臘文化不僅不反對商業，而且其本身就是商業的產物。至於高利貸，「事實上，在古羅馬時代，發放高利貸的做法已經十分普遍。」[57] 第二，反對高利貸中的牟利動機，不只是初期和前期基督教的倫理，而是宗教改革前基督教一直主導的倫理價值。所以我們看到，12世紀的教會，「對商業的態度，不只是消極，而是積極的仇視」。[58] 而且，這種主導力隨著教會權力的增加不斷增強。《新約》雖然有不準有息借貸的說法，但那只是道德要求。後來有了教會法庭，「就禁止教士放款取息。從9世紀起，教會也禁止了俗人放款取息，而把放款取息權交給教會法庭來裁奪。」[59] 在這裡，我們看到基督教在起源時乃至在後來長達千餘年中所堅持的東方經濟倫理。韋伯在《新教倫理和資本主義精神》一書中所說的，新教倫理促進了資本主義發展，那是宗教改革以後（最早也是12世紀後）的事情。

第三，基督教強調信仰而非理性。

初創期的基督教主張信仰至上，而不是理性至上。對基督徒來說，最好的生活不是遵從理性的生活，而是信仰上帝。他們認為，信仰本身就足以能夠擁有至真至善。上帝會將美德輸送給那些接受並相信教會信條的人。這種信仰至上的倫理價值，在保羅的教義觀中體現得十分明顯。保羅說，「沒有一個人靠

56　〔法〕佩爾努：《法國資產階級史》上冊，康新文譯，上海：上海譯文出版社，1991年，第97頁。
57　〔法〕佩爾努：《法國資產階級史》上冊，康新文譯，上海：上海譯文出版社，1991年，第97頁。
58　〔比〕亨利·皮朗：《中世紀歐洲經濟社會史》，樂文譯，上海：上海人民出版社，1964年，第43頁。
59　〔比〕皮朗：《中世紀歐洲經濟社會史》，樂文譯，上海：上海人民出版社，1964年，第12頁。

著律法在神面前稱義，……『義人必因信得生』。」[60] 為了使人們能夠盲目信仰，保羅不惜實行愚民政策，重申《舊約·以賽亞書》的觀點：「我要滅絕智慧人的智慧，廢棄聰明人的聰明。」[61] 在滅絕人的聰明和智慧的同時，保羅還不準人們自由思想和獨立思考，要求人們在思想和行動上保持高度統一。當他聽說信徒中間出現紛爭時，他就對他們說：「弟兄們，我借我們主耶穌基督的名，勸你們都說一樣的話，你們中間也不可分黨，只要一心一意，彼此相合。」[62] 由保羅開啟的信仰至上的教義，成為基督教的第一要義。因此，在整個中世紀，理性屈從於信仰，哲學成為神學的婢女，乃至對異己信仰進行打壓，也就絕非偶然。

　　信仰和理性的關係是一個複雜的問題，在此不便展開討論。我只能指出，信仰至上還是理性至上，是兩種世界觀的對立。雖然信仰與理性並非完全對立，但它們之間的對立始終是問題的主要方面。「甚至關注信仰與理性之拱頂般契合統一的人，也不能忽視在它們之間總是不斷出現的差異，導源於基督教神學及我們傳統的精神之根的二重性，一方面可溯源至以色列和基督教，另一方面可追溯至希臘的聖賢們。」因此，「我們歷史上的希臘遺產與以色列遺產間的張力，常表現為理性與信仰的張力」。[63] 如果我們承認理性至上的希臘傳統是西方文化，那麼，與希臘傳統之間存在張力的主張信仰至上的基督教傳統，理應是東方文化。

　　第四，基督教主張德治而非法治。

　　眾所周知，道德至上還是法律至上，這是東西方文化的又一重要區別。那麼，基督教究竟主張道德至上還是主張法律至上呢？在這個問題上，學術界的認識不盡統一。一種很有影響的觀點認為，基督教從來就有法治傳統，耶穌就是主張法治的。他們的主要論據之一就是，耶穌曾經說過：「莫想我來要廢掉律法和先知；我來不是要廢掉，乃是要成全。我實在告訴你們，就是到天地都

60　《新約·加拉太書》第 3 章，第 11 節。
61　《新約·哥林多前書》第 1 章，第 19 節。
62　《新約·哥林多前書》，第 1 章，第 10 節。
63　〔德〕沃爾夫哈特·潘能伯格：《神學的基本問題》節選「信仰與理性」，周偉馳譯，載於邁爾威利·斯圖沃德編：《當代西方宗教哲學》，北京：北京大學出版社，2001 年，第 27—28 頁。

廢去了，律法的一點一畫也不能廢去，都要成全。」[64] 耶穌的這番話能夠成為他主張法治的理由嗎？答案應該是否定的。第一，耶穌在這裡說的要成全的律法，主要指的是不可殺人、不可姦淫等誡命。但是我們知道，摩西十誡之類的具體誡命，在耶穌的倫理觀中並不佔有中心位置。在耶穌的倫理觀中，最重要、最偉大的誡命是愛的誡命——愛主和愛人。[65] 相比於愛的誡命，其它的誡命是可以改動的。比如，耶穌就用「從外面進入人腹的東西不會污穢人」的話，取代了摩西律法中關於食物有潔與不潔之分的規定；[66] 耶穌也廢除了《舊約》中「以眼還眼」的報復律，主張有人打你的右臉，連左臉也轉過來由他打；[67] 耶穌還取消了由摩西所給予的離婚的準許，因為離婚有違於天主意旨的初衷。[68] 在這裡我們看到，在耶穌的倫理觀中，「禮儀和民事（實際上還有刑事——引者注）法律必須屈居天主的意旨及其倫理律之下；如果這些法律和天主的意旨有矛盾的話，它們就會失去約束效力。」[69]

第二，在耶穌的觀念中，從字面上去遵守法律是一種低層次的境界，是遠遠不夠的。因為「耶穌不認為人和天主之間的關係就是法律內的關係。人不僅僅對成文法律負責，因此他也就不能在天主面前為自己辯白：他已經遵守了成文法律，在其它方面沒有任何責任。」[70] 因此，耶穌要求人們不要光從字面上去遵守法律，更要領悟這些守法行為的內在精神；而這內在精神，就是天主的旨意，亦即人的道德良心。誠然，「支配一個人的行為的精神遠比僅僅順從某些規則而採取的行為更為重要」的觀念，以及「在人事中內心的思想遠比外在的行為更為重要」的信念，在現代西歐思想中都占居中心位置。但是，在當時，

64　《新約‧馬太福音》第 5 章，第 17—18 節。
65　《新約‧馬太福音》第 22 章，第 37—40 節。
66　《新約‧馬太福音》第 5 章，第 17—18 節。
67　參見《新約‧馬太福音》第 5 章，第 38—39 節；《舊約‧出埃及記》第 21 章，第 24 節。
68　參見《新約‧馬可福音》第 10 章，第 2—12 節；《舊約‧申命記》第 24 章，第 1—2 節。
69　〔德〕K. H. 白舍客：《基督宗教倫理學》，靜也、常宏等譯，上海：華東師範大學出版社，2010 年，第 32 頁。
70　Karl Hermann Schelkle, *Theology of the New Testament*, vol. III, Morality, Collegville, Minnesota: Liturgical Press, 1973, p. 33.

在工具理性未曾實現的情況下強調價值理性，在法治未曾達到的情況下強調道德和良心之治，這不能不是一種道德烏托邦。

以上兩點說明，初創期基督教主張的是德治而非法治。

能夠證明起源期的基督教主張東方文化價值的材料還有很多，其中最為突出的一個方面就是關於政教關係的主張。由於篇幅的限制，更由於結構的需要，這個問題將在第五章專門討論。好在以上幾個方面，已經足以能夠說明，基督教在起源時期的宗教倫理和文化價值，在其基本性質方面是東方宗教和東方文化。

第三節

從前希臘文化看西方之初的東方文化

如果說早期的基督教傳統、東方的猶太教傳統和整個希伯來傳統還是西方之初的東方文化性質的外在影響的話，那麼前希臘的文化本質則表明西方之初的自身的東方文化的本性。

前希臘文化主要是指中後期的米諾斯文化或克裡特文化、前期的邁錫尼文化，以及作為前希臘文化的陳跡存在的較晚時期的斯巴達人的文化。那麼，前希臘文化究竟是什麼性質的文化呢？下面對前希臘社會的經濟、政治和社會狀況作一簡單考察，以從中見其文化性質。在下一章可以見到，希臘是西方文化的發源地，因此對前希臘社會的狀況和文化性質將花較多的篇幅予以考察。

一、前希臘社會的經濟形態

前希臘社會是農業社會而不是工業社會，即使所謂「工業」也不過是一些手工業的小作坊而已；前希臘社會是很鄉村化的，即使所謂「城市」也不過是聚集在山上城堡周圍的鄉村而已。農業社會的天然的特點是閉關自守和自給自足，這些特點在前希臘社會中也全部具有。亞里斯多德曾把希臘城那描繪成一個維持「自給」生活的社會團體。他指出：「等到由若干村坊組合而為『城市

（城邦）』，社會就進化到高級而完備的境界，在這種社會團體以內，人類的生活可以獲得完全的自給自足」。[71] 顧准則認為，亞里斯多德的定義中的「自給」生活一語，在理解希臘城邦制度時「是極端重要的」；並且認為，亞里斯多德所說的「自給（Antarkeia, Antarky）是指經濟上的自給自足。……所謂的自給，既指通過某種經濟政策保障城邦的糧食供應（如在雅典）之類的經濟問題，也指限制外邦人購買地產，藉以保障公民的財產權的法權問題，恐怕也推及於城邦的一般的閉關主義：外邦人沒有公民權，也不能入籍為公民，力謀使城邦成為它的『特權公民的特權公社』」。[72] 可見，閉關自守和自給自足是亞里斯多德時期的前希臘社會的經濟形態的基本特徵，而在此之前應該更是如此。

在閉關自守、自給自足的前希臘社會中，商品貨幣關係自然是不發達的。在克裡特時代，「國王向人民徵收穀物、油、酒等，用徵收物作為薪津付給國家官吏。」[73] 在邁錫尼時代，「佃農用實物交納租金，布匹和衣服則是由女奴隸生產的。」[74] 到荷馬時代，商品交易的現象雖然已普遍存在，但是截至此時，「希臘人沒有『錢』這個東西，他們用以為交易媒介的是鐵、銅或金的鑄塊，公牛或母牛也當作一種價值標準。」[75] 而在此後，前希臘社會仍然堅持重農抑商的政策，為了保證農業的穩定，好多城邦都有這樣的法規：禁止各家出售其原來配給的份地；在艾理斯，還有一條禁令，即任何人不許以其地產的某一部分作為抵押，進行借貸。[76] 與這種落後的經濟形態相適應，人們沒有把賺錢作為生活的重要目的，相反，以錢賺錢的觀念一直受到貶抑。西元前 7 世紀，斯巴達的政治家來庫古立法「禁止自由人在斯巴達從事某種與利潤有關的工

---

71 〔古希臘〕亞里斯多德：《政治學》，吳壽彭譯，北京：商務印書館，1965 年，第 7 頁。
72 顧准：《希臘城邦制度》，載《顧准文集》，貴陽：貴州人民出版社，1994 年，第 77—78 頁。
73 李天佑：《古代希臘史》，蘭州：蘭州大學出版社，1991 年，第 37 頁。
74 李天佑：《古代希臘史》，蘭州：蘭州大學出版社，1991 年，第 46 頁。
75 〔美〕威爾·杜蘭：《希臘的興起》，幼獅翻譯中心譯，臺北：幼獅文化事業公司，中國民國六十三年，第 67 頁。
76 〔古希臘〕亞里斯多德：《政治學》，吳壽彭譯，北京：商務印書館，1965 年，第 319 頁。

作」；[77]乃至於亞里斯多德還堅持認為，人們謀取商品的使用價值是正當的，謀取商品的價值則是不正當的。[78]顯然，這是與自給自足的自然經濟相適應的價值觀念。

在考察前希臘社會經濟形態的時候，考察一下它的經濟制度也許不無益處。我們知道，前希臘社會的後期有一個僭政時期，僭政不僅表現在政治制度方面，而且表現在經濟制度方面。那麼，僭政時期的經濟制度是怎樣的呢？那些壞的和一般的僭主統治下的經濟制度，比如財產制度就不說了，我們就看看最好的僭主統治下的財產制度吧。對此，列奧・施特勞斯根據古希臘史學家色諾芬的《希耶羅》（11.12—14）寫道：「最好的僭主將把他的祖國視作自己的資產。這可能是更可取的：他通過改善他的祖國來增加他的私人財產，但這肯定還是意味著：最好的僭主也還是把祖國視作可以自然地按自己的意志來管理的私人財產。這樣，一個僭主的臣民就沒有任何人可以有相對於僭主的財產權。這樣，臣民們就必須以禮物或自願的捐獻為他認為是必要的東西買單。」[79]如果色諾芬和施特勞斯在這裡所論不假，那麼我們有理由得出如下結論：僭主「把他的祖國視作」私人財產，與東方的「普天之下，莫非王土」並無差異；而臣民「沒有任何人可以有相對於僭主的財產權」與東方的「普遍奴隸制」也並無差異。——這就是希臘僭政時期的，實際上也是整個前希臘社會的經濟制度。

以上簡單的考察表明，這種以閉關自守和自給自足的自然經濟為基礎的，社會財產被國家即國王壟斷的，且有相應的價值觀念支持的經濟形態，當然屬於一切民族初期的即東方階段的文化形態。

二、前希臘社會的家庭形態

前希臘社會是家族本位的社會。家族本位首先表現為父權至上。前希臘的

---

77 吉林師範大學編著：《古代希臘史參考資料》，四平：吉林師範大學出版社，1960年，第44頁。
78 〔古希臘〕亞里斯多德：《政治學》，吳壽彭譯，北京：商務印書館，1965年，第25頁。
79 〔美〕施特勞斯、科耶夫：《論僭政——色諾芬〈希耶羅〉義疏》，何地譯，北京：華夏出版社，2006年，第90—91頁。

父權至上包括如下內容：第一，在前希臘社會中父親是家族宗教的主教，他司家祀的儀節。由於教主的職銜，他負有宗祀永續的責任。由於他是家火的教主，在他以上「便無更高教權之人」；即便「邦及邦的大主教，亦不能改變其家祀」，而族人中更無人可以反抗和取代。[80] 第二，父親具有支配家族財產的權利。在前希臘社會中家庭財產不歸個人所有，而歸家庭所有成員共有。為了維持這種家庭本位的財產關係和社會關係，前希臘社會像許多古代社會一樣設有長子繼承制，即父親死後，遺產不得在兄弟間平分，而完全由長子繼承。這樣，「每家只有一個業主，就是家自己。每家只有一個使用權者，就是父親。」[81] 第三，父親不僅具有對家庭財產的支配權，而且具有對子女的支配權。在前希臘社會，父親可以賣兒子。根據古朗士（Fustel de Coulanges）的研究，「羅馬與雅典法皆準許父親賣其子。……其子於賣後，似乎不完全是買主的奴隸。父親可以在契約裡規定贖回。如此他可以保留對其子的主權。贖回以後，他還可以再賣他。十二銅表法但許售至三次。過了三次以後，其子乃脫離父權。由此可見古代法中，父親的權力是何等的專制。」[82] 威爾・杜蘭（Will Durant）的研究得出了與古朗士大致相同的結論。他說在前希臘社會中截至英雄時代，「亞該亞的社會是父權獨裁……。在理論上，父親是至高無上的，他可以隨意納妾，他可以將她們送給客人，他可以將子女置於山頂任其自滅，他也可以殺害子女以獻祭於饑餓的神」。[83] 儘管在事實上前希臘社會中的父親對子女也許並不那麼殘忍，但父權至上是確定無疑的。

與父權至上相並行並且與之相補充的是夫權至上；夫權至上是前希臘社會的家族本位的另一種表現。在前希臘社會中，一方面婦女沒有財產權，「丈夫對於妻子的產業，不只是管理人，且是主權者。故嫁資即有亦歸其夫掌管。婦

---

80 〔法〕古朗士：《希臘羅馬古代社會研究》，李玄伯譯，北京：商務印書館，1938 年，第 66 頁。
81 〔法〕古朗士：《希臘羅馬古代社會研究》，李玄伯譯，北京：商務印務館，1938 年，第 67 頁。
82 〔法〕古朗士：《希臘羅馬古代社會研究》，李玄伯譯，北京：商務印務館，1938 年，第 67 頁。
83 〔美〕杜蘭：《希臘的興起》，幼獅翻譯中心譯，臺北：幼獅文化事業公司，中華民國六十三年版，第 72 頁。

人婚後所得皆歸其夫。其夫死後,她亦不能重行要回嫁資。」[84]另一方面,婦女沒有人身權。在佛教經典和儒教經典中,都有對婦女所謂「三從」即「未嫁從父,既嫁從夫,夫死從子」的要求。對此,「希臘與羅馬法有同樣的說法:女子未嫁則從其父,父死從其兄弟或其親屬;已嫁則從其夫,她行婚禮時已永遠脫離其父家,其夫死亦不能歸。寡婦從其夫的親屬,有子時即其子,無子時則其夫最近的親屬。夫對妻的權甚大,夫死時可指定其妻的管理人,甚而指定第二個丈夫。」[85]

在前希臘社會中,家庭內部男人和女人的關係不完全限於夫妻之間,男主人和女奴隸之間也是家庭關係的一個方面。根據荷馬史詩的記載,在前希臘社會,婦女的地位極其低下,在戰爭中被俘獲的女人毫無例外地都成為勝利者男人的財產。其中極少數姿色出眾者可能成為男主人的妻或妾,大多數不受主人寵愛的女俘和物質財產一樣,被主人隨意贈予,甚至直接用牛估算出她們的物質價格「值多少頭牛」。《伊利亞特》在這方面有大量的記載。阿加米農欲和阿喀琉斯講和,除了應允要送他數量可觀的三角鼎、黃金、城鎮以外,還要送對方7個美麗而手巧的女俘。[86]在派楚克拉斯的葬禮競技中,摔跤比賽的勝者獲得1口三角大鍋,值12頭牛,輸方得到1名女子,值4頭牛。[87]而即使那些有幸成為合法妻子的女俘,仍然沒有擺脫對丈夫的依附關係。她無權離開丈夫,她仍然是丈夫即男主人的財產,主人對她的一切包括她的生命具有生殺予奪之權。[88]男主人對女奴隸的這種絕對權力,實際上是前希臘社會的夫權至上的極端表現。

從以上父權至上和夫權至上來看,我們有充分的理由說前希臘社會是家族

---

84 〔法〕古朗士:《希臘羅馬古代社會研究》,李玄伯譯,北京:商務印書館,1938年,第67頁。
85 〔法〕古朗士:《希臘羅馬古代社會研究》,李玄伯譯,北京:商務印書館,1938年,第63頁。
86 〔古希臘〕荷馬:《伊利亞特》,曹鴻昭譯,長春:吉林出版社集團有限責任公司2010年版,第148頁。
87 〔古希臘〕荷馬:《伊利亞特》,曹鴻昭譯,長春:吉林出版社集團有限責任公司,2010年,第417—418頁。
88 陳戎女:《荷馬的世界——現代闡釋與比較》,北京:中華書局,2009年,第174頁。

本位的社會；而家族本位是任何地區、任何時期的東方文化的本質特徵之一。

三、前希臘社會的政治制度

與農業經濟和家族本位中表現出來的東方文化相適應，前希臘社會的東方文化本性還表現在政治制度中。前希臘社會的政治制度中的東方文化本性主要表現在如下幾個方面：

第一，政教合一。

在前希臘的歷代社會中，國王都像埃及的法老一樣，同時兼有祭司的職能，以君權神授的名義進行統治。[89] 而君權神授論下的政治體制必然是政教合一。關於克裡特時期的政教合一，默·蔡斯等指出：「正如所有其它的早期文明一樣，在米諾斯時代，宗教和生活密不可分。國王履行著最高神職人員的職務，神器和供品在宮廷和民宅均可見到。克裡特藝術則表現了宗教主題，對母親神及其它神的崇拜都很常見。」[90] 關於邁錫尼時期的政教合一，讓-皮埃爾·韋爾南指出：「邁錫尼王國的社會生活以王宮為中心，王宮同時具有宗教、政治、軍事、行政和經濟的作用。在這個被稱為王宮經濟的體制中，國王集政權和王權的所有職能於一身，……嚴密地控制和管理著經濟生活的各個領域和社會生活的各個方面。」[91] 在所有政教合一的地方，國家必然干預人們的宗教信仰。在前希臘社會，國家干預信仰的遺風甚至一直傳到希臘文化興起的時期。我們知道，蘇格拉底之被判處死刑，其主要罪名就是所謂犯有敗壞青年罪，犯

---

[89] 史家在論及克裡特文明時指出：「從廢墟中可以得知國王的權力乃植基於武力、宗教及法律。為利於統治，國王乃利用了神明：他手下的僧侶向人民解釋國王是神子Velchanos（即希臘人所謂的宙斯——引者注）的後代，他所宣布的律法都是來自這位神祇；如果國王能幹或大方，則每九年，僧侶便以神權再授與國王。」（〔美〕杜蘭：《希臘的興起》，幼獅翻譯中心譯，臺北：幼獅文化事業公司，中華民國六十三年版，第16頁。）這種始自克裡特文明時代的君權神授理論貫串於前希臘的所有文化時代。

[90] 〔美〕馬文·佩里主編：《西方文明史》上卷，胡萬里等譯，北京：商務印書館，1993年，第63頁。

[91] 〔法〕韋爾南：《希臘思想的起源》，秦海鷹譯，北京：三聯書店，1996年，第12頁。

有信奉他自己捏造的神而不信奉城邦公認的神之罪。[92]

鑒於前希臘社會的國家和教會的這種關係，英國的希臘政治理論史家厄奈斯特・巴克在論及柏拉圖及其之前時代希臘社會的城市 - 國家時寫道：「必須始終記住，在城市 - 國家中沒有什麼國家和教會的區別。希臘宗教，除了神秘主義而外，就是『外在的公共崇拜』。希臘沒有羅馬那種獨立的教士。……希臘城邦的勢力範圍並沒有受到某個聲稱與它平等或高於它的社團的限制。它不可能容許這樣一個社團來倡導道德並為道德真理尋找約束力，它本身既是教會又是國家。」[93]巴克在這裡所論的希臘，實際上指的是前希臘。據此，我們看到，國家與教會沒有分化，沒有獨立教士，國家沒有也不容許有與它平等或高於它的社團對它的權力進行制約；一句話，政府「既是教會又是國家」，這就是前希臘社會的政教合一。

第二，一黨專政。

與政教合一具有內在邏輯聯繫的是，政教合一的社會必然是一黨專政的社會。前希臘社會既然強迫全體國民必須信奉國家規定的神，那麼它就是一教統治的社會；而一教統治的社會也就是一黨專政的社會。這不僅是邏輯推演，而且是歷史事實。在前希臘社會的晚期，斯巴達城邦是一黨專政的典型。黑格爾說，斯巴達社會實行「一黨專政，被徵服的他黨被強迫地聽候差遣」；而這種情形「早就在克裡特可以看到了」。[94]這就是說，從有史可考的西元前 30 世紀至前 15 世紀的克裡特時期，中間經過西元前 15 世紀以後的邁錫尼時期，一直到西元前 7 世紀的斯巴達時期，前希臘社會實行的都是「一黨專政」的政治制度。

前希臘社會中一黨專政的制度，在其統治手法中暴露得更加淋漓盡致。亞里斯多德曾經詳細地揭示過前希臘社會中僭主政制時期的僭主們常常使用的鞏固一黨專政的統治手法，這裡摘其要者抄錄如下幾點：

---

92 〔古希臘〕柏拉圖：《申辯篇》，24B，載於《柏拉圖對話集》，王太慶譯，北京：商務印書館，2004 年，第 33 頁。
93 〔英〕巴克：《希臘政治理論——柏拉圖及其前人》，盧華萍譯，長春：吉林人民出版社，2003 年，第 10 頁。
94 〔德〕黑格爾：《歷史哲學》，王造時譯，北京：三聯書店，1956 年，第 272 頁。

1. 禁止結黨結社：

> （僭主）禁止會餐、結黨、教育以及性質相類似的其它事情——這也就是說，凡是一切足以使民眾聚合而產生互信和足以培養人們志氣的活動，全都應加預防。此外，僭主也須禁止文化研究及類似目的的各種會社，總之，他應該用種種手段使每一個人同其它的人都好像陌生人一樣。[95]

2. 槍打出頭鳥，或（用希臘成語來說）砍掉田裡長得太高的穀穗：

> 相傳……（米利都）僭主司拉緒布盧曾遣人問計於另一邦（科林斯）的僭主伯里安德。伯里安德正站在黍田之間，對使者默不作答，而以手杖擊落高而且大的黍穗，直至黍棵四顧齊平而止。使者不懂他的用意，就這樣去回報主人，司拉緒布盧聽到了，心裡知道伯里安德是在勸他芟刈邦內特出的人。[96]

3. 扼殺獨立精神，培養依附人格：

> 僭主的習慣就是永不錄用具有自尊心和獨立自由意志的人們。在他看來，這些品質專屬於主上，如果他人也自持其尊嚴而獨立行事，這就觸犯了他的尊嚴和自由；因此僭主都厭惡這些妨礙他的權威的人們。

> 僭主還要使住在城內的人民時常集合於公共場所，時常彙集在他的官門之前。這樣僭主既可藉以窺察人民的言行，也可由此使大家習慣於奴顏婢膝的風尚。[97]

歷史經驗告訴我們，只有一黨專政的社會才能夠採取禁止結黨結社、槍打

---

[95] 〔古希臘〕亞里斯多德：《政治學》，吳壽彭譯，北京：商務印書館，1965年，第292頁。

[96] 〔古希臘〕亞里斯多德：《政治學》，吳壽彭譯，北京：商務印書館，1965年，第155頁。

[97] 〔古希臘〕亞里斯多德：《政治學》，吳壽彭譯，北京：商務印書館，1965年，第294、292頁。

出頭鳥，以及扼殺獨立精神、培養依附人格的手段進行統治；而採取上述統治手段的目的，無不是為了進一步鞏固一黨專政。所以說，前希臘社會實行的是一黨專政的制度。

第三，王位世襲和王權專制。

在前希臘社會中，國王不是民選的而是世襲的。在希臘神話中，諸神之王宙斯的子孫們自兒子起連續四代佔據和繼承王位。[98] 據史載，一個名叫 Ion 的人是希臘人的先祖；Ion 的後代之一 Cecrops 在女神雅典娜的幫助下，建立了一個以這位女神名字命名的城市「雅典」，於是，「Cecrops 的後代成為雅典世代相傳的國王」。[99] 弒父娶母的俄狄甫斯的父親拉伊俄斯，在他的家族中已是連續第四代的世襲國王。而俄狄甫斯之後，王位仍在他的兒子之間輪轉。[100] 甚至在梭倫改革以及王位世襲制在法律上被廢除以後，獨裁者庇西特拉圖死時（西元前 527 年），還在未經雅典公民同意的情況下將權力私相傳給自己的兒子。

在前希臘社會中，不僅王位世襲，而且王權專制。前希臘社會的王權專制在荷馬史詩《伊利亞特》中反映得十分清楚。在特洛伊戰爭中，希臘聯軍最高統帥、邁錫尼國王阿伽門農為了避免阿波羅神對希臘聯軍的懲罰，在無奈的情況下歸還了分給自己的女俘後，憑藉自己的專制權力奪走了已經分配給軍中第二號人物阿喀琉斯的女俘，以作為他自己損失的補償。對此，阿喀琉斯除了消極罷戰外毫無辦法。史家在評論這段歷史時指出：「那些在特洛伊作戰的希臘人不僅都是一個或另一個國王的屬民，而且有一個根深蒂固的原則就是王權至上，以致較小的國王全都同意服從一個最高王的指揮，即『萬民之主』、『富有黃金的』邁錫尼國王阿伽門農。」[101] 在《伊利亞特》中，阿伽門農固然形象高大、不乏領袖風範，但他同時也是他那個時代專制王權的象徵。在前希臘時

98　〔美〕杜蘭：《希臘的興起》，幼獅翻譯中心譯，臺北：幼獅文化事業公司，中華民國六十三年，第 56 頁。
99　〔美〕杜蘭：《希臘的興起》，幼獅翻譯中心譯，臺北：幼獅文化事業公司，中華民國六十三年，第 57 頁。
100　〔美〕杜蘭：《希臘的興起》，幼獅翻譯中心譯，臺北：幼獅文化事業公司，中華民國六十三年，第 58 頁。
101　〔英〕保羅・卡特裡奇主編：《劍橋插圖古希臘史》，郭小淩等譯，濟南：山東畫報出版社，2005 年，第 135 頁。

代，政府不是建立在人民主權的基礎上的，而是建立在神權的基礎上的；「但是，這種神權政府需要加上一個根本性的附加條件，即國王要在肉體上和心靈上具有並非不值得他們所屬的崇高世裔的強力。在這種政府中，無所不在於整個社會中的權威，集中在國王身上。」[102] 在這種王權專制的體制下，個人權利、個人尊嚴是毫無地位可言的。「民眾實際上——或者說事實上——成了奴隸，他們屈從在一些特權貴族的嚴厲統治之下，這些貴族運氣不錯，成了一個全能的統治者的門徒。不過，即使是這些貴族也沒有真正的安全感。他們的特權，他們的財產以及他們的生命都是國王恩賜的。因此，不管什麼時候，只要國王心血來潮，所有這一切都會被褫奪。」[103]

當然，在晚期的前希臘社會中——這裡也許是僭主政治時期，國王在掌有絕對權力的同時，形式上的民主還是有的。比如在希臘英雄時代的政府的諸要素中，除了國王以外，還有類似於近代議會的由 28 位老人組成的元老院，和作為前希臘城邦直接民主制的形式並在理論上具有最高權力的公民大會。但是，這些元老會議和公民大會是怎樣召開和怎樣行使權力的呢？據史載，「在重要時機，（國王）權威的運用要通過公諸公眾的形式：他和首腦會議或長者會議磋商，甚至和他們討論；在這磋商之後，他向公民大會（agora）傳達——公民大會聽取並批準，也許是又聽又嘀咕，但是，我們不知道它有權選擇或拒絕。……公民大會，於需要批準或拒絕提給他們的提議時召開，不作什麼討論，或者沒有討論它們的自由。」[104] 通過史書的繼續記載，我們發現，希臘英雄時代政府的諸要素，實質上和存在於原始的來庫古士憲法中的是一樣。「在兩個事例中，支配力量都集於王身上——元老院的職能相當狹隘並受到限制，公民大會尤甚；在兩個事例中，王權是借某種宗教情緒而獲得確認的，這種宗教情緒，傾向於排除（王權的）競爭者，保證人民的忠誠到某種程度，儘管在位的王管

---

102 〔英〕喬治·格羅脫：《希臘史》，顧准譯，載於《顧准文集》，貴陽：貴州人民出版社，1994 年，第 263 頁。
103 〔美〕霍爾頓等：《歐洲文學的背景》，王光林譯，重慶：重慶出版社，1991 年，第 5—6 頁。
104 〔英〕格羅脫：《希臘的僭主政治》，顧准譯，載於《顧准文集》，貴陽：貴州人民出版社，1994 年，第 263 頁。

理不良或品格不善。」[105] 在這裡我們已經看到，前希臘城邦中的元老院和公民大會都形同虛設。而元老院形同虛設的情形在斯巴達尤其明顯。在斯巴達，「由28個老人組成的會議，人選又不加區別地來自所有斯巴達人的家族，它本質上是一個附屬的和次要的力量。它甚至不足以成為對王的約束——更沒有能力成為他的對手；它甚至間接地為王效勞並成為他的支持者，因為它阻礙其它任何有特權的等級形成起來足以超越它的權威。」[106] 這樣一個人民無權討論和決定重大問題、「議會」不僅形同虛設「甚至間接地為王效勞並成為他的支持者」的政治制度，豈不是典型的王權專制。

第四，以暴力維持政權。

在前希臘社會中，國王既然不是民選的，因此其政權也不是靠合法的民意而是靠暴力維持的。威爾·杜蘭在論及克里特島上亞該亞人的王權特徵時寫道：國王的權力除了很大、世襲而外，「最重要的，他是一位軍事統帥，非常照顧他的軍隊，因為如果沒有軍隊支持的話，他可能就會被認為是錯了。他使軍隊裝備良好，食糧充足，訓練精良。……只要軍隊支持他，他便是政府——立法權、行政權、司法權均集於一身」；而他裝備軍隊的惟一目的也只是為了使他的政權不被「為亞該亞人所承認的『強者為王』的規則所推翻」。[107] 在前希臘時代後期，維持政權的力量除了軍隊還有員警。「政府法令之貫徹與實施責任由軍隊及員警負責。習慣上民選長官將某些斯巴達青年武裝為特別及秘密員警，以偵察民眾行動，至於對農奴則可視情形自行殺戮」。[108] 以暴力維持的政權必然導致獨裁。但獨裁並不意味著時時處處直接使用暴力；相反，它在很多時候至少在形式上採取非暴力的方式進行統治。梭倫離職以後，取代他的是

---

105 〔英〕格羅脫：《希臘的僭主政治》，顧准譯，載於《顧准文集》，貴陽：貴州人民出版社，1994年，第263頁。
106 〔英〕格羅脫：《希臘的僭主政治》，顧准譯，載於《顧准文集》，貴陽：貴州人民出版社，1994年，第263—264頁。
107 〔美〕杜蘭：《希臘的興起》，幼獅翻譯中心譯，臺北：幼獅文化事業公司，中國民國六十一年，第77頁。
108 G. Grote, *History of Greece: Everyman Liberty*, III, New York, 1935, P.148. 轉引自〔美〕杜蘭：《希臘的興起》，幼獅翻譯中心譯，臺北：幼獅文化事業公司，中國民國六十三年，第118頁。

庇西特拉圖的獨裁統治。庇西特拉圖的獨裁統治，雖然是對梭倫改革的反動，但是他並不改變梭倫法典的細節。「他也像奧古斯都一樣，瞭解如何依民主的讓步和形式來裝飾和支持獨裁。執政官照舊選舉，民眾大會和公共法院、四百人議會和最高法院的程式和執掌都照舊進行，惟一不同的是庇西特拉圖的提議能得到特別的注意。」[109]同時，以軍隊和員警維持的獨裁政權也不意味著一定要發動戰爭。在梭倫時期，王位世襲制在實際上已被廢止。「因獨裁制率皆有賴群眾支持而非承襲權力，故大多數均避免戰爭，支持宗教，維持秩序，振興道德，贊成婦女取得較高地位，鼓勵藝術發展，並在美化其城市上大量花費金錢」[110]。希臘民主制建立前的庇西特拉圖的獨裁統治就是如此。不僅如此，前希臘的以暴力維持的政權還十分重視發展經濟。同樣如庇西特拉圖，他興建水道和道路系統，開辦礦業修建廟宇，還通過大量的公共建設以解決就業問題。然而，前希臘的獨裁政權所做的這一切非暴力的、和平的甚至具有民主形式的事業，不僅以暴力為其後盾，而且從根本上說是為了鞏固這種以暴力為基礎的體制。在此意義上我們說，前希臘文化中的政權不論是前期的直接以暴力形式維持的政權，還是後期的在表面上帶有民主形式的政權，在本質上都是以暴力維持的政權。

第五，實行文化專制主義。

前希臘社會的城邦統治者為了維持其專制政權，不僅抓槍桿子，而且抓筆桿子。前希臘社會抓筆桿子的理念和方法就是實行文化專制主義。前希臘社會的文化專制主義，從柏拉圖的思想主張中可見一斑。

柏拉圖的文化專制主義主張充分體現在他的教育思想中，並且是在「培養公民美德」的名義下貫徹的。柏拉圖為了建立烏托邦的理想國，十分關注教育，他的《理想國》一書以驚人的篇幅反覆地討論教育問題。他把教育稱為城邦的「惟一重大的問題」，把城邦視為一個教育機構。柏拉圖認為，教育的宗旨就是培養公民的美德——只有培養了公民的美德，現有的統治秩序才不會發生變

---

[109]〔美〕杜蘭：《希臘的興起》，幼獅翻譯中心譯，臺北：幼獅文化事業公司，中國民國六十三年，第174頁。

[110]〔美〕杜蘭：《希臘的興起》，幼獅翻譯中心譯，臺北：幼獅文化事業公司，中國民國六十三年，第176頁。

化;而「為了培養美德,兒童們起初聽到的應該是最優美最高尚的故事」。[111] 因此柏拉圖主張,教育工作的第一項任務就是對原有的教育內容進行審查和刪改。比如在詩歌、戲劇和故事中,把神描寫成不道德或把英雄描寫為放蕩不羈的,都會對讀者產生錯誤的誘導;描寫地獄的可怕和戰爭的恐怖等情節,也會對公民的勇敢的美德產生消極影響,所以都要予以刪除。柏拉圖批評荷馬和赫西俄德,認為詩人們的哀傷情感危害了青年人的尚武精神,因此他們的詩和故事也應被列入刪除之列。柏拉圖還主張對音樂的曲調、演奏用的樂器、繪畫雕刻創造的形象都要進行審查,凡是對塑造「公民－戰士」的靈魂有害的甚至僅僅「無用」的都應該禁止和消滅。[112]

那麼,在刪除了這麼多故事、詩歌等內容後,可以用來教育兒童和青年的教材從何而來呢?柏拉圖主張,國家即城邦的統治者應該制定出統一的標準;規定「故事要在這個標準下說,詩要在這個標準下寫」。[113] 柏拉圖還以城邦統治者即締造者的身份強調:「締造者應該知道,應該讓詩人按照什麼路子寫作他們的故事,不允許他寫出不合規範的東西」。除了不允許對孩子講那些庸俗、恐怖和放蕩的東西外,「我們還必須強迫詩人按照這個意思去寫作」;對詩人和教師、繪畫師和雕刻師等任何行業的藝人都必須強迫他們這樣做,「哪位藝人不肯服從,便不讓他在我們中間存在下去」。[114] 在這裡我們看到,柏拉圖為了實現他的宏偉而高尚的目標(實際上是為了維持傳統的專制政權),已經殺氣騰騰了。

柏拉圖無疑是西方政治思想史上的文化專制主義者。然而,如果有人認為柏拉圖是西方政治思想史上文化專制主義的始作俑者,就大錯特錯了。這裡有兩點是必須注意的。第一,柏拉圖的文化專制主義主張不是他憑空想出來的,而是從前希臘社會長期的文化專制主義的實踐中總結出來的。他的《理想國》

---

[111]〔古希臘〕柏拉圖:《理想國》,于文靜譯,延吉:延邊人民出版社,2000年,第67頁。

[112] 參見柏拉圖的《理想國》第3卷。又參見佚名作者的未出版的電子文本著作《神本正義論》(第一章第四節)對柏拉圖教育思想的相關論述。

[113]〔古希臘〕柏拉圖:《理想國》,于文靜譯,延吉:延邊人民出版社,2000年,第70頁。

[114]〔古希臘〕柏拉圖:《理想國》,于文靜譯,延吉:延邊人民出版社,2000年,第67、98頁。

以斯巴達為原型,他的文化專制主義思想也是對斯巴達管制教育和思想的理念和經驗的總結。第二,我們知道,柏拉圖是「處於東方世界和西方世界交界處的」即希臘社會由「東方世界」向「西方世界」過渡時期的思想家。[115] 在柏拉圖時期,前希臘社會的文化專制主義已經處於垂死掙扎的階段。垂死掙扎階段的文化專制主義尚且如此專橫和狷獗,如果我們追溯它的興盛時期即邁錫尼時代和克裡特時代的希臘,可以肯定那時一定「焚書坑儒」無數,文字獄遍於國中。只不過因為年代久遠,現在我們已經無法掌握這方面的資料罷了。鑒於上述兩點理由,我們有根據斷定,前希臘社會實行文化專制主義。

第六,意識形態的虛偽性。

前希臘社會的專制主義,尤其是文化上的專制主義,必然遭致人們的反感和反對。為了降低人們的反感和反對程度——如果可能的話,還要儘量贏得人們對包括文化專制主義在內的整個專制體制的好感和擁護,必須進行虛偽的意識形態宣傳。一切東方專制主義的政治制度都是如此,前希臘社會的政治制度亦如此。

像前希臘社會的文化專制主義必須從柏拉圖的文化專制主義主張中考察一樣,前希臘社會的意識形態的虛偽性也必須從柏拉圖關於意識形態虛偽性的主張中考察。關於柏拉圖的意識形態虛偽性主張與前希臘社會意識形態虛偽性之間的關係將在後面論及,這裡先考察柏拉圖關於意識形態虛偽性的主張。

柏拉圖的意識形態虛偽性主張在其代表作《理想國》中展現得淋漓盡致,主要表現在他對國家統治者的統治目的和統治手段的論述中。關於統治目的,柏拉圖聲稱,最理想的國家就是追求正義。所謂正義,柏拉圖從抽象的和具體的兩個角度作了闡釋。在抽象的意義上,柏拉圖說,為了保持正義,「我們的立法不是為城邦任何一個階級的特殊幸福,而是為了造成全國作為一個整體的幸福。」[116] 在具體的意義上,柏拉圖說,城邦所有的人都應各自分屬按其天性所劃定的生意人(手藝人)階級、輔助者(軍人)階級、護國者(立法者)階

---

115 〔法〕勒魯:《論平等》,王允道譯,北京:商務印書館,1988 年,第 93 頁。
116 〔古希臘〕柏拉圖:《理想國》,郭斌和、張竹明譯,北京:商務印書館,1986 年,第 279 頁。

級;而正義就存在於這三個階級的人各安其位、各盡其責之中。「當生意人、輔助者和護國者這三種人在國家裡各做各的事而不相互干擾時,便有了正義,從而也就使國家成為正義的國家了。」[117] 柏拉圖再三強調:「如果一個人天生是一個手藝人或者一個生意人,……企圖爬上軍人等級,或者一個軍人企圖爬上他們不配的立法者和護國者等級,……這……會意味著國家的毀滅。」[118] 這就是柏拉圖的兩重意義上的正義觀。孤立地看,柏拉圖的抽象意義上的正義概念似乎是可以接受的,一種不為任何一個階級謀取「特殊幸福」的城邦自然可以說是正義的。但是,把它與柏拉圖所說的正義的具體內容聯繫起來,問題就發生了。柏拉圖的正義概念的具體內容,指的是「城邦三個階級的任何一個都能各司其職,各盡其責」。卡爾·波普爾指出,「這一陳述意味著柏拉圖把正義與階級統治和階級特權原則等同了起來。因為各個階級各司其職、各盡其責的原則,簡潔明白地說就意味著:只要統治者統治,工人們工作,而奴隸們被奴役。」[119] 顯然,柏拉圖在這裡是在為某一個階級即統治階級謀取「特殊幸福」。而且,需要進一步指出的是,在《理想國》中,柏拉圖是強調哲學家統治的。他說:「在哲學家成為城邦的統治者之前,無論城邦還是公民個人都不能終止邪惡,我們用理論想像出來的制度也不能實現」。那麼,什麼樣的人可能成為哲學家呢?柏拉圖說:「國王或統治者的後代生而有哲學家天賦是可能的事情」。[120] 不難看出,柏拉圖在這裡幾乎是明目張膽地用血統論的觀點為權力世襲提供合法性。就是說,柏拉圖不僅在為統治階級謀取當代的「特殊幸福」,而且在為統治階級的子孫後代謀取世襲的「特殊幸福」。明明是在為統治階級謀取「特殊幸福」,而且包括其子孫後代的永世的「特殊幸福」,卻偏偏打著正義的旗號,打著為了全民利益和國家「整體幸福」的幌子,豈不虛偽!對於這種虛偽性的實質,已有論者作了深刻的揭示。根據現代政治哲學的公平、正

---

[117]〔古希臘〕柏拉圖:《理想國》,郭斌和、張竹明譯,北京:商務印書館,1986年,第156頁。

[118]〔古希臘〕柏拉圖:《理想國》,郭斌和、張竹明譯,北京:商務印書館,1986年,第156頁。

[119]〔英〕波普爾:《開放社會及其敵人》第1卷,陸衡等譯,北京:中國社會科學出版社,1999年,第177頁。

[120]〔古希臘〕柏拉圖:《理想國》,郭斌和、張竹明譯,北京:商務印書館,1986年,第255頁。

義理念,「正義」意味著各階級之間的政治平等和自由流動。但是,「這就帶來了一系列觸目驚心的難題:如果正義最普遍的意思是平等的話,那麼,為何在《理想國》中,柏拉圖聲稱所謂正義就意味著不平等?在我看來惟一可能的答覆似乎是,他通過說服人們相信他的極權主義國家是『公正的』而替它做宣傳。」[121] 這就是柏拉圖的關於統治目的虛偽性的主張。

關於統治手段的虛偽性,柏拉圖是這樣主張的。在《理想國》中,柏拉圖極力倡導講真話。他說:「追求真實存在是真正愛智者的天性」,因此「我們必須把真實看得高於一切」。[122] 柏拉圖尤其倡導統治者應該講真話。我們知道,柏拉圖是主張哲學家統治的。那麼,哪些人是真正的哲學家呢?柏拉圖回答:是「那些眼睛盯著真理的人」,「他們永遠不願苟同一個『假』字,他們憎惡假,他們愛真」。[123] 統治者惡假愛真,抑假倡真,這是多麼公平正義的治國之道。然而,我們發現,柏拉圖在講這些話的時候並不真誠。他在倡導人們包括統治者講真話的同時,又悄悄地給了統治者一個講假話的特權:「國家的統治者,為了國家的利益,有理由用它(假話——引者注)來應付敵人,甚至應付公民。其餘的人一概不準和它發生任何關係」。「如果統治者發現其它人對他撒謊,……那麼他將以有了顛覆毀滅城邦的舉動為由懲罰他們」。[124] 不僅如此,柏拉圖還親自講述了連他自己也不相信的「高貴的假話」。他說,老天在鑄造人的時候,在統治者身上加入了黃金,在輔助者身上加入了白銀,在農民和工人身上加入了銅和鐵。這三個階級的人因為其天生的本性不同而必須各安本分,這樣就可以達到了社會穩定和國家正義。柏拉圖主張,對於這個荒唐的故事,應該想辦法「使統治者自己相信(如果可能的話),或者至少使城邦裡的其它人相信」。他認為,只要堅持講下去,即使他們這一代不相信,「他們的下一代

---

[121]〔英〕波普爾:《開放社會及其敵人》第1卷,陸衡等譯,北京:中國社會科學出版社,1999年,第186頁。
[122]〔古希臘〕柏拉圖:《理想國》,郭斌和、張竹明譯,北京:商務印書館,1986年,第237、88頁。
[123]〔古希臘〕柏拉圖:《理想國》,郭斌和、張竹明譯,北京:商務印書館,1986年,第218、230頁。
[124]〔古希臘〕柏拉圖:《理想國》,郭斌和、張竹明譯,北京:商務印書館,1986年,第88頁。

會相信的，後代的後代子子孫孫遲早總會相信的」。[125] 柏拉圖指出，這樣做是「我們給他們教育和培養，其實他們一切如在夢中」。[126] 柏拉圖倡導愚民政策，主張用假話來使被統治者「一切如在夢中」。他一邊提倡講真話，一邊又鼓勵統治者講假話，並且身體力行地講假話，豈不是十足的虛偽！對於柏拉圖虛偽性的實質，有論者作了深刻的揭示。R. H. 格羅斯曼指出，當柏拉圖鼓勵他的統治者講假話時，實際上他指的是「宣傳，一門控制……被統治者的大多數人行為的技術」[127]。波普爾尖銳地指出：「說服某人相信謊言，意思說得更準確些，就是誤導或欺騙他」。[128] 在講真話的旗號下，通過宣傳的方式，用假話來誤導和欺騙被統治者，以達到對他們的思想和行為控制的目的，充分反映了柏拉圖關於統治手段主張的虛偽性。

至此，柏拉圖的意識形態虛偽性主張已經昭然若揭。在明確了這一點以後，前希臘社會意識形態的虛偽性應該不難論證。要弄清楚柏拉圖的意識形態虛偽性主張與前希臘社會意識形態虛偽性之間的內在聯繫，關鍵在於要把柏拉圖置於具體的時空中加以分析。從這一角度出發，如下兩點必須注意。第一，像他的文化專制主義思想不是憑空想出來的，而是對前希臘社會長期以來文化專制主義實踐經驗的總結一樣，柏拉圖的意識形態虛偽性主張也不是憑空想出來的，而是對前希臘社會長期的虛偽意識形態統治經驗的總結。如果沒有前希臘社會尤其斯巴達社會提供的虛偽意識形態統治的實踐，柏拉圖再才智過人，也絕對寫不出如此全面系統且具體生動的從統治目的到統治手段的虛偽的意識形態統治心得和主張。在此意義上，一方面我們要感謝柏拉圖，是他的精彩的文筆，讓我們知道前希臘社會的意識形態是如此的虛偽；另一方面，我們更要感謝前希臘社會虛偽的意識形態本身，是它為柏拉圖生動而精彩的書寫提供了

125〔古希臘〕柏拉圖：《理想國》，郭斌和、張竹明譯，北京：商務印書館，1986年，第127—129頁。

126〔古希臘〕柏拉圖：《理想國》，郭斌和、張竹明譯，北京：商務印書館，1986年，第128頁。

127 格羅斯曼：《今日柏拉圖》（1937年），第130頁。轉引自〔英〕波普爾：《開放社會及其敵人》第1卷，陸衡等譯，北京：中國社會科學出版社，1999年，第255頁。

128〔英〕波普爾：《開放社會及其敵人》第1卷，陸衡等譯，北京：中國社會科學出版社，1999年，第257頁。

素材。簡言之，《理想國》只不過是對前希臘社會意識形態虛偽性的如實記錄而已。第二，《理想國》面世以後，其中包括意識形態虛偽性在內的治國主張，不可能不對前希臘社會意識形態的虛偽性產生影響。愛·伊·泰勒說：「如果我們忘記了《理想國》不僅僅是探討政府的理論文匯……而是一部由雅典愛國者提出的嚴肅認真的現實改革方案，……像雪萊一樣，燃燒著『改造世界的熱情』，我們將徹底誤解柏拉圖。」[129] 就是說，《理想國》不僅是哲學家的理論主張，而且是哲人政治家的治國綱要。具有強烈的改造世界願望的柏拉圖，肯定會不失時機地把他的包括虛偽意識形態在內的治國主張付諸實踐。歷史事實也正是如此。柏拉圖不僅素以帝王師自詡，而且是事實上的帝王師。西元前367 年，柏拉圖應邀重游敘拉古，任僭主狄奧尼修二世之師。雖然與狄氏相處並不投合，但與攝政者迪恩卻觀點一致，情投意合。因此，柏拉圖的意識形態虛偽性的主張至少對敘古拉的意識形態產生了影響，而且隨著《理想國》的流傳，甚至還對希臘其它城邦的意識形態產生了影響。晚年，柏拉圖在雅典創辦學園，不可能不用他在壯年時期寫成的《理想國》，包括其中的如何以虛偽的意識形態進行統治的主張，教導他的學生。事實上，柏拉圖的學生中多人後來成為希臘城邦的僭主，而這些僭主不可能不根據柏拉圖的教導，用虛偽的意識形態進行統治。柏拉圖雖然生在希臘文化開始衰落的時期，但在一個國家或民族文化轉型的過程中，後覺者比先覺者遲滯幾百年是正常現象。因此，我們仍然可以把由柏拉圖及其《理想國》所造成的意識形態虛偽性歸結為前希臘社會的政治制度。鑒於以上兩點理由，我們有根據斷定，前希臘社會實行虛偽的意識形態統治。其具體情形就如柏拉圖在《理想國》中所論述的那樣：既打著為整個國家和全體人民謀「幸福」的旗號，謀取統治階級及其子孫後代的「特殊幸福」；又打著講真話的旗號，實際上用假話來誤導和欺騙被統治者，以達到對他們的思想和行為控制的目的。

以上幾點就是前希臘社會政治制度的本質和特點。這種以政教合一和一黨專政、王位世襲和王權專制為特徵的，在以暴力維持政權的同時又實行文化專

---

[129]〔英〕泰勒：《柏拉圖》（1908），第 122 頁。轉引自〔英〕波普爾：《開放社會及其敵人》第 1 卷，陸衡等譯，北京：中國社會科學出版社，1999 年，第 284—285 頁。

制主義的，並且以虛偽的意識形態進行統治的政治制度，完全是典型的東方文化中的政治制度。

四、前希臘社會中個人自由的狀況

前希臘文化的東方文化本性，還表現在國家控制一切，沒有個人自由。古朗士在論及前希臘社會包括古代的希臘、羅馬社會中「國家總攬一切」、沒有個人自由時指出：「邦根據宗教而建立，邦的組織等於教堂。它的力量由此而出，它總攬一切的權，及對人民的絕對支配，亦由於此。在這種原則建立的社會，個人自由不能存在。公民在一切事物，皆須服從邦。公民完全屬它。宗教生出國家，國家維持宗教，兩者互相幫助，成為一體。這兩種混而為一的威權，幾乎超人，精神與肉體皆為所支配。」[130]

在前希臘社會中，國家利益高於一切，個人完全不能自主。首先，個人的身體屬於國家，個人有保護國家的義務。為保衛國家，羅馬人服兵役須至46歲，雅典及斯巴達人直至終身。其次，個人的「財產永受國家支配」。邦若需要錢，它可令女人獻出她們的珍寶，令債權人讓出他們的珍寶，令債權人讓出他們的債權，令橄欖樹種植者無償地讓出已製成的油。[131] 在這種神權和王權支配一切的國度裡，個人實在算不了什麼。為了國家的安全，邦可以將雖然現在品行良好但以後可能危及邦的安全的人驅逐出境，「古人名此類為『防微』」。邦亦能以「私心」的名義控告某人為罪，所謂私心也就是對國家缺乏好感。在這種威權之下，「一談及邦利益，則人民生命毫無保障。羅馬有條法律，對於有稱王的慾望的人，格殺勿論。國家利益高於一切的格言，亦成自上古。古人以為法權、司法、道德，一切讓祖國利益在前。」[132]

在前希臘社會中，「私人生活亦不能脫離國家的總攬」。多數希臘邦禁止

---

[130]〔法〕古朗士：《希臘羅馬古代社會研究》，李玄伯譯，北京：商務印書館，1938年，第184頁。

[131]〔法〕古朗士：《希臘羅馬古代社會研究》，李玄伯譯，北京：商務印書館，1938年，第184頁。

[132]〔法〕古朗士：《希臘羅馬古代社會研究》，李玄伯譯，北京：商務印書館，1938年，第186頁。

男子不婚。斯巴達不僅懲罰不婚，而且懲罰晚婚。雅典國家可以禁止工作，斯巴達則禁止怠惰。在前希臘社會中，國家威權的觸角甚至伸到私人生活的細微處。盧克爾法律禁飲純酒，羅馬、米賴、馬賽禁止女人飲純酒。每個邦皆用法律劃一居民的服飾。斯巴達法律統一規定私人建築的式樣和女人帽子的款式，雅典則禁止女人旅行攜帶服裝過三套以上。盧德禁止男人刮鬍鬚，對家中有刮鬍刀者處以罰金；斯巴達的規定正與之相反，男人必須剃鬚。[133] 這種對私人生活強行加以限制的做法，甚至在梭倫法典中也處處能夠見到。比如梭倫的法律規定，限制妝奩的數量和價值，限制浮誇和冗長的典禮，對喪葬的財貨也加以限制。[134]

在前希臘社會中，個人無自由信仰的權利，國民必須信仰並服從他的邦的宗教。以雅典為例，對於鄰邦的神固然可以輕視甚至仇恨，對於普遍性的世界性的神信與不信亦可聽便，「但萬不可懷疑雅典內邦神」。「如是則同時對宗教、國家，皆為不敬，必為國家所重罰」。[135] 蘇格拉底之死即由於此。古朗士強調指出：「對於邦宗教的自由思想，古代素來未曾有過」；公民「必須遵守一切禮節，參加迎神賽會，舉行公餐。雅典立法對不肯宗教式地參加國家佳節者，予以懲罰」。[136] 宗教信仰自由是一個社會的個人自由發展到一定程度的標誌，也是一切自由的靈魂之所在。因此，所有政教合一的社會為了維持既存的體制，都會盡其所能地干預人們的宗教信仰而不給其自由。在這方面，前希臘社會也未能例外。

截至前希臘社會的晚期，民間的個人自由思潮開始湧動，宗教和國家權威受到威脅。迫於情勢，國家也進行了某些改革，但由於專制的傳統根深蒂固，「政府雖曾屢次改變制度，但國家性質仍然未改，其總攬亦未減少。政府或王政，或貴族政治，或民主，雖屢更其制度，但這些次革命皆未予人民以真正自

133〔法〕古朗士：《希臘羅馬古代社會研究》，李玄伯譯，北京：商務印書館，1938年，第184頁。
134〔美〕杜蘭：《希臘的興起》，幼獅翻譯中心譯，臺北：幼獅文化事業公司，中華民國六十三年，第169頁。
135〔法〕古朗士：《希臘羅馬古代社會研究》，李玄伯譯，北京：商務印書館，1938年，第185—186頁。
136〔法〕古朗士：《希臘羅馬古代社會研究》，李玄伯譯，北京：商務印書館，1938年，第186頁。

由，個人自由。有政權、投票、選舉官員，有被選為阿公特（即主持祭祀的首領——引者注）的權利。此即古人所謂自由權。但其人受國家支配並不以此而減少。」[137]

顯然，在前希臘社會中，個人生活和個人自由是受國家嚴格操控和強力干預的。然而，問題的嚴重性更在於，國家的這種操控和干預並不完全是作為外力強加於個人的；在相當大的程度上，它是內化於人們的思想中的，就是說，它是被人們作為理所當然的事情心甘情願地接受的。這可以以柏拉圖為代表的前希臘社會的政治思想中看出來。

如前所說，柏拉圖處在希臘社會由「東方世界」向「西方世界」轉型的時期。此時的希臘與早先的，比如克裡特或邁錫尼時代的希臘已有了很大的不同，與同期的其它古代世界也有很大的不同。在希臘，個人比在其它地方更少地是他所屬整體的犧牲品。如厄奈斯特・巴克所說，「希臘人總是不厭其煩地告訴自己，在他們的社會，人皆值其所值，並在社會生活中發揮著自己的一份作用」，這與東方專制國家的「除了專制君主之外沒人有價值」的情形是完全不同的。[138] 但是，希臘的政治理論，比如柏拉圖的政治理論，其前希臘的基本性質或「東方世界」的基本性質沒有根本改變，即仍然把國家定義為以實現美德為目標的倫理共同體。由於「把國家定義為一個以實現美德為目標的倫理共同體，必然意味著某種區別於現在大多數流行觀念的對國家與個人之關係的看法」。[139]

希臘政治思想（準確地說，前希臘政治思想）對國家與個人關係的看法，與現代流行的觀念之間的區別主要有以下兩點：第一，沒有獨立於整體之外的個體和個體權利觀念。儘管如前所說，希臘人認為自己是在社會中值其所值的一個人，即他認為自己是決定社會行動的一個要素，但事實始終是，「在希臘的政治思想中個人概念並不突出，權利概念則似乎幾近於從未形成過」。巴克

137〔法〕古朗士：《希臘羅馬古代社會研究》，李玄伯譯，北京：商務印書館，1938年，第186頁。
138〔英〕巴克：《希臘政治理論——柏拉圖及其前人》，盧華萍譯，長春：吉林人民出版社，2003年，第2頁。
139〔英〕巴克：《希臘政治理論——柏拉圖及其前人》，盧華萍譯，長春：吉林人民出版社，2003年，第8頁。

進一步指出：「也許，恰恰因為個人覺得自己是整個生活中的一個影響因素，他才沒有極力堅持任何與整體相抗衡的權利。既然確信自己的社會價值，他就不必費心去想他獨特的『自身』。」[140] 這就是說，希臘人雖然意識到個體與整體的區別，但沒有把個體從整體中獨立出來。意識到個體與整體的區別，特別是意識到個體對整體的影響作用，是當時正在興起的希臘思想在希臘人身上的反映；沒有把個體從整體中獨立出來，則是前希臘思想在希臘人身上的反映。第二，與前一點相聯繫，（前）希臘人考慮國家與個人關係的著眼點不是個人而是國家。從把國家定義為以實現美德為目標的倫理共同體這一倫理視點出發，在（前）希臘思想看來，個人與國家在道德上是如此一致，「以致人們預期國家而國家也確實能夠發揮很大的影響力，……柏拉圖和亞里斯多德都把積極地促進善看作國家的使命。他們從整體著眼，摸索能使整體的生活和目的影響個人的途徑。」[141] 現代觀念則與此相反。現代觀念從個人著眼，認為個人擁有獨立於社會並為社會承認的「自然」權利，國家的職能和責任在於保護和保障個人的權利。巴克指出：「我們不安地希望國家行為不要不自覺地對其成員的生活介入過多。我們的格言是：寧去發自內心地做一半的善行為，也不願在外部的強制下完全為善。希臘人少有這種擔憂。他們幾乎沒有什麼權利不可侵犯的觀念。」[142] 這些就是希臘（實際上是前希臘）的政治理論在國家與個人關係上的觀念。由於沒有個人權利和個人權利不可侵犯的觀念，所以當他們的個人生活和個人自由受到國家操控和干預時，他們並不感到意外，甚至認為是理所當然的。

　　以上就是前希臘社會的國家與個人的關係和個人自由的狀況，以及反映這種關係和這種狀況的觀念形態。一個國家操控一切、沒有個人自由的社會，一個對國家操控一切、沒有個人自由的狀況麻木不仁、安之若素且更無反抗意識的社會，難道不是東方文化中的社會嗎？

---

[140]〔英〕巴克：《希臘政治理論——柏拉圖及其前人》，盧華萍譯，長春：吉林人民出版社，2003年，第9頁。

[141]〔英〕巴克：《希臘政治理論——柏拉圖及其前人》，盧華萍譯，長春：吉林人民出版社，2003年，第9頁。

[142]〔英〕巴克：《希臘政治理論——柏拉圖及其前人》，盧華萍譯，長春：吉林人民出版社，2003年，第9頁。

五、前希臘社會中的集體主義和愛國主義

在前希臘社會中，國家對國民私人生活的操控並非全部採取法律的和強制的手段，道德的、溫和的教化也是重要手段之一。當然，這裡所謂法律手段和道德手段的區分只是我們現在描述時的用語，在前希臘人的觀念中，道德和法律是混在一起的。這裡我們僅以斯巴達為例，看看前希臘社會是如何通過柔和的道德教化培養國民的集體主義和愛國主義精神的。

在斯巴達城邦，男童自 7 歲起就離開家，被送進一所既是學術又是軍事的學校進行集中訓練，成年男子自 30 至 60 歲間都要在公共食堂用膳。這樣做的理由除了直接軍事目的（對青少年來說，是為成年後的打仗做準備；對成年人來說，本身就是軍事行動之所需）而外，很重要的一條就是通過這種潤物細無聲的方式培養國民的集體主義和愛國主義精神。

斯巴達對國民的集體主義和愛國主義精神的培養普遍採取寓教於樂的形式。斯巴達特別倡導節日的合唱比賽。在西元前 620 年，國家從國外招來一批作曲家，「這些人的工作主要是製作愛國歌曲，並訓練群眾合唱。斯巴達很少對個人教授音樂，其情形一如革命後的蘇俄，因為特別注意群體精神，所以音樂也採取群體形式，在重大的歌舞節日舉行團體比賽。這種合唱方式也使斯巴達人獲得了另外一種紀律和集體行動的訓練機會，因為每一個聲音都需要與領導人和諧一致。」[143] 與此同時，在國王的宴會上，「每個人都要按著合唱指揮者所賦予的地點與時間唱歌」；在重大節日，「全體斯巴達人不分年齡性別，都要參加和諧舞蹈和『輪流』唱歌的集體行動」。這種行動無疑對其愛國情緒之激發有甚大作用。[144]

斯巴達特別倡導青年勇敢作戰、為國捐軀的犧牲精神。有一首戰歌的歌詞是這樣寫的：「勇者為國家奮戰時，必勇敢爭先，男兒當求效死於陣前……讓我們每個人站穩腳步，腳踏實地，堅忍不拔……讓我們齊步並肩，盾甲相聯，豪氣沖霄漢，壯士視死如歸去，勇者馬革裹屍還，所有槍劍齊指，奔向敵人，

---

143 〔美〕杜蘭：《希臘的興起》，幼獅翻譯中心譯，臺北：幼獅文化事業公司，中華民國六十三年，第 110 頁。
144 〔美〕杜蘭：《希臘的興起》，幼獅翻譯中心譯，臺北：幼獅文化事業公司，中華民國六十三年，第 110 頁。

不勝誓不還。」[145] 據說就是這首戰歌使在第二次梅塞尼亞（Messenia）戰爭中處於危局的斯巴達轉敗為勝，而歌詞的作者、一個跛足的 Attic 學校的校長也因此受到了國王的褒獎。在國家的倡導和教化之下，熱愛祖國、為國捐軀的感情已經滲透在民眾的骨髓裡，溶化在民眾的血液中。如前所述，斯巴達的青壯年都在軍隊裡，而這支軍隊和他們的家人已經建立了這樣的道德準則：「強健與勇敢始為善良；戰死沙場始為最高榮譽與喜樂；戰敗而生，雖系為母親的也是難以寬恕的恥辱。斯巴達的母親在與出征的兒子道別時用語是：『與你的盾牌同歸或死在你的盾牌上。』」[146] 於是，在一場失敗了的戰爭結束後，死掉兒子的母親滿面笑容，十分高興，因為她們的兒子成了「烈士」和「邦國的英雄」。相反，那些沒有死掉兒子的母親則淚流滿面，十分傷心，因為她們的兒子成了對不起邦國的「不忠臣民」。

在所有的東方文化中的國家，對國民的愛國情緒的培養都是挖空心思的。為了進一步培養國民的集體主義和愛國主義精神，斯巴達當局不惜採取封閉政策和愚民政策。「斯巴達深恐國人遭受外邦人之污染，故對外邦人表現空前冷淡，外國人很少是受歡迎的。通常對外邦人均設法使其明瞭訪問必須短暫，如停留時間過長，即由員警護送至邊境，強行遣出。斯巴達人非經政府許可不得出國，為壓制斯巴達人之好奇心，特施以『夜郎自大』之訓練，並使其深信他國實無可供『借鏡』之處。因為要保護本身，所以它的制度自然也就談不上合理；因為在這個社會裡三分之二是農奴，所有的主人也等於奴隸，這個與世隔絕的世界如果能吸收到一點自由、享受、文藝和藝術的空氣，就可使這個奇異的社會崩潰。」[147] 如果史家所述不假，所評不謬，在我看來，斯巴達之所以不惜採取封閉政策和愚民政策培養國民的所謂集體主義和愛國主義精神，其根本目的是為了保證斯巴達自身的安全，亦即保全斯巴達的現存體制。

以上就是斯巴達社會中的集體主義和愛國主義，當然也是前希臘社會中

---

145 轉引自〔美〕杜蘭：《希臘的興起》，幼獅翻譯中心譯，臺北：幼獅文化事業公司，中華民國六十三年，第 111 頁。
146〔美〕杜蘭：《希臘的興起》，幼獅翻譯中心譯，臺北：幼獅文化事業公司，中華民國六十三年，第 119 頁。
147〔美〕杜蘭：《希臘的興起》，幼獅翻譯中心譯，臺北：幼獅文化事業公司，中華民國六十三年，第 124 頁。

的集體主義和愛國主義。必須進一步指出的是，利用道德的或宗教的手段對公眾進行集體主義和愛國主義教育絕不是斯巴達的獨特做法，而是整個前希臘社會的共同做法。正如史家威爾·杜蘭指出的，在前希臘社會中，「宗教與愛國心在無數隆重的儀式中結成了一體；在公眾祭禮中，最受尊敬的神或女神，表現了本城的神聖理想；每一項法律，大會或法庭的每一次集會，軍隊和政府的每一種重要企業，每一座學校或大學，每一個經濟和政治的組合，無不具有濃重的宗教儀式和祈禱的氣氛。希臘的社會和民族，就以這種方式，將宗教作為一種防禦個人主義氾濫的武器，加以利用。」[148] 這種時時處處將民眾的所謂集體主義和愛國主義精神的培養作為第一要務的文化，難道不是典型的東方文化嗎？

綜上所述，在前希臘社會中，經濟是封閉和自足的，政治是專制和獨裁的，人們的宗教信仰和日常生活是完全受國家操控的，所以我們有充分的理由說前希臘社會的文化是東方文化。

第四節

從日爾曼世界的開端看西方之初的東方文化

首先必須說明，這裡講的日爾曼世界不單是指現代的德國人世界，而是指約自西元 3 世紀起因日爾曼人大遷徙而住在西歐、南歐、北歐的一些部落的總稱。其中遷徙羅馬的哥特人、建國高盧的法蘭克人、入主不列顛的盎格魯-撒克遜人乃至定居北非的汪達爾人等都是日爾曼人的分支。用今天的國家地域來說明，日爾曼世界不僅包括德國，在很大程度上，英國、荷蘭、比利時、盧森堡、奧地利、法國、瑞士和冰島等國都包含在內。巴爾幹國家，中歐、意大利、

---

[148]〔美〕杜蘭：《希臘的興起》，幼獅翻譯中心譯，臺北：幼獅文化事業公司，中華民國六十三年，第 288 頁。

西班牙、葡萄牙也有許多日爾曼成分。美國的大部分公民也有日爾曼背景。[149]因此，日爾曼世界實際上就是指今天的整個西方世界。如果說前希臘文化還只說明希臘本土的小片西方疆域之初的東方文化性質的話，那麼日爾曼世界開端時期的文化，則可以說明整個西方之初的東方文化性質。

那麼，日爾曼世界開端時期的文化性質如何呢？

日爾曼人原本是生活在鄉村的勇武部落。根據塔西陀在《日爾曼尼亞志》中的記載，日爾曼人的民族以血緣關係相聯合，其政治制度是軍事民主制；他們雖然有自己的宗教，但「他們中間還沒有產生祭司，因為軍事領袖經常以國王的名義行使軍事和宗教職能」。儘管哥特人在較早時期就接受了阿裡烏斯派基督教，「但日爾曼人對基督教有著長時間的抵制」。[150]與較文明的羅馬人相比，日爾曼人是蠻族。「在日爾曼人到達不列顛的最初兩個世紀裡，他們還是文盲」[151]，以致後人研究盎格魯-撒克遜人入主不列顛的歷史時，根本找不到盎格魯-撒克遜人自己留下的資料，而不得不依靠羅馬史學家的資料。在大遷徙時期，日爾曼人尚未建立國家；軍事民主制下的部落行使著後來國家職能。雖然有時候日爾曼人也有世襲國王，但是，與其把國王叫作國王，不如叫作家長更為恰當。因為當時形態下的國家——如果稱得上國家的話——是家國同構的。比如，「法蘭克人的國王認為自己是屬於起源於神話的王族墨洛溫家族。而法蘭克人大概也出於迷信，慣於在同一家族裡選立自己的國王。但是，國王不將他的王國看作一個國家。在這個一切價值都和佔有土地相關聯的時代裡，王國就是一份靠徵服得來的家業，家長死去時，他的子孫就把它分掉。」[152][153]

149〔美〕霍爾頓等：《歐洲文學的背景》，王光林譯，重慶：重慶出版社，1991年，第204頁。
150 見〔英〕諾曼·大衛斯：《歐洲史》上卷，郭方、劉北成等譯，北京：世界知識出版社，2007年，第196頁。
151〔英〕肯尼士·D·摩根主編：《牛津英國通史》，王覺非等譯，北京：商務印書館，1993年，第60頁。
152〔法〕皮埃爾·米蓋爾：《法國史》，蔡鴻濱等譯，北京：商務印書館，1985年，第54頁。
153《西方文明史》的作者也指出：「日爾曼國王把他所控制的國家看作自己的私有財產，在他死後可以由他的兒子們共同瓜分。」（〔美〕馬文·佩里主編：《西方文明史》上冊，胡萬里等譯，北京：商務印書館，1993年，第260頁。）

這種狀況表明，日爾曼人的社會結構和組織形式沒有超越東方形態。

與所有東方國家的人對國王都具有愚忠一樣，早期的日爾曼人也有對國王的忠誠。不過，日爾曼人對國王的忠誠首先是從對部族中貴族的忠誠開始的。在戰場上，對於部落酋長來說，應該一馬當先，奮勇作戰；「對於士兵來說，為酋長而戰和保護酋長……則是他誓忠的核心」。西元9世紀的一個失去統帥的日爾曼士兵如是宣誓：「我發誓我將寸步不讓，我將勇往直前，為我的戰友和貴族復仇。讓敵人的鮮血來洗雪恥辱！堅強的戰士，死而後已……」[154] 在日爾曼人為他們的酋長、貴族效忠的同時，他們的貴族，尤其是軍事貴族則竭力對國王盡忠。這些國王的扈從們整日伴隨在國王的身邊，作為國王軍事活動的見證；「如果有必要，為國王戰鬥，萬死不辭」。[155] 也像所有東方國家的人都把自己的國王當成世界上最偉大的國王來崇拜一樣，早期的日爾曼人也認為他們的國王是世界上最英明、最偉大的國王。有詩為證。當年的東盎格魯人在安葬他們的一個國王時，一首詩是這樣詠歎的：「那時，戰士們騎著馬圍繞著墓塚……他們稱頌他的剛毅和指揮才能……他們說他是全世界國王中，最高貴、最優雅的，對他的人民最善良，對於榮譽最渴望。」[156] 其實，這位國王也許是一個十惡不赦的魔鬼。

大遷徙以後，日爾曼人在羅馬文化的影響下也慢慢地建立了國家政權；但是，這時的國家政權無疑是皇帝並通過其地方代理人進行統治的專制政權。比如，原來羅馬時期的陪審員參與審判的制度在日爾曼人的國家機關中已被取消，審判權已完全屬於省長。換言之，在日爾曼人中，省長兼行政權和司法權於一身。因此，在日爾曼世界的早期，省長也像所有東方國家的地方官吏一樣，「他們一方面是皇帝一切事務的代理人和代表，另一方面，又是市民的生活和命運的主人」；省長也像所有東方國家的地方官吏一樣，他們只對上負責

---

154 〔英〕摩根主編：《牛津英國通史》，王覺非等譯，北京：商務印書館，1993年，第63頁。

155 〔英〕摩根主編：《牛津英國通史》，王覺非等譯，北京：商務印書館，1993年，第72頁。

156 〔英〕摩根主編：《牛津英國通史》，王覺非等譯，北京：商務印書館，1993年，第73頁。

而不對下負責——「他們在審判案件時除向皇帝求告外，不籲請市民幫助」。[157] 在這種皇權專制的體制下，早期日爾曼人政府中的各級官員也像所有東方國家政府中的官員一樣，只有依附性而無獨立性。弗朗索瓦·基佐在論述高盧日爾曼人政府的性質時指出：「這個政府的性質是明顯的：各級職員是沒有什麼獨立性的；他們是一個從屬於另一個，直到皇帝，皇帝支配並完全決定他們的命運」。[158]

西元 8 世紀下半葉，統治整個西歐大陸的法蘭克國王查理曼曾在歷史上建立豐功偉績，素有「西歐之父」的美稱。但是，我們知道查理曼的王位是從他的父親那裡繼承來的；而他死時，又「按照法蘭克的習俗，把他的產業分給了他的三個兒子」。查理曼支持並保護教會，接受教皇加冕，促進了政教合一體制的形成；作為神職國王，「他把親自過問神父的教育和品德作為自己的職責」。查理曼也和他的前輩一樣，把土地分成「采邑」，分封給「附庸」，同時要求「受封者要宣誓效忠國王，並服軍役」；「為了使附庸宣誓效忠並保證其忠誠，查理慣於向各省派出特使」加以督查。[159] 從查理曼的所作所為可以看出，不管他有多少豐功偉業，他仍然是一個東方王國的國王。正是在這個意義上，黑格爾指出：「在日爾曼時代裡——『總體』的領域裡，我們看到先前各時代（指東方世界、希臘世界、羅馬世界——引者注）很明顯的重複。查理曼時代可以和波斯帝國相比擬」。[160]

人在社會關係中的角色定位也許是最能反映一種文化的重要方面。人必須按照既定的角色要求去行事，這是所有東方文化的基本特徵——地理上東方的東方社會如此，處於前希臘時期的荷馬社會如此，處於荒蠻時期的日爾曼社會亦如此。在地理上的東方社會中，人必須按照既定的角色要求去行事，這就不用說了。關於前希臘的荷馬社會，M. I. 芬利寫道：「社會的基本價值標準是既

157〔法〕基佐：《法國文明史》第 1 卷，沅芷、伊信譯，北京：商務印書館，1999 年，第 36 頁。
158〔法〕基佐：《法國文明史》第 1 卷，沅芷、伊信譯，北京：商務印書館，1999 年，第 39 頁。
159 以上關於查理曼的史料見〔法〕米蓋爾：《法國史》，蔡鴻濱等譯，北京：商務印書館，1985 年，第 59—63 頁。
160〔德〕黑格爾：《歷史哲學》，王造時譯，北京：三聯書店，1956 年，第 391 頁。

定的、早就確定了的,一個人在社會中的位置以及來自於他的社會地位的權利和責任也同樣如此。」[161] 關於荒蠻時期的日爾曼社會,阿拉斯戴爾・麥金太爾在援引了芬利的上述這段話後寫道:「芬利說的是荷馬的社會的情況,冰島或愛爾蘭的英雄社會也同樣如此。即在一個得到明確界定並具有高度確定性的角色和地位系統裡,每個人都有既定的角色和地位。這個系統的關鍵結構是親屬關係的和家庭的結構。在這樣一個社會中,一個人是通過認識到他在這個系統中的角色來認識到他是誰的;而且,通過這種認識他也認識到他應當做什麼,每一其它角色和位置的佔有者應把什麼歸於他。」[162] 我們在前面已經指出,早期的冰島和愛爾蘭都是屬於日爾曼世界,因此,早期的冰島和愛爾蘭社會的人的角色定位的要求,反映了日爾曼世界荒蠻時期文化的東方性質。

關於更廣大範圍和更廣闊領域的日爾曼開端時期的東方文化,第四章在論述意大利、英國、法國等國家的古代文化時將要具體論及,這裡不作詳細討論。但是,僅從以上幾點已完全可見,日爾曼開端時期的文化是東方文化。

至此,我對地理上西方的原本的東方文化性質作了比較詳盡的論證。既然作為西方文化第一源流的基督教傳統和整個希伯來傳統是東方文化,既然前希臘文化也是東方文化,既然日爾曼世界的開端還是東方文化,我們有充分的理由得出結論:整個地理上的西方原本全是東方文化。

既然地理上的整個東方在文化上是東方的——個別已經西方化了的國家和地區不能否定其早期文化的東方性,既然地理上的整個西方在文化上也曾經是東方的,我們有充分的理由得出結論:整個世界原本全是東方。

161〔英〕芬利(Fenlely, M. I.):《奧德修斯的世界》,1954年,第134頁。轉引自〔美〕麥金泰爾:《德性之後》,龔群等譯,北京:中國社會科學出版社,1995年,第153頁。

162〔美〕麥金泰爾:《德性之後》,龔群等譯,北京:中國社會科學出版社,1995年,第153頁。

第三章　西方的出現：希臘文化的產生

整個世界原本全是東方。但是，歷史發展到了西元前800年前後，黑格爾所說的那個升起於「東方」的「自覺的」太陽，在希臘陸地和愛琴海島嶼開始向「西方」轉移，這就是希臘文化的產生。希臘文化以及繼之而起的羅馬文化的產生，標誌著地球上開天闢地般地出現了西方。

作為西方文化的希臘文化的產生，首先得益於大海這一獨特的地理環境。大海不同於山地，山地對人們的交往產生阻隔；大海也不同於平原，平原使人們產生穩定的生活節奏和囿居一地的生活環境。「大海給了我們茫茫無定、浩浩無際和渺渺無限的觀念。……大海邀請人類從事征服，從事掠奪，但是同時也鼓勵人類追求利潤，從事商業。」[1] 身居氣候溫和、濕潤的地中海、愛琴海交匯處及其沿岸的希臘民族首先得大海之利，他們由海上掠奪轉而進行海上貿易。由於海上貿易的發展，金屬工具使用的範圍迅速擴大，工業和商業發展起來，城市開始繁榮，人口大規模增加。與此同時，產生了一個憑藉商品和貨幣而不是土地獲取財富的商人階層。而這一切就奠定了希臘文化作為工商文化亦即作為西方文化這一性質的基礎。

希臘文化的早期孕育可以追溯到荷馬時代，而它的正式萌發則始自西元前6世紀初。自前6世紀開始，一直到柏拉圖時代，整個希臘社會都處在由東方文化到西方文化的轉型期。柏拉圖（西元前427—前347年）則是由前希臘文化向希臘文化亦即由東方文化向西方文化轉型的代表性人物。柏拉圖在早年的《理想國》中主張人治，在晚年的《法律篇》中已開始主張法治。因此，柏拉圖具有東方的和西方的兩種傾向。正如皮埃爾‧勒魯所說：「他既看著過去，又看到未來：也可以說他既留戀著古老的東方，但同時又嚮往著正在誕生的西

1　〔德〕黑格爾：《歷史哲學》，王造時譯，北京：三聯書店，1956年，第134頁。

方;他像僧侶一樣主張等級制度,但又贊成平等主義;他宣揚等級制,但又鼓吹消滅等級;他的原則是區別智慧、感覺和知覺,即區別頭腦、胸部和雙腳。這種區別和婆羅門的宗教信徒的區別一樣明顯和強烈;但他的另一個原則則像佛教徒和基督教徒那樣贊成統一。」[2] 勒魯不僅對柏拉圖的思想傾向作了具體描述,而且對他所代表的文化屬性作了抽象概括。勒魯認為,柏拉圖所處的時代屬於由東方世界向西方世界過渡的時代;「處於東方世界和西方世界交界處的柏拉圖既是埃及的門徒,又是基督的先師,他妄圖逃避等級制度,他用一隻手扶植這個制度,卻用另一隻手去推翻它。他想用消滅世襲的辦法來粉碎這個制度,但他又用另一種方式建立起這個制度,尤其因為他取消了最初在他看來完全是荒唐的內容,所以使這個制度更具有現實性」。[3] 從柏拉圖的思想中,我們看到後來所有處於文化轉型期的民族的思想家和政治家的思想的共同特徵,即要把兩種相互矛盾、相互對立的傾向調和在一起。而柏拉圖之作為世界歷史上第一個處於由農業文化向工商文化轉型期的思想家,表明希臘民族率人類之先開始由東方文化向西方文化轉型。

下面對西方如何出現的問題作具體考察。

第一節

理性主義的產生

理性主義是西方文化的靈魂,也是希臘文化的靈魂。理性主義是使希臘文化成為西文化的第一道曙光。本節的主要任務就是考察希臘理性主義的產生。

一、希臘人對宇宙起源的追問實現了從神話起源論到自然起源論的轉變

---

2 〔法〕勒魯:《論平等》,王允道等譯,北京:商務印書館,1988年,第105頁。
3 〔法〕勒魯:《論平等》,王允道等譯,北京:商務印書館,1988年,第93頁。

像所有民族在其幼年時期都不能不受神祇支配一樣，希臘民族也是如此。在宇宙起源的問題上，在前希臘社會人們信奉的是神話起源論——無論是荷馬還是赫西俄德，都是到諸神那裡去尋找萬物的起源和動因；用亞里斯多德的話說，「他們將第一原理寄之於諸神」。神話起源論的蒙昧特徵和幼稚性質，在今人的眼光看來是極其明顯的。然而，對於尚未擺脫神祇支配的古人來說，要認識這一點是極其艱難的。希臘人的偉大就在於，他們在希臘歷史上、也是在整個人類的歷史上，前無古人地進行了一次擺脫這種神話思維模式的嘗試；正是擺脫這種神話思維模式的嘗試，使希臘理性主義得以誕生。

希臘理性主義的誕生地是伊奧尼亞的米利都。西元前 6 世紀初，以泰勒斯為首的米利都學派開創了一個新的傳統，這就是西方文明史上著名的自然主義傳統。自然主義傳統的開創者即「自然主義者」與荷馬、赫西俄德不同；他們對諸神創世說提出了大膽的質疑，力求擺脫對自然產生、變化的神話解釋，代之以在自然自身中尋找自然產生、變化的規律和原因。當泰勒斯說「水是萬物的本質」時，這無疑是打破神話思維方式而開始走向自然主義的理性判斷。繼泰勒斯之後，無論是阿那克西曼德的「無限定體」，還是阿那克西美尼的「氣」，或是赫拉克利特的「火」，在宇宙本質的問題上，都繼續沿著自然主義的理性之路前進。經過米利都三代賢人以及赫拉克利特的共同探索，自然起源論的宇宙觀已經牢牢確立。儘管泰勒斯及其弟子對宇宙起源的具體東西的理解互有差異，甚至各自都帶有感性個別的色彩，但是，這些觀點的共同點和根本點在於：主張「在現象世界的下面，存在著內在的秩序，對自然的解釋應該在自然本身中尋找」[4]。這種對宇宙起源及其動因的自然主義解釋是一個偉大的創舉；它開始了從神話起源論到自然起源論的轉變。如果我們把這種轉變稱之為人類思想史上的一場革命，那麼「這場思想革命顯得如此迅速和深刻，以至於人們以為無法用歷史因果性來解釋，有人說這是一個希臘奇跡。在伊奧尼亞的土地上，『羅各斯』彷彿突然脫離了神話，就像盲人突然看見了光明。這道理性之光被

---

[4] W. K. C. Guthrie, *A History of Greek Philosophy*, vol. I, Cambridge：Cambridge University Press, 1962, p. 44.

一勞永逸地揭示出來，似乎應該始終不斷地照耀人類思想的進步」。[5]

二、希臘人不計利害的思考導致了科學的產生

科學是理性的產物；理性的產物必須以相當的觀測經驗和實用技術的積累為基礎。東方人不乏經驗和技術，但是，從功利目的出發的觀測經驗和實用技術產生不了科學。比如，萊昂·羅斑指出，在丈量土地和建造房屋的實踐中，可以獲得直角三角形兩直角邊平方之和等於斜邊平方的經驗，但是產生不了幾何學；在預卜吉凶的占星術中，可以獲得某些行星的位置和相互關係的經驗，但是產生不了天文學。因為在三角形三邊關係的經驗確定，與這種研究可能引起的數學遊戲即對直角三角形的性質的抽象證明之間有一道鴻溝；在為了政治目標或其它實用目標所作的天象觀察，與單純為瞭解天文現象所作的不計利害的天文研究之間也有一道鴻溝。[6] 從溝的那邊到這邊的跨越需要一個飛躍。東方人雖然觀測經驗豐富，實用技術精湛，但因從功利目的出發完成不了這一飛躍。

完成這一飛躍的是希臘人。與東方人不同，希臘人關心的不是牟利，而是求知。對希臘人來說，幾何學、數學既不是為了丈量土地、打造桌椅，也不是為著其它方面計算的功用；天文學既不是為了編制曆法為航海和農業生產服務，也不是為了帝王和普通人的現實生活提供指南。對希臘人而言，科學研究是一種為自身而展開的自足自律的學術活動；它是不假外部經驗的純粹觀念的演繹，是推論、論證、思辨的過程。以幾何學為例，希臘科學家們在沒有任何功利目的的前提下，從公理、公設出發，經過嚴格的保真推理，得出諸如直角三角形兩直角邊平方之和等於斜邊平方等一系列新鮮而確鑿的知識。這種知識與東方人從經驗中得出的知識有本質的不同；這是理性的認知，是人類心靈的自由展示。驅使希臘人走上這條繹演和推理道路的正是心靈追求自由的一種需要：「一種自由的心靈並不是隨心所欲、胡作非為，而是遵循心靈自身內在的邏輯，這種邏輯首先生動直觀地體現在幾何學領域。學習幾何學，就是學習如何按照心

---

5 〔法〕韋爾南：《希臘思想的起源》，秦海鷹譯，北京：三聯書店，1996年，第91—92頁。
6 〔法〕羅斑：《希臘思想和科學精神的起源》，陳修齋譯，北京：商務印書館，1965年，第52頁。

靈內在的邏輯——後人稱之為『理性』——思考和行事，就是在學習如何保有一顆自由的心靈。」[7] 在追求心靈自由的過程中，希臘幾何學誕生了。在此意義上，柏拉圖學園門前寫著「不懂幾何學者不得入內」，不僅具有標示希臘科學追求心靈自由的象徵意義，而且具有教導希臘人追求心靈自由的實際效果。於是我們看到，演繹幾何學、行星天文學、世界地理學等諸多門類的科學，一門接一門地在希臘誕生了。

我們說科學出自希臘，並不完全否定東方經驗的作用；但是，不應將東方經驗的作用估計過高，尤其不能抹殺希臘科學與東方經驗之間的區別。長期以來，學術界一直有人喜歡談論希臘文明的東方起源，乃至西方文明的東方起源。在這些論者看來，希臘（西方）根本算不了什麼，希臘（西方）有的東西，東方早就有了；希臘（西方）所有的東西都是來自埃及、巴比倫乃至印度和中國等東方。這種過高估計東方文明的價值，看不到東方經驗與希臘科學之間的根本差別的觀點是很成問題的。對此著者不擬另加評論，因為萊昂·羅斑的論述已經具有極強的說服力。羅斑寫道：「就我們所知，東方的科學在它存在這許多世紀之中，甚而至於和希臘科學接觸之後，都從來沒有超出實用的目標，或對細微末節的好奇心，以提高到純粹的思辨和決定原理的階段。……所以希臘最早的學者所能從東方得到的，是由很古老的經驗積聚起來的許多材料，是給不計利害的思考提出來的一些問題。如果沒有這些，希臘的科學或者不能建立，而在這意義之下，我們也就不能說希臘的奇跡了。但在另一方面，這些最早的學者並不是直接著眼於行動，而是尋求基於理性的解釋；是在這種解釋，和在思辨之中，他們才間接地發現了行動的秘密。這就是我們的科學所從出的新觀點。」[8] 羅斑的論述令人信服地告訴我們：東方人因從實用目標出發，因此只有經驗，沒有科學；希臘人不是直接著眼於行動，而是不計利害的思考，才導致了科學的產生。

7　吳國盛：《思想史上有言必稱希臘之說》，載 http://zhidao.baidu.com/question/82409497.html。

8　〔法〕羅斑：《希臘思想和科學精神的起源》，陳修齋譯，北京：商務印書館，1965 年，第 52—53 頁。

三、希臘人對事物的好奇導致了哲學的產生

哲學的產生首先需要一些必要條件，而這些必要條件希臘都是具備了的。第一，一般說來，只有當終極關懷成為人們思考的問題，並且不是通過信仰的或藝術的方式而是通過理論的方式來思考的時候，哲學才能產生。希臘人對萬物起源及其動因的追問，由不計利害的思考所導致的科學的產生，標誌著希臘人開始通過思辨的方式追問和探索終極關懷這個至高無上的理想境界。第二，「閒適是哲學之母」。就是說，只有當人們解決了衣、食、住等基本生活問題以後，才能有時間和精力來思考哲學問題。希臘城邦是奴隸制社會。奴隸制意味著奴隸在受剝削的同時，也意味著作為自由民、特別是其中的奴隸主有足夠的閒暇從事哲學思考。事實上，從泰勒斯到赫拉克利特，從巴門尼德到柏拉圖，幾乎無不出身豪門貴族，有的還是名門「王族」。即使出身非富豪門第的畢泰戈拉和蘇格拉底，也非貧寒賤民，而是「普通的自由民之家」。[9] 奴隸主或普通自由民的社會地位和優越的生活條件，使他們有可能從事哲學研究。第三，哲學的產生需要有思想的自由——「思想的自由是哲學和哲學史起始的條件」[10]。而思想自由又必須以政治自由為條件，「所以在歷史上哲學的發生，只有當自由的政治制度已經形成了的時候。」[11] 希臘城邦的民主制為自由思考提供了這一條件。恰如伏爾泰所說，「希臘人……的政府從來不束縛人們的思想」，特別是雅典堪為楷模；「雅典不僅給哲學、而且給一切宗教以完全的自由」。[12] 雖然雅典人也犯過錯誤，曾經處死過蘇格拉底，但他們知錯就改，不僅十分後悔，而且「雅典人懲處了告發的人，為被處死的蘇格拉底建立了神殿」。[13] 正是希臘的這種民主制為自由思考提供了制度性保證，並催化了哲學的產生；而這種保障自由思考的制度條件，恰恰是所有堅持政教合一傳統的東方文明所不

9　姚介厚：《西方哲學史》第 2 卷上冊，南京：江蘇人民出版社，2005 年，第 162、448 頁。
10　〔德〕黑格爾：《哲學史講演錄》第 1 卷，北京大學哲學系譯，北京：三聯書店，1956 年，第 93 頁。
11　〔德〕黑格爾：《哲學史講演錄》第 1 卷，北京大學哲學系譯，北京：三聯書店，1956 年，第 95 頁。
12　〔法〕伏爾泰：《風俗論》上冊，梁守鏘譯，北京：商務印書館，1995 年，第 100 頁。
13　〔法〕伏爾泰：《風俗論》上冊，梁守鏘譯，北京：商務印書館，1995 年，第 100 頁。

具備的。[14]

　　必要條件的具備並不意味著哲學的必然產生；希臘哲學產生的充分條件是希臘人對事物的「驚詫」即好奇。驚詫或好奇，就是人們對事物追根究底的求知欲望。這本是每個人的本性中所具有的。但只有在具備了上述必要條件以後，即只有在希臘那樣的環境中，人的好奇心才能被啟動。希臘人的好奇心確實被啟動了。他們愛知識、求真理；而他們追求知識和真理不帶任何功利目的，僅僅是為了求知本身，或者說，求知僅僅是為了滿足好奇的心靈。不求功利的求知導致了希臘科學的產生，也導致了希臘哲學的產生。格思裡指出：希臘人與埃及人不同，他們熱愛真理和知識，他們「有強烈的為知識而知識、為真理而真理的欲望，這種欲望充分體現在他們的一個詞 philosophia（愛智慧）中。哲學（包括純科學）與功利的動機無緣，因為它要求對直接經驗世界進行更高度的抽象，更廣泛的綜合，和純粹概念範圍內的理性的自由運動，而不是對被某種意志所允許的實際目的的順從。」[15] 希臘人就是在好奇心的驅使之下，在這種為求知而求知、為思辨而思辨的活動中，終於導致了哲學的產生。而哲學的產生使希臘的理性主義達到在當時條件下可能達到的頂峰，雖然這種理性主義並不成熟。

第二節

個人主義的產生

　　希臘文化由東方向西方轉變的第二個因素是個人主義的產生。

　　像所有的古老文明一樣，在前希臘社會中，人們將民族、國家、集體等公共利益置於首要地位，個人只能為公共利益而存在，在必要時個人必須無條件

14　關於哲學產生條件的論述參見張志偉：《西方哲學十五講》，北京：北京大學出版社，2004 年，第 26 頁。

15　W. K. C. Guthrie, *A History of Greek Philosophy*, vol. I, Cambridge : Cambridge University Press , 1962, p.31.

地為公共利益犧牲自己的生命。這是群體利益至上的國家主義或集體主義。然而，到了西元前5世紀，希臘文化中出現了新的因素——個人主義。

希臘個人主義的產生，主要得益於希臘的城邦體制。希臘城邦是一個具有萬人規模和獨立主權的統一體；在這個統一體內部共同崇拜一個神，並實行自給和自治。城邦相互之間或則聯盟或則對立，但不管聯盟還是對立，它們各自都保持「完全的主權和完全的獨立」。[16] 這種城邦體制從內外兩個方面為個人主義的產生提供了條件。

從內部來說，因為自給和自治，使城邦的每一個公民需要並可能成為城邦的主人；主人當然需要並可能創造性地進行工作。而這種按照自己意志的創造性工作本身就是個人意識的表現。此外，城邦的規模也適合個人主義的生成。對希臘人而言，具有共同崇拜神的、共同集合地的和萬人規模的共同體，「最能調動人類社會兩個敵對而又波動的要素——秩序和自由；因為再小不夠安全，再大容易形成暴政」。[17] 由於這些因素的湊合，希臘人在這種城邦體制裡過著一種既承認一個政府又有個人自由的生活。這是一種政治原子論。在這種政治原子論的支配下，希臘人的公民意識和個人意識開始覺醒。

從外部來說，雖然每一個城邦只準仰信本城邦所崇奉的神，褻瀆本城邦的神必然要受到懲罰，但是在各城邦的主權獨立並且邊界開放的情況下，某一城邦的成員在褻瀆了本城邦的神並且可能面臨處罰的時候，他可以逃往其它城邦，以求別的神來保護。比如蘇格拉底在被雅典判處死刑時，他本是可以逃出雅典以求自保的，只是由於他拒絕逃跑才主動飲鴆就刑。這種觸犯了一個城邦的神以後可以尋求其它城邦的神保護的體制，實際上是一種多神論體制。這種多神論體制直接為不同類型的個人和信仰模式多元化的產生提供了可能。正如我們所看到的，在多神論中，「一個神不會否定和褻瀆另一個神！在這裡，個人首次被承認，個人的權利首次得到尊重。諸神、形形色色的英雄和超人、凡人和下等人、侏儒、仙女、半人半馬的怪物、山林神怪以及魔鬼等等都被創造

---

16 顧准：《希臘城邦制度》，載於《顧准文集》，貴陽：貴州人民出版社，1994年，第151頁。
17 〔美〕杜蘭：《希臘的興起》，幼獅翻譯中心譯，臺北：幼獅文化事業公司，中華民國六十三年，第292頁。

出來了，這正是一種不可小覷的預演，即對個人自主進行辯護的預演。」[18] 正是這種對個人自主進行辯護的預演，「將所有的人由獵人狀態馴為公民」。[19]

希臘個人主義興起的根本的標誌，是個人與群體的關係發生了顛倒。如前所述，在前希臘社會中，群體利益是至上的，人是用社會來定義的。而在希臘文化中，定義人的自然單元不再是社會或群體，而是個體；在這裡，個人的目的、需要、價值、尊嚴成了至關重要的東西。相反，社會制度變成人的需要獲得滿足的自然方式；就是說，社會制度不再是目的，而只是手段。有論者這樣論述希臘個人主義興起時在群體和個體的關係上人們的價值觀：「……倫理學與政治學的區分被絕對化了；人是由個體詞彙來定義的，而政治，至多也不過是某種倫理原則對於人類群體的應用，而不是相反。個人獲救而非公共秩序，成了至關重要的事情。為公共需要而犧牲獲救，這是一個人所能犯下的最大的、最致命的錯誤，是對使他成為人的一切、對內在於他的理性——惟有它才給人帶來尊嚴與價值——的背叛。」[20]

在希臘個人主義興起的過程中，知識份子的狀況發生了變化。第一，知識份子關心的重點發生了變化。希臘知識份子關心的重點的變化發生在伊壁鳩魯的 atararxia（不動心）和斯多葛的 apathia（超然）之間，二者相距不過二十年。二十年間的變化幾乎是決裂性的。在此之前，「一度似乎所有重要的思想家都在思考社會與政治問題；而在不到二十年之後，沒有一個人再去思考這些問題。亞里斯多德學派在搜集植物標本，積累關於行星、動物和地理構造方面的資料；柏拉圖主義者關心數學；沒有人再對社會或政治問題說些什麼——它突然成了一種處在嚴肅之人視野之外的主題。」[21] 第二，新型的知識份子出現了。在前希臘社會中，主導型的知識份子是以維護傳統和公共秩序為宗旨的，柏拉

---

18 〔德〕尼采：《快樂的科學》，黃明嘉譯，桂林：灕江出版社，2000年，第162頁。
19 〔美〕杜蘭：《希臘的興起》，幼獅翻譯中心譯，臺北：幼獅文化事業公司，中華民國六十三年，第250頁。
20 〔英〕伯林：《希臘個人主義的興起》，載於《自由論》，胡傳勝譯，南京：譯林出版社，2003年，第352頁。
21 〔英〕伯林：《希臘個人主義的興起》，載於《自由論》，胡傳勝譯，南京：譯林出版社，2003年，第352頁。

圖就是這類知識份子的代表[22]。在希臘文化中，新型的知識份子出現了，他們以破壞傳統和公共秩序為己任，其中走得最遠者當屬犬儒學派的第歐根尼。第歐根尼堪稱新型知識份子的傑出代表。「他聲稱不得不改變貨幣，即摧毀舊價值並代之以新價值」；「他誇耀他不屬於任何城邦」，認為「只有獨立的人才是自由的」；「他處心積慮地動搖公共輿論，以讓人注意市民生活的無理由的荒謬性以及傳統的虛偽性」；「他倡導全然不顧禮貌：性交以及每一種親密活動都可以公開進行」。[23] 不要以為第歐根尼的這些主張只是倡導，嘴上說說而已；事實上，確有踐行者。就這裡的最後一點而言，據記載，在希臘的克拉底和希巴爾其婭，一個特拜地方的女犬儒派，曾經在公共市場上舉行性交。[24] 有論者評論道：「這是個人主義的綻放，但是被我們的權威當作是怪異和有點瘋狂的。」[25]

　　希臘的個人主義在文學作品中體現得十分明顯。《伊索寓言》有一個《驢子和老農夫》的故事。說的是：一天，老農夫在牧場裡坐著，看著他的驢子在附近吃草，這時他突然瞥見有人帶著武器悄悄地接近。他立刻跳起來，要驢子趕快跟他一起跑，「否則，」他說，「敵人會抓住我們的。」但是驢子只是懶洋洋地環顧四周，說道：「就算被抓住了，他們要我扛的東西會比我現在要扛的更重嗎？」他的主人回答：「不會。」驢子說道：「哦，那好吧，他們真要把我抓走，也無所謂，因為處境不會更糟了。」[26]《伊索寓言》曾經長期作為口頭文學在民間流傳，不排除其中有些故事是伊索以外的其它人所作。但無論如何，該故事中驢子的形象只能是掌握了希臘思想精髓的作者所創造。顯然，故事中的驢子是真正能夠體現希臘思想的雅典人的象徵。這種不以主人的是非

22　關於柏拉圖的維護傳統和公共秩序的主張，第二章第三節已經論及，後文還將論及。

23　〔英〕伯林：《希臘個人主義的興起》，載於《自由論》，胡傳勝譯，南京：譯林出版社，2003 年，第 352 頁。

24　《第歐根尼·拉爾修》，第 6 卷，第 97 節。轉引自〔德〕黑格爾：《哲學史講演錄》第 2 卷，賀麟、王太慶譯，北京：商務印書館，2009 年，第 158 頁。

25　〔英〕伯林：《希臘個人主義的興起》，載於《自由論》，胡傳勝譯，南京：譯林出版社，2003 年，第 356—357 頁。

26　〔古希臘〕伊索：《伊索寓言》，陳璐譯，武漢：長江文藝出版社，2008 年，第 18 頁。

為是非、只以自己的是非為是非的思想境界，這種不是堅持整體利益至上、而是個體利益至上的價值標準，與斯巴達人的那種不管國家政治制度如何，一律在戰場上為之「馬革裹屍還」的境界相比，不啻天壤之別！而這種區別於斯巴達人的思想境界和價值標準，就是希臘的個人主義。

希臘的個人主義更表現在廣大民眾的日常生活中。史家杜蘭十分具體地向人們描述了希臘黃金時代的道德狀況和希臘文化轉型期的社會風貌。杜蘭指出：「西元前第 5 世紀的雅典人不是道德的楷模；知識的進步已使他們之中的許多人，脫離了其倫理傳統，並且將他們轉變為幾乎不道德的人。他們因重法紀而享有令譽，但是除了對自己的子女外，很少有利人的觀念；甚少在良心上感到不安，從沒有想到像愛自己一樣去愛他們的鄰居。」[27] 杜蘭還指出：「希臘人可能也承認誠實是美德，但是他們想盡一切投機取巧的方法。……大家抱怨，雖然政府設有監察官，雅典商人在貨物裡面摻假、克扣斤兩、找頭、移動天平的槓桿支點作弊。乘機騙人；例如，臘腸裡面灌狗肉。一名喜劇家稱魚販為『刺客』；稍微含蓄的詩人叫他們為『小偷』。政客們也不高明多少；在雅典的公務員圈中，不被人指控使用卑劣手段的，微乎其微；像阿裡斯蒂底斯這樣誠實的人，是轟動社會的大新聞，幾乎被人看作怪物；即使用犬儒哲學家戴奧真尼斯（Diogenes）的『白晝燈籠』去找，也找不到第二個人。歷史家修西的底斯說，人們寧願被人稱作精明而不肯讓人說自己誠實，懷疑誠實是頭腦簡單。要找出願意出賣國家的希臘人，是一樁容易事。『希臘任何時候都不缺乏處心積慮想叛國的人。』希臘旅行及地理學家保塞尼亞斯說。賄賂是政治上求聞達、犯罪求赦免及外交冀有所成就的常用手段；議會撥給伯裡克裡斯大筆的款項，供其作秘密用途，想是用來潤飾國際談判的吧……」[28] 這些就是希臘個人主義興起時期人們的道德狀況，也是希臘文化由東方性向西方性轉型過程中的社會風貌。讀著這些文字，人們不禁想到 20 世紀和 21 世紀之交某些東方國家文化轉型過程中人們的道德狀況和社會風貌與之何其相似！對於當年希臘社會普遍

27　〔美〕杜蘭：《希臘的黃金時代》，幼獅翻譯公司譯，臺北：幼獅文化事業公司，中華民國六十三年，第 66 頁。

28　〔美〕杜蘭：《希臘的黃金時代》，幼獅翻譯中心譯，臺北：幼獅文化事業公司，中華民國六十三年，第 67—68 頁。

存在的投機取巧、坑蒙拐騙以及貪污腐敗現象，我們不應該簡單地看成是人的道德敗壞和品質惡劣。如果說這些表現確實是人性之惡，那麼這種惡首先是由惡的制度和惡的法律所催生的；在完善的制度和良好的法律下，這種惡的逐漸消失和基本消失就是證明。因此，所有的這些惡都是個人主義在惡制和惡法下的畸形表現。

儘管如此，個人主義給希臘文明帶來了輝煌卻是不爭的事實。雖然個人主義也曾經給希臘人帶來過損失，比如有的城邦因未能團結一致而遭致戰爭的失敗，整個希臘因未能團結一致而使它所崇拜的自由終於破滅；但是，個人主義卻是希臘人創造的一筆極其寶貴的財富。因為，個人主義使希臘人懂得並學會了一種新的、不同於傳統的生活方式。正如史家所說，如果沒有希臘的城邦制特別是多神制所造就的個人主義，「希臘也就無法成為希臘了」；並且「也只有透過這種公民的個人主義意識，這種幾乎毫無限制的獨立主張，此種制度、習慣、藝術以及宗教的歧異，經由競爭和模仿，使整個希臘在一股強勁的激勵下度過其它社會從所未聞之一種熱情、充實而富有創造力的人生」。[29]

第三節

自由思想的產生

希臘文化由東方向西方轉變的另一個因素是自由思想的產生。要瞭解希臘的自由思想，必須把它同東方的「不自由」的思想對比著進行觀察。我們知道，在東方世界，人們是沒有自由觀念的，對上級和權威的服從是人們的天職和天性。在這方面，卡·奧·魏特夫曾作過全面且深刻的揭示。在印度，「印度教印度時期的法律規定人們應該服從世俗的和宗教的權威。違抗國王命令的人要受到『各種極刑』。《古蘭經》告誡信徒不僅要服從真主和他的先知，而且還要服從『你們中間有權威的人』。穆罕默德的信徒們所建立的專制國家總是引

---

[29] 〔美〕杜蘭：《希臘的興起》，幼獅翻譯中心譯，臺北：幼獅文化事業公司，中華民國六十三年，第292頁。

用這幾句話來強調服從在維持政府權威方面的基本重要意義。」[30] 在近東,比如在美索不達米亞,「美滿生活就是服從的生活」;「美索不達米亞人覺得『士兵沒有國王,猶如綿羊沒有牧人』,『農民沒有地主的管家,猶如土地沒有農夫』,『工人沒有工頭,猶如運河中的水沒有管理人』。……美索不達米亞人相信,當局總是正確的」。再如,在法老統治下的埃及可以找到同樣的概念:「凡是希望生存和成功的人,必須使自己適合上級命令和服從的體系:『服從你的上級吧,服從宮廷中(政府中)派出來的你的監管大員吧,……反對上級是一件痛苦的事,(因為)只有寬大,才能活下去。』」[31] 同樣,在儒教世界中,對上級和權威服從的觀念絲毫不遜色於其它東方世界。在中國,「理想的官員通常是服從他的統治者的;尊敬上司是基本的責任。平民根本沒有任何選擇。平民對於有關的問題是不能理解的,他必須『服從』上級權威和有識之士的命令。在孔子的理想社會中,猶如在印度和近東的理想社會中一樣,善良臣民就是順民。」[32] 以上就是東方世界中人們不懂自由、只知服從的觀念。

不過,我們千萬不要以為不懂自由、只知服從的觀念只是地理上東方人獨具的觀念。實際上,它也是地理上的西方人,包括希臘人曾經有過的觀念。因為不懂自由、只知服從的觀念是與政教合一的專制制度聯繫在一起的,或者毋寧說它就是政教合一的專制制度的產物。格思裡在論及埃及、美索不達米亞等東方世界自由思想不能產生的原因時指出:「這些地區的自由思想受到宗教命令的抑制,宗教命令是衡量生活內容的主要標準,並且常常被專制的中央政府為了自身的利益而使用;國王是神的化身,國王周圍的神職人員,小心地守護著他,任何自由思想的侵入,都不能削減其權威性。」[33] 所以,當希臘人還處在政教合一體制下的時候,他們也同埃及人、美索不達米亞人、印度人、中國人一樣,不理解自由,包括不理解政治自由和個人自由;他們也同東方人一

---

30 〔美〕魏特夫:《東方專制主義》,徐式穀等譯,北京:中國社會科學出版社,1989年,第149—150頁。
31 〔美〕魏特夫:《東方專制主義》,徐式穀等譯,北京:中國社會科學出版社,1989年,第149頁。
32 〔美〕魏特夫:《東方專制主義》,徐式穀等譯,北京:中國社會科學出版社,1989年,第150頁。
33 W. K. C. Guthrie, *A History of Greek Philosophy*, vol.I, Cambridge:Cambridge University Press, 1962, pp.32—33.

樣，不是公民，而是服從於神授權力的統治者們的臣民，並且這種皇族權力並非完全是強加在不自願服從的大眾身上的，而是以宗教的方式被自願接受和遵從的。這種或被迫無奈地或心甘情願地服從權威、充當順民的思想，包括社會輿論要求人們服從權威、充當順民的思想，在希臘至少延續到柏拉圖時代。柏拉圖承認，斯巴達的官吏具有這樣一種人格：「這種人對待奴隸的態度是很嚴厲的，……他們對自由人的態度是很和藹的，對長官是恭順的。」[34] 柏拉圖本人也強調：「重要的是，不管是男的還是女的，都不要出現沒有指揮官的狀態。因此，不管是在認真嚴肅的時刻，還是在玩耍之中，都不要在自己的內心養成一種只有自己一個人單獨行動的習慣。無論在戰時還是在平時，也不管在何種場合，都始終要跟隨指揮官，在其指揮之下生活。無論多麼細小的方面，都應聽從指揮官的命令……。總之一句話，我們必須提醒自己，本能地拒絕離開自己的同伴一個人行動的念頭，在可能的限度內，所有的人應當與其他人一起共同生活，永遠形成一個團體而一起生活。」[35]

然而，希臘人不同了。希臘人不能容忍這種政教合一的體制；他們不願意當順民且在別人的指揮下行事，他們要為自由而鬥爭。希臘人首先創立了政治自由的觀念。他們視城邦為「公民共同體」和「平等者公社」。城邦的每一個公民都有權利和能力在重大公共問題上作出自己的判斷和選擇，並承擔相應的責任和義務。城邦實行公民「輪番為治」的治理方式，即通過抽籤選舉或定時輪流的方式，使「人人輪番當統治者和被統治者」。[36] 在這種平民政體中，平民政治家的權威不同於往日的家長、主人和君王的權威，「政治家所治理的人是自由人」，他們所執掌的權威為「平等的自由人之間所付託的權威」。[37] 因為統治者不會因權力而帶來特權，所以在希臘城邦的公民之間實現了真正的自由和平等。

---

34 〔古希臘〕柏拉圖：《理想國》，于文靜譯，延吉：延邊人民出版社，2000年，第287頁。
35 〔古希臘〕柏拉圖：《法律篇》，張智仁、何勤華譯，上海：上海人民出版社，2001年，第390—391頁。
36 〔古希臘〕亞里斯多德：《政治學》，吳壽彭譯，北京：商務印書館，1965年，第312頁。
37 〔古希臘〕亞里斯多德：《政治學》，吳壽彭譯，北京：商務印書館，1965年，第19頁。

希臘人懂得自由並不是為所欲為，自由必須以服從法律為前提。伯里克利所說的「在公家的事務中，我們遵守法律」[38]，就是這種自由理念的表達。為什麼遵守法律與自由並不矛盾呢？從積極的方面講，在希臘，法律是理性而非神意的表現，是正義而非強權的聲音，是社會公眾的利益而非個人或小集團的利益的表達。這種法律是公民自己制定的，因此服從法律就是服從自己。從消極的方面講，沒有法律約束的放任自流必然造成混亂。亞里斯多德已經認識到這一點；他在批評當時流行的平民主義極端形式的「自由」觀念時指出：「在這種極端形式的平民政體中，各自放縱於隨心所欲的生活，結果正如歐裡庇特所謂『人人都各如其妄想』[而實際上成為一個混亂的城邦]。」[39] 因此，亞里斯多德倡導「公民們都應遵守一邦所定的生活規則，讓各人的行為有所約束」；而他的「法律不應該被看作〔和自由相對的〕奴役，法律毋寧是拯救」[40]的名言，則反映了希臘人對自由和法律的關係的理解。

政治自由理所當然地包括言論自由。希臘人言論自由的獲得，表現在作為國家政治工具和統治方式的話語的改變。在前希臘社會，希臘統治者「把話語的威力變為一個神：說服力之神。這種話語的威力讓人聯想到某些宗教儀式中使用的警句格言的效能，或者聯想到國王威嚴地宣讀『法令』時所發出的『法言』的作用。」但是，在希臘社會，「實際上這裡的話語完全是另一回事，它不再是宗教儀式中的警句格言，而是針鋒相對地討論、爭論、辯論。它要求說話者像面對法官一樣面對聽眾，最後由聽眾以舉手表決的方式在辯論雙方提出的論點之間作出選擇；這是一種真正由人作出的選擇，它對雙方話語的說服力作出評估，確認演說中一方對另一方的勝利。」[41] 在這樣的話語中，「所有那些原來由國王解決的屬於最高領導權範圍的涉及全體人利益的問題，現在都應提交給論辯的藝術，通過論戰來解決。所有這些問題必須能用演說的形式表述，

38　轉引自〔古希臘〕修昔底德：《伯羅奔尼薩戰爭史》，謝德風譯，北京：商務印書館，1960年，第130頁。
39　〔古希臘〕亞里斯多德：《政治學》，吳壽彭譯，北京：商務印書館，1965年，第276頁。
40　〔古希臘〕亞里斯多德：《政治學》，吳壽彭譯，北京：商務印書館，1965年，第276頁。
41　〔法〕韋爾南：《希臘思想的起源》，秦海鷹譯，北京：三聯書店，1996年，第37—38頁。

符合證明和證偽的模式。」[42] 這就是希臘人的言論自由。言論自由是人之為人的本質所在，也是自由的本質所在。歐裡庇特斯說：「所謂奴隸，就是一個不能發表自己思想觀點的人。」[43] 按照歐裡庇特斯的即希臘人的觀點，在東方社會，尤其在地理上和在文化上都是東方的社會中，除了皇帝以外，所有的人都是奴隸，因為他們中所有的人都不能自由地發表自己的觀點。這也就是黑格爾和馬克思所說的東方社會的「普遍奴隸制」。然而，希臘人則不同。希臘人，至少一部分希臘人，即擁有公民權的希臘人，因為能夠言其所欲言，所以他們不是奴隸而是自由人，儘管希臘社會是奴隸制社會。順便說一句，這也就是希臘文明高於所有東方文明的奧秘所在。

因為確立了自由的理想，所以希臘人義無反顧地且旗幟鮮明地為自由而戰。當東方專制帝國波斯的百萬大軍向希臘襲來的時候，希臘人不畏強暴，舉起自由的大旗，奮勇抗擊。指揮官對士兵們說：「同波斯人一開火，別的什麼都不要想，就想想自由！」劇作家埃斯庫羅斯目睹了希臘士兵在戰場上的拼殺。他寫道：他們向敵人衝殺過去，大聲呼喊道：「希臘的兒子們，為自由而戰！為了祖國，為了兒童，為了妻子的自由！」[44] 同是在希波戰爭中，當波斯軍官勸說希臘士兵服從入侵者薛西斯時，那些希臘人回答說：「對於作一名奴隸，那你是知道得十分清楚的，但是你卻從來沒有體驗過自由，不知道它的味道是不是好的。如果你嘗過自由的味道的話，那你就會勸我們不單單是用槍，而且是用斧頭來為自由而戰了。」[45] 希臘人就是在槍和斧頭的並用中，取得了對波斯戰爭的勝利，從而捍衛了自由。歷史告訴我們，只有義無反顧並旗幟鮮明地為自由奮鬥的人，才可能成為自由人。

希臘人的自由不僅表現為政治自由，而且表現為個人自由。這就是說，希臘人不僅在政治生活中是自由的，而且在私人生活中也是自由的。而希臘人的

---

42 〔法〕韋爾南：《希臘思想的起源》，秦海鷹譯，北京：三聯書店，1996年，第38頁。
43 轉引自〔美〕漢密爾頓：《希臘方式——通向西方文明的源流》，徐齊平譯，杭州：浙江人民出版社，1988年，第25頁。
44 轉引自〔美〕漢密爾頓：《希臘方式——通向西方文明的源流》，徐齊平譯，杭州：浙江人民出版社，1988年，第151、152頁。
45 〔古希臘〕希羅多德：《歷史》，王以鑄譯，北京：商務印書館，1959年，第516頁。

個人自由，同樣導源於不同於非希臘人的、也不同於前希臘人的自由觀念。這可以從雅典人與斯巴達人的自由觀念的區別中看出。西元前 5 世紀，當雅典已經初步西方化的時候，斯巴達在文化上還處在東方階段。因此，「對斯巴達人來說，自由意味著保持國家的獨立；要實現這一壓倒一切的目標，就必須要求秩序、紀律和軍事化。雅典人也要求保護城邦不受敵人侵略，但與斯巴達人不同，他們珍惜個人自由，同時追求個性的充分發揮和完善。」[46] 雅典人的自由觀念也就是後來整個希臘人的自由觀念。在這種自由理念的指導下，希臘的個人自由迅速發展，滲透到社會生活的方方面面；用伯裡克利的話說：「我們每個公民，在許多生活方面，能夠獨立自主」。[47] 至於這種自由究竟發展到什麼程度，柏拉圖從反面給我們提供了不少資訊。他在批評當時平民政體的「極端自由」時指出：「在這種國家裡，如果你有資格掌權，你也完全可以不去掌權；如果你不願意服從命令，你也完全可以不服從，沒有什麼勉強你的。別人在作戰，你可以不上戰場；別人要和平，如果你不喜歡，你也可以要求戰爭」。「這種無政府主義必定還要滲透到私人家庭生活裡去，最後還滲透到動物身上去」。「當前的風氣是父親儘量使自己像孩子，甚至怕自己的兒子，而兒子也跟父親平起平坐，既不敬也不怕自己的雙親，似乎這樣一來他才算是一個自由人。此外，外來的依附者也認為自己和本國公民平等，公民也自認和依附者平等；外國人和本國人彼此也沒有什麼區別。」還有，「教師害怕學生，迎合學生，學生反而漠視教師和保育員。普遍地年輕人充老資格，分庭抗禮，侃侃而談，而老一輩的則順著年輕人，說說笑笑，態度謙和」。「買來的男女奴隸與出錢買他們的主人同樣自由，更不用說男人與女人之間有完全平等和自由了」。甚至「連人們畜養的動物在這種城邦裡也比在其它城邦裡自由不知多少倍」。總之，「什麼東西都充滿了自由精神」。柏拉圖還指出：「所有這一切總起來使得這裡的公民靈魂變得非常敏感，只要有誰建議要稍加約束，他們就會覺得受不了，就要大發雷霆。到最後像你所知道的，他們真的不要任何人管了，連法律也不

---

46 〔美〕佩里主編：《西方文明史》上冊，胡萬里等譯，北京：商務印書館，1993 年，第 73 頁。

47 〔古希臘〕修昔底德：《伯羅奔尼薩戰爭史》，謝德風譯，北京：商務印書館，1960 年，第 133 頁。

放心上,不管成文的還是不成文的。」[48] 柏拉圖的這番話顯然是從批評的角度而言的。但是,透過這些否定的甚至有些誇張的評述,我們仍然可以窺見希臘社會個人自由的一斑。

　　在任何社會,人們的婚姻狀況和性生活狀況都是個人自由的重要方面。希臘社會的個人自由也在婚姻關係和性關係中表現出來。關於文明希臘人的代表雅典人的婚姻和性的狀況,史家寫道:「一般雅典人都是享樂主義者,但仍具良知;他在享樂方面沒有任何罪惡的感覺,並且從享樂中,他能立即為使其思緒陷入晦暗低潮的悲觀主義找到答案。他愛酒,不因偶爾酗酒而感到慚愧;他好女色,而且幾乎完全基於肉欲上的,容易為不正當的性關係原諒自己,不認為道德上的過失是一種罪大惡極,不可饒恕的行為。」[49] 史家還寫道,在希臘,基於肉體基礎的愛,坦率地為男女雙方所承認;渴望中的女人為冷漠的男人醞釀春酒,只為達到柏拉圖式的目的。婚前貞操只要求於有聲望的婦女,但是已成年的未婚男人,在性關係上,甚少受道德的約束。盛大的慶典,雖然其起源是宗教性的,但卻成為男女相悅私下苟合的好機會;此種場合中,放蕩的性關係受到寬恕,理由是,這樣可使一年中的其它時間內,更容易履行一夫一妻制。在雅典,年輕人偶爾涉足妓院,不是品格上的嚴重瑕疵;即使已婚男人,逛逛風月場所,除了在家裡受幾句責罵,熟人前面子稍不好看之外,不會受到任何懲罰。雅典官方承認娼妓制度,並對操此行業者徵稅。在官方的認可之下,「像在希臘大多數其它城邦一樣,賣淫在雅典已變成一門多元化而頗為發達的行業」;男人包養、租用妓女的形式繁多,妓女則按等級和服侍的時間論價。[50]

　　以上就是希臘人的自由觀念和自由狀況。希臘人的自由尤其是個人自由,從傳統的觀點來看確實是有點出格的,但是希臘人對這種「出格的」自由卻是寬容的。正如伯裡克利在讚揚雅典人的自由時所說:「當我們隔壁鄰人為所欲為的時候,我們不致於因此而生氣;我們也不會因此而給他難看的顏色,以傷

48　〔古希臘〕柏拉圖:《理想國》,郭斌和、張竹明譯,北京:商務印書館,1986年,第 332、340、341 頁。

49　〔美〕杜蘭:《希臘的黃金時代》,幼獅翻譯中心譯,臺北:幼獅文化事業公司,中華民國六十三年,第 69—70 頁。

50　〔美〕杜蘭:《希臘的黃金時代》,幼獅翻譯中心譯,臺北:幼獅文化事業公司,中華民國六十三年,第 73—74 頁。

他的情感，儘管這種顏色對它沒有實際的損害。在我們私人生活中，我們是自由的和寬恕的。」[51] 伯氏的話道出了希臘個人自由的真諦：個人自由意味著對他人的寬容，對他人生活方式的尊重。應該說，希臘人對自由的理解是深刻的。正是因為希臘人對自由的深刻理解和熱烈追求，才使希臘尤其是雅典繁榮昌盛，威名蓋世。

誠然，希臘的自由是有缺陷的。第一，它只是一部分人即自由人的自由，而不是所有人的自由，在希臘奴隸是沒有自由的。第二，即使是自由人，也只是「就每個人只服從公共權威而不服從個人的任性而言，他們是自由人；但就他們在公共權威面前沒有任何權利而言，他們是公民集體的奴隸」。[52] 因此，希臘的自由主要是一種生活氣氛而不是一種法律秩序；個人權利在這裡沒有得到最終保障。但是，無論如何，希臘的自由思想在人類思想史上的意義仍然不容低估。它第一次在思想上向政教合一的政體宣戰，第一次使人懂得應該並且在一定限度內做到了按自己的意志而非上司的眼色行事。這是人的尊嚴之所在；這是人之為人的開始。希臘的自由思想不僅使希臘繁榮昌盛，而且是近代普遍「人權」思想的基因。如果說，沒有希臘城邦培育的個人主義，希臘無法成為希臘的話，在這裡我們同樣可以說，若沒有希臘城邦培育的自由思想，希臘也無法成為希臘。

第四節

民主政治的產生

理性主義、個人主義和自由思想都是使希臘文化成為西方文化的重要因素，沒有這些因素，希臘文化的西方性自然無從談起。然而，使希臘文化成為

---

51 〔古希臘〕修昔底德：《伯羅奔尼薩戰爭史》，謝德風譯，北京：商務印書館，1960年，第130頁。
52 叢日雲：《西方政治文化傳統》，長春：吉林出版集團有限責任公司，2007年，第170—171頁。

西方文化的決定性因素卻是民主政治。民主政治是理性主義、個人主義和自由思想發展的必然結果，更是希臘文化之成為西方文化的根本標誌。

　　從宏觀的視角來看，希臘民主政治的淵源可以追溯到邁錫尼文明解體時期。西元前12世紀，在闖入希臘的多利安人部落的推進下，邁錫尼文明開始解體，正好當時又發生了一場大火；「在那場依次席捲派羅斯和邁錫尼的大火中，不只是一個朝代滅亡了，而且是一種王國制度被永遠摧毀，一種以王宮為中心的社會生活形態被徹底廢除，神王這個人物從希臘的地平線上消失了。」[53] 但是，邁錫尼王國制度的解體是人類歷史上第一個專制王朝的解體；這種解體，自然不會在短期內徹底完成。在經濟、政治和思想方面取得前所未有的進步以後，「希臘又經歷了一段被稱為『希臘的中世紀』的漫長而黑暗的隔絕和恢復時期」[54]。截至英雄時代末期，邁錫尼時代的王制殘餘仍然存在。

　　廣義的希臘民主政治的建設進程是從消滅英雄時代的王制殘餘、建立寡頭政治開始的。進入城邦時代以後，在城邦體制和理性思想的共同孕育下，希臘人在政治思想方面產生了一種新的感情，即對英雄時代的集各種權力於國王一身的王政體制的不滿。正如史家所指出的，在當時的除了斯巴達以外的希臘社會中，「人民成長了，決定地成長得大大超過了原先把權威賦予了國王的那種神權的和人身尊敬的感情。心甘情願的臣服在人民這方面停止了，在低級的首腦方面更甚；與此同時停止了的是英雄時代的忠誠。現在人民要求制度或者憲法那樣的東西了。」[55] 在這種感情和認知的支配下，希臘人對那個權力極高而又不負責任的王形成了這樣一種概念，用希羅多德的話語來表達就是：「他顛覆本國的風俗習慣，他強姦婦女，他不經審判就殺人。」[56] 對於這種既獨裁又殘暴的王，希臘人不僅充滿厭惡和憎恨，而且把這種厭惡、憎恨之情看成是一種美德。這種狀況表明，希臘人的心靈產生了質的躍升並脫離了東方形態。「假

53　〔法〕韋爾南：《希臘思想的起源·引言》，秦海鷹譯，北京：三聯書店，1996年，第2頁。
54　〔法〕韋爾南：《希臘思想的起源·引言》，秦海鷹譯，北京：三聯書店，1996年，第2頁。
55　〔英〕格羅脫：《希臘的僭主政治》，顧准譯，載於《顧准文集》，貴陽：貴州人民出版社，1994年，第264頁。
56　〔古希臘〕希羅多德：《歷史》，王以鑄譯，北京：商務印書館，1959年，第232頁。

如希臘心靈和東方諸國一樣靜止不前的話，對個別國王的不滿所引起的變化，大概不外是廢黜一個壞國王，支持一個約許要幹得好一些的國王，而決不擴大人民的眼界到個人統治以外的較為高尚的任何別的概念上去。但是希臘心靈的性格是進取的，它具有想像力，它逐漸想出改善了的社會結合諸方法。」[57] 希臘人想出來的用以代替以往王政體制的方法究竟是什麼呢？亦如格羅脫所說，就是「用一個或一個以上、任期不長、負責任的行政長官，把國王本身代替掉」。格羅脫還指出，「這就是希臘事務的進程。低級的首腦們，原先組成會議為王效勞的，發現要取而代之，並且由他們自己輪流行使治理職能是可能的；……這就是遍及於希臘諸國（斯巴達除外）的轉變實質上的性格：王制廢除掉了，取而代之的一個寡頭政體」。[58]

寡頭政體體現的民主性質主要有如下兩點：第一，寡頭集團的成員及其行政首腦是選舉產生的。在寡頭政治時期，國家的最高統治權力屬寡頭集團即貴族會議。與英雄時代的王制相區別，寡頭集團的成員及其行政長官不再像國王那樣世襲，而是在貴族成員中選舉產生；正像格羅脫在為寡頭政體的概念作界定時所說的那樣：「那是一個集體商討，多數表決決定一般問題，選出本身中的某一個人作為臨時的、可以問責的行政首腦的一種會議。」[59] 這個被選出的行政首腦定期輪換。比如在雅典，末代國王的統治結束以後，他的後裔只被承認為終身執政官。幾年以後，終身執政官被從貴族後裔中選出來的任期10年的執政官所取代，隨後，執政官的任期又縮短為1年。寡頭集團所代表的貴族階級的利益與廣大平民的利益是對立的，在這種體制下人民也沒有立即得到什麼好處。但是，用選舉產生的執政官代替世襲國王，而且執政官限期任職這一做法的意義不可小覷，也許它就是希臘民主政治的第一顆種子。

第二，寡頭集團選舉一個對它負責的行政長官的治理模式，體現了立法權和行政權分離的原則。英雄時代末期，希臘的國王雖然與邁錫尼時代的國王有

57　〔英〕格羅脫：《希臘的僭主政治》，顧准譯，載於《顧准文集》，貴陽：貴州人民出版社，1994年，第268頁。
58　〔英〕格羅脫：《希臘的僭主政治》，顧准譯，載於《顧准文集》，貴陽：貴州人民出版社，1994年，第268—269頁。
59　〔英〕格羅脫：《希臘的僭主政治》，顧准譯，載於《顧准文集》，貴陽：貴州人民出版社，1994年，第269頁。

了很大的不同，但政府的職能沒有分化，立法權和行政權仍然集於以國王為核心的政府一身。寡頭政治的體制模式不一樣了。寡頭政府雖然當下沒有給人民帶來什麼好處，「可是當我們把它們和先前英雄時代的政府相比，它們指示出重要的進步——第一次在公共事務上採用仔細考慮和預先設想過的制度。它們表現為希臘心靈中新而重要的政治觀念的第一次的證據——立法權和行政權的分離；前者賦予一個集體，這個集體並不僅僅商討，最後還作出決定——後者託付給任期不長的個別行政長官，在他們任期終了之時對上述集體負責。」[60] 在這裡我們第一次領略了亞里斯多德所謂的公民共同體。這個公民共同體的特點之一就在於，作為城邦最高主權者，它本身並不直接執政，而是舉選出一個對它負責的行政長官來執政；而且在這個公民共同體中，人們有資格輪流統治和被統治。對於希臘政治來說，雖然這個公民共同體包括的只是一小部分具有公民權的自由人；然而它的意義同樣非同一般。因為「它建立其上的那種觀念，卻開始逐步為一切人的心靈所明白了。政治權力已經喪失了它的神授的性格，已經變成了可以依法傳授的某種屬性」。[61] 這一變化表明，如果說整個英雄時代希臘政制的演進都是在清除邁錫尼王制的廢墟的話，貫串於集體依法授權中的立法權和行政權分離原則的確立，則是在這一廢墟上進行建設了。正如我們後來所看到的，在隨後的三個世紀中，上述原則成為希臘城邦解決政治權力運作問題的根據，希臘的政治民主化的大業也因此而不斷地，雖然緩慢而曲折地向前發展。

寡頭政治是希臘政制演化史上的一個重要的里程碑；它也如前所述，為希臘民主政治的培育播下了第一顆種子。但是，希臘寡頭民主制的進一步發展卻面臨著兩個方面的挑戰。一方面，寡頭政體自身存在嚴重的先天不足。——寡頭集團雖然在其內部具有民主，但其作為一個階級與平民大眾處於對立狀態，因而缺乏群眾基礎；同時，其民主性也缺乏相應的法律保障。另一方面，希臘的民主政治作為人類歷史上的第一個民主政體，它的發展不可能一帆風順而不

60　〔英〕格羅脫：《希臘的僭主政治》，顧准譯，載於《顧准文集》，貴陽：貴州人民出版社，1994年，第269頁。
61　〔英〕格羅脫：《希臘的僭主政治》，顧准譯，載於《顧准文集》，貴陽：貴州人民出版社，1994年，第270頁。

受傳統的專制勢力的抵制。由於這兩方面原因的湊合，寡頭政體在受到衝擊並解體後並沒有導致（狹義的）民主政治，而是變為僭主政治。這就是說，在寡頭政治和民主政治之間隔著一個僭主政治階段。因此，希臘民主政治建設的過程，嚴格地說來，是從反對僭主政治開始的。希臘人是如何開展反僭主政治鬥爭的呢？

第一，正像當年希臘人反對專制王權是緣於心靈的變化一樣，希臘人反對僭主政治也是緣於心靈的變化。

僭主，就其篡權的方式而言是多種多樣的；但是，僭主的本質只有一個，即他們是事實上的專制君主。因為僭主和專制君主在個人獨裁統治、職務終身制乃至世襲制、權力不受制約等方面是共同的。既然僭主是事實上的專制君主，為什麼東方文化形態中的人接受專制君主而希臘人不接受僭主？這裡就有一個希臘人心靈變化的問題。顧准在論及僭主和專制君主或王的區別時指出，雖然王和僭主事實上同樣是最高政權的篡奪者，但是「王被視為合法的首領，僭主則被視為不合法的，或非憲政的政權僭竊者」。[62] 顧准的看法是完全正確的。但要進一步指出的是，無論合法還是非法都有狹義和廣義之分。所謂狹義的合法或非法，是指是否符合當時實行的已成文法；所謂廣義的合法或非法，是指是否符合當時沒有實行的、更未成文的，只是存在於當時社會正義中的「法律」。在人類法政制度的演化史中，這兩種法律並不是在任何時候都相互一致的，實際上在很多時候二者是不一致的，甚至是彼此對立的。因為人們對合法性或非法性的理解的不同，因此對同一歷史事件、同一歷史現象所作的是否合法的判斷結論也不相同。僭主和專制君主就其客觀形態來說沒有任何實質性的區別，二者事實上同是最高政權的篡奪者，但是他們在希臘人和東方人心目中的地位卻迥然不同。顧准在將希臘和同時期的中國春秋時代比較時指出，同在西元前 7—前 6 世紀，「希臘史向民主主義變，我們向專制主義變。希臘史轉向民主，出現過 Despot——專制君主，然而這個專制君主和希臘人的政治情感格格不入，他的專制權力是僭竊來的，所以在他們，Despot 是不合法的，叫做『僭』主。在中國，專制君主是直接繼承天王精神，而且還是經過戰爭消滅一

---

[62] 《顧准文集》，貴陽：貴州人民出版社，1994 年，第 184 頁。

切競取這種地位的敵手而後確立的。在此以前，從孔、老、墨、莊、荀、韓，一直都在為它的君臨大地出海報，寫頌詩，多方宣稱這是利國利民的等等。」[63] 顧准在這裡講的希臘人將專制君主由原來認為的合法執政的王視為非法篡權的僭主，就是希臘心靈的變化。中國的孔、老、墨、莊等人對專制君主大唱頌歌，說明他們的心靈沒有變化，他們還處在東方文化形態中。由於希臘人心靈的變化，他們從不承認哪個僭主體制的政權具有合法性，他們從未對哪個僭主體制的政府表示過心甘情願的臣服。不僅如此，由於希臘人心靈的變化，「他們總是把僭主列為最大的罪犯。謀刺了他的人，公眾競相榮耀和酬答他，而且，一個善良的希臘人會毫不內疚地，像哈莫丟斯和亞理士托該吞那樣，為了執行這件事而把他的劍藏在桃金娘叢中。」[64] 在早期的反對僭主體制的鬥爭中，謀刺僭主或用暴力推翻僭主是人們常用的手段之一。而不管希臘人採取什麼手段反對僭主政治，首要的和必備的前提則是他們的心靈的變化，即把原來認為合法執政的王視為非法篡權的僭主。

第二，公開競爭是反對僭主政治的基本手段。

公開性是希臘城邦的特徵之一。早在城邦興起時，希臘人就主張社會生活的公開性，將涉及公共利益的重大問題提交到公眾面前進行公開討論、爭論和表決。公開性培育了希臘人的公民意識和寡頭民主制。然而，在寡頭民主制下，公開性未能阻止希臘僭主政治的產生；而它在既存的僭主體制面前更加無能為力，因為僭主體制禁止自由集會，實際上也就無公開性可言。

在希臘政制演化史上，對僭主政治形成對抗手段的是公開的競爭。以雅典為例，梭倫退位後不久，庇西特拉圖靠欺騙和武力脅迫的手段當上了僭主。在庇氏成為僭主之前，雖然梭倫早已看出其陰謀並予以揭露和反對，甚至梭倫在其改革中用法律規定國家的官職必須選舉產生[65]，但是所有這些措施既未能阻止庇氏成為僭主，也未能在他成為僭主後對他的統治構成威脅。對庇西特拉圖

---

63 《顧准文集》，貴陽：貴州人民出版社，1994 年，第 260 頁。
64 〔英〕格羅腕：《希臘的僭主政治》，顧准譯，載於《顧准文集》，貴陽：貴州人民出版社，1994 年，第 274 頁。
65 〔古希臘〕亞里斯多德：《雅典政制》，日知、力野譯，北京：三聯書店，1957 年，第 11 頁。

的僭主統治構成威脅的,是雅典政治生活中公開的黨爭。當時,雅典有三個黨派:一是海岸黨,二是平原黨,三是山地黨。庇西特拉圖是山地黨的黨首;他就是利用這一支力量並部分地利用了另兩派的力量得以篡權的。在雅典的黨爭中,當庇西特拉圖的政權還不穩固的時候,海岸黨人和平原黨人曾聯合起來,「在他第一次建立政權後的第六年……把他趕走了」。[66] 此後第12年,由於海岸黨人的妥協使他得以回國重掌僭政。但是,庇西特拉圖這次掌權的時間不長,「在他回國後約七年,他又第二次被趕走了」。而據史載,庇氏第二次被趕走的原因是他與另外兩黨的矛盾激化,「因而畏懼兩黨,暗中引退」。[67] 這三個黨的理論主張和政治傾向我們姑且不論,我們也姑且不論海岸黨人和平原黨人在兩次推翻庇氏的僭主政權後是否給人民帶來好處;我們關心的是在雅典政制演化史上,真正能夠對僭主政權形成制衡力量的是異己黨派的公開鬥爭。雖然這種以武力決定一切的鬥爭方式與近代民主政治中的和平方式有根本的不同,但其中的權力制衡原理卻是貫通的。而庇西特拉圖在第三次復辟僭主體制後,之所以能使自己在職終老並得以把職位傳給兒子,主要原因不是由於他的開明專制政策促進了雅典經濟和社會的發展,從而在某種程度上受到人民的歡迎,而是由於他在羽翼豐滿後消滅了競爭對手,實行了不受制衡的專制統治。這一點可從他的兒子的僭政時期因反對黨力量的強大,最終導致庇氏相傳兩代的僭主家族統治的徹底毀滅中得到證明。

第三,煽動家在反對僭主政治中起了重要作用。

所謂煽動家,籠統地講,就是反對現政府的人。在希臘,按其生活的時代背景、鬥爭方式和鬥爭目的的不同,可分為西元前7—前6世紀的早期煽動家和亞里斯多德前後的晚期煽動家。「前者是一個大膽而富有的軍事領袖,他拿起武器帶上一幫民眾叛亂者,用暴力推翻政府,他把自己弄成,既是他所推翻了的人們,也是他取得其援助推翻了他們的那些人們的主人;後者則是一個演

---

[66] 〔古希臘〕亞里斯多德:《雅典政制》,日知、力野譯,北京:三聯書店,1957年,第16—18頁。

[67] 〔古希臘〕亞里斯多德:《雅典政制》,日知、力野譯,北京:三聯書店,1957年,第16—18頁。

說家，他具有足以感動一批聽眾的充分的才能，但他既不想，也沒有本領來進行武裝攻擊——他要達成的一切目標，全靠和平合法的方法。」[68]

儘管早期煽動家和晚期煽動家的生活時代、鬥爭方式和鬥爭目的很不相同，但是，他們都在反對僭主政治中起了重要作用。就早期煽動家而言，他們因為把自己弄成既是被推翻者的主人，又是推翻者的主人，因此他們自己實際上也是僭主。但是，這裡有兩點需要注意。第一，當這些僭主還沒有成為僭主即當他們還是煽動家的時候，他們為了使自己能夠成為僭主，他們必須反映人民的情緒，代表人民的利益，並以人民的名義站出來同少數統治者進行鬥爭，否則，他們將得不到人民的支持。於是，這裡出現的饒有趣味的現象是，「煽動家——僭主是人民在政治事務中愈益強大的重要性的最初的證據」。[69] 第二，煽動家在成了僭主以後，鑒於前任僭主被推翻的教訓，他們不得不對人民實行某些改良的或讓步的政策，從而使平民尤其是窮人在社會地位的相對重要性上有所提高。鑒於早期煽動家的上述兩個特點，我們似乎可以這樣認為，儘管早期煽動家——僭主取得政權的方式是欺詐和暴力的，儘管他們治理國家的原則是自私和暴虐的，但是他們在反對早期僭主政治中的作用還是不能否定的：「因為他們還不夠強大到足以制服希臘心靈，它銘刻其上的是一門痛苦的卻促進了改良的政治課，而且大大有助於擴大人們的閱歷，同樣也有助於決定隨後的精神面貌。」[70] 在不久以後，晚期煽動家得以用和平的方式反對僭主政治，與早期煽動家們一次又一次的鬥爭不無關係。

晚期煽動家在反對僭主政治中的作用更加明顯。由於民主和法制環境的產生，晚期煽動家可以不像他們的早期前輩那樣用暴力的方式推翻僭主，而是用和平的方式進行這項工作。所謂和平的方式，就是討論、爭論和辯論的方式，就是會議投票表決的方式；借此可以最大限度地影響人們的心靈，可以迫使不義的當權者接受無可爭議的決議。由於此時的煽動家不必擔心魚死網破的結

68　〔英〕格羅脫：《希臘的僭主政治》，顧准譯，載於《顧准文集》，貴陽：貴州人民出版社，1994年，第272頁。
69　〔英〕格羅脫：《希臘的僭主政治》，顧准譯，載於《顧准文集》，貴陽：貴州人民出版社，1994年，第272頁。
70　〔英〕格羅脫：《希臘的僭主政治》，顧准譯，載於《顧准文集》，貴陽：貴州人民出版社，1994年，第272頁。

果,他們在反僭主政治的過程中可以充分發揮自己的聰明才智。從某種意義上說,晚期煽動家們反對僭主政治的作用正存在於這種改變了的鬥爭方式中。格羅脫在對晚期煽動家的和早期煽動家的鬥爭方式比較時說:「煽動家本質上是一個反對派領袖,他藉貶抑當時在位行使政權的人來贏得他自己的影響力量。然而,他在早期寡頭政制下,他的反對只能借武裝叛亂來表達,武裝叛亂不導致他奪得最高權力就會導致他的毀滅。但是民主主義法制的成長,既對他,也對他的政敵保證了充分的言論自由,保證有一個最高會議來決定誰是誰非;於是,他的野心受到了限制,而訴諸武力一事也就擱到一邊去了。……所以發生這種差別,原因在於『公開演講習慣的成長』(亞里斯多德語)。用舌頭來反對,是用寶劍來反對的仁慈的代替者。」[71] 可以「用舌頭來反對」當權者,是煽動家們與僭主政治長期鬥爭的結果。而當一個國家可以「用舌頭來反對」當權者的時候,這個國家的僭主政治差不多已經蕩然無存了。

第四,上層統治者中的對立勢力和外部勢力也是推翻僭主政治的重要力量。

雅典的最後兩代僭主是庇西特拉圖父子。庇西特拉圖在沒有經過人民同意的情況下把權力傳給兒子,已經引起雅典人民的不快,而他的長子希庇亞斯在繼承權力後,因他的弟弟的被暗殺而實行的高壓政策,更引起雅典人民的不滿。希羅多德和威爾·杜蘭在他們的史書中,詳細地記載了上層統治者中的對立勢力和外部力量如何在這一背景下聯起手來推翻雅典僭主統治的過程。

首先起事的是被庇西特拉圖放逐的阿爾克美歐尼家族,他們想和雅典的其它流亡者共同使用武力的辦法回國解放雅典;在起初的努力失敗後,他們繼續修築工事,擴大武裝,向雅典進發。與此同時,流亡者們想方設法利用外部力量。他們的具體做法之一是花鉅資在斯巴達建築了一座神殿,並賄買執掌神殿的女祭司,假借神諭說:斯巴達人應該推翻雅典之專制政體。出於對神諭的尊重,斯巴達人果然出兵。在兩方面的攻擊下,希庇亞斯在最初的較為成功的抵抗後,最終完全潰敗,並且整個家族都被包圍起來。希庇亞斯惟恐他一旦身亡危及其

---

[71] 〔英〕格羅脫:《希臘的僭主政治》,顧准譯,載於《顧准文集》,貴陽:貴州人民出版社,1994年,第272—273頁。

諸子安全,遂將諸子秘密遷出雅典,但被入侵者截獲;為求獲得其子之安全,彼乃同意讓位並接受放逐(西元前 510 年)。[72] 雅典人就是這樣在庇西特拉圖家族的政敵和外國勢力的聯合攻擊下,最終擺脫了他們的僭主政治的桎梏。

希臘人反對僭主政治的做法和經驗還有很多,這裡只是挂一漏萬地提及幾點。如前所述,希臘人推翻僭主政治的過程也就是建設民主政治的過程。現在,希臘人(這裡主要指雅典人)終於推翻僭主政治,這樣也就為民主政治制度的建立徹底清除了障礙。此後,在克裡斯提尼的改革中,廢除了過去幾個世紀以來以貴族血統和財產數量確定公民身份的做法代之以地理區分,從而在擴大公民投票人數的同時擴大了民主的基礎。凡年滿 30 歲的公民都有選舉議員和被選舉為議員資格的規定,以及地方官吏由公民大會票選並經抽籤決定的規定,使每個公民都有平等的選舉權和被選舉權。把立法、行政和司法權交給民眾大會和由公民組成一個法院的做法,使主權在民的原則最終得以實現。而由選舉產生的取代梭倫的 400 人會議的 501 人會議,在保留行政和司法權的同時,「並監督所有官吏」[73],則在一定程度上體現了對權力的制約。克裡斯提尼改革使雅典城邦的民主制度建設最終得以完成。而隨後的伯裡克利改革則使雅典的民主政治進一步發展和完善。誠然,雅典城邦民主制既不完整也不完善。它不是所有人的民主而只是自由人的民主;它的多數票決的原則在直接表達多數人意見的同時不能保護少數人的自由;它的用抽籤選擇官員的做法更有極端民主主義色彩。儘管如此,雅典城邦民主制作為人類歷史上的第一個民主制,它所體現的機會平等、主權在民以及權力制約原則,尤其是為實現這些原則而進行的反對僭主專制的鬥爭,不僅使雅典人民獲得了一次空前的解放,而且對於後世乃至今日的民主政治建設也有或仍有借鑒意義。雅典民主制的誕生標誌著希臘文化在政治制度上完成了由東方到西方的初步轉型。

綜上所述,理性主義、個人主義、自由思想和民主政治是一個有機的整體,它們共同構成了希臘文化的基本內容,也決定了希臘文化的基本性質。由於它

---

72 〔古希臘〕希羅多德:《歷史》,王以鑄譯,北京:商務印書館,1959 年,第 371—373 頁;〔美〕杜蘭:《希臘的興起》,幼獅翻譯中心譯,臺北:幼獅文化事業公司,中華民國六十三年版,第 177—178 頁。
73 〔美〕杜蘭:《希臘的興起》,幼獅翻譯公司譯,臺北:幼獅文化事業公司,民國六十三年,第 179 頁。

們在各自領域裡完成了並且標誌著希臘文化由東方到西方的轉變，因此，希臘文化的出現就是人類歷史上第一個西方文化的產生。

第五節

羅馬對希臘文化的發展

以理性主義為精髓的自由觀念和民主政治的產生，標誌著希臘文化作為西方文化的基本價值已經初步形成。但是希臘人的西方文化價值，尤其是希臘人的西方文化制度還不夠完善和全面，因此希臘文化還需要進一步發展。在歷史的行程中，發展希臘文化的任務落到了羅馬人的肩上。當然，羅馬人在發展希臘文化之前首先是向希臘學習。

羅馬學習希臘的歷史，在時間上至遲可以追溯到羅馬的王政時代，在空間上甚至可以追索到與希臘的血緣方面的聯繫。據馬庫斯·圖利烏斯·西塞羅記載，西元前 7 世紀後期，希臘的科林斯有個人名叫得馬拉托斯，此人無論在榮譽、威望或財富方面，在國內都首屈一指。他因忍受不了科林斯僭主的統治，攜帶巨額財富逃往羅馬的塔克文尼，被吸收為羅馬公民，並與塔克文尼的女子結婚生子。他對兩個兒子按照希臘傳統進行教育，讓他們學習各種科學知識；而這兩個兒子之一就是後來成為羅馬王政時代第五國王的盧基烏斯·塔克文。當初，由於塔克文的教養和學識，他成為時任國王瑪律基烏斯的朋友，「甚至被認為是一切事務的參預者和幾乎是共同執政者」。後來，即在瑪律基烏斯去世後，盧基烏斯·塔克文「被人民一致選舉為國王」——他就是羅馬王政時代的第五王。[74] 同樣有趣的是，羅馬王政時代的第六王塞爾維烏斯·圖利烏斯也是在希臘文化的薰陶下長大的。也據西塞羅記載，圖利烏斯是第五王塔克文家的貴族出生的女奴和國王的一個門客所生。因為他聰慧過人且精於各種職責和言談，塔克文自己的兒子還小，國王對他喜愛有加，就「非常認真地按希臘方

---

[74] 〔古羅馬〕西塞羅：《論共和國》，王煥生譯，上海：上海人民出版社，2005 年，第 159、161 頁。

式教他學習他自己曾經學習過的各種知識」。在塔克文被人陰謀殺害後，圖利烏斯在公民們的認可下開始以國王的名義進行統治。[75] 羅馬人擁戴和認可連續兩代在希臘文化薰陶下長大的、甚至具有希臘血統的國王，是偶然的和孤立的事件嗎？當然不是。希臘影響羅馬，或者說，羅馬學習希臘，在當時的羅馬是一股時代潮流。這股潮流正如西塞羅所說：「這時首先由於一種外來的學說，公民們顯然變得較前富有教養。要知道，當時各種科學和技藝不是以涓涓細流，而是以湍湍急流從希臘流進羅馬。」[76] 如此看來，羅馬人擁戴或認可連續兩代具有希臘文化背景的、甚至具有希臘血統的國王，只不過是這股滾滾急流激起的兩朵浪花。不過，從這兩朵浪花中，我們看到了羅馬人對希臘文化是怎樣的喜愛和崇拜。

在此後的幾個世紀內，羅馬學習希臘的熱情依然不減。西元前3世紀期間，羅馬在向外擴張中與希臘直接相遇。當時，因為希臘在戰爭中失敗，很多希臘人來到羅馬，他們中有哲學家、教師、醫生等，這些人全方位地向羅馬人介紹希臘的文化成就。在向希臘學習的過程中，富有的羅馬人聘用希臘人作為家庭教師，或者將他們的兒子送往雅典去學習；徵服東地中海的羅馬將帥將希臘城邦的藏書和藝術品運回羅馬，羅馬的作家和雄辯家把希臘的歷史、詩歌和講演術奉為楷模。以至於我們知道，西塞羅的《論共和國》和《論法律》從主題到文體（對話式）都是對柏拉圖的《理想國》和《法律篇》的模仿，作為羅馬史詩的維吉爾的《埃涅阿斯紀》實際上也是對荷馬史詩的模仿，儘管各自的具體內容和觀點有所不同。凡此種種，都說明羅馬人受希臘文化影響之深。

然而，羅馬人學習希臘不是對希臘的簡單模仿，而是在吸收希臘文化成就的基礎上創造性地發展了希臘文化，從而使起源於希臘文化的羅馬文化成為完成了的並作為一個體系而存在的西方文化。與希臘相比，羅馬對希臘文化的發展主要表現在如下幾個方面。

75　〔古羅馬〕西塞羅：《論共和國》，王煥生譯，上海：上海人民出版社，2005年，第163、165頁。

76　〔古羅馬〕西塞羅：《論共和國》，王煥生譯，上海：上海人民出版社，2005年，第159頁。

一、世界主義

羅馬對希臘文化的發展首先表現在國家形式的變化,即由希臘的分散的城市國家轉變為羅馬的統一的世界帝國。希臘的許多城邦雖然從來不乏徵服其它城邦、統一希臘世界,甚至徵服和統一希臘以外城邦的野心和雄心,但是,在城邦存續的多少世紀內,沒有一個城邦完成統一希臘世界的任務,更不要說統一外邦了。因此,希臘始終是一個小國林立的城邦世界,當時希臘城邦有上百個之多。羅馬剛建國時,也是一個小國,且是王權統治。西元前510年,羅馬人驅逐了國王、暴君塔克文,結束了羅馬王政時代,建立了羅馬共和國。羅馬建立共和國後,持續和成功的擴張,不僅使羅馬的疆土不斷擴大,而且使擴大了的疆土得以和平和統一。

自西元前5世紀初開始,羅馬先後戰勝拉丁同盟中的一些小城和伊特拉斯坎人等近鄰,徵服了意大利半島南部的土著和希臘人的城邦,成為地中海西部的大國。前5世紀至前4世紀初,羅馬打敗了伊特魯利亞城邦維愛,領土擴大了一倍,成為意大利中部強國。羅馬在統一意大利半島之後,開始向地中海周邊區域擴張。通過布匿戰爭,羅馬戰勝迦太基,並使後者成為羅馬的一個行省。西元前1世紀,羅馬統一迦太基後,繼續向東進發,先是徵服馬其頓和希臘,接著又徵服整個希臘化東方。帝國初期,羅馬的領土擴展仍在繼續。截至圖拉真統治時期(98—117年),羅馬共和國和羅馬帝國已建成一個橫跨非、歐、亞三洲,即南抵埃及、北達不列顛、東到裏海海濱、西至西班牙的大西洋海岸的大帝國。這個大帝國包括43個省,5000餘萬平方公里疆域,和大約7000萬有著不同語言、不同宗教、不同歷史的人民,堪稱一個世界帝國。在共和國末期,當羅馬的世界帝國初具規模的時候,西塞羅著有《論共和國》一書,提出了「共和國是人民的事業」這一著名論斷。西塞羅用「共和國」的概念取代「城邦」的概念,不僅在國家觀念上進行了一次更新,而且反映了實際的國家形態的變化,即城市國家的滅亡和世界帝國的產生。羅馬帝國和與羅馬共和國雖然各行其道,但所建立的世界帝國卻是它們共同為世界留下的永恆的遺產。羅馬之所以能建成世界帝國,主要的原因在於羅馬的政治上的開明,即在公民權的問題上克服了希臘的將人劃分為希臘人和非希臘人的狹隘觀念。在公民權這一問題上,包括雅典人在內的整個希臘人都認為,他們自己是一個大家庭,只有

原本就是本邦的人才能成為公民，外邦人居留時間再長也不行。羅馬的做法與希臘不同。在擴張的過程中，羅馬沒有採取希臘的戰爭方式——打敗對方後把敵人變成奴隸，並沒收他們的土地，而是力圖通過寬大的待遇贏得被徵服人民對它的效忠。他們往往與被徵服者訂立條約，一些戰敗的部落保留了有限的自治權，被徵服的人民也能得到部分的或完全的公民權。這種擴大公民權授予範圍的開明做法，使羅馬在建立世界帝國的過程中頗為受益。比如，在統一意大利的過程中，當迦太基的漢尼拔在半島上轉戰南北、所向披靡的關鍵性幾年裡，羅馬的意大利諸同盟者仍對羅馬保持忠誠。由於開明的政策贏得了被徵服者的好感，久而久之，被徵服者中原本堅持獨立和本邦身份的人也紛紛要求加入羅馬，成為「羅馬人」。在這一背景下，國王卡拉卡拉(Caracalla)乾脆下了一道詔令，準許自由人一律為羅馬公民。史家評論：「歷史中沒有再比此一詔令更重要的了：它將自羅馬徵服以來，統治民族與被統治民族之間的區別取消了，同時被取消的，還有宗教和法律使各城邦間形成的古老分別。」[77] 於是，從西班牙到幼發拉底河真正地合成一個民族、一個國家，高盧人、西班牙、色雷斯以及敘利亞人等等，都放棄他們固有的名稱，稱自己為羅馬人。如果說，「希臘人」在某種意義上只是一個地理概念，那麼，「羅馬人」已不再是一個地理概念，而是一個法律概念。公民權的授予克服了地域的侷限，這是羅馬相較於希臘的高明之處，也是希臘諸邦中任何一個都不能統一希臘本土而羅馬卻能統一地中海世界的根本原因。

羅馬之於希臘，猶如美國之於歐洲。歐洲當年的向外擴張，是在打敗對方後佔領對方，把它變成自己的殖民地。美國不是這樣。美國沒有擴張領土的欲望，美國只徵服不佔領，在徵服對方後，把它變成自己的盟友。這種事例先有德國和日本，後有伊拉克和阿富汗。[78] 希臘的擴張方式猶如後來的歐洲，在打敗對方後不與之結為盟友，而是直接徵服，雅典人和斯巴達人都是如此。所以我們看到，希臘人在亞細亞、色雷斯、意大利、西西里和阿非利加等地建立了廣泛的殖民地。羅馬所為不同於希臘，也不同於歐洲，而類似於美國。在共和

77　〔法〕庫朗熱：《古代城邦：古希臘羅馬祭祀、權利和政制研究》，譚立鑄等譯，上海：華東師範大學出版社，2006年，第358頁。
78　〔美〕梅登：《信任帝國》，孫飴等譯，上海：學林出版社，2009年，第135頁。

國時代，羅馬人不喜歡使用強力徵服，也不大量建立殖民地。羅馬的做法是將先前的敵人轉變成盟友，最後轉變為羅馬公民。[79] 羅馬之所以採取與先前的敵人結盟的擴張方式，根本的原因在於羅馬沒有擴張領土的欲望，所謂「羅馬人為榮譽而戰，非為土地而戰」。由於沒有擴張領土的欲望，所以羅馬不輕易發動戰爭，除非萬不得已並且經過嚴格的法律程式。誠然，羅馬是一個戰爭國家。但他們主動或被動參與戰爭，目的只有一個，就是保衛自由——「除了保衛羅馬城，他們也要保護自己的同盟城市。只要同盟城市提出要求，他們就必須出兵作戰。西元前3世紀的主要戰爭——對抗薩莫內人、迦太基人和馬其頓人的戰爭就是起因於重視盟邦而不得已為之」。[80] 西元前196年，羅馬為解放希臘對馬其頓的戰爭亦是如此。當時，羅馬徵服了徵服希臘的馬其頓，使希臘獲得了自由，但羅馬不求任何回報，無條件給予希臘自由，以致希臘人對此都感到驚訝和意外。據李維記載，希臘人在以各種方式感激羅馬之餘這樣稱頌著羅馬：「只有一個國家不惜代價、竭盡全力、甘冒風險為他人的自由而戰。它這麼做不是為了邊境附近和鄰近城邦的人民，也不是為了住在同一片大陸的人們，事實上它跨越了海洋，目的是要讓非正義和暴虐在世界上無處安身，公平公正及法律無論在何地都至高無上。」[81] 由於羅馬為盟友的自由而戰，且在盟友中起主導作用，「故它的盟友在不知不覺之間，不辭辛勞與鮮血，心甘情願地臣服於它」[82]，而羅馬也在不知不覺中建成了世界帝國。在此尚須進一步指出的是，從表面上看，這些盟友自願臣服的是羅馬，但是實際上，由於羅馬在對內和對外關係中堅持的是正義價值和自由權利，所以，這些盟友真正自願臣服的是正義、自由、權利這些普世的精神價值。因此，臣服於羅馬，並不意味著是一種恥辱；而羅馬讓盟友臣服，也不意味著屈辱盟友。相反，它們都在以自己的方式，共同為世界和平與公平、正義、自由、權利之類的普世價值而奮鬥。

---

79 參見〔意〕尼科洛·馬基雅維利：《論李維》，馮克利譯，上海：上海人民出版社，2005年，第220頁。
80 〔英〕大衛·肖特：《羅馬共和的衰亡》，許綏南譯，上海：上海譯文出版社，2001年，第10頁。
81 轉引自〔美〕湯瑪斯·F.梅登：《信任帝國》，孫飴等譯，上海：學林出版社，2009年，第113頁。
82 〔意〕馬基雅維利：《論李維》，馮克利譯，上海：上海人民出版社，2005年，第220頁。

羅馬推行普世主義的一個直接後果，就是給羅馬世界帶來和平。這裡僅與希臘時期的情況相比較。希臘城邦，由於在地域、制度和理念方面的侷限性，雖然他們酷愛自由，但是他們不能持久地在全國範圍內保證自己的自由。因為對希臘來說最大的危險不是來自外部，而是來自希臘人本身。「對古希臘人而言，自由不僅意味著個體自由，還包括攻擊鄰邦的自由。」[83] 由於各城邦都有攻擊鄰邦的自由，這就不能保證每場戰爭的正義性，這樣希臘的自由也就不能從根本上得到保證。在希臘被羅馬徵服後，希臘所有城邦都在羅馬的保護之下，就不會發生任何城邦隨意攻擊別人的情況。原因很簡單，「因為很明顯沒有人能夠在可能會招致羅馬軍團鎮壓的情況下攻擊別人」。[84] 羅馬沒有一個士兵駐守希臘，卻能維持著當地的和平。這本是一件了不起的事情，但也曾引起堅持非正義自由觀的希臘人的不滿，因為妨礙了他們隨意攻擊鄰邦的自由。因此，「羅馬人認為有必要提醒希臘人，他們過往所有的英勇戰役除了波斯戰爭中的極少數之外都不是為自由而戰的。其它的戰役只是為了殺死或奴役他們的希臘同胞。現在羅馬人已經無償為他們提供了他們聲稱渴求的自由。羅馬在僅僅幾年之中為希臘人所做的比希臘將軍們在好幾百年中所做的還要多。」[85] 事實上，羅馬的恩威並舉，不僅給希臘帶來和平，而且給帝國範圍內的廣大地區帶來和平。正是羅馬共和國和羅馬帝國擁有絕對的權力，才使得像埃及、迦太基等這樣的強國也不得不承認羅馬的霸權而不敢輕易侵犯羅馬的盟國，才會有羅馬世界在西元前後三個多世紀的和平時期的持續。擁有和平，這是整個人類的追求；如何擁有和平，羅馬在這方面做了開天闢地的且頗為成功的嘗試。

　　羅馬的偉大還在於，它的世界主義給我們提供了衡量一個共和國是否真正強大的標準。馬基雅維裡在論李維時對羅馬所提供的這一標準作了提煉和總結。

　　毫無疑問，羅馬是真正強大的共和國。但是，羅馬從不用金錢獲取土地，從不用金錢締造和平，它要想獲得鄰國的友情，靠的是德行和威名。縱覽羅馬

---

[83] 〔美〕湯瑪斯·F. 梅登：《信任帝國》，孫飴等譯，上海：學林出版社，2009年，第114頁。

[84] 〔美〕梅登：《信任帝國》，孫飴等譯，上海：學林出版社，2009年，第114頁。

[85] 〔美〕梅登：《信任帝國》，孫飴等譯，上海：學林出版社，2009年，第114頁。

的歷史，事實正是如此。馬西利亞、埃杜維、羅迪安、敘拉古的錫耶羅，以及歐邁尼斯和馬西尼薩王國，都是羅馬帝國的鄰邦。它們為了自己的需要而向羅馬輸捐納貢，以便同它保持睦鄰，除了希望得到保護外，不想再有任何回報。據此，馬基雅維裡提出了衡量一個共和國是否真正強大的標準：「真正強大的共和國和君主想獲得友情，靠的不是金錢，而是德行和強盛的威名」。具體地說，「強國的勢力有著種種標誌，它同鄰邦的關係便是其中之一。如果它的統治方式使它保持善意，鄰邦成了它的貢國，這便是它國力強大的一個確切標誌。假如鄰邦雖然臣服於它，卻從它那兒拿錢，這就是它軟弱的標誌了。」[86] 為了論證這一標準，馬氏拿佛羅倫薩與羅馬相比較。佛羅倫薩當時是一個弱邦，為了得到鄰邦的友誼，它把錢送給佩魯賈人、卡斯楚人和其它所有的鄰邦。馬基雅維裡強調：假如佛羅倫薩的實力強大，「事情就會完全顛倒過來：為了得到它的保護，許多人都要給它送錢，不是向它出售自己的友情，而是去購買它的善意。」[87] 馬氏指出，這樣低三下四過日子的，也不只佛羅倫薩一家，還有威尼斯人和法國國王，他們雖有強大的國家，卻要向瑞士和英格蘭國王納貢。馬基雅維裡在這裡沒有論及希臘，但希臘顯然沒有羅馬這樣強大。希臘雖有大量的殖民地，也沒少從殖民地獲取錢財，但那不是這些殖民地以盟邦身份為尋求保護的主動納貢。提洛同盟和伯羅奔尼薩同盟中的成員邦也未少繳盟費，但那是盟捐，而不是給雅典或斯巴達的貢款。所以，希臘不能提供衡量一個共和國真正強大與否的標準，這個標準只能由羅馬提供。羅馬提供的衡量一個共和國是否真正強大的標準，雖然距今已有兩千多年，但它仍然具有強烈的現實意義，今天仍然是我們用以衡量一個共和國是否真正強大的標準。僅就羅馬提供了衡量一個共和國是否真正強大的標準而言，不能不說羅馬的世界主義的偉大。

　　世界主義是人類的寶貴財富，是世界實現永久和平的惟一途徑，開創這一寶貴財富和開拓這惟一途徑的是羅馬。正如史家指出，在西方文明成長的早期，「通過建設一個消除了民族間障礙的世界共同體，通過保持和傳播希臘-羅馬

---

[86] 〔意〕馬基雅維裡：《論李維》，馮克利譯，上海：上海人民出版社，2005年，第296頁。

[87] 〔意〕馬基雅維裡：《論李維》，馮克利譯，上海：上海人民出版社，2005年，第297頁。

文明，以及通過（本書後面將要論及——引者）發展一種適合於全人類理性的法律體系，羅馬完成了早在希臘化時代就已出現的朝著普濟主義和世界主義方向發展的趨勢。」[88]

二、混合政體

羅馬對希臘文化的發展，除了將城市國家變成了世界帝國，從而實現了世界主義外，還在於它的政治制度實現了：由直接民主制到混合政體的轉變——相對於以雅典為代表的民主城邦；由專制主義混合政體到共和主義混合政體的轉變——相對於以斯巴達為代表的專制城邦。

希臘（這裡主要指雅典）是一個小國寡民的城邦國家。受地域和人口的限制，或者說，由於地域小和人口少所提供的有利條件，它的治理方式是公民直接參與統治，每個公民既是被統治者又是統治者，即實行的是直接民主制。羅馬共和國建立以後，隨著國家的不斷擴張，地域越來越廣，人口越來越多，原來與城邦相適應的直接民主制日益凸顯其侷限性。為了適應對外擴張和內部治理的需要，羅馬逐步形成與大國相應的治理模式，而這當中最顯著的一點就是混合政體的產生。

混合政體，無論就其理論或實踐而言，都非羅馬人首創。在理論上，認為在正常情況下，政體有君主制、貴族制和民主制之分，優良的政體不是其中的某一種政體，而是三種政體的混合，希臘思想家芝諾、柏拉圖和亞里斯多德等對此都有許多論述。在實踐上，至少有斯巴達的混合政體在先。但是，在吸收別人長處、克服別人短處（尤其相對於斯巴達而言）的基礎上，成功地創造共和主義混合政體的是羅馬。

羅馬共和時期的混合政體由三個部分組成，即執政官、元老院和公民大會，此外，還設有權力很大的保民官和位高權重的監察官。具體論說羅馬共和主義混合政體的構成和運作情況不是本書的任務，也沒有必要。這裡只對羅馬的混合政體對於斯巴達的混合政體的發展略加評論。我們知道，斯巴達的混合

---

88 〔美〕佩里主編：《西方文明史》，上卷，胡萬里等譯，北京：商務印書館，1993年，第188頁。

政體是由萊庫古一個人創立的,而羅馬的混合政體「不是靠一個人的智慧,而是靠許多人的智慧,不是由一代人,而是經過數個世紀,由數代人建立的」。[89] 由於這個原因,羅馬的混合政體更具有民主制色彩。與斯巴達相比,羅馬混合政體的民主制色彩主要表現在如下幾個方面:第一,斯巴達實行雙王制,即同時設立兩個國王以互相牽制,但是,王位在兩個固定的王族中世襲,其它人不得染指,而且是終身任職。[90] 羅馬的執政官既無世襲制也無終身制,「執政官可以是貴族,也可以是平民」;無論候選人身份如何,均由公民大會選產生。執政官的任職期間為一年,且不得連任。[91] 第二,斯巴達的長老院由兩王和二十八個長老組成,主持城邦政務;長老由公民大會在各族具有才能之士中選任,實際上主要是貴族成員擔任。羅馬元老院也是羅馬的權力中樞,但是,羅馬元老院的大門向平民開放。隨著平民鬥爭的勝利和平民力量的增強,截至西元前4世紀末和西元前3世紀初,「平民在元老院會議中佔優勢」,弗朗切斯科·瑪律蒂諾認為,這反映了鼎盛時期的羅馬共和國「從貴族的統治向貴族和平民相結合的統治的過渡」。[92] 第三,斯巴達元老院的成員實行終身制,一旦當選,「終身」任職[93],儘管也有個別被淘汰者。羅馬的元老院雖然也有終身任職的制度,但是,每5年選拔和淘汰一批。「通過這種方式,可以使保持不變的終身制原則與定期更新的原則相協調,因為監察官雖然無權在元老院會議的原有成員中進行挑選,但有權通過道德風紀評判來排除不稱職者。」[94] 第四,保民官是羅馬共和政制的獨特創造。保民官由公民大會選舉產生,只能由平民擔任,任期與執政官相同。保民官具有「否決權」,可以在不作解釋的情況下

---

89 〔古羅馬〕西塞羅:《論共和國》,王煥生譯,上海:上海人民出版社,2005年,第127、129頁。
90 〔古希臘〕亞里斯多德:《政治學》,吳壽彭譯,北京:商務印書館,1965年,第90頁。
91 〔意〕瑪律蒂諾:《羅馬政制史》第1卷,薛軍譯,北京:北京大學出版社,2009年,第304、305頁。
92 〔意〕瑪律蒂諾:《羅馬政制史》第1卷,薛軍譯,北京:北京大學出版社,2009年,第351頁。
93 〔古希臘〕亞里斯多德:《政治學》,吳壽彭譯,北京:商務印書館,1965年,第89頁。
94 〔意〕瑪律蒂諾:《羅馬政制史》第1卷,薛軍譯,北京:北京大學出版社,2009年,第353頁。

對執政官的命令、元老院的決定，甚至交付公民大會的建議予以否決。保民官的首要職責是對平民「給予幫助以對抗執政官」，即保護平民不受最高官員的治權的侵害。由於保民官的權力以「平民的整體力量」為後盾，所以保民官的權力很大，「能夠對抗城邦的機構——官員、元老院、公民會議——的任何一種行為」，[95] 因此也就有效地保護了平民。第五，比斯巴達政體具有更好的制衡機制。斯巴達的政體中也存在王權、貴族和人民之間的鬥爭和平衡，但是，羅馬混合政體比斯巴達政體更為穩固。因為斯巴達政體的平衡完全基於貴族長老集團在王權和人民力量之間的搖擺，而在羅馬政體中，三個因素中的任何一個都受到其餘兩個的牽制。[96] 以上幾點說明，羅馬混合政體更具有民主制色彩。同時，由於羅馬混合政體和斯巴達混合政體產生方式的不同，二者的功能也不相同。斯巴達的混合政體是由萊庫古立法而建立的，它保障了斯巴達人的團結一致和領土完整，維持了斯巴達長期的內部穩定。可是，由於這種政體出之於萊庫古個人的天才創造，按其結構來說不適用於斯巴達的對外擴張。羅馬的混合政體由於不是借助個人理性的力量，而是各種力量在長期鬥爭和艱難困苦中汲取經驗教訓逐步創建起來的，因而比斯巴達政體「更為優越，構造得更適於成為強國」。[97] 鑒於以上理由，我認為，羅馬的混合政體是共和主義混合政體；它是斯巴達這類希臘的專制主義混合政體無法比擬的。

羅馬和希臘有一個共同點，即政治上的分歧和個人之間的衝突常常通過政治對話和論辯來解決，但是二者對話和論辯的場合不同。在希臘，對話和論辯的場所是公民大會。公民在辯論後通過投票方式對被處罰者作出裁決；而在這種場合下裁決，難免產生冤案。羅馬不同。由於混合政體的建立，羅馬的對話和論辯不是在公民大會上，而是在上訴制度和元老院中。上訴制度是羅馬通過監察官和元老院防止某些人，尤其當權者侵犯公民自由的制度。當侵權者侵犯公民自由的時候，被侵犯者可以向監察官、元老院提出對侵權者的指控。然後

---

95 〔意〕瑪律蒂諾：《羅馬政制史》第1卷，薛軍譯，北京：北京大學出版社，2009年，第264頁
96 Christopher Rowe, Malcolm Schofield ed., *The Cambridge History of Greek and Roman Political Thought*, Cambridge: Cambridge University Press, 2000, p.473.
97 〔古希臘〕波里比烏斯：《通史》，VI，10，48—50。轉引自施治生、郭方主編：《古代民主與共和制度》，北京：中國社會科學出版社，2002年，第253—254頁。

在元老院的主持下，雙方在現場進行論辯。元老院在聽取監察官的意見和當事人的答辯之後，作出是否處罰以及如何處罰的決定。由於監察官是由公民大會直接選舉產生的，元老院成員是由執政官或監察官任命的，他們又代表人民和國家執法，相對於希臘（尤其相對於雅典）的直接民主制，羅馬的這種政治體制是更具現代意義的間接民主制。作為羅馬混合政體的題中應有之義的間接民主制，使羅馬國家的治理更具理性，不僅使民眾對專權的不滿可以通過司法管道得以宣洩，從而避免了暴力行為的產生，而且最大限度地克服了希臘的直接民主制可能導致的多數人的暴政。

羅馬的混合政體，克服了希臘在政治上要麼過於理想、要麼過於現實的兩種傾向。希臘世界的政體有兩種類型：以雅典為代表的民主政體和以斯巴達為代表的寡頭政體。在雅典，公民輪番執政，他們通過抽籤的方法使每個公民有同等機會擔任公職。在斯巴達，國王享有許多特權，元老院也有太大的權威，元老和國王有權否決公民大會的決議。最好的政治應當是理想主義和現實主義相結合的政治。但是「我們看到，雅典在理想這方面走得太遠，而斯巴達在現實這方面走得太遠，希臘世界通過一場內部戰爭最終宣布自己沒能完成這雙方面的結合」。[98] 希臘世界未能完成的這雙方面的結合由羅馬完成了。一方面，羅馬的混合政體是理想主義的。在羅馬，執政官有很大權力，但他們不是輪流執政，也不是用抽籤的方式產生。執政官由民選產生，但其中一人必須是貴族出生，平民出生的也必須德才兼備。對元老院成員的要求同樣很高，羅馬把財富當作進入元老院必要的但卻是最低的條件。當然，除了財富，要想進入元老院還有才能和德行方面的要求。這樣，羅馬的理想主義就不是雅典的那種片面的理想主義，而是與現實主義相結合的理想主義。另一方面，羅馬的混合政體是現實主義的。在羅馬，元老院是國家政治權力的中樞，羅馬共和國的實際權力一直掌握在元老院手中。但是，羅馬元老院成員在或長或短的任期內受到制度的淘汰，不像斯巴達的元老那樣實行「終身」任職制。羅馬在特殊情況下還設有獨裁官。獨裁官權力很大，但任期不超過六個月，且去職後須接受元老院、執政官、保民官以及監察官的質詢，有過失者要受懲罰。這樣，羅馬的現實主義就不是斯巴達的那種片面的現實主義，而是與理想主義相結合的現實主義。

98　林國榮：《羅馬史隨想》，上海：上海三聯書店，2005 年，第 117—118 頁。

西塞羅在《論共和國》一書中寫道：「最好是一個國家既包含某種可以說是卓越的、王政制的因素，同時把一些事情分出託付給傑出的人們的權威，把另一些事情留給民眾們協商，按他們的意願決定。」[99] 這是西塞羅對理想政體狀態的論述，同時也是西塞羅對羅馬共和國混合政體狀態的描述。事實上亦正如西塞羅所說，在羅馬共和國的政治制度下，「官員們擁有足夠的權力，傑出的人們的意見具有足夠的威望，人民享有足夠的自由」。[100] 這就是羅馬共和國的共和主義的混合政體。

瑪律蒂諾認為，羅馬共和國政府並不是民主政府，但是他同時認為，「這種政府形式通過作為權力主體的奎裡蒂羅馬人民得以人格化。它建立在三個機構的基礎上，即元老院、官員和民眾會議，並且建立在承認市民的其它基本權利的基礎上，如向人民申訴的權利和相應的禁止任命不受這種申訴權限制的官員，這些成為共和國政制的支柱。」[101] 一個政權能有立法權、司法權和行政權的大致劃分和互相制約，能夠承認並保障公民的基本權利，對於以往不受公民申訴權限制的官員能夠查處或禁止任命，這些對於一個古代共和國已經足夠了，還能要求什麼呢？歷史證明，羅馬共和主義的混合政體是羅馬在人類政制史上的一個偉大創造，不僅其結構合理，其成效也很卓著。混合政體的制度保證羅馬的對外擴張節節勝利，使羅馬從第一次布匿戰爭開始，在 53 年時間內建成了一個橫跨歐亞非三大洲的世界帝國，保證羅馬共和國存續近 500 年之久；在共和國滅亡後，又使帝國獨立生存了 500 餘年。在這一千年間，羅馬之成為當時文明世界的中心，混合政體功不可沒。

三、法律至上

上面所論羅馬在世界主義與共和主義混合政體方面的發展，就其實質而

---

99 〔古羅馬〕西塞羅：《論共和國》，王煥生譯，上海：上海人民出版社，2005 年，第 119 頁。
100 〔古羅馬〕西塞羅：《論共和國》，王煥生譯，上海：上海人民出版社，2005 年，第 187 頁。
101 〔意〕瑪律蒂諾：《羅馬政制史》第 1 卷，薛軍譯，北京：北京大學出版社，2009 年，第 368 頁。

言,都是理性主義的發展,說明羅馬在對外擴張和內部治理中實現了由感情主義到理性主義的轉變。

　　作為理性代替感情的表現,羅馬比希臘進步的另一個方面是法律代替了道德。在東方國家,道德和法律是渾然一體的,二者沒有區分。就是在希臘人中,道德同時也是法定的權利,因此憲法的制定和貫徹完全依賴於道德和良心,就是說還沒有一定的原則來制約人們內在生活的易變性和個人的主觀性。「現在羅馬人起來完成了這個重要的劃分,發現了一個權利的原則,這個原則是外在的——那就是說,是不依賴意見和心靈的。」[102] 因此黑格爾說:「成文法律的淵源和發展應該歸功於羅馬世界抑制的、非精神的和非感情的理智。」[103] 據此,我們也可以這樣說,感情主義到理性主義的轉變,催化了羅馬法律的誕生。

　　法律在羅馬的重要地位,首先表現在全社會對法律的重視。進入共和國以後,羅馬逐漸成為一個尊重秩序與法律的民族。羅馬人並不像希臘人那樣善於和熱衷於哲學思考,但他們採用希臘哲學的精髓,並把它運用到社會生活特別是法律中。為了解決社會生活中的各種矛盾和糾紛,特別是為了規範各種經濟關係,他們理性地總結了長期以來社會生活的實踐經驗,於西元前450年制定了第一部成文法——《十二銅表法》。自從《十二銅表法》產生後,它不僅成為羅馬人社會生活的法律準繩,而且成為兒童的啟蒙教材,多少代的羅馬少年都是在背誦《十二銅表法》的法治氛圍中長大的,直到西塞羅時期仍然如此。羅馬人對法律的重視,在西塞羅身上體現得最為清楚。西塞羅認為,哲學家們對美德的討論固然重要,但對美德的運用更加重要;「對美德的最好運用在於管理國家,並且是在實際上,而不是在口頭上實現那些哲學家們在他們的角落裡大聲議論的東西」[104];所謂實現哲學家們大聲議論的東西,就是把哲學家們議論中的正確的東西加以立法。西塞羅推崇希臘最著名的哲學家之一克塞諾克拉特斯,因為當克氏被人們問及他的門生能學到什麼時,他答稱會使他們自覺自願地去做法律要求他們做的事情。西塞羅還認為,法律比哲學具有更大的作

---

102 〔德〕黑格爾:《歷史哲學》,王造時譯,北京:三聯書店,1956年,第333—334頁。
103 〔德〕黑格爾:《歷史哲學》,王造時譯,北京:三聯書店,1956年,第333頁。
104 〔古羅馬〕西塞羅:《論共和國》,王煥生譯,上海:上海人民出版社,2005年,第19頁。

用。因此他說：「如果一個公民能夠利用自己的行政權力和法律懲處迫使所有的人去做那些哲學家們以自己的講演只能說服少數人去做的事情，那麼這樣的公民理應受到比探討那些問題的學者們更大的尊敬。」[105] 顯然，西塞羅對法律的重視只是羅馬人對法律重視的縮影。這就是為什麼羅馬人在制定了《十二銅表法》後，又制定《市民法》和《萬民法》，目的就是要強制所有的人服從國家的法律——如果他們不能自覺自願地去做法律要求他們做的事情的話。

羅馬法律成長的核心是權利意識的成長，而權利意識的成長又表現在對私有財產權的保護。在公民與國家的關係上，羅馬與希臘不同。希臘強調公民對城邦政治生活的參與，強調公民對城邦公共權力的掌控，羅馬則強調國家對公民權利特別是私有財產權的保護。羅馬保護私人財產權的意識，突出地表現在《十二銅表法》中。通覽《十二銅表法》，在其私法部分有大量涉及契約締結和私有財產權的條款，諸如買賣、借貸、繼承以及水流和道路的使用等幾乎無所不包的經濟生活，都有明確的條文規定當事雙方的權利和義務，而其核心是保護私人財產權。這種狀況用黑格爾的話說，就是在羅馬，「個人進到法人的地位」；「所謂『法人』就是指承認個人的重要性，這種承認並不以它的生動性為根據，而是把它當作抽象的個人」。[106] 黑格爾的意思是說，由於羅馬公民權的不斷擴大，個人權利發達起來，人與人之間更加平等，本來財產權受到各種各樣的差別的限制，現在一概沒有分別了。「我們還看見，羅馬人是從抽象的『內在性』的原則出發，這個內在性現在在『私權』中自己實現自己為『人格』。『私權』就是個人以個人身份在現實中受到重視。就是說，在它自己給予自己的現實——財產——方面受到重視。那個有生命的政治形體——那種使這形體活潑生動而成為這形體的靈魂的羅馬感情——現在孤單化了，回復到一個無生命的『私權』。」[107]——無生命的「私權」，抽象的個人，就是「法人」。羅馬共和國是在把有生命的、具體的個人變成無生命的、抽象的個人即「法人」的過程中，逐漸發展起了權利意識，從而保護了公民權利，並使自己成為法治

105〔古羅馬〕西塞羅：《論共和國》，王煥生譯，上海：上海人民出版社，2005年，第20頁
106〔德〕黑格爾：《歷史哲學》，王造時譯，北京：三聯書店，1956年，第361—362頁。
107〔德〕黑格爾：《歷史哲學》，王造時譯，北京：三聯書店，1956年，第361頁。

國家。至於說羅馬在進入帝國時期後，公民的權利受到各種侵犯，權利意識也受到嚴重挫傷，以致在哲學上發展出一種對現實包括對現實權利漠不關心的「不動心」思潮，那是後來的事情。

從某種意義上講，法律和道德存在著一定程度的對立：前者是剛性的，後者是彈性的；前者是無情的，後者是有情的。如何處理這兩者之間的關係並尋找平衡點，考驗一個民族的智慧。《十二銅表法》涉及羅馬人經濟、政治和社會生活的方方面面，以現代的眼光來看，這部法律的許多條文顯然有些苛刻。例如，第八表第十二條規定，「夜間行竊，如當場被殺，應視將其殺死為合法」；第八表第二十三條規定，「作偽證的，投於塔爾佩歐岩下摔死」。然而，事情的另一面是，在一個民族向法治社會邁進的起步階段，沒有嚴格的法律規定和嚴格的執法手段，是不足以建設法治社會的。正如論者指出，在這些條文的背後所涵蓋的理念，對於我們理解羅馬品質和羅馬人對待權力的方式至關重要。羅馬人首先要的是法治，而非人治。沒有任何人能凌駕於法律之上，不論他擁有多大的財富或享受怎樣的特權。[108] 法律至上而不是道德至上，「法律面前，人人平等」，這些具有現代精神的立法理念和司法實踐，即使在 21 世界初的許多文化上的東方國家，也還是人們可望而不可及的仍在追求中的目標。但是在西元前 5 世紀，它在羅馬已成為現實，這不能不說是羅馬對人類社會法治建設的重大貢獻。

和現代國家的憲法、法律一樣，羅馬法不僅限制了個人，而且對政府權力的構成、運作方式以及權力邊界等也做出了嚴格的限制。在羅馬共和國，法律規定行政長官、元老院成員等一切高級官職純屬榮譽職務，不拿官俸，有些官職（例如監察官）甚至還要拿出自己的財產來公用，且不允許從事商業貿易。此外，對於出任官職的限制還有其它許多法律規定和沿用慣例。如西元前 342 年通過蓋努修斯法，規定一人同一年內不得兼任兩種以上的官職，接任同一官職須有十年間隔期；西元前 265 年法律又規定，任何公民不能兩次被選為監察官。在對公權的邊界上，羅馬法的規定十分清晰，比如《十二銅表法》第九表中有兩條這樣規定，「對剝奪一人的生命、自由和國籍的判決，是專屬百人團大會的權力」，「任何人非經審判，不得處死刑」。由於對公權的限制如此嚴格和如此嚴密，於是我們

---

108 〔美〕梅登：《信任帝國》，孫飴等譯，上海：學林出版社，2009 年，第 25 頁。

看到，在羅馬解決了如下兩個問題：第一，在希臘比如斯巴達存在的亦如亞里斯多德所批評的那種監察官權力很大，但在決斷大事的時候，沒有「法律上成文的條規」可以遵循，只「憑私意隨便決定」的人治狀態[109]，在羅馬不見了。羅馬共和國的每個官員、各個權力機構有多大的權力，如何行使這些權力，都有明確的法律條文，這是一個有法可依且有法必依的社會。第二，在東方文化形態下普遍存在的、在希臘也在一定程度上存在的權與法孰高孰低、孰輕孰重的問題在羅馬解決了，其答案就是西塞羅提出的「權力從屬於法律」的著名論斷。西塞羅認為，官吏之所以擁有權力，其根據就是法律，甚至官吏本身就是法律的創造物。他說：「由於法律治理著官吏，因此官吏治理著人民，而且可以確切地說，官吏是會說話的法律，而法律是沉默的官吏。」[110] 正因為法律高於權力，法律統轄權力，所以羅馬人能用法律把權力「關進籠子」，從而做到全體公民，包括執政官、監察官和新舊元老，在法律面前一律平等，任何人都不能超然於法律。此一法治理念和法制規範不僅直接影響了近代歐美法治文明的建設，而且在今天的世界範圍內仍然有強烈的現實意義。

　　羅馬人發展的最值得稱道的法律觀念是自然法觀念。自然法不是起源於司法實踐，而是從晚期希臘哲學斯多葛主義關於有一個普遍法則統治宇宙的思想中產生的。斯多葛主義認為，宇宙是一個統一的整體，存在著一種支配萬物的普遍法則，即亦可稱為「邏各斯」、「世界理性」或「上帝」的「自然法」；自然法不僅支配自然界，而且支配人類行為，因此它是人類行為的最高準則；此一普遍法則建立在亙古長存的人類理性與宇宙理性之上，不隨時空變化而改變。西塞羅繼承並發展了早期斯多葛主義的自然法思想，把它運用到與人定法關係的闡釋中。西塞羅認為，在人定法之上，還有一個自然法存在著，它來自於自然，來自於統治宇宙的上帝的理性。真正的法律乃是一種與自然相符合的正當理性；它具有普遍的適用性並且是不變而永恆的。自然法通過命令的方式區分了人定法的善惡，規定了正義與非正義的標準，因而成為一切人定法的基

---

[109]〔古希臘〕亞里斯多德：《政治學》，吳壽彭譯，北京：商務印書館，1965年，第89頁。
[110]〔古羅馬〕西塞羅：《國家篇法律篇》，沈叔平、蘇力譯，北京：商務印書館，1999年，第215頁。

礎。各國法律必須按自然法的要求去制定。「企圖改變這種法律是褻瀆，取消它的某個方面是不被允許的，完全廢止它是不可能的」。[111] 西塞羅還指出，「法律的制定是為了保障公民的幸福、國家的繁昌和人們的安寧而幸福的生活」。[112] 各國的法律只有符合這一目的，才是上帝和明智者的完美理性的體現，因而才是「真正的法律」。針對現實中存在的許多國家的法律違背自然法的正當性要求卻奉自己於至上地位的狀況，西塞羅指出，「最愚蠢的想法」就是相信一個國家的法律或習慣中的內容全是正義的。他追問道：難道由暴君制定的法律是正義的嗎？難道一部規定暴君可以（甚至不通過審判就可以）任意處死一個他想處死的公民的法律能被認為是正義的嗎？盜竊、通姦、偽造遺囑等行為能被統治者的法令所認可嗎？西塞羅認為，答案是不言自明的。[113] 他強調指出，國家實施有害的、非正義的法規，理所當然地不配稱為法律，因為這種法規無異於「強盜們根據自己的意願做出的決定」[114]。對於這種「不配稱為法律」的規定應該怎麼辦？西塞羅的回答也很斷然：「如果法不是源於自然……，都將被廢除」，「無論是以元老院的決議或是以人民的決議」。[115] 我們看到，西塞羅在這裡對法律作出了「善法」和「惡法」的劃分，並且首次明確地提出「惡法非法」的命題。如果說「惡法非法」的觀點和「惡法必違」的觀念在希臘（悲劇家索福克勒斯筆下的人物安提戈涅違背國王不准為她的因背叛祖國而戰死的哥哥舉行葬禮的禁令，還是按照宗教儀式安葬了她的哥哥），是以具象的形式自發地表達出來的朦朧的意識，在羅馬西塞羅的筆下，則是以抽象的形式自覺

---

[111]〔古羅馬〕西塞羅：《論共和國》，王煥生譯，上海：上海人民出版社2005年版，第251頁。
[112]〔古羅馬〕西塞羅：《論法律》，王煥生譯，上海：上海人民出版社，2005年，第99頁。
[113]〔古羅馬〕西塞羅：《論法律》，Ⅰ，Ⅹⅴ—Ⅹⅵ，王煥生譯，上海：上海人民出版社，2005年，第56—61頁。這裡經過博登海默根據西塞羅的上述內容改寫，見E·博登海默：《法理學：法律哲學與法律方法》，鄧正來譯，北京：中國政法大學出版社，1999年，第15頁。
[114]〔古羅馬〕西塞羅：《論法律》，王煥生譯，上海：上海人民出版社，2005年，第99頁。
[115]〔古羅馬〕西塞羅：《論法律》，王煥生譯，上海：上海人民出版社，2005年，第59頁；西塞羅：《論共和國》，王煥生譯，上海：上海人民出版社，2005年，第251頁。

地表達出來的明確的理論和觀點。西塞羅的「惡法非法」論舉起了向一切惡法鬥爭的大旗,它召喚人們為了自己的正當權益,為了正義,應該毫無畏懼地奮起鬥爭。惟有這種為堅持正義而鬥爭的勇氣和行動,才是推動社會進步因而也才是保衛自己正當權益的動力和保證。[116]

19世紀德國著名法學家魯道夫・馮・耶林說:「羅馬帝國曾三次徵服世界:第一次以武力,第二次以宗教,第三次以法律。……惟有法律的徵服世界是最為持久的徵服。」[117]誠哉斯言!耶林的評論充分反映了羅馬的法律文明在羅馬文明乃至世界文明中的歷史地位。

以上我從幾個主要方面討論了羅馬對希臘文化的發展。從中我們看到,羅馬文明對世界歷史的貢獻是無法估量的。然而,羅馬發展了希臘,並不意味希臘對世界歷史沒有貢獻。這不僅因為,不管羅馬多麼偉大,它畢竟發軔於希臘;而且因為,評價希臘,不應看它哪些沒有做到,而應看它做了些什麼。如果這個標準能夠成立,本章前面幾節已經顯示希臘對世界歷史的不可磨滅的貢獻。

詩人愛倫・坡對希臘羅馬文明這樣評價:「光榮屬於希臘,偉大屬於羅馬。」如果我們把希臘文化和羅馬文明看成一個統一的整體,應該這樣說,希臘文化發展到羅馬時期,意味著地球上出現了一種較為完整形態的工商文化;希臘文化與繼之出現的羅馬文化一起共同構成了人類歷史上最早的西方。簡言之,希臘文化的出現就是人類歷史上西方的出現。

---

[116] 著者注意到,在法學界,除了自然法學派主張的「惡法非法」論外,還有分析法學派主張的「惡法亦法」論。「惡法亦法」論的歷史淵源與「惡法非法」論同樣深遠,蘇格拉底就是其鼻祖,但蘇氏的所作所為、所想所思很值得追究。蘇格拉底在遭到雅典不公正的判決後,在可以越獄自保的情況下,以穩定社會秩序為由拒絕越獄,並主動飲鴆就刑。此事對於蘇格拉底本人而言,未免過於迂腐,對於社會而言,則首次以一個智者和哲人的身份在歷史上留下了承認「惡法亦法」的惡例,其對歷史發展的消極作用不可低估。法律至上的原則應該堅持,但這裡有一個前提,即應該在法治國家。因為在法治國家,法律本身已經是良法;遵守這種良法,既是遵守法律,也是符合道德。在非法治國家,因為許多法律本身是惡法,所以人們首要的和根本的任務不是遵守這種惡法,而是為改變惡法、制定良法而鬥爭。如果一定要說「惡法非法」論和「惡法亦法」論有某種程度的統一性,那麼只能在如下的意義上理解,即為了實現「惡法非法」的戰略目標,在策略上可以暫時認同「惡法亦法」。總之,「惡法非法」論的理論意義和實踐意義都無可估量,而這首先應該歸功於西塞羅,歸功於羅馬。

[117] 〔德〕耶林:《羅馬法精神》。轉引自周枏:《羅馬法原論》,北京:商務印書館,1994年,第10—11頁。

第四章　東西方界線的變動

　　升起於「東方的」、沉沒於「西方的」那顆自覺的太陽，同升起於東方的、沉沒於西方的那顆物質的太陽一樣，它一旦升起，其光芒就不侷限於本土，而是以不可阻擋之勢向盡可能遠的地方輻射。這是文化流動的規律所使然。猶如陽光輻射的規律使太陽的光線不可阻擋地向地球和其它星球輻射，「西方的」文化因為高於「東方的」文化，因此不可阻擋地要向「東方」流動。「西方的」文化向「東方」流動，就是產生於愛琴海沿岸以及希臘陸地的工商文化不斷地向農業文化地區流動，不斷地把東方變成西方。東方變成西方的過程，就是使文化性質上屬於東方的地域不斷縮小、屬於西方的地域不斷擴大的過程；這就是東西方界線的變動。阿‧約‧湯因比正確地揭示了這種界線變動何以發生的原因。他說：「以文化標準劃定得勢者和失勢者的界線，就像宗教標準一樣，儘管可非議之處甚多，但並沒有在人類的這兩方之間劃出一道不可逾越的鴻溝。『異教徒』可以通過改信越過這條界線；『蠻族』可以通過一種考試越過這條界線。」[1] 本章將對意大利、英國、法國、德國等歐洲大國的文化改宗、宗教改信，從而實現由文化上的東方性向文化上的西方性轉變的過程逐一加以考察。

　　在開始考察之前，有一點需要說明的是，在這種考察中會大量涉及上述國家的封建社會和奴隸社會的狀況。如前所說，歐洲的封建社會（和奴隸社會）是舊社會即東方社會解體的結果，是東方社會向現代資產階級社會過渡的中間環節。作為一種過渡形態，封建社會和奴隸社會必然具有兩面性。當我們強調它作為舊社會解體的結果的時候，我們看到的是它與東方社會相異的一面；當

---

[1] 〔英〕湯因比：《歷史研究》下冊，曹未風等譯，上海：上海人民出版社，1964年，第279頁。

我們強調它尚未解體或尚未完全解體的殘留的時候，我們看到的是它與東方社會相同的一面。究竟強調哪一方面，依研究者的目的而定。本書「自序」、上章末節和後面的第六章，著重考察了或著重強調歐洲封建社會和奴隸社會的積極方面，即與東方社會相異的一面，旨在強調中國的傳統社會不是封建社會和奴隸社會，因為它沒有達到封建社會和奴隸社會的發展水準；亦即強調歐洲的封建社會和奴隸社會的發展已經超過了東方社會。本章將著重考察封建社會和奴隸社會的消極方面，即與東方社會相同的一面；如是，我們可以清楚地看到上述諸歐洲國家的歷史-文化如何由東方形態向西方形態的轉變。

下面就以極其簡略的形式考察這一歷程。

第一節

意大利的東方性及其希臘化（上）

希臘-羅馬這一文化上的西方產生以後，儘管日爾曼蠻族的入侵使它一度衰落並長期處於被掩蔽狀態，但是在經過了千年的沉寂之後，它還是散發出了它的光明。而首先得到它的光明照耀的就是近水樓臺的意大利，——12、13世紀的文藝復興，特別是14—15世紀的文藝復興，首先在近代史上使意大利由東方變成了西方。

在文藝復興之前，除了羅馬共和時期外，意大利一直不是文化上的西方國家。相反，意大利在文化上存在著明顯的甚至可以說是根深蒂固的東方性。

意大利的東方性可以從其文化的起源說起。自從有文字記載的歷史以來，最早在意大利居住的是伊特魯裡亞人。關於伊特魯裡亞人的來源問題，學術界有兩種說法：一說他們是在西元前1200年從小亞細亞來意大利逃避饑荒的呂底亞人；一說伊特魯裡亞人實際上是本土的意大利人。不管在伊特魯裡亞人來源問題上的哪種觀點，有一點卻是共同的，即都認為伊特魯裡亞文化是東方文化：或者承認「伊特魯裡亞文化中的東方色彩」，或者承認「伊特魯裡亞文化與東

方文化的諸多相似之處」。² 意大利文化後來的發展是受希臘文化影響的結果，——當然，如前一章最後一節所論，也是意大利人創造性發展的結果。

東方文化的基本特徵之一是為了崇拜皇帝而信奉君神合一，意大利文化自古以來就具有這一特徵。在古羅馬，宗教在公共生活中佔有突出地位；它的鮮明的特點之一就是以皇帝崇拜為核心的國家宗教：皇帝被認為是神靈的化身，生前死後都是人們崇拜的物件。羅馬王政時代的首位國王羅慕盧斯，被羅馬人認為是羅馬神話中戰神瑪律斯之子。羅慕盧斯的生世一直被羅馬人賦予傳奇色彩，還說他為羅馬立下赫赫戰功。而羅慕盧斯實際上是死於謀殺，但羅馬人寧願相信他變成了神以後升天了，還在山上給他建了一座神廟以作紀念。甚至西塞羅也樂意接受這樣一個眾所周知的傳說，認為這個傳說敘述得如此「智慧」，因為它「視（包括羅慕盧斯在內的）那些為公益建立豐功偉績的人不僅具有神樣的智慧，並且認為他出生自神明」。³ 君神合一的觀念在羅馬帝國時期繼續表現。戴克裡先替自己取名喬維安，意即朱庇特在塵世的代表，而君土坦丁皈依基督教後，也擺出一付神聖的架勢。「自此以後，皇帝們的權力被認為是從神那裡得來的，而不是公民們授予的。因此，現在的朝廷儀式使皇帝顯得遙遠而不可接近。皇帝頭戴飾寶石的皇冠，身穿鑲金的紫綢長袍，所有臣民都須拜倒在皇帝面前，只有少數權貴在得到準許時可吻皇帝長袍的邊。」⁴ 根據常識，只有在東方文化中，人們才對作為尊者、長者的人行跪拜禮；在西方文化中，人們對人是不行跪拜禮的，只有對神才行跪拜禮。當時的意大利人跪拜在皇帝面前，說明他們的文化處在君神合一的東方形態中。

與君神合一緊密相連，意大利也曾有過政教合一的歷史。在羅馬亦即意大利的宗教中，祭祀是宗教活動的基本內容並具有強烈的政治性；它的政治性深刻地表現為祭司與貴族的重合。從大主祭開始，祭司的各等級通常都是來自羅馬的上層貴族。羅馬進入帝國時期後，西元前 12 年，奧古斯都宣稱他本人為大

---

2 〔意〕瓦萊裡奧·林特納：《週末讀完意大利史》，郭尚興等譯，上海：上海交通大學出版社，2009 年，第 13 頁。
3 〔古羅馬〕西塞羅：《論共和國》，王煥生譯，上海：上海人民出版社，2005 年，第 131 頁。
4 〔美〕L. S. 斯塔夫裡阿諾斯：《全球通史——1500 年以前的世界》，吳象嬰等譯，上海：上海社會科學院出版社，1988 年，第 244—245 頁。

主祭,毫無疑問,這是典型的政教合一。西羅馬帝國崩潰時,羅馬主教的地產已經遍佈意大利,是當時最大的地主和財產所有者。西羅馬帝國滅亡後,以羅馬主教為首的教會接續了原來政府的許多功能,從財產管理到公共服務,從食物供應到醫院、窮人院的修建,教會的職權幾乎無所不及。在帝國存續期間,多任羅馬主教或代表羅馬人與蠻族領袖進行政治談判,或帶領羅馬人與外國入侵者進行軍事對決,或直接擔任意大利某一地區的最高行政長官。「592年,倫巴第人入侵羅馬,教皇格列高利扮演著軍事領袖的角色,組織羅馬人抵抗。在與倫巴第人媾和後,格列高利取得羅馬統治權,兼任行政長官,將政權與教權合二為一。」同時,通過與東羅馬的政權和教權的鬥爭,以及對羅馬教會自身的整頓,「格列高利初步建立起一個以羅馬為中心、以羅馬主教兼為世俗與宗教領袖的國家——教宗國 (Papal State)」。[5] 在中世紀,意大利與西歐許多其它國家一樣,存在著教會和國家二元的社會結構,但是,二元的社會結構並不意味著教權與政權始終處於勢力對等的均衡狀態。意大利與法國、德國一樣,在法蘭克王國加洛林王朝時期,查理大帝創建了一個由他直接領導的國家教會;就是說,此時的教會對國家而言,處於從屬地位。隨著加洛林王朝的解體,這從屬於國家的教會也同時瓦解;「原是國家對教會擁有至高無上的權力,現在是教會對國家有著廣泛的深刻的影響。人們形成一種傾向,認為教會統治集團是基督社會的真正代表和最高組織,它高居於無能維持世俗社會統一的世俗權力之上」。[6] 當教權或俗權一方至高無上,並君臨於對方的時候,這種政教關係與其說是政教分離,還不如說是政教合一更為恰當。對於20世紀前期墨索里尼的法西斯主義中的那種典型的政教(黨)合一姑且不論,僅此而言,意大利曾經有過政教合一的歷史,應當沒有疑義。

與君神合一、政教合一緊密相連,意大利也曾有過君主專制的歷史。從3世紀末的克勞狄二世和奧勒良開始,羅馬皇帝們為了避免國家的分裂和抵抗蠻族的入侵,著手重建帝國。中經戴克裡先的努力,截至君士坦丁時期,已將羅馬帝國變為具有強烈的東方神權政治色彩的專制君主制度。在羅馬帝國的專制

---

5 游斌:《基督教史綱》,北京:北京大學出版社,2010年,第105頁。
6 〔意〕路易吉·薩爾瓦托雷利:《意大利簡史》,沈珩、祝本雄譯,北京:商務印書館,1998年,第105頁。

君主制度下,「皇帝是大元老、監察官、執政官、護民官;他把這一切在名義上繼續存在的職位,都集中到自己一個人身上,還有那軍事權力——這是最重要的權力——也完全操在他一人手中。憲法取了一種完全不現實的形式,裡邊已經沒有了一切的生機和一切的權力;維持憲法存在的惟一方法便是奉皇帝命令,常用駐在羅馬附近的那些軍團。」[7]由於皇帝把各種權力都集中於一身,因此,「只有皇帝的意志是最高無上的,在他的面前一切平等。……這個獨夫專制只受一重限制,一切生人都要受到的限制——就是死亡;而且死亡也變做了一場戲劇:例如尼祿皇帝的死,可以作為最高貴的英雄和最安分的受苦者的一個模範。」[8]當然,在羅馬的君主專制的制度下,形式上的民主還是有的,比如類似現代議會的元老院還是存在的;但是,「元老院元老的人選和元老院的組織,又都聽憑皇帝任意安排。」公共事務還是提交元老院辦理,皇帝只是元老院的一分子;「可是元老院必須服從皇帝,誰敢反抗他的意志,就要判處死刑,財產充公。」[9]因此,在羅馬帝國的君主專制的制度下,原來共和國時期的權力制衡的原則和法律至上的原則已經不復存在;「這裡的行動、舉措的發源,只是欲望、好色、熱情和幻想——簡單地說來,只是絕無拘束的任性任意。它在別人意志中間不受絲毫限制,以致意志對於意志的關係可以稱為絕對主權對於絕對奴隸狀態的關係。」[10]這些就是羅馬帝國時期的君主專制。這種皇帝集行政、立法、司法權力於一身,依靠暴力維持政權,且對臣民擁有絕對主權的專制君主制度,豈能不是東方文化形態下的政治制度。

中世紀後期,意大利不是一個統一的國家,全國分為若干君主國,但是,分散的大小君主們在權力的專制和殘暴程度方面一點不遜色於東方的專制君主。比如,13世紀,南意大利和西西里的國王就是如此。弗裡德利希二世實行中央集權的制度,官員的職位不是由人民選舉產生,而是由國王任命,而且「違

---

7 〔德〕黑格爾:《歷史哲學》,王造時譯,上海:上海書店出版社,2006年,第293頁。
8 〔德〕黑格爾:《歷史哲學》,王造時譯,上海:上海書店出版社,2006年,第294頁。
9 〔德〕黑格爾:《歷史哲學》,王造時譯,上海:上海書店出版社,2006年,第294、293頁。
10 〔德〕黑格爾:《歷史哲學》,王造時譯,上海:上海書店出版社,2006年,第294—295頁。

則嚴懲不貸」；他根據綜合估定的數額並按照伊斯蘭教國家攤派的慣例來實行國內稅收制度；他規定，不經特別許可國人不準和外國人通婚，在任何情形下都不準他們到國外去留學。弗裡德利希之採取這些措施，其目的在於在摧毀封建國家的同時，「把人民變成為缺乏意志，沒有抵抗能力，而極端有利於國庫收入的廣大群眾」。[11]14世紀，國王對人民的欺壓蹂躪、橫徵暴斂簡直令人難以想像；米蘭維斯康提家族的專制就是當時意大利暴君專制的典型。據史載，這個家族的貝爾那博君主和羅馬最壞的皇帝完全相像。他狩獵竟成了當時最重要的國家大事；誰要是妨礙了這種狩獵，就要受到酷刑致死；戰戰兢兢的人民被迫飼養五千頭獵犬，並對於它們的健康和安全負絕對責任。他想盡辦法橫徵暴斂，為他的女兒們籌集巨額嫁資；在他的妻子死的時候，他發佈「告臣民書」，要他們為她服喪。[12]15世紀，意大利的君主專制與此前相比毫不遜色。暴君喬萬尼·馬利亞也以他的狗出名，但它們卻不是被用來打獵而是用來撕毀人體的。當1409年5月正在進行戰爭的時候，饑餓的小民在街上向他喊叫：和平，和平！他派出雇傭兵去鎮壓，結果有200人被殺死。人們被禁止說「和平」和「戰爭」二字，違者處以絞刑，並命令僧侶們唱「賜給我們安寧」，以代替《聖經》原文「賜給我們和平」。[13]這就是中世紀後期意大利的暴君專制的文化圖景。

誠然，意大利即使在歐洲也是近代民主意識和近代民主體制萌發最早的國家之一。由於工商經濟的初步發展，早在12世紀，意大利的許多城市就出現了以關心市民共同利益為己任並兼有市民社會雛形和現代國家雛形的城市公社。但是，這些城市公社並沒有發展成為主權在民的國家，而是存在著寡頭政權或專制統治的邦國。在開始階段，公社具有共和特徵和準民主的自治形式，但到14世紀初，大多數城市公社管理制度的上述特徵已逐漸消退，「被一種體現為

11　〔瑞士〕雅各·布克哈特：《意大利文藝復興時期的文化》，何新譯，北京：商務印書館，1979年，第3頁。
12　〔瑞士〕布克哈特：《意大利文藝復興時期的文化》，何新譯，北京：商務印書館，1979年，第10—11頁。
13　〔瑞士〕布克哈特：《意大利文藝復興時期的文化》，何新譯，北京：商務印書館，1979年，第12頁。

世襲的專制統治或寡頭政治的極權主義所替代」。[14] 當時掌管意大利城市大權的是執政團（又稱主公會議），它們多由掌握政治權力的大貴族家庭的頭面人物組成。那些城市主公們一旦掌權，便大肆以權謀私，建立自己家族的統治王朝。由於缺乏法律的規約，他們個人的性格、修養和好惡成了影響政治的一個重要因素。在這些統治集團中，有一點是很值得玩味的，即「儘管他們性格氣質各不相同，卻無一例外地關心著其政權的合法性、正統性」。[15] 立法和司法機構龐大，這些機構動輒由數百人乃至上千人組成。但是，「這些立法機構為了使他們的統治獲得合法性，各城市執政團大都保留了平民公社的較大規模的常被安插一些城市主公的親信，而後者大都是一些善於溜鬚拍馬者，他們往往不經審查就批准城市主公會議提交的議案。」[16] 不過，話說回來，由城市主公的親信們把持的立法機構來批准議案，也只是形式而已，「在那之前那些議案其實多已被確定，故提交行為也只不過是城市主公們在試圖製造出一種民主的表像。」[17] 更有甚者，這些城市主公們在統治地位鞏固後，他們乾脆撤銷了這些作為表面上虛飾的平民領袖的職位，將其權力直接轉到自己手中。這就是中世紀後期意大利城市公社的主公會議中的專制統治。在 14 世紀和 15 世紀，意大利也有一些城市如威尼斯和佛羅倫薩等抵制主公會議的建立，而發展成了城市共和國的寡頭政權。寡頭政權和主公會議相比，雖然多了些許的民主因素和自治成分，但二者的基本方面卻是共同的。「其中最為核心的便是二者皆信奉權力來自富人、歸富人所有和為富人所用的宗旨，故其活動皆以實現富人利益為終極目標，……不用說，占人口絕大多數的窮人的利益被完全忽視，他們也因而變得更加貧困。」[18] 這些大致就是 14 世紀和 15 世紀意大利的城市公社的

---

14 〔意〕林特納：《週末讀完意大利史》，郭尚興等譯，上海：上海交通大學出版社，2009 年，第 88 頁。
15 〔意〕林特納：《週末讀完意大利史》，郭尚興等譯，上海：上海交通大學出版社，2009 年，第 89—90 頁。
16 〔意〕林特納：《週末讀完意大利史》，郭尚興等譯，上海：上海交通大學出版社，2009 年，第 90 頁。
17 〔意〕林特納：《週末讀完意大利史》，郭尚興等譯，上海：上海交通大學出版社，2009 年，第 90 頁。
18 〔意〕林特納：《週末讀完意大利史》，郭尚興等譯，上海：上海交通大學出版社，2009 年，第 92 頁。

政治形態、政治體制和政權性質。這種或寡頭政權或專制統治的政治形態，這種由統治者的「親信們把持的立法機構來批準議案」，或者乾脆把立法機構拋在一邊由執政者直接決定重大問題的政治體制，以及這種「信奉權力來自富人、歸富人所有和為富人所用的宗旨」、「其活動皆以實現富人利益為終極目標」的政權性質，豈不是東方文化形態下的政治形態、政治體制和政權性質？

是否具有宗教信仰自由，是衡量一個國家文化性質的基本標準之一。一般說來，一個國家處在東方文化形態下，是沒有宗教信仰自由的；如果一個國家已經有了宗教信仰自由，說明它的文化性質已經西方化。意大利沒有逃脫這一歷史規律。考察歷史，意大利並不從來就是宗教信仰自由的國家；相反，意大利曾經有過扼殺宗教信仰自由的歷史，有時對異教徒的迫害駭人聽聞。據史載，尼祿曾將西元 64 年古羅馬的那場大火災在沒有根據的情況下歸咎於基督教徒，通過各種駭人聽聞的方式對他們加以迫害，諸如將他們的人體當作火把來照亮黑夜，群狗分屍，投入獅口等。303—305 年，戴克裡先為了撫慰眾神以祈求他們保佑帝國的長治久安，對基督教徒進行了大規模的瘋狂鎮壓。為此，包括戴克裡先本人的妻女在內的許多教徒都被殺死用作祭祀。[19] 像任何政教合一和一教專政的國家一樣，當一個宗教處於政權的絕對控制之下的時候，對它來說是人為刀俎我為魚肉的。但是，當它處於一統天下的掌權地位的時候，情況就反過來，即我為刀俎人為魚肉了。意大利和基督教也沒有逃脫這一歷史規律。意大利的中世紀是基督教，準確地說是天主教執掌天下的歷史，中世紀的天主教會對異教徒的迫害同樣駭人聽聞。13 世紀初，宗教異端清潔派因不承認《舊約全書》和天主教聖事、聖人、聖像之故，遭到羅馬教廷和意大利行政當局的大肆迫害，被處以極刑者眾。「直到今天，在米蘭法院正面牆上還能看到最高行政長官奧爾德拉多的頌詞：『清潔派務必斬盡殺絕』」。[20] 在 16 世紀的旨在向所謂的天主教教義回歸的反基督教改革運動中，宗教裁判制度在意大利正式確立起來，很多知識份子因此被迫逃往國外。1558 年，官方圈定的「禁書目錄」

---

19 〔意〕林特納：《週末讀完意大利史》，郭尚興等譯，上海：上海交通大學出版社，2009 年，第 52 頁。
20 〔意〕薩爾瓦托雷利：《意大利簡史》，沈珩、祝本雄譯，北京：商務印書館，1998 年，第 186 頁。

頒布；根據這一目錄，但丁、薄伽丘，以及馬基雅維裡等很多人的著作都在被禁之列。在中世紀的意大利，因違反天主教教義而遭受迫害的事例不勝枚舉。1327年，天文學家采科·達斯寇里因說了地球是球狀而不是平面，被活活燒死；1600年，哲學家布魯諾因宣傳哥白尼的日心說，與達斯寇里一樣死於火刑柱；與布魯諾同時代的伽利略也因主張太陽中心說而被終身監禁，其著作不能在國內出版。無數事實說明，意大利曾經有過扼殺宗教信仰自由和言論出版自由的歷史；而扼殺宗教信仰自由和言論出版自由的國家的文化，究竟是西方文化還是東方文化還用多言嗎？

是道德至上還是法律至上，也是衡量一個國家文化性質的基本標準之一。一般說來，在東方文化形態下的國家，人們是強調以德治國即道德至上的；在西方文化形態下的國家，人們是強調以法治國即法律至上的。意大利同樣沒有逃脫這一歷史規律。我在前文說過，羅馬共和國是一個法律至上的國家，但這僅僅是意大利歷史上的一個階段，而不包括此前和此後的很長時間。就此前而言，羅馬在古代和所有處於東方文化形態下的國家一樣，也是一個道德與法律不分亦即道德至上的城邦。當時的羅馬當局也要求官員盡職盡責，但是他們用以約束官員的不是法律，而是道德。「（羅馬）古代的公法不知道對官員的責任進行嚴格的法律控制，官員對國家和市民的關係是基於信義 (fides)。我們在這裡所面對的這個概念，最初具有一種社會倫理的意義，只是後來才被法律所接受，並被提升為確定責任的標準。」[21] 就是說，在古代的羅馬，實際上也是在古代的意大利，人們要求官員憑自己的道德良心為民眾辦事，對國家負責。——這就是古代意大利的道德至上。在中世紀的意大利，基督教文化占支配地位。儘管當時意大利的教會和王室荒淫無度，腐化成風，但基督教倫理卻在原罪、救贖和希望的理論前提下，宣揚一種禁欲倫理；這種禁欲倫理要求人們按照《聖經》的教導，置道德於神聖的亦即至上的地位。《聖經》提出的「你們願意人怎樣待你們，你們也要怎樣待人」[22]，儘管踐行者寥寥，但人們還是把它奉為道德黃金律；「靈魂深處鬧革命」式的懺悔，儘管成了教會和懺悔者之

21　〔意〕瑪律蒂諾：《羅馬政制史》第1卷，薛軍譯，北京：北京大學出版社，2009年，第364頁。
22　《新約·馬太福音》，第7章，第12節。

間赤裸裸的金錢交易，但教會還是要求信徒們認認真真的踐行。這些都表明中世紀的意大利是在以「道（導）之以德」的方法，而不是「律之以法」的方式治理社會。——這就是中世紀意大利的道德至上。總之，意大利曾經是一個道德至上而不是法律至上的國家。道德至上而不是法律至上的國家的文化，豈能不是東方文化？

重農輕商也是東方文化的一個基本特徵；意大利也曾經是重農輕商的國家。古代的意大利是一個農耕社會，土地財產和農業經濟構成社會的基礎。與這種以農業為基礎的自然經濟相適應，人們普遍形成以農為本、重農輕商的觀念。在羅馬共和國早期，元老和貴族皆以躬耕田畝為榮。執政官、獨裁官等公職人員在任前和任後都自然地從事農耕，若在任期屆滿後不能讓他們按時回鄉料理農事，他們還多有抱怨。作家、思想家們亦如此。比如加圖在出任公職之餘寫書總結農業生產的經驗，維吉爾不僅寫詩讚美農業，而且親自從事農田耕作。古代意大利人的重農輕商的思想在西塞羅的身上表現得尤為典型。西塞羅這樣寫詩對那些棄商歸農的古樸、貧窮的生活加以歌頌：「那些放棄經商的人多麼幸福，如像世代生活在農村裡的祖先一樣，用自己的牛耕地，他們是安分守紀的良民。」[23] 作為當時意大利人的重農輕商思想的另一種表現形式，西塞羅還喜內陸而惡沿海，求穩定而怕變化。他的理由就是沿海不僅不安全，易受敵人攻擊，而且「臨海城市會發生風俗的墮落和蛻變，因為它們會接觸他族的語言和制度，給它們送來的不僅有他國的貨物，還有他國的習俗，從而使得本國制度的各個方面不可能不發生變化。」[24] 他總結了迦太基和科林斯失敗的原因，認為摧毀這兩個國家的主要不是外力，而是由於大海而激起的「展翅翱翔的希望和想像力」把人們引向遠方，即「公民們的」見異思遷之心；「因為經商和航海的欲望使他們放棄了農作，荒廢了習武。」[25]——西塞羅與20世紀乃至21世紀的某些東方文化中的思想家、政治家有明顯的相似之處：害怕吹進

23　轉引自鄧尼斯‧哈伊：《意大利文藝復興的歷史背景》，李玉成譯，北京：三聯書店，1988年，第130頁。
24　〔古羅馬〕西塞羅：《論共和國》，王煥生譯，上海：上海人民出版社，2005年，第133頁。
25　〔古羅馬〕西塞羅：《論共和國》，王煥生譯，上海：上海人民出版社，2005年，第135頁。

第四章　東西方界線的變動　181

新鮮空氣的同時也飛進蒼蠅和蚊子,害怕海洋文明。需要進一步指出的是,意大利的重農輕商的思想並未隨著羅馬共和國和西羅馬帝國的滅亡而消失。在中世紀,雖然意大利的經濟在歐洲處於領先水準,但總體而言,由於根深蒂固的重農輕商思想的影響,意大利的貨幣經濟並不發達,比如加洛林王朝時期的地租主要還是採取實物交付的形式。[26] 而貨幣信貸業的興起則更晚。「一直晚到1400年間,銀行這個行業仍帶有『吃倒息』或高利貸的惡名,它在基督教的傳統思想中被認為是非法的。」[27] 種種事實說明,意大利曾經是一個重農輕商的國家;而重農輕商無疑證明了意大利文化的東方性。

　　排斥舶來品,或曰狹隘的民族主義,是東方文化的另一個基本特徵;意大利也曾經是一個具有狹隘民族主義的國家。僅在羅馬時期,意大利或羅馬已經從希臘文化中獲益匪淺,從某種意義上說,沒有希臘就沒有意大利和羅馬。然而,在當年的意大利和羅馬,並不是所有人都樂意接受希臘文化這一舶來品的,甚至不少人以接受希臘的舶來品為恥辱。在《論共和國》中有這樣一段記載,當西塞羅以阿非利加努斯的化名講述了羅慕盧斯的繼承者、羅馬第二任國王蓬皮利烏斯統治羅馬三十九年,確立了能使國家長久存在的兩件事情即「敬神和寬仁」等豐功偉績後,來客同時亦是參與西塞羅的討論者的曼尼利烏斯發問道:「阿非利加努斯,這樣的傳說是否真實?據說這位努馬國王是畢達戈拉斯[28]的門生,或者起碼屬於畢達戈拉斯學派。要知道,我們常常聽前輩們這樣說,並且這一看法顯然很流行,但是我們又確實未看見官方年代記中肯定過這一點。」西塞羅在經過一番考證式的說明後得出結論:這個傳說是沒有根據的杜撰。於是,曼尼利烏斯說道:「不死的天神啊,這是人間一個多麼巨大、多麼長久的謬誤啊!不過令我感到快慰的是,我們不是靠海外舶來的科學,而是靠本地固有的美德變得富有教養。」[29] 靠海外舶來的科學如何?靠本地固有的美德又如

26　〔意〕薩爾瓦托雷利:《意大利簡史》,沈珩、祝本雄譯,北京:商務印書館,1998年,第94頁。
27　〔美〕堅尼・布魯克爾:《文藝復興時期的佛羅倫薩》,朱龍華譯,北京:三聯書店,1985年,第135頁。
28　畢達哥拉斯(西元前572—前497年),是古希臘數學家、哲學家。——引者注
29　〔古羅馬〕西塞羅:《論共和國》,王煥生譯,上海:上海人民出版社,2005年,第153、155頁。

何?難道靠本地固有的美德變得富有教養就值得驕傲?羅馬人亦即意大利人視接受希臘的舶來品為恥辱,其狹隘的民族主義可見一斑;而狹隘的民族主義中體現的文化的東方性亦可見一斑。

　　有些文化品質的屬性究竟是東方還是西方,從表面上看,似乎很難確定,但在邏輯上,我們仍然可以對它進行定性;比如一個社會的道德淪喪、誠信缺失就是屬於這一類。如何從邏輯上對道德淪喪、誠信缺失之類的品質進行文化定性,將在後文論及,這裡我們先看看意大利也曾經是一個道德淪喪、誠信缺失的國家。14世紀的意大利,一方面,由於皇權的枷鎖已經不復存在,另一方面,人們又不能像自由獨立的人民那樣生活,因此,意大利各城邦都腐敗墮落。佛羅倫薩的一位進諫者在向該市當局進諫時,對當時佛羅倫薩的實際上也是意大利的道德誠信狀況做了這樣描述:「公民之間根本不存在任何團結和友誼;只有那些為了禍國殃民共同作惡的人,才勾結在一起。由於對宗教的信仰、對上帝的敬畏心情都已消失殆盡,因而人們不論起誓或作什麼許諾,早已成為空話,只是在對自己還有利的時候才遵守;起誓或許諾只不過是為進行欺騙而採取的手段;而且誰的狡計最靈、最有把握,誰就成為最受讚賞、最受尊敬的人。因此,壞人受到了那些高尚的人才應得到的稱許;好人只被看作傻瓜一類。」[30] 這位進諫者還強調指出,在當時的意大利,市民貪婪之風盛行,普遍追逐不足掛齒的名位。相互間的仇恨、爭吵和宗派傾軋導致了如下結果:「所有的好人不是慘遭殺害就是被放逐或受各種折磨;而那些最不道德的人卻飛黃騰達。因為好人相信自己清白無辜,不像壞蛋那樣用不法手段保全自身、升官發財;因而既不受尊敬、也無人擁護,終於為世人所忘卻。」[31] 夠了,足夠了!根據這位進諫者的描述,14世紀的意大利,說假話者得益,說真話者吃虧;不道德的人「飛黃騰達」,誠實守信的人「被看作傻瓜」。這確實是一個道德淪喪、誠信缺失的時代。那麼,這種道德淪喪、誠信缺失的品質究竟屬於哪種性質的文化呢?這需要從產生這種文化品質的根源去分析。任何一個社會的道德淪喪、

30　〔意〕馬基雅維裡:《佛羅倫薩史》,李活譯,北京:商務印書館,2009年,第130頁。

31　〔意〕馬基雅維裡:《佛羅倫薩史》,李活譯,北京:商務印書館,2009年,第130頁。

誠信缺失,其根源都不在於道德和誠信本身,即所謂的人心不古和人性之惡,而在於法律出了問題。在一個社會中,當壞人做了壞事,不僅不受法律的懲罰,反而升官發財、受人尊敬時,實際上法律是在鼓勵人們做壞事;當好人做了好事,法律不僅不能保證他受益,反而使他的利益受損甚至遭致迫害時,實際上法律是在逼良為娼。因此,道德淪喪、誠信缺失的根源在於缺乏良法之治。在缺乏良法之治的社會裡,由於社會問題不能通過法律解決,必然奉行道德至上。但由於法律不能使善者得益,也不能使惡者受懲,因此道德必然成為虛偽的道德,就像當年的意大利那樣,起誓或許諾不僅不是為了踐約,相反,「只不過是為進行欺騙而採取的手段」。這種缺乏良法之治、奉行道德至上,實際上是虛偽的道德至上的文化,豈不清楚明白地是東方文化?

　　論及一個國家文化的東方性質,家族本位這一點是不能不談的。意大利也曾經是一個家族本位的國家。古羅馬宗教的特點之一就是強調集體的參與甚於個人與神靈之間的溝通。在古羅馬人的宗教裡,個人是無足輕重的。他們認為,宗教是群體的事情,而非個人的事情。「實際上,這種邏輯也適用於羅馬人的全部生活。個人融於家族、氏族(gens)和國家。家族、氏族才是至關重要的。這一點可與古代大多數其它操印歐語的民族類似的制度相比較。要絕對服從家長(paterfamilias)的權力。大概在已知的文化中,找不出另一個延續這樣長久的極端家長制。雖然依照慣例家長可以召集成年男性親屬開會和經常讓自己的妻子管理家務,但他把持一切權力。在家內,他的話就是法律。只要他在世,他的兒子們就永遠不會成年。」[32] 邁克爾·格蘭特的話具體地描述了羅馬人亦即意大利人的家族本位的表現。說「在已知的文化中,找不出另一個延續這樣長久的極端家長制」,未免言過其實,但古代意大利存在家長制亦即家族本位的歷史則是無可爭辯的事實。中世紀,意大利的家族本位依然存在。在這種家族本位的體制中,個人意識沒有覺醒,人們不是按照自己個人的意志行事,而是依自己在社會關係中的角色要求立身處事;人們不是感到自己作為一個個人而存在,而是作為家族或其它集體的一個成員而存在。這種置家族或整體利益於個人利益之上的情況,即使在君主的家族中也同樣一樣。例如,君主處理事

---

[32] 〔英〕格蘭特:《羅馬史》,王乃新、郝際陶譯,上海:上海人民出版社,2008年,第19—20頁。

務，包括處理婚姻事務，都必須從家族的利益出發，而不考慮個人的意願。總之，在 14 世紀以前的意大利，獨立的個人沒有生成，人們生活在以家族本位為核心的群體本位的社會關係中。布克哈特對這種狀況作了深刻的揭示。他說：「在中世紀，人類意識的兩個方面——內心自省和外界觀察都一樣——一直是在一層共同的紗幕之下，處於睡眠或者半醒狀態。這層紗幕是由信仰、幻想和幼稚的偏見織成的，透過它向外看，世界和歷史都罩上了一層奇怪的色彩。人類只是作為一個種族、民族、黨派、家族或社團的一員——只是通過某些一般的範疇，而意識到自己。」[33]

中世紀末期，人的個性開始復甦，但意大利當局對人們個性的發展採取扼殺的政策。佛羅倫薩在當時是人類的個性發展得最早也最豐富的地方之一，而那些暴君們卻除了他們自己和他們最親信的人們的個性以外，不能容忍其它人的個性存在和發展。「他們對於個人實行最有力的控制」；護照制度就是當時建立的控制個人的手段之一。[34]

以上就是 14 世紀及其以前的意大利的文化圖景。從這幅圖景我們看到，這哪裡是西方，而毋寧說是地地道道的東方。難怪弗郎哥·薩克蒂把 14 世紀意大利的大小暴君們用有計劃的以沒收來籌措錢款的辦法稱之為「地道的東方辦法」[35]；而布克哈特則乾脆把弗裡德利希二世（1194—1250 年）統治時期的南意大利人和西西里人稱之為「東方人」[36]。

其實，如果我們把目光繼續向後延伸，意大利的東方性決不只是延續到 14 世紀。僅就政治制度而言，雖然在此後的四五百年間，民主派在和專制勢力的

---

33 〔瑞士〕布克哈特：《意大利文藝復興時期的文化》，何新譯，北京：商務印書館，1979 年，第 125 頁。
34 〔瑞士〕布克哈特：《意大利文藝復興時期的文化》，何新譯，北京：商務印書館，1979 年，第 10 頁。
35 弗郎哥·薩克蒂在《故事》中說，14 世紀的意大利暴君為了籌款，常常「用罷免和奪取財政監督官財產的地道的東方辦法來達到這一目的」。轉引自布克哈特：《意大利文藝復興時期的文化》，何新譯，北京：商務印書館，1979 年，第 6 頁。
36 布克哈特在談到弗裡德利希二世在南意大利和西西里國所實行的按照伊斯蘭教國家攤派的辦法來進行徵稅時說：「如果沒有這些辦法，要想從東方人那裡得到任何金錢的確是不可能的」。（〔瑞士〕布克哈特：《意大利文藝復興時期的文化》，何新譯，北京：商務印書館，1979 年，第 3 頁。）

反覆較量中也取得不小的進步，其中還包括在 1848 年通過了具有憲政主義色彩的皮埃蒙特的憲法，但是截至 19 世紀乃至 20 世紀前期，意大利的憲政民主制度並沒有真正建立起來。相反，典型的東方專制主義在這兩個世紀中都有明顯的、甚至突出的表現。在 19 世紀中葉，按照 1848 年的憲法，皮埃蒙特政府在理論上要對眾議院負責；但「實際上，截至 1852 年，在都靈還沒有類似議會制度的東西」。各屆政府在沒有得到眾議院多數支援的情況下照常組閣，而它們去職的原因也不是根據議院的決定。「國王擁有不按照憲法行事的權力」；首相阿澤利奧則憑個人好惡在平靜的聽話的元老院和亂轟的不聽話的眾議院之間決定親疏——當然，實際上他往往是親前者而疏後者的。[37] 如果說意大利政治文化中的東方性在 19 世紀皮埃蒙特的阿澤利奧當政時期還表現得不夠充分、不夠典型的話，那麼它在 20 世紀的墨索里尼當政時期則表現得十分充分並且十分典型了。1925 年，貝尼托·墨索里尼公開宣布反對自由－立憲政權並向法西斯政權過渡，他在擊敗了所有反對派以後在意大利實行了近 20 年之久的純粹東方性的法西斯主義。現在讓我們來看看墨索里尼的法西斯主義究竟是什麼東西。史家薩爾瓦托雷利寫道：

> 墨索里尼稱法西斯主義為「獨裁民主主義」，更正確地說是「極權民主主義」。法西斯主義是一種政體，在這政體下，政府就是君主，權力由上而下貫徹，政府自認為能代表人民的願望並能滿足他們的需要，同時它要通過有組織的、嚴格控制的定期公民投票或人民「集會」，接受公民的認可，但不允許他們有任何的政治鬥爭自由。政府盡可能地領導和完全控制整個國民生活。國家法西斯黨在法西斯政府和人民之間起著中介作用，它並不代表同其它的政治派別鬥爭中的一個政治派別（也不允許有其它派別），而是一個服務於法西斯國家的組織，向國家輸送官員的組織，國家元首依然是國王，國家還是君主政體形式，薩沃依王朝也被法西斯所接受。國王任命的政府首腦應是法西斯黨的領袖，貝尼托·墨索里尼是正式指定的領袖。政府首腦對

---

[37] 〔英〕赫·赫德、德·普·韋利：《意大利簡史》，羅念生、朱海觀譯，北京：商務印書館，1975 年，第 272 頁。

整個政府活動握有至高無上的權柄，他將幾個極富重要性的政府部門置於自己的控制之下，而將其它的職責分配給其餘部長；這些部長都是國王按照他的旨意任命的，是從該黨的隊伍中調出來的，他有時甚至親自擔任幾個部的要職。事實上，他擁有絕對權力，從上到下沒遇到任何阻力。然而，黨極大地干預日常行政管理，腐敗、墮落現象極為嚴重。在他身邊有一個1923年1月成立的磋商機構——法西斯大議會，後來進一步完善了其職權。大議會由部長及黨的要員組成。政府除行政權外，在許多情況下，行使立法權，頒布無數具有法律效力的政令，然後再由法西斯化了的議會通過批准。[38]

恰如薩爾瓦特雷利所說，法西斯主義是一種政體；作為一種政體，法西斯主義的基本特徵是政教（黨）合一，行議合一，操縱選舉。而無論是政教合一還是行議合一，抑或是操縱選舉，都是《聖經》所記載的在希伯來人中長期實行的政治制度。希伯來文化是什麼性質的文化，前文[39]已經作了充分的論證，這裡無須再花費筆墨。因此我將法西斯主義定性為東方性的政治文化，並以此來證明意大利在20世紀上半葉政治文化的東方性，當不易找到反駁的理由。換言之，至少至20世紀上半葉，意大利在政治上還是一個地地道道的東方文化中的國家。

第二節

意大利的東方性及其希臘化（下）

現在，讓我們重新將目光拉回14世紀。如前所說，截至14世紀，除了羅馬共和時期外，意大利在文化上是地地道道的東方。然而，自14世紀中葉開始，隨著工商經濟的不斷發展和市民社會的悄悄的孕育，意大利人的精神世界開始

38　〔意〕薩爾瓦托雷利：《意大利簡史》，沈珩、祝本雄譯，北京：商務印書館，1998年，第561—562頁。
39　本書第二章，第一節。

逐步地發生變化，這種變化的主要標誌就是人們開始對希臘和羅馬文化表現出巨大而普遍的熱情，並且開始追尋和模仿這種古典文化。——這就是 14—15 世紀的意大利的文藝復興。本節的任務是，首先對意大利在文藝復興期間西方化的情況進行考察，然後對意大利在文藝復興之後的幾百年中，如何艱難地完成文藝復興沒有徹底完成的西方化任務的情況作一簡單回顧。

　　文藝復興是意大利思想和文化史上，實際上也是歐洲思想和文化史上一件意義深遠的大事。在文藝復興中，意大利人為了追尋希臘 - 羅馬這一古典模式，在寺院、廟宇等一切可能的場合搜尋希臘 - 羅馬時代的文獻，並且把這些文獻翻譯出版、認真研究。一些有名的人文主義者認真研究亞里斯多德的倫理學和政治學，並通過各種管道加以傳授；有些人以普林尼的地理學為導向來研究近代地理，以他的歷史學為導向來研究當代歷史。尤其西塞羅，更是所有古代作者中受人研讀最多和最受讚揚的一個；他的著作被認為是最純潔的散文典範。[40] 意大利人在向古代文化學習的過程中，有一點與歐洲其它地方不同：「在歐洲的其它地方，人們有意地和經過考慮地來借鑒古代文化的某種成分，而在意大利無論有學問的人或一般人民，他們的感情都自然而然地投向了整個古典文化那一方面去，他們認為這是偉大的過去的象徵。」[41] 因此，他們不僅在哲學、宗教、科學、倫理和政治、法律等方面研究和領會古典文獻及其精髓，而且在詩歌、散文和建築、繪畫、雕刻等文學藝術領域，斷然拋棄中世紀的風格而全面恢復和模仿古代的形式和風格並加以吸收和改造。在文藝復興中，意大利人對古典文化的仰慕和崇拜到了幾近瘋狂的地步。詩人但丁說，「羅馬城牆的石頭值得我們尊敬，而建成這個古城的土地比人們所說的更有價值」[42]。在民間，人們紛紛給子女取希臘、拉丁的名字，認為這更文雅、更時髦；在學界，截至

40　西塞羅如同柏拉圖一樣，是處於由東方文化形態向西方文化形態轉變過程中的思想家，因此也與柏拉圖一樣，他的思想具有兩面性：一方面嚮往西方，另一方面留戀東方。他主張共和，推崇法治，是前者的表現；他褒（黃）土貶海（洋）、重農輕商，是後者的表現。這裡對西塞羅的讚揚和後文論及的對西塞羅的崇拜，無疑都是對他主張共和、推崇法治等西方思想的讚揚和崇拜。

41　〔瑞士〕布克哈特：《意大利文藝復興時期的文化》，何新譯，北京：商務印書館，1979 年，第 168 頁。

42　〔意〕但丁：《宴會》，第 4 篇，第 5 章。轉引自〔瑞士〕布克哈特：《意大利文藝復興時期的文化》，何新譯，北京：商務印書館，1979 年，第 172 頁。

15世紀末對西塞羅的崇拜發展成了西塞羅主義——「那種對每一個不能從大師的權威著作中找到根據的詞句都加以排斥的真正的西塞羅主義」[43]。總之，14—15世紀的意大利人在希臘和羅馬文化那裡找到了嚮導，產生了共鳴。他們把希臘和羅馬文化當成創造自己時代文化的「源泉和基礎，生存的目的和理想，以及一部分也是公然反對以前傾向的一種反衝力」[44]。

在希臘和羅馬文化的影響之下，文藝復興時期的意大利文化開始急速地發生變化。這種變化的主要表現就是「社會準則的轉變」[45]。所謂社會準則的轉變就是價值觀的轉變。這種社會準則或價值觀的轉變具體表現在如下幾個方面。

第一，人們不再重視神的力量而開始重視人的力量。

在中世紀，人們認為歷史包括人都是由上帝創造的，上帝創造一切、主宰一切，人應該服從上帝的意志。在文藝復興中，人文主義者們通過對古典思想的研究和對中世紀經院哲學的批判，逐步認識人的意志和作用。他們認為，人作為歷史事件的積極參與者，他的行為和意志在歷史進程中具有重要作用；人有責任有能力通過自己的努力逐步認識和掌握自然；同時，人也應該「按照自己所喜歡的形式去塑造自己」[46]。儘管他們在提出這些主張時往往打著「上帝教諭」的旗號，但那不過是借用這一旗號宣傳自己的主張而已。在這種人神關係顛倒的世俗化潮流中，人們把批判的矛頭指向教皇和教會，認為教皇和教會的統治是「意大利遭受各種災難的根源」[47]。因此，人們要求限制或取消神職

43　〔瑞士〕布克哈特：《意大利文藝復興時期的文化》，何新譯，北京：商務印書館，1979年，第250頁。
44　〔瑞士〕布克哈特：《意大利文藝復興時期的文化》，何新譯，北京：商務印書館，1979年，第167頁。
45　〔美〕布魯克爾：《文藝復興時期的佛羅倫薩》，朱龍華譯，北京：三聯書店，1985年，第158頁。
46　喬維尼·彼科·德拉·米蘭都拉（1463—1494）在其著作《關於個人尊嚴的講演》中說，上帝教導人們，「我將你們造就為有靈性的生物」，那麼，「作為一個自由和自豪的塑造者，就按你們自己所喜歡的形式去塑造你們自己吧！」（轉引自〔美〕佩里主編：《西方文明史》上卷，胡萬里等譯，北京：商務印書館，1993年，第382頁。）
47　此為意大利文藝復興時期的人文主義者洛倫佐·瓦拉所言。轉引自〔意〕薩爾瓦托雷利的《意大利簡史》，北京：商務印書館，1998年，第314頁。

人員在俗間的權力和特權,主張強化世俗政權以取代至上教權。與此相呼應,在人生觀上人們主張重視實實在在的現世生活而應輕視虛無縹緲的來世人生。當然,文藝復興中的人文主義者不是籠統地反對宗教,而是要以「一種新的、更為親密的、更具個性的宗教感情」[48]取代已經過時的舊的宗教感情。但是,這種新的宗教感情取代舊的宗教感情的過程,就是以人性取代神性、以人的力量取代神的力量的過程。

第二,人們不再蔑視金錢而開始重視金錢。

前面說過,意大利自古就是一個蔑視商業和金錢的國家,這種思想在羅馬時期曾經受到衝擊,當時,人們曾把金錢視作一切物品價值的代表。但在中世紀,由於受基督教的影響,蔑視金錢、蔑視商人、重視權勢和官爵的風氣又盛行開來。如前所說,直至14世紀末,銀行信貸業還因背負「高利息」的惡名而人們恥於經營。但是在文藝復興期間,意大利人的金錢和財富觀念又一次發生了根本變化,即由中世紀的蔑視金錢和商業到現在的重視金錢和商業。格利高裡奧·達蒂於1410年寫道:「一個佛羅倫薩人假若不是商人,未在世界上廣泛旅行,未曾見過外國風土人情並從國外帶些財物回佛羅倫薩的話,那麼他就是一個無足輕重的人。」[49]佛羅倫薩領意大利風氣之先。佛羅倫薩人價值觀念的變化在相當大的程度上反映了整個意大利的變化。由14世紀末的貶抑商人到1410年的尊重商人,社會的變化是何等之劇。[50]與人們對待金錢和商人的態度的變化緊密聯繫,人們對於政治和官位的態度則起了完全相反的變化。在文藝復興中,意大利出現了蔑視政治和官位的新的價值取向。15世紀中期的佛羅倫

---

48 〔意〕薩爾瓦托雷利:《意大利簡史》,沈珩、祝本雄譯,北京:商務印書館,1998年,第315頁。

49 〔美〕布魯克爾:《文藝復興時期的佛羅倫薩》,朱龍華譯,北京:三聯書店,1985年,第134頁。

50 我這樣評論當時意大利人的價值觀的變化應該是能夠成立的。我的觀點得到布魯克爾的支持。布魯克爾在評論我們剛才引述的達蒂的那段話時寫道:「格利高裡奧·達蒂有關國際商人普遍受到尊重的判斷(作於1410年),可能有其正確性,但他的話若放到半個世紀以前就不那麼有效了,那時在那些來自(或自以為來自)封建貴族的家庭中,認為商業不值一提和低人一等的思想仍有不小地盤。」(〔美〕布魯克爾:《文藝復興時期的佛羅倫薩》,朱龍華譯,北京:三聯書店,1985年,第134頁。)

薩全城首富之一的大商人盧西萊用如下的話教導他的兒子們：「我不想勸你們尋找官職和追求政治權勢。沒有比纏身公務更令我看不起或不光彩的了……因為它危險，作事不講良心、不公正……也因為它既不穩定也不持久……」[51] 在一個社會中，商人的兒女們是拋棄父業改行從政還是承接父業繼續經商，一般說來是衡量這個社會是否實現由傳統到現代轉型的重要標誌之一。盧西萊的兒子們究竟是從政還是經商了，我們不得而知，但至少盧西萊本人的價值觀的變化，反映了文藝復興中意大利人的價值觀在由傳統的官本位或權本位向錢本位的轉變。

第三，人們不再研究想像的政治而開始研究現實的政治。

在政治思想領域，截至 15 世紀，意大利的人文社會學者仍然以想像的政治為研究物件。這時的政治理論認為，君主統治的目標不應該是自由，而是穩定與安全；要達到穩定與安全，應該有理想的統治者；而理想的統治者應該多才多藝、指揮若定，處處體現基督教的道德準則。這種政治理論的荒謬之處，不僅在於其統治目標和統治標準上的過時，而且更在於其要求統治者們「應該如何如何」這一思維方式上的天真，因此人們把這種政治稱之為「想像的」政治。文藝復興開始以後，意大利的思想家們開始認識到以想像的政治為研究物件這一做法的荒謬性。他們中的最傑出的代表人物就是尼科洛·馬基雅維裡。馬基雅維裡在古典思想家尤其是汜提圖斯·李維的影響之下，對這種想像的而非現實的政治作了深刻的批判。他在《君主論》中指出：「既然我的目的是為求教者提供一些證明是行之有效的手段，那麼我想最好還是說明一些實質性而非想像性的問題。很多人都夢想過那種實際上不可能存在的共和國和封邑。理想中人們應當怎樣生活與實際上人們是怎樣生活的，這其間的鴻溝是如此巨大，以至如果一個人只知道理想的生活方式而忽視了實際上人們做了什麼的話，那麼他就走上了自我毀滅的道路。」[52] 馬基雅維裡在這裡明確指出，想像的或理想的政治實際上是「不可能存在的」，如果人們以想像的或理想的政治

51　〔美〕布魯克爾：《文藝復興時期的佛羅倫薩》，朱龍華譯，北京：三聯書店，1985 年，第 167—168 頁。

52　〔意〕馬基雅維裡：《君主論》，潘漢典譯，北京：商務印書館，1985 年，第 73 頁。此處譯文參照〔美〕佩里主編的《西方文明史》上卷（胡萬里等譯，北京：商務印書館，1993 年，第 385 頁）的譯文作了改寫。

為研究物件，那麼其結果只能導向「自我毀滅」。馬基雅維裡的見解無疑是十分深刻且擊中時弊的。誠然，馬基雅維裡在《君主論》中還提出過統治者為了保持自己的統治「必須學會如何不義」，必須學會「偽裝」、「說謊」等驚世駭俗的觀點。對於這些觀點人們儘管可以表示疑義，甚至進行批評，但它們所表明的意大利的文藝復興中開始了由研究想像的政治到研究現實的政治的轉向是十分明顯的。可以毫不誇張地說，正是馬基雅維裡所代表的這種由研究想像的政治到研究現實的政治的轉向，特別是其中所包含的人性惡的人性假設，繼希臘羅馬之後，又一次確立了以權力制衡為核心的西方近代民主政治思想的地位。

第四，人們不再把家族、國家等群體放在優先的位置，而開始把個人放在優先的位置。

15世紀末和16世紀初的意大利與14世紀一樣，是一個道德淪喪、誠信缺失、腐敗和墮落嚴重的時代。人們褻瀆神明，蔑視教會，無視法律，不顧道德，物慾橫流，私通情人，甚至搶劫殺人，為所欲為。然而，物極必反，否極泰來。意大利在這種嚴重的腐敗和墮落中悄悄地孕育著蓬勃生機——人的個性的高度發展。人的個性發展的核心內容是置個人於家族、國家等群體之上的地位，也就是我們通常所說的個人主義。不可忽視的是，個人主義的生成是文藝復興的最偉大的成果之一。正如布克哈特所言：「要是我們現在試圖概括一下那個時代的意大利性格的主要特點，如我們從研究上層階級的生活中所知道的，我們將得到如下的一些結果。這種性格的根本缺陷同時也就是構成它的偉大的一種條件，那就是極端個人主義。個人首先從內心裡擺脫了一個國家的權威，這種權威事實上是專制的和非法的，而他所想的和所做的，不論是正確的還是錯誤的，在今天是稱為叛逆罪。看到別人利己主義的勝利，驅使他用他自己的手來保衛他自己的權利。當他想要恢復他的內心的平衡時，由於他所進行的復仇，他墮入了魔鬼的手中。他的愛情大部分是為了滿足欲望，轉向於另外一個同樣發展了的個性，就是說轉向於他的鄰人的妻子。在一切客觀的事實、法律和無論哪一類約束面前，他保留著由他自己做主的感情，而在每一個個別事件上，則要看榮譽或利益、激情或算計、復仇或自制哪一個在他自己的心裡占上風而

獨立地做出他的決定。」[53] 這就是文藝復興中意大利的個人主義。對於這種個人主義我們不能簡單地用道德主義的觀點對它進行批評，而應更多地看到它是一種歷史的必然和歷史的進步。正是這種個人主義，使意大利人首先揭掉了籠罩著自己的「由信仰、幻想和幼稚的偏見織成的」紗幕，擺脫了家族、國家等群體的束縛，使自己「成了精神的個體」。[54]

第五，人們不再把社會問題，比如人民犯罪問題的根源歸咎於人民，而歸咎於君主。

在意大利西方化的過程中，往往不為人們注意的一個問題就是人們的意識即公民意識的覺醒，其中進步的知識份子已經認識到種種社會弊端的根源所在。14世紀和15世紀的意大利，處於社會轉型期。當時的情形如前所述，人們誠信缺失，目無法紀，犯罪嚴重，甚至動輒以暴力手段反抗專制統治，可謂社會問題成堆。面對這種局面，統治者把這些社會問題歸因於人民的素質低下，惡性不改，刁民難纏，採取的治理措施是，在加強對民眾道德教育的同時，加強對所謂犯罪的打擊力度。馬基雅維裡針對這種認識一針見血地指出：人民犯罪的根源在於君主。他說：「君主不應抱怨他所統治的人民犯下的罪行，因為這種罪行不是來自他的疏忽大意，就是因為他的諸如此類的過失。看看我們這個時代那些四處搶掠和犯下類似罪行的人民，就可以明白，這完全是和他們有著相同品質的統治者造成的。在統治羅馬格納的領主們被教皇亞歷山大六世除掉之前，他們堪稱惡貫滿盈的楷模。因為在那兒可以看到，一樁小事就能導致嚴重的燒殺搶掠。它們來自君主的邪惡，而不是像人們常說的那樣，來自人的惡劣本性。那些君主財富無多，又想活得像富豪一樣，他們只好以各種方式巧取豪奪。他們採用的不講信義的方式之一，便是先制定法律，禁止某些行為，然後又率先給人們提供踐踏法律的理由。他們從不懲罰違法者，除非他們後來看到類似的偏見大量湧現。這時他們才著手進行處罰，但不是出於對既定法律的尊重，而是因為他們貪心不改，想從罪犯手裡聚斂錢財。由此導致了無數的

53　〔瑞士〕布克哈特：《意大利文藝復興時期的文化》，何新譯，北京：商務印書館，1979年，第445頁。

54　〔瑞士〕布克哈特：《意大利文藝復興時期的文化》，何新譯，北京：商務印書館，1979年，第125頁。

弊端，而首當其衝的弊端就是：人民變得貧困潦倒，卻沒有改邪歸正；變窮的人竭力去壓制那些比他們勢力更小的人。因此，所有上述弊端的產生，根源都在於君主。」[55] 不用解釋了，馬基雅維裡的話既簡潔明瞭、通俗易懂，又鞭辟入裡、入木三分。需要進一步指出的是，在當時的意大利，對社會問題的根源有著清醒認識的已不限於馬基雅維裡之輩的知識精英，草根庶民也已有了同樣的認識。14 世紀後期，佛羅倫薩的一個平民反對者領袖在對他的聽眾的那段演說中，對意大利的社會問題和解決問題的出路說出了與馬基雅維裡幾乎完全相同的觀點。限於篇幅以及其它原因，這裡不作援引，有興趣者可查看馬基雅維裡的《佛羅倫薩史》（商務印書館，2009 年）第 148—149 頁。雖然在當時的意大利，與馬基雅維裡們有著同樣認識的人還是極少數，但是，他們的話無異於一帖帖清醒劑，激勵著意大利人民更加自覺地開展反對專制君主制的鬥爭。[56]

綜上所述，在希臘和羅馬文化的影響之下，意大利首先希臘化了，亦即首先西方化了。如果說希臘和羅馬文化是近代歐洲文化的母體，那麼，「意大利人（則）成了近代歐洲的兒子中的長子」[57]。

然而，也許意大利在近代歐洲是第一個走向西方化的國家，因此，它的希臘化或西方化是不完整和不徹底的。在文藝復興期間，意大利的希臘化或西方化的缺陷主要有如下幾個方面：第一，它不像日後的英、法等國是在完成民族統一的基礎上走向西方化的，而只是少數幾個先進城市實現對中世紀的決裂；第二，文藝復興的影響主要發生在思想和文化領域，對經濟和政治影響較小，就是說，文藝復興並沒有從根本上改變意大利的經濟基礎和政治結構；第三，

---

55 〔意〕馬基雅維利：《論李維》，馮克利譯，上海：上海人民出版社，2005 年，第 397 頁。
56 在文藝復興前後，意大利人——歐洲其它國家的人亦如此——對專制政權的態度是矛盾的：一方面，為了實現國家的統一，也為了更有利於反對教皇和教會的特權，人們要求建立世俗的專制政權；另一方面，為了實現個人的自由發展和民眾的民主權利，人們需要反對專制君主制度。但是這兩方面並不具有同等的地位：前者是手段，後者是目的。前者既然是手段，那麼，目的達到了，手段即可丟而棄之。因此，意大利走出中世紀、走向西方化的根本任務是反對專制政權，爭取個人自由和民主權利。
57 〔瑞士〕布克哈特：《意大利文藝復興時期的文化》，何新譯，北京：商務印書館，1979 年，第 125 頁。

文藝復興所關注的只是社會上層的極小一部分人，並沒有對大多數意大利人的生活產生深刻的影響。由於文藝復興的這些缺陷，當然也由於此後意大利的政治和經濟發展的客觀情勢，意大利西方化，尤其政治西方化的進程並不順利。在幾百年中，意大利的各種改革也在進行，但是，所謂的改革不僅沒有導向憲政民主，反而導致了本來具有有限「自由」的國家最終垮臺和法西斯主義的出現。

　　18世紀，在啟蒙運動的影響下，意大利北方邦國倫巴第，在哈布斯堡王朝的專制君主馬里亞·特薩雷和約瑟夫二世的領導下進行改革。該國花了半個世紀時間，到1760年，在地籍制度、稅收制度和地方管理制度等方面都取得了不小的成績。此外，倫巴第還新建了一些基礎設施工程，如道路、醫院；並擴建大學，改革勞動力市場，取消行會制度。1780年以後，約瑟夫二世即位，改革速度加快，但改革的方向發生了根本性的變化。「倫巴第當地居民手中的權力被收回，並授予奧地利官員，[58]改革體現出把權利集中到專制君主手中的趨勢。國家狀況有所改變，但沒有取得任何突破性的進展；倫巴第的專制君主們應該算是開明的，但他們終究是專制君主，對於超越一定限度的變革沒有任何興趣。」[59]1780年後，倫巴第的改革侷限於在舊體制的框架內收權還是放權，而實際上多是收權而不是放權。同期，意大利的中部邦國托斯卡納也在改革；改革由法蘭西斯二世和利奧波德領導。法蘭西斯在位時，採取了一些重要措施，放寬穀物貿易，削弱教會權利，但改革進程相當緩慢。利奧波德即位之後，改革速度明顯加快。改革的主要目標是經濟領域，在1766—1773年間，對穀物貿易和土地交易的限制先後被取消。此外，利奧波德還改革行政管理和財務制度，取消了行會，甚至取消了酷刑和死刑。但是，「和他在米蘭當政的本家一樣，利奧波德也只是在一些無關大局的事情上成功進行了改革。整個邦國專制統治的本質無疑沒有改變——儘管是一種開明的專制統治；國內各集團和階層之間

58　當時的倫巴第是德意志民族神聖羅馬帝國的一部分，為奧地利人控制。——引者注

59　〔意〕林特納：《週末讀完意大利史》，郭尚興等譯，上海：上海交通大學出版社，2009年，第137頁。

的基本權力關係也沒有發生變化。」[60] 這裡我們說的是在啟蒙運動影響下改革成效較好的邦國的情況，至於那些改革成效較差的和沒有改革的邦國，情況更加糟糕。

　　1870 年，意大利實現了國家統一；國家的統一，在意大利歷史上無疑是一件意義深遠的大事。但是，國家統一後，除了國家貧窮落後的狀況沒有改變外，各種社會矛盾——階層矛盾、城鄉矛盾、區域矛盾，天主教徒和世俗民眾之間的矛盾，統治階級和人民大眾之間的矛盾，人民群眾中各派思想觀點之間的矛盾，不僅依然存在，而且由於國家的統一激起的人們對美好未來的嚮往，在一定程度上變得比以前更加突出。面對貧窮落後的局面和各種積重難返的社會矛盾，意大利的統治者不是對國家過去所走的專制道路改弦易轍，釜底抽薪地進行改革，而是繼續在所謂的改革中推行以維護專制政權為宗旨的路線，以致國家一步步向法西斯主義邁進。

　　1876 年，阿戈斯蒂諾·德普雷蒂斯組閣政府。德普雷蒂斯上臺後，議會先前的兩黨制實際上已支離破碎，黨內黨外在交往中隨時準備採用「非常規手段」，而且相互之間拉幫結派。面臨這種四分五裂的局面，德普雷蒂斯為爭取大多數並最終達到鞏固其政權的目的，採用了一種人稱「變質」的手段進行統治。所謂「變質」的手段，就是通過賄賂拉攏議員，以驅使其投票支持政府。賄賂的手段有內閣席位、社會榮譽、為選民分配公共工程等。史家評論：「變質」做法遭到了嚴厲批判，因為它加速或者說是導致了道德水準下滑，不過它畢竟保證了政府的穩定，使德普雷蒂斯幾乎是連續執政，直到 1887 年去世。而且在他死後，「變質」手段仍作為議會運作的一種方式長期存在。德普雷蒂斯雖然保證了政府穩定，卻並沒有取得多大成就。[61] 史家還認為，「德普雷蒂斯時代所產生的社會、經濟結果無疑是消極的，如前所述，很多長期存在的問題亟待解決。可事實上問題非但沒有得到解決，反而使局勢進一步惡化。」[62] 在這種

60　〔意〕林特納：《週末讀完意大利史》，郭尚興等譯，上海：上海交通大學出版社，2009 年，第 138 頁。
61　〔意〕林特納：《週末讀完意大利史》，郭尚興等譯，上海：上海交通大學出版社，2009 年，第 177 頁。
62　〔意〕林特納：《週末讀完意大利史》，郭尚興等譯，上海：上海交通大學出版社，2009 年，第 177 頁。

局面之下，移居國外經常被當作逃離貧困和選擇自由的惟一途徑。因此，在很長時間內，移居歐洲他國和跨洋移居美國的人數數量巨大且逐年飆升。[63]

德普雷蒂斯死後，弗朗切斯科·克裡斯皮出任總理。據史載，他執政的主要特點有：支持德國，殖民擴張，支持新興的地主和工業中產階級，從不容忍反對意見，具有明顯的獨裁傾向。他被日後的法西斯主義者視為同宗。雖然克裡斯皮在行政改革方面做了一些事情，但「他的措施的本質是犧牲議會以加強行政管理，擴大國家獨裁權力——這種權力逐漸集中到他個人手中」。[64] 在他執政期間，反對國家的聲音越來越大，社會主義、激進主義、巴枯寧主義等各種思潮風起雲湧，代表這些思潮的政黨紛紛出現。從19世紀80年代起，暴力抗議在全國各地不斷發生，顯著的有：佛羅倫薩和比薩的炸彈事件、佩薩羅起義、那不勒斯刺殺翁貝托國王事件。19世紀90年代初期，西西里爆發了嚴重暴亂，克裡斯皮為了達到所謂社會穩定而實質鞏固政權的目的，派大批部隊前往島上粉碎一切反抗活動，並設置了軍事法庭，將有同謀嫌疑的人一律處以極其嚴重的刑罰。他還以同樣的手段處理了發生在卡拉拉的一起大理石工人暴動。克裡斯皮的這些暴力的和軍事的鎮壓手段，是否解決了問題呢？史家告訴我們：「這種笨拙的手段結果自然是適得其反，因為它解決的實際上是表面現象，而不是問題的癥結所在。問題的根源其實是自由國家未能滿足人民群眾的願望，未能解決困擾他們日常生活的問題。意大利人逐漸看透了這個國家：一幫腐化墮落的人一心想著保護個人利益，保護一小部分人的利益。大多數人因此與國家越來越離心，他們覺得這個國家跟自己的期望和需求毫無關係——國家的體制顯然沒能『創造一個意大利人的意大利國家』。因此，克裡斯皮的鎮壓只能使越來越多的人支持社會主義者。可以想見，克裡斯皮發現自己的這一套不管用後，就變本加厲。1894年10月，他一共取締了271個社會主義組織。

---

[63] 19世紀70年代晚期，每年大約有80000人移居歐洲各地，另有約20000人移居美國。到19世紀80年代，每年移居歐洲的人數增至100000人，而跨洋移居美國的人數則飆升至驚人的每年200000人。起初移民大多來自北方，後來南方人成群離開的現象日益嚴重；沒過幾年，隨著北方成為經濟增長的重心，南方地區更是成了移民的主要來源地。（〔意〕林特納：《週末讀完意大利史》，郭尚興等譯，上海：上海交通大學出版社，2009年，第177頁。）

[64] 〔意〕林特納：《週末讀完意大利史》，郭尚興等譯，上海：上海交通大學出版社，2009年，第178—179頁。

克裡斯皮此時愈加退縮到自設的堡壘裡,更改選民名冊以保證選舉結果,將政府運行的權利越來越多地控制在自己手中。」[65] 我要對這裡最後的一句話加以修正的是,用更改選民名冊的方法以保證選舉結果,這不是「退縮」,而是更加倡狂地向人民「進攻」,公然的強姦民意。

1900 年,喬瓦尼·焦利蒂接任總理後,不僅繼續推行德普雷蒂斯和克裡斯皮兩屆政府的政治路線,而且處理議會問題的手段也更加圓滑世故。焦利蒂堪稱名副其實的滑泥鰍,同時代人、歷史學家加埃塔諾·薩爾韋米尼則稱他為「黑社會總理」。為了鞏固政權,也為使自己穩居其位,他沿用「變質」的做法,甚至變本加厲。他既與左翼做交易,又與右翼做交易,用這種手段,焦利蒂確保了自己在議會幾乎一直佔有多數。「焦利蒂圓滑世故的另一個表現是,一旦情況不妙,他就老練地從政壇前臺退下,把難題留給別人,他自己則置身事外,隔岸觀火。憑藉他精心策劃並成功維持的多數,焦利蒂成為 20 世紀初意大利政治真正的幕後操縱者,可以說,不在位時亦當權。從 1901 年到第一次世界大戰爆發,他顯然就是主導意大利的風雲人物。」在改善民生、擴大公民選舉權等方面做了一些工作,「但是,焦利蒂毫無原則地濫用任免官吏的職權,經常引發質疑;此外,他還操縱議會,這些最終造成了民眾對國家的失望與疏遠。相比之下,他那些本不可小視的國內成就就顯得微不足道了。一定程度上說,他只不過是沿用並完善了統一以來自由國家的前任們確立的傳統做法,結果卻使議會國家與其聲稱所代表的人民徹底決裂。」[66]

具有諷刺意味的是,就是在這種國家與人民徹底決裂背景下,意大利的經濟狀況居然有了改善。有人將 20 世紀初的幾年稱作意大利的「美好時光」。所謂「美好時光」,就是在這段時間經濟大為繁榮,工業革命處於全盛時期,工人、農民和政府雇員的工作條件和生活條件大為改善。然而,所謂美好,也僅此而已。這裡至關重要的一點是,在這一短暫的黃金時期內,人們的生活與政治、議會是互不相關的。而且,更為嚴重的問題還在於:就在這段「美好時光」,

---

65 〔意〕林特納:《週末讀完意大利史》,郭尚興等譯,上海:上海交通大學出版社,2009 年,第 180 頁。
66 〔意〕林特納:《週末讀完意大利史》,郭尚興等譯,上海:上海交通大學出版社,2009 年,第 182 頁。

一個不幸的特點,意大利的民族主義傾向日漸增長。推動意大利民族主義運動的主要是一些具有民族主義傾向的作家的作品,以及一些具有民族主義傾向的報紙雜誌。「它們鼓吹意大利種族的偉大與優越,提倡國家控制、軍國主義和殖民主義。」[67]焦利蒂的這一系列政策不僅最終導致了政府垮臺,使國家捲入第一次世界大戰,而且與他的前任們一起,為法西斯主義的崛起播下了種子。而這顆種子經過尼伊凡諾埃·博諾米和路易吉·法克塔當政時的短期孕育,終於在墨索里尼時代瘋狂長成。在法西斯統治之下,意大利人民的生存狀態極為悲慘,史學家林特納這樣揭示:

> 從1925年1月到1929年初,意大利完成了向獨裁統治的轉變,當時提出的口號是:「一切屬於國家,不得超越國家,不得反對國家。」新聞自由受到限制,限制途徑一是審查制度,一是馴服的經營者解雇不聽話的編輯。各地民選的市長被國家指派的長官代替,地方政府受到越來越多的控制。儘管反對派們此時在「領袖」面前已基本無所作為,但仍然在1926年遭到取締。主要的反對者要麼被流放國外,要麼被流放到南方偏遠地區。……誰要是有與墨索里尼意見相左的嫌疑,必將受到員警和秘密員警(……)的迫害。最典型的一周,「夜半敲門」和其它類似的事情就出現過大約20000次。包括共濟會在內的「秘密組織」都遭解散,所有可疑分子都被清理出官僚機構……。入「黨」(國家法西斯黨)成為活下去必不可少的前提……。然而即便是國家法西斯黨也未能幸免,黨員好幾次被大規模開除出黨。讓工人們安於現狀的方式有體育活動、「思想健康」的流行音樂和工人俱樂部,而最後一個自由工會組織也被國家以偽社團主義的名義解散了。法西斯金字塔的頂端是「領袖」本人——一個永遠正確的人。他使用各種途徑對人民進行說教:發表廣播講話、在他可以俯視威尼斯廣場的陽臺上發表演講、傳播各種口號,比如「勞動使人高貴」和「寧做獅子一載,不做羔羊百年」。1929年,教會也結束了自己的封閉

---

67 〔意〕林特納:《週末讀完意大利史》,郭尚興等譯,上海:上海交通大學出版社,2009年,第184頁。

狀態：在《拉特蘭協議》中，教皇庇護十一世和墨索里尼同意建立梵蒂岡國，教皇則承認意大利王國。[68]

　　國家至上，沒有新聞自由，人民的選舉權和地方自治權被剝奪，且不允許有反對派；入黨成為活下去必不可少的前提，但黨員本身也不得安寧；工人被體育活動、「思想健康」的流行音樂所麻痺，且工人自己的工會組織被解散；黨的「領袖」高高在上地發號施令，並且惟一正確和永遠正確，……這些就是法西斯統治期間意大利人民的生存狀態。這是一副多麼悲慘的生存狀態！

　　這種悲慘的生存狀態的出現，或曰意大利法西斯主義的產生，有其偶然的因素，但就根本而言，則是自國家統一以來歷屆政府所推行的以反民主憲政為宗旨的改革路線邏輯發展的必然結果。就是說，意大利於1870年實現國家統一後，長期實行的是名為民主實為專制的政治制度；由於民主制度的徒具虛名，種種形式主義的民主化手段無可避免地被法西斯利用，最後導致了法西斯獨裁統治，並使意大利成為第二次世界大戰的策源地之一。意大利的自由黨爭、三權分立、出版自由等全面的和實質性的西方化和現代化進程，是在第二次世界大戰之後完成的，並且是在美國以及其它西方國家的干預之下完成的。意大利統一後，長期實行以反民主憲政為宗旨的改革路線，最後導致法西斯統治並發動世界大戰，這是意大利長期拒絕西方化的深刻的歷史教訓，也是西方文明史從反面留給人類的寶貴財富。善於吸取這一教訓，並利用這筆寶貴財富，將使整個人類受益無窮。

　　以上本節花了相當的篇幅，對意大利在文藝復興後政治改革的艱難歷程作了簡單的考察。然而，就全書的脈絡而言，本節關注的重點更在於意大利在文藝復興時期的希臘化。雖然意大利的政治西方化的過程艱難曲折且教訓深刻，雖然由於種種原因，意大利的經濟、政治和文化（狹義的）的發展並不平衡，其近代經濟體系和近代政治制度的建立都晚於英、法等國，但是，它在文藝復興期間，由於價值觀的轉變而引起的文化的首先希臘化即首先西方化，則是毋庸置疑的事實。在此意義上，我們完全有理由認同布克哈特的說法：如果說希

68　〔意〕林特納：《週末讀完意大利史》，郭尚興等譯，上海：上海交通大學出版社，2009年，第193—194頁。

臘和羅馬文化是近代歐洲文化的母體,那麼,「意大利人(則)成了近代歐洲的兒子中的長子」。

第三節

英國的東方性及其意大利化

16世紀初當意大利在文化上西方化以後,英國在文化性質上還是一個東方國家。雖然英國在歷史上曾經作為羅馬帝國的一個行省,希臘-羅馬文化對當時的英國社會產生過一定影響,從而使中世紀的英國在經濟制度、政治制度和社會結構方面出現某些不同於東方的特徵,但是就文化的基本性質來說,直到16世紀和17世紀之交、甚至17世紀中期,英國仍然是一個東方式國家。

首先,英國曾經有過政教合一的政治制度。所謂政教合一的政治制度,前文已多次提及,就是政權和教權合二為一的政治制度。其典型形式是國家元首和宗教領袖同為一人,政權和教權由一人執掌。但是,正如很多事物常常以非典型形態存在一樣,英國政教合一的政治制度也是以非典型形態存在的;而其基本形態就是政權和教權在各自存在、互相競爭的前提下,互相合作、互相利用,二者形同一體。我們知道,在盎格魯-撒克遜時代,一方面是國家官吏大部分皆由僧侶兼任,一方面是當時的英國尚無獨立的教會法院,邑法院兼轄國家及教會之法律。因此,「盎格魯-撒克遜諸王之法律可為那時政教不分的顯例。」[69]11世紀威廉一世在位時,他的大臣、法官,及文官之大部全為僧侶。威廉及其後繼者,又常對法官、文官賜以教會方面的祿俸,甚至將他們擢為主教。對此史家評論道:「從近代的宗教標準觀察起來,這固不免於濫用權力;但在當時,則為差強人意之舉」。[70]15—16世紀之交,亨利七世「從教士中選

---

69 〔英〕屈勒味林:《英國史》上冊,錢端升譯,北京:中國社會科學出版社,2008年,第81頁。
70 〔英〕屈勒味林:《英國史》上冊,錢端升譯,北京:中國社會科學出版社,2008年,第150頁。

拔大臣，從大臣中任命主教」，這實際上是英國歷史上近乎典型的政教不分或政教合一的政治制度。這種政教合一的制度，在 16 世紀的伊莉莎白時代則發展到了登峰造極的地步。在伊莉莎白統治下，教會再次成為國家一體化的工具。根據 1559 年的「第二個至尊法令」的規定，教會的統一與國家的統一不能被視為互相補充，而應被視為互為一體。伊莉莎白的誕辰日在 1568 年成為宗教聖日，皇家紋章陳列在每一座教堂裡。1559 年以後，參加國教會禮拜儀式是議會法令的強行規定，不參加國教會禮拜儀式者被處以罰金和監禁。阿薩·勃裡格斯說，這種局面，一如卡姆登所指出的：「宗教和國家是不能分離的。」[71] 直到 17 世紀，英國政教合一的制度仍然盛行。1640 年前後，保守的高教社派在國內居於少數，他們想以國王的權威來壓服當時與之對立的多數派，於是，他們和國王聯合一致，彼此狼狽為奸。高教社派通過宣揚王權神聖及特權高於一切的信條來擁護國王的不要國會的獨裁政策，而國王則利用星室法院及高等委任法院的權力剷除反對高教社派的思想意見，以作為對高教社派的回報。「在世人看起來（國王和高教社派）兩者亦成為一而二，二而一的東西。」[72] 與此同時，我們還注意到，英國歷史上的政教合一甚至以政教合一的典型形式之一——教（皇）權至上的形式表現出來。1205 年，英王約翰因在一大主教人選上與羅馬教皇英諾森三世發生分歧，雙方在經過多年的較量後，最終在 1213 年以英王臣服於教皇、英國成為教廷屬國的局面而告終。直到 1366 年，國會的決議才解決了這個教（皇）權君臨英國的問題。以上所述表明，英國歷史上曾經存在過政教合一的政治制度——儘管是一種非典型的政教合一。有過政教合一的政治制度的文化，難道不是東方文化？

與政教合一的政治制度密切相連，英國也曾有過王權專制。當然，像英國的政教合一是一種非典型的政教合一一樣，英國的王權專制也是一種非典型的王權專制。所謂非典型的王權專制，是說英國的專制王權在一定程度上受到教權的限制，在後期還在一定程度上受到民權即議會的限制。如前所說，這是歐

---

[71] 〔英〕勃裡格斯：《英國社會史》，陳叔平等譯，北京：中國人民大學出版社，1991 年，第 155 頁。

[72] 〔英〕屈勒味林：《英國史》下冊，錢端升譯，北京：中國社會科學出版社，2008 年，第 442 頁。

洲社會包括英國社會與東方社會相區別的方面。但是，從這裡考察的這一面來看，則很難說英國的王權專制與東方的王權專制有什麼區別。1066年諾曼徵服不列顛後，威廉一世加強了中央集權和專制王權的建設。在他和他的後繼者的經營下，「諾曼王朝時代，貴族與國王之間的財產依附關係十分嚴格。國王有權根據個人意願處置臣下采邑，並嚴格要求他們履行軍務，即便在13世紀末，愛德華仍能為增加王室收入隨意處置豪門巨富的遺產而不會遇到反抗。」[73] 相比之下，在歐洲其它國家如法國的封建制中，國王對王國的土地只有一種近似於名義上的所有權，而在英國卻有實際上的所有權。以致當時流行著眾所周知的兩句十分簡明的斷語：在法國，「我的封臣的封臣不是我的封臣」；而在英國，「我的封臣的封臣也是我的封臣」。英國這時的王權專制，與傳統中國社會中「普天之下，莫非王土；率土之濱，莫非王臣」的制度幾乎沒有多少區別。像任何專制國家後期的專制制度都體現在專制政權對議會的打壓中一樣，英國的王權專制也明顯地體現在王權與議會的關係中。雖然英國在「大憲章」時就提出「君主在議會中」和「英國議會中君主、貴族院和平民院三位一體」的原則，但是這些原則卻長期停留在口頭上，未能貫徹到實際的政治生活中。15世紀，不列顛國王擁有召集、解散議會和最後批準或否決議會法案等特權，而且這「已被視為不列顛議會中地位崇高、不可或缺的重要組成部分」。[74]16世紀都鐸（Tudor，又譯推鐸爾）王朝時期，國王大張權力，「他把一切的外國權力驅除，一切的地方群社消滅後，他可以堅持在境內有為所欲為的權力。」「在事實上新國家的大權在那一個時期也只能由國王行使。半像辯論會半為法院的國會，既無實力也無野心去擔負這樣的大任。」這時，「國會之於國王猶如學徒之於師父，國會自願稍假時日，稍事預備，俾日後可做國王的共事者及承繼者」。[75]17世紀，國王對國會的打壓更甚。查理一世（1625—1649年在位）時，如果國會強調民眾的權力，他的回答無疑是這樣一句話：「聽著，朕有權召集國會，指

73　閆照祥：《英國政治制度史》，北京：人民出版社，1999年，第89頁。
74　閆照祥：《英國政治制度史》，北京：人民出版社，1999年，第86頁。
75　〔英〕屈勒味林：《英國史》上冊，錢端升譯，北京：中國社會科學出版社，2008年，第303—304頁。

定討論內容及下令解散。因此，國會議事，須合朕意，否則立即取締。」[76] 這不光是嘴上說說的，實際情形正是如此。1640 年的短期國會僅存在三個星期就因與查理有意見分歧，被他宣布解散。而在此前，同樣由於在徵稅和取消戒嚴令等問題上與國會發生分歧，他從 1629 年到 1640 年，撇開國會統治了 11 年之久。這一系列加強國王權力和權威的舉動，從積極的方面說，固然有反對封建主義、建立近代民族國家的需要，但其中包含的專制因素同樣十分明顯。——這種王權凌駕於國會之上、國王將國會把玩於股掌之中的制度，難道不是王權專制的政治制度。而有王權專制政治制度的文化，難道不是東方文化？

還是作為政教合一和王權專制制度的題中應有之義，英國也曾有過以暴力方式更替國家政權的歷史。約自 10 世紀結束賢人會議舉薦國王的做法以後，直至近代的代議制民主產生之前，在此幾百年間，英國的改朝換代即國家權力的更替，一直通過暴力的方式進行。在此期間，外族入侵推翻王朝，殺死國王者有之；臣下殺死君王，取而代之者有之；家族內部成員為了爭奪王位，互相殘殺者亦有之。僅在從 1399 年金雀花王朝終結到 1485 年都鐸王朝建立這前後不足百年的時間內，以暴力手段篡權奪位的事件就屢屢發生，而被殺死的國王就達四人之多。以致史家說：「1399—1485 年間的每次改朝換代，都有一具國王的屍體奠基，而為此受牽連危及身家性命、喪爵丟官的王親貴族更多。無怪乎後人驚呼：15 世紀英國高層權力的鬥爭過於慘烈！」[77] 都鐸王朝初期，一位駐英國的威尼斯觀察家有同樣的記載：「在過去的 20 年中，有 3 位具有王族血統的王子、4 位公爵、40 位伯爵以及 300 多位其它人死於暴力。」[78] 這種以暴力而非和平的方式更替國家政權的制度文化，豈能不是東方文化。

同樣作為政教合一和王權專制制度的題中應有之義，英國也曾有過立法、司法和行政三權不分的歷史。更早就不說了，我們來看看中世紀吧。史家指出：「在諾曼時代，『會議』及『院』二詞混用而無分別，但皆用以表示國王的全體諮議或顧問的團體。是時尚無行政，司法，及立法機關之分，更無所謂樞密

76　〔英〕伊‧勒‧伍德沃德：《英國簡史》，王世訓譯，上海：上海上國語教育出版社，1990 年，第 96 頁。
77　閻照祥：《英國政治制度史》，北京：人民出版社，1999 年，第 77 頁。
78　〔英〕勃裡格斯：《英國社會史》，陳叔平等譯，北京：中國人民大學出版社，1991 年，第 125 頁。

院，王座法院，及國會（Privy Council, King's Bench, Parliament）之分。即最精細的書記官亦不能分析何者為行政事件，何者為司法事件，何者為立法事件。國王遇到任何應商議之問題時，可即就商於『院』或『會議』的會員；他也可以任意設立委員會，或委派專員到各邑擔任這事，查辦那事；凡此種種，俱視當時之需要，而不必受任何規律的限制。」史家強調：「我們今日所習知的立法，行政，及司法的手續是時尚無所聞見。關於任何事件所應採用的辦法都由國王決定」。[79] 國會英文名（parliament）的中文音譯叫巴力門。在國會產生的初期，「在巴力門中內政外交的政策可以辯論，請願及訴願狀可以審議，新敕令的方法及形式可以討論，而國家的大訟亦可以審判。所以巴力門的行政職務不在立法職務之下，司法職務也不在財政職務之後。於已經討論之後，它即可以執行，因為它是國家一切大權的具體。」在當時，英國國會尚沒有上下院之分，只有一個國會，而且曾「由國王自為主席」。[80] 一個由國王自為主席、集立法、司法和行政三權於一體的政制文化，難道不是東方文化形態下的政制文化。

還是作為政教合一和王權專制制度的題中之義，英國也曾有過扼殺信仰自由和言論自由的歷史。在 16 世紀的都鐸（推鐸爾）王朝時期，舊教已經衰落，新教尚未長成，兩者俱不敢與王權違抗。因此之故，「推鐸爾朝諸王的信仰有更動，則宗教亦隨而更動；宗教雖代有更動，而僧侶及世俗人俱降心相從，甚像今日國人之接受內閣的更動而不稍反抗。」[81] 在王朝後期的伊莉莎白時代（1559 年），國家通過法律規定，人們必須信仰國家規定的宗教；如前所說，不參加國教會禮拜儀式者被處以罰金和監禁。甚至在一個世紀後頒布的《社團法令》（1661 年）和《宣誓檢證法》（1673 年）仍然要求公職人員必須參加英國國教。這就使非國教的新教徒和天主教徒無法取得政府和大學的公職。當時，很多國教徒對國教的教義實際上已失去了信仰，對國教會禮拜的外在形式更是失去了興趣，但是為了謀生或自保，他們不得不在形式上保有教籍並且在表面

---

79 〔英〕屈勒味林：《英國史》上冊，錢端升譯，北京：中國社會科學出版社，2008 年，第 146 頁。
80 〔英〕屈勒味林：《英國史》上冊，錢端升譯，北京：中國社會科學出版社，2008 年，第 205、223 頁。
81 〔英〕屈勒味林：《英國史》上冊，錢端升譯，北京：中國社會科學出版社，2008 年，第 305 頁。

上表示對國教教義和國教教會的擁護。與宗教信仰不自由相並存的是，當時的英國人沒有言論和出版的自由。雖然隨著宗教改革的深入，人們的自主意識不斷增強，教會禁錮思想的手段已越來越不起作用，人們可以在私下場合發洩對教會、教皇乃至教義的不滿，但是公開的言論或出版自由仍然被絕對禁止。在15—16世紀之交，在英國出版本國語的《聖經》是非法的，出版其它宗教書籍尤其是異教徒的書籍當然更屬非法。出版物必須經過教會當局和主教的批準，否則都在被查禁之列。一些流亡國外的英國人在國外印刷了《聖經》和許多異教徒的書籍，但是官方執行嚴格的檢查制度，不準這些書籍帶入國內。[82] 在很長時期內，英國當局特別重視對新聞類書刊的監控，「這些書刊無論在共和政體還是復辟時期都受嚴格的新聞檢查制度的控制，當時這些新聞書刊的經營許可證條例是非常嚴格的，而政府則極力想對新聞實行壟斷。……每週出刊兩次的《倫敦公報》於1665年創刊，它是官方的新聞喉舌」。[83] 儘管此時人們反對新聞管制、要求出版自由的呼聲越來越高，對非官方新聞的需要迅速增長，但當局完全置若罔聞。至於議會在1679年同意廢除禁止新聞自由和出版自由的出版法，那是以後的事。簡言之，禁止信仰自由和言論出版自由，控制意識形態，這就是15—16世紀，乃至17世紀前期的英國政制。這種沒有信仰自由和言論出版自由的政制文化，豈能不是東方文化？

人們常說西方社會是法治社會而非人治社會，殊不知英國歷史上也曾有過漫長的人治時期。在羅馬不列顛時期，「盎格魯-撒克遜人之政治體制採取獨裁的君主制，獨裁的限度則隨部落的習慣，戰士的性情，及君主本身的品格而變化。」[84] 在十世紀前後，英國的君主雖一度由賢人會議選舉，但「在國王已經即位之後他們所能行使的控制權，隨國王的性格及當時的情形而有不同，因

82　〔英〕肯尼士·O. 摩根：《牛津英國通史》，王覺非等譯，北京：商務印書館，1993年，第260頁。
83　〔英〕勃裡格斯：《英國社會史》，陳叔平等譯，北京：中國人民大學出版社，1991年，第183頁。
84　〔英〕屈勒味林：《英國史》上冊，錢端升譯，北京：中國社會科學出版社，2008年，第38頁。

為那時尚無所謂憲法」。[85] 在以後的幾百年中，法治的因素不斷成長，但直至 16 世紀，英國社會完全不是法治而是人治的。16 世紀 30 年代開始的英國的宗教改革，其直接導因是國王亨利八世的離婚請求受到羅馬教廷阻撓，於是國王向教皇發起了奪權鬥爭。如果不是因為此事，英國的宗教改革肯定會推遲一些時間。亨利逝世以後，他的兒子愛德華六世即位，由於他是一個新教徒，所以他在英國繼續推行新教。愛德華去世後，亨利的大女兒凱薩琳·瑪麗成為女王，由於她是天主教徒，於是重新實行舊教，大肆迫害英國的新教徒。1558 年，亨利的二女兒伊莉莎白一世繼瑪麗之後加冕登基，由於她是新教徒，所以英國再度成為新教國家。[86] 實際上，自有史以來直至 17 世紀中期，英國的宗教信仰和政治制度完全憑領導人的個人好惡所左右。在一個只有人治而沒有法治的社會裡，當然談不上人們在法律面前的平等。在中世紀的英國，維蘭（農民）沒有與領主平等的法律地位。國王法庭不為維蘭提供免於驅逐的法律保護，也不判領主賠償維蘭的損失。維蘭在政府的法庭中無權控告領主，除非領主的行為全然不合情理（例如導致傷殘和死亡）。領主和法庭在審判時甚至無需聽取維蘭的申辯。[87] 種種事實證明，中世紀的英國是一個司法不公的國家；而司法不公的原因在於沒有司法獨立而導致的法院和法官不能也不敢公正執法。史家指出：「15 世紀的英吉利猶如 19 世紀的愛爾蘭，陪審團皆難免被達官貴人所威脅。大人們有保護他們的私黨及門下客而不使受王家法院判處罪名的義務。英吉利法院是時已有十二陪審者須一致才能判罪的規則，所以把大人們的友好私黨定罪幾為不可能的事。邁德蘭以為當時不正當的寬弛所引起的不公平比不合法的嚴峻所引起的冤屈更甚。」以致在玫瑰之戰開始時，英國人用下面一首詩來表達他們對因沒有司法獨立而導致的司法不公的控訴：

　　法律好比威爾須人的襪子，

85　〔英〕屈勒味林：《英國史》上冊，錢端升譯，北京：中國社會科學出版社，2008 年，第 115 頁。
86　〔美〕佩里主編：《西方文明史》上卷，胡萬里等譯，北京：商務印書館，1993 年，第 426 頁。
87　〔英〕勃裡格斯：《英國社會史》，陳叔平等譯，北京：中國人民大學出版社，1991 年，第 82 頁。

> 依各人的腿之大小彎曲而選制；
> 所以大佬們也可把法律隨便倒置，
> 任意在腳下踐踏也所必至。[88]

　　這種憑領導者個人好惡決定政治制度的人治原則，「刑不上大夫，禮不下庶人」的立法制度，以及權大於法的司法制度，難道不是典型的東方文化嗎？

　　人們常說東方文化主和合、西方文化主紛爭，殊不知直至中世紀末期，英國文化也是主張和合的，並且有著一種與東方文化中完全相似的「天人合一」的和合觀念。莎士比亞有許多動人的詩句論及王朝統治、社會與自然秩序之間的關係，例如，在《特洛伊羅斯與克瑞西達》中有這樣一段經常被引述的詩句：

> 天空中的諸星辰，
> 以及我們這個星體，
> 恪守著各自的位置與尊卑等級。
> 可是一旦眾星越出了常軌，
> 運行漫無目的，
> 將要發生多少災禍與不祥的變異！
> 發生多少反叛之舉，
> 多少山呼海嘯，地陷山移！
> ……
> 只要背離秩序，
> 調亂這根琴弦，
> 聽吧！多少不和諧音將隨之而起，
> 一切事物都會在對抗中殞滅。

　　這首詩反映了伊莉莎白時代的人對上帝安排的自然秩序和人為的社會秩序之間關係的看法。從這首詩中我們可以看到如下東方式的文化觀念：1.「天人

---

[88]〔英〕屈勒味林：《英國史》上冊，錢端升譯，北京：中國社會科學出版社，2008 年，第 289—290 頁。

合一」；2.「天不變，道亦不（能）變」；3. 維持穩定的社會秩序。特別這後一點十分重要，一切東方文化（文明）（其實質是農業文化（文明）在行將解體的時候，都十分強調既定的社會秩序的穩定；英國文化當它處在東方的發展階段特別是在其末期的時候，也十分強調既定的社會秩序的穩定。英國學者阿薩•勃裡格斯的研究也證實了這一點：「都鐸王朝的君主們最為關注的是社會秩序，這一點不僅可以各位君主的文告與言談為證，而且可以他們的各項具體措施為證。」[89] 可見，莎翁的這首詩深刻地反映了伊莉莎白時代英國文化的東方性質。

「三綱五常」並不是東方儒家的獨特創造，而是地理上所有民族處於東方的發展階段的共同倫理。就「三綱」中的「君為臣綱」而言，英國社會從來就不缺乏這種倫理傳統。斯圖亞特王朝的開國君主詹姆士一世在 1609 年 3 月 21 日的演說中，十分明白地表明了他的「君為臣綱」的思想。他主張國王對臣子及其所掌握的事物享有絕對的權柄：「他們可使臣子成為臣子，亦可使其不為臣子；他們使物起，使物落；使物生，使物死；可用任何理由審斷其臣子而不受任何人的干涉——上帝除外。他們可任意崇高卑賤之物而卑賤崇高之物，並將臣民耍弄如棋子般。」[90] 千萬不要以為詹姆士一世的話是癡人說夢、胡說八道，相反，他的話有著廣泛的民眾基礎。史家這樣來描述當時的民眾對王權的認識及其處置方式：「簡而言之，推鐸爾諸王的權力不是物質的而是玄秘超乎自然的。他們有時得力於臣民的愛，但他們老靠著臣民的忠及『自由敬畏』（「free awe」）。在以摩爾•托瑪斯爵士始而以莎士比亞終的一世紀內，『由主所推舉出的代表』（指國君）固儼然王者的威嚴，而當他的面前，無論如何高的品級，無論如何富的天才，無論如何神的宗教，都得低首下心而莫敢自驕；如其逢君之怒而有犧牲的必要時，他們且須俯首就戮，而莫敢有怨懟之態。」[91] 也不要以為這是史家的泛泛而論，而有具體的史實為證。伊莉莎白在位時，斯

---

89 〔英〕勃裡格斯：《英國社會史》，陳叔平等譯，北京：中國人民大學出版社，1991 年，第 127 頁。

90 Quoted from J. W. Allen, *A History of Political Thought in the Sixteenth Century*, London, 2010, p.254.

91 〔英〕屈勒味林：《英國史》下冊，錢端升譯，北京：中國社會科學出版社，2008 年，第 427 頁。

達布斯·約翰（John Stubbs）本是一個忠君之士，但因撰寫一本勸伊莉莎白毋嫁法蘭西親王阿倫遜（Alencon）的小冊子之故——儘管這並不違背伊莉莎白的本意，竟遭割去右手的慘刑。然而，更為離奇的是，在行刑臺上他猶須揮動血淋淋的殘肢呼喊「女王萬歲！」史家評論：「這就是那個機巧的女人（應讀為『君王』——引者注）和她腦筋簡單的臣民間的關係。」[92] 如此的君臣關係，與中國傳統社會的「君要臣死，臣不得不死」，並且在死時還「三呼萬歲」的政治倫理有何二致？中世紀的英國除了有「君為臣綱」的倫理外，也有與東方一樣的「父為子綱」和「夫為妻綱」。幾乎在詹姆士一世提出「君為臣綱」的同時，清教神學家威廉·帕金斯在他的關於「家庭行為」的論著中，基於家國一體的思路提出關於父母和丈夫的定義。他說，所謂父母就是「有權支配、管束兒女的人」；所謂丈夫就是「有權支配妻子的人」。[93] 正像詹姆士一世的話並非癡人說夢一樣，帕金斯的話也不是無中生有。實際情形正是這樣，比如「在盎格魯-撒克遜統治下的早期幾個世紀，丈夫可以任意將妻子離異，另結新歡」，「丈夫或父親必要時可將妻子兒女出賣為奴」。[94] 因此，我們似乎可以這樣說：如果說詹姆士一世的觀點是英國版的「君為臣綱」，那麼帕金斯的觀點則是英國版的「父為子綱」和「夫為妻綱」。在這裡，我想就英國版的「君為臣綱」再贅言幾句。西方某哲人說過，中國人生下來就知道自己是為皇帝抬轎子的。其實，英國人又何嘗不是如此。休謨在談到啟蒙運動前其故鄉蘇格蘭時，對當時的「英國模式」作了生動的描述：「……到處都可見到這樣的王公，他們把臣民當作自己的財產，而且無論是在徵服還是繼承方面，都擁有至高權利。到處也可見到這樣的臣民，他們承認王公擁有這個權力，認為自己生來就應該服從王公，正像對父母盡孝一樣。」[95] 這種把臣民當作自己私有財產的王公正是東方式的王公；這種認為自己生來就應該服從王公的臣民正是東方式的臣民。

92　〔英〕屈勒味林：《英國史》下冊，錢端升譯，北京：中國社會科學出版社，2008年，第407頁。
93　〔英〕威廉·帕金斯：《家庭行為》。轉引自〔英〕勃裡格斯：《英國社會史》，陳叔平等譯，北京：中國人民大學出版社，1991年，第124頁。
94　見〔美〕杜蘭：《信仰的時代》第2冊，臺灣幼獅文化公司譯，北京：東方出版社，1998年，第646、644頁。
95　見〔法〕德尼茲·加亞爾等：《歐洲史》，蔡鴻濱等譯，海口：海南出版社，2000年，第441頁。

主張社會優先於個人、整體優先於個體也不是地理上的東方民族特有的文化性質,而是地球上所有民族處在東方的發展階段的共同的文化價值。英國社會當其處在東方的發展階段的時候,也是主張社會和整體優先的。在英國中世紀人們的觀念中,無論是地方性的社區,還是全國性的社會,都是一個有機的整體。牧師們在布道時經常以如下這一句話告誡他的聽眾:「記住,上帝要我們言必稱『我們』。」[96]與此相應,「帝國」、「國家」不僅是使用頻率極高的詞,而且實際上被置於絕對優先的地位。比如在婚姻方面,即使王室成員的婚姻也不是以當事人的情感和意志為依據,而往往是出於家族興衰和國家安危的考慮。個人服從組織是當時人們的基本觀念之一,伊莉莎白勸阻新教牧師不要結婚,並且下令如果要結婚,妻子必須由主教和兩名地方執法官決定。而俗人的結婚則由家庭作主安排。根據阿薩·勃裡格斯的研究,「individual(個人、個體——引者注)這一詞彙在 17 世紀以後才被解釋為當代意義上的『個體』,在 13 世紀,這一詞彙的意思是『不可分割的』。」[97]可見,中世紀英國的文化價值並不主張個人本位而主張群體本位。

像以上這些說明英國中世紀文化的東方性質的例證我們還可以舉出很多,但僅此已足夠可以證明,17 世紀及其以前的英國文化是東方性質的文化。我的這一結論得到了 C. M. 西波拉的觀點的佐證。西氏在 1965 年說:「伊莉莎白時代的英格蘭人顯然具有某種我們今天在日本人身上看到的氣質。」[98]人的氣質是一個民族的文化的最本質的表現。1965 年時期的日本文化在其基本性質方面還是東方文化,所以,伊莉莎白時代的英國文化在其基本性質方面也是東方文化。

---

96 〔英〕勃裡格斯:《英國社會史》,陳叔平等譯,北京:中國人民大學出版社,1991 年,第 133 頁。
97 〔英〕勃裡格斯:《英國社會史》,陳叔平等譯,北京:中國人民大學出版社,1991 年,第 82 頁。
98 〔英〕C. M. 西波拉:《鐘錶與文化》。轉引自勃裡格斯:《英國社會史》,陳叔平等譯,北京:中國人民大學出版社,1991 年,第 122 頁。

第四章　東西方界線的變動　211

　　英國的西方化是在文藝復興之後開始的。英國西方化的具體目標就是意大利化。長期以來，英國閉關自守，夜郎自大，不知道英國以外還有別的世界。[99] 意大利文藝復興的西風吹進英國以後，英國人開始和外面世界接觸，瞭解到西方世界比自己更文明更精彩。這時，他們首先產生了自己不如別人（意大利）的心態。14世紀後期，英國已經出現了一些帶有反宗教情緒的先行改革者，比如出生於約克郡的約翰·威克裡夫（1330—1384年）就曾抨擊教會制度並懷疑他所信仰的教義，此人還去牛津並出任巴厘奧爾學院的院長和牛津大學的教授。但是，在文藝復興之後的英國人看來，「根據歐洲人，或者完全根據意大利人的標準，威克裡夫的學問及後期的牛津學究風氣已經有點過時」。[100]15世紀，英國也出現過像韓弗理公爵（1391—1447年）這樣一些引進新思想和新藝術並向牛津和劍橋兩大學捐贈過大批書刊的新貴。同樣，在文藝復興以後的英國人看來，這些人都不能同意大利文藝復興時期的人物相比，連教育改革家都稱不上；「相反，意大利文藝復興時期最偉大人物達·芬奇是位科學家也是位藝術家」。[101] 在這種心態的支配之下，當時的英國的「學者和藝術家對待傳統表達方法和思想規範的態度已經有了變化。『復興』和『再興學習』等提法表達了觀點上的變化」。[102]「復興」和「再興學習」的提法，無疑是直接借用了意大利文藝復興的口號，充分表達了英國社會的先進分子要向意大利大學習的願望和決心。事實上，他們也沒有把這些口號停留在口頭上，而是在英國開展了一場真正的復興——研究希臘文學原著和意大利文學家的作品，比如亞里斯多德的作品和意大利文藝復興時期文學三傑（但丁、彼特拉克、薄伽丘）的作

---

[99] 英國學者肯尼士·O. 摩根指出：「1500年左右，當英格蘭幾乎失去所有的海外『帝國』之時，一位意大利外賓仍然報告說，『英格蘭人極愛他們自己和屬於他們的一切。他們認為除了他們自己以外就沒有別人，除了英格蘭以外就沒有別的世界；而當他們見到一位漂亮的外國人時，他們便說『他長得像個英格蘭人』，並說『可惜他不是英國人』。」（〔英〕摩根：《牛津英國通史》，王覺非等譯，北京：商務印書館，1993年，第237—238頁。）
[100]〔英〕伍德沃德：《英國簡史》，王世訓譯，上海：上海外國語教育出版社，1990年，第62頁。
[101]〔英〕伍德沃德：《英國簡史》，王世訓譯，上海：上海外國語教育出版社，1990年，第63頁。
[102]〔英〕伍德沃德：《英國簡史》，王世訓譯，上海：上海外國語教育出版社，1990年，第62頁。

品都是16世紀英國人學習的主要內容之一。在向意大利學習的過程中,「英國人對意大利學術的興趣不限於文學」[103],一批社會精英包括一些王室成員紛紛到意大利去學習人文、社會、自然等各門學科的學問。比如對英國的希臘文化復興作過很大貢獻並擔任過聖保羅學院第一任校長的約翰・科利特,就到意大利學習過新柏拉圖主義哲學;為英國醫藥事業作過傑出貢獻的林納克(1460—1524年)曾前往意大利,主攻醫學;後來成為英國資產階級革命家的克倫威爾(1599—1658年)曾前往意大利當兵,學習意大利軍事等等。與此同時,英國的商界開始學習意大利的商務,比如16世紀的英國商人採用意大利的雙欄目簿記法;他們還引進意大利的符號:L. S. d.(拉丁文 librae, solidi, denarii 縮寫,意為:鎊、先令和便士)。[104]在民間,幾乎所有的英國主教教堂都開辦了語法學校。語法學校用拉丁文教授修詞學、辯證法(即依據邏輯規則的辯論)、語法與數學等課程。[105]總之,在意大利文藝復興思潮的影響之下,15世紀和16世紀的英國,從僧界到俗界,從王室到民間,出現了一股崇尚意大利、學習意大利的風潮,甚至可以說出現了「意大利狂」。湯因比曾生動地描述了這一情景:「英國人當時崇拜意大利的情況非常明顯。在莎士比亞的作品裡有四分之三以上都是根據意大利故事寫成的。事實上莎士比亞在他的《李查二世》裡,就曾經諷刺過他在自己選擇題材方面表現出來的這種『意大利狂』(Italomanie)。高貴的約克老公爵指責愚蠢的年輕的國王走上了歧路,因為他——

『聽見了驕傲的意大利的種種時髦,
我們這遲鈍學樣的國家總是模仿他們,
跟在後面,學又學不像。』[106]」[107]

---

103 〔英〕伍德沃德:《英國簡史》,王世訓譯,上海:上海外國語教育出版社,1990年,第63頁。
104 〔英〕伍德沃德:《英國簡史》,王世訓譯,上海:上海外國語教育出版社,1990年,第63頁注。
105 〔英〕伍德沃德:《英國簡史》,王世訓譯,上海:上海外國語教育出版社,1990年,第64頁。
106 〔英〕莎士比亞:《李查二世》,第1幕,第2場。
107 〔英〕湯因比:《歷史研究》上冊,曹未風譯,上海:上海人民出版社,1959年,第301頁。

第四章　東西方界線的變動　213

　　所有東方國家在開始學習西方的時候，都是像這位老公爵所說的那樣，「總是模仿他們，跟在後面，學又學不像」。但是，如果像這位老公爵那樣站在保守主義的立場上，對改革派學習包括模仿西方的行為加以嘲諷和指責那就錯了，因為隨著時間的推移，它們不僅可以學得像，甚至可以後來居上。英國就是這樣一個在學習西方中後來居上的國家。

　　英國在學習西方即意大利的過程中，首先取得的成就是社會生活的世俗化，而社會生活的世俗化又突出地表現在金錢地位的提高。16世紀，英國農民用貨幣地租代替勞役地租的現象已十分普遍。17世紀，英國人對待高利貸的態度已由此前的是否允許放貸的道德爭論，轉而對利息率高低的利益討論。這時，人們已經把賺錢作為自己的正當職業，而不再為此而感到羞恥。商人們追逐財富到了幾近瘋狂的程度。這種狀況甚至為俄國皇帝所覺察。1571年，沙皇伊凡雷帝在致伊莉莎白女王的一封信中寫道：「人們正在發財，而不為陛下所知。……商人無視其君主的利益，所關心的僅僅是自己的商業利潤。」[108] 如果說15世紀的意大利人已經由鄙視金錢轉而重視金錢的話，那麼16世紀特別是17世紀的英國人則可以說到了崇拜金錢的地步了。這可以從莎劇《雅典的泰門》中關於黃金的作用的那段說詞[109]中得到證明。這段話雖然出自劇中人之口，並且劇中人是以批判的口吻講述的，但實際上卻反映了劇作者時代相當一部分的英國人對待金錢和財富的觀念。由鄙視金錢到重視乃至崇拜金錢，這是任何東方國家在開始西方化時出現的第一道曙光。它之所以是「第一」，因為它不需要任何別的力量來推動，它自身就是推動力，而且是任何教權和政權的力量都阻

108　〔英〕勃裡格斯：《英國社會史》，陳叔平等譯，北京：中國人民大學出版社，1991年，第191頁。
109　莎士比亞在《雅典的泰門》中借劇中人之口說：
　　金子！黃黃的、發光的、寶貴的金子！
　　……
　　這東西，只這一點點兒，
　　就可以使黑的變成白的，醜的變成美的；
　　錯的變成對的，卑賤變成尊貴的，
　　老人變成少年，懦夫變成勇士。
　　……

擋不了的。它之所以是「曙光」，因為它的出現意味著傳統的政治社會開始解體和現代的經濟社會開始萌發。當然崇拜金錢會滋生腐敗，但腐敗中孕育著生機。當一個社會為了防止腐敗不得不制定一套規則，從而使人們為了達到「主觀為自己」的目的不得不首先「客觀為別人」的時候，這個社會就基本上西方化了。英國在學習意大利的過程中，正是逐步制定並完善了這套遊戲規則，從而才使自己逐步西方化的。

英國西方化的實質性內容之一是實行了宗教改革，顛倒了教權和王權的關係，為日後政教分離的實現提供了前提。如前所述，英國曾經是一個長期實行政教合一的國家。教權雖然在許多方面受到王權的抵制，但羅馬天主教廷並未因英國是一個島國而對之鞭長莫及。相反，在君權神授理論的氛圍下，教會因經濟上強大、組織上嚴密和思想上獨尊而牢牢控制著英國。在中世紀，英國並不是一個完整意義上的主權國家，每年要向羅馬教廷納貢，國內的修道院擁有地產，有權向信徒徵稅。教會不僅干預人們的信仰，而且干預世俗事務，乃至國王的離婚都要經過教廷批準。後期，教會賣官鬻爵，圖謀私利，因擁有種種特權而腐敗日重，且在拒絕任何進步和任何改良的同時，以暴力手段鎮壓異端。在意大利义藝復興思潮的影響之下，整個英國社會開始慢慢地但卻實實在在地蘊積起一股反宗教情緒，少數的先進分子已經開始抨擊教會制度，批判宗教教義，要求取消教皇和教會的特權。在全國上下反宗教思潮湧動的背景下，以亨利八世的離婚請求被教廷拒絕為導火線，亨利發動了反抗羅馬教廷的鬥爭，啟動了英國宗教改革的歷程。在改革中，亨利和國會聯手，通過了一系列增強王權、打壓教權的法案。1533年的《上訴法》規定，亨利八世是英國新的最高主宰，所有的世俗和宗教權力都歸亨利國王所有，同時宣布廢除教皇對英國教會事務的裁決權。1534年的《至尊法令》聲稱，英國教會即英國國教的最高首腦是英國國王而不是教皇。1536年的《反對教皇權力法》則進一步清除了教皇在英國的各種權力，其中包括對《聖經》的解釋權和在英國的財產權。[110] 至此，英國實現了與羅馬教廷的決裂，成了一個完整意義上的主權國家，亨利八世則完全控制了英國教會，成為俗界和僧界的最高首領。這一系列結果表明，英國

110〔英〕摩根：《牛津英國通史》，王覺非等譯，北京：商務印書館，1993年，第265頁。

在宗教改革中終於完成了從「教（皇）權至上」到「王權至尊」的轉變，把教權與王權的位置從根本上顛倒了過來。教權與王權關係的顛倒，同時也意味著從天主教到新教的轉變，雖然此後有過舊教的短期復辟，但 1558 年 11 月極力復辟舊教的女王瑪麗的去世，則標誌著「英格蘭人民從天主教到新教的轉變就此大功告成」[111]。

國王與教皇權位的顛倒和由天主教到新教的轉變，其意義極其深遠。在此之前，英國社會弊端叢生，災難深重，貴族之間、國王和教會之間以及統治階級和人民之間各種矛盾錯綜複雜，人民處於痛苦和盲然之中，且誰也不能提出解救措施。「可是宗教改革卻帶來了一種新的力量，它動搖了英格蘭社會的基礎，鼓勵各階層人士起來反對舊制度，舉起了各個階級願意為之獻身或採取非常手段的戰旗。幾個世紀以來飽經風霜的舊制度被一次大分裂斷送了。從此，所有其它的階級矛盾和利益衝突得到排解和緩和，人民在衝突和苦難中取得一致，制度獲得統一。在以後的漫長歲月裡，所有歐洲國家都將像英格蘭那樣加入支持或反對新教改革的陣營。」[112] 而且早在亨利與羅馬教廷決裂之前，英國國王與教皇爭權奪利的矛盾和鬥爭已長期存在，有時甚至相當激烈。在這種情勢下，僧界人士（當時幾乎人人都是教徒）勢必要作出忠於教皇還是效忠國王的抉擇，這樣就導致了宗教的分化，而宗教的分化則為日後國會中政治勢力的分化，即兩個政黨的產生作了準備。後來的輝格黨和托利黨就是在宗教兩派的基礎上產生的。因此，英國的宗教改革及其所導致的國王與教皇權位的顛倒和由天主教到新教的轉變，雖然還不是政教分離的實現，但是它卻為日後的政教分離提供了不可或缺的前提。

英國西方化的另一個實質性內容，就是解決了國會和王權的關係問題亦即王權專制問題。英國國會和國王之間爭奪權力的鬥爭早在十三四世紀就已開始，但在英國沒有與羅馬教廷分裂的情況下，政權和教權之間的矛盾始終是主要矛盾，現在政權和教權之間的矛盾解決了，國會和國王之間的矛盾自然凸顯

---

[111]〔英〕溫斯頓・邱吉爾：《英語國家史略》上冊，薛力敏等譯，北京：新華出版社，1985 年，第 528 頁。

[112]〔英〕邱吉爾：《英語國家史略》上冊，薛力敏等譯，北京：新華出版社，1985 年，第 528—529 頁。

出來。長期以來，英國雖有國會存在，但如前所說，國會幾乎形同虛設，被國王把玩弄於股掌之中。隨著宗教改革的成功，國會中平民代表的勢力越來越大，於是國會同國王之間的衝突越來越激烈，終於在17世紀40年代初爆發了一場以代表商人和自由民階級的國會為一方，以代表貴族和其它上層階級的國王為另一方的內戰。由於國會代表新生的資產階級，並且得到了資產階級革命家克倫威爾及其軍隊的支持，在經過長達七八年之久的兩次內戰和其它形式的較量後，以王黨的失敗而告終，並在1649年1月30日將國王查理一世送上了斷頭臺。查理的死，標誌著國會在同國王的鬥爭中取得了決定性的勝利。「1649年3月國會通過兩項法令，宣稱英國為共和政體和一院制國會的自由國家。」[113] 然而，正如任何國家的新興階級向既存貴族階級的奪權鬥爭都不可能畢其功於一役一樣，1649年英國國會的兩個法令頒布以後，國會和王權之間的鬥爭在此後的幾十年中一直沒有停止。在克倫威爾任護國公期間，他利用掌握軍隊的權力打壓乃至解散國會，但國會中的改革派從護國體制建立之初起，就開始越來越多地探討有關如何更好地組建政府以治理國家的問題。克倫威爾去世後，從1660年開始，英國曾經出現歷時28年的王朝復辟時期。在復辟期間，此前為了繼承父親的王位曾兩次舉兵與克倫威爾交戰，並敗走法國的查理一世的兒子被請來擔任國王，史稱查理二世。據史載，查理二世對舊敵的報復範圍雖然有限，卻頗見成效：所有簽署查理一世處決令的「弒君者」都被處以死刑，而一些曾經支持共和的主要人物則免於懲罰。儘管如此，國會還是不能對查理放心，不斷削減他的權力。[114]

17世紀英國國會和國王的鬥爭，始終與反對天主教和支持天主教的鬥爭交織在一起。1678年，國家又掀起了一次反天主教熱潮。查理的弟弟、王位繼承人詹姆士，由於是一名天主教徒而剝奪了他的繼承權。但在這場針對詹姆士繼承權的「廢黜危機」中，國會議員化分為兩派：詹姆士的支持者大多為天主教的信仰者，被稱為「托利派」(Tories)；反對詹姆士的則支持新教，被稱為「輝

113〔英〕伍德沃德：《英國簡史》，王世訓譯，上海：上海外語教育出版社，1990年，第109頁。
114〔英〕克里斯多夫・丹尼爾：《週末讀完英國史》，侯黻、勞佳譯，上海：上海交通大學出版社，2009年，第146頁。

格派」(Whigs)。查理為了壯大天主教的勢力而解散了國會，國會中的輝格派為了反對查理支持天主教和解散國會，曾策劃了一次謀殺查理和詹姆士的陰謀。陰謀敗露後，策劃者遭到處決。查理得以善終，詹姆士二世也順利繼承了王位。

　　詹姆士二世即位後，繼續推行支持和偏袒天主教的政策，引起了國會的強烈不滿。1688年6月，詹姆士二世得子，終於發生了因王位繼承問題而導致的宮廷政變即「光榮革命」。當時國會在輝格黨人和部分托利黨人的支援下，為避免信奉天主教的詹姆士二世將王位傳給剛出生的兒子，決定把詹姆士二世廢黜，並邀請信奉新教的詹姆士二世的女兒瑪麗及其丈夫、荷蘭執政者威廉三世擔任英國國王和女王。當年11月，威廉及其率領的軍隊抵達英國，12月詹姆士二世逃離英國。1689年初，國會召開特別會議，正式邀請威廉和瑪麗共同統治英國，同時向後者提出一項旨在限制王權的「權利宣言」。「宣言」堅持人民應享有「真正的、古老的、不容置疑的權利」，包括不經議會同意不能制訂或終止任何法律的效力；不經議會同意不能徵稅；人民應享有選舉議會議員的自由；議會享有辯論的自由等。這項宣言在1689年12月被國會制訂為正式法律，即「權利法案」。威廉和瑪麗接受了上述要求，即位為英國國王和王后。從此，英國成為一個由國會治理的國家，王權被置於國會的監督之下——後來的君主立憲制就是這一原則的具體化和制度化。這就是專制王權的解體。隨著17世紀晚期及其之後的政治改革的深入和立憲工作的不斷完善，到18世紀前期，英國初步建立了立法、行政、司法三權分立的近代民主制度，儘管當時的三權分立並不徹底。

　　國王和國會之間權位顛倒的意義，與政權和教權之間關係顛倒的意義同樣深遠。這種意義首先體現在英國人民真正獲得了當家作主的地位，並從中獲得無窮福祉。如史家指出的，自1689年起，英國再沒有一個國王敢有不要國會或違背眾議院的決議而自統自治的嘗試，也沒有一個國王敢作踐躪英吉利地方自由的嘗試；司法因獲得了獨立而變得公正，出版因取消預先審查制度而使「印行自由」得以實現；「輝格及托利兩大黨的均勢使批評政府之人得有所庇護而無須畏懼」，剷除異己法律的廢止和《容忍法》的頒布，使得「個人可有信仰

的原則終獲勝利」。[115] 事實上，英國在 1688 年「光榮革命」後建立起來的議會權力超過君主的民主制度，不僅對英國自身的歷史發展，而且對歐美許多國家的政治都發生了重要影響。湯因比說，英國人的議會民主制度和在這個制度主導下發展起來的工業制度，「是我們這一個時代的主要的制度。它們所以到處受人歡迎，是因為它們為我們西方社會提供了最好的解決辦法，解決了把意大利城市國家文化在政治與經濟方面的成就移植到王國基礎上的問題」。[116] 這就是說，以限制王權為核心的議會制度的建立，以及此前的由天主教向新教轉變而提供的政教分離前提的出現，意味著英國在向意大利學習的過程中實現了由東方專制政治到西方民主政治的轉變。

在 15—17 世紀的二三百年間，英國學習意大利所取得的成就遠不限於以上幾個方面。除此而外其它主要成就有：持續三個世紀且善惡參半的圈地運動，為工業革命的到來和自由市場經濟體制的建立提供了必備的前提；從聖經史的族長制中引申出來的君權神授理論和根深蒂固的「皇恩浩蕩」思想得到了徹底清算；政教合一和王權專制解體這種政治體制連續性的中斷，為個人主義和自由主義的發展開拓了廣闊的空間。事實證明，英國在西方化即意大利化的過程中，並非如莎劇中那位高貴但卻保守的老公爵所說的那樣，「學又學不像」；相反，不僅學得很像，而且取得了青出於藍而勝於藍的效果，從而使英國成為人類歷史上第一個較為完整意義上的西方國家。如果說意大利人是希臘-羅馬文化的近代兒子中的長子，那麼，英國人則是近代歐洲兒子中的次子——而且是後來居上的次子。

115〔英〕屈勒味林：《英國史》下冊，錢端升譯，北京：中國社會科學出版社，2008 年，第 533 頁。
116〔英〕湯因比：《歷史研究》上冊，曹未風譯，上海：上海人民出版社，1964 年，第 301—302 頁。

第四節

法國的東方性及其英國化

　　希臘-羅馬文化的近代歐洲兒子中的第三個兒子是法國。然而，這第三個兒子在誕生之前也經歷了漫長而痛苦的孕育過程。——直到英國西方化以後的很長時間，即大概到大革命前後，法國一直處在文化發展的東方形態的階段；儘管它跟英國一樣，在其早期也受過希臘-羅馬文化的某種程度的影響。

　　首先從經濟結構和經濟制度看，中世紀的法國並不是以私人所有制為基礎的自由市場經濟國家。在農村，法國的土地在多少世紀裡主要歸王室和教會所有。17世紀中葉科爾貝爾[117]推行的國家干預主義政策，又把這種土地國有的制度向前推進了一步。1669年頒布的「水澤森林管理條例把一切通航的河流全部劃歸王權支配，在此之前，已經宣布王國的所有土地，包括礦山，也非王莫屬」。[118] 實際上，有些土地的所有權和使用權的歸屬並沒有嚴格劃清。由於集體的觀念和習慣方式，使大批農田處於休耕或荒蕪狀態。但是，「如果有錢的人把他們的地圈起來，那是不能容忍的事」。[119] 就是說，16世紀初期就開始的「英國式」的革命——圈地運動，直到17世紀中期法國農村還沒有發生，因為它還沒有發育到必要的成熟程度。在工業方面，當時的民間工業主要是一些小作坊，即由一個師傅帶領幾個徒弟或幫工從事小日用品生產的小工廠，而比較大型的工廠如冶金、鑄造、採礦等全部由國家經營。生產所用的材料也主要由國家供應，比如，前述條例規定了木材的使用權以後，「磚瓦窯和煉鐵高爐的用柴只根據國王的詔書供應」。[120] 在這種體制之下，國家既是宏觀經濟的管理

---

[117] 即約翰‧巴蒂斯特‧科爾貝爾（Jean Baptiste Colbert, 1619—1683年），法國著名政治家，路易十四時期的財政總監，重商主義者。
[118]〔法〕雷吉娜‧佩爾努：《法國資產階級史》下冊，康新文等譯，上海：上海譯文出版社，1991年，第136頁。
[119]〔法〕皮埃爾‧米蓋爾：《法國史》，蔡鴻濱等譯，北京：商務印書館，1985年，第241頁。
[120]〔法〕佩爾努：《法國資產階級史》下冊，康新文等譯，上海：上海譯文出版社，1991年，第136頁。

者,又是微觀經濟的直接經營者。雷吉娜·佩爾努寫道:「在他(指科爾貝爾——引者注)的推動下,一方面國家政權自己成了企業家,直接管理著某些企業。另一方面,他以授予特權、給與補貼和答應提供種種方便為誘餌,鼓勵企業家開工廠,這些方便還包括在一定時間內給予壟斷權、獎金和國家訂貨。」[121]在佩爾努說的前一種情況下,國家政權是企業家;在後一種情況下,國家政權也是企業家。區別只在於,前者是直接經營的企業家,後者是間接經營的企業家。因為即使在後一種情況下,廠主也不是現代意義上的企業家,相反,「廠主被看成是受國王雇傭的經理」。[122]這種國家壟斷經濟、控制一切財產的局面在18世紀有了進一步發展,乃至大革命前後到了登峰造極的地步。阿曆克西·德·托克維爾在大革命後寫成的《舊制度與大革命》中描述當時的經濟制度時寫道:「在舊制度下,像今天一樣,法國沒有一個城市,鄉鎮,村莊,小村、濟貧院,工廠,修道院,學院能在各自的事務中擁有獨立意志,能夠照自己意願處置自己的財產。當時,就像今天一樣,政府把全體法國人置於管理監督之下,如果說這個蠻橫字眼當時尚未造出,至少它在事實上已經存在了。」[123]無論17世紀科爾貝爾的國家干預主義,還是18世紀的以國家名義的政府壟斷,無疑都在客觀上推動了當時法國經濟的發展和資產階級的生成。但我們卻從中看到了某些東方國家在200年甚至300年後出現的國家官僚資本主義經濟和國家統制經濟[124]的某些畫面。具體地說,就經濟結構和基本經濟制度而言,17、18世紀的法國與20世紀後期乃至21世紀初期的中國極為相似。所以我們說,法國在十七八世紀及其以前,在經濟結構方面還是一個東方式的國家。

---

121 〔法〕佩爾努:《法國資產階級史》下冊,康新文等譯,上海:上海譯文出版社,1991年,第136—137頁。
122 〔法〕佩爾努:《法國資產階級史》下冊,康新文等譯,上海:上海譯文出版社,1991年,第137頁。
123 〔法〕托克維爾:《舊制度與大革命》,馮棠譯,北京:商務印書館,1992年,第91頁。
124 有些史學家乾脆把17—18世紀法國的經濟制度稱之為「經濟統治」。因為在這些時間裡,「所有的企業都為國家服務:森林、礦山、採石場、各種鍋爐和冶金爐、染坊和造紙工廠,織布工廠和修鞋作坊。國家此外還積極建造新的工廠。」(〔法〕喬治·勒費弗爾:《法國革命史》,顧良等譯,北京:商務印書館,1989年,第344、345頁。)

18 世紀以前的法國同 17 世紀中期以前的英國一樣，是一個政教合一的國家。政教合一的體制之所以產生，是出於政權和教權兩方面的需要。一方面，國王需要教皇為之加冕，以此取得君權神授的也即使自己成為上帝在塵世間代表的政治合法性；另一方面，教皇和教廷需要王權的政治保護，以保持自己的特權地位。從政教合一體制的總體上說來，教權處於至上的地位。因此，中世紀的法國也同中世紀的英國和其它歐洲國家一樣，是一個教會主宰一切的世界。在中世紀的法國，教會包攬一切社會事務，行使各種宗教的和世俗的權力。教會不僅自己擁有教產，即大量領地和其它教產，而且負責農民稅收的徵繳；教會不僅任命神職人員，而且任命法官與行政官吏；教會不僅設有法庭以裁判各種訴訟，而且負責人民的道德教化。教會還負責人民的出生、結婚和死亡的登記，「甚至要供應公牛與屬下農民的母牛交配」。[125] 在中世紀的法國，「教會就是社會」[126]，教徒就是人民[127]，因此宗教生活也就是人民的日常生活。比如，對於一般人民來說，教堂的鐘聲是最神聖的音樂；教堂的各種儀式是他們高尚的戲劇；聖侶的故事成為他們寶貴的文學；而教曆上的節日則成了他們歡愉的假日。[128] 這就是政教合一體制下教權至上的一面。政教合一體制的另一面是專制王權。在中世紀的法國，王位不僅世襲，而且國王對他的臣屬具有絕對權威。雖然由於受過希臘-羅馬文化的影響，法國國王，也包括歐洲大陸其它國家的國王，和各級封臣之間，隔級的隸屬關係比較鬆散，所謂「我的封臣的封臣不是我的封臣」，但是，國王對宮廷大臣和他的直接封臣還是像東方國家的君主一樣，具有生殺予奪之權。因此大領主們為了得到領地的恩賜，甘當國王的陪臣，而各省省長、總督、行政官員和總兵則紛紛向國王效忠。[129] 這種情

---

125 〔美〕杜蘭：《伏爾泰時代的歐陸》，幼獅翻譯中心譯，臺北：幼獅文化事業公司，中華民國七十二年，第 7—10 頁。
126 〔法〕佩爾努：《法國資產階級史》上冊，康新文等譯，上海：上海譯文出版社，1991 年，第 92 頁。
127 在中世紀的法國，人人都是教會的一分子，即使那些異端分子一般也不敢聲稱脫離教會，因此教徒就是人民。見〔法〕佩爾努：《法國資產階級史》上冊，康新文等譯，上海：上海出版社，1991 年，第 92 頁。
128 〔美〕杜蘭：《伏爾泰時代的歐陸》，幼獅翻譯中心譯，臺北：幼獅文化事業公司，中華民國七十二年，第 10 頁。
129 〔法〕米蓋爾：《法國史》，蔡鴻濱等譯，北京：商務印書館，1985 年，第 144 頁。

況正如威尼斯的使節所寫的那樣:「法國人把自己的自由和意願全部託付給了國王。」[130] 專制王權與至上教權的結合——政教合一,就是 18 世紀及其以前法國的政治體制。

中世紀的法國沒有行政、司法、立法三權分立的現代民主制度,而有的是集三權於一體的專制統治制度。17 世紀中期的路易九世不僅勤於國內的行政管理,而且「不厭其煩地親自審理案件」;在他不能親自審理案件的時候,他就會召集一批法官,「以國王的名義審理案件」。同時,「國王既執法也立法」,他頒布各種敕令,他通過自己的官吏檢查大法官和總管的工作。[131]17 世紀後期的路易十四,以「朕即國家」[132]的名義進行統治。他的統治方式是,在自己的周圍挑選幾個親信組成一個「最高會議」,而其它會議如財政會議、行政會議和訴訟會議等都隸屬於「最高會議」之下並對國王負責。[133]司法、立法和行政三權的混為一體,是一切民族的文化處在東方的發展階段的基本特徵,也是法國文化處在東方的發展階段的基本特徵。

中世紀的法國並不是一個法治國家,「在法律面前人人平等」的口號,無論在理論上還是在實際上都與中世紀的法國無緣。直到 15 世紀末期,在法國不同身份的人犯事,均由不同的法庭審問:鄉村人民由領主法庭審問,城市居民由城市法庭審問,貴族由貴族法庭審問,教士由教會法庭審問;而每一種法庭在審判時所依據的是「因被審判人的地位而有所不同」的習慣法。[134] 比如,同性戀行為將受到火焚於柱的懲罰,這在當時是一項法律,但這項法律「僅施及於窮困之人」,而不施及於貴族和其它特權階層。[135] 這同當年英國的維蘭和領主所受到的不同的法律待遇完全相似。與此同時,法國還是一個有法不依的國家。瓦爾寫道:在法國大革命之前,「命令發佈了,但不被服從,法律制定了,

---

130 轉引自〔法〕米蓋爾:《法國史》,蔡鴻濱等譯,北京:商務印書館,1985 年,第 144 頁。
131〔法〕米蓋爾:《法國史》,蔡鴻濱等譯,北京:商務印書館,1985 年,第 102 頁。
132〔法〕米蓋爾:《法國史》,蔡鴻濱等譯,北京:商務印書館,1985 年,第 210 頁。
133〔法〕米蓋爾:《法國史》,蔡鴻濱等譯,北京:商務印書館,1985 年,第 214 頁。
134〔法〕瑟諾博斯:《法國史》,沈煉之譯,北京:商務印書館,1964 年,第 148—149 頁。
135〔美〕杜蘭:《伏爾泰時代的歐陸》,幼獅翻譯中心譯,臺北:幼獅文化事業公司,中華民國七十二年,第 59 頁。

但沒有執行」。[136] 凡是沒有法律或法律不被嚴格執行的地方，道德肯定會起著更大的作用。中世紀的法國亦如此。路易九世在他的「敕令」中「宣揚道德」；[137] 經濟生活和整個社會生活主要不是受法律支配，而是受基督教的教義即基督教的道德準則所支配。社會提倡發展「健康而誠實」的經濟，但「實際上，『健康而誠實』的經濟只不過是基督教道德準則的實行，這種道德準則當時已經深入到整個社會」。[138] 由此可見，中世紀的法國既沒有法律面前的人人平等原則，也沒有法律至上原則，有的只是法律歧視原則和道德至上原則；而法律平等還是法律歧視、法律至上還是道德至上，正是東方文化和西方文化的重要分水嶺之一。

與政教合一、專制統治和法律歧視密切相聯，中世紀的法國是沒有宗教信仰自由的國家。在整個中世紀，法國和歐洲所有國家一樣，設有宗教裁判所，對異教徒以莫須有的罪名處以各種酷刑乃至極刑。這種情況即使到了18世紀也絲毫沒有改變，各種歧視和迫害新教徒的法律仍然不斷頒布並且繼續執行。根據法律，新教徒的妻子只能視作姘婦，其子女只能被視為私生子而不能繼承財產。僅在路易十五統治時期，就發生過多起迫害新教徒的事件。1717年，有24位因為做新禮拜的教徒被捕並被送至戰艦做划手，而他們的妻兒則遭監禁。1724年的一道敕令規定，新教牧師處以死刑；所有參與新教集會的人被沒收財產，男的送到戰艦服役，女的則剃光頭髮，並監禁終身。僅從1744年到1752年，就有約600個新教徒淪為獄囚，另外還有800個被判處各種徒刑。在1752年，一個年僅26歲的新教牧師Bénezet在蒙皮立（Montpellier）被吊死。[139] 對於法國中世紀的天主教對於異教徒的不寬容政策，法國著名史學家雷吉娜・佩爾努於1962年在她的《法國資產階級史》中曾這樣揭示：法國「當時的宗教界不接受寬容，比起今日的專制制度不容忍政治上的反對派來，可謂是有過之而

---

136 〔法〕瓦爾：《法國革命前史》I，第29頁。轉引自斯賓格勒：《西方的沒落》下冊，齊世榮等譯，北京：商務印書館，1991年，第651頁。
137 〔法〕米蓋爾：《法國史》，蔡鴻濱等譯，北京：商務印書館，1985年，第102頁。
138 〔法〕佩爾努：《法國資產階級史》上冊，康新文等譯，上海：上海譯文出版社，1991年，第92頁。
139 以上材料均見：〔美〕杜蘭：《伏爾泰時代的歐陸》，幼獅翻譯中心譯，臺北：幼獅文化事業公司，中華民國七十二年，第12頁。

無不及。天主教的法國對安納・迪・布林[140]和基督教的瑞士對蜜雪兒・塞爾韋特[141]判處極刑一事，都被他們各自所在國家的輿論看作是清除賣國賊與內奸的正當手段，如同共產主義的支持者們今天在信奉馬克思主義的國家裡處理重大案件時所採取的態度一樣。宣傳君主信奉之外的宗教，就是犯了大逆不道的叛國罪。」[142]

言論出版的不自由與宗教信仰的不自由，從來就是作為一對孿生兄弟而存在的。中世紀的法國既然沒有宗教信仰自由，也就必然沒有言論出版自由。出版的不自由主要表現為設有出版檢查制度。法國的書報檢查制度始於弗朗索瓦一世時期，此後一直是教會和王權實行專制統治的重要手段。1728年，又頒布了更嚴厲的法令：凡煽動暴亂或反宗教的作者、印刷出版商將被判處死刑。[143]這種極刑雖未見付諸實施，但對宣傳新思想的作家們構成的威脅是可想而知的。到了中世紀的末期，出版的自由在法國的憲章中也有了空洞的認可，但它如何在書報、雜誌的出版中貫徹，沒有作出具體的規定。而在實際上，除了在法國大革命初期的一個短暫的時間裡，書報從來沒有得到出版的自由；自1793年以來，它們是受員警管制的，拿破崙時期甚至重新設立了一個檢查委員會，專門對書報進行檢查。法國史家慈諾博斯仕論及當時法國報紙的狀況時說：「一直到革命前夕，它被檢查制度弄得寸步難移，因為一篇文章必須事先得到政府的許可才能付印。」法國的報紙也不像英國的報紙那樣登載商業廣告附帶政治新聞。法國的報紙主要登載評論政治的文章和政治性的消息。「它變成了法國民眾主要的、甚至惟一的獲取政治消息和進行政治教育的工具；它製造讀者的

---

140 安納・迪・布林（Aune Du Bourg，約1520—1559年）：法國法官，因公開反對迫害新教徒，被判處絞刑。死後，屍體被焚。——《伏爾泰時代的歐陸》中譯者注

141 蜜雪兒・塞爾韋特（Michel Servet，約1509—1553年）：西班牙神學家、哲學家、醫生，由於多次撰文反對天主教與基督教之間的論戰，在旅居日內瓦時被加爾文下令燒死。——《伏爾泰時代的歐陸》中譯者注

142〔法〕佩爾努：《法國資產階級史》下冊，康新文等譯，上海：上海譯文出版社，1991年，第74頁。

143〔法〕勒內・波莫主編：《法國文學》第5卷，第29頁。轉引自羅梵等：《法國文化史》，北京：北京大學出版社，1997年，第111—112頁。

輿論。」[144]

在嚴厲的書報檢查制度的統治之下，法國文化人的命運極為悲慘。直到啟蒙時代之前，法國的文化人所能做的只是自覺地或不自覺地為至上教權和專制王權統治的合法性作論證的工作，所以他們實際上只是教會和王權的附庸。儘管路易十四採取了保護文藝的政策，但在官方庇護下的作家、藝術家，充其量也只是些「食客」，並無言論、思想的自由。不管官方的還是非官方的文人，膽敢冒犯教權、王權者，絕少有不遭迫害的。[145] 笛卡爾因傳播新的機械論的自然觀而被迫流亡荷蘭，伏爾泰因出版批評教會和宮廷的著作而流亡英國，狄德羅因宣傳無神論觀點而被捕入獄……；這些人的厄運就是「自由思想」者的命運。在中世紀的法國，文化人要麼甘當為至上教權和專制王權效力的御用文人，要麼就像上述幾位一樣遭此悲慘下場，而別無其它選擇。在這裡，我們何曾看到今日西方世界的言論出版自由的半點影子。

中世紀和近代初期，法國的至上教權和專制王權在扼殺宗教信仰自由和言論出版自由的同時，也抑制民間力量的發展。在中世紀晚期和近代初期，王權在與教權的鬥爭中逐漸占了上風，社會由中世紀中期的教會主宰一切的局面向政府主宰一切的局面轉變。「在 18 世紀，政府權力已經十分集中，極其強大，驚人地活躍，它不停地贊助、阻止或批準某項事業。它許諾很多，給予也很多。它以各種方式施加影響，不僅主持大政方針，而且干涉家家戶戶，以及每一個人的私生活。」[146] 政府力量過於強大，過於活躍，管得太寬，意味著政府壟斷了權力；而為了壟斷權力，必然千方百計地抑制民間組織和民間力量的發展。托克維爾在描述 18 世紀法國的行政風尚時寫道：「法國行政當局已經具有下述特點：資產階級或貴族，所有想從它的外部左右公共事務的人，對於政府一律懷有強烈的仇恨。想不靠政府幫助便自行成立的最小的獨立團體也使它畏懼；最小的自由結社，不論目標如何，均使政府不快；它只讓那些由它一手組成並由它主持的社團存在。大工業公司也不大遂它的心願；總之，它不願讓公民以

---

144 〔法〕瑟諾博斯：《法國史》，沈煉之譯，北京：商務印書館，1964 年，第 280、280—281 頁。
145 羅梵、馮棠、孟華：《法國文化史》，北京：北京大學出版社，1997 年，第 110 頁。
146 〔法〕托克維爾：《舊制度與大革命》，馮棠譯，北京：商務印書館，1992 年，第 30—31 頁。

任何方式干預對他們自身事務的考察;它寧願貧乏,也不要競爭。」[147] 托克維爾的描述多麼具體而生動!這種壟斷一切權力,遏制民間組織和民間力量的政府,這種為了保持對權力的壟斷,「寧願貧乏,也不要競爭」的政府,難道不是東方文化形態下的政府?

對商業和金錢的態度,是衡量一個民族的社會發展程度和文化性質的重要標誌之一。法國自古以來就是一個蔑視商業和金錢的國家,整個中世紀一直保持著這種傳統的價值觀念。在中世紀的法國,教會禁止經商。因為它認為,為賣而買是一種寄生性的職業,是宗教道德所不允許的。12世紀的基督教教會法學家格拉蒂安的話表達了這樣的觀點:「『買進是為了更貴地賣出』的人,即商人,是受其金錢利益的非人道情感所驅使……他把本來應該成為手段的變成了目的,因此,他從事的職業就理所當然地應該受到譴責」。[148] 法國中世紀關於財富的觀念主要來自《聖經》,因此當時流行的格言是:「商人很難,甚至不可能得到上帝的歡心。」[149] 當時法國的教會不準商人進入殿堂,商人要進入殿堂則必須放棄他的財富,並且不再從事商業活動。事實上,當時確有一些商人為了虔誠的信仰「改邪歸正」,放棄財富和貿易並由此而成為聖徒。與此同時,中世紀的法國對待金錢的態度也是如此。誠如皮埃爾·米蓋爾所云:「在這古老的天主教國家裡,賺錢或者借錢簡直被認為是丟人的事。」[150] 在中世紀法國人的觀念裡,金錢只能用來購買物品的使用價值,而不能用來購買物品的價值,即不能用金錢來生利。因為當時根據基督教的教義概括出來的格言是:「金錢的利息,就是靈魂的毀滅。」[151] 根據這一教義,高利貸是不被允許的。法國在13世紀之前,高利貸還只是為宗教道德所不容,而在13世紀至15世紀

---

147 〔法〕托克維爾:《舊制度與大革命》,馮棠譯,北京:商務印書館,1992年,第103頁。
148 〔法〕R. A. 托尼:《格拉蒂安教令集》,第41頁。轉引自〔法〕佩爾努:《法國資產階級史》上冊,康新文等譯,上海:上海譯文出版社,1991年,第93頁。
149 〔法〕佩爾努:《法國資產階級史》上冊,康新文等譯,上海:上海譯文出版社,1991年,第94頁。
150 〔法〕米蓋爾:《法國史》,蔡鴻濱等譯,北京:商務印書館,1985年,第240頁。
151 〔法〕佩爾努:《法國資產階級史》上冊,康新文等譯,上海:上海譯文出版社,1991年,第98頁。

期間，一些神學家們甚至認為高利貸是一種「犯罪性質」的行為。[152]

在一切蔑視商業和金錢的文化中，商人必然遭到同樣的蔑視。在中世紀法國社會的四個等級中，商人排在第三等級的末位，其地位遠不如官員和法律家受人敬重。1625年，第戎高等法院曾作出規定：禁止「向商人、檢察官、公證人和執達吏的妻子授予夫人稱號」。[153] 雷吉娜·佩爾努於1962年寫道：「這種對商人的蔑視猶如人們對古羅馬的眷戀一樣，似乎是整個法蘭西道德觀念的主要特徵」。[154] 法國經濟學家巴泰勒米·德·拉弗馬於1601年寫道：「如果世界上存在蔑視的話，那就是對商人的蔑視。」[155] 在一個蔑視商業和商人的文化氛圍中，人們必然對當官趨之若鶩。雅克·薩瓦裡在《完美商人》一書中就有這樣的記載：「在法國，一旦商人在商業中發了大財，他的兒女們決不會繼承父業，而是入朝作官。……荷蘭的情況則不同，私商的兒女一般都會繼承父輩的職業和經商。」[156] 而托克維爾在《舊制度與大革命》中對此的記載則更加具體生動。托氏寫道：在大革命之前，法國政府有一個公開的賣官鬻爵的時期，當時「富裕平民在城垣之內蟄居下來，不久便失去了田園嗜好和田園精神；他們對依然留在農村的同類人的勞動和事務變得完全陌生了。可以說，他們的生活此後只有一個目的：渴望在他所移居的城市中成為政府官員。」[157] 托氏還寫道：政府為了鬻賣官爵，設置了大大小小的無數職位，「資產者對於擔任這些職位所抱的熱情真是前所未有。一俟他們中間有誰自覺擁有一筆小小資本，他便立即用來購買職位，而不是用於做生意。」在當時的法國，「一個人略識文墨，生活優裕，若是弄不到一官半職，那就死不瞑目。一位同時代的人說道：『每

---

152 〔法〕佩爾努：《法國資產階級史》上冊，康新文等譯，上海：上海譯文出版社，1991年，第98頁。
153 〔法〕佩爾努：《法國資產階級史》下冊，康新文等譯，上海：上海譯文出版社，1991年，第112頁。
154 〔法〕佩爾努：《法國資產階級史》下冊，康新文等譯，上海：上海譯文出版社，1991年，第111頁。
155 轉引自〔法〕佩爾努：《法國資產階級史》下冊，康新文等譯，上海：上海譯文出版社，1991年，第111頁。
156 〔法〕雅克·薩克裡：《完美的商人》。轉引自〔法〕佩爾努：《法國資產階級史》下冊，康新文等譯，上海：上海譯文出版社，1991年，第111—112頁。
157 〔法〕托克維爾：《舊制度與大革命》，馮棠譯，北京：商務印書館，1992年，第130頁。

個人根據自己的情況,都想從國王那裡謀得一官半職。』」[158] 官本主義、重官輕商是一切民族的文化處於東方的發展階段的基本特徵,也是法國文化處於東方的發展階段的基本特徵。整個法國社會的這種蔑視商業和商人以及追求官爵的風氣,一直到大革命前後沒有發生絲毫變化。

以上就是本書對法國中世紀及近代前期的經濟制度、政治制度和文化觀念的簡單描述。從以上描述的這一幅幅圖景來看,誰能說中世紀及近代前期的法國文化不是東方性的文化而是西方性的文化?

法國的西方化,寬泛地說來,由於受文藝復興的影響,從16世紀就開始了。在16世紀中特別是在17世紀中,一些「思想頑強」的人不時地批評和反抗傳統的宗教,這種活動可能在一定程度上為後來的宗教革命作了準備。但是,它只是在極小的範圍之內而且十分秘密地進行,因此對法國的西方化進程影響不大。法國的真正意義上的西方化是在17世紀和18世紀之交即在英國實現西方化之後開始的,因此法國的西方化不能不以英國為榜樣,而其實質也就是英國化。

法國的英國化主要表現在法國革命是在英國的直接影響下發生的。正如美國學者羅德·W. 霍爾頓等人所說:「法國革命思想的動力不是來自法國內部,而是來自英國。」[159]——用今天中國人的話說,就是:法國革命思想的動力不是來自法國內部,而是來自西方敵對勢力。

17世紀和18世紀之交,法國不斷地發生迫害新教徒的運動,迫使許多新教徒流亡到英國和荷蘭,使他們在這兩個國家尤其是在英國接觸到了法國所沒有的新思想。在這些流亡的新教徒中有伏爾泰和查理·路易·孟德斯鳩等人,對他們影響最大的就是英國的約翰·洛克。伏爾泰在洛克的「天賦權利」說的影響下,猛烈地抨擊法國的專制王權和教會制度,極力宣揚和倡導英國的信仰自由和政治自由的制度。孟德斯鳩在洛克的分權思想的影響下,第一次明確地提出了立法、行政、司法三權分立的理論;這一理論有力地批判了法國的將三

158〔法〕托克維爾:《舊制度與大革命》,馮棠譯,北京:商務印書館,1992年,第130、131頁。
159〔美〕霍爾頓、霍普爾:《歐洲文學的背景》,王光林譯,重慶:重慶出版社,1991年,第250頁。

權集於國王一身的專制制度。讓-雅克·盧梭也深受洛克思想的影響；他的社會契約論繼承並發展了洛克的人民權利說，主張人民有權選擇政府，有權反抗乃至推翻暴政等更徹底、更完整的主權在民的思想。所有這些都使專制王權受到有力打擊，嚴重地動搖了專制王權的思想基礎。在思想批判的過程中，人們淡化了對宗教的盲目信仰，而逐步確立了科學和理性的權威。這就是法國18世紀的啟蒙運動。在啟蒙運動中，法國的整個資產階級都在思考一個問題：英國推翻了專制王權和教會權威，人民過上了自由幸福的生活，法國為什麼不能？在這種思考中，法國資產階級逐漸形成一個堅定的信念：只有走英國的道路，擺脫政府強迫人民服從的宗教，信仰個人自由選擇的宗教，法國才能獲得自由、民主和天賦人權。而正是這一信仰，為法國的經濟制度和政治制度西方化的法國革命做了思想準備。

在大革命的醞釀過程中，具有新教傾向的共濟會作為一個組織發揮了重要作用，而共濟會首先是在英國發展起來的。共濟會是一個包含多種不同思想派別的組織，其中新教思想影響較大並同其它派別的思想混在一起。1717年倫敦大共濟會建立以後，該組織在英國發展的同時也逐漸在法國傳播。當共濟會總會於1771—1773年成立時，法國共有104個分會，到大革命前夕分會已增加到600個。包括孟德斯鳩在內的法國文化界、政治界、資產階級乃至許多宮廷人氏都在其中。共濟會的主要職能就是宣傳新教思想和英國的自由民主制度。這種宣傳對於日後《人權宣言》和大革命本身思想的形成起了某種決定性的作用。佩爾努在評價共濟會的功績時指出：「如果把大革命說成是共濟會的密謀，未免過於簡單化了……。我們認為，似乎說它為大革命創造了某些氣氛更為合適些，特別是盎格魯-撒克遜思想在當時法國所引起的那種對英國的仰慕和讚美。」[160] 正是「那種對英國的仰慕和讚美」，成了幾代法國人為之奮鬥的精神動力，同時也成了幾代法國人為之奮鬥的指南和目標。從這裡我們可以看到，在大革命醞釀的過程中，英國思想向法國的輸入不光單個人分散地進行，而且也集中地有組織地進行。

以英國為榜樣，為爭取出版自由而鬥爭，是啟蒙運動的精彩的一幕，也是

160〔法〕佩爾努：《法國資產階級史》下冊，康新文等譯，上海：上海譯文出版社，1991年，第254頁。

法國西方化的重要的一步。18世紀初，在法國書報檢查制度嚴格控制的情況之下，啟蒙思想家們紛紛撰文抨擊法國的書報檢查制度，同時為了使宣傳新思想的書籍儘快在法國傳播，他們往往把自己的作品送到國外去印刷，然後再悄悄地運回法國。也有一些書籍其實就是在法國秘密印刷的，但有意注上「阿姆斯特丹」、「日內瓦」等字樣以對付書報檢查。在出版日期、書商姓名上弄虛作假的現象也屢見不鮮，還有許多作家匿名出版作品，因此當時的地下出版物數量相當可觀。[161]在法國與在所有實行書報檢查制度的國家一樣，越是蔑視宗教、批判專制的著作和手稿，越有吸引力，人們爭相傳閱。在啟蒙思想的衝擊之下，到1750年以後，法國天主教會已無法實現對出版界的控制。同時，由於新任檢查官受到啟蒙思想的影響，也放寬了出版檢查制度。在這種背景下，經過具有啟蒙思想的出版商和啟蒙哲學家的共同努力，推動百科全書派形成的德尼·狄德羅的《百科全書》於1751年出版，隨後又多次再版。《百科全書》對教會特權和基督教信仰的基礎進行了猛烈的抨擊，發表了當時只有英國和荷蘭的激進思想家才能公開發表的泛神論和唯物主義思想，從而把啟蒙運動推向高潮。法國書報檢查制度的正式取消，是在法國大革命發生以後多年即19世紀20年代的事情[162]，但在大革命發生之前啟蒙思想家們為爭取出版自由而進行的卓有成效的鬥爭，不僅推動了大革命的到來，而且其本身也是法國在西方化即英國化道路上邁出的重要一步。

在啟蒙運動的推動之下，旨在推翻專制王權和教會特權的法國大革命終於在1789年爆發。在革命中，代表新教勢力的資產階級政權沒收教會地產，改組教會機構，實行為教皇和法國多數教士所拒絕的教士公民組織法。這些措施無疑導致了宗教的分裂，但宗教的分裂不僅是宗教改革和社會改革的必然，同時也是進一步深化宗教改革和社會改革所必需。在革命中，制憲議會通過了《人權與公民權宣言》（簡稱《人權宣言》），《宣言》聲稱「自由」就是「有權採取一切無害於他人的行為」；「平等」就是廢除特權。《宣言》主張按照英國模式建立一種立法權和行政權由議會和國王分享的政治體制，以便置國王於議會的監督之下。所有這些措施，無論對王權還是對教權的打擊都是極其沉重

---

161 羅梵、馮棠、孟華：《法國文化史》，北京：北京大學出版社，1997年，第112頁。
162〔法〕瑟諾博斯：《法國史》，沈煉之譯，北京：商務印書館，1964年，第281頁。

的。如果說啟蒙運動動搖了傳統教權和傳統王權的思想基礎，那麼法國大革命則動搖了傳統教權和傳統王權的政治基礎和組織基礎。1789 年爆發的革命結束以後，儘管法國發生過多次王朝復辟，甚至在革命中出現過濫用暴力、血腥屠殺的雅各賓專政——前者不可避免，後者應該批評，但是，以限制至上教權和專制王權為宗旨的英國化改革已不可逆轉。改革派和守舊派經過 80 多年的反覆較量，終於在 19 世紀的後半期建立了穩定的共和民主制度。

　　法國革命雖然採取了與溫和的英國革命不同的暴力方式，革命後所建立的共和制政體也有異於英國的君主立憲制政體，但是它在思想上始終以英國為榜樣，以英國革命的價值取向為價值取向則是毫無疑問的。對於這一段歷史，湯因比曾作過這樣的總結：在路易十四向英國挑戰的時候，法國人才注意英倫島上的居民原來在做些什麼；從這時起，「法國人所說的『英國狂』（Anglomanie）時代開始了……表現在崇拜君主立憲形式中的『英國狂』，變成了點燃法國革命火藥庫的導火線……在西方歷史第三階段後期的這種普遍崇拜英國的政治制度這種情況，和第二階段後期——15 世紀和 16 世紀之交——崇拜意大利文化的情況非常相似。」[163] 法國就是在對英國議會制度的崇拜中，通過 1789 年革命及其以後幾十年的多次革命，終於在政治上實現了由法國性向英國性的轉變，即由東方性向西方性的轉變。換言之，這就是法國的政治上的西方化或英國化。

　　18 世紀，法國在政治上實現著英國化的同時也在經濟上實現著英國化。經濟英國化的一項基礎性工程就是模仿英國的圈地運動，變土地的國家所有制和集體所有制為私人所有制。如前所述，中世紀法國的土地主要歸王室和教會所有，農民雖然也有土地，但主要是從領主那裡得到的土地的使用權。18 世紀興起的重農學派認為，這種土地所有制的地役權，尤其公共牧場制和限制土地所有者自由種植和自由買賣土地的制度已經過時，它限制了法國像英國那樣採用新的生產方法，嚴重地阻礙了農村經濟的發展。一些重農學派的經濟學家如杜阿梅爾·德·蒙索等人，在批判舊有土地制度的同時，還積極探索地主圈圍其土地的合法性，並企圖找到實現這一目標的合法手段。在重農學派的鼓吹之下，1767—1771 年間，法國頒布了一系列有關土地的法令。「這些法令準許土地所

---

[163]〔英〕湯因比：《歷史研究》上冊，曹未風譯，上海：上海人民出版社，1959 年，第 301 頁。

有者按照兩個世紀以來英國的做法圍圈其田地。英國的『圈地』運動引起過激烈的爭論，對國家的整個土地制度起了決定性影響。」[164] 但是，由於法國土地公有的制度根深蒂固，這一次土地制度的改革沒有成功，或者說收效不大，所以在 1779 年又頒布了許多法令。這些法令有一個共同的特點，就是「威脅著共有地產的存在，這些法令準許買賣和瓜分共有地產」。[165] 在這些法令的鼓勵之下，當時法國的土地兼併者十分活躍，他們以發展農業生產為名義，大肆購置和圍圈土地。在某種意義上，我們可以把這種現象看成是法國版的圈地運動。而法國版的圈地運動就其實質而言，只不過是英國圈地運動的再版。同英國的圈地運動一樣，法國的圈地運動也造成了大批因失掉賴以生存的土地而生活無著的乞丐和流浪漢，這一幕自然是極其悲慘的。但是，這也是任何國家在工業化的原始積累的過程中不可避免的一幕。這是一幕悲喜交織的活劇。通過這一幕，法國農村的廣大農民完成了同生產資料的分離，也就是說，法國「農民無產階級化了，他們或是成為純粹的農業工人，或是逃到都市謀生」。[166] 法國的圈地運動即法國的土地私有化運動，為法國的西方化或英國化奠定了堅實的經濟基礎。

　　如果說法國的土地私有化運動只是法國實際經濟生活的西方化，《民法典》的誕生則在法律上確立了法國經濟西方化的合法性。在大革命前後，與土地私有化運動相伴隨，法國整個經濟生活的私有化浪潮日趨高漲，以至於在日常生活和風俗習慣中無不有所體現。但是，實際經濟生活的私有化卻缺乏法律保障，私有財產權受到侵犯的事件時有發生。於是，以保護私人財產所有權為目標的《民法典》便應運而生。《民法典》在大革命的制憲議會期間就開始制定並在拿破崙的推動下完成，它公佈於 1804 年 3 月 21 日。《民法典》的序言指出：「我們始終把個人財產是神聖不可侵犯的財產、是應當得到國王本人尊重的財產視為準則。」代表著宗教感情的「神聖」一詞被用到世俗生活的個人

164〔法〕佩爾努：《法國資產階級史》下冊，康新文譯，上海：上海譯文出版社，1991 年，第 218 頁。
165〔法〕佩爾努：《法國資產階級史》下冊，康新文等譯，上海：上海譯文出版社，1991 年，第 218—219 頁。
166〔法〕佩爾努：《法國資產階級史》下冊，康新文等譯，上海：上海譯文出版社，1991 年，第 230 頁。

財產所有權上來，這是一個極其重要的變化。《民法典》（第 544 款）對財產所有權作了如下規定：「財產所有權就是以絕對的方式享有和使用財物的權利，只要不違反法律和條例的禁止使用之。」而關於財產所有權的定義，拿破崙在對行政法院的講話中作了更雄辯且更明確的解釋：「什麼是財產所有權？它不僅是使用權，而且也是揮霍權。人們應當把財產所有者權利始終銘記在心。財產所有者權利的最有力的辯護者，就是個人的利益」。結論是：「法律應當始終為財產所有者的利益服務」。[167] 財產所有者權利包括「使用權和揮霍權」的界定，標誌著人們對中世紀所普遍認為的「財產作為社會勞動的成果，就應該在使用中保持它的社會性」這一陳舊觀念的否定。以法律形式對財產所有權的這種確認，有力地促進了中世紀的國家所有制經濟的解體，同時也有力地促進了以私有制為基礎的自由市場經濟的形成。在《民法典》的影響之下，19 世紀的法國到處圍牆林立，「私人財產、專有獵地、惡狗傷人、禁止通行」之類的通告牌比比皆是。[168]《民法典》的制定所依據的範本雖然是羅馬法系而非英美法系，但是正如法國的共和制政體不同於英國的君主立憲制政體絲毫不影響法國政治的英國化本質一樣，這種參照法律體系上的差別也絲毫不影響法國經濟的英國化本質，二者都以建立以私有制為基礎的自由市場經濟為目標。如果說《人權宣言》的頒布標誌著法國在政治上實現了英國化，那麼，《民法典》的頒布則標誌著法國在經濟上實現了英國化。

　　法國在英國化的過程中，不是有選擇地向英國學習，而是全面地向英國學習；即不僅學習英國的經濟政治制度和思想文化觀念，而且學習英國的科學技術和包括治理乞丐在內的社會管理的一切方面。17 世紀中期，法國學習英國的科學技術，科爾貝爾就曾將自己的親生兒子塞涅萊派往威尼斯、荷蘭和英國等地的造船廠，把當時國內尚未知道的生產技術帶回來。塞涅萊帶回了英國的織襪機並在全國推廣，這種機器比法國傳統的手工針織法提高工效 10 倍。與此同時，法國還有組織地到英國等地搜羅技術人員，以致英國千方百計地阻止直至

---

[167] 以上未注明出處的引文均轉引自〔法〕佩爾努：《法國資產階級史》下冊，康新文等譯，上海：上海譯文出版社，1991 年，第 311 頁。
[168] 〔法〕佩爾努：《法國資產階級史》下冊，康新文等譯，上海：上海譯文出版社，1991 年，第 311 頁。

處死那些準備接受法國聘請的工人。[169]18世紀初，法國學習英國的做法成立王家銀行，用紙幣代替原來的硬幣，用支票代替現金支付。「蘇格蘭人的方案日後獲得了極大的成功，因為他的方案旨在使用紙幣，增加流通的貨幣量，從而刺激經濟活動」[170]。這種做法也激發了法國投機業的產生，「從這時起，整個資產階級都在學習投機，而過去，投機只是存在於小範圍內，只有金融界人士參與」[171]。從17世紀到19世紀，法國一直在學習用英國的方法治理乞丐和流浪漢。英國在這方面的做法是一方面儘量幫助窮人為其提供就業機會，另一方面是懲處乞丐：對於被捕的流浪漢，讓他們在勞動和鞭子之間進行選擇。後來甚至作出規定：逮捕一切流浪漢並送他們去服苦役。英國在17世紀中期作出了這項規定；「法國正式作出這類規定，是在19世紀」。[172]當然，此前法國也模仿英國多次作出過制止乞討、禁止在修道院門前佈施之類的軟性規定。

　　前文已經論及在17世紀和18世紀之交，法國人因崇拜英國的君主立憲制度而在政治上出現了「英國狂」時代。其實，法國人的「英國狂」或「英國癖」又何止表現在政治上，甚至在生活方式的一些細節上都表現得十分充分。在服裝方面，對英國的模仿（叫做「英國癖」）逐漸淘汰了法國式的男人服裝，採用英國式的外衣、大衣、大禮帽和雨傘。「『英國癖』也影響到娛樂方面」。[173]資產階級學著英國人的樣子，形成了海水浴和遊山玩水的習慣。它盡最大努力採用英國的體育運動、衛生習慣甚至英國人的「舒適生活」。[174]法國在生活方式方面的「英國癖」是有前衛派和跟潮派之分的，資產階級直接以英國人為榜樣，屬於前衛派，而小資產階級和工人則仿效資產階級，屬於跟潮派。但跟潮派一點也不甘落後，除了在飲食、服裝、言談、舉止方面儘量採用英國的方式

169〔法〕佩爾努：《法國資產階級史》下冊，康新文等譯，上海：上海譯文出版社，1991年，第140頁。
170〔法〕佩爾努：《法國資產階級史》下冊，康新文等譯，上海：上海譯文出版社，1991年，第157頁。
171〔法〕佩爾努：《法國資產階級史》下冊，康新文等譯，上海：上海譯文出版社，1991年，第158頁。
172〔法〕佩爾努：《法國資產階級史》下冊，康新文等譯，上海：上海譯文出版社，1991年，第148頁。
173〔法〕瑟諾博斯：《法國史》，沈煉之譯，北京：商務印書館，1964年，第274頁。
174〔法〕瑟諾博斯：《法國史》，沈煉之譯，北京：商務印書館，1964年，第318頁。

外,「他們甚至放棄了法國傳統的遊戲,而學著資產階級的榜樣,推行英國的體育運動:足球、拳擊和網球」。[175] 法國人當年的「英國癖」,就像 20 世紀初日本在學習西方的過程中很多年輕人將頭髮染黃,恨不得使自己成為白種人一樣;這種生活方式上的對西方或英國的簡單模仿當然不是實質性西方化或英國化,但是它造成了一種社會風尚——一種以西方或英國為榜樣的社會風尚。這種社會風尚一旦形成,它無疑有助於推進實質性的西方化或英國化即經濟政治制度和思想文化觀念的西方化或英國化。法國正是在這種淺層次的和深層次的英國化的相互促進中,把本國的西方化或英國化進程不斷推向前進。

像所有近代以來歐洲國家的西方化或近代化都是外發型近代化[176],因此,它們在西方化或近代化的過程中不僅向它的直接兄長學習,而且向它的所有父輩和兄長學習一樣,法國也是如此。因此,法國的西方化除了英國化而外,還包括:法國希臘化——法國在向英國學習之前,對希臘文化極力推崇,曾翻譯出版了亞里斯多德等人的許多希臘時期的著作;法國羅馬化——不僅如前所述,大革命時期的領袖和後來的拿破崙以羅馬法作為參照系制定以保護私人財產所有權為目標的《民法典》,而且在大革命中雅各賓派的領袖羅伯斯庇爾自稱羅馬人,革命家們經常掛在嘴上的也是羅馬共和國的史實;法國意大利化——16—17 世紀,不僅是威尼斯人和佛羅倫薩人重新喚起法國人閱讀亞里斯多德和柏

---

175 〔法〕瑟諾博斯:《法國史》,沈煉之譯,北京:商務印書館,1964 年,第 319 頁。
176 中國和東方學術界有一種普遍流行的觀點,認為西方的近代化(現代化)是源發型近代化(現代化),而中國或東方的現代化是外發型現代化。其實,這種觀點只是中國人或東方人在 20 世紀和 21 世紀的一種主觀感受,並不具有客觀性質。而就主觀感受而言,14—15 世紀的意大利人會說,當年希臘的西方化才是源發型的西方化,意大利的西方化或近代化是外發型近代化;16—17 世紀的英國人會說,希臘和意大利的西方化和近代化才是源發型的西方化和近代化,英國的近代化是外發型近代化;而 18 世紀前後的法國人則會說,希臘、意大利、英國的西方化和近代化是源發型西方化或近代化,而法國的近代化則是外發型近代化。所以,如果沒有宏觀的視野和動態的觀察方法,而只從一個國家出發並且用靜態的方法觀察,所得出的西方近代化(現代化)是源發型近代化(現代化),中國和東方的現代化是外發型現代化的結論並不科學。如果用宏觀的視野和動態的方法觀察,所得出的結論應該是這樣:只有作為近代西方文化之母的希臘文化的興起才是真正的源發型西方化,而近代以來的所有西方國家的西方或近代化,包括英、法、德、意的近代化都是外發型近代化。

拉圖作品的興趣[177]，而且是意大利人改變了法國的娛樂方式和用餐方式[178]；以及法國美國化——美國獨立戰爭的勝利為法國提供了「共和主義」自由的榜樣，《獨立宣言》在主張「天賦人權」和「主權在民」方面成了《人權宣言》的範本。但是作為法國文化父輩和間接兄長的希臘-羅馬文化和意大利文化同時也是英國文化的父兄；而作為法國文化直接兄長之一的美國文化則是英國文化的直接移植和發展。因此，法國的希臘-羅馬化、法國的意大利化和法國的美國化等等在本質上與法國的英國化相一致，並且正是在這些父兄們的共同促進之下，法國才終於在19世紀前期比較徹底地實現了西方化。

第五節

德國的東方性及其法國化（上）

在法國實現了由東方到西方的轉變以後，下一個由東方到西方轉變的國家該輪到德國了。如前[179]所述，截至20世紀前期，德國仍然是缺乏民主奉行專制、缺乏理性推崇情感、貶抑物質、法律和個人而崇尚精神、道德和社會的東方國家。但是，在意、英、美、法等文化上的東方大國實現了西方化以後，德國的西方化則既是人心所向，也是大勢所趨；而由地緣關係所決定的高文化的輻射力所及，德國的西方化不能不是法國化。

德國接受法國文化的影響早在16世紀就已開始，但是嚴格意義上的西方化或法國化則是在18世紀的啟蒙運動中，特別是在法國大革命之後。18世紀，當法國發生啟蒙運動並醞釀推翻至上教權和專制王權的大革命的時候，德國還處在純粹的中世紀之中。但是，由於德國和法國相毗鄰，因此法國的啟蒙運動和大革命不能不對德國產生強烈影響。像任何國家的西方化，雖然思想上的任

177〔法〕米蓋爾：《法國史》，蔡鴻濱等譯，北京：商務印書館，1985年，第152頁。
178〔法〕瑟諾博斯：《法國史》，沈煉之譯，北京：商務印書館。1964年，第204—207頁。
179 本書第1章，第2節。

務總是最後完成,但卻總是首先從思想上開始一樣,德國的法國化也是如此。法國啟蒙運動中的政教分離、主權在民等自由民主的原則和主張傳到德國以後,首先在德國知識階層中引起對法國思想家及其思想的興趣,一場以法國為榜樣改造自己國家的啟蒙運動在德國民眾中,首先是在知識階層中悄然興起。康德在18世紀60年代就開始讀盧梭,據說讀到了入迷的程度,以至於他在讀《愛彌兒》的那幾天裡打亂了平常像時鐘一樣準確的生活程式。康德在啟蒙運動和法國革命的影響下,寫成的素有繼三大批判之後「第四批判」之稱的「歷史理性批判」一書,極力批判當時德國盛行的專制王權和限制言論自由的書報檢查制度,主張「在一切事情上都有公開運用自己理性的自由」[180],這實際上是提供了一部法國革命思想的德國版本。黑格爾不僅把他經常閱讀的《愛彌兒》、《社會契約論》和《懺悔錄》的作者盧梭當成心目中的英雄,而且滿腔熱情地稱頌法國大革命,認為「這是一次壯麗的日出。一切能思維的生物都歡慶這個時代的來臨」。[181] 黑格爾在將經過大革命洗禮的法國同當時的德國相比較後指出:「法國人經過革命的清洗,曾經從許多典章制度裡解放出來,……這種死板的制度壓迫法國人及其它民族的精神,有如枷鎖。……法國人所表現出來以反對其它民族的偉大力量,都是由於為這種革命所鼓舞。因此法國人就勝過了那還在朦朧中沒有發揮出來的日爾曼精神。」[182] 更可喜的是,當時德國的認為德國不如法國、德國應該以法為師的知識份子並不止於康德和黑格爾二人,而是一批知識份子的共同的文化心態。情況正如德國史學家卡爾・艾利希・博恩等人所說,1789年的法國革命發生以後,「德意志知識界的傑出人物絕大多數都同情在鄰國發生的、似乎想使人獲得其自然的政治權利和社會權利的這一革命。他們把專制主義和封建主義的垮臺看成是自己的開明理想的意料不到

---

180 〔德〕康德:《歷史理性批判文集》,何兆武譯,北京:商務印書館,1990年,第24頁。
181 〔德〕黑格爾:《歷史哲學》,王造時譯,北京:商務印書館,1963年,第493頁。這裡根據《馬克思恩格斯選集》第3卷,北京:人民出版社,1972年,第405頁註腳改寫。
182 〔德〕黑格爾:《通訊集》第1卷,荷夫麥斯特編,1952年,德文版,第137—138頁。轉引自黑格爾:《精神現象學・譯者導言》,賀麟、王玖興譯,北京:商務印書館,1972年,第4頁。

的實現」。[183] 一個文化落後的民族，哪怕只有一個知識份子認識到本民族的落後，應該以文化先進的民族為師，就是這個民族的希望所在。而當時的德國已經有一大批知識份子認識到自己不如法國，應該仿效法國改造國家，這種精神的萌動足以迎來「（又）一次壯麗的日出」。德國一部分知識階層的思想的法國化，為日後德國的全面法國化在一定程度上做好了思想準備。

　　德國的法國化，或者說法國使德國法國化不僅表現在思想的影響上，而且表現在實際行動的干預上。1806年，德國和法國之間因為某種誤會[184] 而發生了戰爭，法國的勝利使拿破崙佔領了德國的大部分領土。在拿破崙統治下的德國所有地區，都程度不同地實行了法國式治理。在被併入法國的萊茵河右岸地區採用法國式管理的時間較短因此影響不深，在萊茵河左岸諸郡的情況就不同了。在美因茲、特里爾等地實行中央集權的拿破崙式管理制度，法國郡守按照全法國通行的法律治理這些地區而不考慮以往的各種關係和矛盾；在威斯特伐利亞，「首先頒布了一部憲法，拿破崙法典和其它法律就像法國的行政和財政機構一樣一併被採用了」[185]；而在「受鄰國法蘭西的影響最大的巴登，拿破崙法典連同附錄成了巴登的邦法」[186]。凡是在法國影響深刻的地區，除了按照法國原則改革世俗事務而外，還深入進行宗教改革。在宗教改革中，一方面從政治上和組織上限制和打擊教會勢力，另一方面沒收教會財產，開展教產還俗運動，以致在很多地方引發了地產和財產關係的大變動，從而也引發了「一場成為資產階級上升基礎的社會和經濟革命」。[187] 特別值得一提的是，拿破崙的統治有力地促進了德國的統一，而正是這種統一為德國的西方化即法國化奠定了基礎。在拿破崙統治之前，德國是一個諸侯林立的國家。由於三十年戰爭的影

183〔德〕博恩等：《德意志史》第3卷上冊，張載揚等譯，北京：商務印書館，1991年，第11頁。
184 參見〔德〕博恩等：《德意志史》第3卷上冊，張載揚等譯，北京：商務印書館，1991年，第54頁。
185〔德〕博恩等：《德意志史》第3卷上冊，張載揚等譯，北京：商務印書館，1991年，第61頁。
186〔德〕博恩等：《德意志史》第3卷上冊，張載揚等譯，北京：商務印書館，1991年，第59頁。
187〔德〕博恩等：《德意志史》第3卷上冊，張載揚等譯，北京：商務印書館，1991年，第59頁。

響，當時德意志的土地上出現了 300 多個大小諸侯國、1000 多個帝國騎士領、幾十個帝國自由市，它們都是各自獨立的行政實體。這種四分五裂的局面不僅阻礙著社會經濟的發展，也阻礙著民族國家的形成。但拿破崙的衝擊使舊德意志一去不復返了。在戰爭中，已存在一千年的神聖羅馬帝國壽終正寢，原有的數百上千個小邦被拿破崙合併成 38 個半獨立的行政單位，德意志在統一的道路上邁出了一大步。更重要的是，戰爭中產生了德意志民族主義。人們意識到：國家的不統一是造成落後的重要原因之一；於是，新的社會力量出現了，它以西方（主要是法國）的民族主義和自由主義為旗幟，開始了要求國家統一和政治自由的鬥爭。[188] 德國法國化的歷史說明，東方國家的西方化，或西方國家使東方國家西方化並不是壞事而是好事，不是歷史的倒退而是歷史的進步。正因為如此，馬克思才把拿破崙同羅伯斯庇爾、聖茹斯特等並列稱為「英雄人物」，甚至稱他為「真正的偉大的拿破崙」。[189] 而恩格斯則認為：「對德國來說，拿破崙並不像他的敵人所說的那樣是一個專橫跋扈的暴君。他在德國是革命的代表，是革命原理的傳播者，是舊的封建社會的摧毀人。」[190]

在西方的經濟制度、政治制度和思想文化觀念的衝擊之下，德國內部也在醞釀著西方化的社會改革，19 世紀初年的施泰因 - 哈登堡改革就是屬於這種改革。施泰因改革的目標，主要是建立「防止專制主義的或官僚主義的」國家管理體制（此項計畫未及實施），建立「在技術細節方面以法國革命的市政法為依據」的城市法規，實行「廢止一切人身隸屬關係，貨物交易完全自由」的解放農民的制度。[191] 哈登堡的改革限於經濟方面，主要是聲明取消行會特權，宣布營業自由以及「按照經濟自由的原則繼續進行土地改革」等。[192] 毫無疑問，施泰因 - 哈登堡改革是政府自上而下主導的而不是民眾自下而上發起的，是漸進性的而非激進性的，是淺層次的而非深層次的，因此這種改革充其量只能算

---

188 參見錢乘旦：《談現代化過程中領導者力量的錯位——以德國為例》，載於《南京大學學報》（南京），1998 年，第 3 期。
189 《馬克思恩格斯選集》第 1 卷，北京：人民出版社，1972 年，第 604、470 頁。
190 《馬克思恩格斯全集》第 2 卷，北京：人民出版社，1957 年，第 636 頁。
191 〔德〕博恩等：《德意志史》第 3 卷上冊，張載揚等譯，北京：商務印書館，1991 年，第 80—81 頁。
192 〔德〕博恩等：《德意志史》第 3 卷上冊，張載揚等譯，北京：商務印書館，1991 年，第 83—84 頁。

作體制內的改良而非體制外的真正意義上的改革。但是，我們仍然可以把這種改革稱之為西方化或法國化的改革，原因就在於：第一，這種改革的動因是在西方主要是法國的衝擊下產生的。博恩在評論施泰因改革的動因時說，儘管他對法國革命持懷疑態度，但在重視公民的主動性即自治的價值方面，「孟德斯鳩和法國的重農學派給了他以重要指示」[193]。博恩在評論哈登堡的改革包括他的軍事改革的動因時說：「他的精神植根於啟蒙運動，特別是被啟蒙運動的教育傾向和追求真理與知識的欲望所驅使」[194]。就是說，是法國的思想導致了德國的改革。第二，這種改革在客觀上促進了資產階級的成長和資本主義的形成。具體地說，當時執掌德國領導權的容克階級面臨著兩難的局面。在西方的衝擊之下，不進行改革，社會沒有任何進步，就會產生統治的合法性危機；如果進行改革，哪怕是體制內的改革，就必然在某種程度上刺激資本主義的發展。儘管統治階級的主觀意圖在於保持住德國的東方性以維持其專制統治，並且在當時確實維持了其專制統治，但是在客觀上，從長遠看，這種改革每進展一步就遠離德國一步而向西方接近一步。德國在很長時期內，就是以這種方式極其緩慢地向法國靠近。

　　德國的法國化，突出地表現在法語的廣泛使用上。18世紀，隨著啟蒙運動的深入，在德國人的心目中，法語的地位極高，而德語則被看作是粗俗的語言。當時，整個德意志通行的是法語。在很多學校裡，法語成為規定的課堂教學用語，而德語則被列入第二語言來學習。1700年，在柏林成立的科學院用法語作為它的正式語言，其學報也用法語出版。政府在選拔行政官員時，必備的基本條件之一就是能否使用法語，而德語則是次要的。政府的一切公文都使用法語書寫，比如，「所有送給德國農民的律令條文、行政公文和司法傳訊用的都是法語，這些農民常常必須長途跋涉去尋找一位律師來進行翻譯」[195]。就連腓特

---

[193]〔德〕博恩等：《德意志史》第3卷上冊，張載揚等譯，北京：商務印書館，1991年，第79頁。

[194]〔德〕博恩等：《德意志史》第3卷上冊，張載揚等譯，北京：商務印書館，1991年，第85頁。

[195] *Journal von und für Deutschland*, vol. ii (1784), p.371. Quotedfrom K. S. Pinson, *Pietism As a Factor in the Rise of German Nationalism*, New York : Columbia University Press, 1934, p.158.

烈大帝也承認:「自我青年時代起,我就沒有讀過一本德語著作,我講德語還不如馬車夫好。」[196] 在他死後編輯的 30 卷《腓特烈大帝著作集》中,他用德語講演和寫作的部分僅占兩卷。伏爾泰在 1750 年 11 月 24 日從柏林寄回法國的信寫道:「我覺得我在這裡等於在法國一樣;人人都只說法語。只有士兵和馬才用德語;只有在路上才用得著德語。」[197] 而歌德則用諷刺詩的形式,為我們生動地描述了法語在當時德國流行的情形:「使用法語和尊崇法語已經很久了,但一半人的嘴並不流暢,現在所有人如嬰兒狂喜般地咿呀學習法語,別氣憤,嘔,偉大的人,你的要求已經實現。」[198] 法語在德國的廣泛運用,既是德國法國化到達一定程度以後出現的必然結果,也為德國進一步的法國化提供了必要條件。

像英國在意大利化的過程中出現過「意大利狂」、法國在英國化的過程中出現過「英國狂」一樣,德國在法國化的過程中也出現過「法國狂」。18 世紀,整個德意志不僅學習和使用法語,同時也傾慕和模仿優越的法國生活方式。在許多王公貴族的眼中,凡爾賽代表了一種生活目標和文化模式,他們群起仿效法式建築、花園和餐廳。腓特烈大帝曾這樣說道:「沒有一個家族的年輕人不希望自己像路易十四那樣,建立起他自己的凡爾賽宮,有他的女教師,保持他自己的軍隊。」[199] 在貴族們的帶動下,整個德意志上流社會的生活日漸「法國化」,幾乎完全脫離了德意志的本土文化和原來的生活方式。從法國招聘女傭人、家庭女管家和教育孩子們的女教師是相當普遍的現象。同樣普遍的是飲食由法國廚師準備,髮型由法國理髮師來做,服裝必須是法國製作的,常常為購買法國時裝不惜

---

196 〔德〕羅伯爾・頓因霍爾德・愛岡:《赫爾德和德國民族主義的創立》第 25 頁。轉引自李宏圖:《民族精神的吶喊——論 18 世紀德意志和法國的文化衝突》,載於《世界歷史》(北京),1997 年第 5 期,第 30 頁。
197 轉引自〔美〕杜蘭:《伏爾泰時代的歐陸》,幼獅翻譯中心譯,臺北:幼獅文化事業公司,中華民國七十二年,第 *238* 頁。
198 〔德〕愛岡:《赫爾德和德意志民族主義的創立》,第 21 頁。轉引自李宏圖:《民族精神的吶喊——論 18 世紀德意志和法國的文化衝突》,載於北京:《世界歷史》(北京)1997 年第 5 期,第 30 頁。
199 〔德〕愛岡:《赫爾德和德意志民族主義的創立》,第 24 頁。轉引自李宏圖:《民族精神的吶喊——論 18 世紀德意志和法國的文化衝突》,載於《世界歷史》(北京),1997 年第 5 期,第 30 頁。

一擲千金。人們的娛樂方式改變了,年輕貴族們跳舞和擊劍必須由法國的舞師和擊劍師按照法國的風度儀態來訓練指導,至少必須到法國旅遊觀光一次。這種對法國文化、生活方式乃至物品的癖好從貴族蔓延到城市的中產階級,後者也仿效貴族為子女聘請法國教師,或送子女到法國的學校學習,按法國方式跳舞和擊劍,購買法國服裝。[200]18世紀,整個德意志在「法國化」的道路上究竟瘋狂到何種程度,約翰·馮·霍內克爾在《論德意志的手工製品》這本書中向我們作了如下描述:「在德意志,已經到了這種地步,人們只羨慕法國的物品,德意志沒有一件合適的衣服,除非它是在法國生產。甚至用法國的剃刀刮鬍鬚,剪刀修剪理髮也都比我們的好。如果鐘錶是由德意志人在巴黎製造也走得準,髮型、服裝、絲帶、項鍊、鞋子、襪子甚至內衣都是法國的好,因為法國的空氣使之散發著香味。法國的四輪馬車也比德國馬車跑得快。法國的假髮也比德意志的頭髮更適合德意志人的頭,同樣,德意志人的頭髮除了用法國的梳子外不能用其它梳子來梳,粉脂也是如此。德意志的黃金只能用法國的紙牌來賭,或只用法國的錢包和首飾盒來保存。法國的膏藥貼在德意志人的臉上也比我們的好。像這樣一些物品還有其它數千種之多。」[201]德國人瘋了嗎?是的,德國人是瘋了。但是,這不是德國人特有的現象,其前有古人後有來者,所有東方國家在西方化的過程中都會出現這種「西方狂」。惟有如此,才能為東方國家的更徹底的西方化創造良好的文化氛圍。當然,人們不應該提倡東方國家在學習西方時對西方生活方式的表面化和簡單化的模仿。從理性的角度分析,德國人當年即使不戴法國假髮、不用法國粉脂肯定也能實現法國化。但是,一個民族在特定的時期裡普遍出現某種特定的文化心態,則是任何人的意志也阻擋不了的。從這個意義上講,包括戴法國假髮、用法國粉脂在內的任何具體的仿效行為都有其歷史必然性。這就好比人類個體在其發育的某個年齡階段必然要出現某種生理的和心理的性狀特徵一樣,難道我們有任何理由對青少年在發育過程中表現出第二性徵的現象和對異性產生好奇感的心理加以批評指責嗎?

---

200 參見李宏圖:《民族精神的吶喊——論18世紀德意志和法國的文化衝突》,載於《世界歷史》(北京),1997年第5期,第30頁。
201 〔德〕愛岡:《赫爾德和德國民族主義的創立》,第26頁。轉引自李宏圖:《民族精神的吶喊——論18世紀德意志和法國的文化衝突》,載於北京:《世界歷史》(北京)1997年第5期,第30頁。

第六節
德國的東方性及其法國化（下）

　　儘管整個德意志的貴族階級、中產階級乃至下層階級對法國文化傾慕得如癡如狂，但是德國的法國化或現代化進程並不順利；不僅進展緩慢，而且一波三折，甚至出現被扭曲的情況。這裡主要的問題是：德國的法國化或現代化是跛足的。

　　長期以來，由於德國資產階級的軟弱和幼稚，現代化的領導權一直掌握在容克地主階級的手中。容克地主階級為了在社會進步的同時保持自己的既得利益，不至於使自己同舊制度一起滅亡，因此它只主張由政府主導的自上而下的改革，而不主張由人民主導的自下而上的革命；它只允許在經濟領域裡改革，而不允許在政治領域裡改革。19世紀前20年，在革命的法國和拿破崙法國的影響下，德國開始了轟轟烈烈的改革運動。在經濟領域，政府聲明取消行會特權，宣布經營自由，規定徵收普遍營業稅，所有這些措施都有力地促進了德國經濟的發展。同時，由於開明領導人施泰因的主導，改革中甚至出了諸如要求代議制民主和新聞自由等政治上的自由民主的訴求。但是，總的說來，施泰因-哈登堡改革屬於由政府主導的自上而下的、經濟領域的改革。其中尤其是首相哈登堡，「他的觀點與施泰因不同。他植根於開明專制主義的舊統治形式」。雖然由於法國的影響，他在王國政府的一些具體政策上和在國家治理的形式上實行民主原則，「但（他）並不打算真正把政治權利交給人民，而是在維護並加強政府權威的情況下首先在資產階級生活中，在經濟方面運用自由和平等的原則」。[202] 德國統一以後，鐵血宰相俾斯麥建立了全國統一的市場、統一的關稅和統一的貨幣制度，實行自由貿易、自由經商和自由開辦工商企業的自由經濟政策。這些經濟改革措施同樣使德國經濟取得了令人矚目的成就，以致到第一次世界大戰前夕德國已成為僅次於美國的世界經濟強國。但是，就是這個俾斯麥卻奉行專制主義的政治政策，認為德國不能實行民主，只能實行專制。為

---

[202]〔德〕博恩等：《德意志史》第3卷上冊，張載揚等譯，北京：商務印書館，1991年，第83頁。

了證明專制制度的合理性,他甚至不惜借助「君權神授」的過時理論,說普魯士國王「不是由人民而是由上帝的恩賜而掌握了實際上不受限制的王權」。[203] 與此同時,德國的資產階級宣布:「公民們生來是幹活的,而不是當政治家。」[204] 而在容克階級和資產階級的影響下,19 世紀 70 年代的德國工人領袖拉薩爾則認為,德國工人「本能地傾向於獨裁制度」。[205] 總之,學習西方,只學習西方的經濟管理和科學技術,而不學習西方的政治制度和文化價值,這就是德國法國化或現代化的基本做法和基本理念。

在很長時期內,德國的法國化或現代化,實際上是在反法國化和反現代化中一步步走過來的。這樣講,倒不是說德國人民沒有為政治上的自由民主進行過鬥爭。事實上,自從受到法國影響以後,德國人民,尤其進步的知識份子和自由民主活動人士為爭取憲政民主的鬥爭一直沒有停止過,並且也取得了局部的和階段性的成果。比如,早在 19 世紀 20 年代,「巴登邦議會中已經產生進行政治討論的議會生活和尚不完全的政黨組織」;在 1848 年革命前夕,政治氣氛活躍,一些地方出現了主張民主的政黨組織和自由報刊;1848 年革命後通過的憲法承認「個人的自由權」,「廢除貴族及其特權」,「宣布財產不可侵犯」。[206] 甚至在第二帝國滅亡後建立的魏瑪共和國,已經實行了議會民主制。但是,所有這些鬥爭及其成果要麼是局部的和階段性的,要麼是有限的和不徹底的,而且即使這些局部的和有限的鬥爭成果,最後也無不以被取消而告終。歷史告訴我們,取代 19 世紀前 20 年改革時期的是復辟時期。在復辟時期,容克封建階級主導的政府對改革成果進行全面的反攻倒算:自由主義領導人的職務被解除,原來改革政策的擁護者和推動者受到監視,一系列禁止自由主義的法令被通過。正如史家所指出的,「從 1819 年以來德意志聯邦終於變成鎮壓自

---

203 〔德〕恩斯特‧恩格爾貝格:《俾斯麥》上冊,陸世澄等譯,北京:世界知識出版社,1992 年,第 229 頁。
204 Hans Kohn, *Liberalism Surrenders*, in Theodore S. Hamerow, Otto von Bismarck, *A Historical Assessment*, Lexington : D. C. Heath and Company, 1962, p.33.
205 轉引自丁建弘、李霞:《普魯士精神和文化》,杭州:浙江人民出版社,1993 年,第 364 頁。
206 〔德〕博恩等:《德意志史》第 3 卷上冊,張載揚等譯,北京:商務印書館,1991 年,第 119、185、186 頁。

由主義和民族運動的工具」。[207] 歷史也告訴我們，取代 1848—1849 年革命時期的是反動時期。在反動時期，在革命中誕生的法蘭克福憲法沒有落實；「法蘭克福憲法政策失敗」了。因此，亦如史家所指出的，「反動時期是以恢復革命前的法為標誌的。在大部分德意志邦裡反動時期實行官僚國家政治，封建勢力在不同程度上贊同這種政治。」[208] 歷史還告訴我們，魏瑪共和國是「一個沒有共和主義者的共和國」。由於它的議會民主制的有限性和不徹底性——「對多黨制國家的不信任促使（魏瑪）憲法制訂者以普遍選舉和強大的總統權力與議會的全權相抗衡」[209]，最終導致它被希特勒的黨國一體的獨裁政治所取代。

縱觀 19 世紀和 20 世紀前期，德國堅持東方專制主義，在經濟上不斷取得新成就的同時拒絕政治制度變革，即在政治上反對法國化或現代化的做法大致可以歸結為如下幾個方面：

第一，反對議會民主，打壓憲政力量。

截至 19 世紀 20 年代，德國的兩個大邦奧地利和普魯士沒有發展成為現代意義上的憲政國家。「奧地利鑒於作為『君主制的國家聯盟』，具有『舊歐洲』的性質，同時也由於多民族政策可能產生的後果，因此抵制這種（朝憲政方面的——引者加）發展。」連最早傾向於自由主義憲法政策的政府官僚，「也試圖不通過代表機構來加強行政管理範圍裡自由主義的全國性要素」。時任首相梅特涅「不僅堅決反對組成『帝國普遍性的代議機構』，而且也反對經他同意恢復的各邦等級制邦議會參與立法」。[210] 普魯士雖然在 1817 年成立了國家憲法籌備委員會，但是「起初它只限於調查意見、願望和各省內當時尚存的等級機構」。這個組織「很少過問國家或者省的代表機構，而只關心保障土地貴族的等級特權」。與此同時，宰相哈登堡則成功地向國王建議：「先設立省等級代

---

[207]〔德〕博恩等：《德意志史》第 3 卷上冊，張載揚等譯，北京：商務印書館，1991 年，第 132 頁。

[208]〔德〕博恩等：《德意志史》第 3 卷上冊，張載揚等譯，北京：商務印書館，1991 年，第 194 頁。

[209]〔德〕卡‧迪‧埃爾德曼：《德意志史》第 4 卷上冊，高年生等譯，北京：商務印書館，1986 年，第 365 頁。

[210]〔德〕博恩等：《德意志史》第 3 卷上冊，張載揚等譯，北京：商務印書館，1991 年，第 120 頁。

議機構已經足夠,無需考慮設立總的邦代議機構」。[211]在貴族勢力的打壓下,在很長時間內,德國代議制的成長一直處於被抑制狀態。

　　19世紀中葉,德國的自由派和保守派在議會民主問題上的鬥爭發展到了一個新階段,但雙方對峙的總態勢沒有發生根本改變。1863年,俾斯麥任普魯士首相時,曾用「恐怖手段」「關閉和解散眾議院」。德國統一後,到80年代,這位「鐵血宰相」又多次考慮過如下想法,即「通過政變把國會排斥在外,或者改變選舉制度爭取一個順從聽話的議會多數派」。[212]值得注意的是,俾斯麥反對議會民主、打壓憲政力量,是在愛國主義和國家利益至上的名義下進行的。史家指出:「俾斯麥把他個人、君主和政府同國家整體完全等同起來。國家利益至上的原則和祖國在他身上結合得十分緊密,使他在遇到衝突的場合下,只看到:惟有政府,而不是人民代議機構的多數,才能代表整體的利益。」史家還指出,當俾斯麥同議會多數派產生對立時,他認為:「應給政府在十分重要的問題上,授以比議會的多數派更高的權力。」[213]俾斯麥的想法和做法自然遭到自由黨人的反對;他們要求政府應該對議會負責。「對自由黨人的這個要求,俾斯麥用以下的辦法進行抵制:他在擴建帝國的組織機構時,竭盡全力阻撓建立一個關係親密的、向議會負責的帝國政府。」[214]

　　魏瑪共和國憲法是德國在建立現代意義上的民主制之前代議制民主發展的頂峰。然而,就是這個魏瑪憲法,如前所說,它的制訂者仍然以強大的總統權力對抗議會權力。比如,該「憲法賦予總統有權解散國會和越過國會向人民發出呼籲,此外在緊急情況下擁有第48條所規定的廣泛的獨裁權力」[215];而魏瑪憲法第48條所規定的總統的獨裁權力主要是指,總統的權力可以凌駕於國家之

211〔德〕博恩等:《德意志史》第3卷上冊,張載揚等譯,北京:商務印書館。1991年,第121、122、123頁。
212〔德〕博恩等:《德意志史》第3卷上冊,張載揚等譯,北京:商務印書館,1991年,第376頁。
213〔德〕博恩等:《德意志史》第3卷上冊,張載揚等譯,北京:商務印書館,1991年,第377頁。
214〔德〕博恩等:《德意志史》第3卷上冊,張載揚等譯,北京:商務印書館,1991年,第377頁。
215〔瑞士〕埃裡希·艾克:《魏瑪共和國史》上卷,高年生等譯,北京:商務印書館,1994年,第72頁。

上，在緊急情況下可以置國會和人民的基本權利於不顧，實行專制主義的獨裁統治。

在希特勒的黨國一體的體制下，代議制民主的命運更加悲慘。希特勒上臺以後，通過各種手段打壓聯合政府中的其它黨派。在希特勒的民族社會主義黨的打擊下，其它各黨或被迫或自行先後解散。1933年7月14日，一項法律規定：「國家社會主義德國工人黨是德國的惟一政黨。凡維持另外一個政黨的組織機構或組織一個新政黨者，如其罪行不觸犯其它規定而須受到更大的懲罰，則處以3年以下的徒刑，或6個月到3年的拘禁。」[216] 這種一黨極權的國家，是國會放棄了它的民主職責後4個月內，在幾乎未受絲毫反抗的情況下建立的。接著，「『保證黨和國家統一法』終於在1933年12月1日授予民社黨的壟斷地位以表面上的合法性。」這就是說，民社黨作為惟一的政治意志的代表者，成為具有自己的紀律審判權的公法團體。在這種黨國一體、黨權至上的體制下，「國會降低到僅僅是鼓掌贊成政府措施的工具這一卑賤地位。……在合法的幌子下，憲法實際上已被撕毀，這一點已是昭然若揭了。」[217]

以上就是德國在近代史上堅持東方專制主義，反對政治制度變革，亦即反對法國化或現代化的第一種做法。

第二，實行書報檢查，操縱新聞和輿論。

對書籍、報刊的出版進行限制和檢查，從中世紀以來一直是德國的傳統，近代以來尤甚，而且中間多經反覆。1819年的德國處於改革後的復辟期。該年9月20日，聯邦議會作出一系列打壓自由主義的決議；其中有關書報檢查的條款規定：「撤銷聯邦條例第18條中許諾的新聞自由，代之以對報紙、雜誌以及所有20印張以內的印刷品進行預防性檢查的決定。」[218] 書報檢查令在遭到自由主義者的反對後，在1841年底，普魯士政府又發出一個新的書報檢查令。新的

---

216 《納粹的陰謀與侵略》，第3卷，第962頁。轉引自〔美〕威廉·夏伊勒：《第三帝國的興亡：納粹德國史》上，董樂山等譯，北京：世界知識出版社，1996年，第197頁。
217 〔德〕埃爾德曼：《德意志史》第4卷上冊，高年生等譯，北京：商務印書館，1986年，第417頁。
218 〔德〕博恩等：《德意志史》第3卷上冊，張載揚等譯，北京：商務印書館，1991年，第131頁。

書報檢查令強調以作品的「傾向」作為作品是否準許發表的標準。[219] 作品的「傾向」是一個主觀的而非客觀的標準，它賦予檢查官更大的自由裁量權，因此，新的檢查令看似寬鬆了，實際上更加嚴格了。1863 年，由俾斯麥主政的普魯士政府對反對派和自由主義輿論採取了比當年更加嚴厲的措施，在 6 月 1 日發佈的「一項新聞檢查令授予行政當局一種幾乎無限的檢查權」。[220]

希特勒統治下的納粹政權，將書報檢查和操縱輿論的做法演繹到了登峰造極的地步。據史料記載，從 1933 年夏季開始，當局就肯定了對報刊的控制和監督。根據法律，只有符合政治和種族條件的人才能取得「編輯」資格。1935 年建立了一個強制性的「德國新聞學校」。「在每天舉行的『德國政府記者招待會』上通過『語言訓令』和『每日指示』發佈新聞報導的方針。」[221] 其具體做法是這樣：每天早晨，柏林各日報的編輯以及德國其它地的報紙的記者，都聚集在宣傳部裡，由部長戈培爾或者他的助手告訴他們：什麼新聞該發佈，什麼新聞要扣下，什麼新聞怎麼寫和擬標題，什麼運動該取消，什麼運動要開展，當天需要什麼樣的社論。為了防止誤解除了口頭訓令外，每天還有一篇書面指示。對於小地方的報紙和期刊，則用電報或信件發出指示。[222] 與此同時，廣播也受到當局的嚴格操控。用戈培爾的話來說，民族社會主義者把廣播列入「每日活動的中心；他們有意識地使廣播具有傾向性，使它積極地、無條件地為新政權服務」。此外，納粹當局還利用其它一切可以利用的大眾媒介，比如電影和專題展覽會等，使之「起到煽動情緒的作用」。[223]

實際上，在 20 世紀 30 年代的德國，納粹黨為了控制人民的思想，不光是

---

[219] 1841 年普魯士的書報檢查令規定：「對政府措施所發表的見解，其傾向首先必須是善良的，而不是敵對的和惡意的；……如果作品因熱情、尖銳和傲慢而帶有有害的傾向時，應禁止其發表。」（轉引自《馬克思恩格斯全集》第 1 卷，北京：人民出版社，1956 年，第 16 頁。）
[220]〔德〕博恩等：《德意志史》第 3 卷上冊，張載揚等譯，北京：商務印書館，1991 年，第 220 頁。
[221]〔德〕埃爾德曼：《德意志史》第 4 卷上冊，高年生等譯，北京：商務印書館，1986 年，第 506 頁。
[222]〔美〕威廉·夏伊勒：《第三帝國的興亡：納粹德國史》上卷，董樂山等譯，北京：世界知識出版社，1996 年，第 238 頁。
[223]〔德〕埃爾德曼：《德意志史》第 4 卷上冊，高年生等譯，北京：商務印書館，1986 年，北京：第 507 頁。

控制報刊、廣播和電影，而是控制了思想、理論、文學、藝術等所有意識形態領域。在納粹黨的組織領導和思想指導下，德國成立了文學、戲劇、新聞、電影等協會。「凡是從事這些職業的人，都必須加入有關的協會，這些協會的決定和指示具有法律效力。這些協會所擁有的權力中，有一項是它們可以因『政治上不可靠』而開除或拒絕接受會員，這就意味著可以——而且事實上常常是——不讓那些對國家社會主義不太熱心的人從事他們的專業或藝術，從而剝奪了他們的生計。」[224] 納粹黨之所以如此嚴苛地控制報刊和思想文化，他們還恬不知恥地祭出了冠冕堂皇的理由——為了繁榮文學藝術和學術研究。然而，實際情況恰恰完全相反，造成了文學藝術和學術研究的全面倒退。「不用說，一經納粹領袖們決定，藝術、文學、報刊、廣播和電影都必須專門為新政權的宣傳目的和野蠻哲學服務，這種退化就是不可避免的。除了恩斯特·約恩格和恩斯特·維查特的早期作品以外，沒有一個還在人世的比較重要的德國作家的作品曾在納粹當政時期出版過。差不多所有這些作家，都在湯瑪斯·曼的帶頭下移居到國外。極少數留在國內的作家不是自動地就是被迫保持緘默。每一本書或者劇本的手稿，都必須先送宣傳部審查，經它認可後才能出版或者上演。」[225]

以上事實表明，在德國近代史上，尤其在納粹黨統治時期，對書報的檢查是嚴格的，對思想和輿論的操控是空前的。難怪馬克思想在批評從1819年到1841年間普魯士的主管新聞宣傳機關的這一倒行逆施的行為時指出：「在二十二年當中，保護公民的最高利益即他們的精神的主管機關，一直在進行非法的活動，這一機關的權力簡直比羅馬的書報檢查官還要大，因為它不僅調整個別公民的行為，而且調整社會精神的行為。」[226] 其實，德國的書報和新聞宣傳的主管機關，乃至整個意識形態的主管機關，豈止在上述那二十二年中「調整社會精神的行為」，在德國徹底完成政治制度的法國化改革之前，它一直在「調整社會精神的行為」。

第三，控制教育和大學，使大學失去教學和研究的自由。

---

224 〔美〕夏伊勒：《第三帝國的興亡：納粹德國史》上卷，董樂山等譯，北京：世界知識出版社，1996年，第235頁。
225 〔美〕夏伊勒：《第三帝國的興亡：納粹德國史》上卷，董樂山等譯，北京：世界知識出版社，1996年，第235頁。
226 《馬克思恩格斯全集》第1卷，北京：人民出版社，1956年，第4頁。

德國容克階級政權拒絕西方文明，在政治上反對法國化或現代化最有力的措施之一就是對教育和大學進行控制，使之失去教學和研究的自由。希特勒說過，「革命的根本問題」，「不是奪取政權，而是教育人」。[227] 在此意義上，控制了教育和大學也就控制了政權。這不僅是納粹政權的基本理念，也是自從有了西方影響以來德國歷代容克階級政權的基本理念。

德國控制教育和大學的做法，普遍地表現在強調對學生的政治品德教育。希冀通過政治品德教育來禁錮青年學生的思想，從而達到鞏固專制政權的目的，這是德國容克政權的慣常做法。早在18世紀和19世紀之交，費希特、席勒等人就反覆提出過加強青年學生道德品質教育的建議，並且當時的政府也確實採納了他們的建議。此風在19世紀中後期隨著英國和法國影響的深入有所淡化，但從未中斷，並在20世紀的希特勒統治時期又死灰復燃乃至愈發猛烈。民族社會主義黨的方針提倡政治決定一切；這一方針在教育領域的貫徹就是：「已經確定的政治行動為教育指出目標和方向。」[228] 在這一方針的指導下，教材按照「民族社會主義世界觀」的標準取捨；課堂教學「改變成為培養民族社會主義世界觀的學習」。這樣，「從內容上看，學校各門課程同校外『教育機關』的生活內容一樣，都是突出政治信念的教育。」與此同時，魏瑪時代的私立學校也被改為國立學校，「從而服從於政治灌輸的清一色標準」。[229]

德國對教育的控制，其中尤以對大學的控制為甚。1819年9月，聯邦議會的一項決議規定：「『凡濫用合法地位對青年情緒施加影響，散佈敗壞道德、敵視公共秩序與安寧，破壞現存國家機構基礎的學說，明顯暴露出沒有能力履行委託給他們重要職務的』大學教師應予撤職。」同時決定「取締大學生聯合會」，因為於兩年前成立的該聯合會主張「自由思想」。1837年6月，維也納大臣會議為了防範可能發生的革命運動，不僅規定延期召開和解放不順從的等級議會，「而且對聯邦各邦的大學及其講師和大學生進行周密的審查與普遍的

---

227 轉引自〔德〕埃爾德曼：《德意志史》第4卷上冊，高年生等譯，北京：商務印書館，1986年，第464頁。
228 〔德〕埃爾德曼：《德意志史》第4卷上冊，高年生等譯，北京：商務印書館，1986年，第470頁。
229 〔德〕埃爾德曼：《德意志史》第4卷上冊，高年生等譯，北京：商務印書館，1986年，第471、470、469頁。

監督」。[230] 德國對大學的控制還表現在政府不準教授和教師對當局的任何重大決定提出異議。1837 年 6 月，國王威廉四世逝世後，他的兄弟恩斯特·奧古斯特繼位，這位國王一上臺就宣布不受 1833 年國家基本法的束縛，並接著廢除了這一法律。這一公然反自由主義的政策，遭到了格廷根的喬治亞·奧古斯塔大學的 7 名教授的激烈反對，他們在給國王的信中要求國王必須按照當初的誓言，「繼續履行服從國家法的義務」。國王對這一行動的回答是：「解除格廷根七教授的公職」；勒令其中負主要責任的三人「必須在三天內離開本邦」。[231] 顯然，國王是想通過槍打出頭鳥的做法以達到維護其專制統治的目的。至於這種對維護正義的反抗行為的打壓，是否會引起自由主義反對派的反彈，甚至是否會促成一場政治革命，那是容克政權的統治者們所無法顧及的——他們要的是眼前的穩定。

德國控制大學的最嚴厲的時期當屬希特勒上臺以後。希特勒治下的國家是「領袖國家」；在「領袖國家」中，領袖決定一切。領袖原則在大學裡的貫徹，使大學失去過去的團體自治的地位；在這裡，「部長任命校長和系主任」，「大學評議會和各系僅僅保留諮詢權」。[232] 由於納粹政權掌握著校長和系主任的任免權，所以校長們和系主任們不得不俯首聽命。按照領袖原則和民族社會主義的標準，掌握科學知識的大學教師是最不值得信任的，因此當局鼓勵學生對教師造反，「督促學生按照政治觀點監督教師講課」，直至對教師隊伍進行深入的清洗。據史載，在希特勒政權執政的初期，全國平均有 14% 以上的大學教師和 11% 的大學教授被解雇。據文教部估計，在希特勒上臺後最初 5 年內，有 45% 的官方學術機構換了人。[233] 當然，納粹政權控制大學的手段是恩威兼施的，除了對進步的和他們認為值得懷疑的教師實施打壓外，對甘願為其服務的御用文人尤其是其中的有影響者也委以重任。希特勒上臺後不久，就任命忠心

230〔德〕博恩等：《德意志史》第 3 卷上冊，張載揚等譯，北京：商務印書館，1991 年，第 131、129、150 頁。
231〔德〕博恩等：《德意志史》第 3 卷上冊，張載揚等譯，北京：商務印書館，1991 年，第 150—151 頁。
232〔德〕埃爾德曼：《德意志史》第 4 卷上冊，高年生等譯，北京：商務印書館，1986 年，第 480 頁。
233〔德〕埃爾德曼：《德意志史》第 4 卷上冊，高年生等譯，北京：商務印書館，1986 年，第 474 頁。

為納粹政權效力的哲學家海德格爾為佛賴堡大學校長,就是典型的一例。需要進一步指出的是,納粹政權對大學的控制特別強調精神控制。所謂精神控制,就是按照民族社會主義世界觀的標準和納粹(黨)集團特權利益的需要,為大學教學和科學研究制定一個指導方針。史家告訴我們:「民族社會主義科學政策的指導方針是努力使自然科學研究為經濟計畫和軍備計畫服務,從人文科學中尋找為其本質和特定目標進行辯護的論點。」[234] 時任巴伐利亞文教部長的漢斯·舍姆對慕尼克教授們的講話對這一方針作了畫龍點睛的注釋:「從現在起,對你們來說,不是要判斷某件事情是否真實,而是要看它是否符合民族社會主義革命的精神。」[235] 我們知道,德國的大學曾經有過光輝的歷史。在19世紀初期的改革年代,它曾是符合科學精神的憲政民主運動的中流砥柱,那一次偉大的政治運動曾波及整個德意志民族。然而,在希特勒的納粹政權的從組織到政治和思想的全面控制下,德國大學的精神死亡了;或者更準確地說,德國的大學墮落了。如果說,在充斥「領袖一貫正確」和「政治決定一切」等口號的精神氛圍中,「無論是實際研究工作還是自由地科學地探索思想標準,都不可能得到發展」,[236] 標誌著納粹政權統治所導致的德國大學精神的死亡——自由大學精神的死亡;那麼,1933年5月27日,海德格爾在就任佛賴堡大學校長演說中宣布「大加稱頌的『學術自由』應遭到德國大學的唾棄」,和半年後對大學生說「領袖本人而且他一個人」就是「活生生的、未來的德國現實及其法律」,[237] 則標誌著納粹政權統治所導致的德國大學的墮落——墮落成法西斯專政的工具。

第四,扼殺信仰自由,以思想和言論治罪。

德國容克階級政權拒絕西方文明,反對政治制度法國化或現代化的另一種做法,就是將持有不同觀念的和發表不同言論的人定為「煽惑者」,並以此對

---

234 〔德〕埃爾德曼:《德意志史》第4卷上冊,高年生等譯,北京:商務印書館,1986年,第473頁。
235 〔德〕埃爾德曼:《德意志史》第4卷上冊,高年生等譯,北京:商務印書館,1986年,第473頁。
236 〔德〕埃爾德曼:《德意志史》第4卷上冊,高年生等譯,北京:商務印書館,1986年,第473頁。
237 轉引自〔德〕埃爾德曼:《德意志史》第4卷上冊,高年生等譯,北京:商務印書館,1986年,第476頁。

第四章 東西方界線的變動 253

他們加以鎮壓和治罪。1819 年 9 月，德國聯邦議會在通過一系列其它鎮壓自由主義條例的同時，也通過了一條鎮壓「煽惑者」的決議：「在美因茲成立一個聯邦中央特別檢查委員會，對『革命顛覆活動及煽動性的聯繫活動』進行審查，並向聯邦大會提出報告，然後聯邦大會作出開始訴訟程式的進一步決議。」普魯士雖然沒有參與這一議案的起草，但「它在『追究煽惑者』中一馬當先」。而在全國範圍內，「決議的執行未曾受阻，各地都認真照辦。」[238]

在德國以思想觀念治罪的歷史中，「反社會黨人非常法」值得一提。19 世紀 70 年代，由於受法國社會主義運動和巴黎公社起義的影響，德國社會主義運動也開始發展。但德國的社會主義運動主要限於社會主義者在思想觀念上傾向於社會主義，以及社會民主黨及其領導人在言論上對巴黎公社起義的意義的肯定，而並無多少實際行動。由於過高估計社會主義革命的危險，俾斯麥作出了一項決定——頒布「非常法」以鎮壓這個社會主義政黨。1875 年，他要在刑法典裡增加一項條款：「對煽動階級仇恨者」處以刑法，但由於國會的反對而未成功。幾年後，俾斯麥終於成功地利用了因皇帝威廉一世連續兩次被刺在民眾中激起的對刺客的義憤情緒，在沒有證據表明行刺者與社會民主黨之間存在聯繫的情況下，迫使國會於 1878 年 10 月 18 日通過了「反社會黨人非常法」（「反對社會民主黨危害公共治安的法令」）。這個法令取締了所有「社會民主黨、社會主義或共產主義」的聯合會、集會和印刷品。各邦警察局可以把社會主義的宣傳鼓動員驅逐出各地和各區；在聯邦參議院的同意下，各聯邦成員國可以在「有危險」的地區宣布為期多至一年的「小戒嚴」。[239] 史家在評論俾斯麥政府的這種以思想觀念治罪的行為時指出，和 20 世紀的恐怖方法相比，和 19 世紀法國兩次血腥鎮壓社會主義起義相比，「反社會黨人非常法」在殘暴性方面遠遠不如它們。「然而這個法令卻把整個政黨——並不是由於它犯下什麼罪，而是由於它的信念——置於特種刑法的管制之下。對於 19 世紀高度發展的法制

238〔德〕博恩等：《德意志史》第 3 卷上冊，張載揚等譯，北京：商務印書館，1991 年，第 131 頁。
239〔德〕博恩等：《德意志史》第 3 卷上冊，張載揚等譯，北京：商務印書館，1991 年，第 372—374 頁。

觀念來說，『反社會黨人非常法』的破壞性和殘暴性也就在這裡。」[240]

德國的以思想和言論治罪還表現在國家對教會關係的處理中，而這也同反對議會民主、實行書報檢查和對大學進行管制等方面的情形一樣，尤以希特勒的納粹政權的做法最為嚴酷。希特勒上臺以後，天主教會雖然與國家之間有互不干涉的協定，但還是受到納粹政權的百般打壓。在忍無可忍的情況下，羅馬教皇庇護十一世於1937年3月21日發表了一個通諭。教皇在通諭中指出，民族社會主義的國家和天主教會之間在解釋世界和生活方面所產生的基本矛盾，由於這些矛盾產生了世界觀與信仰、國家與教會之間的嚴重爭論。當民族社會主義搬用基督教的概念，將「啟示」轉意為「血統和種族的提示」、「信仰」為對歷史未來的信任、「不朽」為人民的生命，並由此造成意義方面的混亂的時候，教會指控民族社會主義犯了以假亂真的罪行。這種爭論本屬於信念和言論層面的紛爭，而且教會出於自身安全的需要決無與國家決裂的意向。但是，納粹政權不幹了，單方面將信念和言論層面的爭論轉為行動上的鎮壓。它視在國外產生反響的教皇通諭為教會公開的政治宣戰書，「禁止繼續傳播」；「從此，就變本加厲地逮捕教士和宗教團體人士，對他們進行審訊，只是在1936年柏林舉行奧林匹克運動會期間才暫時停止過。」[241]

納粹政權在對天主教以言治罪的同時，也對新教以言治罪。雖然德國新教與納粹政權之間的矛盾在希特勒上臺後就不斷加深，但真正導致這一矛盾激化的卻是教會方面的一份備忘錄。鑒於希特勒的納粹政權執政以來的種種惡行，1936年5月，德國新教教會臨時領導機構起草一個檔——「致領袖和總理的備忘錄」。該備忘錄除了批評納粹政權在宗教教義方面造成的混亂和對教會制度的破壞外，明確指責納粹（黨）的憎恨猶太人的反猶主義情緒以及黨對國會選舉中自由選舉的侵犯，猛烈地抨擊了「在標榜為法治國的德國一直還存在著集中營，國家秘密員警的措施不受任何司法審查」，並且對經常像崇敬上帝一樣崇敬領袖的個人崇拜表示憂慮。這一備忘錄，本是在經歷了宗教改革後有過政

240〔德〕博恩等：《德意志史》第3卷上冊，張載揚等譯，北京：商務印書館，1991年，第375頁。
241〔德〕埃爾德曼：《德意志史》第4卷上冊，高年生等譯，北京：商務印書館，1986年，第482—486頁。

教相對分離歷史的國家的教會本著新教教義,從道義上對國家政權的批評和提醒,應屬教會的正當權益,而且僅限於信仰和言論層面的分歧和爭論。然而,就是這一備忘錄卻「引起了一陣迫害教會的浪潮」。除民族社會主義報刊和教育機構發動了對基督教的全面批判外,教會在教堂之外的一切活動遭到禁止;由於黨對其信徒施加壓力,退出教會的人數日益增多;學校教室裡拆除了耶穌釘在十字架上的圖像,教會學校受到排斥,其數目減少了。更為嚴重的是,「許多新教牧師受到法庭審判或被關進集中營」。[242]

馬克思在評論普魯士的書報檢查令以作品的傾向作為是否准予發表的標準時指出:「懲罰思想方式的法律不是國家為它的公民頒布的法律,而是一個黨派用來對付另一個黨派的法律。追究傾向的法律取消了公民在法律面前的平等。這不是團結的法律,而是一種破壞團結的法律,一切破壞團結的法律都是反動的;這不是法律,而是特權。」[243] 長期以來,德國的容克階級政權,尤其希特勒的極權主義政權,為了拒絕西方文明,防止政治制度法國化——按照馬克思的說法:為了維護本階級和本黨派的「特權」,就是這樣既目無法紀,以黨代國,又以思想觀念和言論的觀點和傾向為標準打擊異己,黨同伐異。

第五,從組織上控制,掌握各級官員的任免權。

在長期與英國、法國等西方國家的較量中,德國容克階級政權的統治者已經形成了這樣一種理念,即為了防止德國在政治上法國化,必須從組織上控制,掌握各級官員的任免權。誠然,在希特勒統治之前,實現這一政治理念的操作空間受到一定限制。比如,在第二帝國滅亡之前,王位是世襲的;在魏瑪國家及其之前的較長一段時間內,德國有地方自治的傳統,鄉鎮長和鄉鎮議員是由民選產生的,在這些場合都不存在從組織上控制的問題。但是,即使在那些時期裡,尤其是在第二帝國滅亡之前的時間裡,各邦和聯邦政府還是牢牢地掌握著高級和較高級官員的任免權。為了使這種任免權行使的結果更符合統治階級的目的,各邦還制定了官員選拔的標準。關於這一標準,後面將會論及,這裡先看看納粹政權是如何將對各級官員的任免權的行使推向極致的。

---

[242]〔德〕埃爾德曼:《德意志史》第 4 卷上冊,高年生等譯,北京:商務印書館,1986 年,第 491—492 頁。
[243]《馬克思恩格斯全集》第 1 卷,北京:人民出版社,1956 年,第 17 頁。

在納粹政權統治的國家中，黨和政是不分的，但黨又處於「指揮」國家的地位。這種不倫不類的黨政關係，決定了黨對國家各級官員任免權的控制。史家在論及納粹政權的黨政關係時寫道：「總的說來，此時黨和國家的關係是模糊不清的。這是民族社會主義統治體制的特點。一方面國家的等級結構的官僚機構及其特別的品質要求和發號司令的系統都保存下來，另一方面根據領袖原則建立起來的黨要求控制國家機關和分配國家職務。」[244] 我們還知道，納粹政權的所謂領袖原則，按照希特勒的解釋，其主要含義就是：「領袖總是由上級任命並授以無限全權和權威。只有全黨領袖根據結社法由全體黨員大會選舉產生。」史家在評論這一原則時寫道：把這一原則運用到民族社會主義國家建設上，除了領袖本人時常通過公民投票使他的政策得到批準外，還「意味著，全部職務和責任都是由上級決定的」。[245] 實際情況同史家的論述和評論完全一致。在納粹統治時期，高級官員，首先是內務部、員警署、宣傳部、教育部和邦行政長官等重要崗位的職務，是由上級任命的，而且「有些地方黨政職務由一人兼任」。1933年4月通過「各邦與國家一體化的第二個法令」以後，駐各邦的專員被正式任命為各邦行政長官，邦行政長官有權根據柏林中央政府下達的指示任免邦政府。與此同時，納粹政權的國家在直至行政管理的最基層單位——鄉實行了領袖原則，「這就是說，鄉鎮長、副鄉鎮長、鄉鎮議員（市議員）現在由黨或國家任命，並且不允許鄉鎮議會或市參議會參與表達地方的意志。」[246] 如果再考慮到前面已經論及的當時德國大學的校長和系主任都由納粹政權的教育部任命，我們可以毫不誇張地說，納粹黨的國家政權從組織上控制並掌握了國家行政管理的各級以及意識形態等主要領域的官員的任免權。

在德國容克階級政權和納粹政權對各級官員任免權的使用中，有兩點值得單獨一提。第一，關於任用標準。容克階級政權任用官員特別強調候選人的政治立場。普魯士皇帝威廉一世在1882年1月4日發佈的敕令向官員提出要求：

244〔德〕埃爾德曼：《德意志史》第4卷上冊，高年生等譯，北京：商務印書館，1986年，第423頁。
245〔德〕埃爾德曼：《德意志史》第4卷上冊，高年生等譯，北京：商務印書館，1986年，第425頁。
246〔德〕埃爾德曼：《德意志史》第4卷上冊，高年生等譯，北京：商務印書館，1986年，第423、416頁。

他們的就職宣誓使他們有義務即使在選舉時也要代表政府的政策，因而他們不能在競選中發表反對政府的言論。史家在論述當時普魯士國家任命官員的情況時也說：「在任命帝國和普魯士的高級官員時，要審查這些候選人的政治立場以及經濟政策的立場。」[247] 這一強調官員政治立場的做法在納粹政權統治時期被推向極端，以至1933年4月的「恢復職業官吏法」規定，解雇所有「非雅利安血統」的官員以及所有根據他們的表現不能保證「任何時候都能毫無保留地擁護民族國家」的官員。[248] 容克政權和納粹政權對官員政治立場的強調，實際上使當時的德國官場形成了一種逆向淘汰機制：正直有為者下，溜鬚拍馬者上。

第二，關於任用方法。在容克政權特別是納粹政權統治時期，各級官員都是由上級任命的，但是我們千萬不要以為這些被任用的官員都是不經過法定程式直接由上級指命的。事實上，凡是需要經過選舉產生的官員都是經過法定程式，通過投票選舉的方式獲得任職的合法性的。只不過「民族社會主義時期這種投票的特點是，它們並不要求人們在若干人選、若干政治綱領或某種對內對外政策問題的若干可能的決定之中進行選擇。投票只是由黨和國家操縱的選民群眾對『領袖』的鼓掌歡呼而已」。[249] 總之，通過對官員任命權的行使，尤其通過對嚴格政治標準的、「合法選舉程式」的且從上到下各級和從左到右各業官員任免權的行使，德國容克貴族這一傳統的統治階級築起了一道力圖防止政治制度法國化的、似乎可以同西方政治制度相對壘的「銅牆鐵壁」。

第六，拒絕西方的批評，在反對政治制度法國化的道路上執迷不悟。

平心而論，對於德國容克階級政權堅持東方專制主義、拒不進行政治制度根本變革的種種倒行逆施，英國、法國等西方國家並沒有坐視不管，而是曾經伸出過挽救之手，其中包括提出過警告和批評。比如，在1832年，德意志聯邦在奧地利首相梅特涅的動員下又一次起來反對革命，聯邦成員重新按維也納最後決議第57條於6月28日制定了6條條文。按照這條決議和這些條文，一些

---

[247]〔德〕博恩等：《德意志史》第3卷上冊，張載揚等譯，北京：商務印書館，1991年，第402—403頁。
[248]〔德〕埃爾德曼：《德意志史》第4卷上冊，高年生等譯，北京：商務印書館，1986年，第416頁。
[249]〔德〕埃爾德曼：《德意志史》第4卷上冊，高年生等譯，北京：商務印書館，1986年，第425頁。

邦的議會被解散，一些邦的主張新聞自由的新聞法被廢除，許多自由主義的報刊被查禁，更有自由主義運動的領導人遭解職和其它處罰。德國專制政權拒絕西方文明的種種倒行逆施，在激起國內強烈反對的同時，西方國家也曾明確提出批評。「1832 年 9 月 7 日英國首相帕麥斯頓在一份通電中宣稱：作為維也納條約簽署國的英國，要求在德意志聯邦的種種問題上有發言權，為此敦請『德意志政府要制止聯邦議會不審慎的熱情並阻止採取一種極可能導致大動盪和戰爭的措施』。法國也加入這一外交行動。因此，就出現了一種沒有料到的情況，即外國列強為了支持自由主義民主運動，竟對德意志聯邦憲法使用尚有爭議的保證權。」[250] 英國和法國等西方國家基於普世價值立場對德國專制行為的批評，被德國的專制政權本能地視為對德國內政的干涉。因此，「當 1834 年西方國家再度進行干預時，聯邦議會幾經躊躇之後拒絕了它們的要求。」[251] 德國專制政權對西方國家批評的拒絕遠不止這一次，而是屢屢為之，這裡不能一一列舉。對西方批評的拒絕表明，德國專制政權在反法國化或反現代化的道路上迷途而不知返。

　　以上就是德國容克階級政權反對政治制度法國化或現代化的主要做法。從上面的論述可以看到，反對政治制度的法國化或現代化，就是堅持專制主義；而專制主義的政治制度不僅長期陷人民於被奴役狀態，嚴重地束縛經濟的進一步發展，而且使德國容克階級政權的統治手法陷入荒唐的邏輯怪圈。由於經濟發展了而政治仍然堅持專制主義，當時的德國社會秩序混亂，矛盾迭起，民眾情緒激憤。面對這種危機四伏的局面，容克階級政權不是認為問題出在專制制度本身，從而釜底抽薪地改變專制制度，而認為制度是好的，只是沒有被執行好，因而對直接導致矛盾的官員加以查處和撤換。比如，洪水和饑荒導致了災難，當局怪罪地方官員救災不力，於是撤換救災官員；貪污腐敗時有發生，當局怪罪當事官員覺悟不高，予以撤換；書報檢查制度引起廣泛詬病，當局怪罪書報檢查官執法不當，予以撤換。對於德國容克階級政權面對種種社會矛盾不

250〔德〕博恩等：《德意志史》第 3 卷上冊，張載揚等譯，北京：商務印書館，1991 年，第 149 頁。

251〔德〕博恩等：《德意志史》第 3 卷上冊，張載揚等譯，北京：商務印書館，1991 年，第 149 頁。

做根本作為，只是查處和撤換相關涉事官員的做法，馬克思曾經一針見血地指出要害：「也許為了造成一種改善的假象而不從本質上去改善事物，才需要把制度本身的客觀缺點歸咎於個別人吧？虛偽自由主義的表現方式通常總是這樣的：在被迫讓步時，它就犧牲人這個工具，而保全事物的本質——當前的制度。這樣就轉移了表面看問題的公眾的注意力。」[252] 馬克思的最後一句話的意思是說：「事物的本質所引起的憤恨變成了對某些人的憤恨。」[253] 在這種「制度和政策是好的，只是基層官員沒有執行好」的說詞下，在這種「只反貪官，不反皇帝」的做法中，作為問題根源的制度得以保存。在這裡我們看到，德國的專制制度是被暫時保存下來了，但容克階級政權的統治手法卻充滿了邏輯悖論。對此，仍然是馬克思的看法入木三分：「要使事物保持原狀，同時又企圖只用更換人員的辦法使它具有另一種本質，這真是荒謬絕倫的做法。」[254] 在很長的歷史時期內，德國容克階級政權就是用這種荒謬絕倫的辦法，在經濟不斷改革和發展的同時，拒絕政治制度的法國化或現代化。歷史證明，德國法國化或現代化的過程中的跛足，即由容克階級掌握現代化的領導權而導致的政治改革和經濟改革的不平衡並進而導致的後果是極其嚴重的，不僅長期保留了專制制度，阻礙了德國的法國化或現代化進程，而且成為導致兩次世界大戰的重要原因之一。

　　這裡，需要特別論及的一個問題是，與德國法國化或現代化的跛足密切相關，甚至成為其思想根源的德國特殊性的理論。我們知道，在很長的歷史時期內，德國的浪漫主義思想家在否認人性普遍性的前提下強調德國的特殊性。史家埃爾德曼指出：「在德國方面，不僅是泛德意志派，也不僅是尼采和特賴奇克的追隨者宣稱，德國的思想與西方相比有其特殊性。」[255] 埃爾德曼所言極是。J. G. 哈曼（1730—1788 年）最早為德國特殊論提供理論依據。他認為所有的真理都是「殊相」，從來不是「共相」；他反對啟蒙運動主張的理性主義和普世

---

[252]《馬克思恩格斯全集》第 1 卷，北京：人民出版社，1956 年，第 5 頁。
[253]《馬克思恩格斯全集》第 1 卷，北京：人民出版社，1956 年，第 5 頁。
[254]《馬克思恩格斯全集》第 1 卷，北京：人民出版社，1956 年，第 30 頁。
[255]〔德〕埃爾德曼：《德意志史》第 4 卷（上冊），高年生等譯，北京：商務印書館，1986 年，第 92 頁。

主義，並以此為德國特殊性辯護。[256]J. G. von·赫得（1744—1803年）的德國特殊論與哈曼一樣，以「文化民族主義」為核心，以文化相對主義為表現形式。赫得拒斥任何進步的絕對尺度，主張沒有任何文化是另一個文化的工具。他說：每一件人類的成就及每一個人類社會都應以其本身「內在」的標準加評判。[257]在這種相對主義觀點的影響下，德國思想界長期存在著（德國）內在的「文化」（culture）和（西方）外在的「文明」（civilization）二者分立的觀念。直到20世紀，德國特殊論不僅依然流傳，而且越發盛行。文學家湯瑪斯·曼的德國特殊論既是對哈曼的繼承，更是對赫得的發展。他在《一個不問政治的人的觀察》（1918年）一書中，這樣向人們論證德意志的「精神」「文化」同西方的「政治」「文明」的區別：「精神與政治的差別包含著文化與文明、心靈與社會、自由與投票權、藝術與文學的差別；而德意志精神就是文化、心靈、自由、藝術，而不是文明、社會、投票權、文學。」[258]儘管由於詞彙含義的演變，我們今天已經很難準確地領會曼氏所說的德國「精神」與西方「政治」相區別的確切的含義，但曼氏所強調的德國「文化」與西方「文明」對立的總體思路則是十分明瞭的。而經濟學家維爾納·佐姆巴特的德國特殊論則更加明瞭且更加形象。他在一本名為《商人與英雄》（1915年）的書中，把英國人與德國人的對立說成是「商人與英雄」的對立。[259]儘管德國特殊論形形色色，五花八門，但它們的宗旨卻是共同的：德國與英、美、法等西方國家相比有其特殊性，因此，德國決不能走西方的道路。當年的德國人以東方的特殊性自居，把自己置於西方對立面的情形，與後來的其它東方國家的人把自己置於連同德國在內的西方對立面的情形一模一樣。俄國學者尼·別爾嘉耶夫就發現了這一點。他在論述德國思想時寫道：「德國的浪漫主義者的特點已經是進行反對西方唯理主義的鬥爭，謝林論述法國、英國、西方對日爾曼的影響，就如同我們的斯拉夫主義

---

256 參見〔美〕艾愷：《世界範圍內的反現代化思潮》，貴陽：貴州人民出版社，1991年，第20頁。
257 參見〔美〕艾愷：《世界範圍內的反現代化思潮》，貴陽：貴州人民出版社，1991年，第21頁。
258 轉引自〔德〕埃爾德曼：《德意志史》第4卷上冊，高年生等譯，北京：商務印書館，1986年，第94頁。
259 〔德〕埃爾德曼：《德意志史》第4卷上冊，高年生等譯，北京：商務印書館，1986年，第93頁。

者論述西方（也包括日爾曼）對俄羅斯的影響一樣。」[260] 當然，德國的反法國化即反現代化的思想家們的邏輯是混亂的。他們在強調德國特殊性、強調法國（西方）思想不適合德國的同時，卻認為德國思想具有普遍性，主張用德國思想取代法國（西方）思想。比如，「費希特要求用處於當時狀況下的德意志民族的普遍性代替 1789 年法蘭西民族的普遍的革命思想。他宣稱德意志民族是原始民族，德意志語言是原始語言。民族成為形而上學的本質的化身，它的自我實現成為所謂普遍性的任務。」[261] 這裡我們看到，德國特殊性理論還包含著「德意志使命」思想。關於後者，哲學家、諾貝爾獎獲得者魯道夫·歐肯把第一次世界大戰解釋為德意志內在本質的世界性考驗；「他宣稱德意志民族是人類之靈魂。德意志特性的毀滅將會『剝奪世界歷史的最深刻含義』」。[262] 而哲學家保羅·納托爾普則認為，在戰爭中感覺到「德意志人的日子」日益臨近；「他認為 1914 年 8 月是奔向道德上的自我實現的開始，以造福於德國和全世界」。[263] 從某種意義上說，包含「德意志使命」思想的德國特殊性理論和德國專制主義是一枚硬幣的兩面，二者互為表裡，不可分離。一方面，政治上的專制主義需要德國特殊性理論為之提供存在的合法性辯護；另一方面，德國特殊性理論需要專制主義為之提供政治上的強勢話語的支援。因此，只要其中一方不存在，另一方也就隨之坍塌。這一點已經為德國特殊性理論和德國專制主義後來的發展歷史所證明。在德國特殊性理論和專制主義的二者相互支撐之下，德國的實質性的法國化或現代化進程一直被推遲到第二次世界大戰結束以後。

二戰以後，由於美、英、法和蘇聯分別佔領了德國的西部地區和東部地區，德國被分裂為聯邦德國和民主德國即西德和東德兩個國家。西德在美、英、法等西方國家的主導之下，結束了長達數千年之久的專制統治，實行議會民主政治制度；《基本法》對總統的權力加以限制，承認各黨派的平等地位和相互監

260〔俄〕別爾嘉耶夫：《俄羅斯思想》，雷永生等譯，北京：三聯書店，1995 年，第 41 頁。
261〔德〕埃爾德曼：《德意志史》第 4 卷上冊，高年生等譯，北京：商務印書館，1986 年，第 92 頁。
262 轉引自〔德〕埃爾德曼：《德意志史》第 4 卷上冊，高年生等譯，北京：商務印書館，1986 年，第 93 頁。
263〔德〕埃爾德曼：《德意志史》第 4 卷上冊，高年生等譯，北京：商務印書館，1986 年，第 93 頁。

督的權力;批判德國特殊性理論和其它東方專制主義的文化價值。因此,西德迅速地完成了法國化即現代化的任務。與此相反,東德由於受蘇聯主導,因此法國化或現代化的歷程尤其曲折。早在二戰剛剛結束的 1945 年 5 月,集德國的流亡共產黨人、斯大林的忠實信徒和戰後蘇占區新的行政機構籌委會領導人等身份於一體的烏布利希就說:做任何事情,「看上去要像民主,但是我們必須控制一切」。[264] 這是烏布利希公開宣布的治國方針。在此後近半個世紀的時期內,德國蘇占區的即後來東德的經濟體制、政治體制和文化價值,都一直沿著這條假民主的道路前行。然而,假民主的實質仍然是東方專制主義,因此它終究是長久不了的。這一方向終於在 1989 年蘇聯和整個東歐局勢變化的時候開始變化。1990 年,東德在經歷激烈的社會振盪以後開始同西德合併;而這種合併與其說是兩個德國的統一,毋寧說是東德解體後加入西德更為確切。因為「統一」以後的德國不僅保留了原西德德意志聯邦共和國的國名,而且在實質上是按照西德的原則和模式對原東德的經濟體制、政治體制和文化觀念進行改造。至此,德國全面地完成了法國化即西方化的任務。

第七節

初步的結論

以上各章和本章各節,只是挂一漏萬地論述了文化上西方的出現以及西歐諸大國西方化的過程。這個過程簡單地說來是這樣:包括歐洲在內的整個世界原本全是東方,希臘-羅馬文化的出現標誌著世界上出現了西方。千年之後,意大利由於對希臘-羅馬文化的復興,使自己由東方變成西方,並成為希臘-羅馬文化在近代歐洲兒子中的長子。繼此之後,原本是東方的英國通過意大利化變成了西方,原本是東方的法國通過英國化變成了西方,原本是東方的德國通過法國化變成了西方。其實,如果我們把整個歐洲考慮在內,東西方界線變

---

[264]〔德〕迪特爾·拉甫:《德意志史:從古老帝國到第二共和國》(中文版),波恩: Inter Nationes 出版社,1978 年,第 336 頁。

動的過程還可以繼續往下寫，比如原本是東方的波蘭通過德國化變成了西方，原本是東方的俄國通過波蘭化變成了西方。但是一方面囿於篇幅，另一方面，意、英、法、德西方化的過程已經足夠說明問題了，所以無需贅言。西方的出現和東西方界線的變動說明，文化上的東方和西方，並不與地理上的東方和西方分別相重合，而是隨著時間的推移，二者的關係不斷發生變化。薩繆爾·亨廷頓給東西文明間的「斷層」所劃的那條線，[265] 以威廉·華萊士所指出的西元1500年時基督教的東部邊界為依據，存在一個問題，即在方法論上是一種靜態的方法。事實上，基督教自從產生後，其東部的邊界是不斷向東擴展的，儘管有相對靜止下來的時候。因此，我們不能將東西文明間的所謂「斷層」的界線固定化。用動態的方法考察，我們發現，東西方文明的區域界線處在不斷變動之中。從今天的眼光來看，如果把時間向前推移2500年，東西方的分界線應該在意大利和希臘之間（意大利以外的地方更不用說了，下同）；如果把時間向前推移500年，東西方的分界線應該在英國和意大利之間；如果把時間向前推移300年，東西方的界線應該在法國和英國之間；如果把時間向前推移100年，東西方的界線應該在德國和法國之間。而如果把時間向後推移100年，則可以肯定東西方的界線還會遠遠地東移；北約東擴實際上就包含著這樣的文化意蘊。這就是本書對東方在何處的初步回答，也是對東西方文化思潮的初步審視和反思。

---

265 亨廷頓認為，東西方文明間的分界線沿著今日芬蘭與俄羅斯以及波羅的海諸國與俄羅斯邊境延伸，而貫穿白俄羅斯與烏克蘭境內，將以天主教為主的烏克蘭西部與以東正教為主的烏克蘭東部分開，向西轉移把特蘭西瓦尼亞從整個羅馬尼亞分隔出來，然後約沿著現今克羅埃西亞、斯洛伐尼亞與南斯拉夫其它地方的分界線而穿過南斯拉夫國境。在巴爾幹半島，這條線跟歷史上哈普斯堡帝國與奧圖曼帝國之間的邊境相符。（〔美〕亨廷頓[余國良譯]：《文明的衝突？》，載於：《二十一世紀》（香港），1993年10月號，第9頁。）

第五章　歐洲國家西方化的原因初探

歐洲國家發生的西方化，亞洲和其它東方地區並沒有發生，至少沒有同時發生，原因何在？這個問題關係到歐洲國家西方化的原因和動力。本章將討論歐洲國家西方化的原因和動力——這裡的原因涉及根本的原因和直接的原因。根本的原因應該是地理環境方面的，這不在本書討論範圍之內。這裡只對直接原因進行探討；而這涉及如何看待西方歷史上的專制主義和基督教在歐洲國家西方化過程中的作用。其實，無論是西方歷史上的專制主義還是基督教在歐洲國家西方化過程中的作用，前面許多章節都有涉及，但有的是順便論及，有的是側重於實證考察。為了系統地從理論上總結歐洲國家西方化的歷史經驗，同時也為了澄清某些理論觀點，這裡擬對上述兩個問題作專門探討，儘管只能以極其簡略的形式。下面先討論前一個問題。

第一節

關於西方專制主義

在中外學術界，一種流行廣泛的觀點認為，西方的歷史不同於東方的歷史，西方的歷史上沒有專制主義；西方——這裡主要指歐洲——國家之所以能夠西方化，根本原因也就在於西方沒有東方式的專制主義。有人甚至認為，西方本來就是西方，不存在歐洲國家的東方性，因此更不存在所謂歐洲國家西方化的問題，因為歐洲國家沒有專制主義。

因此，討論的問題就從這裡開始——

一、西方是否沒有專制主義

在討論之前，我想對西方專制主義的概念加以簡單界定。

西方專制主義，當然首先是相對於東方專制主義而言的，但是，其含義卻並不是在與東方專制主義字面相對應的意義上界定的。東方專制主義，其含義就是「東方專制主義」（Oriental despotism）——既是地理上的，也是文化上的，而非專指「（地理上）東方的專制主義」（Eastern despotism）。西方專制主義，其準確的含義卻是「（地理上）西方的專制主義」（Western despotism），而非「（文化上的）西方專制主義」（Occidental despotism）。因為文化上的西方（the Occident）本來就沒有原初的、東方的專制主義（Oriental despotism）。但是，為了簡便起見，本書稱之為「西方專制主義」。關於西方專制主義和東方專制主義的具體的區別和聯繫，後文還會論及，這裡先從概念上指出兩者的異同。

（地理上）西方沒有專制主義的觀點源遠流長，一般說來可以追溯到亞里斯多德。亞里斯多德的西方沒有專制主義的思想，是通過論述東方專制主義的思想表現出來的，他的名著《政治學》就包含這種一體兩面的思想。亞里斯多德將王制劃分為五種類型：斯巴達王制、蠻族王制、民選總裁、史詩時代的王制和擁有絕對權力的王制。對這五種王制，亞里斯多德又進行了歸納和抽象，找出其中具有代表性的、互有本質差別的兩種：斯巴達王制和擁有絕對權力的王制，因為其它三種都介於這兩者之間，其權力總是比絕對權力的王制為小而比斯巴達諸王為廣。亞里斯多德認為，在斯巴達王制下（民選總裁和史詩時代的王制屬於此類），君王沒有絕對的治權；他們只在出征時，才具有指揮軍事的全權。就是說，斯巴達王雖然掌管軍事，此外還掌管宗教事務，且「受任終身」，但在平時對民眾不操生殺之權。相比之下，具有絕對權力的君主則不同（蠻族王制屬於此類）：他一人代表整個國家，全權掌管全體人民的公務；這種形式猶如家長對於家庭的管理。[1] 亞里斯多德在這裡所謂的斯巴達王制和擁有絕對權力的王制，前者實則指的是希臘（西方），後者實則指的是波斯（東方）。亞氏的絕對權力君主制和相對權力君主制的區分，把專制主義與「東方」

---

[1] 〔古希臘〕亞里斯多德：《政治學》，吳壽彭譯，北京：商務印書館，1965年，第158—162頁。

聯繫起來，同時又把專制主義與「西方」的聯繫切斷。需要進一步指出的是，亞里斯多德不僅指出了東方有專制、西方沒有專制的「事實」，而且分析了東方有專制、西方沒有專制的「原因」。「因為野蠻民族比希臘民族為富於奴性；亞洲蠻族又比歐洲蠻族為富於奴性，所以他們常常忍受專制統治而不起來叛亂。」[2] 從「實然」到「應然」的雙重論證，亞里斯多德緊緊地把專制主義與「東方」捆綁在一起，同時又把專制主義與「西方」的聯繫徹底切斷。這就是西方歷史上最早的東方專制主義的思想，也是西方歷史上最早的認為西方沒有專制主義的思想。

如果西方或希臘沒有專制主義，是否意味著希臘的歷史在結束原始狀態後直接過渡到民主制度？亞里斯多德的回答是否定的：希臘在原始狀態和民主制度之間有一個僭主統治的時期。亞里斯多德認為，僭主和專制君主在統治目的（都是為一人之私）和統治手段（依靠一人專權）方面有很多相似之處，但是二者之間的差別不可忽視：專制君主的權力非來自篡奪，而是來自蠻族的成法，其基礎在於人民的奴性；僭主的權力則來自人民並不認可的非法的篡奪。與此相聯繫，「蠻王的侍衛仍然屬於本國的臣民」，「僭主們常常依仗外邦（雇傭）武士來保護自己」。[3] 由於亞里斯多德認為僭主和專制君主之間存在上述區別，因此，他的希臘或西方沒有專制主義的思想需要用兩句話來表達：蠻族（東方）由於人民具有奴性，天然地適宜於專制統治；希臘（西方）由於人民沒有奴性，自然沒有專制統治。希臘只有僭主統治。換言之，蠻族（東方）的非民主的歷史從專制政治開始，希臘（西方）的非民主的歷史從僭主政治開始。二者結合起來，共同構成了亞里斯多德的希臘或西方沒有專制主義的完整的思想。

亞里斯多德的希臘或西方沒有專制主義的思想一直為後人承襲，至今仍是中外學術界的主流觀點；然而，它的科學性值得懷疑。為了質疑亞里斯多德的希臘或西方沒有專制主義的思想，我想提出一個大膽的假設：希臘在歷史上存在過專制主義——東方專制主義；它存在於僭主政治出現之前。

2　〔古希臘〕亞里斯多德：《政治學》，吳壽彭譯，北京：商務印書館，1965年，第159頁。

3　〔古希臘〕亞里斯多德：《政治學》，吳壽彭譯，北京：商務印書館，1965年，第159頁。

認為希臘的非民主的歷史從僭主政治開始而不是從專制政治開始，在邏輯上是不能成立的。將僭主政治和專制政治進行比較，二者之間確有很多共同之處。除了前面已經提到的其統治的目的都是為了一己之私，其統治的手段都是暴君個人專權之外，其它還有很多。比如，不準結黨，剝奪民眾的言論自由；在暴力維持政權的同時，實行文化專制主義；對民眾進行奴化教育等等。但是，就客觀形態而言，僭主政治和專制政治之間有一個不可忽視的不同之處（我所說的不同之處有別於亞里斯多德說的不同之處）：專制政治不需要偽裝，僭主政治則需要偽裝。邦雅曼・貢斯當對這種區別作了極為深刻的揭示：「專制制度排除所有形式的自由；僭主政治需要這些自由的形式，以便證明它的顛覆活動是正當的；但是它在盜用它們的時候又褻瀆了它們。因為公益精神的存在對它是危險的，既然公益精神必然出現，因此僭主政治先用一隻手打擊人民，壓制他們的真實意見，再用另一隻手打擊他們，強迫他們違心地表達合乎需要的意見。」[4] 貢斯當還指出：「專制政治壓制出版自由，僭主政治拙劣地模仿出版自由。一旦出版自由被徹底粉碎時，輿論便鴉雀無聲，但它不會被愚弄。反之，某些被收買的作家染指輿論時，卻頭腦發昏，好像真有某種對立面，他們破口大罵，好像真有人會反駁他們。」[5] 貢斯當的這些話當然首先是針對法國大革命中的雅各賓專政和拿破崙統治而言的；但是從前文已經看到，從後文還將看到，這也並非不適合希臘的僭主政治。根據貢斯當的揭示，專制政治的統治手法簡單明瞭、直截了當，僭主政治的統治手法複雜多變、費時費力。希臘的壞的君主們[6]——他們是專制君主還是僭主姑且不論——為什麼放著簡單明瞭、直截了當的統治手段不用，而採用複雜多變、費時費力的手段進行統治？這在邏輯上無法解釋。惟一可能的合理的解釋是：希臘的壞的君主們曾經使用過簡單明瞭、直截了當的即專制政治的統治手段，只是在時間的變遷中，這種專制政治的統治手段不管用了，無法再以此方式維持統治了，才不得不對以前的統治手法加

4　〔法〕貢斯當：《古代人的自由與現代人的自由》，閻克文、劉滿貴譯，上海：上海人民出版社，2005年，第260頁。
5　〔法〕貢斯當：《古代人的自由與現代人的自由》，閻克文、劉滿貴譯，上海：上海人民出版社，2005年，第261頁。
6　把君主分為好的壞的，是亞里斯多德的觀點。亞氏認為，好的君主才配稱「君主」，壞的君主只能叫「僭主」，這裡姑且採用這一說法。

以偽裝，即不得不採用複雜多變、費時費力的僭主政治的統治手法。如果這一解釋是合理的，那麼，從邏輯上講，希臘在僭主政治出現之前存在過專制政治。

　　亞里斯多德的蠻族有專制主義、希臘沒有專制主義的結論在邏輯上之所以不能成立，還因為他的支持這一結論的理由在邏輯上是不能成立的。如前所說，亞里斯多德的蠻族有專制主義、希臘沒有專制主義的理由是，蠻族人有奴性，希臘人沒有奴性。有人說，亞里斯多德認為蠻族人天生具有奴性，只適於專制統治，這是一種偏見。我倒認為，亞里斯多德固然有偏見，但其偏見不在於此——對任何民族而言，民眾的奴性肯定是專制政治得以產生和存在的最直接的原因。亞里斯多德的偏見在於，認為希臘民族天生沒有奴性。亞里斯多德在對各種政體分類時指出：「依絕對公正的原則來評斷，凡照顧到公共利益的各種政體就都是正當或正宗的政體；而那些只照顧統治者們的利益的政體就都是錯誤的政體或正宗政體的變態（偏離）。這類變態的政體都是專制的（他們以主人管理其奴僕的方式施行統治），而城邦卻正是自由人所組成的團體。」[7] 自由人所組成的團體，當然不可能再有奴性；在這樣的團體中肯定不可能出現、也不可能容忍專制政治的統治。但是問題在於，希臘城邦，是西元前 8—前 4 世紀在古代希臘出現的城市國家，它不是希臘歷史的開端。希臘的歷史不僅可以追溯到西元前 15—前 11 世紀的邁錫尼時期，而且可以追溯到西元前 30—前 15 世紀的克裡特時期。亞里斯多德沒有告訴我們，在這些時期內，尤其在克裡特時期內，希臘陸地和愛琴諸島的希臘先民們的社會組織，是否也是「自由人所組成的團體」，是否也沒有奴性。其實，具有奴性是所有民族在初始階段的共同特徵。「當人類仍然深陷於無知與墮落的環境中時，幾乎完全缺乏道德稟賦，在知識上也幾乎是一片空白，因而也缺乏物質的手段，各民族像羊群一樣，不僅會服從具有某些卓越品質的傑出人物，而且會聽從因某種機運而成為人群頭領的人。」[8] 貢斯當的這段話，說的就是各民族在初始階段共同具有的奴性。亞里斯多德一方面說「人是天生的政治動物」——從這方面看，亞氏是承認進化

7　〔古希臘〕亞里斯多德：《政治學》，吳壽彭譯，北京：商務印書館，1965 年，第 132 頁。

8　〔法〕邦雅曼·貢斯當：《古代人的自由與現代人的自由》，閻克文、劉滿貴譯，上海：上海人民出版社，2005 年，第 265 頁。

論的，即承認人是由動物進化而來的；另一方面，又認為希臘人在由動物向人進化的過程中，沒有經歷過一個在社會性上與動物的社會性相類似的階段，即具有奴性的階段。這是亞里斯多德的邏輯錯誤。正是這一邏輯錯誤，導致了他的蠻族有專制主義、希臘沒有專制主義的錯誤結論。

我之所以認為希臘有過專制主義，主要是基於對希臘王制性質的邏輯思考。我們知道，希臘的僭主政治是在西元前 7 世紀產生的，希臘的王制或君主制至遲可以追溯到西元前 25 世紀前後的王宮時代。就是說，在這兩千年中，希臘一直存在著君主制度。這裡有一個值得考究的問題是：希臘在這千餘年中的歷代君主制，究竟是什麼性質的君主制？或者換一種提法，這裡的君主制究竟是還不是專制君主制？亞里斯多德雖然沒有提供現成答案，但提供了回答問題的準則。亞里斯多德指出：「統治有兩個基本不同的方式：其一以統治者的利益為中心，另一則以被統治者的利益為基礎，前者即所謂『專制統治』（主奴統治），後者即所謂『自由人統治』。」[9] 根據亞里斯多德的標準，那千餘年中的希臘君主制，只有在君主們都「以被統治者的利益為基礎」進行統治的時候，他們的統治才是所謂「自由人統治」；假如希臘的君主們「以統治者的利益為中心」，他們的統治就是「專制統治」。如果這裡的推理不錯，現在的問題又變成如下的問題：在僭主政治出現之前的兩千年中，憑什麼說希臘的君主們都是「以被統治者的利益為基礎」進行統治？或者說，有什麼東西能保證希臘君主們的考量都是為被統治者的利益，而不是為自己的利益？對於這個在《政治學》中存疑的問題，亞里斯多德在他的《倫理學》中給出了不算徹底但總算進一步的回答。亞里斯多德說，僭主制是君主制的變體；它們都是一人治理，但是有很大不同。「僭主為自己謀利益，君主則為屬民謀利益。」[10] 既然如此，我們需要進一步追問：在這兩千年中，希臘的先民們用什麼來防止君主變成僭主？亞里斯多德說，為了防止君主成為僭主，「不允許由一個人來治理」，而應該「由法律來治理」；「因為，一個人會按照自己的利益來治理，最後成為

---

9 〔古希臘〕亞里斯多德：《政治學》，吳壽彭譯，北京：商務印書館，1965 年，第 387 頁。
10 〔古希臘〕亞里斯多德：《尼各馬可倫理學》，廖申白譯，北京：商務印書館，2003 年，第 248 頁。

一個僭主。」[11] 誠哉斯言！「由法律來治理」，當然可以解決一個人治理中可能出現甚至必然出現的君主變成僭主的問題。但是，用法律治理國家，那遠遠是後來的事情。在希臘早年的歷史上，是人治社會而非法治社會，因此是無法防止君主變成僭主的事情發生的。在這裡，亞里斯多德用他的倫理學思想做出了結論：希臘在僭主政治出現之前的兩千年中，由於無法保證君主為屬民謀利益，因此君主（至少有一部分君主），可能變成甚至必然變成為自己謀利益的僭主。換言之，在僭主政治出現之前的兩千年中，希臘的王制中至少有一部分必然是「以統治者的利益為中心」的「專制統治」。誠然，希臘在僭主政治產生前的若干世紀內，希臘君主們的權力已經開始被逐步分化和弱化，這是希臘民族的智慧所在，也是希臘文化成為西方文化之母並領先於世界的原因所在。但是，很簡單的邏輯是，如果不是希臘的先民們發現了君主因權力過於集中會變成僭主，就沒有必要分割君主們的權力。因此，後來的被分割了權力的君主的存在，並不能否認希臘歷史上曾經有過集各種權力於一體的僭主政治即專制政治。

　　前文已經說過，希臘的僭主政治是在西元前 7 世紀產生的，這裡又說在僭主政治出現之前的千餘年中，希臘的君主必然地變成僭主，細心的讀者也許會問，這豈不是概念混亂，相互矛盾？這是個好問題，回答這個問題很有意義。君主政治和僭主政治，雖然在很多情況下是被作為不同類型的政體看待的，但這只是理論上的分類；在實際中，二者是很難區分的。正如前所論證的，在沒有外在力量制約的情況下，要使一人之治的君主制堅持為被統治者謀利益，而不為統治者謀利益，幾乎是不可能的，連亞里斯多德也承認這一點。因此，任何君主，實際上都是僭主，因而實際上都是專制君主；任何君主制，實際上都是僭主制，因而實際上都是專制統治。在很多時候，人們之所以沒有把君主看做僭主或叫做僭主，是因為人們的心靈還沒有發生變化，或者說，人們的奴性還沒有消除或沒有完全消除。亞里斯多德沒有看到這一點——這是他認為希臘沒有專制主義的原因之一。他認為，僭主和專制君主是有區別的，即僭主得位不正，以暴力手段篡奪權力；專制君主的權力並非來自篡奪，而是來自蠻族成

11　〔古希臘〕亞里斯多德：《尼各馬可倫理學》，廖申白譯，北京：商務印書館，2003 年，第 148 頁。

法。這種看法是很膚淺的。是否篡權,不同的人有不同的標準,因而有不同的答案。在中國兩千多年的專制社會中,數不清的綠林好漢、草莽英雄,在聚眾造反並奪取政權後自立為王,但是,中國人並不認為他們是僭主,而認為每一個上臺的人都是真命天子。想必當年的希臘也有類似後來中國的情形。由於人們的奴性還沒有消除或沒有完全消除,人們根本不可能把專制君主看成僭主,甚至根本沒有僭主的概念。依據這個道理不難解釋,西元前7世紀,所謂希臘產生僭主政治,不是希臘的君主們變壞了,而首先是希臘人的心靈發生了變化——有了自主概念和自由意識。由於希臘人的心靈變化了,他們就不再相信有為被統治者謀利益的君主,從而把所有的君主都當成僭主。同樣,由於希臘人的心靈變化了,他們對君主不再懷有親熱之情,而是投以敵視的目光。與此相應,君主們因不再信任國人而雇傭外國衛士保衛自己。——所有這些在希臘人的心靈變化後所出現的情況,就是所謂希臘僭主政治的產生。因此,只要把西元前7世紀希臘的僭主政治產生前的君主制,看成實際上的僭主制,亦即實際上的專制君主制,上述關於希臘僭主制和君主制關係理解上的矛盾和疑問,便可迎刃而解。

對於希臘在僭主政治產生前的專制政治,儘管後文還會從史實方面做些論證,但是坦率地說,由於年代久遠,史料匱乏,要從具體史實上論證希臘王制時代的專制政治,無疑是很困難的。因此從邏輯上論證希臘的專制政治,即使不是論證工作的全部,也是論證工作的主要部分。好在邏輯和歷史是統一的。根據這個原則,在邏輯上能夠成立的結論,在歷史上也一定能夠成立。據此,本書可以得出結論:希臘存在過專制主義;它存在於僭主政治產生之前。

上述結論能夠成立嗎?雖然希臘沒有專制主義的觀點目前仍然是學術界的主流觀點,但是值得注意的是,我的希臘有過專制主義的觀點得到越來越多的論者的支持——直接的和間接的、有意的和無意的支持。

依迪絲‧漢密爾頓在論證古代世界的共同特點時指出:「在埃及,在克裡特,在美索不達米亞,只要我們能讀到些史料,我們都會發現同樣的情況:每個國家都由一個專制的君主所統治,他的一時興致和感情好惡決定了國家的命運;一群悲慘的、懾服的民眾;教士或僧侶組織控制著國家的知識領域。我們

所瞭解的東方國家到現在仍是如此。」[12]——在漢密爾頓看來，在克裡特時代的希臘邦國，至少在克裡特，是「由一個專制的君主所統治」的國家。

黑格爾說：「後來斯巴達的那種社會情形———黨專政，被徵服的他黨被強迫地聽候差遣——早就在克利特可以看得到了。」[13] 一黨專政，在任何時代、任何國家，都是專制政治的本質特徵。克利特既然實行一黨專政，其政治制度無疑是專制政治。

《雅典政制》一書的「內容綱要」的作者 H. 拉克漢認為，雅典最初的政制是「原始世襲的專制君主制」。具體情況是這樣：亞里斯多德在《雅典政制》的開篇「斷片 1」中說，「雅典人起初曾有一個王者政府。」[14]《雅典政制》的英文版譯者拉克漢（H. Rackham）在翻譯該書的同時，對該書作了一個「內容綱要」。拉克漢在該「內容綱要」中，對亞里斯多德的上面的話作了具體解釋，說西元前 403 年前，雅典實行的是「原始世襲的專制君主制（Original hereditary absolute monarchy）。」[15]——在拉克漢的眼中，亞里斯多德說的「王者」或君主就是「專制君主」。[16] 雅典不僅是希臘的大邦，而且堪稱希臘的代表，雅典起初是「專制君主制」，希臘起初也應該是「專制君主制」。

A. 安德魯斯由於受亞里斯多德的影響，在他的《希臘僭主》中沒有明確肯定希臘有專制君主制，但是，他在論述希臘的僭主政治時還是不自覺地為我們提供了希臘有專制君主制的證據。他說：「……在馬其頓可見到一種不同的遺

---

12 〔美〕漢密爾頓：《希臘精神》，葛海濱譯，北京：華夏出版社，2008 年，第 5 頁。
13 〔德〕黑格爾：《歷史哲學》，王造時譯，北京：三聯書店，1956 年，第 272 頁。
14 〔古希臘〕亞里斯多德：《雅典政制》，日知、力野譯，北京：商務印書館，2009 年，第 1 頁。
15 H. Rackham, *The Athenian Constitution · Outline of Contents*. In Aristotle, *The Athenian Constitution*, London: William Heinemann Ltd., 1961, p.6.
16 需要指出的是，從英文版翻譯的《雅典政制》的中文譯本，將這裡的「專制君主制」（absolute monarchy）譯成了「君主制」，並在「君主制」後加了一個注釋，雲：「原文誤作『專制君主制』（absolute monarchy）是不對的，這是軍事民主制時期，所謂『君主』（以及下面所謂『王者』），僅是軍事首領（巴西勒斯）而已。」（見亞里斯多德：《雅典政制》，日知、力野譯，北京：商務印書館，2009 年，前言第 6 頁。）我認為，中譯本的改變原文本意的譯法是不妥的，由此在中文學術界造成的混亂更不容忽視。如果譯者不同意原文的觀點，可以按原文翻譯後再加注釋，說明自己的看法。

俗,一個較為原始和專制的君主政體,在西元前 4 世紀時(事實上,王位繼承大體上是世襲的)還在執掌政權。這個君主專制政體只是由於頻繁的內戰,以及因為召集來的軍隊擁有批准任命國王的權利,才受到限制。」[17] 不過,對安德魯斯的話需要做些說明。馬其頓的專制的君主政體與希臘的其它城邦相比,不是一種「不同的遺俗」,只不過在其它城邦,這一遺俗在西元前 4 世紀早已消失,而在馬其頓還未消失罷了。如果這一解釋能夠成立,那就是說,希臘的其它城邦也曾有過專制的君主政體。

……

值得玩味的是,亞里斯多德雖然是希臘沒有專制政治論的始作俑者,但是,他的著作卻也在無意中給我們提供了希臘有專制政治的證據。亞氏在論及君主政體的第四種即史詩(英雄)時代的王制時說,這種王只具有三項政治權位:戰時為統帥,祭時為主祭,訴訟時為法官,但是,以前卻不是這樣。「在古昔,他們執掌著總概一切的永久權力,包括城市、鄉郊以及同外邦來往等各種重大事件」。[18]「執掌著總概一切的永久權力」的君主是什麼概念?就是「全能君主」。「全能君主」是什麼概念?就是「專制君主」。

不難看出,希臘在王制時代存在過專制政治,這一點不僅為越來越多的後來者所承認,甚至也為亞里斯多德本人在無意中所承認;這實際上也就意味著亞里斯多德的希臘沒有專制主義的觀點不能成立。其實,這一點絲毫也不奇怪。任何國家的非民主政治都是從專制政治開始的,這是人類歷史發展的普遍規律,希臘沒有理由例外,也不應該例外。任何認為一個國家或民族的歷史可以自外於人類歷史發展普遍規律的觀點,都是值得懷疑和批評的,因而是難以成立的。據網載,學者金雁曾問過捷克的一些知識份子:怎麼看待「中國模式」?得到了兩點回答:1. 上帝絕不青睞任何一個自認為特殊的民族。2. 人類文明是一條羊腸小徑。旁邊佈滿了荊棘和陷阱。稍不留神,我們就會重複人類所有的罪惡。捷克知識份子評論「中國模式」的話,我們完全可以用來評論希臘沒有

---

17 〔英〕安德魯斯:《希臘僭主》,鐘嵩譯,北京:商務印書館,1997 年,第 7—8 頁。

18 〔古希臘〕亞里斯多德:《政治學》,吳壽彭譯,北京:商務印書館,1965 年,第 160—161 頁。

專制主義的「希臘特殊論」。上帝不青睞「中國模式」，上帝也不會青睞「希臘特殊論」。如果說「中國模式」論的錯誤在於，強調中華民族在人類文明的繼發階段的特殊性，「希臘特殊論」的錯誤則在於，強調希臘民族在人類文明的始發階段的特殊性。前者是東方特殊論，後者則是西方特殊論。我們看到，西方特殊論的觀點，即希臘沒有專制主義的觀點一直在被人們鼓吹：西方人鼓吹它，說西方的歷史優於東方的歷史，以此作為傲視東方的理由；東方人鼓吹它，說西方在歷史上走著一條與東方不同的道路，並以此來鼓吹東方特殊論，即東方在未來不能走與西方相同的發展道路。現在，已經到了對以亞里斯多德為代表的西方特殊論——希臘沒有專制主義論徹底批判的時候了，但願本書能在這一批判中盡綿薄之力。

　　希臘沒有專制主義觀點之不能成立，至少在我看來已成定論。現在需要追問的是：包括亞里斯多德在內的古代希臘人為什麼否認希臘有專制政治？原因可能很多，但主要有如下兩點。第一，由於客觀歷史條件的侷限。俗話說：只認識一個人，等於不認識所有人。同理，只認識一個國家，等於不認識所有國家。任何國家，當處在封閉狀態、只認識自己的時候，它是不瞭解自己處於何種狀態的。中國在與西方交往之前，雖然已經經過了兩千多年的專制時期，但是並不認識自己處於專制狀態。[19] 中國認識自己處於專制政體之下，是在清朝末年，即與西方交往以後。在與西方的交往中，看到西方的民主制度與自己的制度是如此的不同，才理解並認識自己處在專制政體中。當年的希臘也和後來的中國有相似的情況。當它處於專制時期的時候，它處於孤立狀態，因為沒有比較（事實上，當時的世界上也沒有更先進的制度讓它像後來的中國一樣與之比較，這是它與中國和東方各國不同的一面），所以不知道自己處於專制狀態。而當它與東方交往並與東方有了比較後，它的專制制度已經解體得只剩殘跡，即已處於僭主政治時期。再加上那時的文字不夠發達，未能留下足夠的文字資料供後人查考。即使有線形文字留存，但是亞里斯多德時代的希臘人並未發現，

19　在中國古代，「專制」一詞也被使用，但不是在與民主、共和相對立的意義上使用的，而是在與忠孝概念相對立的意義上使用的，其中尤其是在重權在握的大臣擅自專權的意義上使用的。如《韓非子》中有許多這樣的用法：「種類不壽，主數即世，嬰兒為君，大臣專制……」；「出軍命將太重，邊地任守太尊，專制擅命……」。（《韓非子》，北京：中華書局，2010 年，第 148—149 頁。）

更未破譯，所以在柏拉圖和亞里斯多德的著作中，很少見到他們對古代克里特島上史料的運用。正是在這一背景下，亞里斯多德在對君主制分類時，把專制劃給東方（伊朗），並認為希臘（西方）只有僭主政治，而沒有專制。

第二，由於希臘人的理論方面的侷限。縱觀柏拉圖和亞里斯多德的政治理論，尤其政體理論，他們無不在執政者一個人、少數人或多數人孰優孰劣上兜圈子。他們為君主政體、貴族政體和共和政體設置了對立面，分別稱之為僭主政體、寡頭政體和平民政體，始終沒有走出上述圈子。雖然晚年的柏拉圖和亞里斯多德也曾論及混合政體的問題，但他們所謂的混合政體充其量也只是不同力量之間的平衡而不是制衡。我們還看到，希臘人在僭主政治產生之前的寡頭政治時期，甚至進行了立法權和行政權相對分離的實踐，[20] 但是，他們沒有把這一實踐上升為理論。從現代人的觀點來看，希臘人一方面承認自己有漫長的王制歷史，另一方面又否認自己有過專制制度，這是很奇怪的。原因就在於他們不懂分權理論。詹姆斯·麥迪森說得很明白：「立法、行政和司法權置於同一人手中，不論是一個人、少數人或許是許多人，不論是世襲的、自己任命的或選舉的，均可公正地斷定是暴政。」[21] 包括亞里斯多德在內的古代希臘人不懂得這一點，所以他們否認希臘有過專制主義。

由於上述兩個侷限，希臘人否認自己有過專制主義，在邏輯上是能夠得到解釋的。在對西方有無專制主義的問題作了肯定的回答以後，便可對西方專制主義進行具體討論。

二、西方專制主義的三種形態

如前所說，所謂西方專制主義，就是「（地理上）西方的專制主義」。西方專制主義具有三種形態：專制主義或東方專制主義，僭主政治和絕對君主制。下面分別對這三種形態作簡單論述。

（一）專制主義或東方專制主義

20　見第三章，第四節。
21　〔美〕漢密爾頓、傑伊、麥迪森：《聯邦黨人文集》，程逢如等譯，北京：商務印書館，1980 年，第 246 頁。

首先需要說明，說西方專制主義的內容包括專制主義，人們也許可以接受；而說西方專制主義的內容包括東方專制主義，在許多人看來是自相矛盾，難以接受。這裡確實有點玄奧。解開其中的秘密，既是研究東方專制主義的，也是研究西方專制主義的關鍵所在。從思想起源的角度來說，前文已經論證，希臘人在開始關注政體類別的時候，他們在希臘沒有見到專制主義；他們見到的專制主義是在東方，即伊朗和亞述等地。因此，亞里斯多德等人很自然地將專制主義與東方聯繫起來。在這種觀念之下，專制主義與東方專制主義其實是一回事。但是，亦如前文已經論證的，這種看法是很表面的。因為專制主義不是地理上東方的專利，而是神權政治和人治政治的伴生物。當政治權力陷入於迷信的時候，當政治權力的行使不能被納入法治軌道的時候，統治者必然普遍採用種種無理性的行為，並導致所有專制行為的發生。所以，歷史上凡是存在過神權政治和人治政治的地方，都存在過專制主義。就是說，在東方存在的專制主義，實際上在希臘（西方）也是存在的。因此，如果我們承認希臘（西方）存在過專制主義，實際上也就等於承認希臘（西方）存在過東方專制主義。換言之，專制主義或東方專制主義存在於東方，我們稱之為專制主義或東方專制主義（Oriental despotism）；專制主義或東方專制主義存在於西方，我們仍然稱之為專制主義或東方專制主義，而不必也不能稱之為西方專制主義（Occident despotism）。因為這裡的東方專制主義是文化概念，而不是地理概念。希臘存在東方專制主義表明，當時希臘（西方）的文化形態尚未實現由東方形態到西方形態的轉化。這也許就是黑格爾的「世界歷史起源於東方」命題的真意所在。這裡並沒有歧視東方之意，因為這是觀念發展史使然。在上述意義上，在「西方的專制主義」（Western despotism）概念的外延下研究東方專制主義，應該是既合乎歷史又合乎邏輯的事，並不存在任何概念和理論上的矛盾。

關於西方的專制主義或希臘的專制主義，本書第二章第三節在討論前希臘社會中文化的東方性時已經從多方面作了具體論證，這裡只從整體的角度作些概括性的描述。希臘的專制主義主要產生和存在於克裡特時期。在約西元前3000年前後，由於銅器的使用而導致的生產力的迅速提高，克裡特出現了宮殿建築和象形文字。宮殿和文字的出現，標誌著最初的國家的誕生，同時也標誌著專制王權開始形成。具體地說，克裡特的專制制度的盛期應該是在西元前

2000年以後幾個世紀的古王宮時期。這時，每一個國家都圍繞王宮而形成，宮廷是國家的經濟、政治和文化的中心。在克裡特的專制王權的體制中，「國王是最高統治者。他既是軍事統帥、最高行政首腦，又是最高祭司。國王和他所親信的貴族、官僚統治剝削農村、城市的勞動者和奴隸。」[22]

希臘的專制政治在邁錫尼時期仍在延續，它的主要標誌仍是全能政府和全能國王的存在。據史載，邁錫尼時期的國王集國家政權的所有職能於一身，處於社會組織的最高層，其稱號是「瓦納克斯」（Wanax）。他控制著武器的生產、戰車的配備、士兵的招募、軍官的任命、部隊的組織和行動。國王還負責經濟生活，詳細地規定宗教日程，監督宗教儀式和紀念諸神的節日典禮，審定祭祀用的犧牲、植物供品和依照每人的地位徵收的供品份額。[23] 在任何國家的任何時代，專制政府必然是全能政府，專制國王必然是全能國王；希臘的邁錫尼時期的專制也表現在其政府和國王的全能上。

如果要在希臘找一個專制國王的代表，由於史料有限，克裡特時代的具體人物已無從查考——關於米諾斯，我們知之甚少；而邁錫尼時代的典型形象，則非阿伽門農莫屬。據《伊利亞特》第1卷和第2卷記載，阿伽門農行事會違背部下的一致意見，儘管他召集人民大會，但他並不尊重大會的意願。「從這種意義上講，阿伽門農是一個專制的國王。」[24] 在《伊利亞特》中，能夠證明阿伽門農是專制君主的材料不少。最突出的一例就是，前文[25]提及的在特洛伊戰爭中，阿伽門農為了避免阿波羅神對希臘聯軍的懲罰，在被迫歸還了分給自己的女俘後，憑藉專制權力奪走已經分配給阿咯琉斯的女俘，而阿咯琉斯對此卻毫無辦法。在此，我願意再次提及史家對此事的評論：「那些在特洛伊作戰的希臘人不僅都是一個或另一個國王的屬民，而且有一個根深蒂固的原則就是王權至上，以致較小的國王全都同意服從一個最高王的指揮，即『萬民之主』、『富有黃金的』邁錫尼國王阿伽門農。」[26] 不難看出，阿伽門農是他那個時代

22　杜平：《古希臘政體與官制史》，長沙：湖南師範大學出版社，2001年，第5頁。
23　杜平：《古希臘政體與官制史》，長沙：湖南師範大學出版社，2001年，第12頁。
24　〔英〕安德魯斯《希臘僭主》，鐘嵩譯，北京：商務印書館，1997年，第6頁。
25　本書第二章，第三節。
26　〔英〕卡特裡奇主編：《劍橋插圖古希臘史》，郭小淩等譯，濟南：山東畫報出版社，2005年，第135頁。

專制王權的象徵。值得注意的是，荷馬史詩向我們展示的是邁錫尼文明末期的狀況。根據邏輯推斷，我們有理由相信，在邁錫尼前期，特別是在克裡特時期，希臘王制應該有更多的專制色彩。

有無法治，也是區別任何時代、任何國家是否專制的根本標誌之一。克裡特時代的希臘是一個沒有法治、只有人治的國家。據史載，克裡特在國王之外設「科斯摩」（Kosmoi）；「科斯摩」共 10 人，類似斯巴達的監察官。克裡特的「科斯摩」不是從全體公民中選舉產生的，而僅僅從某些家族中產生。「科斯摩」在戰爭期間具有領袖職能。克裡特還設有長老，長老是從曾經是「科斯摩」的人中產生的。那麼，克裡特的「科斯摩」們和後來的長老們表現如何？他們是如何治國的呢？史家告訴我們：克裡特的「長老恣意妄為，『科斯摩』們終身顯要。他們不依成文法規，辦事專斷。」[27] 克裡特的專制和所有東方國家的專制一樣，其特徵之一就是表現在這種執政者「不依成文法規」辦事，憑個人好惡「恣意妄為」的人治體制中。

希臘的專制政治從克裡特時期開始，中經邁錫尼時期，直至西元前 7 世紀僭主政治的產生，歷時兩千年左右。這是西方專制主義的第一種形態。

（二）專制主義的變種之一：僭主政治

西方專制主義的第二種形態是僭主政治。因為僭主政治是由專制政治演變而來的，所以它的存在時間在專制政治之後。就希臘而言，一般認為，其「僭主時代」始於大約西元前 650 年科林斯的庫普塞洛斯即位，終於西元前 510 年庇西特拉圖的後裔被逐出雅典。在這個時期內，許多希臘城邦都經歷了僭主政治。由於僭主不是法定的職位，也不是正式的頭銜，只是人們對某些君主的一種稱謂，所以僭主政治在許多地方並沒有明確的存在時間。人們有時把羅馬帝國的皇帝稱作僭主，也有人將克倫威爾和羅伯斯皮爾稱作僭主。這種稱謂並非完全沒有道理。如是，他們主政的政治當然也是僭主政治。不過，這後兩種情況不在我們討論的範圍之內。

27　亞瑟・伊文思：《克諾索斯的米諾斯王宮》，倫敦，1921 年，第 1 卷，第 1 頁。轉引自：杜平：《古希臘政體與官制史》，長沙：湖南師範大學出版社，2001 年，第 8 頁。

僭主政治不是一種獨立政體，認識這一點對於認識僭主政治的本質極為重要。亞里斯多德把僭主政體和寡頭政體、平民政體並列，並將它們分別與君主政體、貴族政體和共和政體相對立。這種劃分雖然具有一定的理論意義和實際價值，但畢竟是是淺層次的。相反，亞里斯多德的另一種政體劃分理論頗值得重視。他說：「就生物界的現象說，我們可以見到——也可以說，在這一方面方始可以確切地見到——專制和共和（憲政）兩種體制：靈魂的統治身體就掌握著主人的權威而理性的節制情欲則類似一位政治家或君王的權威。」[28] 姑且不論亞里斯多德對專制和共和（憲政）兩種體制含義的解釋是否準確，但是，就專制和共和（憲政）兩種體制的劃分這一點而言，無疑是他對人作為政治動物的生存狀態的哲學思考。在這一理論前提之下，亞里斯多德認為，以統治者的利益為中心的統治為「專制統治」（主奴統治），以被統治者的利益為基礎的統治為「自由人統治」，即共和（憲政）體制。這種政體劃分理論，無論在理論上還是在實際上，都具有更深刻的意義。僭主政治因為是君主一人統治，以統治者的利益為中心，且依據專制的原則即以主人對待奴隸的方式處理國家的公務，因此在本質上是專制政治。

僭主政治與專制政治相比，除了具有相同的一面，也有不同的一面；認識這些不同的方面，對於認識僭主政治的本質也許更加重要。如前所述，僭主政治的產生，主要不是由於君主們變壞了，而是由於民眾的意識覺醒了。由於民眾政治意識的覺醒，他們不再把原來認為是合法的君主認為合法的了，對他們執政的合法性產生了懷疑。在這樣一種背景下，君主們為了維持專制統治，不得不改變統治手法，形成了與專制政治不同的特點。縱覽西方歷史上的僭主政治，它與專制政治的不同主要表現在如下兩點：第一，亦如前所說，專制政治不需要偽裝，而僭主政治需要偽裝。專制君主們的統治固然專制，但是他們對自己的專制獨裁統治相當自信，金口玉言，一言九鼎，認為理該如此，不需要會議、程式這些形式主義的東西對自己的專制加以掩飾。但是，僭主們則不行。他們不僅沒有這樣的權威，而且知道自己的統治是不合法的，所以不得不用種

---

[28] 〔古希臘〕亞里斯多德：《政治學》，吳壽彭譯，北京：商務印書館，1965年，第14頁。

種形式主義的東西加以偽裝。前文[29]曾經提到過,庇西特拉圖就是這樣的僭主。庇氏的獨裁統治雖然是對梭倫改革的反動,但是他並不改變梭倫法典的內容;「他也像奧古斯都一樣,瞭解如何依民主的讓步和形式來裝飾和支持獨裁。執政官照舊選舉,民眾大會和公共法院、四百人議會和最高法院的程式和執掌都照舊進行,惟一不同的是庇西特拉圖的提議能得到特別的注意。」[30] 不難看出,用偽裝的手段維持專制統治,是僭主政治不同於專制政治的重要特徵。

第二,專制政治不需要業績來支撐合法性,僭主政治則需要「業績」支撐合法性。專制政治雖然有時也會組織民眾建設諸如重大水利設施之類的公共工程,但總的說來,專制政治奉行無為而治,因為它無需用業績來證明自己的合法性——它相信自身天然具有合法性。僭主政治則不同。因為擔憂政權的合法性危機,僭主們執政後紛紛興建工程,鑄造貨幣,鼓勵工商,發展經濟;希臘僭主從雅典的庇西特拉圖,到科林斯的庫普塞洛斯,再到阿哥斯的菲敦……莫不如此。從表面上看,僭主們這樣做似乎促進了經濟的發展,在某種程度上也惠及民生。但是實際上,他們這樣做除了從經濟發展中籌集維持僭政的經費而外,最根本的目的就是要用「業績」來證明自己執政的合法性。雖然有了這些「業績」,政權合法性的危機仍然無法避免,但倘若沒有這些「業績」,政權合法性危機就會變得更加嚴重,也會來得更加快速。所以,刻意甚至拼命用「業績」來證明政權合法性,這是僭主政治不同於專制政治的另一個重要特徵。

僭主政治不同於專制政治的第一點是偽裝,第二點用「業績」支撐合法性實際上也是偽裝;前者是用各種形式和程式偽裝,後者是用所謂「業績」偽裝。在專制政治不需要偽裝、僭主政治需要偽裝的意義上,貢斯當認為僭主政治比專制政治更壞,因而也更為可恨。他甚至說出這樣的話:「我當然不是專制制度的信徒。但如果讓我在僭主政治和穩固的專制制度之間進行選擇,我會奇怪何不選擇後者。」[31] 著者完全同意貢斯當的觀點。除了統治手法不同而外,僭主政治和專制政治一樣,其本質都是專制主義;或者準確地說,僭主政治是專

---

29 本書第二章,第三節。
30 〔美〕杜蘭:《希臘的興起》,幼獅翻譯中心譯,臺北:幼獅文化事業公司,中國民國六十一年,第 174 頁。
31 〔法〕貢斯當:《古代人的自由與現代人的自由》,閻克文、劉滿貴譯,上海:上海人民出版社,2005 年,第 260 頁。

制主義的變種。當然，專制主義在西方的變種除了僭主政治外，還有別的形式；這是下面考察的內容。

（三）專制主義的變種之二：絕對君主制

16—18世紀，西方文明由中世紀的封建社會向近代資產階級社會演變；在這一演變的過程中，歐洲多數重要國家先後都出現了一種新的政治體制即絕對君主制。

西歐的中世紀，是一個以土地佔有為基礎上的封建等級社會。在這個社會中，大小不等的封建領主林立，他們擁有稅收、司法和武裝扈從等種種特權。國王在名義上享有世俗最高權力，但缺乏統治國家的實際權威。羅馬天主教會擁有全歐性的權力，但教會的權力主要是意識形態方面的，況且羅馬教會本身也是一個大領主。因此中世紀的歐洲，無論就整體還是各個國家而言，都呈現出分裂、分散、混亂和無序的局面。這種狀況無疑嚴重阻礙著歐洲經濟和政治的發展。結束這種混亂和無序的局面是當時各國朝野、尤其進步思想家們的一致呼聲，而建立以專制王權為核心的中央集權制度，則是結束這一混亂和無序狀態的惟一途徑。絕對君主制就是在這一背景下應運而生。

絕對君主制是君主政體的一種具體形式，其主要特徵是：君主是世間的惟一的法律來源，君主擁有絕對至上的權力，君主似乎無須受外部的限制和監督，事實上也很少受來自外部的限制和監督，君主在相當大的程度上按照自己的意志或者按照自己不必執行的法律來行使權力。當然，絕對君主制是在歐洲中世紀政教相對分離的二元政治結構的基礎上產生的；它與東方專制主義相比，有許多明顯不同的特點。比如，在16—18世紀的西歐，許多國家的議會都有不同程度的成長，這對國王的專制權力肯定有某種程度的箝制；民間組織也有不同程度的發育，對國王專制行為的抵制肯定大於東方；教會的相對獨立，也在某種程度上起著制衡王權的作用。所有這些都是東方專制主義形態下的國家所不具備的。在考察絕對君主制的時候，把絕對君主制與東方專制主義完全混為一談，看不到二者的不同之處，肯定是不對的。

然而，本書在這裡要強調的是，絕對君主制與專制主義之間的相同之處，即二者都具有的專制性質。如果說絕對君主制與專制主義之間的區別是明顯的，那麼，二者之間的相同點則更多也更加明顯。絕對君主制與專制主義都強

調君主本人是法律的來源,都認為君主的命令就是法律;[32] 二者都強調君主的權力至高無上,並且不受監督;二者都強調「國家至上」的原則,而且都把君主等同於國家,即君主個人以國家的名義行使權力。在絕對君主制和專制主義制度下,宗教信仰自由被取消,言論出版自由被禁止,民眾的一切個人權利幾乎都被剝奪。不難看出,絕對君主制與專制主義的區別是程度上的,二者的共同點則是本質上的。換言之,絕對君主制和專制主義都是專制主義,區別只在於專制的程度不同而已。

絕對君主制的專制性,從開明專制及其迅速瓦解中可以進一步看出。18世紀下半葉,由於受啟蒙運動的影響,歐洲一些國家的專制君主實行一種所謂開明的政策。君主們不再將自己稱為皇帝或國王,而稱為「國家的公僕」,他們標榜執政的目的是為人民造福。他們的思想中不僅有啟蒙運動倡導的自由主義,而且更有反對啟蒙、符合「朕意」的保守主義,並且力圖將保守主義與自由主義結合起來。開明專制並不一般地反對社會變革與進步,只是要求社會變革不要損害國家與社會的根本制度——君主專制、教會特權,特別是既定社會秩序的穩定。這些就是開明專制的基本特徵。不難看出,開明專制是一個矛盾體:開明豈能專制,專制豈算開明。開明專制要把新舊對立的兩種潮流調和起來,本身就是一種烏托邦。法國大革命的爆發,就是由於開明專制的調和方略,用開明掩蓋專制而導致的結果。在歐洲歷史上,開明專制的風光只是曇花一現,在人民爭取自由、民主的鬥爭中迅速瓦解。實踐證明,開明專制的本質是專制,開明只是其外表。我們知道,開明專制是絕對君主制在啟蒙條件下的翻版。開明專制的本質尚且如此,絕君主制的本質豈能不是專制。

實際的考察也許比抽象的議論更加直觀。17世紀中前期的英國,是絕對君主制國家。克倫威爾執政時,他雖然同意國會選舉,但他有權決定:須具備何種條件才能享有選舉權,以及選票是否有效。他為了保護自己不受批評,嚴格限制傳道和出版的自由。他規定:「不得借傳道自由為名而破壞和平及政府的

---

[32] 絕對君主制的支持者博丹強調:「君主依照他的意願處理所有的事件,無論他頒布什麼命令都具有法律的效力。」(Beatrice Reynolds, *Proponents of Limited Monarchy in Sixteenth Century France: Francis Hotman and Jean Bodin*, New York: Columbia University Press, 1931, p.181.)

榮譽。」克倫威爾同意查理一世的見解,認為行政權應該不受立法權牽制。其實,這不僅是他的治國理念,也是他的治國實踐。國會開會時,他派軍官把守會場入口,阻止百多位合法選出、但可能與他的主張不同的議員進入會場;他甚至利用手中掌握的軍權兩次解散國會。就這些做法的粗暴程度和專制性質而言,可以說一點也不遜色於專制君主。因此,當 1658 年 2 月 4 日克倫威爾因與國會發生分歧,第二次將國會解散時,史家評論:「此時在法律上和事實上,英格蘭共和終結,又恢復了君主專制。歷史又再次諷刺性地顯示出柏拉圖的君主政治、貴族政治、民主政治、獨裁政治,而後又是君主政治的迴圈。」[33]

在歐洲,英國不是典型的絕對君主制國家,典型的絕對君主制國家是法國。17 世紀和 18 世紀大革命前,法國當局無論對於民間組織的打壓,還是對於宗教異端的迫害,抑或是對於言論出版自由的扼殺,都絲毫不遜於東方的專制政府。17 世紀末,一本揭露路易十四專制統治的小冊子《法蘭西奴隸的悲歎》寫道,法國一切階層和社團享有的權利都被剝奪,一切都服從於君主一個人的欲望,等級會議、法院、貴族和城市都受到壓迫,法國君主的宮廷像土耳其皇帝那樣實行專制治,這種專制統治是反理性反人道、反基督教精神的。這種專制並不只是君主個人的暴政,而把東方王國傳統所特有的統治制度移殖到了法國。[34] 也許有人認為,這是討伐路易的著作中的話,難免有過激之詞。那麼,路易十四本人的那句「朕即國家」的名言應該是更能說明問題的:它不但表達了絕對君主制的根本原則,而且也為上述這段話的可靠性提供了有力的佐證。

絕對君主制在歐洲歷史上起過重要的進步作用:沒有它,封建社會的混亂狀態不能結束,近代統一的民族國家不能形成,歐洲社會也不能向資本主義轉變。然而,這些都不是本書研究的內容;本書強調的是它的專制性質。因此,關於絕對君主制,我想說兩句話:第一,絕對君主制與僭主政治一樣,也不是一個獨立政體,其本質是專制主義;或者說,絕對君主制就是專制主義。順便

---

[33] 〔美〕杜蘭:《路易十四時代》,臺灣幼獅文化譯,北京:華夏出版社,2010 年,第 221—225 頁。

[34] R. Koebner, *Despot and Despotism: Vicissitudes of a Political Term*, Journal of the Warburg and Courtauld Institute, Vol. XIV (1951), pp.297—299. 轉引自:施治生、郭方:《「東方專制主義」概念的歷史考察》,載於《史學理論研究》(北京),1993 年第 3 期,第 43 頁。

說及，在此意義上，中文譯文把 absolute monarchy（絕對君主制）翻譯成「專制君主制」未嘗不可。[35] 基於這一認識，本書後文將更多的使用「專制君主制」一詞。第二，絕對君主制與專制主義有區別，因此我把它定義為專制主義的變種；因為它與僭主政治也有區別——比僭主政治受到更多的限制，因此我進一步把它定義為專制主義的另一種變種。

以上就是西方專制主義的三種形態。

行文至此，關於西方專制主義形態的討論本來應該結束了。但是，因為漢娜·阿倫特的《極權主義的起源》一書的出版，以及 20 世紀產生的西方群體心理學提出並使用「西方專制主義」這一概念，因此，這個問題的討論還須稍費筆墨。

先來討論前一點。

漢娜·阿倫特在《極權主義的起源》中提出，西方有一種現代的專制主義形式——極權主義。阿倫特認為，極權主義是「西方文明內部產生的」暴政，是繼反猶主義、帝國主義之後的「一種現代形式的暴政」；[36]「極權主義政府同專政與暴政不一樣，……是惟一一種使各種政治力量不可能共存其中的政府形式」；極權主義具有自己的不同於其它政治體制的特殊「本質」。[37] 阿倫特所論的極權主義有兩種具體形式：一是希特勒統治時期的德國的納粹政權；二是斯大林統治時期的蘇聯的布爾什維克政權。

對阿倫特的《極權主義的起源》的全面評論不是本書的任務。根據本章本節討論的主旨，我只想指出一點，即阿倫特關於極權主義是西方歷史上從未有

35　我注意到近年來西方學術界在研究 absolutism（絕對主義）和 absolute monarchy（絕對君主制）時，更多的是強調它與專制主義（despotism）或東方專制主義（Oriental despotism）的區別，以及它在消滅封建主義和建立統一民族國家方面的積極作用。這對於已經完成對絕對主義的消極方面——專制主義改造的西方學術界，可能具有一定的合理性。但是，對面臨著完全不同的話語語境的東方學術界，也強調絕對君主制的積極方面而不強調它的專制性質，可能是不得要領的。

36　〔美〕阿倫特：《極權主義的起源》，林驤華譯，北京：三聯書店，2008 年，第 575、396 頁。

37　〔美〕阿倫特：《極權主義的起源》，林驤華譯，北京：三聯書店，2008 年，第 22、575、579 頁。

過的、是繼反猶主義、帝國主義之後「西方文明內部產生的」「一種現代形式的暴政」的觀點,是不能成立的。

首先,極權主義並不是人類歷史上從未有過的新的統治形態。前文[38]的論述已經表明,前希臘社會的專制主義就是典型的極權主義。阿倫特在《極權主義的起源》中所論及的極權主義的主要特徵,比如崇高的烏托邦理想、用灌輸代替宣傳、領袖原則、改變人性、恐怖主義,以及不給私人生活留下任何空間,強迫作家、科學家說謊,做騙子等等,我們都可以在前希臘社會即柏拉圖的理論中和斯巴達的實踐中找到其原型。其次,反猶主義不是極權主義的起源——至少不是導致極權主義的主要原因。如果說反猶主義孕育和催生了極權主義,則不能解釋連阿倫特自己也承認的法國的反猶主義與德國同樣強大,甚至比德國更加「一貫」,為什麼極權主義產生在德國而不是在法國。第三,帝國主義也不是極權主義的起源。如果說帝國主義孕育和催生了極權主義,則不能解釋為什麼最典型的帝國主義國家英國沒有滑向極權主義,而極權主義卻產生在帝國主義並不典型的德國和俄國。[39] 第四,如果說極權主義是西方文明和現代性的產物,那麼,西方文明程度最高、現代性最強的英國、美國和法國為什麼沒有產生極權主義,而極權主義卻產生在專制主義傳統根深蒂固且從未得到徹底清算的德國和俄國。事實和邏輯迫使我們得出如下結論:極權主義主要不是反猶主義和帝國主義的產物,而是專制主義的遺產;極權主義不是西方文明和現代性的結果,恰恰是反對西方文明和現代性的結果。由此可知,極權主義是西方專制主義在垂死前的迴光返照,而不是西方專制主義的一種獨特的發展形態。因此,阿倫特的極權主義理論不能構成對上述西方專制主義三種形態觀的否定。

現在討論上世紀產生的西方群體心理學提出的「西方專制主義」的問題。西方的群體心理學認為,當代的西方社會有趨於專制主義的傾向——可稱之為西方專制主義。但西方的群體心理學意義上的西方專制主義與本書所謂的西方

---

38 本書第二章,第三節。
39 關於反猶主義和帝國主義不是極權主義起源主要原因的問題,參見徐友漁的網文《讀阿倫特〈極權主義的起源〉筆記》,載 http://www.aisixiang.com/data/31957.html,2010 年 3 月 2 日。

專制主義，在含義上相距甚遠。讀者已經看到，本書所講的西方專制主義，在本質上就是早年存在於西方的東方專制主義，群體心理學意義上的西方專制主義與此毫不相干。用一位西方群體心理學倡導者的話說，東方專制主義強調對生產資料、生活資料的控制，以此「來達到控制民眾的目的」；西方專制主義則強調對通訊手段的控制，即不是通過扼殺言論自由，而是在言論自由的條件下，通過延伸到千家萬戶以及每一個場所的報刊、電臺等通訊網路，向人們灌輸和滲透某種信念，以此「來達到相同的目的」。因此，前者是「一目了然的控制」，即物質的和外在的控制；後者是「無形的控制」，即精神的和內在的控制。[40] 著者認為，西方的群體心理學對西方專制主義概念的界定是很成問題的。固然，西方的群體心理學從後現代主義的立場出發，把西方社會的輿論對群體的無形影響和群體中的個體在無孔不入的輿論面前無能為力的現象說成是某種專制也無不可；但是無論如何，把西方專制主義的概念在與東方專制主義的概念在相互並立的意義上使用是很成問題的。一方面，從西方的歷史上看，西方專制主義從來就不只是使用輿論、宣傳等內在的、無形的控制手段，而是同時使用對生產資料和生活資料控制的外在的、有形的控制手段。無論是前希臘社會的剝奪不按當局意圖寫作的作家的生存權[41]，還是中世紀教皇專制主義的火刑柱，抑或是希特勒和斯大林的集中營，都是外在的、有形的控制手段。另一方面，從東方專制主義的歷史和現實來看，它也從來不是只使用外在的、有形的控制手段，而是在對民眾進行生產資料和生活資料控制的同時，一直竭盡全力地使用內在的、無形的控制手段。——愚民教育和輿論灌輸絲毫不比西方社會遜色。所以，西方群體心理學把西方專制主義的概念在與東方專制主義的概念在相互並立且對立的意義上使用，是完全不妥當的。因此，它也不能改變本書對西方專制主義形態的劃分和界定。西方的文明程度較高，民眾已經不再受專制主義或東方專制主義、僭主政治和絕對君主制的奴役，人們對生活環境和政治制度有了更高的要求和體驗。在這種情況下，西方群體心理學意義上

---

40 〔法〕塞奇·莫斯科維奇：《群氓的時代》，許列民等譯，南京：江蘇人民出版社，2003年，第59—60頁。

41 柏拉圖說過，必須強迫詩人按照當局規定的意思去寫作，「哪位藝人不肯服從，便不讓他在我們中間存在下去」。（〔古希臘〕柏拉圖：《理想國》，于文靜譯，延吉：延邊人民出版社，2000年，第98頁。）

的「西方專制主義」概念會不會在未來成為西方專制主義的第四種形態，有待於歷史的進一步發展，也有待於學術研究的進一步深化。就目前來看，西方專制主義就是上述三種形態：專制主義或東方專制主義、僭主政治和絕對君主制。

三、專制主義的解體與歐洲國家西方化

　　西方專制主義的三種形態理論（如果能稱之為理論的話）表明，希臘的歷史上有過專制主義，其基本特徵就是君神合一、政教合一、王位世襲和王權全能。這種專制主義不僅本質上是東方專制主義，而且實際上就是東方專制主義。這種專制主義從西元前2500年前後起，維持了近兩千年之久。否認西方有專制主義的人沒有看到，遠古希臘人已經代替西歐國家度過了東方專制主義時期。

　　歐洲國家的西方化，是通過專制主義的逐步解體完成的，而其解體的第一步就是希臘專制主義的解體。一般說來，專制主義的解體有三種可能的途徑，即人民造反、外國入侵和自行衰敗；當然，也可能是這三種因素或其中的某兩種因素同時或交替發生作用。由於資料匱乏，希臘專制主義是如何解體的，已不可能詳細描述。不過，大致可以設想，希臘專制主義的解體從邁錫尼時代的中期開始，這是一個緩慢而長期的歷史過程，其基本方式就是人民力量在與王權的較量中不斷削弱王權的職能。亞里斯多德曾以斯巴達為例描述了專制王權在希臘解體的過程。在古昔，斯巴達的王位世襲，「國王們執掌著總概一切的永久權力」，包括城市、鄉郊，以及同外邦來往等各種重大事件。斯巴達削弱王權的第一步是剝奪國王的行政管理權。這種王室如前所說，只具有三項統治的權位：戰時為統帥，祭時為主祭，外加裁決法律爭端時的法官。後來又進一步對王權加以削弱。在人民的鬥爭之下，「他們放棄了某些特權，人民又從而爭取了另些法權；王權經歷代削弱，迄於今日，大多數王室已成虛位，只能主持一邦的傳統祭儀而已」。[42] 而此前，斯巴達的雙王制的設立，元老院、監察官的設立等等，無不是限制王權、促使專制王權解體的有力措施。需要指出的是，在斯巴達發生的削弱專制王權的現象，絕不是斯巴達獨有的現象，而是希

---

[42] 〔古希臘〕亞里斯多德：《政治學》，吳壽彭譯，北京：商務印書館，1965年，第160—161頁。

臘世界的普遍現象。因此，截至亞里斯多德時代，若干邦內雖然還有真王，也僅僅在出征國外時還保留著軍事指揮的權力。

　　希臘專制主義的解體，可以追溯到邁錫尼時代中後期。有據可稽的史料表明，在發生於西元前12世紀末的特洛伊戰爭中，已經表現出希臘專制王權開始解體的跡象。前文提及阿伽門農是希臘專制王權的代表，其實，這一說法並不十分準確。準確的說法應該是，阿伽門農是希臘專制主義解體過程中的殘存的專制王權的代表。根據荷馬史詩《伊利亞特》的記載，阿伽門農雖然常常違背部下一致的意見行事，但是，當他在公民大會中受到攻擊時，也總是隱忍而不是濫發淫威。另一個很具體的證據是，當占卜者已知希臘聯軍中瘟疫流行的原因是阿伽門農的專斷行為，但懾於阿伽門農的威權不敢說時，阿喀琉斯對卜者說：只要我還活著，「就不會有人敢對你動手動腳，達奈人[43]中誰也不敢，哪怕你指的是阿伽門農」。[44]聯軍中的第二號人物阿喀琉斯居然敢用這樣的口吻對國王、軍隊統帥阿伽門農講話！阿伽門農雖然曾憑藉自己的專制權力奪走了分配給阿喀琉斯的女俘，但是，阿喀琉斯負氣拒上戰場，阿伽門農則對他毫無辦法；不僅未有任何進一步懲罰之念，還派人向阿喀琉斯賠禮道歉，答應給予高額補償，請求阿喀琉斯原諒。後來，阿喀琉斯雖然與阿伽門農和解並重返戰場，但既不是懾於阿伽門農的權勢，也不是出於對阿伽門農的情誼，而是因為好友派特洛克羅斯被特洛伊首領赫克托爾所殺激起了他的憤怒。種種跡象表明，在邁錫尼王朝末期，希臘的專制王權已經開始解體，它已不像純粹東方形態下的專制王權那樣絕對。

　　經過此後幾百年時間人民的不斷抗爭，到古樸時期，希臘專制主義的解體已經取得了實質性的進展。在西元前8—前7世紀，從希臘世界看到的一個普遍現象，就是王權被削弱、分割或取消。以雅典為例。雅典本來也有全能國王，王掌握著行政、司法、軍事和宗教大權，並有許多其它特權。雅典王制廢除後初設了三個執政官，王退居第二位，叫做王者執政官，後又增設了司法執政官、監察官、保民官等職位，將王的職權一一分割；此時，王的職權僅限於負責城邦的宗教事務。而新設的執政官最初為終身任職，後改為十年一任，到西元前

43　希臘人的別稱。——引者注
44　〔古希臘〕荷馬：《伊利亞特》，陳中梅譯，南京：譯林出版社，2000年，第5頁。

683 年又改為一年一任。這樣，王在雅典的政治生活中逐漸變得默默無聞了。與此同期，希臘其它城邦的王權也受到不同程度的削弱和限制。斯巴達限制王權的做法前文已經說過，其它城邦如埃弗索斯國王只保留著一些傳統的榮譽，如佩帶權杖，在競技會上坐在前排，王室成員穿著特製的猩紅色衣服等。「這樣，到古樸時期後期，早期希臘的王或被廢黜，或是有名而無實的了。」[45]

希臘專制主義的解體不僅表現在希臘專制王權的削弱這一客觀形態上，而且表現在主觀形態上，即希臘人民的頭腦中產生了一個新的概念——僭主。僭主的概念在希臘並不是從來就有的，在遠古時代，希臘人只有國王或君主的概念而無僭主的概念，甚至根本不知僭主為何物。直到「荷馬史詩」仍將最殘暴的統治者稱作國王而不是僭主。「僭主」這個詞起源於小亞細亞的呂底亞，但具體產生於何時，並沒有確切記載。有史書說，一個名叫巨吉斯的呂底亞人，刺殺了呂底亞國王坎道列斯並攘王位為已有。他便是第一個被希臘人稱為僭主的人。此說並不準確。事實上，據希羅多德記載，被巨吉斯殺害並被篡權的坎道列斯就已經是呂底亞的「僭主」。[46] 不管怎麼說，僭主概念剛出現時，希臘人是把它作為國王的替代詞使用的，並無貶義，甚至更多的時候是在褒義上使用的。在某些宗教儀式中，「僭主」還是神的別稱。西元前 7 世紀，帕羅斯的詩人阿爾基洛科斯是迄今所知的第一個使用僭主一詞的希臘人。他在一首詩中借作品中的主人公之口說道：「我不關心巨吉斯的財富，在我並無妒羨之情，我既不妒忌諸神的功業，也不企求強大的僭主政治。」[47] 這裡，阿爾基洛科斯就是把僭主一詞作為國王的同義詞使用的，而且明顯含有褒義。梭倫是希臘人中第一個對僭主表現出鄙視態度的人。在他的詩中幾次提到他有可能成為僭主的事實，也明白作僭主能夠帶給他財富和名譽，但他卻寫道：「用僭主力量希冀成功，我所不樂。」[48] 僭主這個詞在梭倫那裡已開始具有貶義。在梭倫之後

---

45 〔英〕安德魯斯：《希臘僭主》，鐘嵩譯，北京：商務印書館，1997 年，第 102 頁。
46 〔古希臘〕希羅多德：《歷史：希臘波斯戰爭史》上冊，北京：商務印書館，1959 年，第 4 頁。
47 〔古希臘〕阿爾基洛科斯：《殘篇》，25。轉引自〔英〕安德魯斯：《希臘僭主》，鐘嵩譯，北京：商務印書館，1997 年，第 19 頁。
48 〔古希臘〕亞里斯多德：《雅典政制》，日知、力野譯，北京：商務印書館，2009 年，第 16 頁。

的很長時間裡,雖然人們有時在與國王同義、有時在與國王區別,即或褒或貶或中性的意義上使用僭主一詞,但總的趨勢是人們對僭主的憎惡之情與日俱增,其褒義越來越少,貶義越來越多。到西元前4世紀,希臘人(比如亞里斯多德)明確將僭主與國王或君主區別開來,賦予僭主一詞與國王或君主對立的含義。[49]

希臘人將僭主與國王或君主區別開來,認為好的國王才配稱君主,壞的國王只能稱作僭主,雖然仍有概念涵義模糊、邏輯不夠徹底之嫌,但是,能產生僭主概念,發明僭主一詞,並賦予其貶義,這無論如何是一個了不起的進步。這既是希臘專制主義解體的表現,也是希臘專制主義解體的動因。在僭主概念沒有產生的情況下,人們的精神還處在東方形態——奴性狀態,認為所有國王都是合法君主,並不對他(她)執政的合法性提出質疑。當希臘人在精神上擺脫了東方形態——奴性狀態,產生了如E. G. A.胡塞爾所說的「精神的歐洲」即「歐洲人性」或「歐洲精神」[50]的時候,他們開始對國王執政的合法性提出質疑,認為他們不再是合法君主而是非法篡權的僭主,儘管第二代、第三代僭主的權位是從他們父輩那裡繼承來的。惟有這種精神上的「脫亞入歐」的躍升,才能產生僭主概念,才能成為專制主義解體的動力。這就是前文反覆論說的希臘僭主政治的產生,不是希臘的君主們變壞了,而是希臘人民的政治覺悟提高了的道理。由於人民政治覺悟的提高,專制君主們也開始意識到自己政權的合法性危機。怯於這種危機,他們開始變換統治手法,即用偽裝的手法進行統治;這就是希臘歷史上的僭主政治。僭主概念的出現,僭主政治的產生,是希臘專制主義解體的第一步,也是歐洲國家西化的第一步。在希臘專制主義解體的過程中,僭主概念的出現,僭主政治的產生,既不表明希臘政治演化的特殊性,也不表明歐洲其它國家政治演化的特殊性,而是所有專制政治解體的必經步驟。——如果細心觀察,我們就會發現,任何專制政治在其解體前夕或長或短的時期內,都會採取偽裝的手法進行統治。在反對專制政治的鬥爭中,人們有

---

49 關於僭主概念在希臘的產生和演化,參見〔英〕安德魯斯:《希臘僭主》,鐘嵩譯,北京:商務印書館,1997年,第18—21頁;施治生、劉欣如主編:《古代王權與專制主義》,北京:中國社會科學出版社,1993年,第90—91頁。

50 〔德〕胡塞爾:《歐洲科學的危機與越驗論的現象學》,王炳文譯,北京:商務印書館,2001年,第375、374頁。

了僭主政治概念，即認識到專制政權的合法性危機，專制政權不一定馬上就能解體，因為這裡還有雙方實力較量的問題。但是，人們沒有僭主政治概念，即認識不到專制政權的合法性危機，專制政權一定不會解體。這是希臘專制主義解體過程給我們提供的歷史經驗。

由於希臘的專制主義在解體過程中產生了僭主政治，因此，希臘政治發展的第二步的任務不是與傳統的專制政治的鬥爭，而是反抗僭主政治，並促使其瓦解。希臘人民是怎樣進行反抗僭主政治的鬥爭並取得民主政治的勝利的，本書第三章第四節已經做了比較詳細的討論，這裡不再贅述。從那裡的論述可知，希臘人民，尤其雅典人民，從梭倫改革反對僭主政治開始，中經克裡斯提尼改革，截至伯裡克利時期，已經取得了反對僭主政治的決定性的勝利，並成功地建立了民主制度。儘管希臘的民主（這裡以雅典的民主為代表）是小國寡民的城邦民主制，其民主政體的侷限性和極端民主主義等缺陷顯而易見，但是如前所說，它所體現的機會平等、主權在民，以及一定程度的權力制約原則，不僅使雅典人民獲得了空前的解放，而且對於後世尤其羅馬的政治發展具有直接的借鑒意義。

歐洲國家的歷史發展與亞洲國家不同的一個特點在於，它們不是每一個國家都從原始狀態一直獨自地演化過來的，而是一個影響著一個，甚至可以說是一個國家接著另一個國家的歷史繼續向前發展的。羅馬與希臘的關係特別明顯地體現了這一特點。從西元前 8 世紀開始，希臘在推翻專制主義的基礎上，城邦文化開始孕育，至前 5 世紀的古典時代，希臘城邦文化已發展到頂峰。在此期間，也正是希臘文化大規模地向羅馬輸出時期。在希臘文化的強烈影響之下，羅馬民智大開，於西元前 510 年推翻了最後一個王朝，並模仿希臘逐步建立起共和制度。從西元前 4 世紀後期起的幾百年時間，是希臘文化逐漸衰弱的時期，同時也是羅馬文化逐漸興盛和成熟的時期。如第三章第五節所述，羅馬共和國在繼承希臘文化傳統的基礎上，將由希臘開啟的西方文明創造性地發展到當時所能達到、今天看來仍然偉大的高峰階段。儘管如此，羅馬共和國還是難以為繼，在晚期不得不逐漸向帝制轉化。西元前 27 年，屋大維被授予「奧古斯都」的尊號。奧古斯都在位期間，開始採取東方式的專制統治，這標誌著羅馬共和國的結束和羅馬帝國的開始。然而，「帝制由共和蛻變而來，也決定了羅馬皇

帝的統治具有和東方君主專制不同的特點。羅馬公民雖接受皇帝統治，卻也不能忘懷於共和傳統，因此奧古斯都不得不搞一個披著共和外衣的元首制以求君民雙方相安無事。從外衣的角度看，這是皇帝的統治手腕；從不得不如此的角度看，那就表明了羅馬不同於東方的歷史特點。」[51] 在帝國的中後期，雖然皇帝的個人獨裁不斷強化，帝國前期的元首制被君主制取代，但是，自共和時期就逐漸培育起來的公民權利觀念、地方自治和法律至上傳統仍在一定的程度上被保留下來。R. 詹金斯在總結羅馬的遺產時說：「他們實際上傳下來兩種政治制度的模式：中晚期羅馬共和國的混合憲法和我們或許可以稱為『凱撒主義』的君主制度。」所謂「『凱撒主義』的君主制度」，用詹金斯自己的話說，就是把「專制主義與高度發達的法律體系結合起來」。[52] 詹金斯的話也許不是十分恰當。嚴格地講，專制主義與高度發達的法律體系是無法結合的，但是，羅馬的專制主義在一定的程度上受到法律的制約，這是不爭的事實。鑒於以上理由，我們似乎可以這樣認為，如果說希臘代替西歐國家度過了東方專制主義時期，希臘-羅馬則一起代替西歐國家完成了對東方專制主義的改造。這就是希臘僭主政治和羅馬帝國的專制主義與東方專制主義不同的根本原因。

之所以說希臘-羅馬一起代替西歐國家完成了對東方專制主義的改造，是因為羅馬是一個地域廣袤的世界國家，意大利、英國、法國、德國等西歐國家，當年都是羅馬的行省，在經濟、政治、文化等各方面不能不受羅馬文化的影響。羅馬向行省派駐總督和大小官吏，這些總督和大小官吏在對行省濫用權力、橫徵暴斂的同時，也帶去了羅馬的經濟政策、政治制度和文化觀念。西羅馬帝國滅亡（476年）後歐洲歷史的發展，實際上是在希臘羅馬文明的影響下發展的。這種影響是如此之深之遠，以至於近代的意大利人就不用說了，連英國人、法國人、德國人都說自己是羅馬人的後裔——他們說自己是羅馬人的後裔，主要不是在血緣關係的意義上而言的，而是在文化傳承的意義上而言的。當然，由於當年（313年）君士坦丁對基督教合法性的承認，在自那之後至西羅馬帝國滅亡前後這一百多年內，基督教不僅獲得了長足的發展，而且在相當的程度上

51　朱龍華：《羅馬文化與古典傳統》，杭州：浙江人民出版社，1993年，第220頁。
52　〔英〕詹金斯：《羅馬的遺產》，晏紹祥、吳舒屏譯，上海：上海文藝出版社，2002年，第5、、8頁。

介入了世俗生活。因此，在歐洲中世紀的歷史發展中，除了希臘羅馬文明的影響外，還有基督教的影響。整個中世紀，實際上是希臘羅馬文明和基督教文明互相交鋒的歷史；或者如詹金斯所說，「中世紀，實際上就是古典傳統即希臘羅馬傳統和基督教傳統的混合或折衷。」——「當然，這不是靜態的而是動態的混合和折衷。在這種動態的混合和折衷的過程中，就總的趨勢而言，基督教傳統步步衰微，不斷退出世俗領域，以致尼采作出『上帝死了』的斷言；而希臘羅馬傳統則步步壯大，不斷佔領世俗領域，以致一個土耳其的希臘人至今仍稱自己『羅姆』（Rum）。」[53] 粗略地說，歐洲千年的中世紀就是這樣走過來的。

在這一大背景之下，歐洲中世紀仍然產生專制主義。這種專制主義主要有兩種：一種是中世紀中期的教皇專制主義，一種是中世紀末期和近代前期的絕對君主制——我按傳統譯法，稱之為專制君主制。但是，所謂專制主義，本義應該是不受制約的權力，即沒有一個或多個體制外的力量對之制衡。歐洲中世紀的專制主義，無論是教皇專制主義或專制君主制，都已經不是這種傳統意義上的專制主義。在中世紀初期的兩三個世紀中，教皇權力雖然不斷擴大，但總的說來羽毛未豐，不得不依附於世俗王權，比如前5次宗教大會都是在皇帝主持下召開的。與此同時，在俗權方面，由於當時的西歐社會剛剛遭受蠻族入侵，整個社會處於極度混亂狀態，而混亂狀態不可能提供支援龐大的國家機器的物質條件。在這種情況下，無論政教哪一方都不具有專制的權力。在這屠弱與混亂的狀態下——也許是為了適應改變這種狀態的需要，雖然教權和俗權都在增長，但教權比俗權的增長更加迅速。8世紀50年代，法蘭克國王丕平兩次向教廷「獻土」，奠定了教權得以與俗權抗衡的教皇國的疆域基礎。800年，查理大帝在羅馬接受教皇利奧三世為之成為「羅馬人皇帝」的加冕，進一步強化了教皇專制主義。13世紀，在教皇英諾森三世統治時期，教皇專制主義達到了頂峰，不僅大肆迫害異教徒，開了用火刑燒死異教徒的先河，且迫使英國、丹麥、葡萄牙、瑞士等國王稱臣。而由英諾森三世的姪子、繼任教皇格列高裡九世設立的宗教裁判所，則在歐洲各國迫害異教徒達幾個世紀之久，其慘無人道的程度堪與東方專制主義相比。然而，歐洲中世紀的教皇專制主義畢竟是在政

53　〔英〕詹金斯：《羅馬的遺產》，晏紹祥、吳舒屏譯，上海：上海文藝出版社，2002年，第9頁。

教二元的社會基礎上產生的，不能不在相當的程度上受制於傳統和俗權，因而，不能不與傳統的專制主義有著明顯的區別。首先，從教會內部來看，根據基督教教義，教皇是聖彼得的繼承人，而不是基督的繼承人，因此他在教會之內，而不是在教會之上。他有傳播基督的福音的義務，而無權獲得無視法律、任性妄為的權力。而且就其產生的程式來看，1059年教皇尼古拉二世制定的宗教選舉法規定，教皇由羅馬樞機主教團選舉產生，而不是由前任教皇指定，更不是世襲。僅此而言，它已不同於東方專制主義。第二，從教會外部即與俗權的關係來看，由於種種條件的限制，教皇沒有建立屬於自己的常備軍、稅收系統和官僚系統這些典型的專制工具。因此，教皇雖然不乏與國王爭奪世俗統治權的野心，但往往心有餘而力不足。12—13世紀，教會法庭具有至上權威。但與此同時，王室法庭也開始出現，至14世紀，隨著王室法庭的日益增多，教會法庭的權力便不斷被世俗當局所削弱，到16世紀，教會法庭在歐洲大陸已基本上不再擁有世俗職能。教皇任免權一直是教皇和國王爭奪統治權的焦點。教皇尼古拉二世制定教皇由羅馬樞機主教團選舉產生的宗教選舉法，其意圖不是在推行民主，而是在與國王爭奪對教皇的任免權。但是，教皇和教廷的這一法定權力常常因王權的干預而不能正常行使，以致在「阿維農之囚」期間（1305—1378年），七任教皇都是由法王指定，且都是法國人。總之，在歐洲中世紀，雖然產生過教皇專制主義，但是，教皇專制主義由於受到教會內部條規、尤其外部世俗王權的制約，這種專制主義是傳統專制主義——東方專制主義解體過程中的一種形態，我們不應該將它與東方專制主義相混同。

　　教皇專制主義與東方專制主義的不同，是從靜態角度觀察的結果；如果從動態的角度看，教皇專制主義本身在中世紀後期也經歷了一個由強而弱、由盛而衰的解體過程。如果說，「阿維農之囚」標誌著教皇專制主義開始走向解體，那麼，緊接「阿維農之囚」之後的教會大分裂，特別是持續兩個世紀的文藝復興，則加速了教皇專制主義解體的過程，而宗教改革則標誌著教皇專制主義解體的完成。

　　教皇專制主義的解體，是歐洲國家西方化過程中決定性的一步。然而，教皇專制主義的解體過程是在歐洲特殊的政治、經濟的情勢下發生的；這種情勢如前所說，是教會和王權之間、國家與國家之間以及各國的諸侯與諸侯之間的

紛爭使整個社會處於分散、混亂和無休止的戰爭之中。在這種情勢之下，歐洲各主要國家只能在繼續分散、混亂和專制主義之間選擇。因此，教皇專制主義的解體，並沒有直接導致歐洲國家的政治民主化即完全西方化，而是導致了絕對君主制或專制君主制的產生。歐洲歷史發展的奧秘在於，教皇專制主義被專制君主制所取代，並沒有改變二者之間在根本性質上的傳承關係。由於「教皇在十五世紀便使自己成為專制君主中的第一人」[54]，教皇專制主義的整套理論和實踐——權力集中、專制主義、絕對主義等等，全都被專制君主制所繼承。更有甚者，專制君主為了建立統一的民族國家的需要，還建立了教皇專制主義所沒有的常備軍和更加完備的國家官僚機構，尤其是員警和稅收系統。與教皇專制主義相比，無論在政教之間互相打壓對方的殘酷程度方面，還是在對公民個人權利的干預方面，專制君主制的專制程度都有過之而無不及。因此，歐洲國家的政治民主化即完全西方化，是在專制君主制解體的過程中完成的。

所謂政治民主化或完全西方化，就是公民的選舉權、結社自由權、出版自由權，以及經濟和社會生活方面的個人權利能夠得到保障。而這些公民個人權利要想得到保障，必須以專制君主制的解體為前提。歐洲國家的專制君主制是如何解體，並得以實現這種完全西方化的，前一章已對英、法、德、意等歐洲幾個主要國家的專制君主制解體的具體過程分別做了考察，這裡不再贅敘。不過，從那裡的考察中我們看到，專制君主制的解體和完全西方化的實現雖然是歐洲各國歷史的宿命，但上述各國的專制君主制解體的具體途徑卻不相同。從比較的角度來看，歐洲國家的專制君主制解體的具體途徑歸納起來大致有三種類型：1. 英國模式；2. 法國模式；3. 德意模式。

所謂英國模式，簡單的說就是和平的革命模式。和平的革命模式不是說一點沒有流血，而是指沒有大規模流血；不是說完全沒有使用暴力，而是說沒有濫用暴力。和平的革命模式指的是一種保守、妥協、漸進的方式。這是一種在策略上調和與折衷的模式。這種模式需要君主和人民雙方都要開明。君主的開明在於，在保留君主制的前提下，同意與議會分享權力，並在實際上將自己的權力置於議會的監督之下。人民的開明在於，在本國國王拒絕改革、堅持專制

---

54 〔美〕薩拜因：《政治學說史》上冊，盛葵陽等譯，北京：商務印書館，1986 年，第 381 頁。

的情況下，居然有氣魄、有胸懷請外國國王擔任國王，條件是必須置於國會的絕對監督之下。這兩點都是不容易做到的。尤其英國人民的胸懷——為了實現個人自由，居然請一個外國人率領軍隊來趕走本國國王，並任本國的國王，即不以主子的利害為利害的情懷，除了當年希臘的「驢子」有過[55]，其它還未曾有過。因此，英國模式雖然令人稱羨，但至今無人能夠效仿。

　　所謂法國模式，簡單的說就是暴力的革命模式。法國之所以採取暴力的革命模式，最根本的原因就在於專制當局堅持專制體制，拒絕改革，或者在開明外表的掩蓋下進行實質上堅持專制的假改革，結果使矛盾積重難返，民眾在忍無可忍的情況下，不得不揭竿而起。而專制當局在完全失去反抗能力之前，決不會善罷甘休。結果就是在長達數十年的時間內，示威、衝突、內戰接連不斷。當然，在革命派和保守派的反覆較量中，民主也在不斷增進。這是一種激進的、不妥協的、純粹暴力的方式。就是說，法國用暴力革命的手段完成了民主化改造。誠然，在法國革命中出現過濫用暴力、血腥屠殺的現象，這是應該批評和反對的；但是，這是革命中的支流，不應該以此否定法國革命本身，更不應該否定法國革命的一般意義。法國模式雖然不是東方文化形態下國家的社會和文化轉型的首選方案，但並沒有完全失去其意義，因為這是人民在沒有任何自由權利和民主手段可以利用的條件下，推翻暴政，爭取自由、民主、人權的最後手段。

　　所謂德意模式，簡單的說就是國內改革派的抗爭和西方力量支援相結合的革命模式。德國和意大利由於貴族特權階層的力量強大，資產階級的力量弱小，掌握政治領導權的貴族特權階級，在長時期內只實行經濟改革而不實行政治改革，只準許自上而下的改革，不準許自下而上的改革。雖然民眾不斷抗爭，但民生問題、民權問題以及其它各種社會問題長期得不到解決，最後國家不得不走上納粹主義或法西斯主義的道路，成為第二次世界大戰的策源地。在美英法等西方國家對國內反戰派和改革派的支持下，兩個國家各自推翻了國內的納粹政權或法西斯政權，完成了民主化改造。這是一種既不同於英國也不同於法國的第三種社會轉型模式。

　　以上所說歐洲國家西方化的三種模式，實際上只是就西歐範圍而言的。如

---

[55] 見本書第三章，第二節。

果把整個歐洲考慮在內,應該說還有一種模式,即蘇聯和東歐模式;這也是一種值得稱道的模式,儘管其社會轉型的程度很不徹底。不過,這不在本書討論的範圍之內。這裡順便說及一個問題:如果要談論一個國家社會和文化轉型的模式,上述歐洲諸國西方化的模式便是。從這裡不難看出,所謂某個國家社會和文化轉型的模式,只有在由東方型文化向西方型文化轉型的前提之下談論才有意義,離開這一前提是毫無意義的。就是說,某一國家的文化轉型模式或社會發展模式與西方化的方向相比是第二層次的東西。如果把這兩個層次外在地並列起來,甚至企圖建立一種與西方化相對立乃至抗拒西方化的某種模式,只能是一種烏托邦。其結果充其量只能在一定時期內阻擋歷史潮流,延緩歷史進程,但最終必將被歷史潮流所沖毀。

行文至此,著者回答了本章開頭提出的歐洲國家發生的西方化,亞洲和其它東方地區並沒有發生,至少沒有同時發生的兩個原因中的第一個原因,即關於西方專制主義的問題。現在開始討論,歐洲發生的事情,亞洲和其它東方地區沒有發生的第二個原因。

第二節

關於基督教在歐洲國家西方化過程中的作用

討論西方文化、西方文明,尤其討論歐洲國家西方化,不能不討論基督教;這一點,毫無疑問是學術界的共識。但是,基督教在歐洲國家西方化中究竟發揮了怎樣的作用,基督教在歐洲國家西方化中究竟是怎樣發揮作用的,人們的看法則大相逕庭。因此,我們的討論不能不從基督教的基本教義之一即基督教對政教關係的主張談起。

一、基督教主張政教分離嗎

討論基督教在政教關係問題上的主張,耶穌的「凱撒的物當歸給凱撒,上帝的物當歸給上帝」這句話是繞不過去的一道門檻。就是因為這句話,學術界

相當普遍地認為,基督教在政教關係上是主張政教分離的。在西方,庫朗熱說,在古代,宗教與政府是一而二、二而一的;「而耶穌的做法不同,他教導人們說,他的王國不在地上,他將宗教與政府分開,宗教不屬於地上,它與地上之物沒有任何共同之處。耶穌說:『凱撒的歸凱撒,上帝的歸上帝。』將宗教與國家作如此清晰的區分,這還是頭一次。」[56]L.雷立柏認為:「從一個被『神化』的政治領導者到政權的世俗化是一個很複雜的過程,但在這個過程中的關鍵時刻是耶穌分開政治與宗教的時刻,也就是猶太-基督宗教的『政教並立』觀點。當耶穌說:『凱撒的歸凱撒,上主的歸上主』時,當他說:『我的王國不屬於這個世界』時,一個新的社會觀與政治觀誕生了。⋯⋯這種政教分立的基本態度也體現了一種現代性,體現了現代人政治觀的複雜性。」[57]

國內學術界的觀點與此大致相似。周穀城認為:「耶穌主張服從羅馬,不主張對羅馬革命:他以為凱撒所管的應歸凱撒;上帝所管的應歸上帝。他深知以暴力推翻羅馬的統治,必不可能,不如以愛力代替暴力;不分徵服者與被徵服者,均一視同仁。」[58]錢穆認為:「耶穌唱教,謂上帝事上帝管,凱撒事凱撒管。耶穌乃猶太人,凱撒乃當時羅馬行政首長,猶太人在羅馬統治下,故耶穌雖唱為天主教,但不能管凱撒事,此乃當時一權力限制⋯⋯此為西方政教分一大來源。」[59]而中國今人叢日雲的看法更為誇張。叢氏認為,耶穌說過一句話:「凱撒的物當歸給凱撒,上帝的物當歸給上帝」;「如果說人類政治思想史上曾有一句話改變了歷史,塑造了一種政治文化的精神和性格的話,那麼這句話就是。」因為耶穌的話成為金口玉言。在基督教時代的一千多年中,「人們按耶穌傳播的教義和價值觀念定義自己,審視政治生活,構建社會秩序,確立政治關係。」[60]諸如此類的看法不勝枚舉。但從上述幾例已不難看出,國內外學術界相當普遍地認為,基督教在政教關係上主張政教分離。

---

56 〔法〕庫朗熱:《古代城邦》,譚立鑄等譯,上海:華東師範大學出版社,2005年,第363頁。
57 〔奧地利〕雷立柏:《古希臘羅馬與基督宗教》,卓新平主編,北京:社會科學文獻出版社,2002年,第129—130頁。
58 周穀城:《世界通史》,石家莊:河北教育出版社,2003年,第377頁。
59 錢穆:《錢賓四先生全集》第37卷,臺北:聯經出版公司,1998年,第197頁。
60 叢日雲:《在上帝與凱撒之間:基督教二元政治觀與近代自由主義》,北京:三聯書店,2003年,第1—2頁。

基督教在政教關係上真的主張政教分離嗎？著者認為，基督教從其產生時起，一直到近代政教分離實現之前，始終都持有凌駕於世俗政權之上並進而政教合一的願望，且竭盡其能地將這種願望付諸實踐。在歐洲基督教時代的一千多年中，基督教之所以未能實現政教合一，不是不想為之，而是不能為之。限於篇幅，本節以《聖經》特別是「四福音書」為主要依據，僅對早期基督教、尤其耶穌本人的政教觀點加以考察，以證明基督教在政教關係上不是主張政教分離，而是主張政教合一。

　　「四福音書」是以傳教布道的面目出現的。施洗者約翰被捕後，耶穌來到加利利傳布上帝的福音：「日期滿了，上帝的國近了。」「天國近了，你們應當悔改。」[61] 在耶穌的語境中，上帝的國和天國是一回事。在此後的三年中，耶穌無數次地談及天國的理想，向人們發出進入天國的召喚。那麼，耶穌所說的天國，其具體含義是什麼？對於這個問題，耶穌從來沒有明確的論斷，我們只能從其語義之間和整個思想體系加以分析。耶穌曾對其頭號弟子彼得說：「我要把天國的鑰匙交給你，凡你在地上所捆綁的，在天上也被捆綁；凡你在地上所釋放的，在天上也被釋放。」[62] 我不否認，耶穌的天國具有屬靈的一面，但是在這裡，我要強調的是它的屬世的一面。因為惟有證明了它所具有的世俗性，才能證明耶穌乃至基督教要建立的天國，實際上是一個政教合一的王國。

　　從屬世方面來看，首先，耶穌的天國具有明顯的政治性。

　　在耶穌生活的年代，巴勒斯坦是羅馬的殖民地。儘管羅馬的統治並不十分嚴苛，但還是遭到猶太人尤其下層階級的強烈反抗。耶穌不滿羅馬帝國和猶太上層階級希律家族的統治，一心要驅逐和推翻它們，復興大衛王朝，建立一個新的猶太王國。在這個新的王國亦即天國中，耶穌既是屬靈的彌賽亞 (Spiritual Messiah)，又是屬世的彌賽亞即君王彌賽亞（(Kingly Messiah)。雖然福音書的作者都是力圖從前者的角度記錄耶穌的言行的，但是，我們仍然可以從中看到不少耶穌作為君王彌賽亞的身影。四卷福音書都曾記載，耶穌曾以君王式的姿態進入耶路撒冷的情景。根據耶穌的吩咐，門徒找來一匹驢駒，把自己的衣服搭在上面，讓耶穌騎上。有許多人把衣服鋪在路上，也有人把樹枝鋪在路上。前

61　《馬可福音》1：14；《馬太福音》4：17。
62　《馬太福音》16：19；18：18。

行後隨的人都喊著口號：「和散那（『和散那』原有求救的意思，在此乃是稱頌的話），奉主名來的，是應當稱頌！那將要來的我祖大衛之國，是應當稱頌的！高高在上，和散那！」[63] 耶穌如此高調地進入耶路撒冷，僅僅這行動本身就有不少政治含義。更值得注意的是，對於眾人對他的像擁戴君王般的歡呼，耶穌甚是喜聞樂見。當一些法利賽人對他說：「夫子，責備你的門徒吧！」耶穌卻回答說：「若是他們閉口不言，這些石頭必要呼叫起來。」[64] 如果我們將榮入聖城的事件與四卷福音書也均有記載的，耶穌在被羅馬巡撫彼拉多審訊時，承認自己是「猶太人的王」，[65] 以及在行刑時的牌子上寫的是「猶太人之王耶穌」[66] 聯繫起來，耶穌的君王彌賽亞的身影確實是隱約可見的。

　　基督耶穌即使全能，要想憑一己之力建立新的猶太國或新的以色列，還是有困難的。為了完成統治以色列 12 支派的任務，耶穌建立了一個領導班子——挑選了以彼得為首的 12 個使徒，多次對他們面授機宜，並賜給他們權柄：「天上地下所有的權柄都賜給我了。」「父怎樣把王權賜給我，我也照樣賜給你們，叫你們在我的國裡坐在我的席上吃喝，並且坐在寶座上，審判以色列的 12 支派。」[67] 如果我們將耶穌在這裡所說的「審判以色列的 12 支派」，理解為僅僅是管理屬靈的世界，指導以色列人的宗教信仰，未免過於簡單，甚至有點幼稚。在耶穌的訓誡之下，在與耶穌的長期接觸之中，使徒們對耶穌的心思應該是最有發言權的。據同觀福音書記載，耶穌及其門徒在從加利利前往耶路撒冷的途中，兩個門徒雅各和約翰向耶穌請求：「當你得到榮耀的時候，賜我們一個坐在你右邊，一個坐在你左邊。」[68] 顯然，雅各和約翰兩人所求的並非與耶穌一同去耶路撒冷受苦，而是在耶穌得國得位的時候，要榮任左丞右相。耶穌雖然批評了他們，而且明確指出他們只求名位而沒有獻身精神，但是，這種批評既有道理也不完全有道理。從前文我們已經看到，耶穌確有擔任國王的想法。既

63　可 11：9—10。參見可 11：1—10；太 21：1—9；路 19：28—38；約 12：12—19。
64　《路加福音》19：39。
65　太 27：11；可 15：2；路 23：1—3；約 18：37。
66　太 27：37；可 16：26；路 23：38；約 19：19。
67　《馬太福音》28：18；《路加福音》22：29—30。
68　《馬可福音》10：35—37；《馬太福音》20：20—21。

然有王,沒有左右丞相怎麼行?所以,耶穌批評他們的另一層意思,不是說他們關於設立左右丞相職位的想法不對,而是說這兩個職位的人選還未定下來,他們不應該主動「請纓」。[69] 其他十位門徒聽見雅各和約翰的請求,也惱怒他們,是不是因為他們對這二位想搶佔這兩個重要位置不滿?福音書還告訴我們,雖然使徒們對耶穌關於宗教信仰的訓誡並不十分在意,乃至在耶穌被捕前夕的危急時刻,彼得、雅各和約翰呼呼大睡並三喚不醒,在耶穌遭受審訊拷打的危難時刻,彼得還連續三次拒不認主,但是,他們對耶穌關於「審判以色列的 12 支派」所包含的屬世的任務卻心領神會,並始終牢記在心。一個很能說明問題的例子是,當猶大背叛並死亡後,其它使徒立即補選馬提亞接任猶大的席位,使使徒數仍保持 12 人。[70]

　　使徒們對耶穌關於宗教信仰的訓誡心不在焉,卻偏偏注重於世俗的政治任務,不是沒有根源的,這裡的根源就是耶穌長期言傳身教的結果。——請千萬別說是使徒們誤解耶穌所致。如果耶穌的嫡傳弟子都不得耶穌的真經,那麼耶穌的真經靠誰人相傳?——而耶穌之所以這樣言傳身教於弟子,也是有根源可尋的。這裡的根源就在於,耶穌所要建立的本來就是以他自己為王的人間天國。我這樣講的根據有兩點。第一,耶穌本來就沒有打算為宗教信仰獻身。在被捕前夕,耶穌「甚是憂傷,幾乎要死」。在要求三個門徒留在園中一處靜觀後,耶穌稍往前走,俯伏在地禱告,希望免去即將到來的災難:「阿爸,父啊!在你凡事都能,求你將這杯撤去。然而,不要從我的意思,只要從你的意思。」[71] 耶穌告求上帝撤去的「這杯」,即他的被拘、受苦和死亡的命運。他的請求「被拒」,這是必然之中的——上帝無此能耐。然而,我們在這裡關注的是,耶穌本來就沒有為了救贖人類而主動獻身的思想準備,否則,他就不會將他的即將到來的這種命運,看成是一種災難並力求避免。耶穌的死,像任何一個被處決的政治犯一樣,是無力自救而被迫受之。第二,耶穌要建立人間天國並以君王彌賽亞自詡,是有深刻的思想根源的。因為耶穌本來就不相信有上帝存在。《馬可福音》和《馬太福音》都記載,當被釘在十字架上的時候,耶穌大聲高喊:

69　《馬可福音》10:38—45;《馬太福音》20:22—28。
70　《使徒行傳》1:26。
71　《馬可福音》14:12—36。

「我的神，我的神！為什麼離棄我？」[72]據耶穌說，聖父和聖子本來是二者合一、神人合一的，怎麼在關鍵時刻就分離了呢？《路加福音》的作者顯然意識到，上述話語嚴重地損害了耶穌的神聖的光環，因此刪去了這兩句話，而用如下話語代之：「父啊，我將我的靈魂交在你手裡！」[73]但是我們知道，《馬可福音》和《馬太福音》成書較早，《路加福音》成書較晚，且對前兩者作了較大修改，雖然它力圖恢復耶穌的神性，把一場悲劇變成了喜劇，但是並不可靠。而最後成書的《約翰福音》對前兩福音書與路加福音書之間存在的截然對立的記述，則採取了回避的態度，用一種中性的話語取而代之。[74]人之將死，其言也善。如果我們以《馬可福音》和《馬太福音》為原始版本，那麼可以看到，耶穌的靈魂深處並不相信上帝——至少並不完全相信上帝。他在眾人面前口口聲聲不離上帝，又稱自己是上帝的兒子，在很大程度上可能是想借上帝之名來蠱惑人心，招攬信徒，擴大隊伍。在古代中外的歷史上，許多社會團體，尤其農民組織，打著上帝或其它什麼神的旗號、披著宗教的外衣舉行起義，是一種屢試不爽的做法，耶穌繼約翰之後領導的農民運動也許不是首創的先例。由於耶穌對上帝是如此情懷，他鍾情於福音傳播中的政治性就不難理解了。在他長期的訓誡之下，其門徒們牢記「審判以色列的12支派」所包含的政治內容，也就不難理解了。

　　美國學者阿爾伯特・甘霖在論及早期基督教教會應該不應該接受君士坦丁關於宗教與政府相結合的邀請問題時說：「這個思路也提出了一個問題：基督徒應否參與政治？每個人的回答都視其對福音的瞭解而定，福音只是一個關乎個人靈魂得救的資訊呢？或牽涉到更大的層面？新約清楚地回答，福音就是上帝的國借著耶穌基督以君王的身分臨到世間的好消息。他死而復活表明他是全地的主宰，包括主宰政治。基督徒若未能將此資訊包括在所宣揚的福音中，就等於根本沒有宣傳福音。如果早期教會掩蓋了這部分的資訊，教會就能毫無逼迫地過關，就像其它許多異教一般，只涉及個人生存以及個人屬靈生活而已。

72　《馬太福音》27：46；《馬可福音》15：34。
73　《路加福音》23：46。
74　《約翰福音》19：30。

今天的教會在很大程度上所做的，正是早期教會所拒絕的。」[75] 我完全同意甘霖的觀點，福音書宣揚的天國邏輯地且歷史地包含著政治性。

第二，耶穌的天國具有明顯的現世性。

基督救贖最基要的教義之一是末世論，而末世論是關涉人類來世的。當末日來臨之際，做好事的義人上天堂，做壞事的惡人下地獄。天堂也好，地獄也罷，都是來世的事情。然而，我們發現，耶穌宣揚的天國卻不在來世，而在今生。據《馬太福音》記載，一次，彼得問耶穌：「你看，我們已經撇下所有的跟從你，將來我們會得到什麼呢？」耶穌對他們說：「我實在告訴你們，你們這些跟從我的人，到復興的時候，人子坐在他榮耀的寶座上，你們也會坐在12個寶座上，審判以色列的12個支派。凡為我的名撇下房屋，弟兄、姊妹、父母、兒女、田地的，他必得著百倍，並且承受永生。」[76] 如果說此處耶穌的回答究竟是得到來世的回報，還是今世的回報尚不明確的話，在更早的版本《馬可福音》中，耶穌的回答則是十分明確的：「我實在告訴你們：人為我和福音撇下房屋，或是弟兄，姊妹，父母，兒女、田地的，沒有不在今世得百倍的」。[77] 顯然，成書較晚的《馬太福音》刪除了《馬可福音》中的現世性，耶穌本來是強調今世就得到回報的。另外，同觀福音書均記載，耶穌曾對門徒和眾人說：「我實在告訴你們：站在這裡的，有人在沒嘗死味以前，必然看見上帝的國大有能力臨到。」[78]「有人」，當然指的是跟隨耶穌的人；「在沒嘗死味以前」就能得到上帝國的好處，而且能得到百倍的回報，還不能說明耶穌天國的現世性嗎？

第三，耶穌的天國具有明顯的物質性。

基督教的教義和其它所有宗教的教義一樣，指向的該是屬靈的世界，而不該指向屬世的世界；它所關注的應該是人的靈魂是否得救，而不該是肉體是否快樂。那麼，基督教的實際情況究竟如何呢？從「四福音書」來看，耶穌對此的態度似乎一直比較曖昧。耶穌曾對門徒們說，「叫你們在我的國裡坐在我的席上吃喝」，至於吃什麼，喝什麼，耶穌從來沒有明確講過。天國究竟是什麼

75　〔美〕甘霖：《基督教與西方文化》，趙中輝譯，北京：北京大學出版社，2005年，第43頁。
76　《馬太福音》19：27—30。
77　《馬可福音》10：29—30。
78　可9：1；太16：23；路9：27。

樣子？耶穌也從未做過具體描述。然而，知師者還是其徒。是耶穌的門徒向我們具體描述了耶穌心目中天國的形象。如前[79]所說，在因教派鬥爭而未被收入正典的基督教經典《新約偽經》中，有一篇《彼得·啟示錄》。據該啟示錄的「附錄」描述，在早期基督教的理想國即天國裡，有「葡萄酒、蜂蜜和牛奶的三條泉流……既沒有窮人和富人，也沒有暴君和奴隸，也沒有偉大和渺小，也沒有國王和王子，所有的人團結在一起」。而且在那裡，「既沒有日落和日出，也沒有白天和黑夜，也沒有昨天和明天，也沒有春夏和秋冬，也沒有買和賣，沒有婚姻，也沒有死亡，因為上帝使每個人長命百歲。」[80]已被收入正典的《約翰·啟示錄》對天國的描述更加形象具體：天國——新耶路撒冷城呈四方形，長寬都一樣，周長4000里。城的周圍有高大的城牆，城牆和城門都是用寶石和黃金修飾的，一片金碧輝煌。城牆的四周有12個門，門上寫著以色列12支派的名字；城牆有12根基，根基上寫有12使徒的名字。城內的街道當中有一條流著生命水的河，河的兩岸有生命樹，樹每年結12回果子，樹上的葉子乃為醫治萬民。[81]——這些就是耶穌的門徒們所描述的耶穌心目中的理想的天國！這是一幅多麼唯物主義的景象！

　　耶穌心目中天國的唯物主義景象，不僅存在於耶穌門徒們的筆下，同時也存在於當時民間的口頭傳說中。基督教史家 A. 羅伯遜在他的《基督教的起源》一書中寫道：第一個提到「福音書」的著作家是培彼阿斯，他在第二世紀上半期住在小亞細亞的希拉波里。他的著作「主論釋義」已經完全失傳，僅有後來基督教著作家所引用的若干段節還存在。第四世紀的攸西俾阿斯曾經引用了一個斷片，其中記述培彼阿斯的話道：他寧採取口頭傳說而不採取書籍。第二世紀後期的愛利尼阿斯保存了培彼阿斯所搜集的口頭傳說之一。在這個傳說中，耶穌描繪了關於將來彌賽亞天國中的盛世的一幅高度唯物主義的圖景，那時葡萄園中生產盈溢的葡萄酒，小麥生產非常豐富的麵粉。這樣一種預言，在「四福音書」中並沒有什麼地方記述過；但是有一個與此相似的預言見於一本猶太

79　第二章，第二節。
80　Montague Rhodes James, *The Apocryphal New Testament*, Oxford: The Crarendon Press, 1975, p.524.
81　《啟示錄》21：10—2；22：1—2。

人的著作中，那便是「巴魯的默示錄」，是西元 70 年以前不久所寫的。不消說，這些預言在第一和第二世紀中曾經在被剝奪了繼承權的階級中輾轉傳誦，不過哪個預言出於哪個先知，各人說法不同。[82] 諸多史實已經說明，耶穌及早期基督徒心目中的天國，是物質的而非精神的，是地上的而非天上的。

至此，我們已經論證了耶穌的天國所具有的政治性、現世性和物質性特點。那麼，這一具有完整世俗性的人間天國究竟如何實現呢？耶穌的回答很乾脆，兩個字——暴力：「從施洗約翰的時候到如今，天國總是用暴力取得的，並且強暴的人憑暴力取得它。」[83] 耶穌反覆向門徒們交底：「你們不要想，我來是叫地上太平；我來並不是叫地上太平，乃是叫地上動刀兵。」[84]「我來要把火投在地上，如果燒了起來，那是我所願意的。我有應當受的洗還沒有成就，我是何等地迫切呢？你們以為我來，是要地上太平嗎？我告訴你們：不是的，是叫人分爭。」[85] 對於運用暴力手段建立天國的任務，耶穌的心情多麼迫切！耶穌還告誡門徒，這種引起分爭的末日即將來臨，要有思想準備：「你們聽見打仗和打仗的風聲，不要驚慌。這些事是必須有的，只是末期還沒有到。民要攻打民，國要攻打國，多處必有饑荒、地震，這都是災難的起頭。」[86] 至於如何在行動上應對這種即將到來的末日，耶穌也有具體安排。有一次，耶穌吩咐門徒：有錢囊的應當帶著，有口袋的也應當帶著，「沒有刀的要賣掉衣服去買刀」。[87] 這些就是為了建立天國，耶穌要求信徒們所做的思想準備和物質準備。——看來，耶穌是準備組織隊伍，與對方進行一場拼殺了，至少是準備參與這場拼殺了。誠然，在更多的場合，耶穌的反抗和鬥爭並不是以革命的語言宣傳的，也不是以公開對抗當權者的形式出現的，而是塗上一層濃厚的宗教色彩。他訓誡信徒們全心全意愛上帝，捨棄父母、家庭乃至自己的生命，也要為上帝獻身——「背起十字架的跟我走」。對於耶穌的這種訓誡，曾有史家作如下評

82　〔英〕羅伯遜：《基督教的起源》，宋桂煌譯，北京：三聯書店，1958 年，第 75—76 頁。

83　*The Holy Bible*： Matthew, 11:12; Luke 16:16. Salt Lake City, Utah, U. S. A.: Church of Jesus Christ of Latter　Day Saints, 1979.

84　《馬太福音》10：34。

85　《路加福音》12：49—51。

86　《路加福音》22：36—37。

87　《馬太福音》16：24。

論:「在耶穌嚴厲的暗示中,沒有給自己的信徒們留下任何幻想的餘地,如果他們忠誠於公正和愛的福音,他們將會有同樣痛苦的結局。在耶穌的觀點中,衡量愛的尺度在於是否會送了你的命。所以他暗示,沒有公開對抗當權者的基督徒對他的使命還算不上是完全的忠誠。」[88] 不管明指還是暗示,耶穌的以暴力手段奪取政權、建立天國的主張乃至行動已清晰可見。耶穌的「獻身」並沒有那麼偉大。從神學觀點來看,雖然死亡是他的生命邏輯發展的必然結果,但即使如此,耶穌也並不是主動想死——被捕前反覆向主求救就是明證。事實上,他也不是不想反抗,而是認識到力不能敵。在被捕的過程中,門徒彼得砍了大祭司的僕人的一隻耳朵,耶穌制止說:「到了這個地步,由他們吧!」[89] 不難看出,這裡的不反抗,實屬無奈之舉。

在《聖經》研究中,有一種流行廣泛的觀點認為,在當時巴勒斯坦的反羅馬的運動中,奮銳黨人是暴力道路的代表者,耶穌是和平道路的代表者。他們的重要論據之一就是,當彼拉多按照當地習慣,要求猶太人在都被綁在十字架上的耶穌和奮銳黨人巴拿巴之間選擇一個釋放時,猶太人選擇了巴拿巴。於是,這一觀點認為,猶太人選擇了奮銳黨人巴拿巴而不是「和平君王」耶穌,就意味著他們選擇了奮銳黨人的暴力道路,而拒絕了耶穌倡導的「愛人如己」的和平之路。[90] 這種觀點是值得商榷的。這裡問題的關鍵是要明確選擇的主體。當時,選擇的主體是猶太祭司階層而不是猶太下層民眾,他們可以代表猶太當局,所以彼拉多才可能把殺害耶穌的責任推到他們頭上。從猶太祭司階層的眼光來看,第一,耶穌雖然不是奮銳黨人,但他與奮銳黨人的階級立場和政治傾向是完全一致的。據「四福音書」記載,耶穌雖然經常攻擊法利賽人和撒都該黨,但是從來沒有攻擊奮銳黨,並且 12 使徒中的西門就是奮銳黨人。第二,耶穌雖然也不像巴拿巴那樣殺過人,但巴拿巴可能只是一個普通的奮銳黨成員或一般骨幹,耶穌則是一個教派的領袖,在下層階級中有廣泛的群眾基礎,以致能夠登高一呼,應者雲集,顯然危險性更大。第三,更重要的是,從後文我們將會

---

88 〔英〕特裡·伊格爾頓:《耶穌:一個期待完美世界的革命者》(該文是作者給《福音書》寫的導言),張良叢譯,載於《馬克思主義美學研究》(上海),2009 年,第 1 期,第 86 頁。
89 路 22:50—51;太 26:51—52;約 18:10—11。
90 王新生:《〈聖經〉精讀》,上海:復旦大學出版社,2010 年,第 257 頁。

看到，猶太祭司階層人士此前從「兇惡佃戶的比喻」中，已經明確地看到耶穌具有強烈的暴力傾向，而且矛頭直指他們。所以，他們寧可保留巴拿巴，而放棄耶穌就合情合理了。由此可見，耶穌是暴力道路的主張者，而不是和平道路的主張者。所謂「愛人如己」、「愛敵人」、「打我左臉，則示以右臉」云云，且不說其真實性如何，即使是完全真實的，其真誠性也是十分可疑的。史家在評論基督教的鬥爭方式時指出：「一個運動要求它的成員在私人爭吵問題上遵守嚴格的紀律，而在共同的事業上則並不放棄使用武力，是很可能的。」[91]

運用暴力手段建立天國，是耶穌領導的農民運動的使命；具體地說，這一使命有對內和對外兩項任務。——對內：顛倒階級關係：「叫有權柄的失位，叫卑賤的升高，叫饑餓的得飽美食，叫富足的空手回去。」[92] 那麼，究竟如何實現這一具體目標呢？這裡我們不妨原原本本地引述同觀福音書記載的，耶穌在被捕前對祭司長、文士和長老講述的一個比喻——「兇惡佃戶的比喻」：

> 有一個家主，栽了一個葡萄園，四面圍上籬笆，裡面挖了一個壓酒池，蓋了一座樓，租給園戶，就往外國去了。收果子的時候到了，園主派了僕人到佃戶那裡，收取應繳納給他的果子。佃戶卻抓住他的僕人，打傷一個，殺了一個，又用石頭打死一個。園主又派其它的僕人去，人數比前一次更多，佃戶還是同樣對待他們。後來，他派了自己的兒子去，意思說：「他們必尊敬我的兒子。」不料，佃戶看見他的兒子，就彼此說：「這是繼承產業的。來吧！我們殺了他，占他的產業！」他們就抓住他，推出葡萄園外殺了。園主來的時候，要怎樣處治這些佃戶呢？他們說：「要毫不留情地除掉那些惡人，把葡萄園租給按時繳納果子的佃戶。」耶穌說：「經上記著：『匠人所棄的石頭，已作了房角的頭塊石頭；這是主所作的，在我們眼中看為希奇。』這經你們沒有念過嗎？所以我告訴你們，上帝的國必從你們那裡奪去，賜給那能結果子的百姓。誰掉在這石頭上，必要掉碎；這石頭掉在誰的身上，就必把他壓得粉碎。」祭司長和法利賽人聽耶穌的比喻，就看出

91　〔英〕羅伯遜：《基督教的起源》，宋桂煌譯，北京：三聯書店，1958年，第118頁。
92　《路加福音》1：52—53。

他是指著他們說的。他們想要逮捕他，只是怕眾人，因為眾人以為耶穌是先知。[93]

葡萄園主把園地租給園戶，到時候按照契約規定收租，這本是天經地義。然而，素以守約著稱的以色列佃戶卻無故違約，不僅不繳租，反而殺了園主的家丁和兒子，並企圖搶佔地產。與此相對，園主想毫不留情地除掉那些惡人，把葡萄園租給按時繳納果子的佃戶。這顯然是一場尖銳的貧富兩個階級的鬥爭。在這場尖銳的階級衝突面前，耶穌持何種立場呢？要透徹地回答這個問題，必須弄清楚耶穌所說的「匠人所棄的石頭，已作了房角的頭塊石頭」一語中的「石頭」，指的是什麼——是物還是人？如果是人，又是誰？根據彼得的解釋，匠人所棄的、並且已作了房角的頭塊石頭，就是「拿撒勒人耶穌基督」。[94]這樣，答案就十分明白了：在這場階級鬥爭中，耶穌從自身所屬階級的利益出發，舉著「上帝」賦予的正義的大旗，不僅要把富人階級的地分光，而且要把富人階級的人殺光——誰來碰（他）這石頭，「必要『碰』碎」；他這石頭掉在誰的身上，「就必把他壓得粉碎」。簡言之，耶穌要完成的對內使命——顛倒階級關係的具體做法，就是打土豪、分田地。再說，「上帝的國必從你們那裡奪去，賜給那能結果子的百姓」一語，也無意中洩露了耶穌的天機。原來，上帝的國或天國沒有那麼神秘，它不在天上，而在地上；不是在這個階級手中，就是在那個階級手中。耶穌要做的就是將天國從以葡萄園主、祭司長等為代表的富人階級手中奪過來，交給下層貧苦民眾而已。祭司長和法利賽人也完全意會耶穌的這一比喻，因此他們才想要逮捕他。

與對內顛倒階級關係的使命相呼應，耶穌建立天國的對外使命是推翻羅馬帝國的統治。在福音書中，有很多關於耶穌驅鬼治病神跡的記載。對於這些驅鬼治病的神跡，一方面可以從其真實性方面去理解；在這方面，耶穌所行的多數驅鬼異能可能都是指向各種形式的心理或情緒疾患。另一方面，我們千萬不要忘記，耶穌許多驅鬼治病的「神跡」往往包含著強烈的反羅馬的政治色彩。福音書記載了一個耶穌治好了被鬼附身之人的「神跡」：

---

93 太 21：33—46；可 12：1—12；路 20：9—19。
94 《使徒行傳》4：10—11。

他們來到海那邊,格拉森人的地方。耶穌一下船,就有一個被汙鬼附著的人,從墳塋裡出來迎著他,那人常住在墳塋裡,沒有人能捆住他,就是用鐵鍊也不能;因為人屢次用腳鐐和鐵鍊捆鎖他,鐵鍊竟被他掙斷了,腳鐐也被他弄碎了;總沒有人能制伏他。他晝夜常在墳塋裡和山中喊叫,又用石頭砍自己。他遠遠地看見耶穌,就跑過去拜他,大聲呼叫說,「至高神的兒子耶穌,我與你有什麼相干?我指著神懇求你,不要叫我受苦!」是因耶穌曾吩咐他說,「汙鬼啊,從這人身上出來吧!」耶穌問他說,「你名叫什麼?」回答說,「我名叫群,因為我們多的緣故。」就再三地求耶穌,不要叫他們離開那地方。在那裡山坡上,有一大群豬吃食。鬼就央求耶穌說:「求你打發我們往豬群裡附著豬去。」耶穌准了它們,汙鬼就出來,進入豬裡去。於是那群豬闖下山崖,投在海裡,淹死了。豬的數目約有二千。放豬的就逃跑了,去告訴城裡和鄉下的人。[95]

對於這個「神跡」,我們當然不能只從其字面意義上理解,而應看到它的象徵意義。汙鬼既是一個又是許多;它被叫作「群」,在這「群」中有二千。美國學者約·多·克羅桑曾對此「神跡」作過評論,「群」(「群」的原文是 Legion,與羅馬的「軍團」是同一個詞)既是羅馬權力的事實又是象徵;它被打發往豬群裡去,豬是猶太教中最不潔淨動物中的最不潔淨者;它被投到海裡,那正是每個猶太反抗者的夢想。[96] 在這一比喻中,耶穌公開地把羅馬政權的統治描述為魔鬼附身。因此,「人們不能忽視那些醫治與驅邪的活動,尤其不能忽視它們在社會上的顛覆性功能。人們不能忽視上帝之國這一術語本身的直截了當的政治含義。……要把這些具有徹底顛覆性的、在社會方面是革命性的、在政治上是危險的東西從耶穌的行動中清除掉,也就是使他的生變得毫無意義,使他的死變得無法理解。」[97]

---

95 可 5:1—14;太 8:28—33;路 8:28—34。
96 〔美〕克羅桑:《耶穌傳:一部革命性的傳記》,高師甯、段琦譯,北京:中國社會科學出版社,1997 年,第 116 頁。
97 〔美〕克羅桑:《耶穌傳:一部革命性的傳記》,高師甯、段琦譯,北京:中國社會科學出版社,1997 年,第 119—120 頁。

以上就是耶穌和早期基督教關於政教關係的主張。從這些主張來看，耶穌和早期基督教主張政教合一的觀點已經昭然若揭。那麼，究竟如何解釋耶穌所說的「凱撒的物當歸給凱撒，上帝的物當歸給上帝」這句話呢？要回答這個問題，首先必須弄清楚耶穌講這番話的具體語境。據福音書記載：

> 當時，法利賽人出去商量，怎樣找耶穌的話柄來陷害他。他們派了自己的門徒同希律黨的人一起去見耶穌，說：「夫子，我們知道你是誠實人，並且誠誠實實傳上帝的道，什麼人你都不徇情面。請把你的意見告訴我們，納稅給凱撒，可以不可以？」耶穌看出他們的惡意，就說：「虛偽的人哪，為什麼試探我呢？拿一個上稅的錢幣給我看看。」他們就拿了一個錢幣給他。耶穌問他們：「這是誰的像和名號？」他們回答：「是凱撒的。」耶穌說：「這樣，凱撒的物當歸給凱撒，上帝的物當歸給上帝。」他們聽了，十分驚奇，便離開他走了。[98]

在分析具體語境之前，有必要對宏觀背景說及兩點：第一，耶穌講這句話的時間是在他被捕前一周。當時，他已身處險境，他自己也清楚地意識到這一點，因此他必須處處謹慎小心。第二，這種陷對方於兩難的提問方式，也許是受希臘詭辯論的影響，在當時的以色列人中相當流行，甚至可以說屢試不爽。就在法利賽人和希律黨人試圖以納稅的事陷害耶穌之前，耶穌已經歷過一次祭司長和文士等人的詰難，而且用以其人之道還治其人之身的方式反詰了對方，並取得了成功。福音書記載，一天，耶穌正在殿裡教訓人的時候，祭司長和長老來問他說：「告訴我們，你仗著什麼權柄作這些事？給你這權柄的是誰呢？」耶穌回答說：「我也要問你們一句話，你們若告訴我，我就告訴你們我仗著什麼權柄作這些事。約翰的洗禮是從哪裡來的？是從天上來的？是從人間來的呢？」他們彼此議論說：「我們若說『從天上來』，他必對我們說，『這樣，你們為什麼不相信他呢？』若說『從人間來』，我們又怕百姓，因為他們都認定約翰是先知。」於是他們回答耶穌：「我們不知道是從那裡來的。」耶穌說：「我也不告訴你們，我憑著什麼權柄作這些事。」[99]

98　太 22：15—22；可 12：13—17；路 20：20—26。
99　太 21：23—27；可 11：27—33；路 21：1—8。

耶穌在有著隨時被捕的思想準備的情況下，又有了上次成功的互相詰難的經驗，面對著可以不可以給凱撒納稅的詰問，當然一眼就看出了對方企圖陷害的用心，並清楚地意識到自己當時所處的兩難境地。如果回答「可以給凱撒納稅」，主張猶太獨立的法利賽人，就會控他以猶太民族的「漢奸」；如果回答「不可以給凱撒納稅」，支援羅馬統治的希律黨人，就會控他以反對羅馬的「叛黨」。在這種兩難的情況下，為了自身的安全，耶穌別無選擇，也許其它任何一個處境與耶穌相同且智力正常的猶太人都都會做出這樣的選擇——指著錢幣上凱撒的頭像說：「凱撒的物當歸給凱撒，上帝的物當歸給上帝。」這樣的回答，猶如詭辯。耶穌用詭辯的方法，避免了來自法利賽人和希律黨人的兩個方面的陷害，使自己又一次安全過關。因此，「凱撒的物當歸給凱撒，上帝的物當歸給上帝」的話，只表明耶穌的機智、敏捷和傑出的詭辯能力，而與政教分離的思想絲毫無關。特裡·伊格爾頓支持這一觀點。他在論及耶穌的身份時說：「或許，耶穌是個精神領袖而非政治領袖？耶穌說過，天主的歸天主，凱撒的歸凱撒，而這也是對耶穌訓誡的習慣性解讀。然而，在西元 1 世紀的巴勒斯坦，人們不可能這樣理解他的話。突出現代的政教分離的思想是沒有聖經依據的。」[100]

政教分離的思想是人類政治文明發展到一定高度以後的結果，不是在任何歷史條件下人們都能具有這一認識的。在希臘古典時代，從實踐上說，政治文明已發展到相當的高度，一方面是政權並不干預人們的信仰，希臘人可以自由地信仰各種宗教而不受干預（蘇格拉底因不信本邦的宗教而被處死，那是惟一的一次例外——漢密爾頓語）。另一方面是，希臘的宗教也不干預現實政治。希臘人表面上還保留對宗教的信仰，但那僅僅是一種儀式而已。在希波戰爭之前，有人問祭司如何抵擋敵軍，女祭司告知的方法是用木牆，這是一種完全世俗的方法。但是，在這種具有高度政治文明實踐的歷史條件下，希臘人尚且未能提出「『凱撒』的物當歸給『凱撒』，『上帝』的物當歸給『上帝』」的明確的口號，更沒有人把這一口號變成一般理論。西元 1 世紀的巴勒斯坦，雖然有祭司和國王兩個職位的分立，但是政教不分的現象相當嚴重，耶穌的被捕由大祭司一手策劃並實施，審判聽訟也先由大祭司進行。而在刑場上，影響彼拉

---

100 〔英〕伊格爾頓：《耶穌：一個期待完美世界的革命者》，張良叢譯，載於《馬克思主義美學研究》（上海），2009 年，第 1 期，第 85 頁。

多作出最後決定,將耶穌釘死在十字架上的還是以祭司為首的上層人士。在這樣一個政教不分且神權力量如此強大的國度,說有人開天闢地地提出政教分離的思想,是完全不可想像的。耶穌是凡夫俗子,而不是道成肉身,因為道根本不可能成為肉身;耶穌是木匠約瑟的兒子,而不是上帝的兒子,因為「上帝沒有睪丸」。因此,耶穌不可能脫離當時猶太人的、特別是人類總體的文化認知。

耶穌不可能,保羅也不可能。這裡有必要提及保羅的政教觀,因為是保羅把耶穌信仰的宗教變成一個信仰耶穌的宗教,是保羅把基督教從猶太教區域傳播到歐洲乃至世界。然而,保羅也與耶穌一樣,主張政教合一。囿於篇幅,這裡僅舉一個例證。面對聖徒之間的世俗糾紛,保羅這樣教導他們:「你們中間有彼此相爭的事,怎敢在不義的人面前求審,不在聖徒面前求審呢?豈不知聖徒要審判世界嗎?若世界為你們所審,難道你們不配審判這最小的事嗎?豈不知我們要審判天使嗎?何況今生的事呢!既是這樣,你們若有今生的事當審判,是派教會所輕看的人審判嗎?我說這話是要叫你們羞恥。難道你們中間沒有一個智慧人能審斷弟兄們的事嗎?你們竟是弟兄與弟兄告狀,而且告在不信主的人面前。」[101] 從保羅對聖徒的這番教訓中,我們不難看出,保羅的審判世界和耶穌的審判世界一樣,包括的內容十分全面:既審判聖徒的屬靈的世界,也審判聖徒的屬世的世界;既審判來世,也審判今生。這種對聖徒的屬靈事務和屬世事務一起審判的規定,實際上是要把教會建成一個獨立於世俗王權的另一個政教合一的獨立王國。這種政教合一的教規,一直為以後的教會所遵守,中世紀教會法庭的合法性可以從保羅的這番教導中找到理論淵源。如果承認中世紀的宗教法庭是政教合一的體制,那麼,我們將沒有任何理由認為,這一政教合一體制的始作俑者保羅主張政教分離。

誠然,我並不否認早期基督教真誠地關心人的靈魂得救,要求基督徒個人的信仰自由,但是這與現代意義上的政教分離、信仰自由相去甚遠。早期基督教教會向官府要求信仰自由,但他們卻希望官府剝奪異教的信仰自由;他們希望基督教教會獨立於國家政權之外,但卻希望國家政權對異教加以鎮壓和迫害。甚至在自己遭受迫害的同時,基督教也在冥想中迫害異端。約翰說,天下各國各民都要崇拜和信仰耶穌基督,若有人崇拜偶像,「他要在聖天使和羔羊

101《哥林多前書》6:1—6。

面前，在火與硫磺之中受痛苦。他受痛苦的煙往上冒，直到永永遠遠……晝夜不得安寧。」[102] 基督教在自己遭受迫害時，就有在冥想中迫害異端的想法，當它與羅馬政權聯盟後，直接參與迫害異端就毫不奇怪了。正是在上述意義上，喬治·薩拜因說，基督教教會是一種能夠獨立於國家而管理人類精神事務的獨立制度或機構。它的興起，無論是就政治學還是就政治哲學而言，都是西歐歷史上最具革命性的事件。「然而，我們卻絕不能因此而推斷說，早期基督教徒的政治觀念同它們有什麼不同之處或者同其它人的政治觀念有什麼特別不同之處。促使基督教徒發展的那些旨趣乃是宗教性的，而且基督教乃是一種救世之說，而不是一種哲學或一種政治理論。基督教徒對哲學或政治理論等論題的看法，同異教徒對它們的看法並無很大差別。因此，無論是基督教徒還是斯多葛論者都會相信自然法，相信神對世界的統治，相信法律和政府有切實平等待人的義務，並且相信上帝面前人人平等。這些思想在基督教出現之前就已經廣為人知了，而《新約全書》中諸多為大家所熟悉的篇章段落表明，上述思想即刻就被吸納進了基督教的論著之中。」[103] 薩拜因所言極是。基督教的產生，包括耶穌的「凱撒的物當歸給凱撒，上帝的物當歸給上帝」那句名言，並不表明人類政治思想史的斷裂——既沒有與它之前斷裂，也沒有與它之後斷裂。不僅耶穌的這一名言在當時沒人理解，甚至耶穌本人也不理解，因而在當時根本沒有引起任何特別的關注；即使耶穌之死，人們也只把它看成與處死任何一名政治犯一樣，沒有引起任何特別的關注。當年親自批準將耶穌釘上十字架的本丟·彼拉多，退位後在別人談起耶穌時，對此人此事毫無印象：「耶穌，拿撒勒人耶穌。我記不起他來了。」[104]

中國史家主「六經皆史」說，意謂《易》、《書》、《詩》、《禮》、《樂》以及《春秋》等六部經書，乃中國古代夏商周及春秋時期典章政教的歷史記錄，並非聖人為垂教立言而作。其實，《聖經》又何嘗不是如此。《舊約全書》中的《約書亞記》、《士師記》、《撒母耳記》、《列王記》等許多篇章，都是

---

[102]《啟示錄》14：6—11。
[103]〔美〕薩拜因：《政治學說史》，鄧正來譯，上海：上海人民出版社，2008年，第227—228頁。
[104]〔英〕約翰·麥克曼勒斯：《牛津基督教史》，張景龍等譯，貴陽：貴州人民出版社，1995年，第1頁。

西元前希伯來的歷史著作。《新約全書》中的「四福音書」,則「追述了一個革命運動,這個革命運動先是由施洗者約翰領導,後來是由拿左拉派耶穌領導;目的在於推翻羅馬和赫羅德族在巴勒斯坦的統治和建立一個人間『天國』,在這『天國』內,最先者將成為最後者,最後者將成為最先者,富人將被空手逐出,窮人將有充盈的好東西,並且獲得住宅和土地」。[105] 從這個角度觀察,「凱撒的物當歸給凱撒,上帝的物當歸給上帝」,雖然是一句名言,但也只是耶穌在特定的背景和特定的語境之下,所發的應急之言,而非為政教關係而發的關乎宏旨之論;儘管其中包含基督教徒對合法當局應該尊重的思想。

在解釋了耶穌的「凱撒的物當歸給凱撒,上帝的物當歸給上帝」這句話的原委之後,再回過來縱觀耶穌的所言所行,我們可以得出結論:耶穌不止是一個只用語言說話的布道者,他還是一個建立上帝之國的行動者。他所布道的內容既包括愛,也包括恨;他所建立的天國既在彼岸,也在此岸。一句話,基督教自產生至近代改革之前,並不主張政教分離,而主張政教合一。

二、政教競爭與歐洲國家西方化

本書認為基督教不主張政教分離而主張政教合一,但並不否認基督教在歐洲國家西方化過程中的作用。基督教在歐洲國家西方化過的程中起著重要的作用,從某種意義上說,沒有基督教就沒有西方文明。這裡,將對基督教如何在歐洲國家西方化過程中發揮作用,以致成為歐洲國家西方化的重要動力的問題進行討論。

基督教在歐洲國家的社會和文化轉型中發揮作用之前,首先經過一個自身的成長和發展過程。耶穌死後,使徒們一個個如驚弓之鳥,四處逃散;在此情勢下,建立天國的信心受到嚴重挫折。但是此時,有一件事給了使徒和眾信徒以鼓舞,就是所謂耶穌的復活。耶穌死後第七天早晨,人們發現耶穌的墓穴裡沒有了屍體。根據福音書記載,因為耶穌生前說過死後三天復活的話,祭司長為了防止有人盜墓並以謠言惑眾,曾派士兵把守。但是,守墓的士兵是在耶穌

---

[105]〔英〕羅伯遜:《基督教的起源》,宋桂煌譯,北京:三聯書店,1958年,第116頁。

埋葬後第二天，經報請彼拉多同意後派出的，而且只把守三天。[106]耶穌的屍體究竟是在埋葬的當天夜裡或第五、第六天的某天夜裡被他的信徒所盜，還是在第二至第四天的夜裡耶穌的信徒們買通了守墓士兵將屍體取走，也許成為永久之謎。但是有一點是清楚的，即在人們發現耶穌的墓穴裡沒有了屍體之前，已發現有人進入過墳墓。據《馬可福音》記載，當兩個同名的婦女馬利亞和另一個婦女撒羅米，在第七天清晨準備給耶穌的身體塗抹香膏時，發現原來堵在耶穌墓穴門口的石頭已被移動，進去一看，耶穌的屍體不見了，卻發現裡面坐著一個身穿白衣的少年。該少年告訴她們：你們要找的那個耶穌已復活升天，你們去告訴他的門徒和彼得，叫他們在某個地方等待耶穌顯現相見。[107]上面對耶穌的屍體被盜的肯定和被盜時間的幾種可能性的分析，是我們今天基於福音書的資料和現在的認知水準所作出的。但是，在當時真相不明的情況下，在當時神秘主義盛行的認知水準下，耶穌復活的消息自然不脛而走。而耶穌的死而復活，且應了他生前再三預言的死後三日復活升天的話，對使徒和信徒們的鼓舞是可想而知的。福音書記載的耶穌復活後曾多次向門徒和信徒們顯現，這些所謂的顯現，如果不是福音書的作者杜撰或材料提供者有意或無意的造假，只能作如下解釋：是門徒和信徒們對耶穌能夠復活顯現堅信不疑、朝思暮想而產生的幻覺，以致他們自己將這些幻覺當真實而不覺。正是基於對耶穌復活升天的堅信，使徒和信徒們冒著九死一生的風險，開始了頑強的傳播耶穌基督的福音的傳教生涯。

在使徒時代，為了避免當局的迫害，基督徒們的宗教活動不得不轉入地下——真正意義上的地下——墓穴裡。而且從保羅開始，便注意使宗教與政治保持距離，儘量淡化傳教中的政治色彩，甚至開始為世俗政權祈禱，以求得生存空間。儘管如此，由於基督教與羅馬宗教在一神論和多神論信仰上的對立，異教徒和羅馬當局往往將洪水、乾旱等天災人禍歸咎於基督教，從而導致基督教時不時受到迫害。尤其在3世紀中期以後，羅馬帝國在經歷了200多年的繁榮與相對穩定之後出現了嚴重的社會危機，帝國結構本身所產生的離心傾向也開始明顯地表現出來，且此時哥特人已經開始對羅馬入侵。為了遏制這種衰敗趨

---

[106]《馬太福音》27：62—65。
[107]《馬可福音》16：1—7。

勢的發展，帝國政府對基督教迫害的規模不斷擴大，頻率不斷增加。若從西元64年尼祿發動的迫害算起，至303年戴克裡先對基督教發動的最殘酷的一次迫害為止，成規模的迫害達十次之多。但是，在長期的迫害中，基督教不僅沒有被消滅，而且愈來愈發展壯大。君士坦丁發現對基督教的迫害，於國家是有害無益的，因此他轉變宗教政策，想借用已具影響力的基督教作為工具，以扶帝國大廈之將傾。於是，在313年，君士坦丁頒發《米蘭敕令》，承認基督教的合法化。而到了4世紀結束之時，基督教事實上已經成為羅馬帝國的國教（學界一般認為，392年是基督教成為羅馬國教的一年）。

基督教之所以由星星之火成燎原之勢，由非法團體變成合法宗教乃至國教，有很多原因可以總結。比如，天國裡人人平等的夢想，特別符合民眾尤其下層民眾的心理需求；一代代的基督徒為了實現耶穌基督的天國理想，堅定頑強地進行鬥爭，乃至不惜以身殉教，等等，都是基督教成功的重要因素。然而，更重要的因素則在於：基督徒們不是分散的、以單獨的個人在戰鬥，而是形成了一個統一的組織體系。在基督教剛剛興起的時候，沒有統一的組織體系和中心，只存在一些彼此沒有聯繫的地方上的小團體，這些小團體往往為這些地方的被稱為長老的長者所領導。經過幾個世紀的努力，基督教不但在信徒數量上增長，在組織力上也發展壯大。地方上的孤立的小團體，發展成為大團體的一部分，大團體又隸屬於更大的團體。這些大小不等的團體以嚴密的教階制度組織起來，逐漸形成以羅馬教會為中心的統一的大公教會。教會在加強縱向聯繫的同時，也加強橫向聯繫。2世紀時，教會與教會之間有了固定的交通，對有需要的教會給予信仰和經濟等方面的支持。這種以羅馬大公教會為中心的縱橫交叉的組織系統，對於統一教義、對抗異端，乃至抵禦迫害都發揮了重要的作用。總之，基督教成功的最重要原因之一是組織起來，把精神力量變成獨立的政治權力，使自己成為具有獨立經濟基礎的獨立的社會團體。

基督教合法地位的獲得，對基督教來說，實在是求之不得的事情。因為不僅從此結束了基督教遭受迫害的命運，而且有機會實現與身俱來的夙願——從耶穌和保羅開始，把天國既建立在天上也建立在地上的夙願。所以，基督教獲得合法性後，就開始與羅馬政權結盟。在此過程中，一方面，政府採取一系列措施扶植和支持基督教會。比如，君士坦丁及其之後的帝國政府，制定有利於

教會的政策，重用基督教徒；同時鎮壓宗教異端，關閉異教神廟，沒收異教的房屋、地產，直至皇帝下令處死異教信仰者。另一方面，由於政府的扶持，基督教發展迅速，教會權勢日增。355 年，根據規定，主教犯法只能由其它主教處理。419 年，根據規定，主教有權干預法庭，可以自由進入監獄。4 世紀以後，教會成為大地產主，且在 412 年，根據決定，教會有權免繳土地稅。445 年，根據西羅馬皇帝的詔令，羅馬主教有權制定法令，這就意味著他有權裁判異端。「從此開始，基督教由一個遭受迫害的宗教變成迫害別人的宗教了。」[108]

476 年，日爾曼蠻族的入侵，導致了西羅馬帝國的滅亡。在西羅馬帝國滅亡前的兩個世紀中，由於希臘羅馬理性主義的衰微，給了基督教以填補精神空間的機會。西羅馬帝國滅亡後，希臘羅馬的政治體系被摧毀，給了基督教以填補社會和政治空間的機會。在社會管理陷入混亂的情況下，基督教便趁虛而入，羅馬大主教不僅是宗教領袖，且漸漸成為西部的政治、經濟領袖，基督教會在相當大的程度上代替了世俗政權的功能。在這一背景下，基督教由小到大、由弱到強地發展起來。基督教原本就是一個主張政教合一的宗教團體，在教導人們信仰的同時，它也極力伸展自己的世俗權力，直到再也無力伸張為止；如果是在一個沒有外部阻力的情況下，它一定會按照自己的初衷，像伊斯蘭教一樣，建立起一個由基督教主宰的政教合一的人間天國。然而，偏偏蠻族的國王對權力和戰爭也有特別的興趣。這樣，兩個極力伸張自己權力的實體碰到一起，就形成了歐洲中世紀的教權和王權二元對立的局面。

這種政教二元對立的局面，不是任何人有意造成的——既不是耶穌，也不是君士坦丁。耶穌不主張政教二元分離，前面已經證明了；君士坦丁給予基督教以合法地位，也不是為了造成政教二元對立的局面。當初，君士坦丁邀請基督教結盟的時候，只是想利用基督教作為鞏固專制統治的工具；事實上，他通過任命主教、操控教會等方式，也在一定程度上達到了這一直接目的。但是，他顯然沒有意識到，也沒有人告誡過他，「提高基督教的地位等於束縛了自己的一隻手，放棄了皇帝的特權」。[109] 假如君士坦丁當初意識到這一點，他會不

---

[108] 陳欽莊、孔陳焱、陳飛雁：《基督教簡史》，北京：人民出版社，2008 年，第 98 頁。
[109] 〔英〕J. E. E. 阿克頓：《自由與權力》，侯健、范亞峰譯，北京：商務印書館，2001 年，第 57 頁。

會寧願冒著失敗的風險,像戴克裡先一樣,再次發動對基督教的更大規模的鎮壓,真是很難說。但是,現在,一切已晚。特別是在西羅馬帝國滅亡後,西歐已經沒有統一的政治力量,各分散的世俗政權,要在一定程度上遏制基督教的發展還是可以的,但要想徹底消滅基督教,從而改變政教二元對立,恢復羅馬帝國前期的皇權專制,已經完全不可能。

　　基督教的發展,在相當大的程度上得益於奧古斯丁的《上帝之城》。410年,哥特蠻族入侵羅馬,這是千餘年來羅馬城第一次被毀,人們將羅馬的衰敗、特別是此次浩劫歸咎於羅馬帝國的基督化。奧古斯丁乃作《上帝之城》,為基督教辯護。《上帝之城》認為,羅馬城的被毀是其建國以來種種罪惡的結果,而與基督教無關。為了進行這一辯護,《上帝之城》建立起「上帝之城」和「地上之城」的二元話語結構:人類的歷史是兩種不同的精神原則即兩種不同的愛相互鬥爭的歷史;「兩種不同的愛分別建立了兩個不同的城:愛自己以至輕視上帝則產生了地上之城,愛上帝以至捨棄自己則產生了天上之城。」[110] 奧古斯丁還認為,兩個城都是不可見之城;在現存的世界裡,它們相互混雜、互相滲透在人類社會的每一形式中。因此,既不能簡單地將「上帝之城」等同於教會,也不能將「地上之城」等同於某個國家,如巴比倫、亞述、羅馬帝國或它們全體。但是,在兩個城與教會、國家的關係上,「奧古斯丁確實認為邪惡王國(地上之城——引者注)至少可以由各異教帝國來代表,儘管他並未把它與它們完全等而視之。此外,他還認為教會代表著上帝之城,儘管後者不能被視之為現存的教會組織。」[111] 由於奧古斯丁的雙城之論——僅就「上帝之城」和「地上之城」這兩個概念本身而言——具有很大的解釋空間,所以在此之後,教會以上帝之城的代表自居,國家以地上之城的代表自居,並以奧古斯丁的兩城永恆之爭論為據,展開爭權奪勢的鬥爭就毫不奇怪。在這裡我們看到,雖然《上帝之城》的政教二元的話語結構不是奧古斯丁的發明創造,只是對既存的二元對

---

[110]〔古羅馬〕奧古斯丁:《上帝之城》,莊陶、陳維振譯,上海:復旦大學出版社,2011年,第256—266頁。此段譯文根據中國政法大學出版社2003年出版的「劍橋政治思想史原著系列」(影印本、英文版,1998年)《上帝之城》第14卷,第28章重譯。

[111]〔美〕薩拜因:《政治學說史》,鄧正來譯,上海:上海人民出版社,2008年,第238頁。

立的政治局面的認可,雖然《上帝之城》的主題是信教與不信教之爭,而不是歷史哲學[112]——用歷史哲學的標準衡量,《上帝之城》的缺乏理性和邏輯的缺陷十分明顯[113];但是,在基督教信仰危機時刻,《上帝之城》使人們重拾信心,並開啟了政教二元的話語競爭,乃至影響了整個中世紀的基督教和政教關係的發展,卻是不爭的事實。

在4世紀和5世紀,雖然羅馬天主教會已作為一個獨立的社會團體、一個宗教政府存在,同時,此時的蠻族政府也不算強大,但相對於王權而言,教權還是處於絕對的弱勢。在開始,教會想通過增加敬神儀式的次數和隆重程度來影響蠻人,以改變他們的信仰,但收效甚微,仍不時遭到王權暴力的傷害。為了保護自己,一種教會權力與世俗權力的分離和相互獨立的想法便應運而生。4世紀下半葉,教會思想家安布羅斯,極力主張教會在宗教事務方面的自治;他的口號是「宮殿屬於皇帝,教堂屬於主教」。5世紀末,教皇拉西烏斯一世(492—496年在位),更把這一想法發展為一種理論——「雙劍論」。這一理論認為,上帝握有兩把劍,一把是精神之劍,象徵最高的宗教權力,一把是物質之劍,象徵最高的世俗權力;前者由上帝交給教皇執掌,後者由上帝交給皇帝執掌。根據這一原則,教會主張,王權的武力不能干涉宗教信仰和宗教事務。靠著這條原則,在此後的兩三個世紀中,教會在與蠻族人的聯繫中確實得到了較前更多的自由。而且,由於教權與王權一定程度的分立,也給知識界帶來一定程度

---

112 艾蒂安・吉爾松在為《上帝之城》寫「序言」時,支持舒爾茨(H. Scholz)的《信神與不信神》對奧斯丁的《上帝之城》的批評。他寫道:「作者(舒爾茨)對那些把《上帝之城》視為歷史哲學的人提出不同意見。在這一點上他是很對的。……照舒爾茨的看法,該著作的主題是信教與不信教之間的鬥爭。這一結論相當合理。然而,最簡單的觀點似乎是承認《上帝之城》的主題就是上帝之城。」(〔古羅馬〕奧古斯丁:《上帝之城》,莊陶、陳維振譯,上海:復旦大學出版社,2011年,「序言」第9頁,注1。)

113 比如,奧古斯丁在神學上主張基督一元論,要用基督之光普照世界,但在政治上卻反對羅馬對地中海世界的統一,批判羅馬的世界主義,認為羅馬的世界主義是非正義的:「這種非正義不僅引發了衝突,其本身也是應受到嚴厲譴責的。」再如,他寫作《上帝之城》的目的就是要——事實上也是這樣——論證羅馬的被毀是咎由自取,與基督教無關,但他卻認為羅馬的興盛和長期的和平是得益於上帝的恩寵,是上帝「使她成為單一的法治的共和國社會,並且給予她廣泛而持久的和平」。(〔古羅馬〕奧古斯丁:《上帝之城》,莊陶、陳維振譯,上海:復旦大學出版社,2011年,第377、332頁。)

的自由和獨立。「然而，教會的欲望沒有就此滿足。由於野心和人的自尊自負的自然發展，教會不但企圖使人們永遠接受宗教權力的獨立，還企圖使人永遠接受它對世俗權力的支配。」[114]

教會為了獲得更多的世俗權力，不惜偽造了一份《君士坦丁的贈禮》的文件。這份檔大約在8世紀後期出籠，以君士坦丁本人第一人稱偽託。其內容是君士坦丁身患麻風，由時任教皇希爾維斯特一世（314—335年在位）行神跡治癒。君士坦丁出於感激，決定將帝國的首都遷往拜占庭（後改為君士坦丁堡，今土耳其的伊斯坦布爾），把羅馬和整個帝國西部的土地、教權以及作為王權象徵的皇冠等，贈與羅馬教皇及其繼任者。這個檔在文藝復興期間已被證明是偽造的，但在中世紀，無論支持或反對教皇權的人都相信它是真的。羅馬教廷以此為依據，表明羅馬教會的權力高於世俗王權，進而向西歐各國君主提出權力要求。不難設想，這個偽造的檔對於教會在與世俗政府爭權奪勢的鬥爭中所起的作用是無法估量的。

在中世紀前期，基督教權力的一次較大的擴展，得益於與法蘭克王國君主們的合作。這就是前一節已經提到的，8世紀中葉，墨洛溫王朝末期，時任宮相的丕平想名正言順地登基稱王而求助於教皇。恰逢其時，羅馬教皇轄地受倫巴底人入侵而希望丕平出兵援助，於是雙方一拍即合。丕平在教皇的支持下順利登基，還受到教皇特使為之加冕的禮遇。出於對教皇支持的回報，丕平兩次出兵擊退入侵者，並將收復的土地贈與教皇。這就奠定了羅馬教會建立政教合一的教皇國的基礎。在丕平之子查理統治的時期，政教關係仍然以合作為主。一方面查理本人是虔誠的基督徒，他保護教會的轄地和財產，甚至用武力支持基督教傳教範圍的擴展。另一方面，教會也支持查理對中歐的統一，在800年，羅馬教皇加冕查理為神聖羅馬帝國的開國皇帝。在政權和教權的這次合作中，雙方都是受益者。國王由於受到教會的道義上的支持，而戴上了君權神授的神聖的光環，因而擴展了國土的疆域和政府的權力。與此同時，教皇和教會則獲益更多，不僅得到了作為教皇國疆域基礎的土地，而且通過給國王加冕的儀式，獲得了君權的神聖性由教皇授予的輿論，使教會的權力無論在實際意義上，還

---

[114]〔法〕F. P. G. 基佐：《歐洲文明史》，程洪逵、沅芷譯，北京：商務印書館，2005年，第105頁。

是在象徵意義上都大大的加強。後來，查理曼所作的恢復羅馬帝國的嘗試雖然失敗了，查理曼的帝國也傾覆了，但教會從其同盟者那裡得到的好處仍留在教會手裡。至少，此時羅馬教廷已穩居基督教的首位。

儘管在8—9世紀中，教權的擴展比王權的擴展更快，但在11世紀以前，教權在總體上還是受制於王權的。羅馬時期就不用說了；在6世紀初，法蘭克國王克洛維還擁有任命主教的權利，而皇帝或國王任命主教或干預主教人選的事，一直延續到11世紀的教皇體制革命。與此同時，查理曼寫給他派到全國各地巡視官員的信中，把教士和俗人都稱作是他的臣民；實際上，他對統治教會一事負有全責。在10—11世紀前期，正是從皇帝奧托一世到亨利三世施行的若干改革的措施，使教皇的地位受到很多大的貶損，直至按教規廢黜教皇本尼迪克特九世和葛列格里六世。面對王權對教權的侵犯和褫奪，長期以來，教皇和教會因為羽翼未豐，一直隱忍，即使不滿，最多也只是勸告或爭辯，而從不作任何反抗。前面提到的4世紀的教會思想家安布羅斯，極力否定皇帝插手教堂的權利，「然而，與此同時，他明確地否定以強力反抗執行皇帝的命令的任何權利。他要爭辯並懇求，但他卻不願教唆人民起來造反。」[115]5世紀，奧古斯丁認為，市民服從政權當局的義務，不應該為教會日益加強的權力所取代。6世紀，葛列格里一世認為，即使世俗統治者是一個邪惡的統治者，也應當服從，而且應當沉默地和被動地服從。他甚至強調，「即使領導人的行為合理地被認為是應當受到譴責的，這些行為也不應受到言語的傷害。」[116]

然而，經過「丕平授土」之後兩個世紀的政教兩權的反覆較量，特別是到了11世紀後期，教皇權羽翼已豐，教皇不再忍受此前一直被王權君臨的局面，而要公開與王權對抗以對之加以制衡。於是，為了爭奪宗教的和世俗的權力，教權和王權孰高孰低的爭論便不可避免。公開的爭論開始於1073年葛列格里七世開始擔任教皇之時。爭論開始階段的焦點是主教敘任權，即長期以來，由世俗當局領袖任命主教或干預主教選舉的慣例，是否應該繼續下去。1075年葛

---

[115]〔美〕薩拜因：《政治學說史》，鄧正來譯，上海：上海人民出版社，2008年，第241頁。
[116]〔美〕薩拜因：《政治學說史》，鄧正來譯，上海：上海人民出版社，2008年，第241頁。

列格里宣布世俗當局領袖無權委任主教，主教的任命權在於教皇和教會內部。1076年，德國皇帝亨利四世以軍事行動作出反應，並試圖廢黜葛列格里。葛列格里的回應是絕罰國王，將亨利開除出教會，並罷免其德國國王之位。雖然貫徹教皇的決定是一件難事，但優勢逐漸落在格裡高裡一方，因為德國貴族利用宗教掩護作為藉口舉行反叛王權的起義。亨利四世被迫無奈，1077年初，他至意大利觀見教皇，以個人名義向教皇致歉，曾被逼得跪在雪地裡三天三夜，請求教皇赦罪。格裡高裡解除了對他的絕罰。1080年，亨利東山再起，進攻羅馬，另立教皇來代替葛列格里，而葛列格里則支持與皇帝作對的德國政治上的反對派領袖——薩瓦比亞的魯道夫，以取代亨利的王位。

　　主教敘任權的鬥爭，直至政教雙方的代表人物葛列格里和亨利死時，未決勝負，但是從當時歷史發展的趨勢和雙方的氣勢來看，教權一方似乎越戰越勇，盛氣凌人。1080年，葛列格里在致羅馬會議的信中，對於教士們在指導歐洲事務中應起的作用發出如下號召：「獻身宗教的教父們和王公們，我請求你們要這樣行動，要使全世界都知道，如果說你們在天上有權力實行寬嚴相濟的做法，那麼你們在地上也有權力拿走或者授予帝國、王國、王侯領地、公國、邊界土地、州郡，並按照所有人的所作所為拿走或者給予他們財產……。讓世界上的國王和所有的王公都懂得你們是何等偉大以及你們有怎樣的權力，從而讓那些小民不敢違抗你們教會的命令。」[117] 葛列格里顯然認為，宗教的權力高於世俗的權力；他儼然以伊斯蘭世界的哈裡發自居，他要達到的就是基督教會對西歐教權和俗權的絕對統治。順便說及，在中世紀，教皇與國王爭奪世俗權力，不是葛列格里七世一人所為，而是所有的教皇只要權力所及都是如此；這也不是某些教皇個人的貪欲所致，而是基督教的本性使然。因為教皇們這樣做既有歷史依據，也有邏輯依據。從歷史上看，耶穌交給彼得的「天國的鑰匙」，就是將天地一起「捆綁」或一起「釋放」。教皇是彼得的繼承人，既然彼得可以為之，教皇為什麼不可為？從邏輯上看，「當宗教權力是合法的權力時，當它憑權利和力量實際上佔領了人的理性和良心時，它當然會擔當起對世俗世界的統治，

---

[117] R. W. Carlyle and A. J. Carlyle, *A History Mediaeval Political Theory in the West*, London, 1915, vol.4, p.201, n.1. 轉引自〔美〕薩拜因：《政治學說史》，鄧正來譯，上海：上海人民出版社2008年版，第286頁。

它會說——『怎麼樣，我對人的最崇高而獨立的內心、對他的思想他的內心意志和他的良心都有權利和影響力，難道我對他的外部的一切、物質的和一時的利益會沒有權利！我是正義和真理的解釋者，難道不允許我按照正義和真理管理世界事務嗎？』憑著這種推理，宗教界肯定想篡奪世俗界的權力。」[118]

圍繞主教敘任權的鬥爭持續了數十年之久，於12世紀20年代初暫時緩和。但是，羅馬教皇與英、法、德等國世俗領袖互爭高下的鬥爭，在中世紀餘下的時間裡一直沒有停歇。例如，12世紀中期，德國皇帝紅鬍子腓特烈一世，為了與羅馬教廷爭奪對德國教會和意大利領地的控制權，曾多次入侵意大利，並支持對立的教皇維克多四世對抗正統教皇亞歷山大三世。教皇聯合周圍邦國組成同盟擊敗腓特烈，迫使腓特烈乞和。最後德皇不得親自前往威尼斯拜見教皇，吻其短靴，表示臣服。[119] 在12世紀後期的英國，英王亨利二世因制訂法規限制英國教會的權力，與坎特伯雷大主教貝克特（Becket）發生分歧，進而引發了亨利與時任教皇亞歷山大三世的衝突，最終導致貝克特被刺殺和亨利二世赤足往其墳前公開悔罪。

教會相對於國王的權威，在教皇英諾森三世（1198—1216年在位）時達到巔峰。英諾森三世撰寫神學著作，把教皇描繪為基督在塵世的代表和《舊約》裡身為國王與大祭司的麥基洗德。他認為，與擁有部分權力的主教相比，他享有「完滿的權力」。[120] 英諾森三世提出「雙光論」：[121] 教皇相當於太陽，君王相當於月亮；太陽的品質大於月亮，且月亮從太陽得到光亮。同樣，教皇的權力大於君王，君王的權力從教皇的權力而取得威望。[122] 與此同時，「雙劍論」

---

[118] 耶穌對彼得說：「我要把天國的鑰匙交給你，凡你在地上所捆綁的，在天上也被捆綁；凡你在地上所釋放的，在天上也被釋放。」（《馬太福音》16：19；18：18。）

[119] 〔法〕基佐：《歐洲文明史》，程洪逵、沅芷譯，北京：商務印書館。2005年，第106頁。

[120] 唐逸主編：《基督教史》，北京：中國社會科學出版社，1993年，第101—102頁。

[121] 〔英〕科林·莫里斯：《基督教文明》，載於麥克曼勒斯：《牛津基督教史》，張景龍等譯，貴陽：貴州人民出版社，1995年，第179頁。

[122] Henry Bettenson ed., *Documents D. the Christian Church*, 1944, pp.155—156. 轉引自朱寰主編：《世界上古中古史參考資料》，北京：高等教育出版社，1987年，第211頁。

也被教權派思想家們解釋成這樣：兩把劍原本均為教皇所有，一把由教皇所用，一把為教皇所用——世俗領袖只是物質之劍的使用者，而非所有者。為了實現教皇是「世界之主」的目標，英諾森三世不惜使用世俗政治家的一切權術。德意志皇帝紅鬍子腓特烈的兒子亨利六世剛死不久，不同的貴族集團推選出兩個皇帝。英諾森三世利用形勢，挑起德意志內戰，並以皇位由教皇授與為名，插手德意志的爭奪皇位鬥爭，謀求擴大教皇權力。英格蘭國王約翰在多件事情上違抗教皇，特別是在坎特伯雷大主教的任命權上與教皇衝突激烈。英諾森三世在 1207 年將約翰王開除了教籍，還將英格蘭排除出基督教區長達 6 年之久。約翰最終屈服，接受懲罰並自貶為每年向教皇納貢的封臣。此外，如前一節所述，英諾森三世迫使丹麥、葡萄牙、瑞士等國王稱臣的事件也屢見不鮮。英諾森三世之後的一段時間，基督教的餘威不減。英諾森三世的繼承人、英諾森四世只承認，過去曾被異教皇帝攫取的統治世界的權力，應屬於基督和他的代理人教皇。然而，歷史的發展有其自身規律。政教鬥爭的形勢在 14 世紀初發生逆轉。14 世紀，政教鬥爭的最重大的事件，就是法國國王腓力四世和教皇卜尼法斯八世之間的爭權鬥爭。在這場鬥爭中，腓力四世在徹底擊敗卜尼法斯八世後，強制羅馬教廷遷至法國阿維農，並受法王控制。亦如前一節所述，史稱此事為「阿維農之囚」。從此，教皇權勢迅速衰微，而改革運動在教會中方興未艾，國家政權開始與教權至上的中古制度大動干戈。

　　基督教教會與世俗王權之間的競爭，對於阻止世俗王權向專制方向發展起了極為重要的作用。中世紀的西歐沒有一個國家發展成東方專制主義，基督教教會功不可沒。然而，對於基督教的作用，無論在主觀動機上還是在客觀效果上，都不應估計過高，更不應作片面估計。教會與王權之間的爭權奪勢，既不是為了教會和西歐各國家的民主，也不是為了西歐各國市民的自由，而是為了達到自身一權獨大的專制局面。基佐在論及基督教教會在西歐歷史上的作用時指出，毫無疑問，在使思想感情和舉止習俗趨於溫和，在遏止和破除無數蠻族習慣方面，教會有力地促進了社會狀況的改善。「但在政治秩序方面，關於政府與人民之間、權力與自由之間的關係方面，整個說來，我並不認為教會的影響是有益的。在這種關係下，教會總是以兩種制度，即有時是神權政治制、有時是羅馬帝國制，即宗教的和世俗的專制制度的解釋者和保衛者的身份出現。

看看她的一切機構設施和她的一切法規，看看她的教規和訴訟程式，你們總會看到神權政治或帝國是其主要原則。如果荏弱，教會就躲在皇帝絕對權力的庇蔭下；如果強大，她就以她的精神力量的名義為她自己要求這種專制主義。我們切不可使自己的目光侷限於個別事實或特殊的例子。」[123] 基佐強調，「毫無疑問，教會常常求助於人民的權利來反對君主們的惡劣統治，甚至常常贊成和煽動暴動，常常不顧君主的反對，支持人民的權利和利益。但當關於政治保證的問題已在權力與自由之間產生時，當問題涉及如何建立一套使自由真正不受權力侵犯的常設機構時，教會通常總是站在專制政府一邊的。」[124]

教會的目標是實現教皇專制，這是問題的一個方面；不言而喻，問題的另一方面是，王權的目標是實現王權專制。教皇專制所爭取的是，即使不能將王權完全消滅，至少也要絕對凌駕於王權之上；王權專制所爭取的是，即使不能將教權完全消滅，至少也要絕對凌駕於教權之上。西歐歷史的獨特之處，至少在當時看來的獨特之處在於：在教會和政府的競爭中，不但哪一方都沒有把對方消滅，而且哪一方也未能佔據絕對優勢。相反，教權和王權，每一方都成了對抗和制衡對方的重要力量。鷸蚌相爭，漁翁得利。如阿克頓所說，自由雖不是世俗權力和宗教權力所追求的目的，卻是它們號召人民站在自己一邊的手段。在政教相互爭鬥的間隔期，意大利和德意志的城鎮贏得了自治權，法蘭西出現了三級會議，英格蘭產生了議會。[125] 由於民間自治力量的發展和代議制政府的出現，人民作為個體，自由也許沒有太多增進，但是作為整體，人民的權利擴展了。一個顯著的例子是，「無代表不納稅」的原則，或未經納稅階層同意徵稅是非法的觀念，得到普遍認可；它不是作為某些國家的特權，而是作為所有國家的權利。以至於有人提出，沒有人民的同意，世上任何君王皆不得徵收一分錢。

在政教之間的長期衝突和競爭中，西歐人民獲得的利益和權利非三言兩

---

123 〔法〕基佐：《歐洲文明史》，程洪逵、沅芷譯，北京：商務印書館，2005 年，第 120 頁。
124 〔法〕基佐：《歐洲文明史》，程洪逵、沅芷譯，北京：商務印書館，2005 年，第 120 頁。
125 〔英〕阿克頓：《自由與權力》，侯健、范亞峰譯，北京：商務印書館，2001 年，第 60 頁。

語所能盡述；假如要用一句話來表述，就是個人沒有像東方各國那樣，陷入被完全奴役的境地。對於這一誰也料想不到但卻符合邏輯的結果，既不必感謝國王，也不必感謝教皇。應當感謝的是，教會和國家都作為獨立自足、且彼此分離的權力實體，特別是二者之間的長期競爭。如果沒有教權對王權的抗爭和制衡，西歐也許會陷入拜占庭式的專制統治之下，人民陷入完全被奴役的狀態。相反，如果沒有王權對教權的抗爭和制衡，羅馬教會可能在絕對凌駕於王權的前提下，改變西歐的分裂狀態而使之統一。「我們可以猜想，如果這種統一的努力成功了，教會保持了它的權威，西方基督教國家就會步伊斯蘭教後塵，停滯不前。」[126]

至此，可以得出結論：政教二元競爭是西歐國家西方化的原因和動力。如果要問，西歐國家發生的西方化，在東正教的東歐和俄國，在伊斯蘭教的東方乃至儒教世界的東方，為什麼沒有發生，至少沒有同時發生？原因就在於，上述各地都不存在西歐那樣的政教關係。具體地說，「在伊斯蘭教中，上帝即皇帝；在中國和日本，皇帝即上帝；在東正教中，上帝是皇帝的小夥伴。」[127] 一句話，世界各地都不存在像中世紀的西歐那樣，因政教分離和衝突而產生的促使專制主義解體的動力。對於政教二元競爭在歐洲國家西方化的過程中所起的動力作用，已經獲得中外許多思想家的認可。圭多·德·拉吉羅說：「正是（政教）兩大權力之間的這種衝突，有效地防止了個人遭受完全奴役的危險。如果西方人民成功地使自己避免了東方停滯的神權政體，那全賴教會與國家的長期競爭，最終植根於這樣一個事實，即教會與國家都是獨立自足的機構，事實上構成兩種分離獨立的國家。」[128] 顧准說，中世紀的特點是，政教兩種政治權威同時並存；「這一點，對於歐洲政治之不能流為絕對專制主義，對於維護一定程度的學術自由，對於議會制度的逐漸發達，甚至對於革命運動中敢於砍國王的頭，都是有影響的。因為兩頭政治下最底層的人也許確實撈不到什麼好處，

---

[126] H. J. Muller, *Freedom in the Western World: from the Dark Ages to Rise of Democracy*, New York: Harper Row，Publishers, 1963, p. 101.
[127]〔美〕撒母耳·亨廷頓：《文明的衝突與世界秩序的重建》，周琪等譯，北京：新華出版社，1998年，第61頁。
[128]〔意〕拉吉羅：《歐洲自由主義史》，R. G. 科林伍德英譯，楊軍譯，長春：吉林人民出版社，2001年，第18頁。

體面的人物卻可以靠這抵擋那,可以鑽空子,不至於像中國那樣『獲罪於君,無所逃也』,只好引頸就戮。」[129]

歐洲國家西方化的歷史證明,歐洲國家西方化的成果得益於政教雙方的相互競爭。認識這一點,對於我們理解歐洲歷史乃至整個人類歷史十分重要。然而,更加重要的是,我們必須從歐洲國家西方化的歷史經驗中認識到,競爭必須是互為體制外的兩個或兩個以上對等,至少實力不太懸殊的權力實體之間的競爭,而不是體制內某種力量與最高權力之間的競爭——這種競爭是不可能的。在這方面,歐洲國家西方化不僅有經驗可取,而且有教訓可鑒。在11世紀以後的幾個世紀內,隨著教會力量的增強,教皇專制也越發嚴重。當時,在教會的立法、司法、行政等一切重大事情上,教皇都擁有在教會之上的絕對權威。為了抑制教皇專制,也為了教會自身的利益,教會內部的改革者試圖通過宗教大會來限制教皇的專制權力。為此,改革派思想家們提出過許多具體的理論和主張。概括宗教大會理論,其實質是:整個教會組織即全體基督教徒乃是它自身法律的淵源,而教皇和各級神職人員則是它的機構或僕人。教皇應當把他的教令交由代表機構去討論並取得它的同意,以便使這些教令為教會所「承認」。如果教皇不這樣做,特別是如果他試圖篡奪超出其職位所應有的權力,那麼就完全有正當理由將他廢黜。[130] 雖然這些主張用宗教大會制衡教皇專制的理論,成為後來國家議會制衡王權專制的思想資源,但是,以宗教大會制衡教皇專制的運動,因宗教大會在教皇控制之下,屬於體制內的「監督」,所以全然未能奏效,並在15世紀終告失敗。而最終解決教皇專制問題的,是隨著民族國家的興起而日益強大的世俗王權,以及宗教改革派人士與王權的合作。在這個過程中,我們看到,威克裡夫站在英國王權一邊反對羅馬教皇,馬丁·路德投入了德國王公們的懷抱,而君權神授論對路德派和英國國教教徒來說也幾乎成了一種官方哲學。屈勒味林在總結這段歷史的教訓時說:「我們如把教社看做一個宗教的團體,則教社實為教皇的一個人民,所以他的法律亦不能不遵守惟謹;但國王本人則自視為世俗團體的領袖,故以敵體視教皇而不相統屬。教皇的威

---

[129]《顧准文集》,貴陽:貴州人民出版社,1994年,第250頁。
[130]〔美〕薩拜因:《政治學說史》,鄧正來譯,上海:上海人民出版社,2008年,第378頁。

權教社絕不能加以限制，只有國王可藉其世俗領袖的地位而抵抗教權之伸張。國王在此種地方往往能博得英吉利僧侶的好感，而不為所反對。」[131] 監督，制衡，必須靠體制外的力量，體制內力量的所謂監督、制衡，是無效的，甚至是虛假的。這是歐洲國家西方化給世人提供的教訓之一，也是經驗之一。

　　以上（包括本章前一節）論述表明，西歐國家政教競爭的直接結果，是教皇專制主義的解體。特別是在宗教改革以後，教權作為公權力陸續退出歷史舞臺。教權被廢除了，但是，教權與王權之間相互制衡的機制卻被繼承了下來。在中世紀，監督和制衡君權的力量是教權；在近代，教權被由公民代表組成的立法團體即議會所取代。惟有君權受到民權的監督和制衡，才稱得上真正的憲政民主國家。在西歐，雖然民權制衡君權的理論和實踐在中世紀就拉開序幕，但真正為近代民權制衡君權奠定模式的，是中世紀的政教競爭和政教制衡機制。

　　政教競爭是導致歐洲國家的自由、民主和人權實現的機制。雖然這一點已被許多思想家所承認，但是，顯然沒有在學術界達成共識。我們屢屢看到這樣一種觀點：西方的民主和人權主要不是政教競爭的結果，而有更深層的原因，即西方有基督教傳統。以人權保障為例，憲政國家的必備條件乃至核心條件是必須具有人權。人權從何而來？答案很清楚，有賴於司法的公正。而司法公正又何以可能？很多論者居然到基督教經典裡去尋找司法公正的傳統。令人吃驚的是，他們居然找到了。這就是《聖經》所說的：「審判的時候，不可看人的外貌，聽訟不可分貴賤」；「你們施行審判，不可行不義，不可偏袒窮人，也不可重看有勢力的人，只要按著公義審判你的鄰居」。[132] 顯然，這種觀點是很值得商榷的。主張人權和法治來源於基督教傳統的觀點，不能回答如下問題：第一，司法應該公正，不可偏袒任何一方，更不可屈服於權勢，這是常識。中國社會沒有基督教傳統，但是，司法應當公正的理念古已有之。在與《舊約》產生前後大致相差不遠的時間裡，韓非就提出「刑無等級」、「刑過不避大臣，

131〔英〕屈勒味林：《英國史》，錢端升譯，北京：中國社會科學出版社，2008年，第150頁。
132《申命記》1：17；《利未記》19：15。

賞善不遺匹夫」的主張。[133] 宋代政治家司馬光說：「法者天下之公器，惟善持法者，親疏如一，無所不行，則人莫敢有所恃而犯之也。」[134] 兩千多年來，民間也一直有「八字衙門朝南開，有理無錢莫進來」的抱怨。這些正是司法公正的理念和訴求。但中國為什麼一直存在嚴重的司法不公呢？第二，長期以來，西歐國家一直都是具有基督教傳統的國家。但為什麼中世紀英國人的法律如當時的民謠所說，「好比威爾須人的襪子，依各人的腿之大小彎曲而選制」[135]？為什麼直到 15 世紀末期，法國不同身份的人犯事均由不同的法庭審問；而每一種法庭在審判時所依據的法律「因被審判人的地位而有所不同」[136]？即便是在基督教傳播最早的意大利，即便是在 14 世紀和 15 世紀已經有了一些民主因素和自治成分的城市公社，仍然「信奉權力來自富人、歸富人所有和為富人所用的宗旨，……占人口絕大多數的窮人的利益被完全忽視」。[137] 這又是為什麼？

　　須知，司法公正及其結果的人權保障需要司法獨立為前提，而這一前提主要不是人人平等的理念所自然產生的結果，而是司法獨立的訴求者和反對者雙方力量長期鬥爭和較量的結果。在這裡，我們不要忘記英國憲章運動、法國里昂工人起義、德國西里西亞紡織工人起義，特別不要忘記英國的光榮革命、法國大革命，以及世界人民的反德國納粹和意大利法西斯的戰爭。因此，英國的司法獨立和司法公正是在光榮革命之後出現的，法國的司法獨立和司法公正是在大革命之後出現的，意大利的司法獨立和司法公正是在世界反法西斯戰爭之後出現的，而德國全境的司法獨立和司法公正，則是在 20 世紀末期蘇聯東歐風波之後出現的。在目前許多司法不公、人權不保的國家，不是因為人們缺乏人人應該平等、司法應該公正的理念，而是缺乏司法獨立這一前提。而司法獨立前提的缺乏，是因為司法獨立的訴求者的力量尚未壓倒司法獨立反對者的力量。學術界對於西方世界民主、法治和人權的獲得，不是從人們為捍衛自己的合法權利所進行的鬥爭方面去考察，而一味地到基督教那裡去尋找勸導人們應

133《商君書・賞刑篇》，《韓非子・有度》。
134 司馬光：《資治通鑑》卷第 14，北京：中國和平出版社，2004 年，第 149 頁。
135〔法〕瑟諾博斯：《法國史》，沈煉之譯，北京：商務印書館，1964 年，第 149 頁。
136〔法〕瑟諾博斯：《法國史》，沈煉之譯，北京：商務印書館，1964 年，第 149 頁。
137〔意〕林特納：《週末讀完意大利史》，郭尚興等譯，上海：上海交通大學出版社，2009 年，第 92 頁。

該公正司法的教條,不僅不得要領,而且可能對人們產生誤導。即懷疑沒有基督教傳統的國家實現民主憲政的可能性,或者搞不清當務之急是爭取自由、民主和人權,還是先去普及基督教。

　　現在,應該對本章做一個小結了。本章要討論的問題是,歐洲國家發生的西方化,亞洲和其它東方地區並沒有發生,至少沒有同時發生的原因。通過討論,找到了兩個原因:第一,歐洲國家西方化的起步即專制主義的解體遠遠早於東方;第二,歐洲國家西方化的過程中有政教競爭這一強大的動力推動,而世界的其它地方都沒有。由於上述兩個原因的綜合,歐洲國家發生的西方化,亞洲和其它東方地區並沒有發生,至少沒有同時發生就不難理解了。

第六章　亞細亞生產方式與所謂東方社會的特殊性

　　以上各章關於西方的產生和東西方界線變動的討論，僅僅限於歐洲，而且主要限於西歐。如果超出西歐尤其當超出歐洲範圍時，東西方的界線還會變動嗎？對於這個問題，我們常常見到這樣一種觀點：地理上的東方社會與西方社會是兩種不同的社會。意思是說，東方社會因為存在著亞細亞生產方式，因此自古以來就有區別於西方社會的特殊性，或曰東方社會自古以來就走著與西方社會不同的道路，因此東方社會在未來也應該走一條與西方社會不同的道路。這個觀點是值得商榷的。產生這種觀點的原因，即對於亞細亞生產方式的種種誤解和曲解，則更值得商榷。為了更透徹地回答東方在何處的問題，也為了更深入地審視和反思東西方文化思潮，必須正確地理解所謂的東方社會的特殊性。而為了正確理解所謂的東方社會的特殊性，則必須對亞細亞生產方式問題上的種種錯誤觀點加以澄清。

　　亞細亞生產方式理論並非發軔於馬克思，而是發軔於黑格爾，這在後文將會看到。但是，講得最多最全面的無疑是馬克思，以致人們常常在亞細亞生產方式理論前面冠以馬克思的名字，稱之為馬克思的亞細亞生產方式理論。因此，所謂對亞細亞生產方式的誤解和曲解，實際上也就是對馬克思的亞細亞生產方式理論的誤解和曲解，以及由此而導致的對東方社會性質的誤解。本章不想全面闡述馬克思的亞細亞生產方式理論，只擬結合東方社會的實際，對學界常見的由於對馬克思的亞細亞生產方式理論的誤解和曲解而導致的對東方社會性質的誤解，以及認為地理上的東方社會存在著區別於地理上的西方社會的特殊性的幾種模糊認識加以評析。當然，在這種評析中，對馬克思的理論中與亞細亞生產方式理論相關的一些矛盾觀點也儘量客觀地予以揭示。

第一節

亞細亞生產方式在空間上是否具有普遍性
——論亞細亞生產方式是東西方共同的原始的生產方式

眾所周知,對亞細亞生產方式和人類社會的迄今為止的發展形態作出經典表述的,是馬克思的《〈政治經濟學批判〉序言》。在那裡,馬克思指出:「大體說來,亞細亞的、古代的、封建的和現代資產階級的生產方式可以看做是社會經濟形態演進的幾個時代。」[1] 對於馬克思的這一結論,學術界的理解是大相逕庭的。其中有一種觀點認為,亞細亞生產方式只存在於亞洲或東方地區,而不是人類社會共同的原始的生產方式。有的論者還認為,亞細亞生產方式是以地域名稱命名的,因此根本不能同其它幾種生產方式相並列;他們甚至認為,把亞細亞生產方式置於其它幾種生產方式之前,作為人類社會的共同的原始的生產方式,只是馬克思的隨意的一種提法,並不具有科學性。我認為,上述觀點都是不能成立的。就是說,亞細亞生產方式不只是地理上亞洲或東方的原始的生產方式,同時也是整個人類社會共同的原始的生產方式。

首先,馬克思關於亞細亞生產方式是整個人類社會原始的生產方式的思想來源於黑格爾,而黑格爾則是把亞細亞生產方式即「東方世界」看作是世界歷史的開端的。黑格爾指出:「世界歷史從『東方』到『西方』,因為歐洲絕對地是歷史的終點,亞洲是起點。……歷史是有一個決定的『東方』,就是亞細亞。」[2] 根據這一思想,黑格爾把世界歷史的發展進程劃分為依次遞進的四個階段亦即四種形態,即東方世界、希臘世界、羅馬世界和日爾曼世界。黑格爾並且認為,東方世界相當於歷史的「少年時代」,希臘世界相當於歷史的「青年時代」,羅馬世界是歷史的「壯年時代」,而日爾曼世界則是歷史的「老年時代」。——當然,歷史的或精神的「老年時代」不同於自然界的「老年時代」,

---

1 《馬克思恩格斯選集》第 2 卷,北京:人民出版社,1972 年,第 83 頁。
2 〔德〕黑格爾:《歷史哲學》,王造時譯,北京:三聯書店,1956 年,第 148 頁。

因此並不意味著衰弱不振，而意味著成熟和力量。[3] 在這裡，黑格爾十分明確地把「東方世界」或「亞細亞」世界看作是世界上一切民族的歷史的開端。馬克思關於亞細亞的、古代的、封建的和現代資產階級的等「四種生產方式」依次演進的理論，很顯然地是受到黑格爾的啟發，並且在排列的方法和順序上同黑格爾大體一致，只是在具體分段和具體用詞上有所不同，即用亞細亞生產方式對應黑格爾的「東方世界」，用古代的生產方式對應黑格爾的「希臘世界」和「羅馬世界」，用封建的和現代資產階級的生產方式對應黑格爾的「日爾曼世界」。從這裡我們可以看到，馬克思是把亞細亞生產方式當作整個人類歷史的共同的原始生產方式看待的，而不僅僅是當成亞洲的或東方的原始生產方式。

第二，把亞細亞生產方式作為整個人類社會的原始生產方式，不是馬克思的一時的、隨意的一種提法，而是馬克思長期深思熟慮的結果。馬克思關於「亞細亞的、古代的、封建的和現代資產階級的「四種生產方式」依次遞進的論斷是在1859年提出的，而早在1853年，馬克思就發現了古代的英國存在著與俄國村社、亞洲村社一樣的氏族組織。馬克思認為，古代英國的這種氏族制度，「是屬於家長制社會制度的」；與俄國的農民公社相比，「正如俄國的農民公社所佔用的土地不屬於個別農民而屬於公社一樣」，氏族「所在地區是氏族的公有財產」；與亞洲的農村公社相比，「在任何情況下，土地都是氏族的財產，在氏族內部，儘管有血緣關係，但是人們之間也有地位上的差別，正像所有古代亞洲的氏族公社一樣。」[4] 1859年，馬克思關於亞細亞生產方式是整個人類社會的原始生產方式的思想完全成熟，並有具體的論述。針對當時俄國的民粹派所主張的因為俄國存在著原始的農村公社，因此可以不經過資本主義階段直接過渡到共產主義社會的觀點，馬克思在《政治經濟學批判》中指出：「近來流傳著一種可笑的偏見，認為原始的公社所有制是斯拉夫族特有的形式，甚至只是俄羅斯的形式。這種原始形式我們在羅馬人、日爾曼人、克爾特人那裡都可以見到，直到現在我們還能在印度人那裡遇到這種形式的一整套圖樣，雖然其中一部分只留下殘跡了。仔細研究一下亞細亞的、尤其是印度的公社所有制形

---

3 〔德〕黑格爾：《歷史哲學》，王造時譯，北京：三聯書店，1956年，第148—155頁。
4 《馬克思恩格斯全集》第8卷，北京：人民出版社，1961年，第571、572頁。

式,就會得到證明,從原始的公社所有制的不同形式中,怎樣產生出它的解體的各種形式。例如,羅馬和日爾曼的私人所有制的各種原型,就可以從印度的公社所有制的各種形式中推出來。」[5] 馬克思在這裡十分明確地指出亞細亞生產方式在人類歷史發展中的世界性意義。因此,當馬克思在該書「序言」中,把亞細亞生產方式作為人類歷史演進序列的第一階段提出來時,決不是一時的、隨意的提法,而是長期深思熟慮的結果,是馬克思對亞細亞生產方式理論的昇華。

第三,自從在 1859 年以歷史規律的形式,提出亞細亞生產方式是整個人類原始的生產方式以後,直至晚年,馬克思一直堅持這一觀點。1867 年,馬克思在《資本論》中又一次原封不動地援引了我們剛才引述的,在包括羅馬人、日爾曼人和克爾特人即古代英國人在內的歐洲民族地區,曾經存在過亞細亞的或印度的所有制形式的論述。並且強調,「要考察共同的勞動即直接社會化的勞動,我們沒有必要回溯到一切文明民族的歷史初期都有過的這種勞動的原始的形式」;[6] 只要研究一下亞細亞的、尤其是印度的所有制形式,就可以證明「一切文明民族的歷史初期都有過的這種勞動的原始的形式」了。1868 年 3 月 14 日,馬克思在給恩格斯的信中,再次批評俄國民粹派的觀點時,談到了毛勒在德國的瑪律克、鄉村制度的研究中,得出了與馬克思不謀而合的觀點。馬克思寫道:「現在有意思的恰好是,俄國人在一定時期內(在德國起初是每年)重分土地的習慣,在德國有些地方一直保留到 18 世紀,甚至 19 世紀。我提出的歐洲各地的亞細亞的或印度的所有制形式都是原始形式,這個觀點在這裡(雖然毛勒對此毫無所知)再次得到了證實。這樣,俄國人甚至在這方面要標榜其獨創性的權利也徹底喪失了。他們所保留的,即使在今天也只不過是老早就被他們的鄰居拋棄了的形式。」[7] 馬克思在這裡又一次使用「歐洲各地的亞細亞的或印度的所有制形式」的提法,並且認為這種所有制形式在歐洲各地「都是原始形式」。

以上事實表明,馬克思的亞細亞生產方式理論,包含著亞細亞生產方式是

---

5 《馬克思恩格斯全集》第 13 卷,北京:人民出版社,1962 年,第 22 頁注釋①。
6 《馬克思恩格斯全集》第 23 卷,北京:人民出版社,1972 年,第 94 頁。
7 《馬克思恩格斯全集》第 32 卷,北京:人民出版社,1975 年,第 43 頁。

整個人類社會的原始的所有制形式的觀點,是不言而喻的,也是毋庸置疑的。一般說來,這一觀點也是可以被人們所接受的。現在的問題是,到目前為止,我們所講的亞細亞生產方式是一個比較寬泛的甚至比較模糊的概念,如果對它作具體分析,使之清晰化,恐怕分歧又會發生。

　　馬克思的亞細亞生產方式理論告訴我們,古今中外的亞細亞生產方式的一個共同的特點就是土地公有制,即不存在土地的個人所有制。然而,我們仍然可以把馬克思所說的亞細亞生產方式分為兩個概念,即前期亞細亞生產方式和後期亞細亞生產方式,或前期亞細亞所有制和後期亞細亞所有制;這裡區分的標準就是有無階級和國家。前期亞細亞所有制是指部落所有制。馬克思說:「在這種土地所有制的第一種形式中,第一個前提首先是自然形成的共同體:家庭和擴大成為部落的家庭,或通過家庭之間互相通婚〔而組成的部落〕,或部落的聯合」;「自然形成的部落共同體(……),或者也可以說群體,是人類佔有他們生活的客觀條件和佔有再生產這種生活自身並使之物化的活動(牧人、獵人、農人等的活動)的客觀條件的第一個前提」。[8] 在這個一前提下,即「在亞細亞的(至少是佔優勢的)形式中,不存在個人所有,只有個人佔有;公社是真正的實際所有者;所以,財產只是作為公共的土地財產而存在。」[9] 馬克思在這裡講的就是部落所有制。前期亞細亞所有制或部落所有制,是沒有階級、沒有國家的所有制。

　　後期亞細亞所有制是指國家所有制。馬克思說:在亞細亞的所有制形式中,「這種以同一基本關係〔即土地公有制〕為基礎的形式,本身可能以十分不同的方式實現出來。例如,跟這種形式完全不矛盾的是,在大多數亞細亞的基本形式中,凌駕於所有這一切小的共同體之上的總合的統一體表現為更高的所有者或惟一的所有者,實際的公社卻只不過表現為世襲的佔有者。……而在這些單個的共同體中,每一個單個的人在事實上失去了財產……。因此,剩餘產品(……)不言而喻地屬於這個最高的統一體。」[10] 這裡的「更高的所有者」、「惟一的所有者」,以及「最高的統一體」等等,都是指的國家,因此馬克思在這

8　《馬克思恩格斯全集》第 46 卷上冊,北京:人民出版社,1979 年,第 472 頁。
9　《馬克思恩格斯全集》第 46 卷上冊,北京:人民出版社,1979 年,第 481 頁。
10　《馬克思恩格斯全集》第 46 卷上冊,北京:人民出版社,1979 年,第 472—473 頁。

裡講的就是國家所有制。在國家所有制下，部落——這時稱之為村社或公社更為恰當——只是土地佔有者，國家才是真正的土地所有者。國家所有制，當然是有階級、有國家的所有制。[11]

當我們將亞細亞生產方式分為前期和後期後，可以發現，馬克思心目中的前期亞細亞生產方式，因為沒有國家，當然也沒有階級，因此實際上就是人們平常所說的原始社會。馬克思心目中的後期亞細亞生產方式，因為有國家，當然是階級社會。這才是嚴格意義上的亞細亞生產方式。作了以上這種區分後，關於亞細亞生產方式究竟是整個人類社會共同的原始的生產方式，還只是東方的原始的生產方式的問題便又出現了。學術界一種很流行的觀點認為，前期亞細亞生產方式即原始社會，是整個人類社會共同經歷過的社會階段；後期亞細亞生產方式即有階級、有國家的亞細亞生產方式，則只是地理上東方的生產方式。據我所知，這一觀點是格·瓦·普列漢諾夫首先提出來的。1907 年，普列漢諾夫在他的重要著作《馬克思主義的基本問題》一書中認為，由於地理環境的影響，東方和西方在原始社會解體後，分別走上了兩條不同的然而卻是「並存的」發展道路：西方逐一發展了古代的、封建的和資本主義的生產方式，東方則進入了亞細亞社會。[12] 普列漢諾夫的這種觀點影響深遠，且很有代表性。20 世紀 70 年代出版的、翁貝托·梅洛蒂的《馬克思與第三世界》一書，是一部系統論述馬克思亞細亞生產方式理論的著作，該書就將普氏的觀點作為論證

---

[11] 法國學者高德利埃的論述支持本書的觀點。他說：「馬克思在論述亞細亞生產方式時，描述了從無階級社會向階級社會的過渡所固有的社會組織形態，雖然他本人並沒有準確認識到這一點。這種形態具有對立統一的特徵，一方面存在著公社結構，另一方面存在著占統治地位的剝削階級的萌芽。這種形態包含著由無階級社會向階級社會過渡的矛盾。它是最後一個無階級社會，同時也是第一個階級社會。」（〔法〕M. 高德利埃：《亞細亞生產方式概念和馬克思主義的社會發展體系》，羅仲輝譯，載於郝鎮華編：《外國學者論亞細亞生產方式》，北京：中國社會科學出版社，1981 年，第 166—167 頁。）高氏用綜合的思維方式把兩個對立的東西統一成一個整體，著者用分析的思維方式把統一的整體劃分為二。因此兩種觀點形異而神似，可能都是對亞細亞生產方式的比較正確的理解。

[12] 〔俄〕普列漢諾夫：《馬克思主義的基本問題》，張仲實譯，北京：人民出版社，1957 年，第 40 頁。

他的歷史發展雙線論和多線論的依據。[13] 在中國學術界，知道和不知道普列漢諾夫上述觀點的人，也相當普遍地持有與普氏相同的看法，乃至普列漢諾夫的這一觀點，至今仍然是學術界的主流觀點。有鑑於此，有必要對西方（這裡主要指西歐）是否存在過後期亞細亞生產方式的問題進行討論。

首先，我們還是來看看馬克思本人的觀點。在前面引述的馬克思關於亞細亞生產方式的第二種形式即後期亞細亞所有制或國家所有制後，緊接著，馬克思有如下一段話：「因此，在東方專制制度下以及那裡從法律上看似乎並不存在財產的情況下，這種部落的或公社的財產事實上是作為基礎而存在的，這種財產大部分是在一個小公社範圍內通過手工業和農業相結合而創造出來的，因此，這種公社完全能夠獨立存在，而且在自身中包含著再生產和擴大生產的一切條件。公社的一部分剩餘勞動屬於最終作為個人而存在的更高的共同體，而這種剩餘勞動既表現在貢賦等等的形式上，也表現在為了頌揚統一體——部分地是為了頌揚現實的專制君主，部分地為了頌揚想像的部落體即神——而共同完成的工程上。」[14] 從這段話中可以看出，馬克思是把後期亞細亞所有制與「東方專制制度」聯繫在一起的；或者說，「東方專制制度」和後期亞細亞所有制，都是後期亞細亞生產方式的組成部分。這種與「東方專制制度」緊密相連的後期亞細亞所有制，僅僅指的是地理上東方的所有制形態嗎？緊接上面那段話後，馬克思如是說：

> 這類公社財產，只要它在這裡確實是在勞動中實現出來的，就或是可能這樣表現出來：各個小公社彼此獨立地勉強度日，而在公社內部，單個的人則同自己的家庭一起，獨立地在分配給他的份地上從事勞動；或是可能這樣表現出來：統一體能夠使勞動過程本身具有共同性，這種共同性能夠成為整套制度，例如在墨西哥、特別是在秘魯，在古代克爾特人、印度的某些部落中就是這樣。[15]

13　〔意〕梅洛蒂：《馬克思與第三世界》，高銛等譯，北京：商務印書館，1981年，第26頁。
14　《馬克思恩格斯全集》第46卷上冊，北京：人民出版社，1979年，第473頁。
15　《馬克思恩格斯全集》第46卷上冊，北京：人民出版社，1979年，第473—474頁。

馬克思在這裡再明確不過地表明，這種與「東方專制制度」緊密相連的後期亞細亞所有制，即後期亞細亞生產方式，存在於墨西哥、秘魯、古代克爾特人和印度的某些部落中。而在這之後，馬克思才對以人工灌溉工程為標誌的亞洲的後期亞細亞所有制進行討論。所以，那種認為後期亞細亞生產方式只存在於東方的觀點，顯然不符合馬克思的本意。

關於馬克思對後期亞細亞生產方式存在範圍的觀點，還可以舉出一例。

在《給維·伊·查蘇利奇的復信草稿》中，馬克思認為，在他的時代，俄國的公社就是通常稱做農業公社的一種類型。這種類型的公社，同當時亞洲、阿富汗人及其它人的「農村公社」一樣，「是古代形態的（公社的）最後階段或最後時期」，無疑屬於後期亞細亞生產方式——雖然馬克思沒有使用後期亞細亞生產方式的概念。馬克思指出，在西方也存在過相當於這種類型的公社。「在西方相當於這種公社的是存在時期很短的日爾曼公社。在尤利烏斯·凱撒時代，日爾曼公社尚未出現，而到日爾曼部落徵服意大利、高盧、西班牙等地的時候，它已經不存在了。」[16] 馬克思強調說，德國也存在過這種屬於後期亞細亞生產方式的農村公社。「德國的農村公社是從較早的古代類型的公社中產生出來的。在這裡，它是自生的發展的產物，而決不是從亞洲現成地輸入的東西。」[17] 馬克思清楚地告訴我們，俄國、德國以及日爾曼部落佔領的意大利、高盧、西班牙等歐洲地區，都存在過從前期亞細亞生產方式即原始社會中產生出來的後期亞細亞生產方式。

依據以上兩例，我們也可以得出結論：在馬克思的心目中，西歐不僅存在過我們通常稱之為原始社會的前期亞細亞生產方式，即沒有階級、沒有國家的亞細亞生產方式，而且存在過後期亞細亞生產方式，即有階級、有國家的亞細亞生產方式。在此事實面前，任何認為歐洲只存在過前期亞細亞生產方式，而不存在後期亞細亞生產方式——嚴格意義上的亞細亞生產方式的觀點，在馬克思看來也是沒有根據的。

其實，馬克思對亞細亞生產方式普遍性的論述，由於受史料的限制，還是很不充分的。在馬克思的時代，邁錫尼特別是克裡特文化中心的發掘剛剛開始，

---

16 《馬克思恩格斯全集》第 19 卷，北京：人民出版社，1963 年，第 434、448 頁。
17 《馬克思恩格斯全集》第 19 卷，北京：人民出版社，1963 年，第 433—434 頁。

馬克思當然未能看到這一成果；但是，這一發掘的成果被他的晚輩學人看到並利用了。M. 高德利埃認為，亞細亞生產方式在歷史上的和地理上的範圍，要比馬克思所設想的大得多；大規模的公共工程並不是亞細亞生產方式產生和存在的必備條件。無論在有大規模的公共工程的地區，還是在沒有大規模的公共工程的地區，都有亞細亞生產方式存在。因為在這兩類地區，「都有部落顯貴，他們掌握國家政權，剝削其它社會成員，並將其一部分勞動攫為已有」。[18] 高氏還認為：「我們推測，亞細亞生產方式的發展和解體，有兩條可能的途徑。第一個途徑，看來應該是從亞細亞生產方式走向以私有制和商品生產為基礎的奴隸佔有制生產方式（這是希臘-羅馬的道路）。第二條途徑，應該是從亞細亞生產方式走向沒有奴隸佔有制發展階段的某種封建制社會形態，其特徵是有發達的私有制，而沒有發達的商品生產（這是中國的道路）。」[19] 高德利埃認為，無論在有無大規模的公共工程的地區，都有亞細亞生產方式存在的觀點是正確的。但是，他認為亞細亞生產方式的發展和解體，有兩條途徑的看法則是錯誤的。限於篇幅，這裡對他的錯誤不展開評論，後文再加討論。這裡，我們取高氏如下的思想：希臘的奴隸佔有制生產方式是從亞細亞生產方式的解體中產生的；換句話說，希臘也存在過亞細亞生產方式——後期亞細亞生產方式。

至此，著者完成了亞細亞生產方式在空間上是否具有普遍性的討論。本書的結論是：亞細亞生產方式不只是地理上亞洲或東方的原始的生產方式，同時也是整個人類社會共同的原始的生產方式。

---

18 〔法〕高德利埃：《亞細亞生產方式概念和馬克思主義的社會發展體系》，羅仲輝譯，載於郝鎮華編：《外國學者論亞細亞生產方式》，北京：中國社會科學出版社，1981年，第167頁。

19 〔法〕高德利埃：《亞細亞生產方式概念和馬克思主義的社會發展體系》，羅仲輝譯，載於郝鎮華編：《外國學者論亞細亞生產方式》，北京：中國社會科學出版社，1981年，第167—168頁。

第二節

東方社會的亞細亞性質
——主論中國社會的亞細亞性質

　　世界原本全是東方，即整個人類社會原來都處於亞細亞生產方式之下。但是，截至馬克思的時代，西方的亞細亞生產方式早已解體，並已過渡到資產階級生產方式時代，而東方的亞細亞生產方式基本上還保存完好。本節的任務，就是對東方社會、主要是中國社會的亞細亞性質進行討論。

　　東方社會的亞細亞性質首先表現在土地所有制的形態中，而土地所有制中的亞細亞形態就是土地國家所有制。在國家所有制下，國家雖然不是名義上的，但卻是實際上的全部土地的所有者。中國是亞細亞生產方式的典型，也是土地國有制的典型。

　　中國歷史上最早以制度形式表現出來的土地所有制是井田制。井田制自夏商開始，至周臻於完善。井田制在形式上似乎是土地為村社所有，但是，在井田制下，如《詩》所云：「普天之下，莫非王土；率土之濱，莫非王臣。」[20]如果再加上西周的「田里不鬻」[21]的土地政策，井田制在其性質上，是典型的土地國有制。在井田制瓦解後，歷朝歷代的大地主所有制都獲得了長足的發展；比如秦時，就出現過「富者田連阡陌，貧者無立錐之地」的現象。但是，在這些名義上的地主之上，還有一個「更高的所有者」即國家存在，因此這些大土地所有者的所有權並不具有至上性。在中國歷史上，大土地所有者的所有權被國家政權干預的情況屢見不鮮。且不說在平時，土地的買賣經常受到限制，地主必須按法律規定向政府納糧；如果不交納，則被政府視作閒田沒收。在特殊情況下，追奪、沒收富人的土地，更隨時可以發生。為了鞏固中央專制政權的需要，秦漢帝王實行「強本抑末」的政策，遷徙豪富到長安，使豪富人地分離而將其土地沒官。唐宋以後實行「強幹抑枝」的政策，其結果和前者一樣，也

20　《左傳·昭公七年》。
21　《禮記·王制》。

是剝奪地方豪強的土地和財產。以上事實說明，儘管地主向農民收租，但他們不是真正的土地所有者，而只是土地佔有者，土地的所有者是國家。

馬克思說：「土地所有權的前提是，一些人壟斷一定量的土地，把它作為排斥其他一切人的、只服從自己個人意志的領域。」[22] 這種排他的土地所有權，在東方歷史上，當然也包括在中國歷史上，從來未曾有過——地主未曾有過，農民也未曾有過。例如明初大赦詔規定，私有民田在戰爭中拋荒而被別人開墾的，就為別人所有，田主還鄉則由政府另行撥給荒田；舊田多而丁力少的，不許依前占獲，只許盡力耕種以為己業。根據《明實錄》的記載，甚至一般正在耕種且納糧的當差的民田，也常常被政府無償佔用。而上述情況絕不僅僅發生在明代。此外，國家對農民的監督、管理歷來十分嚴格，不僅限制農民佔有的份地的買賣，禁止自由遷徙，甚至連土地經營的內容都要受到國家的限制，產品也不能自由出售。種種事實表明，在形式上的所有者之上，還有一個「最高的所有者」、「惟一的所有者」的時候，是不可能有土地私有制的。宋代思想家葉適說過：「自古天下之田，無不在官，民未嘗得私有之。」[23] 葉適說的是唐宋之前的情況，其實，唐宋之後的情形又何嘗不是如此。

中國乃至亞洲的土地國有制即亞細亞所有制，還在國家對農民的剝削形式中表現出來。這裡將亞細亞所有制形態下農民的生存狀況與奴隸制下奴隸的生存狀況做一比較，也許不無必要。從表面上看，亞細亞所有制形態下的農民，與奴隸制下的奴隸相比，有自己的生產工具，甚至有自己的土地，似乎有較多的獨立性而較少的依附性。但是，在亞洲，由於土地國有制所決定的地租和賦稅合一的剝削形式，因此實際情況完全不是如此。對此，馬克思曾深刻指出：「如果不是私有土地的所有者，而像在亞洲那樣，國家既作為土地所有者，同時又作為主權者而同直接生產者相對立，那麼，地租和賦稅就會合為一體，或者不如說，不會再有什麼同這個地租形式不同的賦稅。在這種情況下，依附關係在政治方面和經濟方面，除了所有臣民對這個國家都有的臣屬關係以外，不需要更嚴酷的形式。在這裡，國家就是最高的地主。在這裡，主權就是在全國範圍內集中的土地所有權。但因此那時也就沒有私有土地的所有權，雖然存在

22　《馬克思恩格斯全集》第 25 卷，北京：人民出版社，1974 年，第 695 頁。
23　馬端臨：《文獻通考》，卷 2，《田賦考》。

著對土地的私人的和共同的佔有權和使用權。」[24] 這種「所有臣民對這個國家都有的臣屬關係」，就是馬克思所說的「東方的普遍奴隸制」。[25] 在奴隸制下，奴隸還有在某種機遇之下變成自由民甚至奴隸主的可能，而在「東方的普遍奴隸制」下，農民則沒有這種可能。即使那些「朝為田舍郎，暮登天子堂」者，也仍然是國家的臣民、皇權的奴隸，而不是自由民。誠然，在中國的歷史上，由於唐朝中期「兩稅」制的實行，致地租和賦稅有了一定程度的分離。但是，在「國家既作為土地所有者，同時又作為主權者而同直接生產者相對立」的情況下，地租和賦稅的側重點的調整，即由唐之前的「舍地而稅人」，向中唐之後側重稅地的轉移，既不意味著土地國有制性質的改變，也不意味著所有臣民對國家都有的臣屬關係的改變。土地國有制和所有臣民對專制國家的臣屬，是亞細亞所有制的一體兩面的特徵；這一特徵伴隨著古今中外的亞細亞生產方式，當然也伴隨著東方幾千年的亞細亞生產方式。

此外，中國的專制國家建立土地國有制還有最厲害的一招，就是每隔幾十年、幾百年一次的大規模農民起義。每次農民起義的口號，幾乎都是「打土豪，分田地」。農民起義後，地主的土地毫無例外地被國家沒收。即使分給農民，如前文已經看到的，地主的土地所有權尚且不能自保，況農民乎？所以，周而復始的農民起義，最後保證了土地國有制的長盛不衰，──當然，也最後保證了亞細亞生產方式的長盛不衰。

如果說亞細亞生產方式的第一個因素是土地國有，第二個因素就是農村公社。農村公社是在原始社會解體後，在自然經濟的基礎上自發產生的、自給自足的村社組織。如果說中國是土地國有制的和後面將要論及的專制國家的典型，那麼，印度則是農村公社的典型。馬克思在論及亞洲的特別是印度的農村公社時指出：「在印度有這樣兩種情況：一方面，印度人民也像所有東方各國的人民一樣，把他們的農業和商業所憑藉的主要條件即大規模公共工程交給政府去管，另一方面，他們又散處於全國各地，因農業和手工業的家庭結合而聚

24　《馬克思恩格斯全集》第 25 卷，北京：人民出版社，1974 年，第 891 頁。
25　如果有讀者對馬克思的東方普遍奴隸制的思想有懷疑，不妨讀一下馬克思的下面論述：「在亞細亞形式下……單個的人從來不能成為所有者，只不過是佔有者，實際上他本身就是作為公社統一體的體現者的那個人的財產，即奴隸」。（《馬克思恩格斯全集》第 46 卷上冊，北京：人民出版社，1979 年，第 493 頁。）

第六章　亞細亞生產方式與所謂東方社會的特殊性　343

居在各個很小的地點。由於這兩種情況，所以從很古的時候起，在印度便產生了一種特殊的社會制度，即所謂村社制度，這種制度使每一個這樣的小單位都成為獨立的組織，過著閉關自守的生活。」馬克思還說：「這些田園風味的農村公社不管初看起來怎樣無害於人，卻始終是東方專制制度的牢固基礎；它們使人的頭腦侷限在極小的範圍內，成為迷信的馴服工具，成為傳統規則的奴隸，表現不出任何偉大和任何歷史首創精神。」[26] 村社組織雖然在印度最為典型，但卻是亞洲的普遍現象，中國也毫不遜色。村社制度的本質特徵是村社的土地佔有制，而這一點是與土地國有制密切相聯的。在土地國有制下，如前所述，村社只是土地的名義上的所有者即佔有者，而不是真正的所有者，土地的真正所有者是國家；當國家需要徵用的時候，它不能作為平等的主體進行談判。另一方面，它對於個人卻處於絕對強勢的地位。「每一個單個的人，只有作為這個共同體的一個肢體，作為這個共同體的成員，才能把自己看成所有者或佔有者。」[27] 村社制度的這一本質特徵，在今天中國的農村仍然普遍存在，哪怕號稱華夏第一村的華西村也不例外。農村公社雖然嚴重侵犯農民的個人權益，具有極大的消極作用，但卻有強大的生命力。「這些自給自足的公社不斷地按照同一形式把自己再生產出來，當它們偶然遭到破壞時，會在同一地點以同一名稱再建立起來」。馬克思指出，「這種公社的簡單的生產機體，為揭示下面這個秘密提供了一把鑰匙：亞洲各國不斷瓦解、不斷重建和經常改朝換代，與此截然相反，亞洲的社會卻沒有變化。這種社會的基本經濟要素的結構，不為政治領域中的風暴所觸動。」[28] 農村公社是亞細亞生產方式的基本要素之一。因為以農村公社的形式表現出來的社會的基本經濟要素的結構沒有變化，東方社會的亞細亞生產方式也一直沒有解體。

亞細亞生產方式的第三個因素是王權專制。王權專制或專制主義，是亞細亞生產方式的獨有的特質。封建社會的本質是反對集權，也反對專制的，因此專制主義不是封建社會的特徵。奴隸社會中的奴隸固然處境悲慘，但是，除了奴隸之外，還有奴隸主；而奴隸主是有公民權的公民，他們可以通過民主投票

26　《馬克思恩格斯選集》第 2 卷，北京：人民出版社，1972 年，第 66、67 頁。
27　《馬克思恩格斯全集》第 46 卷上冊，北京：人民出版社，1979 年，第 472 頁。
28　《馬克思恩格斯全集》第 23 卷，北京：人民出版社，1974 年，第 396—397 頁。

的方法將執政官即國王選出或將其罷免,他們有言論出版等自由權利。在此意義上,黑格爾說,在希臘、羅馬的奴隸社會中,至少「『有些』是自由的」,而惟獨在亞細亞社會中,「只有『一個』是自由的」。[29] 嚴格地講,這「一個」也是不自由的。黑格爾說:「東方人……只知道一個人是自由的。惟其如此,這一個人的自由只是放縱、粗野,熱情的獸性衝動,或者是熱情的一種柔和馴服,而這種柔和馴服自身只是自然界的一種偶然現象或者一種放縱恣肆。所以這一個人只是一個專制君主,不是一個自由人。」[30] 只有一個人的自由,或者準確地說,「一個自由人」也沒有,只有「一個專制君主」,其他人都平等地被剝奪了自由權的政治制度,就是東方社會的王權專制。黑格爾在《歷史哲學》中曾對東方社會的王權專制做過深刻的揭示:「在東方的國家生活裡,我們看到一種實現了的理性的自由,逐漸發展而沒有進展成為主觀的自由。這是『歷史的幼年時期』。客觀的種種形式構成了東方各『帝國』的堂皇建築,其中雖然具有一切理性的律令和佈置,但是各個人仍然被看作是無足輕重的。他們圍繞著一個中心,圍繞著那位元首,他以大家長的資格——不是羅馬帝國憲法中的君主——居於至尊的地位。因為他必須執行道德法範,他必須崇奉已經規定了的重要律令;因此,在我們西方完全屬於主觀的自由範圍內的種種,在他們東方卻自全部和普遍的東西內發生。東方觀念的光榮在於『惟一的個人』一個實體,一切皆隸屬於它,以致任何其它個人都沒有單獨的存在,並且在他的主觀的自由裡照不見他自己。」[31]

為什麼當每個人都圍繞著一個中心時,個人就變得「無足輕重」,「以致任何其它個人都沒有單獨的存在」呢?黑格爾在另外一個地方作了這樣的解釋:「在東方宗教中主要的情形就是,只有那惟一自在的本體才是真實的,個體若與自在自為者對立,則本身既不能有任何價值,也無法獲得任何價值。只有與這個本體合而為一,它才有真正的價值。但與本體合而為一時,個體就停止其為主體,〔主體就停止其為意識〕[32],而消逝於無意識之中了。這就是東方宗

---

29 〔德〕黑格爾:《歷史哲學》,王造時譯,北京:三聯書店,1956年,第149頁。
30 〔德〕黑格爾:《歷史哲學》,王造時譯,北京:三聯書店,1956年,第57頁。
31 〔德〕黑格爾:《歷史哲學》,王造時譯,北京:三聯書店,1956年,第150頁。
32 括弧內的字是中文譯者據荷夫麥斯特本增補。——中譯者注

教中的主要情形。」³³ 然而，問題的另一方面在於，在任何時代，總會有些個體不甘消逝於無意識之中，甚至起而抗爭，那情況又會如何呢？還是黑格爾說得好：「因為在這『惟一的權力』面前，沒有東西能夠維持一種獨立的生存，在這個『惟一的權力』範圍以外，只有反抗的變亂，但是因為這種變亂是出於中心勢力的範圍以外，所以隨意動盪而沒有什麼發展。」³⁴ 中國三千年的歷史，要麼是個體停止其為主體，主體停止其為意識，消逝於無意識之中，要麼是周而復始的農民起義和王朝更迭。這種情況表明，中國尚處於王權專治的制度中。所有這些都是王權專制的真實寫照，當然也是東方亞細亞生產方式的真實寫照。

　　土地國有、農村公社和專制主義是亞細亞生產方式的三根支柱。然而，亞細亞生產方式作為人類社會發展中的一種社會形態，還有其它更加豐富的內容；而其作為人類社會發展序列中的第一種社會形態，突出的表現在社會結構沒有分化。東方社會的結構沒有分化，幾乎在處處都表現出來。比如，社會和國家沒有分化，國家處處在干預著社會生活；經濟組織和政治組織沒有分化，政治組織時時在行使著經濟組織的職能；法律和道德沒有分化，二者的使用場合常常發生顛倒；立法、司法和行政沒有分化，權界混淆、權大於法的現象時有發生；宗教和政制沒有分化，宗教組織不僅干預宗教本身，而且干預現實政制和世俗信仰，等等。限於篇幅，這裡僅就第一種和第五種情況，即社會和國家沒有分化、宗教和政制沒有分化的問題，並聯繫中國的實際，分別略作分析。

　　人類社會最初沒有國家，國家是文明發展到一定階段的產物。但是國家產生之後，就極力伸展自己的權力，並瘋狂地打壓社會。社會為了保護自身的權益，也要極力伸展自己的力量，並儘量與國家劃清界限。因此，在更高的文明階段上，國家與社會已經分化，各方都有自己的權力／權利邊界。然而，在亞細亞生產方式的時代，社會力量尚未發育，國家力量無所不在，社會被國家權力完全覆蓋，也即社會和國家尚未分化。

　　如前所說，中國是亞細亞生產方式的典型，社會和國家的沒有分化，首先

---

33 〔德〕黑格爾：《哲學史講演錄》第 1 卷，賀麟、王太慶譯，北京：商務印書館，1959 年，第 117 頁。
34 〔德〕黑格爾：《歷史哲學》王造時譯，北京：三聯書店，1956 年，第 150 頁。

表現在君權和民權的沒有分化，即君權萬能。嚴復曾將中國的君權與西方的君權做過對比，曰：「蓋西國之王者，其事專於作君而已。而中國帝王，作君而外，兼以作師，且其社會，固宗法之社會也，故又曰，元后[35]作民父母。夫彼專為君，故所重在兵刑，而禮樂、宗教、營造、樹畜、工商乃至教育、文字之事，皆可放任其民，使自為之。中國帝王，下至守宰，皆以其身兼天、地、君、親、師之眾責，兵刑二者，不足以盡之也，於是乎有教民之政，而司徒之五品設矣；有鬼神郊禘之事，而秩宗之五祀修矣；有司空之營作，則道理梁杠，皆其事也；有虞衡之掌山澤，則草木禽獸，皆所咸若者也。」[36]君權萬能，是所有東方社會的共同特徵，正如上一章分析希臘專制時代所看到的王權。然而，君王萬能，民眾必然無權無能。嚴復接著指出：「卒之君上之責任無窮，而民之能事，無由以發達。使後而仁，其視民也，猶兒子耳；使後而暴，其遇民也，猶奴虜矣。為兒子、奴虜異，而其於國也，無尺寸之治柄，無絲毫應有必不可奪之權利則同。由此觀之，是中西政教之各立，蓋自炎、黃、堯、舜以來，其為道莫有同者。」[37]君王以及以他為代表的國家（實際上是政府）包攬一切，民眾無權事事，這是中國自炎、黃、堯、舜以來的一貫傳統。由此可見，當時的中國社會（當然也包括其它東方社會），社會和國家沒有分化。

中國或東方的社會和國家的沒有分化，還表現在權力的所有者和使用者沒有分化。這一點，仍然可以從嚴復所做的中西對比中看得十分清楚。嚴復曰：「西人之言政也，以其柄為本屬諸民，而政府所得而操之者，民予之也，且必因緣事會，而後成之。察其言外之意，若惟恐其權之太盛，將終不利於民也者，此西說也。中國之言政也，寸權尺柄，皆屬官家，其行政也，乃行其所固有者。假令取下民之日用，一切而整齊之，雖至纖息，終無有人以國家為不當問也，實且以為能任其天職。其論現行政柄也，方且於之而見少，又曷嘗於之而見多？

---

35 元后，即天子。——引者注
36 嚴復：《社會通詮·譯者插評》，載於〔英〕甄克思：《社會通詮》，嚴復譯，北京：商務印書館，1981年，第133頁。
37 嚴復：《社會通詮·譯者插評》，載於〔英〕甄克思：《社會通詮》，嚴復譯，北京：商務印書館，1981年，第133頁。

論者若曰,凡使吾之至於此極者,皆國家之勿事事致之耳。此中說也。」[38] 在西方,權力的所有者是民眾,權力的使用者是政府,因此,政府惟恐用權太過,以致傷害民眾。而在中國,權力的所有者和權力的使用者都是國家即政府,因此,政府惟恐用權太少;哪怕政府的權力涉及百姓日用的細微末節,也沒有人以國家用權不當而對之問責。這就是中國的權力的所有者和權力的使用者的沒有分化,也就是中國或東方的社會和國家的沒有分化。

現在討論中國的宗教和政制沒有分化的問題。中國自漢武帝將儒家學說定於一尊以來,就是一個宗教與政制合一的國家。當然,這裡講的宗教不是指道教和後來傳入中國的佛教,道教和佛教在中國從來沒有取得獨尊的地位;這裡講的宗教指的是儒家學說,即儒教。儒教作為一種宗教與現實政治制度的結合,是通過兩個方面的機制:一方面,通過科舉取士。儒家學制為國家提供官僚階層,不僅治理社會,而且提供社會倫理制度的政治性理據。另一方面,是通過對宗法制度的維護,即對家族制度中所包含的儒家倫理的宗教性質所作的肯定。[39] 由於這種雙重作用的機制,使儒教與中國的政治制度達到合二而一的結果,即政儒合一,或政教合一。如果說中國的政教合一與西方的政教合一有什麼不同,就在於西方的宗教是一種超世宗教,而中國的宗教是一種現世宗教。現世宗教的擔綱者階層不像超世宗教的擔綱者階層那樣,通過論證神啟倫理的正當性來規範社會倫理,而是直接通過論證儒家倫理的正當性來維持既定的社會秩序。這樣,中國的士大夫就比西方中世紀的知識份子更容易成為既定秩序的內在的論證者,而非外在的審定者;因而,這樣的政教合一也就更加緊密。

在中國歷史發展的過程中,儘管各個階段宗教的具體教義有所不同,但是,國體化宗教的基本形態及其倫理負擔的功能一直沒有改變。截至近代,維新派的思想家康有為、梁啟超主張改革中國的政治制度。但是,一方面因為維新運動很快夭折,另一方面因為維新者同時主張維護儒家的宗教倫理秩序,所以,他們沒有也不可能把宗教(儒教)制度與政治制度分開。五四新文化運動作為中國歷史上一次帶有啟蒙性質的思想文化運動,雖然把批判的矛頭指向了

---

38 嚴復:《社會通詮·譯者插評》,載於〔英〕甄克思:《社會通詮》,嚴復譯,北京:商務印書館,1981 年,第 139 頁。
39 劉小楓:《現代性社會理論緒論》,上海:上海三聯書店,1998 年,第 483 頁。

儒家宗教倫理，但是，一方面因為蘇俄文化的傳入很快使運動發生轉向，另一方面由於缺乏相應的制度支持，所以五四新文化運動也未能使中國國體化宗教的形態發生改變。孫中山的「三民主義」既繼承了儒家的某些理念，又融入了西方啟蒙運動的某些理念，更吸收了列寧的黨國一體、政教合一的理念[40]，不僅為國民黨的黨國一體的政治體制提供法理依據，而且成為社會倫理，成為個人生活的意義資源。在孫中山的「主義」理念的支配下，「主義」政黨演化成了具有擔綱使命的「主義」的國體化宗教。在中國歷史的下一步演進的過程中，三民主義為被列寧錯誤地繼承和發展了的馬克思主義即共產主義的馬克思主義[41]，亦即列寧主義所取代。但是，因為後者是從前者演變而來的，所以，共產主義的馬克思主義即列寧主義與三民主義在建黨和建國的理念上具有一致之處，即黨國一體的政治訴求與社會倫理、宗教式信念的融構是二者的共同本

---

[40] 關於列寧的黨國一體、政教合一的治國理念，詳見本書第七章第三節。關於孫中山的三民主義吸收列寧的黨國一體、政教合一的治國理念，有如下事實為證。孫中山的三民——民族、民權、民生；民有、民治、民享——主義，其字面主要來自西方，說起來也很好聽。但是，在孫中山的心目中，三民主義的榜樣不是歐美模式，而是蘇俄模式。1922年1月4日，孫中山在《實行三民主義改造國家》一文中說：「法、美共和國皆舊式的，今日惟俄國為新式的；吾人今日當造成一最新式的共和國。」（《孫中山選集》上冊，北京：人民出版社，1956年，第438頁。）1924年2月23日，孫中山在《救國救民之責任在國民軍》一文中說：「俄國革命發生於六年之前，現在已經完全成功。就是三民主義在俄國已經完全達到目的。」（《孫中山選集》下冊，北京：人民出版社，1956年，第549頁。）在孫中山看來，中國革命之所以未能成功，就是未能像蘇俄那樣貫徹三民主義。1924年1月25日，在紀念列寧逝世的演說中，孫中山又一次把俄國革命奉為中國革命的樣板，並把列寧奉為革命領導者的楷模。他說，「由革命觀點看起來，（列寧）是一個革命之大成功者，是一個革命中之聖人，是一個革命中最好的模範。」孫中山號召，中國國民黨紀念列寧，最好的辦法就是：「大家要把黨基鞏固起來，成為一個有組織的有力量的機關，和俄國的革命黨（布爾什維克）一樣。」「現在有俄國的方法以為模範，雖不能完全仿效其辦法，也應仿效其精神，才能學得其成功。」（《孫中山選集》下冊，北京：人民出版社，1956年，第535、536頁。）

[41] 共產主義的馬克思主義是和民主主義的馬克思主義相對應的概念，它們都是馬克思主義的組成部分，然而卻是馬克思主義的兩個在歷史觀和價值觀上完全對立的組成部分：前者主張歷史發展雙線論和歷史選擇論，強調價值理性，後者主張歷史發展單線論和歷史決定論，強調工具理性。關於這個問題，第七章第一節將具體討論。關於列寧錯誤地繼承和發展了馬克思主義的問題，第七章第三節將具體討論。

質。[42] 在這種「主義」理念的支配之下,「儒生官僚集團與華夏帝國的國教統治的制度性關係,通過『主義』宗教的教士集團(宗教性政黨組織)與『人民民主』政制的制度性關係得到延續」。[43] 這樣,「主義」政黨不僅具有宗教性的承諾,負擔著社會倫理和宗教秩序的安排,負責公民的倫理和人生意義的準則的制定,而且這種宗教性政黨的「主義」教義成為制憲的法理依據,從而支配憲法,並支配民眾的政治生活。這就是「人民民主」政體的政教合一的體制。在這一體制中,「主義」宗教以「人民民主」的自然法理取代了傳統儒家的自然法理,以「主義」政黨與國家政權一體化的形式延續了華夏帝國歷史上傳統的政教合一的體制。所以,直至今日,中國仍然處於政教合一的體制當中。此前,比如在 20 世紀 80 年代,雖然人們作過一些力圖促使政教分開的努力,但是由於種種原因,這種努力未能深入下去,自然也未取得任何結果。而在這一努力失敗以後,政教合一的體制無論在形式上還是在內容上都變得越發牢固,甚至出現了明顯的伊斯蘭教的教權至上、以教代政、政教合一的現象。在這種政教合一的體制下,政教關係如黑格爾所說:「塵世政府就是神權政治,統治者也就是高級僧侶或上帝;國家制度和立法同時是宗教,而宗教和道德戒律,或更確切些說,習俗,也同時是國家法律和自然法。」[44] 總之,政教沒有分化,是中國社會結構沒有分化的內容之一,也是中國文化沒有走出亞細亞生產方式的基本標誌之一。

　　東方社會的亞細亞性質還可以從其它許多方面加以論證,但上面幾個方面已經足以能夠說明問題。在 21 世紀 20 年代,東方(比如亞洲)的很多國家和地區已經走出亞細亞生產方式,進入了更高的文明階段。但是毫無疑問,東方仍有很多國家,當然包括中國在內,仍處於亞細亞生產方式之下,這就是東方社會的亞細亞性質。

42　關於共產主義的馬克思主義與三民主義的關係,參見劉小楓:《現代性社會理論緒論》,上海:上海三聯書店,1998 年,第 485 頁。
43　劉小楓:《現代性社會理論緒論》,上海:上海三聯書店,1998 年,第 486 頁。
44　〔德〕黑格爾:《法哲學原理》,范揚、張企泰譯,北京:商務印書館,2009 年,第 405 頁。

第三節

東方有過奴隸社會嗎
——兼論中國社會是如何被奴隸制的

　　在確認了東方社會的亞細亞性質以後，東方有沒有奴隸社會的問題，答案本應是不言而喻的：既然東方沒有走出亞細亞生產方式，何來奴隸社會之有？然而，問題並沒有那麼簡單。在學術界，認為東方有奴隸社會的觀點比比皆是，甚至是東方學術界、特別中國學術界的主流觀點。因此，批評這一觀點，否認東方有過奴隸社會，不能不是學術界的一個重要任務。

　　奴隸社會作為一種社會形態，必須建立在土地私有制的基礎之上。但是從前一節我們已經看到，在東方，比如在中國的商周時代，所有制形式是「普天之下，莫非王土」。既然土地不歸私人所有，在土地上從事生產的民也不可能歸私人所有，即不可能成為私人的奴隸。在中國古代，除了少數賤民成為富貴者和權貴者家內的僕役即家內奴隸外，多數從事耕戰的民從屬於國家。這些從事耕戰的民眾的身份既不是奴隸主，——與奴隸主相比，他們沒有從事政治活動的權利；也不是奴隸，——與奴隸相比，他們具有有功受祿的權利。作為耕戰主體的民眾的這種特殊身份，正是典型的亞細亞生產方式下民眾的身份，而不是奴隸社會中的奴隸。因此，在古代的東方社會中，儘管用奴、賜奴、販奴，甚至殺奴、奴殉的現象普遍存在，但不能認為東方社會就是奴隸佔有制社會。

　　奴隸佔有制社會或奴隸社會，必須以自由民特別是奴隸主的存在為前提，而且這些奴隸主是有公民權的人。這些有公民權的奴隸主，不僅有經濟權利即擁有土地和奴隸，而且有政治權利即參與國家的政治活動。然而，我們發現，幾乎所有主張東方（這裡主要討論中國）有奴隸社會的論者，他們的論證方法都是在中國古代社會中尋找奴隸，而不是在中國古代尋找奴隸主——有公民權的奴隸主。如前所說，在秦之前的千餘年中，尋找幾個做家務活的、被主人賜予、買賣的、甚至隨主人殉葬的奴隸似乎並不困難。問題在於：東方（中國）社會，有過有公民權的奴隸主嗎？不知道是否因閱讀範圍所囿，到目前為止，

著者尚未見到任何一個東方奴隸社會的肯定論者，在東方找到哪怕是一個有公民權的奴隸主。為什麼找不到？原因很簡單，因為東方沒有奴隸社會，當然既不會有有公民權的奴隸主，也不會有與奴隸主處於身份對置狀態的奴隸。誠如顧准所說：「真的，自由民和奴隸的範疇，不見於波斯、埃及、巴比倫、中國；《舊約》上也沒見這個名詞。這個名詞的起源顯然是希臘，是城邦制度中的概念。黑格爾把東方的制度稱做普遍奴隸制，即王或帝一個人是自由的，其它，連大臣也不自由——比如，絳侯周勃隨便就被下了獄，高帝『把他的問題弄清楚』了，又出來當丞相了，這在深具自由民概念的西方是辦不到的。」[45] 既然不能在東方社會中找到哪怕是一個有公民權的奴隸主，何以能夠證明東方社會是奴隸社會？

在東方有沒有奴隸社會的問題上，考察一下馬克思的觀點十分必要。固然我們不能以馬克思的是非為是非，但是從後文可以看到，一方面，有些論者正是以馬克思的名義證明東方有奴隸社會的；另一方面，在東方有沒有奴隸社會的問題上，包括恩格斯在內的許多思想家和知名學者與馬克思之間存在重大的理論分歧。為了在這個問題上明辨是非，對馬克思的觀點不僅要考察，而且要盡可能作詳盡的考察。那麼，馬克思的觀點究竟如何呢？

任何社會都有生產，任何生產過程中都需要協作，但東方社會中的協作與奴隸社會中的協作是一回事嗎？馬克思指出：「在人類文化初期，在狩獵民族中，或者例如在印度公社的農業中，我們所看到的那種在勞動過程中占統治地位的協作，一方面以生產條件的公有制為基礎，另一方面，正像單個蜜蜂離不開蜂房一樣，以個人尚未脫離氏族或公社的臍帶這一事實為基礎。這兩點使得這種協作不同於資本主義協作。在古代世界、中世紀和現代的殖民地偶爾採用的大規模協作，以直接的統治關係和從屬關係為基礎，大多數以奴隸制為基礎。相反，資本主義的協作形式一開始就以出賣自己的勞動力給資本的自由雇傭工人為前提。」[46] 馬克思在這裡考察了三種協作關係：1.狩獵民族中，或者例如印度公社的農業中的協作；2.古代世界、中世紀和現代的殖民地偶爾採用的協作；3.資本主義的協作。馬克思明確指出，在這三種協作關係中，只有古代世界、

---

45 《顧准文集》，貴陽：貴州人民出版社，1994年，第291頁。
46 《馬克思恩格斯全集》第23卷，北京：人民出版社，1972年，第371頁。

中世紀和現代的殖民地偶爾採用的協作，才以直接的統治關係和從屬關係為基礎，因而才以奴隸制為基礎。就是說在馬克思看來，印度公社的農業中的協作即東方社會中的協作，根本不是以奴隸制為基礎——東方社會根本不是奴隸社會。

馬克思說：「……不論商品是建立在奴隸制基礎上的生產的產品，還是農民的產品（中國人，印度的農奴），還是公社的產品（荷屬東印度），還是國家生產的產品（如從前在俄羅斯歷史上出現的以農奴制為基礎的國家生產），還是半開化的狩獵民族的產品等等，它們總是作為商品和貨幣，同表現產業資本的貨幣和商品相對立……」[47] 在這裡完全可以不去深究馬克思關於產業資本作為貨幣資本和作為商品資本迴圈的經濟學原理。我們在這裡關注的是，馬克思明確地將中國社會、印度社會、俄國社會以及其它半開化的狩獵民族同奴隸制社會區別開來。換言之，在馬克思的眼中，中國和印度等國家的東方社會不是奴隸社會。

在任何生產方式中，商人做生意的對象都是剩餘產品的主要佔有者，而在以往的各種生產方式中，剩餘產品的主要佔有者的身份卻是不同的。馬克思認為，大致說來，這些剩餘產品的主要佔有者可以分為「奴隸主，封建地主，國家（例如東方專制君主）」，因為在以往不同的生產方式中，這些階級分別「代表供人享受的財富」。[48] 在馬克思的這一劃分中，明確地將東方專制君主為代表的國家與奴隸主區別開來。就是說，東方的亞細亞社會，並不是奴隸社會。

雖然在不同的生產方式下，一切不同類型的地租有一個共同點，即它們都是土地所有權藉以實現的經濟形式，但是，在不同的社會中，這些土地所有權的代表卻是不同的。馬克思說：「土地所有者可以是代表公社的個人，如在亞洲、埃及等地那樣；這種土地所有權也可以只是某些人對直接生產者人格的所有權的附屬品，如在奴隸制度或農奴制度下那樣；它又可以是非生產者對自然的單純私有權，是單純的土地所有權；最後，它還可以是這樣一種對土地的關係……。不同地租形式的這種共同性——地租是土地所有權在經濟上的實現，即不同的人藉以獨佔一定部分土地的法律虛構在經濟上的實現，——使人們忽

47　《馬克思恩格斯全集》第 24 卷，北京：人民出版社，1972 年，第 126—127 頁。
48　《馬克思恩格斯全集》第 25 卷，北京：人民出版社，1974 年，第 370 頁。

略了其中的區別。」[49] 馬克思在這裡又一次明確指出，亞洲、埃及等地的土地所有權的實現方式，與奴隸制度或農奴制度下土地所有權的實現方式是不同的；並且強調，不能因為地租在不同社會中有共同性，就「忽略了其中的區別」。也就是說，馬克思從考察地租形式的角度得出結論：亞洲、埃及等東方地區沒有奴隸社會。

像以上關於東方有沒有奴隸社會的論述，在馬克思的著作中比比皆是，限於篇幅，不能一一列舉。僅從上述幾例已可以清楚地看到，馬克思凡是在論及東方的社會性質、政治制度的時候，都毫無例外地並且不厭其煩地將其與奴隸社會區別開來。馬克思之所以這樣做，理由是不言自明的——在馬克思的心目中，東方只有亞細亞社會，而沒有奴隸社會。

討論東方有沒有奴隸制，必須將日常語用意義上的奴隸制與作為經濟形態的奴隸制區別開來。在日常語用的意義上，我們可以將遭受壓迫和奴役的勞工稱為奴隸，將存在這種勞工的社會稱為奴隸社會，馬克思也曾經在此意義上使用過「奴隸制」一詞。比如，馬克思在論及印度的村社制度時說過：「派特爾（村社的首領——引者注）多半是世襲的。在某些這樣的村社中，全村的土地是共同耕種的，但在大多數情況下是每個土地所有者耕種自己的土地。在這種村社內部存在著奴隸制和種姓制。」[50] 但是，這不是科學意義上的奴隸制和奴隸社會，即不是社會經濟形態意義上的奴隸制和奴隸社會。關於社會經濟形態意義上的奴隸制和奴隸社會，馬克思特別明確地指出，「不是家長制的奴隸經濟，而是後來希臘羅馬時代那樣的奴隸經濟」。[51] 所謂希臘羅馬時代那樣的奴隸經濟，是指將奴隸作為斂財手段的一種所有制形態，即投資者（奴隸主）把貨幣資本用於購買勞動力（奴隸），如同資本主義生產中的資本家把資本用於購買勞動力和生產資料以取得利息一樣。這種經濟形態意義上的奴隸制，在東方從來沒有產生過。所以，馬克思在從經濟形態的意義上考察奴隸制的時候，都不忘指出：「單純的家庭奴隸不管是從事必要的勞役，還是僅僅用於顯示排場，

49　《馬克思恩格斯全集》第 25 卷，北京：人民出版社，1974 年，第 714—715 頁。
50　《馬克思恩格斯全集》第 28 卷，北京：人民出版社，1973 年，第 272 頁。
51　《馬克思恩格斯全集》第 25 卷，北京：人民出版社，1974 年，第 672 頁。

這裡我們都不予以考察，他們相當於現在的僕役階級。」[52] 所以，只要我們將日常語用意義上的奴隸制與經濟形態意義上的奴隸制區別開來，將家內奴隸制與直接構成生產基礎的奴隸制區別開來，就可以清楚地看到，東方社會沒有奴隸制。——東方沒有奴隸社會，這是本書的結論。

東方既然沒有奴隸社會，那麼，東方社會（這裡主要討論中國社會）是如何被奴隸制的呢？這是一個源遠流長的問題，而要釐清這個問題，首先得從弗裏德裏希‧馮‧恩格斯談起。

恩格斯是一位傑出的思想家，在理論上曾經做出過重大貢獻。然而，毋庸諱言，在許多重大的理論問題上，恩格斯是一位精神分裂的思想家。就東方社會的性質而言，1853年6月6日，恩格斯在給馬克思的回信中，對馬克思在信中關於不存在土地私有制「是瞭解東方天國的一把真正的鑰匙」的觀點表示完全贊同，說：「不存在土地私有制，的確是瞭解整個東方的一把鑰匙。這是東方全部政治史和宗教史的基礎。」並且進一步追問，「但是東方各民族為什麼沒有達到土地私有制」呢？[53] 東方各民族沒有達到土地私有制，意味著東方各國仍然處在亞細亞生產方式之下，而未達到奴隸制社會。

1878年，恩格斯在《反杜林論》中討論國家的經濟基礎時說，到目前為止的一切形式的國家，譬如東方專制制度、古代共和國、馬其頓君主國、羅馬帝國、中世紀的封建制度，都是建立在暴力上的。但是，它們的經濟基礎卻是不同的：「東方的專制制度是基於公有制，古代共和國基於也從事農業的城市，羅馬帝國基於大莊園，封建制度基於鄉村對城市的統治（……），如此等等。」[54] 在這裡，恩格斯仍然是將東方社會與希臘羅馬的奴隸制社會區別開來的。就是說，從這段話來看，恩格斯明確地認為東方只有東方專制制度的國家，即只有亞細亞社會，而沒有奴隸社會。

然而，就是在同一本書——《反杜林論》中，恩格斯表現出明顯的精神分裂的症狀。他說：「到目前為止還在階級對立中運動著的社會，都需要有國家，即需要一個剝削階級的組織，以便維持它的外部的生產條件，特別是用暴力把

52　《馬克思恩格斯全集》第24卷，北京：人民出版社，1972年，第539頁。
53　《馬克思恩格斯全集》第28卷，北京：人民出版社，1973年，第260頁。
54　《馬克思恩格斯全集》第20卷，北京：人民出版社，1971年，第681頁。

被剝削階級控制在當時的生產方式所決定的那些壓迫條件下（奴隸制、農奴制或依附農制、雇傭勞動制）。國家是整個社會的正式代表，是社會在一個有形的組織中的集中表現，但是，說國家是這樣的，這僅僅是說，它是當時獨自代表整個社會的那個階級的國家：在古代是佔有奴隸的公民的國家，在中世紀是封建貴族的國家，在我們的時代是資產階級的國家。當國家終於真正成為整個社會的代表時，它就使自己成為多餘的了。」[55] 在這段話中，我們明顯地看到，恩格斯取消了東方專制制度的國家，即取消了亞細亞生產方式。在這裡的恩格斯看來，世界上最早的國家不是東方專制制度的國家，而是奴隸佔有制國家：亞細亞生產方式，要麼沒有存在過，要麼在亞細亞生產方式下沒有國家；東方如果在歷史上存在過國家，那麼它的最早形態只能是奴隸制國家。——這就是思想史上最早的東方社會有過奴隸制的觀點。在《反杜林論》付印之前，恩格斯曾把全部原稿念給馬克思聽，馬克思沒有提出不同意見；但要求一個人在聽讀一部書稿的過程中發現書稿中的所有問題，顯然是不合理的。因此，《反杜林論》中關於東方有奴隸制觀點的錯誤，應該由恩格斯一個人承擔。而這才是恩格斯將東方社會奴隸制的第一步。

在其晚年，即在1884年寫作的《家庭、私有制和國家的起源》中，恩格斯繼續取消亞細亞生產方式，並且將原始社會和奴隸社會直接連接起來。恩格斯指出：「第一次社會大分工，在使勞動生產率提高，從而使財富增加並且使生產領域擴大的同時，在既定的總的歷史條件下，必然地帶來了奴隸制。從第一次社會大分工中，也就產生了第一次社會大分裂，分裂為兩個階級：主人和奴隸、剝削者和被剝削者。」[56] 恩格斯講的第一次社會大分工，指的是遊牧部落從其餘的野蠻人群中分離出來。需要指出的是，恩格斯在論述第一次社會大分工時，是把亞洲和歐洲捆綁在一起的，就是說二者是在同步發展的。——結論自然不言而喻，既然亞洲和歐洲的第一次社會大分工同步發展，歐洲產生了奴隸制，亞洲當然也產生了奴隸制。

在同一本書中，恩格斯總結原始社會解體以後的歷史發展階段時說：「隨著在文明時代獲得最充分發展的奴隸制的出現，就發生了社會分成剝削階級和

55　《馬克思恩格斯全集》第20卷，北京：人民出版社，1971年，第305頁。
56　《馬克思恩格斯選集》第4卷，北京：人民出版社，1995年，第161頁。

被剝削階級的第一次大分裂。這種分裂繼續存在於整個文明期。奴隸制是古希臘羅馬時代世界所固有的第一個剝削形式；繼之而來的是中世紀的農奴制和近代的雇傭勞動制。這就是文明時代的三大時期所特有的三大奴役形式；公開的而近來是隱蔽的奴隸制始終伴隨著文明時代。」[57]「奴隸制是古希臘羅馬時代世界所固有的第一個剝削形式」一語，清楚不過地表明，奴隸制不僅存在於歐洲，而且存在於亞洲，乃至存在於世界。

1887年，恩格斯在《美國工人運動》一文中，以更加明確的語言指出：「在亞細亞古代和古典古代，階級壓迫的主要形式是奴隸制，也就是說，群眾不僅被剝奪了土地，甚至連他們的人身也被佔有。」[58]

以上引證表明，是恩格斯首先從理論上啟動了對東方社會由亞細亞生產方式到奴隸制的改造。然而，對東方的社會性質進行奴隸制改造的，恩格斯才走了第一步，他的後繼者大有人在。

繼承恩格斯上述思想的首先是列寧。1919年，列寧在《論國家》中說：「世界各國所有一切人類社會數千年來的發展，是這樣向我們表明這種發展的一般規律性、常規和次序的：起初是無階級的社會——父權制原始社會，即沒有貴族的原始社會；然後是以奴隸制為基礎的社會，即奴隸佔有制社會。整個現代文明的歐洲都經過這個階段，——奴隸制在兩千年前佔有完全統治的地位。世界上其餘各洲的絕大多數民族也都經過這個階段。在最落後的民族中，現在也還有奴隸制的遺跡⋯⋯。奴隸主和奴隸——是第一次大規模的階級劃分。」[59]

在《論國家》中列寧還說：「在社會分為階級以前國家是不存在的。但是隨著社會階級劃分的發生和鞏固，隨著階級社會的產生，國家也產生和鞏固起來。在人類史上有幾十個幾百個國家經歷過和經歷著奴隸制、農奴制和資本主義。」[60]

約瑟夫‧維薩里奧諾維奇‧斯大林在東方社會性質上的思想，與恩格斯和列寧一脈相承。在《論辯證唯物主義和歷史唯物主義》中，斯大林說：「歷史

57　《馬克思恩格斯選集》第4卷，北京：人民出版社，1995年，第176頁。
58　《馬克思恩格斯選集》第4卷，北京：人民出版社，1995年，第391頁。
59　《列寧選集》第4卷，北京：人民出版社，1972年，第45頁。
60　《列寧選集》第4卷，北京：人民出版社，1972年，第47頁。

第六章　亞細亞生產方式與所謂東方社會的特殊性

上有五種基本類型的生產關係：原始公社制的、奴隸佔有制的、封建制的、資本主義的、社會主義的。」[61] 斯大林的這段話成為後來的五種社會形態理論的原型。五種社會形態理論的問題，主要不在於如某些論者所說的，混淆了種和屬的概念——把無階級的原始社會、社會主義社會與階級社會中的奴隸社會、封建社會、資本主義社會相並列。它的問題主要在於以下兩點：第一，徹底拋棄了亞細亞生產方式；第二，認為所有國家都已經歷了奴隸社會和封建社會。

從以上關於東方社會性質的討論中可以看到，馬克思認為東方社會的性質一直是亞細亞生產方式，而不是奴隸社會。而在後期的恩格斯和列寧、斯大林那裡，由於從根本上取消了亞細亞生產方式，東方社會的性質也就「順理成章」地被改造成了奴隸社會。對於恩格斯、列寧、斯大林和馬克思之間的矛盾，顧准注意到了，並且十分辛辣地指出：「埃及、巴比倫等所謂『東方』，沒有希臘羅馬的奴隸制，這一點馬克思是知道的，所以《政治經濟學批判‧序言》在古典的即奴隸制的（注意，馬克思用『古典的』一詞，指歷史的古典時代，即希臘盛期和共和羅馬時代，包括奴隸制和奴隸制還未發展起來的『公民城邦』時代）、封建的、資本主義的之外一定要加上一個亞細亞的。把馬克思的奴隸制擴大到『東方』，取消『亞細亞的』這個範疇，恩格斯做了一小部分工作，到斯大林就斬釘截鐵地不准談『亞細亞的』，於是對馬克思，亦即對歷史的強姦完成了。」[62]

顧准的評論無疑是正確的，也是深刻的。但是，顧准作出這一評論的時間是在 20 世紀 70 年代，而且評論得以出版的時間是 20 世紀 90 年代，自然不可能能阻止中國的號稱馬克思主義史學家的史學家們在恩格斯、列寧和斯大林之後，繼續將中國社會奴隸制的努力。同時，恩格斯、列寧和斯大林在中國史學家們的眼中，不僅是理論家，而且是革命導師，其權威性自不待言。於是，從 20 世紀 20 年代末起，在國際上關於中國社會性質論戰的影響下，一股將中國社會奴隸制的理論思潮，在中國史學界和思想界開始湧動並競相登場。這股思潮幾乎裹挾了當時中國所有參與這場論戰的學人，除了胡秋原、瞿同祖等屈指

61　《斯大林文選》上冊，北京：人民出版社，1962 年，第 199 頁。
62　《顧准文集》，貴陽：貴州人民出版社，1994 年，第 285 頁。

可數者，認為中國社會在秦至清一直是馬克思所說的亞細亞生產方式外[63]，大多數論者都認為中國有過奴隸社會；其中即使有人持中國沒有奴隸社會的觀點，他們也不是在馬克思的意義上認為中國是亞細亞社會，而是認為中國自原始社會後就一直是封建社會。為中國社會的奴隸制改造做過「貢獻」的史學家多得不可勝數，這裡只能選擇其中有代表性的幾位加以討論。

李達在《經濟學大綱》中說：「奴隸制經濟構造的例子，在西歐二千年以前的希臘和羅馬，成就了最高的發展。我國殷代的社會，也有奴隸制存在的痕跡。奴隸制是社會發達過程中所必經過的階段。世界任何民族的歷史，都曾通過了各種各色的奴隸制的階段。」[64] 該書在 1935 年由北平大學商學院作為教材印行，李達曾將此書寄到延安讓毛澤東指正，毛澤東曾閱讀過此書。1948 年 1 月，生活書店將該書的「緒論」和第一部分另名出版。

范文瀾的《中國通史簡編》於 1941 年在延安出版，該書寫道：「東方新起的商，生產力比夏進步，利用夏桀國內的階級矛盾，武力滅夏，建立起一個商王國。」「這個王國建立在奴隸制度上面，它有政治機構，有官吏，有刑法，有牢獄，有軍隊，有強烈的宗教迷信，有濃厚的求富思想。奴隸主階級驅迫奴隸從事勞動生產，自己憑藉武力享受著奢侈放蕩的富裕生活。」[65]1954 年，在該書的《第一編再版說明》中，范氏強調說：「要說明中國古代社會的發展規律，與世界上別的許多民族同樣（同樣不等於一個公式），曾經經過了原始公社制社會、奴隸社會和封建社會諸階段，並無亞細亞特殊之說。」[66] 范文瀾的觀點十分明確：中國沒有亞細亞社會；中國有過奴隸制社會，在商代。

63　胡秋原在 1932 年撰文認為，「如果要應用亞細亞生產方式這名詞，那麼，就是指中國（或印度）之先資本主義制的復合方法（農村公社與封建農奴制之結合），就是指亞洲的專制主義。」他還說，中國東周的封建主義，因商品經濟之分解，發生變質而為專制主義，「自秦至清末，就在（亞細亞生產方式）這一個階段。」（胡秋原：《亞細亞生產方式與專制主義》，載於《中國社會史論戰》下，瀋陽：1982 年，第 92 頁。）瞿同祖的《中國封建社會》於 1936 年出版，該書認為，中國的封建制度在春秋時代已呈崩潰的現象，到秦統一中國時已被全盤推翻，從秦開始，「代以中央集權的國家」。（瞿同祖：《中國封建社會》，上海：上海人民出版社，2003 年，第 259、260 頁。）

64　《李達文集》第 3 卷，北京：人民出版社，1984 年，第 66 頁。

65　范文瀾：《中國通史》第 1 冊，北京：人民出版社，1979 年，第 64 頁。

66　范文瀾：《中國通史》第 1 冊，北京：人民出版社，1979 年，「前言」第 3—4 頁。

第六章　亞細亞生產方式與所謂東方社會的特殊性

在眾多的主張中國有奴隸社會的史學家中，郭沫若特別值得一提，這不僅因為他起步最早，而且因為他的影響最大。郭沫若的重要著作《中國古代社會研究》，出版於1929年。在該書《自序》中，郭沫若說：「世界文化史的關於中國方面的紀載，正還是一片白紙」；為了填補「關於中國方面的」空白，他要把他的《中國古代社會研究》寫成「恩格斯的《家庭、私有制和國家的起源》的續篇」。[67] 這句話的前半部分顯然是錯誤的。世界文化史的關於中國方面的記載，並不是一片白紙。從本章前一節和本節稍前所引證的資料來看，郭沫若之所以說出這樣近乎無知的話，說明他既未讀過黑格爾的《歷史哲學》和《哲學史講演錄》，也未讀過馬克思的《資本論》和《中國革命和歐洲革命》；或者即使讀過，也全然沒有讀懂。他可以不同意、不理解它們關於中國文化史的觀點，但是不能否認它們都有對中國文化史的論述。然而，這句話的後半部分既不狂妄，也不謬誤。恩格斯的書是研究美洲印第安人、歐洲希臘羅馬人和凱爾特人的古代社會的，郭沫若的書要研究中國人的古代社會，當然是前者的續篇。這後半句話一方面反映了恩格斯關於東方有奴隸社會的思想對郭沫若影響之深，另一方面，也反映了郭沫若對中國社會奴隸制改造的決心之大。

果然，郭沫若踐行了自己的諾言。而這其中第一步就是主張他所理解的歷史發展的普遍性。在《中國古代社會研究·自序》中，郭沫若開宗明義地宣布：「中國人不是神，也不是猴子，中國人所組成的社會不應該有甚麼不同。」[68] 而在論文《古代社會研究答客難》中則認為，「其實所謂『亞細亞的』，並不限於亞洲諸民族，全人類都曾經歷過這個階段，也就如『古代的』（Antike）並不限於歐洲的希臘、羅馬，而是全人類都經歷過的一樣。各個民族在各個階段上各有其特色，是當然的事理，然而斷不能說亞洲或中國另外經過了一種方式，這根本就是非馬克思主義的見解。」[69] 如果說前者表明，郭沫若準備套用歐洲已經完成的歷史模式來比附中國歷史的話，後者則表明，郭沫若已經套用歐洲已經完成的歷史模式來比附中國歷史了。

在《＜詩＞、＜書＞時代的社會變革與其思想上的反映》一文中，郭沫若

67　《郭沫若全集》歷史編，第1卷，北京：人民出版社，1982年，第9頁。
68　《郭沫若全集》歷史編，第1卷，北京：人民出版社，1982年，第6頁。
69　《郭沫若全集》歷史編，第3卷，北京：人民出版社，1984年，第417頁。

首開了將原始共產社會與亞細亞生產方式相等同的先河。在論及馬克思在《政治經濟學批判·序言》中關於亞細亞的、古代的……幾種生產方式的時候，郭沫若說：「這兒所謂的亞細亞的，是指古代的原始共產社會。古典的，是指希臘羅馬的奴隸制度」。並且進一步指出：「這樣的進化階段，在中國的歷史上也很正確地存在著，大抵在西周以前，就是所謂亞細亞的原始共產社會，西周是與希臘羅馬的奴隸制時代相當……」[70] 為了證明中國有奴隸社會，郭沫若還專門著有《奴隸制時代》一書，對中國的所謂奴隸社會進行系統論證——實際上，也就是牽強附會地賦予中國周代作為耕戰主體的民眾以奴隸身份。儘管郭沫若在中國所謂奴隸社會存在時間的問題上，一再改變其觀點，但是認為中國有奴隸社會的觀點則始終未變。隨著郭沫若在現實生活中的走紅，他的《中國古代社會研究》、《奴隸制時代》等書——實際上也就是中國有奴隸社會的觀點——的影響也越來越大。總之，在郭沫若等一批所謂的馬克思主義史學家們的努力之下，中國古代有過奴隸社會的觀點漸成定論；儘管在他們內部，關於中國奴隸社會具體存在的時間爭吵得一塌糊塗。這一觀點在 20 世紀 50 年代的中國大陸已被定於一尊，至今仍未改變。

通過以上的考察，我們大致看清了中國社會是如何被奴隸制的。這種考察是必要的，然而，瞭解之所以出現這種情況更加重要。中國史學家們之所以將中國的亞細亞社會，在理論上而不是在實際上改造成奴隸社會，其中的原因很多，但有一點最為重要，即缺乏文化形態學的觀念。

堅持中國有奴隸社會的史學家，全部不知道什麼叫歷史的或文化的形態學。文化形態學告訴人們，各民族的歷史發展是在同一條道路上前進的，其中大致都要經過若干不同的發展階段，但是，它們卻是在不同的編年史裡，分別經過這些不同的發展階段的。由於他們沒有文化形態學的觀念，因此他們根本不理解馬克思在《政治經濟學批判·序言》中關於「亞細亞的、古代的……幾個時代」的那段名言。馬克思確實認為，「亞細亞的、古代的……幾個時代」，是各民族都要經歷的社會形態，但馬克思從來沒有認為東方（當然包括中國）已經達到奴隸制的社會形態。由於他們沒有真正掌握馬克思的社會形態理論，所以很容易接受恩格斯、列寧和斯大林的誤導，拚命地在與西方奴隸制大致相

70　《郭沫若全集》歷史編，第 1 卷，北京：人民出版社，1982 年，第 154 頁。

同的年代裡尋找中國的奴隸制，——中國的奴隸社會就是這樣被他們人為地「找出來」的。所以，缺乏文化形態學的觀念，是史學家們將中國社會奴隸制的根本原因，也是共同原因。

由於中國史學家們缺乏文化形態學觀念，同時他們又自覺地承擔著在理論上將中國社會奴隸制的使命，於是，在他們將中國社會奴隸制改造的過程中，就出現了各種各樣的笑話。這裡列舉二三，對我們的論證也許不無裨益。

前文已經證明，恩格斯、列寧、斯大林在東方有沒有奴隸社會的問題上，與馬克思之間出現了明顯的分歧。對於這種分歧，在顧准之前已有學者，比如呂振羽，也看到了。但是他不是將二者對立起來，而是將二者統一起來。呂振羽說：「根據馬克思的說法，所謂『亞細亞生產方式』很明白地是看成為『社會經濟形態向前發展的幾個時代』中的一個時代；根據恩格斯、列寧、斯大林的說法，所謂『亞細亞生產方式』，便不能在五階段以外另成一獨特的歷史階段。這並不是恩格斯、列寧、斯大林的論證與馬克思的論證相矛盾，歷史自身的具體內容證明，他們的論證都是完全正確的。」[71] 為什麼說他們的論證都是完全正確的呢？呂振羽是這樣論證的：在與希臘羅馬的奴隸制大致相同的時代裡，東方各國也存在奴隸制，只不過東方各國的奴隸制具有特殊性；比如「土地國有、中央集權、公社形態、國家治水事業等特殊形態，這是古希臘羅馬所不具備或不在其全部過程中都具備的諸特徵。在這種種特徵中，最基礎的東西，卻是奴隸制度的生產關係、奴隸和奴隸主之間的階級的對立」。[72] 好傢伙！「土地國有、中央集權、公社形態」，在馬克思那裡都是被當做亞細亞生產方式的典型的、也是獨有的特徵的，而在呂振羽這裡竟被當做具有中國特殊性的奴隸制生產關係的核心內容。呂振羽實在是和稀泥的高手！不僅和稀泥的手法高超，其和稀泥的邏輯更是令人叫絕。在這種毫無邏輯的論證中，馬克思和恩格斯、列寧、斯大林之間的分歧不見了，亞細亞生產方式也消失了。這樣，東方社會就在與西方社會大致相同的時期裡存在過奴隸社會，區別只在於東方的奴隸社會有些「特殊性」而已。

如果說呂振羽是通過在馬克思和恩格斯、列寧、斯大林之間和稀泥的方

71　《呂振羽集》，北京：中國社會科學出版社，2001 年，第 52 頁。
72　《呂振羽集》，北京：中國社會科學出版社，2001 年，第 66 頁。

式，對中國社會進行奴隸制改造的，侯外廬則不僅在上述二者之間和稀泥，而且還通過對馬克思的直接篡改來對中國社會進行奴隸制改造。《中國古代社會史論》是侯外廬的重要著作，此書成稿於1943年。1946年，他在該書的「序言」中說：「簡單地說來，我斷定『古代』是有不同的路徑的。在馬克思、恩格斯的經典文獻上，所謂『古典的古代』，『亞細亞的古代』，都是指的奴隸社會。但是兩者的序列卻不一定是亞細亞在前。有時古典列在前面，有時兩者平列，作為『第一種』和『第二種』看待的。『古典的古代』是革命的路徑；『亞細亞的古代』卻是改良的路徑。」[73]

在《中國古代社會史論》的正文中，侯外廬指出：「生產方式的本義既然是特殊的勞動力和特殊的生產資料的結合關係，所以亞細亞生產方式便是：土地氏族國有的生產資料和家族奴隸的勞動力二者間的結合關係，這個關係支配著東方古代的社會構成，它和『古典的古代』是同一個歷史階段的兩種不同路徑。」[74]

侯外廬生怕人們對他在這裡說的「土地氏族國有的」一語看不懂，接著又一次指出：「亞細亞的生產方式，是奴隸主土地國有（即氏族所有）的生產資料和集體氏族奴的勞動力兩者的結合。」[75]

試問：馬克思在什麼地方講過，「亞細亞的古代」是指奴隸社會？馬克思又在什麼地方講過，亞細亞的生產方式是奴隸主土地國有的生產資料和集體氏族奴的勞動力兩者的結合？誠然，恩格斯、列寧、斯大林都講過這些，但是馬克思從來沒有這樣講過。馬克思只講過，亞細亞的生產方式，是東方專制主義社會，是東方專制國家的土地國有的生產資料和「普遍奴隸制」下的勞動力兩者的結合。不用多加分析，打著馬克思的旗號，說「亞細亞的古代」是奴隸社會——儘管是另一條「路徑的」奴隸社會，以馬克思的名義把奴隸社會擴展到東方，擴展到中國，不僅是對馬克思，亦即對歷史的篡改，借用顧准的話說，簡直是明目張膽地對馬克思亦即對歷史的「強姦」。

在對中國社會和東方社會進行奴隸制改造的史學家中，翦伯贊的手法顯

---

[73] 侯外廬：《中國古代社會史論》，北京：人民出版社，1955年，第2頁。
[74] 《侯外廬集》，北京：中國社會科學出版社，2001年，第17頁。
[75] 《侯外廬集》，北京：中國社會科學出版社，2001年，第38頁。

得有些特別。所謂特別，是說從一方面看，似乎更文雅更規範，但從另一方面看，也更拙劣、更荒唐。翦伯贊不像剛才論及的兩位那樣，用自己的話概括馬克思的「原意」，而是直接援引「馬克思的話」來證明他的中國和東方有奴隸社會的觀點。在《歷史哲學教程》中，翦伯贊說：「馬克思在《哲學之貧困》中很明確的說：『奴隸制和其它一切制度一樣，只是一種經濟範疇。』他又在同書中說：『因為奴隸制是一種經濟範疇，所以常存在於各國民的制度中……』。」[76] 因而，我們可以看出馬克思所謂奴隸制，不是當作散在的，或偶然的形態看的東西，也不是當作先階級社會或階級社會各階段中之副次的東西看的，而且當作歷史上某一特定階段之獨特的經濟範疇，當作一種普遍的必然的一般社會體制看的東西。」[77] 翦伯贊對馬克思的話作了「原原本本的」引述，然後做出了自己的結論，似乎顯得有理有據。然而，翦伯贊的這番引用和解釋是很成問題的。第一，翦伯贊對馬克思誤讀了。因篇幅限制，不可能將翦伯贊所引的馬克思的那段話的全文引出。細讀馬克思的那段全文後，讀者應該能夠發現，那裡講的奴隸制與各民族關係的那番話，並非馬克思本人的思想。實際上是馬克思在批判普魯東時，順著普魯東的思路，用揶揄的口吻模仿普魯東說了那樣一番話，然後加以批判的。讀者如果換一個思路，即將奴隸制與各民族關係的那番話當成馬克思的本意，再重讀那段全文，一定會發現上下文的連接莫名其妙，甚至十分荒謬。顯然，翦伯贊在這裡誤讀了馬克思，把馬克思模仿普魯東的口氣說的關於奴隸制與各民族關係的那番話，當成了馬克思本人的話。所以才得出「馬克思所謂奴隸制，不是當作散在的，或偶然的形態看的東西……而且……當作一種普遍的必然的一般社會體制看的東西」的結論。

第二，更嚴重的問題是，翦伯贊篡改了馬克思。我們不妨將馬克思的原話與翦伯贊在引述時的話做一比較。馬克思的原文說：「因為奴隸制是一個經濟範疇，所以**它總是列入**（黑體字為引者標注——著者）各民族的社會制度中」。而翦伯贊是這樣引述的：「因為奴隸制是一種經濟範疇，所以**常存在於**（黑體字為引者標注——著者）各國民的制度中」。這兩句引文中關鍵是黑體字的不

76　《馬克思恩格斯選集》第1卷，北京：人民出版社，1972年，第110、110—111頁。（關於馬恩的引文是翦著所引——本書著者注）
77　《翦伯贊全集》第6卷，石家莊：河北教育出版社，2008年，第62—63頁。

同。馬克思說——借普魯東之口,「它(奴隸制)總是列入各民族的社會制度中」。實際上,馬克思的原意是說:奴隸制並不是普遍存在的,它總是「被」列入——被人為地列入各民族的社會制度中的。而翦伯贊將「它總是列入」改成「常存在於」,意思就變成奴隸制客觀地存在於各民族的制度中了。這是對馬克思的原話和原意的公然篡改。如果說對馬克思的誤讀,是學識問題,而這種公然篡改,就是學風問題了。一個著名的歷史學家,為了證成中國社會和東方社會的奴隸制,居然採取這種直接篡改馬克思的不光明的手段,實在令人無語。

綜上所述,東方本來沒有過奴隸社會,馬克思也從來不認為東方有過奴隸社會。在恩格斯、列寧和斯大林的誤導下,加上中國的史學家們普遍缺乏文化形態學的觀念(這裡姑且不說有意無意地適應意識形態的需要),於是,通過對馬克思的曲解、誤讀乃至公然的篡改,當然也包括對中國歷史的誤讀,完成了對東方社會的奴隸制改造。——中國社會就是這樣被奴隸制的。

第四節

東方有過封建社會嗎
——兼論中國社會是如何被封建主義的

東方有沒有封建社會的問題,與東方有沒有奴隸社會的問題一樣,在確證了東方社會的亞細亞性質以後,答案也應該是不言而喻的:既然東方沒有走出亞細亞生產方式,那麼,它既不可能有奴隸社會,也不可能有封建社會。然而,近百年來,在學術界,尤其在中國學術界,東方——這裡主要指中國——有過封建社會的觀點倒似乎變得不言而喻了。而且,這裡的封建社會不是指中國周代的封建社會,而是指從秦至清的傳統社會。觀點的分歧既然如此之大,東方到底有沒有封建社會的問題不能不討論清楚。

本書持東方沒有封建社會的觀點。關於東方的傳統社會與歐洲封建社會的

區別，限於篇幅，不能詳細論述；這裡就東方傳統社會為什麼不是封建社會的原因，擇其要者，陳述如下幾點。

第一，東方的地主制經濟不同於歐洲的封建領主制經濟。

歐洲的領主制經濟，是封建領主在完全佔有基本生產資料（土地）和不完全佔有直接生產者（農奴）的基礎上，以勞役地租來剝削直接生產者的無償勞動的經濟形式。歐洲的封建領主制經濟與東方的地主制經濟之間有許多重要區別：1. 土地所有制的屬性不同。在封建領主制經濟下，土地層層分封，下層封主的土地主要靠受封所得，因為土地的所有權歸最高封建主即國王所有，因此受封者的封地可以賜封別人，可以世襲，但不可買賣。在東方的地主制經濟下，雖然地主的土地不能保持排他的所有權，但是在多數情況下可以作為商品自由買賣。2. 被剝削者的身份不同。在封建制下，被剝削者是農奴，農奴對農奴主有依附關係。在東方地主制經濟下，被剝削者是農民，農民對地主則沒有人身依附關係。3. 剝削形式不同。在封建制下，剝削形式主要是勞役地租，即被剝削者農奴以每週的一部分時間在實際上屬於他所有的土地上勞動，以每週的另一部分時間無償地在領主的土地上為領主勞動。在東方的地主制經濟下，剝削形式主要是實物地租，即被剝削者農民按收成比例或按固定數額無償地向地主繳納實物。僅從經濟方面考察，也可以看出，東方的地主制經濟是不同於歐洲的封建領主制經濟的另一種經濟形態。

第二，東方傳統社會以血緣關係為基礎，歐洲封建社會以契約關係為基礎。

判斷東方社會是不是封建社會，最簡易的方法是從什麼不是封建社會說起。布洛赫指出：「雖然從血緣關係產生出來的各種義務在封建社會具有非常重要的作用，但封建社會並不只依賴血緣關係。更確切地說，嚴格意義上的封建關係紐帶正是在血族關係不能發揮有效作用的時候才發展起來的。」[78] 封建社會中的基本關係是封君和封臣的關係。而封君和封臣之間的關係，雖然仍有家族性成分或準家族性成分存在，但主要的不是血緣關係，而是契約關係。在封建社會中，封君和封臣之間通過契約規定雙方的權利和義務。對於契約規定

78　〔法〕布洛赫：《封建社會》下卷，李增洪等譯，北京：商務印書館，2000年，第700頁。

的內容，雙方都必須信守，不得違反，違反了要承擔相應的責任和後果。這就是社會契約。而東方傳統社會由於文明程度低，契約精神十分缺乏；要麼是連形式上的契約也沒有，完全憑情感辦事，要麼是有約而不履，違約現象時有發生。在東方傳統社會中，維繫人與人之間和上下級之間關係的手段有兩種：一種是權力，另一種就是血緣關係。人們公認，東方的傳統社會是家族本位的社會。家族本位是什麼？家族本位就是以血緣關係為本位。由於血緣關係與契約關係是對立的，又由於東方的傳統社會以血緣關係為基礎，所以東方傳統社會不可能是封建社會。

　　第三，封建主義的本質特徵之一是強調分權，而非集權，東方的中央集權制不可能是封建主義。

　　封建領主在自己的領地內是最高統治者，在封地內擁有全面的統治權。除了封授土地外，還擁有行政權和司法權，徵收賦稅和鑄造貨幣權，甚至擁有自己的武裝，實行封建割據。每一個封建莊園就是一個獨立的封建王國。大小林立的封建王國，勢必削弱中央權力。因此，封建主義都是在中央權力分散、王權軟弱的國家裡產生的。正是在此意義上，「最初的命名者們在他們稱作『封建主義』的社會制度中，所意識到的主要是這種制度中與中央集權國家觀念相衝突的那些方面。從這裡它邁出了將每個政治權力的分割行為稱為封建行為的一小步……」[79] 東方的傳統大國，無不是強調中央集權的國家。其表現形式之一，就是權力的長子繼承制，即統治權不得在諸子中分配。馬克思看到這一點，在《馬・柯瓦列夫斯基〈公社土地佔有制〉一書摘要》中論及印度的政治制度時說：「根據印度的法律，統治權不得在諸子中分配；這樣一來，歐洲封建主義的主要源泉之一便被堵塞了。」[80] 其實，用統治權不得在諸子中分配的辦法，來確保中央集權制的延續，豈止印度，中國、伊朗、埃及等東方大國莫不如此。這是東方社會不是封建社會、也沒有產生封建社會的重要原因之一。

　　第四，與上述幾點相關聯，封建主義與專制主義是不相容的，東方專制主義不可能是封建主義。

---

[79] 〔法〕布洛赫：《封建社會》下卷，李增洪等譯，北京：商務印書館，2009年，第698頁。

[80] 《馬克思古代社會史筆記》，北京：人民出版社，1996年，第68頁。

第六章　亞細亞生產方式與所謂東方社會的特殊性　367

　　封建主義與專制主義的不相相容，倒不是說歐洲封建社會的君主們不想實行專制，或者沒有採取過專制的統治手段，而是說封建主義作為一種理念，在原則上與專制主義相悖。馬克思在《哲學的貧困》中說：「封建主義一開始就同宗法式的君主制對立。」[81] 在宗法式的君主制下，君主具有絕對權力，這就是專制主義；這是東方傳統社會的或西方前希臘社會的產物。在歐洲的封建社會中，雖然也實行世襲君主制的政體形式，但多採取等級君主制，即統治權力在君主和貴族之間分享。君主和貴族之間，即封君和封臣之間的關係，如前所說，主要的不是血緣關係，當然也不是以權力維繫的關係，而是契約關係，而契約關係本身就是與專制主義不相容的。顧准說，根據契約關係，「王侯超額索取，騎士可以反抗。這就是英國大憲章（Magna Charta）的來歷，也是英、法等國議會的實際起源。」顧准還說，「倘若上面對下麵的權力是絕對的，不可反抗的，那就是絕對君權，就是專制主義，就不是封建制度了。」[82] 因為封建主義與專制主義相悖，所以東方既有專制主義，就不可能有封建主義。

　　鑒於以上理由，本書認為，東方只有專制主義，沒有封建主義。但是問題在於，中國的周代有過封建社會，歐洲中世紀的 feudalism，漢語將之譯為「封建主義」——無論譯文恰當與否，已既成事實，無法改變，也無需改變——就是因為中國古代有過封建社會。因此，如何區別中國周代的封建社會與歐洲中世紀的封建社會，就是必須回答的問題。

　　中國周代的封建社會與歐洲中世紀的封建社會在形式上確有相似之處，都是國王把土地和土地上的居民分賜給受封者，受封的諸侯或封臣還可以把土地和居民分封給下一級的卿大夫或再封臣。於是，以土地為紐帶，形成了統治者之間的多層等級鏈條，他們彼此之間互有權利義務。但是，形式上的相似之處掩蓋不了二者之間本質上的區別。中國周代的封建制與歐洲中世紀的封建制的本質區別起碼有如下兩點：第一，產生的社會背景不同。西歐中世紀的封建制是在前希臘的中央集權制瓦解後，特別是在羅馬帝國的中央集權制瓦解後出現的，因此它是對集權制的反動。而中國周代的封建制則是在當時政權結構比較鬆散，尚無力實行自上而下的中央集權制的情況下，不得不採取的分封和封賞

81　《馬克思恩格斯選集》第 1 卷，北京：人民出版社，1972 年，第 140 頁。
82　《顧准文集》，貴陽：貴州人民出版社，1994 年，第 305 頁。

的手段維持統治的措施,其目標不是分權而是集權。第二,二者的目的和運行機制不同。西歐中世紀的封建制度是在日爾曼蠻族入侵後出現的,「其時戰亂頻仍,匪盜橫行,民眾需要地方上握有強權的貴族出面保護,強權者則通過提供保護以贏得對民眾和土地的控制,於是彼此建立一種互惠性契約關係」。[83] 中國周代的封建制度是「封土建國」和「裂土封邦」,即都是為了殖民建邦,維繫君臣之間關係的機制。如前所說,主要的不是契約關係而是血緣關係,作為血緣關係制度化表現形式的宗法制是其基石。在上述意義上,我同意馮天瑜的看法,可以將西歐封建制稱為「契約封建制」,將中國周代的封建制稱為「宗法封建制」。[84] 因此,中國周代的封建社會與歐洲中世紀的封建社會是兩種完全不同的社會形態,前者本質上仍然是亞細亞社會,它和馬克思的作為社會形態意義上的封建社會完全是兩回事。所以,不能因為中國周代有過名之為封建社會的社會,就得出東方有過封建社會的結論。

在東方有沒有封建社會的問題上,考察馬克思的觀點十分必要,因為很多論者正是以馬克思的名義論證東方有封建社會的。實際上,這是對馬克思的誤解。馬克思不僅正面認為東方沒有封建社會,而且在許多場合都旗幟鮮明地反對將歐洲的封建制度泛化至東方。這除了前文提及的印度因存在權力的長子繼承制而堵塞了封建主義的發展道路外,我們還可以舉出許多例證。比如,當讀到柯瓦列夫斯基在《公社土地佔有制》一書中認為在英國入侵以前,印度因擴大了采邑制和等級制,已發展成了封建主義一段文字時,馬克思作了如下批語:「由於在印度有『采邑制』、『公職承包制』(後者根本不是封建主義的,羅馬就是證明)和蔭庇制,所以柯瓦列夫斯基就認為這是西歐意義上的封建主義。別的不說,柯瓦列夫斯基忘記了農奴制,這種制度並不存在於印度,而且它是一個基本因素。」[85] 當柯瓦列夫斯基把土耳其的軍事移民區(如阿爾及利亞)命名為「封建的」時候,馬克思也表示反對,認為其說「是根據一個很不像話的理由」。[86] 而當英國人約翰·菲爾用歐洲封建社會來定性孟加拉和錫蘭的社

---

83 馮天瑜:《「封建」考論》,北京:中國社會科學出版社,2010 年,第 112 頁。
84 馮天瑜:《「封建」考論》,北京:中國社會科學出版社,2010 年,第 113 頁。
85 《馬克思古代社會史筆記》,北京:人民出版社,1996 年,第 78 頁。
86 《馬克思古代社會史筆記》,北京:人民出版社,1996 年,第 106 頁。

會性質時,馬克思嚴厲地斥責道:「菲爾這個蠢驢把村社的結構叫做封建的結構」。[87] 諸多史實表明,馬克思反對將歐洲的封建社會泛化至東方。在馬克思的眼中,東方只有專制主義,而無封建主義。

在歐洲以外的東方有沒有封建社會的問題上,馬克思的態度十分審慎。從目前掌握的資料來看,對西歐之外地區的封建社會,馬克思只承認日本德川時代一個特例。在《資本論》的一個注釋中,馬克思指出:「日本有純粹封建性的土地佔有組織和發達的小農經濟,同我們的大部分充滿資產階級偏見的一切歷史著作相比,它為歐洲的中世紀提供了一幅更真實得多的圖畫。」[88] 除此而外,馬克思從未認為東方有過封建社會。在上一節我們已經看到,馬克思論及東方社會與奴隸社會的區別。事實上,馬克思在論及東方社會與奴隸社會的區別的同時,幾乎每次也論及東方社會與封建社會的區別。所以,承認這一特例存在,並不妨礙我們得出普遍性的結論:東方(日本除外)沒有封建社會——不僅東方的亞洲沒有,俄國、東歐也沒有。把封建主義泛化、普世化的做法,不僅為馬克思所反對,也為許多西方學者所反對。以研究西歐中世紀封建社會著稱的馬克·布洛赫就反對把封建社會泛化至東歐斯拉夫地區的做法,認為東歐的完全不同的社會結構和特殊的發展軌跡不能和它們西部的鄰邦相提並論,就像19世紀經濟史中不能把歐洲和歐化的國家與中國和波斯混為一談一樣。[89] 既然東歐沒有封建社會,遑論亞洲。所以,我願意再次強調本書的結論:東方沒有封建社會。

既然東方(當然包括中國)沒有封建社會,中國學術界普遍認為的中國從秦至清的社會是封建社會的觀點是從何而來的呢?換言之,中國社會是如何被封建主義的呢?這是一個無法回避而且必須刨根究底的問題。

同中國社會是如何被奴隸制的問題一樣,中國社會是如何被封建主義的問題也需要追溯到恩格斯。如前所說,恩格斯是一位精神分裂的思想家,這在東

---

87 《馬克思古代社會史筆記》,北京:人民出版社,1996年,第385頁。
88 《馬克思恩格斯全集》第23卷,北京:人民出版社,1972年,第785頁,注192。
89 〔法〕布洛克:《歷史文集》,巴黎,1963年,第1卷,第124頁。轉引自〔英〕佩里·安德森:《從古代到封建主義的過渡》,上海:上海人民出版社,2001年,第5頁。

方有沒有封建社會的問題上也表現出來。一方面,恩格斯認同馬克思的東方沒有封建社會的觀點。1853年6月2日,馬克思在致恩格斯的信中說:「貝爾尼埃完全正確地看到,東方(他指的是土耳其、波斯、印度斯坦)一切現象的基礎是不存在土地私有制。這甚至是瞭解東方天國的一把真正的鑰匙。」[90] 同年6月6日,恩格斯在給馬克思的回信中表示完全贊同:「不存在土地私有制,的確是瞭解整個東方的一把鑰匙。這是東方全部政治史和宗教史的基礎。」不僅如此,恩格斯還進一步追問:「但是東方各民族為什麼沒有達到土地私有制,甚至沒有達到封建的土地所有制呢?我認為……」[91] 這就是說在顯意識中,恩格斯不認為東方國家的中古社會和前近代社會是封建社會。但是另一方面,在潛意識中恩格斯卻認為東方有封建社會。我所列舉的證據有如下兩點。第一,在1877年的《反杜林論》中,恩格斯雖然仍然堅持整個東方沒有封建的土地所有者,「甚至都沒有地主這個名詞」,但同時他也給東方存在封建社會開了一個口子:「只有土耳其人才在被他們所徵服的東方國家推行了一種地主封建制度。」[92] 根據1853年給馬克思的信的思想,恩格斯認為土耳其與波斯、印度等東方國家一樣,「沒有達到封建的土地所有制」,而現在卻認為土耳其是封建社會了——如果土耳其本身不是封建社會,怎麼可能「在被他們所徵服的東方國家推行了一種地主封建制度」。而從前文我們已經看到,把土耳其的軍事移民區(如阿爾及利亞)命名為「封建的」,不僅與恩格斯自己之前的思想是對立的,同時也是馬克思所反對的。第二,也是更重要的,《家庭、私有制和國家的起源》關於「文明時代出現過三種社會形態」的論述,為東方存在封建社會提供了理論依據。就是說,當恩格斯在1884年的《起源》中說,古代的奴隸制、中世紀的農奴制和近代的雇傭勞動制,「是文明時代的三大時期所特有的三大奴役形式」[93] 的時候,在將奴隸制泛化到東方的同時,實際上也在理論上將封建制泛化到了東方——儘管他自己可能沒有清醒地意識到這一點。以上兩點足以證明,恩格斯有泛化封建制的傾向。誠然,在恩格斯之前,將封建制主

90　《馬克思恩格斯全集》第28卷,北京:人民出版社,1973年,第256頁。
91　《馬克思恩格斯全集》第28卷,北京:人民出版社,1973年,第260頁。
92　《馬克思恩格斯選集》第3卷,北京:人民出版社,1973年,第215—216頁。
93　《馬克思恩格斯選集》第4卷,北京:人民出版社,1995年,第176頁。

義定義寬泛的現象已經存在。據布洛赫講,伏爾泰就有泛化封建制的傾向。[94]但是,伏爾泰的泛化封建制的傾向可能沒有直接影響到東方——俄國和中國,對俄國和中國的泛化封建主義產生直接影響的是恩格斯,因為恩格斯一直被俄國和中國的所謂馬克思主義者認為是與馬克思齊名的思想家——他的話也就是馬克思的話,而他的《反杜林論》和《家庭、私有制和國家的起源》,也一直被認為是馬克思主義的經典名著。

普列漢諾夫是恩格斯的泛化封建制思想的繼承者之一。1913年,普列漢諾夫說:「現在我們知道,不僅俄國——像西歐一樣——經歷過封建制度的階段。此外,我們知道埃及、迦勒底、亞述、波斯、日本、中國——總之,東方所有,或差不多所有文明國家,都同樣及時經歷過同一階段。」[95]很顯然,普列漢諾夫在這裡不僅在實證上將恩格斯的「東方只有土耳其有封建制」擴展到包括俄國在內的整個東方,而且在理論上將恩格斯的隱形的泛化封建制思想顯性化了。

普列漢諾夫像中國當今的許多學者一樣,是在承認東方和西方、俄國和西歐都有封建制度的前提下,比較東方和西方的、俄國和西歐的封建社會的異同的。在比較東西封建社會異同的時候,普列漢諾夫說:「在形成偉大東方專制國家的地方,也經歷過封建制度階段。但這些地方的土地佔有者雖曾作過努力,卻未能將封地轉變為世襲私產。國王不僅在原則上保持了對土地的最高權利,而且在實踐上也經常使用這一權利。」[96]在比較俄國和法國封建社會異同的時候,普列漢諾夫說,16世紀法國封建社會內部產生了強大的第三等級;這個等級在貴族和國王的鬥爭中,成為一支獨立且有影響的力量。而16世紀的莫斯科縉紳會議的代表,「幾乎完全是軍職人員的代表」,且惟君主之命是從。[97]普列漢諾夫對中世的東方和西方、俄國和法國差別的論述都是正確的。然而,普

---

94 〔法〕布洛赫:《封建社會》下卷,李增洪等譯,北京:商務印書館,2009年,第697頁。
95 〔俄〕普列漢諾夫:《俄國社會思想史》第1卷,孫靜工譯,北京:商務印書館,2009年,第15頁。
96 〔俄〕普列漢諾夫:《俄國社會思想史》第1卷,孫靜工譯,北京:商務印書館,2009年,第92—93頁。
97 〔俄〕普列漢諾夫:《俄國社會思想史》第1卷,孫靜工譯,北京:商務印書館,2009年,第100頁。

氏的這些認為東方和西方、俄國和西歐都有封建制度的觀點卻是錯誤的。普列漢諾夫的這些錯誤觀點，雖然在當時並未譯介到中國，因此未對中國社會的被封建主義產生直接影響，但是它對俄國社會的被封建主義的影響無疑是直接且巨大的。而自20世紀20年代開始，中國一直以俄為師，所以，普列漢諾夫的泛化封建觀，實際上也對中國社會的被封建主義產生了影響。

從外部力量來說，中國社會被封建主義的決定性推手是列寧和斯大林，這裡先說列寧。

1912年7月，列寧發表《中國的民主主義和民粹主義》的文章。在該文中，列寧認為，中國是一個「落後的、農業的、半封建」的國家；這種客觀條件，「在將近5億人民的生活日程上，只提出了這種壓迫和這種剝削的一定的歷史獨特形式——封建制度。」列寧還說：「農業生活方式和自然經濟占統治地位是封建制度的基礎；以這種或那種方式把中國農民束縛在土地上，這是他們受封建剝削的根源；這種剝削的政治代表就是封建主，以皇帝為整個制度首腦的封建主整體和單個的封建主。」[98] 在人類思想史上，列寧首開了將當時的中國社會定性為「封建」、「半封建」的先河。

列寧的上述文章在最初發表時，標題為《中國的德謨克拉西與民權主義》。該文發表後沒有立即譯介到中國，但十多年後通過多種途徑向中國傳輸。據研究，該文第一次譯成中文並在中國公開發表是在1927年4月，收錄在當時新青年出版社的《馬克思主義的民族革命論》一書中。1934年又發表在莫斯科蘇聯外國工人出版社出版的《列寧選集》中文版第7卷。20世紀30年代後期，共產國際通過多種管道，不斷地把在莫斯科翻譯出版的包含該文的列寧的著作中文本送到延安。[99]

在30年代初，列寧的這篇文章被人引用介紹到中國已有多次。1931年2月，朱新繁在《讀書雜誌》撰文，引述列寧的《中國的德謨克拉西與民權主義》中的上述這段話。[100] 1932年3月，朱其華在《讀書雜誌》發文，也譯引列寧的該

98　《列寧選集》第2卷，北京：人民出版社，1995年，第293頁。
99　李偉：《關於國內民粹主義研究的幾點討論》，載於：《馬克思主義研究》（北京），2003年，第1期，第35頁。
100 朱新繁：《關於中國社會之封建性的討論》，載於：《讀書雜誌》（上海），第1卷，1932年，第4—5期合刊（《中國社會史的論戰專號》），第53頁。

文的同一段落。[101] 譯文雖略有差異，但都是將中國當時的社會定性為「封建」或「半封建」社會。列寧的這篇文章被頻繁地介紹到中國，對中國思想界尤其馬克思主義者和共產黨人的影響是可想而知的。張鐵君在 1974 年發文說：「他（列寧）於 1912 年 7 月 15 日，在列佛星報發表一篇文字，題為《中國的德謨克拉西與民權主義》……。不料列寧的論文，竟成為抗戰時重慶共黨曲解民生主義的經典。」[102] 排除黨派攻訐中觀點的分歧不論，從此番文字看，中國共產黨受列寧此文中泛化封建觀的影響，應該是不爭的事實。

列寧對中國社會被封建主義的推動作用遠不止於上述文章。運用組織手段，即通過當時蘇俄操控的共產國際將一系列東方國家泛封建化，是列寧將中國社會「封建主義」的又一重要措施。

1920 年 6 月 5 日，在為共產國際第二次代表大會草擬的文件《民族和殖民地問題提綱初稿》中，列寧再次闡述其 1912 年文章的觀點，將包括中國在內的東方國家稱為「封建關係或宗法關係和宗法農民關係佔優勢的比較落後的國家和民族」，將東方國家的農民運動的任務規定為「反對地主、反對大土地佔有制、反對各種封建主義現象或封建主義殘餘」。[103]

1920 年 7 月 26 日，在《民族和殖民地問題委員會的報告》中，列寧在論及中國等東方國家的社會性質時說，「像波斯、土耳其、中國這一類的半殖民地國家……」。這一類國家性質的一半既然是半殖民地，那麼，另一半是什麼？在列寧看來，不言而喻，是「半封建」——這些「處於半封建依附地位的農民能夠出色地領會蘇維埃組織的思想，並且在實際中很好地運用它。」[104]

1922 年 1 月，在共產國際主導下，遠東各國共產黨及民族革命團體第一次代表大會在莫斯科召開，會議依據列寧的上述報告的精神，闡述了中國社會的性質和中國革命應當遵循的基本原則，中國共產黨、國民黨等許多黨派團體的

---

101 朱其華：《動力派的中國社會觀的批判》，載於載於：《讀書雜誌》（上海），第 2 卷，1932 年，第 2—3 期合刊（《中國社會史的論戰》第 2 輯，朱其華文第 5 頁）。
102 張鐵君：《唯物辯證法駁論》，載於《唯物辯證法評論集》（四），臺北：黎明文化事業公司，中華民國三十六年，第 147 頁。
103 《列寧選集》第 4 卷，北京：人民出版社，1972 年，第 274、275 頁。
104 《列寧選集》第 4 卷，北京：人民出版社，1972 年，第 333、335 頁。

代表,以及各界人士共四十多人參加了會議。列寧關於中國社會是「封建」、「半封建」社會的思想由此傳到了中國,並對中國思想界產生影響。

1922年11月,同樣在列寧的主導下,共產國際第四次大會通過的《東方問題之提要》稱,東方國家的社會制度是「封建宗法制度」,東方國家的統治者為「封建的或半封建半資產階級的」,因此,東方國家農民革命的物件是「殖民地的資產階級與封建地主或『封建資產階級的』地主」,而革命的任務則是「消滅封建制度,以及大地主制度和包辦地稅制度之遺跡」。[105] 該文於1923年被譯成中文,發表在中共中央理論性機關刊物《新青年》(季刊)上。

根據上述事實,我們看到列寧在將中國社會——從主觀上而不是客觀上——封建主義中的作用。這種作用如史家所說,把包括中國在內的東方國家的現存社會狀態劃入「封建制度」或「殖民地、半殖民地」、「半封建」社會,此一重要論斷,由列寧在1912年提出,又通過共產國際檔於20世紀20年代初傳入中國,直接啟動了大革命時期(1925—1927)的「反封建」宣傳。[106] 在此意義上,我認為列寧是中國社會被封建主義的一個決定性推手。

從外部力量來說,中國社會被封建主義的另一個決定性推手是斯大林,而斯大林則是通過在政治上打壓異見的方式將中國社會——從主觀上而不是客觀上——封建主義的。

1927年前後,蘇聯共產黨內部和共產國際內部同時就中國社會的性質問題展開爭論。爭論的焦點是,當時的中國社會究竟是亞細亞生產方式還是封建社會。很顯然,這種爭論一開始就帶有強烈的意識形態色彩,因為對中國社會性質的認定,關係到對中國革命性質的確認和革命目標的選擇。在這場爭論中,有足夠的證據表明,斯大林力主中國社會封建說,堪稱封建說的代表人物。至於亞細亞生產方式說的代表人物是誰似乎很難說,但至少共產國際東方部主任、匈牙利人馬札亞爾是代表者之一。

1928年,馬札亞爾在《中國農村經濟研究》一書中認為,自氏族社會解體後到帝國主義列強入侵中國以前,中國社會既不是奴隸社會,也不是封建社會,

---

[105] 孫武霞、許俊基編:《共產國際與中國革命資料選輯》(1919—1924),北京:人民出版社,1985年,第194、196頁。

[106] 馮天瑜:《「封建」考論》,武漢:武漢大學出版社,2007年,第222頁。

而是特殊的「亞細亞生產方法」的社會。後來，由於帝國主義列強入侵和對中國採取殖民政策，破壞了「亞細亞生產方法」的基礎，所以，「現代中國社會是由亞細亞生產方法進入資本主義的過渡期」。[107] 馬札亞爾的觀點當然不止是他一個人的觀點，而是代表了一個派別的觀點。

以馬札亞爾為代表的觀點，在當時的蘇聯就有不同意見。杜博洛夫斯基、約爾克、哥德斯等人，在文章和報告中都批評了馬札亞爾學派。米丁在後來出版的《歷史唯物論》一書中指出：「這一派獨立的亞細亞社會形態發明者的基本錯誤，在於他們不從基本的生產關係出發，不從階級關係出發去下生產方式的定義。……這等於承認亞細亞國家有特殊的發展道路，否認在今日中國這一類國家中有封建關係——跟帝國主義的剝削密切交融著的封建關係——的存在。由於這一種見解，托洛茨基主義者就否認東方國家中的布爾喬亞解放運動和布爾喬亞民主革命的重大意義」。[108] 從這裡我們看到，關於中國社會性質的爭論，一開始就與蘇聯黨內的鬥爭和共產國際內部的鬥爭密切相關。

1931年1月，在列寧格勒舉行了關於「亞細亞生產方式理論」的討論會。在會上，代表官方立場的共產國際的官員葉夫根尼·約爾克，對亞細亞生產方式說發表了態度強硬且措詞激烈的講話。他宣稱：「我要警告人們防備這種理論。真正重要的是要在政治上揭露它，而不是確立一種『亞細亞生產方式』究竟是否存在的『純粹真理』。」[109] 由於官方的主導，東方社會的亞細亞生產方式說被否定，認為它是一種非馬克思主義的學術觀點，其論者亦被看作是託派的代言人。因此，列寧格勒討論會具有明顯的拋棄馬克思關於亞細亞方式的概念，確立一種把中國社會和整個東方社會看成是封建主義的亞細亞變種的傾向。

然而，由於列寧格勒討論會的政治氛圍明顯強於學術氛圍，所以它得出的中國社會封建說自然不能服眾。而此時的列·達·托洛茨基雖然已被斯大林驅

---

107 轉引自周子東等：《三十年代中國社會性質論戰》，北京：知識出版社，1987年，第50頁。
108 轉引自周子東等：《三十年代中國社會性質論戰》，北京：知識出版社，1987年，第51頁。
109 轉引自〔美〕卡爾·魏特夫：《東方專制主義》，徐式穀等譯，北京：中國社會科學出版社，1989年，第425頁。

逐出境，但他在 1931 年 2 月完稿的《俄國革命史》中，仍然堅持他在 1922 年的《1905 年》中的沙皇俄國「在歐洲的絕對主義和亞洲的專制主義之間更接近於後者」[110] 的觀點。托氏在該文中說：「俄羅斯國家吞沒的人民財富在比例上遠遠超過了西方，因此，它不僅造成了人民的加倍貧困，而且也削弱了佔有者階級的基礎。……其結果是，官僚化的特權階級永遠發展不到頂點，而俄羅斯國家卻因此而更加接近於亞細亞專制主義。」[111]

這場爭論如果持續下去，無論在學術上還是在政治上將對托洛茨基有利，而對斯大林不利。於是，斯大林親自出馬了。為了扭轉歷史研究中的所謂虛無主義傾向，1931 年 11 月，斯大林借歷史學家斯盧茨基的論文一事打壓東方亞細亞生產方式說。他在《論布爾什維主義歷史中的幾個問題——給〈無產階級革命〉雜誌編輯部的信》中，把他與托洛茨基之間的黨內派別的鬥爭定性為敵我矛盾。斯大林堅決「抗議」編輯部把斯盧茨基的論文《布爾什維克戰前危機時期的德國社會民主黨》刊載在《無產階級革命》雜誌（1930 年第 6 期）上，認為這樣做「是犯了錯誤」。他說：「推動編輯部走上這條道路的是目前在一部分布爾什維克中間相當流行的那種腐蝕的自由主義。有些布爾什維克認為托洛茨基主義是共產主義的一個派別，它固然犯了錯誤，幹了不少蠢事，有時甚至具有反蘇維埃的性質，但總還是共產主義的派別。由此就產生了對托洛茨基分子和具有托洛茨基斯想的人的某種自由主義態度。幾乎用不著證明，這種托洛茨基主義的看法是極端錯誤和有害的。事實上托洛茨基早已不再是共產主義的一個派別了。事實上托洛茨基主義是反對共產主義、反對蘇維埃政權、反對蘇聯社會主義建設的反革命資產階級先鋒隊。」[112] 由於列寧格勒討論會的召開，尤其是斯大林的這封信的發表，至少在蘇聯共產黨內，也包括在共產國際內部，沒有人再討論亞細亞生產方式問題了；自然，中國社會的性質也就「不證自明」地被封建主義了。

斯大林對中國社會性質和東方社會性質的封建說的認定，無疑與列寧格勒

---

110 Leon Trotsky, *1905*, Translated by Anya Bostock, New York: Vintage Books, 1972, p.8.
111 轉引自〔意〕翁貝托・梅洛蒂：《馬克思與第三世界》，高銛等譯，北京：商務印書館，1981 年，第 106 頁。
112《斯大林全集》第 13 卷，北京：人民出版社，1956 年，第 76—77、87—88 頁。

討論會一樣，仍然採用的是政治的而不是學術的手段。為了給中國社會性質和東方社會性質的封建說戴上理論的光環，前一節已經提及，斯大林於1938年提出了所謂的五種社會形態理論：「歷史上有五種基本類型的生產關係：原始公社制的、奴隸佔有制的、封建制的、資本主義的、社會主義的。」[113] 如前所說，斯大林的五種社會形態說的要害問題之一是取消了馬克思的亞細亞生產方式說，用原始社會代之。要害問題之二，它不是說各民族正在或者將要經歷這五種社會形態，而是說，各民族已經各自地經歷了前三種或前四種社會形態，而蘇聯已經進入社會主義社會。這樣，也就對中國社會性質的封建說從理論上打上了一根鉚釘。至此為止，由於斯大林接續列寧之後的決定性的推動，中國社會性質的封建說，在國際範圍內已被定論。

在上述國際背景下，中國人開始思考和討論中國傳統社會和當時社會的性質問題。這裡首先需要說明一點：在鴉片戰爭之後，中國人有了瞭解西方的機會，開始將中國社會與西方社會相比較。直至接觸馬克思主義之前，中國知識人對中國社會的性質是有認識的，儘管這種認識比較模糊也比較膚淺，沒有具體的社會形態概念，但有一點是清楚的，而且基本上是一致的，那就是中國在周代是「封建社會」，自戰國後，尤其自秦以後，一直是專制主義社會。然而，在接觸馬克思主義──準確地說，應該是從蘇俄轉手過來的馬克思主義之後，中國人開始使用社會形態意義上的奴隸社會、封建社會之類的概念思考中國社會性質了。

1915年，陳獨秀在《敬告青年》中使用「封建」概念。他說：「舉凡殘民害理之妖言，率能徵之故訓，而不可謂誣，謬種流傳，豈自今始！固有之倫理，法律，學術，禮俗，無一非封建制度之遺」。[114] 顯然，在陳獨秀的心目中，封建與愚昧、落後、保守乃至反動同義，而且中國自古以來，至遲自秦漢以來，一直是封建社會。

也在1915年，陳獨秀在論述教育方針時，倡導「惟民主義」，批判專制主義。他說：「封建時代，君主專制時代，人民惟統治者之命是從，無互相聯

---

113 《斯大林文選》上冊，北京：人民出版社，1962年，第199頁。
114 陳獨秀：《敬告青年》，載於：《新青年》（上海），第1卷，第1號（1915年9月15日）。

絡之機緣,團體思想,因以薄弱。」[115]陳獨秀在這裡將「封建時代」與「君主專制時代」作為同義語使用,說明在他的心目中,中國歷史上君主專制的社會也就是封建社會。

還是在 1915 年,陳獨秀在比較東西方民族精神的差異時認為,西方民族主個人本位,東方民族則相反。「東洋民族,自遊牧社會,進而為宗法社會,至今無以異焉;自酋長政治,進而為封建政治,至今亦無以異焉。宗法社會,以家族為本位,而個人無權利,一家之人,聽命家長。」[116]從陳獨秀使用的遊牧社會、宗法社會及酋長政治、封建政治等概念來看,他是讀過嚴復翻譯的、愛德華·甄克思的《社會通詮》,但是,他將這些概念完全混淆了:既然東方處於宗法社會,「至今無以異焉」,怎麼又「進而為封建政治」了呢?顯然,在這裡,陳獨秀又把宗法社會和封建政治(封建社會)相混同。雖然此時陳獨秀的錯誤認識屬於個人行為,但是,他是當時新文化運動的領導人,而且後來又成了共產黨的領導人,他的錯誤認識也就不能不對中國思想界和中國共產黨產生影響。

1923 年,李達在《馬克思學說與中國》中分析中國形勢時說:封建階級已經成熟,有產階級正在形成,無產階級正在形成;代表各階級的黨派分別是:北洋正統、國民黨和共產黨。[117]在李達看來,當時中國社會的性質無疑是封建社會,所以封建階級應該是革命的物件了。1927 年初,李達的《社會之基礎知識》再次強調,「中國是一個半殖民地的民族,同時又是半封建的社會。所以為求中國的生存而實行的中國革命,一面要打倒帝國主義,一面要剷除封建遺物,前者是民族革命的性質,後者是民主革命的性質」。[118]

1928 年,蔡和森也認為,現階段中國社會是「半封建半農奴制」,「封建殘餘,在全中國還占很重要的地位」,因此中國革命現在階段具有「資產階級

---

[115] 陳獨秀:《今日之教育方針》,載於:《新青年》(上海),第 1 卷,第 2 號(1915 年 10 月 15 日)。
[116] 陳獨秀:《東西民族根本思想之差異》,載於:《新青年》(上海),第 1 卷,第 4 號(1915 年 12 月 15 日)。
[117]《李達文集》第 1 卷,北京:人民出版社,1980 年,第 211 頁。
[118]《李達文集》第 1 卷,北京:人民出版社 1980 年,第 558 頁。

民權革命的性質」。[119]

　　除了黨的領導人持 20 世紀 20 年代中國社會是封建或半封建制觀點外，中國共產黨作為一個整體，由於受蘇聯共產黨和共產國際的泛義封建說的影響，也持此說。1922 年 6 月 15 日，中共中央發表《中國共產黨對於時局的主張》，開篇講道：「中國經過了幾千年的封建政治，人民生活基礎自來都建設在農業經濟上面」，辛亥革命開闢了中國歷史的新紀元，但是辛亥革命沒有成功，「所以未能成功之主要原因，是因為民主派屢次與封建的舊勢力妥協」。該文還認為，中國社會的性質名為共和國家，實際上仍舊是「半獨立的封建國家」。因此，當前中國共產黨的任務就是「共同建立一個民主主義的聯合戰線，向封建式的軍閥繼續戰爭」。[120]1922 年 7 月召開的中共二大，仍然秉承列寧力主的泛義封建說。

　　成立初期的中國共產黨，雖然受外部影響很深，但在對中國社會性質的認識上仍然出現過不同的聲音。1927 年 11 月，中國共產黨在瞿秋白主持下通過的《關於土地問題黨綱草案的決議》認為，中國自秦始皇以後，由於自然因素和歷史因素的綜合，最終形成的是馬克思所稱為的「亞洲式的生產方法」社會。[121] 但是，畢竟外部勢力太強大。1927 年底，由於托洛茨基被開除出黨，為了與託派觀點劃清界線，1928 年 7 月，中共六大不僅改變了 1927 年的關於中國社會性質的觀點，而且六大通過的《土地問題決議案》對此前主張的亞細亞生產方式說作了批評：「如果認為現代中國社會經濟制度，以及農村經濟，完全是從亞洲式生產方式進於資本主義之過渡的制度，那是錯誤的。」[122] 自此以後，中共堅持的中國社會性質封建論的觀點一直沒有改變。

　　中國社會之被封建主義，除了中國共產黨及其領導人的努力以外，歷史學家們也沒有少做「貢獻」。

　　1930 年 11 月，翦伯贊在《三民半月刊》發表《中國農村社會之本質及其

---

119 《蔡和森文集》下冊，長沙：湖南人民出版社，1979 年，第 199 頁。
120 《先驅》（北京），第九號，1922 年 6 月 20 日。
121 中央檔案館編：《中共中央檔選集》第 3 冊，北京：中共中央黨校出版社，1983 年，第 392 頁。
122 中央檔案館編：《中共中央檔選集》第 4 冊，北京：中共中央黨校出版社，1989 年，第 337 頁。

史的發展階段之劃分》一文，批判中國農村社會性質的「亞細亞的生產方法」說，認為「中國農村社會的本質，實在不是一個獨特的或是亞細亞的生產方法，而是封建的生產方法。」[123]1938年，在《歷史哲學教程》中，翦伯贊再次強調：「中國現階段的社會，絕不是資本主義社會，而是半封建半殖民地的社會。」[124]

呂振羽在1933年出版的《史前期中國社會研究》中，雖然檢討了自己「曾誤受」1931年2月的「亞細亞生產方式」討論會中戈德斯等人主張的所謂「亞細亞生產方式」就是「封建主義」觀點的「影響」，但是他仍然認為，戈德斯對於馬紮亞爾學派主張的東方社會「亞細亞生產方式說」的批判中「大部分」——對「中國革命的實踐問題」的解答，「是正確的」，並不否認中國有過封建社會。[125]而在1947年出版的《中國社會史綱》中，呂振羽則明確主張中國有封建社會的觀點：具體地說，中國在夏之前是原始社會，殷代為奴隸制社會，周代為初期封建社會；由秦代到鴉片戰爭前這一階段，為變種的封建社會時代，由鴉片戰爭到現在，為半殖民地半封建社會。[126]

范文瀾的出版於1941年的《中國通史簡編》在把中國社會奴隸制的同時，也把中國社會封建主義——而且是自西周以降三千年一以貫之的封建主義。他在該書中以封建社會為綱，把中國的所謂封建社會分為三個時期：西周是封建制度開始時代，後延至春秋戰國時期；秦漢至南北朝是中央集權的封建國家；隋唐至明清是封建制度社會螺旋式的繼續發展時期。在第三個時期中，唐是「封建制度發展時代」，宋是「封建制度進一步發展時代」，明則是「封建制度更高發展時代」。[127]在這裡，范文瀾將中國傳統社會的歷史系統地封建主義化了。

在將中國社會從主觀上推向封建主義的歷史學家中，「貢獻」最大者非郭沫若莫屬。在1929年出版的《中國古代社會研究》中，郭沫若認為，從周室東遷以後，中國社會就「由奴隸制逐漸轉入了真正的封建制」，「後來在秦統一了天下以後，在名目上雖然是廢封建而為郡縣，其實中國的封建制度一直到最

---

123 《三民半月刊》（南京），1930年，第6期，第38頁。
124 翦伯贊：《歷史哲學教程》，北京：北京大學出版社，1990年，第172頁。
125 《呂振羽集》，北京：中國社會科學出版社，2001年，第54頁。
126 呂振羽：《中國社會史綱》，上海：上海耕耘出版社，1947年，第7—36頁。
127 范文瀾：《中國通史簡編》，北京：商務印書館出版社，2010年。

近百年都是很巍然的存在著的。」[128] 郭沫若強調，實際上「秦始皇不愧是中國社會史上完成了封建制的元勳」，拘泥於中國史籍上的文字，「說中國封建社會在秦時就崩潰了，那簡直是不可救藥的錯誤。」[129] 基於上述認識，郭沫若對中國社會四千多年歷史的階段作出了劃分：一，西周以前是原始公社制；二，西周時代是奴隸制；三，春秋以後是封建制；四，（始於英國入侵的）近百年時間是資本制。[130] 近百年來，尤其近半個多世紀以來，郭沫若的書，特別是《中國古代社會研究》，一直被中國史學界奉為史學經典，一版再版，版本達十數種之多，印數更無法計算，在史學界乃至整個學術界影響極大。

在 20 世紀 20 年代至 30 年代末中國社會性質的論戰中，不乏不同於上述史學家們的聲音。比如，胡秋原就主張東方社會的亞細亞生產方式說，認為「如果要應用亞細亞生產方式這名詞，那麼，就是指中國（或印度）之先資本主義制的複合方法（……），就是指亞洲的專制主義。」他還說，「中國東周的封建主義，因商品經濟之分解，發生變質而為專制主義，自秦至清末，就在（亞細亞生產方式）這一個階段。」[131] 瞿同祖也持此觀點。他認為，中國的封建社會在「春秋時代已呈崩潰的現象，但一直到秦統一天下才全盤地將封建制度推翻。」瞿同祖還認為，中國封建社會的崩潰「是不可避免的事實，是自然的發展，不過經秦國加以政治力量的結束而已。秦國若不如此，遲早總有一國會這樣地結束了封建制度，而代以中央集權的國家。」[132] 瞿同祖說的「中央集權的國家」就是亞細亞生產方式，而不是封建社會。但是，主張中國傳統社會是亞細亞生產方式的聲音顯然十分微弱，根本不能與占主導地位的中國社會性質的封建說相抗衡。

中國社會之被人們從主觀上錯誤地推向封建主義，毛澤東的作用不可低估。這不僅因為從 20 年代開始，毛澤東就陸續使用關於中國社會的「封建」、「封建制度」等概念，更主要的在於，在上述關於中國社會性質兩種意見的爭

---

128 郭沫若：《中國古代社會研究》，上海：現代書局，1929 年，第 19 頁。
129 郭沫若：《中國古代社會研究》，上海：現代書局，1929 年，第 20 頁。
130 郭沫若：《中國古代社會研究》，上海：現代書局，1929 年，第 23 頁。
131 胡秋原：《亞細亞生產方式與專制主義》，載於《讀書雜誌・中國社會史的論戰》（上海），1932 年，第 7—8 期，第 219—243 頁。
132 瞿同祖：《中國封建社會》，北京：商務印書館，1937 年，第 357 頁。

論中,由毛澤東一錘定音般地做了結論。1939年5月在《五四運動》一文中,毛澤東把當時中國共產黨進行的革命定性為資產階級民主革命,其任務是推翻「國外帝國主義勢力和國內封建勢力」;「這種民主革命是為了建立一個在中國歷史上所沒有過的社會制度,即民主主義的社會制度,這個社會的前身是封建主義的社會(近百年來成為半殖民地半封建的社會),它的後身是社會主義的社會。」[133]

1939年12月,在《中國革命和中國共產黨》一文中,毛澤東將中國傳統社會的性質講得更加明確:「中國自從脫離奴隸制度進到封建制度以後,其經濟、政治、文化的發展,就長期地陷在發展遲緩的狀態中。這個封建制度,自周秦以來一直延續了三千年左右。」[134]

1940年1月,毛澤東在《新民主主義論》中又一次指出:「自周秦以來,中國是一個封建社會,其政治是封建的政治,其經濟是封建的經濟。而為這種政治和經濟之反映的占統治地位的文化,則是封建的文化。」毛澤東接著說:「自外國資本主義侵略中國,中國社會又逐漸地生長了資本主義因素以來,中國已逐漸地變成了一個殖民地、半殖民地、半封建的社會。」毛澤東強調,這就是現時中國社會的性質,這就是現時中國的國情。[135]

20世紀40年代以後,郭沫若等許多歷史學家都根據毛澤東的觀點為中國社會定性,進行歷史階段劃分,郭沫若的「戰國封建說」即在此間定型。50年代起,隨著中共的建政,中國傳統社會是封建社會的觀點更是充斥教科書、工具書和各種宣傳讀物。甚至對外宣傳也是如此。有論者指出,1959年在北京用法文出版的翦伯贊、邵循正和胡華合著的《中國通史》中,一開始就宣稱:「如同世界上其它所有國家一樣,中國的歷史也經過了原始公社、奴隸社會和封建社會等各個階段。」甚至連封建或奴隸社會的特殊的東方變種也不再提了,而那種提法在列寧格勒辯論會的結論中是被承認的。[136] 以致現在,中國傳統社會是封建社會的觀點已經深深地紮根於廣大民眾之中,甚至包括歷史學科在內的

133《毛澤東選集》第2卷,北京:人民出版社,1990年,第522、523頁。
134《毛澤東選集》第2卷,北京:人民出版社,1990年,第586頁。
135《毛澤東選集》第2卷,北京:人民出版社,1990年,第625頁。
136〔意〕梅洛蒂:《馬克思與第三世界》,高銛等譯,北京:商務印書館,1981年,第19頁。

所有人文社會學科的絕大多數學者，也普遍認為中國自秦至清的傳統社會是封建社會。——中國社會就是這樣被封建主義的。

中國社會由於不是在客觀上而是在主觀上被封建主義（以及此前所說的被奴隸制），在理論上造成了極其嚴重的混亂。這種混亂至少有如下幾點：1. 中國歷史上有沒有奴隸社會，中國學術界的觀點一直不統一。2. 奴隸社會和封建社會的分期，學術界內部爭得一塌糊塗，僅郭沫若一人就有三種觀點。3. 中西封建社會能否比較，看法也不一致。4. 為什麼中國長期走不出封建社會？或者說，在兩千多年中，中國為什麼發展不出資本主義？更是一個久爭不息的問題。而為了回答這個問題，又有了各種莫名其妙的答案，其中包括在學術界影響頗大的金觀濤的「中國封建社會超穩定結構」論。[137] 等等。為什麼理論上出現如此嚴重的混亂？答案其實很簡單，而且只有一個：因為上述所有問題都是偽問題。中國自從進入階級社會後，三千年以來，一直處在亞細亞生產方式之下，從來沒有變過，既沒有出現過奴隸社會，也沒有出現過封建社會，更沒有出現過資本主義社會。學術界所說的中國的奴隸社會和封建社會，實際上都是亞細亞社會。因為中國一直處在亞細亞生產方式之下，當然找不到一個可以將亞細亞社會和奴隸社會分開的標誌，也找不到一個可以將奴隸社會和封建社會分開的節點。因為中國一直沒有走出亞細亞生產方式，何談走出封建社會。與其問中國為什麼發展不出資本主義，不如問中國為什麼發展不出奴隸制和封建主義更為恰當。而中西封建社會能否比較，不管作肯定回答還是否定回答，都是錯的，因為它壓根就是一個偽問題。然而，問題的嚴重性還在於，近百年來，直至現在，這些偽問題仍然是學術界討論、「研究」的主要內容。無數人窮經皓首，一生致力於這些偽問題的研究。為了早日結束這種研究偽問題的局面，更為了使人們對中國社會的性質有一個正確的認識，揭示中國社會被封建主義的原因似有必要。

近百年來，中國社會之所以一步步地被封建主義，原因當然很多，非此處的篇幅所能盡述，就主觀而言，主要有以下幾點：

第一，從認識論上看，缺乏形態學觀念，這是中國社會被封建主義的根本

---

137 金觀濤：《在歷史的表像背後——對中國封建社會超穩定結構的探索》，成都：四川人民出版社，1984 年。

原因。

　　鴉片戰爭以後，特別是十月革命以後，中國人開始接觸並瞭解西方，也逐漸開始瞭解馬克思主義，知道了歐洲歷史發展的幾個階段和馬克思的社會發展形態理論。在這一背景下，尤其是在20世紀20年代至30年代的中國社會史論戰中，以郭沫若為代表的一批所謂新銳學人，力圖以馬克思主義為指導，追求歷史規律的「普遍性」和歷史發展的「統一性」，這本是一種十分可貴的精神、一種有益的追求。然而，他們普遍地有一個致命的弱點，即缺乏歷史的或文化的形態學觀念。他們只知道各民族的歷史發展中存在普遍性和統一性，但是，他們不知道各民族的歷史發展中並不存在同步性。就是說，東方民族（當然包括中國）和西方民族的歷史發展並不是同步的，這一點他們根本不知道，甚至從來就沒有想過。由於缺乏形態學觀念這一致命弱點，他們不可能真正理解馬克思的社會形態理論。於是，他們就以歐洲歷史為模式，在歐洲的古典時期找出中國的奴隸社會，在歐洲的中世紀找出中國的封建社會（甚至後來有人在與歐洲近代早期相當的明清之際找出中國的資本主義）。郭沫若說「中國人不是神，也不是猴子，中國人所組成的社會不應該有甚麼不同」，[138] 翦伯贊說「世界其它文化民族所曾經過的歷史發展諸階段，在本質上，中國也曾一樣經過了的」，[139] 以及范文瀾說中國古代社會的發展與世界上別的許多民族一樣，「曾經經過了原始公社制社會、奴隸社會和封建社會諸階段」[140] 等等，都是缺乏形態學觀念的典型表現。這種觀念不僅主導著中國20世紀前半期的史學研究，也主導著中國20世紀後半期的史學研究，甚至主導著中國當前的史學研究。在這種沒有形態學觀念的觀念主導下，要想中國社會不被封建主義是不可能的。

　　第二，從文化心態上看，中國傳統文化的缺乏理性而導致的狹隘的民族主義，是中國社會被封建主義的內在的精神動因。

　　按照歷史的實際和馬克思的理論，中世紀的歐洲已處於封建社會，但同期的乃至近代的中國仍然處在亞細亞生產方式之下，這一嚴酷的現實對於在缺乏理性的中國傳統文化中成長起來的知識份子來說，他們狹隘的民族主義感情無

---

[138]《郭沫若全集》歷史編，第1卷，北京：人民出版社，1982年，第6頁。
[139] 翦伯贊：《歷史哲學教程》，北京：北京大學出版社，1990年，第175頁。
[140] 范文瀾：《中國通史》第1冊，北京：人民出版社，1979年，「前言」第3—4頁。

論如何是接受不了的。為了民族的「尊嚴」，他們不知不覺地讓理性屈從於情感，或不假思索地或苦心專研後牽強附會地得出結論：中國的前近代也是封建社會，這樣中國和西方就平起平坐了。需要進一步指出的是，在 20 世紀，將東方社會封建化的不獨是中國，而是一種普遍的國際現象。除了中國以外，土耳其、波斯、印度以及埃及等許多亞非國家，都被各自歷史的嚴肅研究者說成曾經是封建國家，而與中世紀的英國、法國、德國平起平坐。安德森指出：「政治上反抗歐洲優越性這種帝國主義意識形態，導致了學術上把從一個大陸（歐洲）的歷史得出的歷史概念加以擴展，用以解釋其它或所有大陸的演變。從未有任何一個術語像封建主義這樣不分青紅皂白地普遍地推而廣之，在實踐中經常用來指介於部落社會和資本主義社會這兩極之間的、沒有打上奴隸制烙印的任何社會形態。」[141] 在這種狹隘的民族主義的國際思潮的裹挾之下，中國不能免俗，像許多東方國家一樣被稀裡糊塗地封建主義了。

第三，從國際背景的政治上看，蘇俄輸出革命的需要，是中國社會被封建主義的直接原因的一個方面。

眾所周知，只有將中國的傳統社會說成是封建社會，將中國 20 世紀前期的社會說成是半殖民地半封建社會，才能將中國當時的革命定性為「反帝反封建」的革命，才能為緊接而來的反資產階級的社會主義革命提供理論前提。出於這一目的，蘇俄，特別是列寧和斯大林，罔顧中國歷史，也罔顧馬克思主義，硬生生地將中國傳統社會定性為封建社會，這是中國社會被封建主義的直接原因的一個方面。

第四，從國內背景的政治上看，政治宣傳的需要，是中國社會被封建主義的直接原因的另一個方面。

與上述第三點密切相連，也同樣眾所周知，成立之初的中國共產黨實際上

---

141 〔英〕安德森：《絕對主義國家的系譜》，劉北成等譯，上海：上海人民出版社，2001 年，第 431 頁。

是蘇俄主導下的共產國際下屬的一個支部。[142] 共產國際（實際上是蘇共）不僅影響著而且應該說是左右著中共；共產國際的（實際上是蘇共的）理論和指導思想，也就是中共的理論和指導思想。蘇共有輸出革命的需要，中共也有輸入革命的需要。中共為了進行所謂的反帝反封建的革命，當然要將中國的傳統社會定性為封建社會。而為了將中國傳統的「非封建」甚至「反封建」的社會定性為封建社會，必然要濫用「封建」的概念進行政治宣傳。對此，李慎之講得十分透徹：「濫用『封建』這個詞原來正是政治勢力壓倒『知識份子的人文精神』的結果。因為時下所說的『封建』以及由此而派生的『封建迷信』、『封建落後』、『封建反動』、『封建頑固』……等等並不合乎中國歷史上『封建』的本義，不合乎從 Feudal, Feudalism 這樣的西文字翻譯過來的『封建主義』的本義，也不合乎馬克思、恩格斯所說的『封建主義』的本義，它完全是中國近代政治中為宣傳方便而無限擴大使用的一個政治術語。」[143] 原因已經十分清楚，國內背景上政治宣傳的亦即意識形態的需要，是中國社會被封建主義的直接原因的另一個方面。

第五，從思維方式上看，中國傳統文化的不講邏輯，是中國社會被封建主義的潛在原因。

以上幾個原因雖然都十分重要，但並不能僅憑此幾點將中國社會封建主義。當中國的知識份子和政治家們欲將中國傳統社會人為地封建主義的時候還有一個不可逾越的障礙：歐洲封建主義的本義是主張分權和反對專制的，而中國自秦以來的傳統社會一直是強調集權和專制的。如果把中國的傳統社會說成是封建社會，這個矛盾如何解決？這時，中國傳統文化中的另一個因數——不講邏輯起作用了。按照形式邏輯的基本常識，一個概念的內涵越大越豐富，其外延就越小，反之亦然。根據這個原理，主張分權和反對專制的封建社會只存

---

[142] 據史載，1919年初，共產國際成立後，特別是1920年3月，「中俄交通打開後，共產國際使者來華並開始革命活動……在共產國際的幫助下，開始創建中國共產黨。」（向青：《共產國際與中國革命關係論文集》，上海：上海人民出版社，1985年，第57頁。）李慎之：《「封建」二字不可濫用》，載於李慎之、何家棟：《中國的道路》，廣州：南方日報出版社，2000年，第208頁。
[143] 李慎之：《「封建」二字不可濫用》，載於李慎之、何家棟：《中國的道路》，廣州：南方日報出版社，2000年，第208頁。

第六章　亞細亞生產方式與所謂東方社會的特殊性

在於歐洲（姑且不考慮日本），而既主張分權和反對專制，同時又強調集權和專制的「封建社會」，即符合這一內涵的「封建社會」概念，世界上根本找不到。但是，同是在不講邏輯的中國傳統文化中成長起來的知識份子和政治家們顧不得這些，他們乾脆把與封建主義的本義相去甚遠，甚至反封建的專制主義和中央集權說成是封建社會。呂振羽說中國傳統社會是「專制主義的封建制」[144]，翦伯贊說中國秦以後的社會是「專制的封建制」[145]，以及范文瀾說中國秦漢以後是「中央集權的封建國家」[146]等類似的提法，都是沒有邏輯的思維方式的表現。也許是應了「當局者迷，旁觀者清」這一俗語，也許是受過西方文化中理性主義濡染的知識份子更加高明。關於這個問題，日本京都大學教授中村哲在上世紀70年代就作過評析：「日本至少在近世（幕藩體制期間，按這裡所言的時代劃分看，相當於中世後期）是封建制，對於未形成歐洲型封建制的其它亞洲諸國——朝鮮、中國、印度等，這種問題的提起本身是不成立的。因此，結果是否定亞洲的中世，而將其納入亞洲的古代。較之歐洲，亞洲前近代的發展就顯得何等遲緩了。如果將亞洲的中世紀規定為封建制，在實證方面難度又很大。如果困難太大，想回避這一問題，便只有擴大封建制的概念使之接近於實證。這樣一來，就喪失了封建制概念的嚴密性。」[147] 問題應該比較清楚了。中國傳統文化的不講邏輯，是中國社會被封建主義的潛在原因，也為中國社會的被封建主義掃清了最後障礙。

　　上述幾個方面原因的綜合，中國傳統社會終於不幸地被封建主義了。然而，所幸的是，近年來，不斷有人對中國傳統社會的封建說進行質疑，而在這種質疑中，不得不特別提及的是馮天瑜的《「封建」考論》。該書對東方特別是中國的傳統社會不是封建社會及其如何被泛封建化的問題作了全面系統的考察和論證，是著者所見到的質疑泛化封建論的集大成的著作，對於史學研究具有積極意義。但是問題在於，在否定了泛化封建論之後，該書得出的結論，即對中國歷史階段的劃分和命名則大有商榷的餘地。

---

144 呂振羽：《中國社會史綱》第1卷，上海：耕耘出版社，1947年，第30頁。
145 翦伯贊：《歷史哲學教程》，北京：北京大學出版社，1990年，第175頁。
146 范文瀾：《中國通史簡編》，北京：商務印書館，2010年，第109頁。
147〔日〕中村哲：《奴隸制與農奴制的理論——馬克思、恩格斯歷史理論的重構》，
　　凍國棟等譯，武漢：武漢大學出版社，1994年，第127頁。

《「封建」考論》是這樣劃分和命名中國歷史階段的：原始時代；氏族共同體時代（先夏及夏代）；（宗法）封建時代（商代及西周）；皇權時代（秦至清）；共和時代（清以後）。[148]

這種對中國歷史階段的劃分和命名，需要商榷的問題很多。其它問題不說，只說一點。把秦至清的中國傳統社會定性為「皇權時代」的社會，一般說來是可以接受的，孤立地看也是正確的。但是問題在於，《「封建」考論》所說的「皇權時代」的社會，既無法在馬克思的社會形態理論中找到相應的位置，也無法與歐洲的歷史發展進程相比較。因為《「封建」考論》既否定馬克思的社會形態理論的普遍性，又否定歐洲的歷史發展進程的普遍性，並且認為亞細亞生產方式只是亞洲獨具乃至亞洲各國也各不相同的社會形態。[149] 這樣，中國人就變成了郭沫若歪打正著地所說的「神」或者「猴子」，因為中國兩千多年的歷史過程無法與其它文化民族相比較。如果說郭沫若等人的問題如馮天瑜所說，是「在強調歷史發展的『統一性』之際，排斥歷史發展的『多樣性』存在」[150]，馮天瑜的問題則與郭沫若等人的問題相反並相對等（借用馮天瑜的觀點和語式），在強調歷史發展的「多樣性」之際，排斥歷史發展的「統一性」存在。

其實，如前文所說的，郭沫若等人所犯的不是「排斥歷史發展的『多樣性』存在」的錯誤——將歷史發展的所謂「多樣性」與「統一性」平等對置的觀點本來就是應該排斥的，[151] 而是缺乏歷史形態學的錯誤。而馮天瑜所犯的錯誤（對不起，請允許我直截了當地使用「錯誤」一詞），由於他排斥了歷史發展的「統一性」，因此也就從根本上拋棄了歷史形態學，從而使他對中國歷史階段的劃分和命名，特別是關於「皇權時代（秦至清）」一段，既無法在馬克思的社會

---

148 馮天瑜：《「封建」考論》，北京：中國社會科學出版社，2010 年，第 423 頁。
149 馮天瑜：《「封建」考論》，北京：中國社會科學出版社，2010 年，第 295 頁及其前後。
150 馮天瑜：《「封建」考論》，北京：中國社會科學出版社，2010 年，第 426 頁。
151 所謂歷史的發展是「多樣性」與「統一性」相統一的觀點流傳甚廣，實際上並不正確，至少並不準確。因為這一命題在理論上包含著邏輯悖論，而實際上在許多使用這一命題的論者那裡，是以歷史發展的所謂「多樣性」否定歷史發展的「統一性」的。因此，正確的或準確的提法應該是：歷史的發展是「表像上的多樣性」與「本質上的統一性」的統一。

形態理論中找到相應的位置,也無法與歐洲的歷史發展進程相比較。如此說來,由於馮天瑜的中國社會史的階段劃分和命名只有編年史的時間概念,而無形態學的時間概念,所以洋洋數十萬言的《「封建」考論》,很可能只是一棵枝葉繁茂、花團錦簇但不結果子的觀賞樹。

本書的觀點是:1. 東方沒有封建社會——馬克思的社會形態意義上的即歐洲的封建社會;2. 中國秦至清的所謂封建社會,是學者們和政治家們在沒有文化形態學觀念的情況下,以及在狹隘的民族主義情緒的鼓動之下,為了適應政治鬥爭的需要而人為地製造出來的;3. 中國沒有封建社會,不是說中國在編年史的歐洲中世紀期間走著一條特殊的道路,而是既沒有達到封建社會的發展程度,也沒有達到奴隸社會的發展程度,即仍然處在亞細亞生產方式的發展階段。關於這一點,除了本章第二節所作的論證外,下一節還將繼續討論。

第五節

馬克思所謂的「四種生產方式」在空間上是否具有普遍性(上)——古代社會和封建社會在何種意義上不可超越

本節主標題中的馬克思所謂的「四種生產方式」,指的是馬克思在《〈政治經濟學批判〉序言》中講的「亞細亞的、古代的、封建的和現代資產階級的生產方式」。關於亞細亞的生產方式在空間上是否具有普遍性的問題,本章第一節已經討論,本節和下一節分別討論古代的、封建的和現代資產階級的生產方式在空間上是否具有普遍性。

本節副標題中的「古代」是指古典古代,古代社會即古典社會,亦即奴隸社會。

既然中國仍然處在亞細亞生產方式的發展階段,那麼,奴隸社會和封建社會的發展階段可以超越嗎?本節將對這個問題進行討論。

如前所述，在學術界尤其中國學術界，人們相當普遍地認為，中國像歐洲國家一樣經歷了奴隸社會和封建社會；儘管有些特殊性，只是在近代跨越了資本主義社會，現在已經處在比前面幾個階段更高的發展階段。然而，這個觀點大有商榷的餘地。

奴隸社會可以超越嗎？

奴隸社會首先是一種經濟形態。這種經濟形態的基本特徵是：土地國有制已經解體；在土地國有制解體的基礎上形成私有制和國家所有制相並存的狀態。換言之，在古代的或古典的形態下，私有財產出現了。長期以來，一直為國家所有、公社和個人佔有的土地這時被分成兩部分：「一部分土地留給公社本身支配」，即繼續作為公有財產；「另一部分則被分割」，作為個人的「私有財產」，個人可以在屬於他的這一小塊土地上享有「主權」。[152] 這就是古代社會亦即希臘羅馬奴隸社會的土地所有制結構。問題是，這種國有和私有並存的土地所有制結構，是不是中國未來幾十年中所面臨的局面？中國社會的演化是否可以擺脫土地國有制必然解體這種歷史的宿命？誠然，在奴隸主佔有制社會中，財產並不僅僅限於土地，奴隸本身也是一種財產。在這方面，中國的奴隸制或中國特色的奴隸制將以怎樣的方式表現，或者已經以怎樣的方式表現，限於篇幅，此處不作詳論。但是無論如何，數十年來，對於工人、農民和農民工的處置方式，大有文章可做，而且在以後相當長時間內還會繼續有文章可做。

奴隸主佔有制不僅是一種經濟形態，而且是一種政治形態和思想形態。中國社會沒有達到奴隸社會的發展水準而且必須經過奴隸制的發展階段，在政治形態和思想形態方面表現得更加明顯。

就政治形態而言，奴隸社會是民主社會，儘管是少數人民主的社會。在希臘的奴隸社會中，除了奴隸而外，有自由民。自由民中的奴隸主、祭司等上層階級是有公民權的公民。他們有言論出版自由、集會結社自由等公民權；公民大會可以直接選舉或罷免執政官。羅馬的奴隸社會亦是如此。據阿庇安記載，在共和末年，社會秩序混亂，人們道德敗壞，「行政長官的選舉是利用金錢、利用黨派鬥爭，利用不正當的熱忱，利用石頭，甚至利用刀劍來取得的。賄賂

152《馬克思恩格斯全集》第46卷上冊，北京：人民出版社，1979年，第478頁。

和腐化最無恥地流行著。羅馬人民是被金錢收買去投票的。」[153] 與希臘相比，在今天的中國，能夠找出哪怕一個真正意義上的公民嗎？與羅馬相比，僅就這裡的最後一點而言，在今天的中國，無需金錢收買我們去投票，如果有人直接給我們一張選票，我們該是多麼的幸福！這就是中國的亞細亞社會與奴隸社會之間的差距。

中國的亞細亞政治形態必須向民主轉型，這是誰也不懷疑（至少表面上不敢表現出懷疑）的歷史趨勢。然而在一個十幾億人口的大國中，在普遍沒有公民權的情況下，所有人都同時獲得平等的公民權，恐怕是一個不易辦到的事情。如果不是所有人都同時獲得平等的公民權，或者說，當一部分人有（或有些）公民權，一部分人沒有（或完全沒有）公民權的時候，這樣的社會是什麼社會？種種跡象表明，中國在近半個世紀以來，特別是近年來，人們在思想和行動中正緩慢地向奴隸制（或準奴隸制）的政治形態，即少數人擁有（或有些）公民權的政治形態過渡——儘管這些都是在不自覺中發生的。有文章披露，林彪在1971年9月13日出走前，曾給毛澤東寫了一封沒有寄出的信，建議十年內對時任中央政治局委員和候補委員的大軍區第一把手、第二把手採取「四不」——不捕、不押、不撤、不殺政策，並把此項政策作為命令傳達到每一個解放軍指戰員，使其成為紀律。[154] 又據文章披露，在2007年醞釀中共十七大領導成員時，胡錦濤曾採用「民主」的辦法，由中共高級幹部以一人一票自由提名的方式在符合年齡條件的正部級幹部中推舉中央政治局成員預備人選，實際上這個結果也為政治局常委會的人選提供了參考，習近平和李克強都是在這種方式下進入常委會的。在2012年醞釀中共十八大領導成員時，胡錦濤又如法炮製了一次。[155] 在上述兩個事例中，前者是否表明，林彪想讓少數人首先享有「四不」的公民權或準公民權，想讓他們首先成為公民或準公民；若是，是否意味著林彪想讓他們首先成為奴隸主或準奴隸主？後者是否表明，這些享有對黨的——

---

153 〔古羅馬〕阿庇安：《羅馬史》下卷，謝德風譯，北京：商務印書館，2009年，第118頁。
154 吳忠：《吳忠談「九一三」事件》，載於《炎黃春秋》（北京），2012年第1期，第26頁。
155 周瑞金：《從歷史視角看十八大》，載於《炎黃春秋》（北京），2013年第1期，第4頁。

實際上也是國家的——高級領導人的推舉權和被推舉權的人,已經有了公民權或準公民權,他們已經是公民或準公民;若是,他們是不是奴隸主或準奴隸主?而在上述兩個事例中,那些不享有「四不」政策的人,那些沒有推舉權和被推舉權的人,是否仍然是奴隸或準奴隸?我列舉並討論上述兩個事例,並不是要否定林彪的想法和胡錦濤的做法,而是為了說明,在中國民主化——由君主專制向現代民主轉變的進程中,少數人首先獲得公民權或準公民權,恐怕是、甚至已經是不可避免的一個階段。而少數人首先獲得公民權或準公民權的民主就是奴隸制或準奴隸制民主,這一點毋庸諱言,也無法諱言。

　　長期以來,在政界和學界,「以黨內民主帶動人民民主」的呼聲甚高。中國民主化的進程,能否通過以黨內民主帶動人民民主的方式實現,我不知道。但是我知道,「以黨內民主帶動人民民主」這一主張,在邏輯上包含著如下內容:當黨內民主的時候,社會上或者人民中還沒有民主——否則就不需要黨內民主帶動了;在黨內民主的階段,即使黨內民主是真實的而不是虛假的,相對於全社會而言,也是少數人的民主;而少數人的民主是奴隸制或準奴隸制民主,而不是現代民主。「以黨內民主帶動人民民主」的主張在邏輯上所包含的上述內容,恐怕是它的倡導者們沒有意識到的。我揭示這一主張的邏輯內涵,不是要反對它,相反,我樂見其成。我的目的只是要人們認識到,即使以黨內民主帶動人民民主的道路能夠走通,它的第一步目標也是少數人的民主即奴隸制民主。就是說,無論從哪個角度考察,中國社會的政治形態都沒有達到奴隸社會的發展水準,而且這是一個難以逾越的發展階段。

　　在思想領域,中國亞細亞社會中的思想與奴隸社會的思想同樣存在巨大的差距,並且前者對後者難以逾越。在希臘的奴隸社會有一個廣為人知的觀點:奴隸不是人,只是會說話的工具。這句話經常被中國的教科書和各種宣傳讀物用作批判奴隸社會無人道、殘酷性的證據。殊不知,恰恰在這裡反映了亞細亞社會的思想水準與奴隸社會的思想水準之間的差距。在中國,人們對人的定義是將其與動物相區別的——不同於動物的動物就是人。在希臘,人們對人的定義是將其與奴隸相區別的——不同於奴隸的動物才是人。換言之,在希臘人看來,只有享有言論出版自由、集會結社自由以及選舉權和被選舉權等公民權的人才是真正的人,否則就是奴隸。這一點是希臘社會中人們的共識,奴隸主以

自己具有公民權而感到自豪，奴隸為自己沒有公民權而感到恥辱和痛苦，並且千方百計地設法改變自己的奴隸地位。我們看到，正是希臘人的「奴隸不是人」的認知，才促成了希臘亞細亞生產方式的解體，並且使一部分人終於獲得了公民權。中國社會尚處在亞細亞生產方式的發展階段，沒有人的自我意識的覺醒，沒有多數人對自己所處地位的清醒的認知，亞細亞生產方式豈能解體？從這個意義上講，對「奴隸不是人」的認知，是中國人的思想發展進程中不可逾越的一個階段。

以上簡略的考察表明，奴隸社會就其在經濟、政治和思想方面所完成的歷史任務而言，是任何亞細亞社會在其自身演化中都無法逾越的。那麼，對於亞細亞社會而言，封建社會可以逾越嗎？

與奴隸社會一樣，封建社會也首先是一種經濟形態。但是，在封建的或日爾曼的形態中，私有製成分有了長足的發展。在這種所有制形式下，公社成員既不像在亞細亞形態下那樣是公共財產的共有者，也不像在古代形態下那樣簡單地將公有土地一分為二。「相反，在日爾曼人那裡，公有地只是個人財產的補充」。[156] 由於私有製成分的增長，經濟中心變化了。在古代的形態下，城市連同屬於它的土地才構成一個經濟單位；在日爾曼形態下，「每一個單獨的家庭就是一個經濟整體，它本身單獨地構成一個獨立的生產中心」。[157] 與此相適應，在封建形態下，公社的表現形式和作用也發生了變化，即不再像在古代那樣以聯合體的形式表現出來，並且不再作為國家組織的組成部分。相反，公社只「表現為一種聯合而不是聯合體，表現為以土地所有者為獨立主體的一種統一，而不是表現為統一體。因此公社事實上便不是像在古代民族那裡那樣，作為國家，作為國家組織而存在」。[158] 僅就這裡的在封建社會中，「公有地只是個人財產的補充」，以及公社事實上不再「作為國家，作為國家組織而存在」，而「表現為（以土地所有者為獨立主體的）一種聯合」這兩點而言，中國的亞細亞社會已經達到了這一階段嗎？中國的亞細亞社會能夠超越這一階段嗎？關於前一個問題，恩格斯在與馬克思的通信中曾以提問的方式給出了答案：「東

156《馬克思恩格斯全集》第 46 卷上冊，北京：人民出版社，1979 年，第 481 頁。
157《馬克思恩格斯全集》第 46 卷上冊，北京：人民出版社，1979 年，第 481 頁。
158《馬克思恩格斯全集》第 46 卷上冊，北京：人民出版社，1979 年，第 480 頁。

方各民族為什麼沒有達到土地私有制,甚至沒有達到封建的土地所有制呢?」[159]關於後一個問題,我想讓讀者自己給出答案。

從政治、思想和社會關係方面考察,中國的亞細亞社會與封建社會之間不僅存在差距,且差距相當驚人並不可逾越。

歐洲封建主義的基本特徵之一,是政教合一的體制開始解體。政教合一是所有原始民族共同的政治體制,歐洲亦是如此。前文已反複論證,在希臘的克裡特時期,就實行政教合一的體制。這種政教合一的體制在希臘和羅馬的民主化過程中曾經受到衝擊,但在羅馬帝國時期特別是在蠻族入侵後曾死灰復燃,歐洲的封建社會不得不繼續完成促其解體的任務。在千年的封建社會中,基督教教會與專制王權各自是如何成長、如何相互利用、相互鬥爭,從而如何形成相互制約的局面的,上一章已經做了比較詳細的討論,這裡不再贅敘。這裡需要強調的是,正是歐洲封建社會的政教雙方的各自成長以及漫長而持久的相互利用和相互鬥爭,才為後來的宗教改革以及再後來的政教分離創造了條件。如果沒有上述前提,歐洲的宗教改革能否到來,政教分離能否實現,都是大可懷疑的。政教分離是一切國家現代化的基本內容,也是根本標誌。當然,這裡所謂的宗教不是狹義的宗教,而是廣義的宗教,即哈樂德‧J. 伯爾曼意義上的宗教。伯爾曼意義上的宗教既包括主張有神論的宗教,「也包括世俗宗教」,即主張無神論的政治團體。[160] 按照這個標準衡量,中國目前顯然仍處在政教合一的階段。從政教合一到政教分離,無疑要經過一個漫長而艱難的過程,歐洲的這一任務的一半、甚至一多半是在封建社會完成的,中國的這一任務完成了嗎?如果答案的否定的,那麼中國可以逾越這一過程嗎?

歐洲封建主義的基本特徵之二,是血緣關係開始解體。血緣關係與政教合一的體制一樣,是原始民族的共同特徵,是一切原始民族維繫人與人之間關係的主要紐帶,歐洲民族也是如此。在封建社會中,雖然血緣關係仍然具有重要的作用,但是,如布洛赫指出的,「封建社會並不只依賴血緣關係。更確切地說,嚴格意義上的封建關係紐帶正是在血族關係不能發揮有效作用的時候才發展起來的。此外,儘管凌駕於眾多小權力之上的公共權力的觀念仍持續存在,

---

159《馬克思恩格斯全集》第 28 卷,北京:人民出版社,1973 年,第 260 頁。
160〔美〕伯爾曼:《法律與宗教》梁治平譯,北京:三聯書店,1991 年,第 160 頁。

但封建主義是與國家的極度衰弱、特別是與國家保護能力的衰弱同時發生的。封建社會既不同於建立在血族關係基礎之上的社會,也不同於受國家權力支配的社會,但它是這些社會的繼承者,並留有它們的印記。」「所以,歐洲封建主義應被視為舊社會劇烈解體的結果。」[161] 這裡的舊社會,指的就是亞細亞社會。亞細亞社會中的血緣關係從產生奴隸制時就開始解體,但是在奴隸社會中其解體並沒有完成,在封建社會中仍在繼續;並且在封建社會中,血緣關係已經不能發揮有效的作用。中國社會當前仍然是建立在血緣關係基礎之上的社會(普遍存在的變相世襲制可以證明),也仍然是受國家權力支配的社會(民間社會沒有生存空間也可以證明),即仍然是亞細亞社會。在中國歷史的演進中,血緣關係的解體,國家權力支配社會的體制的解體,是中國社會現代化的題中應有之義,是中國歷史發展的必經階段。你如何稱呼這個階段的社會無關緊要,要緊要的是中國還處在前封建社會時期;歐洲封建社會所初步完成的消解血緣關係的任務,以及消解國家權力支配社會的體制的任務,中國尚未完成。

　　與上述第二個特徵相聯繫,在歐洲的封建社會中,既然血緣關係已經不是維繫人與人之間關係的主要紐帶,那麼,人與人之間的關係主要靠什麼維繫呢?前文已經指出,主要靠契約關係。在歐洲的封建社會中,封君和封臣之間、領主和農奴之間以封土為紐帶,形成雙向的契約關係。這種契約關係既具宗教的神聖性,又具法律的世俗性。由於人們長期在契約關係中生活,養成了良好的契約觀念。布洛赫說:「西歐封建主義的獨創性在於,它強調一種可以約束統治者的契約觀念。因此,歐洲封建主義雖然壓迫窮人,但它確實給我們的西歐文明留下了我們現在依然渴望擁有的某種東西。」[162] 這種人們現在依然渴望擁有的東西就是契約精神。契約精神是人類文明發展到相當高度以後才能產生的精神,不是任何社會都能產生的。相比之下,中國社會是一個嚴重缺乏契約精神的社會。這裡不妨舉一個近年發生的事情。2014 年 1 月 8 日,吉林省四平市一位的哥拉載兩位青年乘客,在未徵得乘客同意的情況下,加載一名順道

---

161 〔法〕布洛赫:《封建社會》下卷,李增洪等譯,北京:商務印書館,2004 年,第 700 頁。
162 〔法〕布洛赫:《封建社會》下卷,李增洪等譯,北京:商務印書館,2004 年,第 714 頁。

的老年環衛工。乘客嫌環衛工身上髒而發牢騷。的哥在和乘客的爭吵中將二人攆下車，將環衛工送到後也沒有收錢。事情沒有到此為止。事後的哥還在網上發帖，請網友「評理」。更令人玩味的是，數百名參與評論的網友幾乎一邊倒地贊成的哥的做法，認為這是一種正能量。[163] 從這件小事中看到，中國人缺乏契約精神到何種程度。從沒有契約精神到養成契約精神，絕非數日之功。歐洲人的契約精神是在漫長的封建社會中養成的，且有良好的法律和宗教環境的配合。中國人培育契約精神的過程可以逾越嗎？

　　在中國人的心目中，封建主義、封建社會是絕對貶義的概念，與專制、落後、反動同義。其實，這完全是一種誤解。歐洲的封建社會因為與契約精神相聯繫，還是一個相對公平的社會。這是因為在契約關係中，締約雙方的權利和義務是相等或大致相等的，否則契約關係便不能成立，而這裡就包含著自由、平等、協商、互利、誠信等精神內涵，換言之，這裡就包含著公平。正是契約精神所包含的權利和義務對等的相對公平性，才是封建社會產生和存在的歷史合理性所在。J. W. 湯普遜在評價歐洲封建主義的歷史「價值」時寫道：「因為中世紀時代的思想與實踐迥然不同於今天的思想與實踐，我們不該錯誤地認為：過去的文明必然是比我們的文明低劣。封建制度雖已走過了它的歷史過程，但它的基本原則——財產的佔有須附有公共義務，巨大私人財產應對社會負有某種責任——還是良好政府和公平的社會關係的精粹所在。」[164] 這是一個西方人站在資本主義文明的立場上對封建社會的文明所作的評價。而對於中國人和所有亞細亞社會的人來說，是否應該這樣提出問題：封建社會的公平性這一點，亞細亞國家達到了嗎？亞細亞國家在社會演化的過程中，可以逾越「財產的佔有須附有公共義務，巨大私人財產應對社會負有某種責任」這一歷史階段嗎？

　　在封建社會中，自我意識的成長，也是一個不可逾越的過程。眾所周知，中世紀是基督教統治的世紀，然而，在 12、13 世紀，人們已不再滿足於基督教的指導，認為主張出世的、禁欲的基督教與主張現世的、自然的希臘精神是不能統一的；它不僅違背人的天性，也阻礙社會的進步和發展，於是，人們決心

163《新文化報》（長春），2014 年 1 月 12 日。

164〔美〕湯普遜：《中世紀經濟社會史》下冊，耿淡如譯，北京：商務印書館，1997 年，第 329 頁。

要衝破基督的教束縛。在 12 世紀，嚴肅的思想家中流行這樣的格言——「我們是站在巨人肩膀上的侏儒」，說明他們已經感受到古典文化的偉大和自己時代的矮小。而另一方面，11 世紀下半葉的格利高裡改革，雖然是與國王爭奪主教任免權，但在客觀上也促進了自我意識的成長。在教權派與王權派論戰時，雙方都出版了大量小冊子，論戰涉及中世紀世界的所有基本問題。為了爭取更多的信眾和世俗民眾，宗教改革家們雖然不是理性主義者，但不得不賦予其理想以理性形式，去進行辯論並要求別人也這樣做。所以從前只能由少數學者討論的問題立即成了當時社會的主題。「據說在德國，即使在市場上和作坊裡，人們都在朗讀（或讓他人為其朗讀）教士們在辯論最激烈的時候寫下的著作，自由地討論諸如國家的目的、國王、教皇和人民的權利等題目。」[165] 其它國家在這類論戰中雖還沒有達到同樣的程度，但其影響無處不在，也因此，格利高裡改革被認為是偉大的宗教「覺醒」運動。從那時起的幾百年間，自我意識的成長從獨立的個人不斷擴展到了社會本身，從而為文藝復興做了思想準備。相比之下，包括中國人在內的亞細亞社會中的人，何時感受過古典文化的偉大（相反，他們正感受自己文化的偉大）？何時感受到無處不在的宗教教條的束縛（儘管有一部分先進分子已經有了這種感受）？又何時「自由地討論諸如國家的目的、國王、教皇和人民的權利等題目」（這是他們可望而不可及的事情）？而這一切在任何國家，都是自我意識——人的現代意識成長的必備的內容和必經的途徑。包括中國社會在內的亞細亞社會，可以逾越這一發展階段嗎？

誠然，封建社會有很多缺陷，其中往往被人詬病的缺陷之一是它的等級制和依附性。但是，亞細亞社會或宗法社會就沒有等級制和依附性嗎？以中國社會為例：各色人等難道不是以等級身份生活於社會之中（別的不說，僅醫療卡的顏色就有幾種）？買官、賣官以及賄賂現象的普遍存在，難道不是反映了典型的人與人之間的依附性？封建社會雖然有等級制和依附性，但有相應的義務與之對應。愛德華·甄克思在其著作《社會通詮》（A History of Politics）中說得正確：「封建時代，其一群生養形制，大抵盡成拂特（封建——引者注）之規。其民之以等次相治也，與宗法社會不相懸殊。而其所絕異者，民居宗法社會之

---

165 〔法〕布洛赫：《封建社會》上卷，李增洪等譯，北京：商務印書館，2004 年，第 193 頁。

中,其所受於群者,以其為一群之分子,自有生而定之。至於拂特之世,民一身廁於社會,一切權利,皆有所受而後然,亦皆有應盡之職役,以為酬於其上。其間高等之民,有死長從軍之義,固矣。乃至齊民編戶,或徭役焉,或租稅焉,或二者兼焉,則視其人之執業。百工居肆,則於王有歲輸;巫祝在廟,必常為其主禱祈,以盡其交神受國家社會厘之天職。此真古人所難,謂君臣上下之分明,而萬事得其理者也。」[166] 甄克思告訴我們,等級制(包括依附性)在封建社會(拂特之世)和亞細亞社會(宗法社會)都有,這一點並沒有不同。不同的是,在封建社會中,等級制是後天所受的,並有相應的義務跟進;而在亞細亞社會中,等級制是先天所得的,並且沒有相應的義務與之配套,即享有特權者不承擔相應的義務,有義務者沒有相應的權利。二者相權,孰優孰劣?在任何社會中,權利的絕對相等是不可能的。但是,對於亞細亞社會的演進來說,權利和義務應該對等或者大致對等,這個階段能夠逾越嗎?

  以上的實際考察表明,對於任何亞細亞社會而言,封建社會都是一個不可逾越的發展階段。如何從理論上闡明封建社會的不可逾越呢?這須從封建社會在人類社會演化中的歷史地位談起。甄克思的《社會通詮》曾將人類社會的發展劃分為三個階段:圖騰社會(蠻夷社會),宗法社會(亞細亞社會),軍國社會(現代社會)。圖騰社會的特徵是民眾從事漁獵,宗法社會的特徵是民眾從事耕稼,軍國社會的特徵是民眾從事工商。這三個社會都是正式的社會發展階段,而在這三個階段的每前後兩者之間,都有一個過渡時期。圖騰社會和宗法社會之間,其相嬗而轉變者以遊牧;宗法社會和軍國社會之間,其相受而蛻化者以封建。故「封建者,宗法、軍國二社會間之閏位[167]也。……此不獨法(蘭西),蘇(格蘭)二國然也,凡國所經,莫不有是。」[168] 甄克思還指出,如果某國的封建社會與英、法的封建社會有什麼抵牾,那只不過是時間的錯位或表現形式的不同而已;而作為宗法社會和軍國社會之間的過渡階段,這一點則是相同的。「蓋其制之於群演也,既不足以久道化成矣,而二境變嬗之間,又必

166〔英〕甄克思:《社會通詮》,嚴復譯,北京:商務印書館,1981年,第74—75頁。
167 閏位,原本指非正統的帝位,這裡引申為非正式的社會階段。——引者注
168〔英〕甄克思:《社會通詮》,嚴復譯,北京:商務印書館,1981年,第75頁。

得此而後利。不見明燈照影，以幻景物者乎，方二境相接，不驟變也，而為之融景（Dissolving view）焉，舊者欲去，迷蒙離合，忽若有無，少焉新者漸生，如春花之放，如新月之恆，觀者意和，而意中無犁然之跡象。拂特者，社會天演之融景也。」[169] 宗法社會和軍國社會，實為兩種完全不同性質的社會。從宗法社會到軍國社會，或者說從亞細亞社會到現代社會，不是一步所能達到的，中間必然要經過一個「社會天演之融景」即過渡階段，亦即如前文所說的培育二者有分的政教關係、契約精神、自我意識和公平社會等基礎文明的階段。這個過渡階段即培育基礎文明的階段，在歐洲叫封建社會。在東方，比如在中國，叫什麼社會，我們還不知道，甚至我們也不必知道——不必給它起一個專門的名字。然而，這樣的一個過渡階段——相當於歐洲封建社會的培育基礎文明的階段，東方的任何一個國家可以逾越嗎？

　　封建社會作為宗法社會和現代社會之間的、培育基礎文明的過渡形態，在不同的地方其出現時間和表現形式可能有所不同，但任何一個亞細亞社會都是不可超越的。然而，在學術界，認為封建社會可以超越的觀點十分常見，他們通常列舉的例證是美國。因為美國在英國人移居那裡之前，土著印第安人處於氏族公社階段，而英國人在那裡建立殖民地後，美國的社會制度的先進程度一下子超過了歐洲。這種情形，被很多人用來證明封建社會是可以跨越的例證，甚至像恩格斯這樣的思想家也不能免俗。1882年，恩格斯在《社會主義從空想到科學的發展》一文中說，美國是「一個從來沒有過封建制度而且社會一開始就建立在資產階級基礎之上的國家」。[170] 其實，這是對美國歷史的誤解，至少是片面的理解。美國的近代史不是土著印第安人歷史的自然發展，而是英國歷史的延續——而且是在解放了交往形式的歷史條件下的發展和延續。馬克思在論及美國等北美國家為什麼發展異常迅速的原因時說：「在這些國家中，除了移居到那裡去的個人而外沒有任何其它的自發形成的前提，而這些個人之所以移居那裡，是因為他們的需要與老的國家的交往形式不相適應。可見，這些國家在開始發展的時候就擁有老的國家的最進步的個人，因而也就擁有與這些個人相適應的、在老的國家裡還沒有能夠實行的最發達的交往形式。……這種交

---

[169]〔英〕甄克思：《社會通詮》，嚴復譯，北京：商務印書館，1981年，第75頁。
[170]《馬克思恩格斯選集》第3卷，北京：人民出版社，1972年，第398頁。

往形式在自己的祖國還受到以前時代遺留下來的利益和關係的牽累,而它在這些地方就能夠而且應當充分地和不受阻礙地確立起來,儘管這是為了保證徵服者有持久的政權」。[171]在這裡我們看到,美國不是沒有經過封建社會。美國的歷史應該追溯到英國,英國的歷史應該追溯到羅馬和希臘;這是一個具有兩千多年西方文明傳統的歷史。就是說,美國人在英國期間已經度過了封建社會,而移居美國意味著掙脫了封建主義的枷鎖,開始建立資本主義的交往形式。所以,那些動輒說「美國只有200年歷史」云云,是多麼膚淺之論!美國所做的只不過是青出於藍而勝於藍,這裡絕沒有什麼社會階段(封建社會)超越之說。

本書之所以主張封建社會以及前文所論的古代社會不可超越,還基於對歷史的如下理解:古代社會、封建社會和資本主義社會,是馬克思按照交換手段擁有的社會力量從小到大的邏輯順序的排列。而在實踐中,就歐洲歷史而言,這種邏輯順序的排列並不與編年史的順序完全吻合。這不僅因為,任何一個相對成熟的社會形態,在其孕育和發展的過程中都要吸收和利用此前社會的積極成果,而且因為,此前社會的積極成果也會自發地參與後來社會的建立。比如,歐洲資本主義社會並不是憑空產生的,而是在吸收了古代社會的和封建社會的積極成果的基礎上產生的,而古代社會和封建社會的許多積極成果也直接參與並促進了資本主義社會的形成。正是在此意義上,安德森說:「古代生產方式和封建生產方式的聯結必然在歐洲產生出資本主義生產方式——這種關係不僅僅是歷時系列,而且在某個階段也是共時組合。在封建主義的現在中,古典的過去再次甦醒,幫助資本主義的未來興起,……資本主義的誕生也伴隨著古代的再生。」[172]也正是在古代生產方式、封建生產方式和資本主義生產方式,「不僅僅是歷時系列,而且在某個階段也是共時組合」的意義上,我認為,古代社會和封建社會不可逾越。你承認資本主義社會不可超越嗎?如果回答是肯定的,那麼,你就得承認古代社會和封建社會不可超越。

那麼,資本主義社會可以超越嗎?

171《馬克思恩格斯選集》第1卷,北京:人民出版社,1995年,第124—125頁。
172〔英〕安德森:《絕對主義國家的系譜》,劉北成等譯,上海:上海人民出版社,
  2001年,第451頁。

第六節

馬克思所謂的「四種生產方式」
在空間上是否具有普遍性（下）——資本主義的
「卡夫丁峽谷」可以跨越嗎

　　在學術界——尤其中國學術界，在以訛傳訛地誤認為俄國、中國已經經歷了奴隸社會和封建社會後，普遍認為俄國、中國等東方國家在所謂封建社會的基礎上，已經成功地跨越了「資本主義制度的卡夫丁峽谷」，現在已處在比資本主義更高的社會發展階段，儘管在一些技術問題上還要吸收資本主義的積極成果。然而，在著者看來，這一觀點比主張亞細亞社會在歷史演進中可以超越古代社會和封建社會的觀點更加沒有根據，因而更加難以成立。

　　批評一種理論，必須追根溯源——俄國這種落後的東方國家可以跨越資本主義「卡夫丁峽谷」的理論來自於馬克思。眾所周知，馬克思晚年放下進行多年但並未完成的《資本論》的寫作，從事東方社會研究。在研究了俄國農村公社以後，他提出了像俄國這樣完整地保存農村公社的國家可以跨越資本主義「卡夫丁峽谷」的理論。「卡夫丁峽谷」理論大致包括如下內容：資本主義制度只適合西歐各國，《資本論》就是把資本主義起源的歷史必然性「明確地限於西歐各國」[173]；俄國不應該沿著1861年開始的消滅農奴制建立資本主義制度的道路前進。「如果俄國繼續走它在1861年所開始走的道路，那它將失去當時

---

[173]《馬克思恩格斯全集》第19卷，北京：人民出版社，1963年，第268頁。

歷史所能提供給一個民族的最好的機會，而遭受資本主義制度所帶來的一切極端不幸的災難」[174]。俄國因為保存著完整形式的農村公社，而農村公社一方面因為以公有制為基礎而比資本主義優越，另一方面它又處於與資本主義相同的時代，因此，俄國「可以不通過資本主義制度的卡夫丁峽谷，而吸收資本主義制度所取得的一切肯定成果」[175]。「卡丁夫峽谷」理論的核心在於保存土地公有制和農村公社的俄國可以跨過資本主義的發展階段，直接同社會主義連接。

對於馬克思的俄國可以跨過資本主義「卡丁夫峽谷」理論的批評，將在本節稍後進行；現在的問題是，馬克思的這一理論已被中國學者奉為圭臬。中國學術界普遍把馬克思關於俄國可以跨過資本主義「卡丁夫峽谷」理論的適用範圍擴展至東方，特別是中國；認為馬克思關於俄國可以跨過資本主義「卡丁夫峽谷」的理論，對東方特別是中國具有重大的指導意義，而所謂中國革命的勝利也是馬克思關於東方國家可以跨過資本主義「卡丁夫峽谷」理論正確的證明。因此，我先以中國為例，說明資本主義制度的「卡丁夫峽谷」，中國為什麼沒有也不可以跨越。

資本主義首先是一種生產方式，這種生產方式的基本特徵是勞動者與勞動條件相分離，而具備這一特徵的生產方式不是任何形態下的社會都可以產生的。從歐洲資本主義產生的過程來看，勞動者與勞動條件的分離是在封建社會後期開始的，在這個過程中形成了資本和雇傭勞動賴以存在的條件。馬克思說過：「創造資本關係的過程，只能是勞動者和他的勞動條件的所有權分離的過程，這個過程一方面使社會的生活資料和生產資料轉化為資本，另一方面使直接生產者轉化為雇傭工人。因此，所謂原始積累只不過是生產者和生產資料分離的歷史過程。這個過程所以表現為『原始的』，因為它形成資本及與之相適應的生產方式的前史。」[176] 正是在這一意義上，馬克思認定，「資本主義社會的經濟結構是從封建社會的經濟結構中產生的。後者的解體使前者的要素得到解放」[177] 所謂封建社會的經濟結構，就是勞動者與勞動條件（以農村為例，

174《馬克思恩格斯全集》第 19 卷，北京：人民出版社，1963 年，第 129 頁。
175《馬克思恩格斯全集》第 19 卷，北京：人民出版社，1963 年，第 451 頁。
176《馬克思恩格斯全集》第 23 卷，北京：人民出版社，1972 年，第 782—783 頁。
177《馬克思恩格斯全集》第 23 卷，北京：人民出版社，1972 年，第 783 頁。

就是土地）相結合的狀態，即擁有土地所有權的農民在自己的土地上自由勞動的小農經濟。資本主義的雇傭勞動制正是在這種汪洋大海般的小農經濟解體的基礎上產生的。

中國社會的經濟結構是什麼性質的？姑且以目前農村而言，也是處於勞動者與勞動條件（土地）的所有權相分離的狀態——農民只有土地的使用權而無所有權。但是，這種分離狀態不是在原始積累後形成的勞動者與勞動條件的所有權的分離，而是亞細亞生產方式下，國家作為土地最高所有者而導致的勞動者與勞動條件的所有權的分離。誠然，在1840年後，由於西方資本主義的衝擊，中國社會也緩慢地開始了勞動者與勞動條件分離的過程。但是，融冰三尺，非一日之溫所能完成。20世紀中期，先是對地主土地所有權的剝奪，後是對農民土地所有權的剝奪，使得進行了一個世紀的勞動者與勞動條件自然分離的過程戛然而止。而在此後的半個多世紀中，由於勞動者根本沒有勞動條件的所有權，所以也就談不上勞動者和他的勞動條件的所有權的分離。而事實上，我們看到的是，國家利用自己是土地的惟一所有者的權力，將農民牢牢地束縛於不屬於他們自己的土地之上。近些年來，雖有大批農民進城務工，但他們既然不能享受城市市民待遇，就不敢也不能與不屬於他自己的勞動條件相分離。因此，截至目前，中國社會的經濟結構仍然處於勞動者只有勞動條件（土地）的使用權而無所有權的狀態，這是典型的亞細亞生產方式下的經濟結構。

觀察中國社會，半個多世紀以來，各種社會矛盾迭起，有些已經到了一觸即發的地步。為了緩解矛盾，人們曾想方設法，採取了多種措施，但是收效甚微。20世紀七八十年代的土地承包制，雖然一度緩和了矛盾，但只是揚湯止沸，而不是釜底抽薪。後來的農村土地免稅、確權，要麼是隔靴搔癢，要麼是畫餅充饑。為什麼這些措施都不能解決中國社會的矛盾？從經濟結構的角度分析，根本的原因就在於剝奪了土地私有財產權。遠的不說，由於剝奪了農民的土地私有財產權，農民就失去了賴以維權乃至賴以生存的根基，於是，各種社會問題由此而生。17世紀，法國醫生貝爾尼埃（Bernier）在遊歷了土耳其、波斯和莫臥兒諸國後指出：「剝奪了土地私有財產權，就必然會導致專制統治、奴顏

婢膝、貪贓枉法、冤獄叢生、乞丐遍地、粗魯野蠻。」[178] 貝爾尼埃不僅是在為中國社會的現實畫像，而且是在為中國社會的病症和病因作出診斷。

智力正常、已經覺醒而又不帶偏見的人都很清楚，解決中國社會問題的出路，從經濟制度的角度考察，惟一的辦法就是確認私有財產權；在農村，也包括在城市，就是確認人們對土地的私有財產權。雖然由於種種原因，在近期內實行這種制度性的改革似無可能，但是，不管拖延多久，這始終是一道繞不過去的門檻。不通過這一道門檻，不確認人們對土地的私有財產權，中國社會問題的解決永無可能，人民也只能一直處於對國家依附的，亦即被奴役的狀態之中。如果同意這一判斷，那麼接下來的問題便是，在土地私有化後，由於經濟自身演化的規律，土地必然要向少數人集中，即產生兩極分化。而在這一過程中，也就開始了馬克思所說的「原始積累」，即一方面是社會的生活資料和生產資料轉化為資本，另一方面是直接生產者轉化為雇傭工人。根據歐洲的經驗看，原始積累無疑是一個痛苦的過程，英國曾經過「羊吃人」的時代。中國的原始積累（這裡指的是未來的以土地集中為內容的原始積累，不是指 20 世紀 90 年代企業改革中利用權力侵佔國有資產的原始積累），將在文明時代的國際環境中進行。具體採取什麼形式，能在多大程度上避免歐洲資本原始積累的痛苦，現在還很難估計。不過，有一點可以肯定，這個過程不管怎麼痛苦，也不會有近 30 年來中國在強徵地強拆房過程中「人殺人」這樣痛苦。因為前者的「羊吃人」只是比喻，後者的「人殺人」則是貨真價實的。但話說回來，無論這一過程多麼痛苦，社會都必須承受；只有經過原始積累的煉獄，方可升入光明、自由的天國。原始積累就是資本主義生產方式的「前史」，而在達到原始積累之前，中國還有一段很長的路要走。

資本主義生產方式之所以不可能跨越，因為它是目前世界上最公平、最合理、也最先進的生產方式。與資本主義之前的其他生產方式相比，「資本主義是歷史上第一個用『純粹』經濟方式——工資契約——來壓榨直接生產者的剩餘的生產方式。⋯⋯以前其他所有的剝削方式都是經過超經濟制裁——親緣、習俗、宗教、法律或政治——來運作的。因此在原則上始終不可能脫離這種經

---

178 Francois Bernier, *Travels in the Mogul Empire* (trans., Archibald Constable), reedited Oxford, 1934, p. 238.

濟關係來辨識它們。親緣關係、宗教、法律或國家等『上層建築』必然會參與前資本主義社會形態的生產方式的要素結構。他們直接介入壓榨剩餘的『內部』關係。但在資本主義社會形態中歷史上第一次把經濟作為一種形式上自足的秩序而區分出來，它們則為之提供『外部』前提條件。」[179] 資本主義社會中的法律至上，人與人之間關係的鐵面無私，乃至冷酷無情，實際上都是工資契約的表現，亦即自由當事者之間的平等交換關係的表現。雖然這種平等交換的關係每時每日地再生產出不平等，但是，這種不平等是結果的不平等，而不是起點的不平等。在資本主義制度下，人們之間的起點是平等的。惟有起點的平等是最公平的，惟有結果的不平等是人們可以接受的。何況，對於這種結果的不平等，資本主義制度已經並且卓有成效地通過國家干預的方式進行調節。所以，可以毫不誇張地說，資本主義生產方式是目前世界上最符合人性的生產方式，因而也是最合理、最先進的生產方式。也許，資本主義生產方式在將來可能被某種更高級的生產方式取代，但是在這種更高級、更文明的生產方式產生之前，它有存在的理由，而且，任何處於前資本主義的國家都不可能跨越。至於目前的中國究竟是否處在前資本主義生產方式之下，不僅有客觀的標準，而且是一種客觀存在，不是以任何個人和任何集團的主觀意志為轉移的。這些就是從經濟制度方面考察，中國沒有也不可能跨越資本主義「卡丁夫峽谷」的原因。

那麼，從政治制度方面考察，中國已經跨越或者可以跨越資本主義的「卡丁夫峽谷」嗎？

任何國家政治制度的發展，都離不開民主、法治和憲政，中國不應該也不可能例外。但是在當下的中國，民主和法治已被強姦，好在憲政尚未被糟蹋，因此我們主要討論憲政。

什麼是憲政？要理解憲政，英裔美國政論家湯瑪斯·潘恩論述憲法的話值得重視。潘恩說：「憲法並不是政府的法令，而是人民組成政府的法令；政府如果沒有憲法就成了一種無權的權力了。」[180] 根據潘恩的思想，憲政是指一個政府的產生和運作是合憲的，其權力是人民通過憲法授予的，因而是有限並受

---

[179]〔英〕安德森：《絕對主義國家的系譜》，劉北成等譯，上海：上海人民出版社，2001年，第433頁。
[180]《潘恩選集》，馬清槐等譯，北京：商務印書館，1981年，第250頁。

民意限制的。具體地說,憲政必須按照下列原則處理人民、憲法和政府之間的關係;這個原則就是:先有人民,後有憲法,再有政府。就是說,人民為了保護自己的權利,按照自己的意志制定憲法,並根據憲法建構政府。根據這一原則,憲政的基本要點有兩個:第一,憲法是人民根據自己的意志制定的,而不是政府或黨派根據自身的利益制定的。如果憲法不是由人民根據自己的意志制定,而是由政府或黨派根據自身的利益制定,即使有憲法,也不可能有憲政。第二,必須將憲法和政府區別開來,憲法在政府之上。憲政認為,根據憲法組成的政府肯定有一定的權力,但是政府的權力必須在憲法限定的範圍之內,受到民意的約束,政府的任何違憲行為都必須受到法律的追究。如果政府超越憲法限定的範圍行政,或者政府違憲違法得不到法律追究,也不是憲政。以上就是著者根據潘恩的思想對憲政的理解。根據這個標準,我無意隱瞞自己的觀點:中國的歷史上從未有過憲政,中國目前的政制遠遠不是憲政。

那麼,中國可以超越憲政的發展階段嗎?這個問題不能不涉及憲政的社會屬性。而要論及憲政的社會屬性,結合2013年開始的中國思想界關於憲政姓「社」姓「資」的爭論一起討論,也許別有意味,而且也非常必要。

2013年春夏之交,中國思想界發生了一場憲政是資本主義的還是社會主義——準確地講,是現實的而不是理論上的社會主義的性質之爭。這場爭論由楊曉青發表在《紅旗文稿》的一篇文章引起,該文認為憲政的關鍵性制度元素和理念「只屬於資本主義而不屬於社會主義」。[181] 在這場爭論中,形成了觀點鮮明的兩個派別:保守派認為,憲政是資本主義性質的,中國是人民民主專政的社會主義國家,因此不能實行憲政;自由派認為,憲政固然起源於資本主義,但是,憲政無姓「社」姓「資」之分,資本主義國家可以實行,社會主義國家也可以實行。爭論一年有餘,未分高下,估計在短期內難以取得共識。

我同意保守派前一半的觀點,至少在從憲政產生的17世紀至21世紀的背景下,憲政確實屬於資本主義的政治體制,和社會主義——現實的而不是理論上的社會主義體制下的人民民主專政或無產階級專政是相衝突的。根據前文對憲政的界定,憲政的實質在於人民用自己制定的憲法的權力限制政府權力,人

---

[181] 楊曉青:《憲政與人民民主制度之比較研究》,載於:《紅旗文稿》(北京),2013年,第10期。

民民主專政或無產階級專政,由於自身的內在矛盾,其指向則完全不同。人民民主專政或無產階級專政的內在矛盾在於:不僅在理論上「專政」不能與民主相容,而且在實際上凡有「專政」的地方,就不可能有民主。因為這裡的人民民主專政或無產階級專政,與馬克思的「無產階級專政」概念不同。卡爾·考茨基認為,馬克思說的專政,「是一種在無產階級占壓倒多數的情況下從純粹民主中必然產生出來的狀態」,而不是「作為政體」。但這裡的專政,恰恰是一種政體。而「作為政體的專政,同剝奪反對派權利的含義相同」。[182] 因此,人民民主專政或無產階級專政在實際上沒有民主,只有「專政」;而「專政」必然既拒絕按照人民的意志制定憲法,又拒絕憲法對政府權力的限制。所以,既然堅持社會主義,就不能實行憲政;實行憲政,必然改變社會主義的性質。我要問保守派:你們認為憲法應該由人民根據自己的意志制定,而不是由政府和黨派根據自身的利益制定嗎?你們認為政府的權力必須在憲法限定的範圍之內,政府的違憲行為必須受到法律的追究嗎?除非你們對上述兩個問題做出否定的回答,即認為憲法不應該由人民根據自己的意志制定,而應該由政府和黨派根據自身的利益制定,同時,也認為政府的權力不必在憲法限定的範圍之內,政府的違憲行為也不必受到法律的追究,否則對不起,你們主張的其實就是憲政,就是資本主義。

　　自由派主張中國實行憲政的願望良好,為憲政而努力的精神亦可稱道,但是認為憲政無姓「社」姓「資」之分的看法則顯得糊塗。前文在對保守派反對憲政的理由的分析中,實際上也告訴自由派,憲政為什麼只能姓「資」,而不可能姓「社」。因為要實現憲法由人民根據自己的意志制定,而不是政府和黨派根據自身的利益制定,政府的權力必須在憲法限定的範圍之內,政府的違憲行為必須受到法律的追究這一憲政制度,在具體政治體制的安排上,只能是代議制民主、三權分立和多黨競爭,否則,任何其它的政治體制都不可能達到目的。自由派一方面主張實行憲政,即實行代議制民主、三權分立和多黨競爭的政治制度,一方面又主張社會主義而否定資本主義,是不是顯得有點滑稽?

　　自由派並不就此認輸。他們在與保守派關於憲政姓「社」姓「資」的爭論中常常搬出鄧小平的「理論」:鄧小平說過,市場經濟沒有姓「社」姓「資」

182〔德〕考茨基:《無產階級專政》,葉至譯,北京:三聯書店,1973年,第25頁。

之分，資本主義可以實行，社會主義也可以實行。既然市場經濟可以，為什麼憲政不可以？對此，我的回答是：別忘了，鄧小平在說市場經濟沒有姓「社」姓「資」之分的同時，還說了一句話：不爭論。鄧小平很清楚，他的市場經濟沒有姓「社」姓「資」之分的命題經不起爭論，一爭論就要露餡。因為無論在邏輯上還是在歷史上，市場經濟只能以私有制為基礎，不可能以公有制為基礎。私有制與資本主義相連，公有制與社會主義相連，所以，市場經濟只能姓「資」，而不可能姓「社」。但是，鄧小平用他的「不爭論」，讓人們稀裡糊塗地搞市場經濟，從而部分地達到了他的利用市場經濟的手段發展社會主義經濟的目的。而你們，明明是在與對方爭論，按照市場經濟根本屬性的邏輯，憲政也只能姓「資」，而不可能姓「社」。所以，你們在與保守派關於憲政姓「社」姓「資」的爭論中，由於自身邏輯的缺陷，完全沒有獲勝的可能。

　　我能夠理解，認為憲政也可以姓「社」的自由派中有一部分人可能不是真糊塗，而是裝糊塗。他們也知道憲政在本質上姓「資」，但是他們想模仿鄧小平的做法：鄧小平給市場經濟加了一頂社會主義的帽子，讓中國人稀裡糊塗地搞了幾十年的市場經濟──儘管是權錢交易、腐敗叢生的半吊子市場經濟；我們也給憲政加一頂社會主義的帽子，哪怕像搞成半吊子市場經濟一樣，搞成半吊子憲政也好。如果是這樣，用心可謂良苦。但是，我還是要提醒這一部分自由派：別忘了，你們同鄧小平的身份不同。鄧小平是統治者，你們是被統治者。他有權力，因此不管他說的有理無理都可以實行，而你們則不行。你們說說可以，能夠起到訴求和造勢的作用，但要想通過給憲政加一頂社會主義的帽子，誘導主政者稀裡糊塗地實行憲政，未免有點幼稚。弄得不好，當政者也像給市場經濟、民主和法治加一頂社會主義的帽子一樣，也給憲政加一頂社會主義的帽子，然後告訴你們，現在實行的一套制度就是社會主義憲政，那你們就無話可講了。

　　縱觀一年多時間中國思想界關於憲政姓「社」姓「資」的爭論，大致可以這樣概括：自由派雖然訴求正確，但是因不掌握話語權而態度曖昧，且邏輯紊亂，所以只能委曲求全地跪著造反。保守派雖然訴求錯誤，但是因掌握話語權而態度鮮明，且邏輯正確，所以能夠理直氣壯地站著打壓。自由派跪著造反，保守派站著打壓，這就是2013年開始的中國關於憲政姓「社」姓「資」論戰的

總體態勢。從這一點來看，這場論戰遠未達到 19 世紀後期和 20 世紀早期俄國民粹派和西化派的論戰水準，也遠未達到 20 世紀 30 年代中國的中國文化派和西化派的論戰水準。這是一種膠著狀態，估計這種狀態還會維持一段時間。要想突破這種膠著狀態，指望保守派退讓，絕無可能；惟一的出路是自由派改變曖昧的態度，以徹底的邏輯與保守派爭論。這裡我們不妨重溫馬克思的名言：「批判的武器當然不能代替武器的批判，物質力量只有用物質力量來摧毀；但是理論一經掌握群眾，也會變成物質力量。理論只要說服人，就能掌握群眾，而理論只要徹底，就能說服人。所謂徹底，就是抓住事物的根本。」[183] 自由派不必羞羞答答，而應以鮮明的態度和徹底的邏輯告訴對方，自己訴求的憲政就是資本主義式的，而與社會主義毫不相干。否則，你們在理論上永無戰勝對方的可能。

前文已經把保守派逼到了南牆，估計他們中沒有人敢明確地宣稱，憲法不應該由人民根據自己的意志制定，而應該由政府和黨派根據自身的利益制定；同時，也不敢明確地宣稱，政府的權力不必在憲法限定的範圍之內，政府的違憲行為不必受到法律的追究。就是說，拋開那些似是而非的概念、癡人說夢的話語，以及一廂情願的意淫，在嚴峻的現實和徹底的邏輯面前，保守派必須承認中國只能走憲政之路，即資本主義之路。這裡，我解剖了自由派的紊亂的邏輯，並揭去了他們中部分人的掩人耳目的面紗，指出自由派訴求的憲政，實際上就是資本主義。所謂憲政姓「社」，要麼是沒有起碼邏輯思維能力的真糊塗者的胡言亂語，要麼是為了獲得話語權而披的偽裝。綜合這場爭論中保守派和自由派雙方的邏輯觀點——姑且不從雙方各自實證的角度論證：中國沒有也不可能超越憲政的發展階段；中國的前途必須是憲政，必須是資本主義。

綜上所述，本書從經濟制度和政治制度兩個方面證明了資本主義制度的「卡丁夫峽谷」，中國沒有也不可能跨越。現在，我們可以回過頭來討論馬克思的東方國家可以跨越資本主義「卡夫丁峽谷」的理論本身了。

馬克思的跨越資本主義「卡夫丁峽谷」的理論，本來是針對俄國的情況提出來的。但是，俄國的 1989 年的推翻蘇維埃政權的改革實踐已經證明，東方國家跨越資本主義「卡夫丁峽谷」的理論是錯誤的，這一點大概無需再花費筆墨。

---

[183]《馬克思恩格斯選集》第 1 卷，北京：人民出版社，1972 年，第 9 頁。

這裡，我又用中國的實踐和中國保守派、自由派的邏輯觀點，分別從經濟和政治兩個方面證明，馬克思的東方國家可以跨越資本主義「卡夫丁峽谷」的理論也是錯誤的。俄國和中國是兩個典型的東方大國，兩個國家的實踐和理論都已經證明，並且將繼續證明馬克思的東方國家可以跨越資本主義「卡夫丁峽谷」的理論是錯誤的。因此我們大致可以得出結論：馬克思的東方國家可以跨越資本主義「卡夫丁峽谷」的理論完全是錯誤的理論。那麼這樣一個錯誤理論，究竟是怎樣得以出籠的呢？這是一個重大的理論問題，必須從馬克思的整個理論體系談起；而要討論馬克思的整個理論體系，必須把馬克思的社會理論分為前期和後期。

我認為，馬克思的前期社會理論主張歷史發展單線論，這一點有大量的事實作為根據。比如，在 50 年代，馬克思雖然認為東方社會沒有發展到封建社會的階段，但他並不由此認為東方社會能夠避免資本主義的命運。相反，他認為東方社會必須走資本主義道路。關於印度社會發展的道路，馬克思於 1853 年在《不列顛在印度統治的未來結果》一文中指出：「英國在印度要完成雙重的使命：一個是破壞性的使命，即消滅舊的亞洲式的社會；另一個是建設性的使命，即在亞洲為西方式的社會奠定物質基礎。」[184] 馬克思在這裡對印度未來發展前途的分析是再明確不過的，而且這種分析已遠遠超出了印度本身，而涉及整個亞洲了。

的確，馬克思對中國社會的未來前景也是這樣認為的。1850 年，馬克思在《國際述評（一）》中預測：「如果我們歐洲的反動分子不久的將來會逃奔亞洲，最後到達萬里長城，到達最反動最保守的堡壘的大門，那麼他們說不定就會看到這樣的字樣：中華共和國：自由，平等，博愛。」[185] 無須多加一個字，自由、平等、博愛的資產階級共和國，這便是中國社會的未來命運。

1858 年，馬克思在分析俄國農村形勢時認為，俄國的受壓迫深重的農民由於相信沙皇在他們一邊，必然要發生反對貴族的起義。他說：「如果發生這種情形，俄國的 1793 年就會來到；……它將是俄國歷史上的第二個轉捩點，最終

184《馬克思恩格斯選集》第 2 卷，北京：人民出版社，1972 年，第 70 頁。
185《馬克思恩格斯全集》第 7 卷，北京：人民出版社，1959 年，第 265 頁。

第六章　亞細亞生產方式與所謂東方社會的特殊性　411

將以真正的普遍的文明來代替彼得大帝所推行的虛假的文明。」[186] 馬克思的意思很清楚，俄國的資本主義前途不可避免。

值得注意的是，馬克思前期的歷史發展單線論不僅表現在對東方國家前途的具體論述中，而且表現在對一般發展道路的理論概括中。在《共產黨宣言》中，馬克思指出：「資產階級，由於一切生產工具的迅速改進，由於交通的極其便利，把一切民族甚至最野蠻的民族都捲到文明中來了。……它迫使一切民族——如果它們不想滅亡的話——採用資產階級的生產方式」。[187] 1867 年，馬克思在《資本論·第一版序言》中指出：資本運動的規律正以「鐵的必然性」向前資本主義國家擴展，「工業較發達的國家向工業較不發達的國家所顯示的，只是後者未來的景象」。馬克思還說：「社會經濟形態的發展是一種自然歷史過程」；「一個社會即使探索到了本身運動的自然規律，……它還是既不能跳過也不能用法令取消自然的發展階段」。[188] 在這裡，馬克思已經從歷史觀的高度做了結論：資本主義生產方式具有普世性。東方國家雖然在歐洲資本主義時代仍然處在亞細亞生產方式的階段，但是在世界資本主義的國際環境下，其特殊性將逐漸消失。而在這一過程中，資本主義的「卡夫丁峽谷」不可跨越，資本主義的前途不可避免。在這裡我們清楚地看到，馬克思的前期社會形態理論主張的是歷史發展單線論。

然而，在 70 年代中期以後，馬克思提出了東方落後國家由於村社制度的存在，可以跨越資本主義「卡夫丁峽谷」的理論。如前所述，東方落後國家跨越資本主義「卡夫丁峽谷」理論包含如下核心內容：資本主義制度只適合西歐各國；就是說，西歐各國在歷史發展中必須經歷資本主義制度，俄國等東方國家可以不通過資本主義制度的「卡夫丁峽谷」，而吸收資本主義制度的一切肯定成果。這是明顯的歷史發展雙線論。這時的馬克思肯定意識到，按照他前期的社會歷史理論，世界歷史的發展只能是單線的，即所有國家或早或晚都必須進入資本主義社會。在這種情況下，根本沒有給歷史發展雙線論，即東方國家可以跨越資本主義制度「卡夫丁峽谷」的理論留有存在的餘地。那麼，如何才

186《馬克思恩格斯全集》第 12 卷，北京：人民出版社，1962 年，第 725 頁。
187《馬克思恩格斯選集》第 1 卷，北京：人民出版社，1972 年，第 255 頁。
188《馬克思恩格斯全集》第 23 卷，北京：人民出版社，1972 年，第 8、12、11 頁。

能提出東方國家可以跨越資本主義制度「卡夫丁峽谷」的理論，而又不受到前後不一致的質疑呢？馬克思的辦法是，在他提出東方國家可以跨越資本主義制度「卡夫丁峽谷」理論的文章——《給維·伊·查蘇利奇的復信草稿》和《給維·伊·查蘇利奇的信》中說，他早年的《資本論》明確地把資本主義起源的歷史必然性「限於西歐各國」。馬克思是這樣說的：

> 我在分析資本主義生產的起源時說：「因此，資本主義制度的基礎是生產者同生產資料的徹底分離……這整個發展的基礎就是對農民的剝奪。這種剝奪只是在英國才徹底完成了……但是西歐其它一切國家都正在經歷著同樣的運動。」可見，這一運動的「歷史必然性」明確地限於西歐各國。[189]

馬克思在給查蘇利奇的復信的三個草稿以及該信的正文中，每一次都鄭重地強調上述觀點；而且從後文可以看到，早幾年的《給「祖國紀事」雜誌編輯部的信》已用相似的語言表達了同樣的觀點。這樣一來，就給讀者造成了一種印象，似乎馬克思從未主張過歷史發展單線論，至遲從《資本論》開始，就把資本主義起源的歷史必然性「明確地限於西歐各國」。這樣，歷史發展雙線論，即東方國家可以跨越資本主義制度「卡夫丁峽谷」理論就順理成章，不會受到批評了。而事實上效果也正是這樣，很多不知就裡的論者正是根據上述引文中的最後一句話，支持馬克思的東方國家可以跨越資本主義制度「卡夫丁峽谷」理論的。

不僅如此，馬克思還採取以攻為守的手法，為他的東方國家可以跨越資本主義制度「卡夫丁峽谷」的理論辯護。在當時正在進行的關於俄國社會發展道路的爭論中，俄國民粹派理論家尼·康·米海洛夫斯基在主張俄國超越資本主義的同時，把馬克思的《資本論》歸結為主張各民族要走共同的發展道路的「歷史哲學」並加以反對。米海洛夫斯基因此遭到馬克思的嚴厲批評。馬克思在《給「祖國紀事」雜誌編輯部的信》中指出：「他一定要把我關於西歐資本主義起源的歷史概述徹底變成一般發展道路的歷史哲學理論，一切民族，不管他們所處的歷史環境如何，都注定要走這條道路……。但是我要請他原諒。他這樣做，

---

[189]《馬克思恩格斯全集》第19卷，北京：人民出版社，1963年，第447頁。

會給我過多的榮譽，同時也會給我過多的侮辱。」[190] 在這裡我們看到，馬克思明確地否定一般發展道路的「歷史哲學理論」的存在。就是說，馬克思不是在做一般的辯護，而是從歷史觀的高度為他的歷史發展雙線論，即東方國家可以跨越資本主義制度「卡夫丁峽谷」的理論辯護的。馬克思之所以能夠牽強附會地進行這一辯護，之所以在提出與民粹派完全一致的觀點——在村社基礎上繞過資本主義，直接過渡到社會主義，同時卻又批評米海洛夫斯基，都是以他的《資本論》把資本主義起源的歷史必然性「明確地限於西歐各國」為前提的；如果沒有這一前提，這一辯護以及對米海洛夫斯基的批評都根本不能成立。

作為馬克思前期社會理論的代表作之一的《資本論》，究竟是不是真的將資本主義起源的歷史必然性「明確地限於西歐各國」呢？鑒於這個問題的至關重要，我將詳細地考察《資本論》文本本身。為了避免斷章取義之嫌，我在這裡將整段地甚至連續幾段地援引《資本論》的原文。

1867年，馬克思在《資本論·第一版序言》中有這樣一段文字：「以最近幾星期內發表的藍皮書《關於工業和工聯問題同女王陛下駐外公使館的通訊》為例。英國女王駐外使節在那裡坦率地說，在德國，在法國，一句話，在歐洲大陸的一切文明國家，現有的勞資關係的變革同英國一樣明顯，一樣不可避免。同時，大西洋彼岸的美國副總統威德先生也在公眾集會上說：在奴隸制廢除後，資本關係和土地所有權關係的變革會提到日程上來！這是時代的標誌，不是用紫衣黑袍遮掩得了的。這並不是說明天就會出現奇跡。但這表明，甚至在統治階級中間也已經透露出一種模糊的感覺：現在的社會不是堅實的結晶體，而是一個能夠變化並且常處於變化過程中的機體。」[191] 馬克思在這裡借威德之口明確指出，美國在消滅奴隸制以後將同法國和德國一樣，向英國學習，改變土地所有權關係，發展資本關係。儘管這不是一日之功，但是其趨勢已不可避免。

在《資本論》第七篇《資本積累的過程》中，馬克思記述了作為殖民地的美洲和澳洲如何在宗主國的刺激下完成資本原始積累的過程。馬克思在詳細地描述了來自歐洲的移民浪潮如何迅速地向美洲的勞動市場湧進，美國的金融貴族如何把大片的公有土地送給投機家公司所造成的資本集中，以及澳洲的勞

---

190 《馬克思恩格斯全集》第19卷，北京：人民出版社，1963年，第130頁。
191 《馬克思恩格斯全集》第23卷，北京：人民出版社，1972年，第12頁。

動市場過剩所產生的種種社會問題後寫道：「但是，我們在這裡並不是要研究殖民地的狀況。我們感興趣的只是舊大陸的政治經濟學在新大陸發現並大聲宣布的秘密：資本主義的生產方式和積累方式，從而資本主義的私有制，是以那種以自己的勞動為基礎的私有制的消滅為前提的，也就是說，是以勞動者的被剝奪為前提的。」[192] 在這裡，我們也發現了馬克思的一個秘密：舊大陸的政治經濟學即《資本論》所揭示的以英國為典型的西歐資本主義起源的「歷史必然性」，不僅存在於舊大陸，而且存在於新大陸；即不僅存在於西歐，而且存在於美洲和澳洲。

俄國這個典型的東方帝國與西歐相比，甚至與美洲和澳洲相比，都是一個原始共產主義因素保存得較晚的國家，以致晚年的馬克思把它設想為共產主義的發源地。《資本論》是不是認為俄國不具有像西歐那樣的資本主義起源的「歷史必然性」呢？馬克思在《資本論》中對此有一番相當精彩的論述：

> 俄國的地主，由於所謂農民解放，現在用雇傭工人代替從事強制勞動的農奴來經營農業，他們抱怨兩件事。第一，抱怨貨幣資本不足。例如，他們說，在出售農產品以前，必須對雇傭工人支付較大數量的金額，而這時缺少的正是現金這個首要的條件。要按照資本主義的方式進行生產，必須經常備有專供支付工資用的貨幣形式的資本。不過，地主們盡可以放心。時候一到，玫瑰花自然可以摘到，那時，產業資本家不僅擁有自己的貨幣，而且擁有別人的貨幣。

> 但是，更典型的是第二種怨言，這就是：即使有了貨幣，還是不能隨時買到足夠的可供支配的勞動力，因為俄國的農業勞動者由於村社實行土地公有，還沒有完全和他們的生產資料相分離，從而還不是完全的「自由雇傭工人」。但是，後者的社會規模的存在，卻是 G—W 即貨幣轉化為商品能夠表現為貨幣資本轉化為生產資本的必不可少的條件。[193]

---

[192]《馬克思恩格斯全集》第 23 卷，北京：人民出版社，1972 年，第 842—843 頁。
[193]《馬克思恩格斯全集》第 24 卷，北京：人民出版社，1972 年，第 40—41 頁。

在此時的馬克思看來，西歐資本主義起源的「歷史必然性」同樣存在於俄國，只不過俄國因為資本主義因素發展得相對緩慢，因此資本主義生產方式所必需的那些條件一時還不成熟。因此，馬克思開導那些尚未完全轉化為資本家的地主，叫他們不要急：不是花不開，只是時未到；「時候一到，玫瑰花自然可以摘到」。

馬克思在《資本論》中分析資本主義起源的「歷史必然性」時，也沒有忘記亞洲。關於亞洲存在著西歐那樣的資本主義起源的「歷史必然性」問題，《資本論》有很多論述，限於篇幅這裡僅摘錄一段。馬克思在論述貨幣資本的迴圈時寫道：「那些造成資本主義生產的基本條件，即雇傭工人階級的存在的情況，也促使一切商品生產過渡到資本主義的商品生產。資本主義的商品生產越發展，它對主要是直接滿足自己需要而只把多餘產品轉化為商品的任何一種舊生產形式，就越發生破壞和解體的作用。它使產品的出售成為人們關心的主要事情，它起初並沒有顯著地侵襲到生產方式本身，例如，資本主義的世界貿易對中國、印度、阿拉伯等國人民最初發生的影響就是如此。但是接著，在它已經紮根的地方，它就會把一切以生產者本人勞動為基礎或只把多餘產品當作商品出售的商品生產形式盡行破壞。它首先是使商品生產普遍化，然後使一切商品生產逐步轉化為資本主義的商品生產。」[194] 在此時的馬克思看來，亞洲同樣地存在著資本主義起源的「歷史必然性」，所不同的是亞洲的這種「歷史必然性」，在他的時代還處在一種潛在的狀態而已。

讀了《資本論》關於資本主義起源的「歷史必然性」的論述，我得到的是這樣一個印象：《資本論》不僅沒有把以資本集中和「剝奪」小生產者為內容的資本主義起源的「歷史必然性」明確地限於西歐各國，甚至根本上就沒有做任何限定。相反，在當時的馬克思看來，資本主義起源的「歷史必然性」存在於世界上的所有地方，只不過不同的地方發生這一運動的時間有所不同：英國作為資本主義起源的最典型的國家已經完成了這一運動；西歐的其它國家正在經歷著同樣的運動；而美洲、澳洲、俄國和亞洲諸國或者剛剛開始這一運動，或者即將開始這一運動。我想我的這一印象是符合馬克思的原意的。《資本論》在第七篇即《資本的原始積累過程》中就是這樣言說的：「在原始積累的

194《馬克思恩格斯全集》第 24 卷，北京：人民出版社，1972 年，第 43—44 頁。

歷史中，對正在形成的資本家階級起過推動作用的一切變革，都是歷史上劃時代的事情；但是首要的因素是：大量的人突然被強制地同自己的生存資料分離，被當作不受法律保護的無產者拋向勞動市場。對農業生產者即農民的土地的剝奪，形成全部過程的基礎。這種剝奪的歷史在不同的國家帶有不同的色彩，按不同的順序、在不同的歷史時代通過不同的階段。只有在英國，它才具有典型的形式，因此我們拿英國作例子。」[195]

現在，我們終於明白，馬克思之所以能在晚年提出東方國家可以跨越資本主義「卡夫丁峽谷」的理論，並振振有詞地為歷史發展雙線論辯護，是因為他歪曲了自己曾經說過的話，掩蓋了《資本論》的真實內容，從而為他的這一理論提供了生存空間。其實，就《資本論》的真實內容而言，是沒有給歷史發展雙線論即東方國家可以跨越資本主義「卡夫丁峽谷」的理論留下任何生存空間的。如此說來，我們可以進一步得出結論：東方國家可以跨越資本主義「卡夫丁峽谷」理論，是以馬克思歪曲事實，掩蓋《資本論》的真實內容為前提的，因此壓根就是錯誤的。

行文至此，不得不回過頭來對學界的一件沉冤公案進行重新審察，即究竟是否存在一般發展道路的「歷史哲學理論」？或者說，馬克思在《資本論》中關於西歐資本主義起源的歷史概述，是否就是一般發展道路的「歷史哲學理論」？長期以來，學界根據馬克思在《給維·伊·查蘇利奇的復信草稿》中說的，他早年的《資本論》明確地把資本主義起源的歷史必然性「限於西歐各國」的話，以及在《給「祖國紀事」雜誌編輯部的信》中批評米海洛夫斯基的那段話，大都對此做出了否定的回答。但是，我根據馬克思的《資本論》本身所得出的答案卻是肯定的。就是說，至少在前期的馬克思看來，關於一般發展道路的「歷史哲學理論」是存在的；或者說，馬克思在《資本論》中關於西歐資本主義起源的歷史必然性及其在世界範圍內表現的概述本身，就是一般發展道路的「歷史哲學理論」。馬克思之所以能戲劇般地在提出與民粹派完全一致的觀點的同時卻又批評米海洛夫斯基，也是因為他歪曲了事實，掩蓋了《資本論》的真實內容，從而為他批評米海洛夫斯基提供了理由。其實，就《資本論》的真實內容而言，沒有為他批評米海洛夫斯基提供任何理由。如此說來，我們也可以得

---

[195]《馬克思恩格斯全集》第 23 卷，北京：人民出版社，1972 年，第 784 頁。

第六章　亞細亞生產方式與所謂東方社會的特殊性　417

出結論：無論是給馬克思過多榮譽的，還是給他過多侮辱的都不是米海洛夫斯基，而是馬克思本人；米海洛夫斯基所做的，只不過是原原本本地歸納了馬克思的關於資本主義起源的思想而已。

現在需要進一步追問的是，馬克思前期的歷史發展單線論明明給他帶來了很多的榮譽，他在晚年為什麼要自取其辱地提出以東方國家跨越資本主義「卡夫丁峽谷」理論為內容的歷史發展雙線論呢？這個問題很大，限於篇幅，只能點到為止。簡單地說，是因為馬克思晚年的歷史觀發生了變化，即由前期的歷史主義的歷史觀，變成了晚年的人道主義的歷史觀。

縱觀馬克思的一生，對於人道主義的追求從頭到尾地深蘊於他的思想中，以致 L. J. 賓克萊說，「我們（西方世界）越來越傾向於把馬克思看作一位道德家、或許甚至看作一位宗教道德家」。[196] 但是，就馬克思著述的內容本身而言，前期的歷史主義傾向和晚期的人道主義傾向的對立不僅十分明顯，而且十分全面，以致我們可以將二者分別稱之為歷史主義的馬克思和人道主義的馬克思。我們看到，歷史主義的馬克思認為，印度的田園風味的農村公社不管初看起來怎樣無害於人，「卻始終是東方專制制度的牢固基礎」[197]，因此，英國人對這種半野蠻半文明的公社的破壞，「就在亞洲造成了一場最大的、老實說也是亞洲歷來僅有的一次社會革命」[198]。人道主義的馬克思則認為，英國人對印度公社制度的破壞，將很快在印度社會形成「一切人反對一切人的戰爭」，其結果「不是使當地人民前進，而是使他們後退」[199]。歷史主義的馬克思認為，在對印度公社制度的破壞中，「英國不管是幹出了多大的罪行，它在造成這個革命的時候畢竟是充當了歷史的不自覺的工具」[200]。人道主義的馬克思則認為，印度公社所有制的衰落不是這種制度本身發展的結果，「實際上英國人自己卻是

---

196 〔美〕賓克萊：《理想的衝突》，馬元德等譯，北京：商務印書館 1983 年版，第 100 頁。
197 《馬克思恩格斯選集》第 2 卷，北京：人民出版社，1972 年，第 67 頁。
198 《馬克思恩格斯選集》第 2 卷，北京：人民出版社，1972 年，第 67 頁。
199 《馬克思恩格斯全集》第 45 卷，北京：人民出版社，1985 年，第 304 頁；《馬克思恩格斯全集》第 19 卷，北京：人民出版社，1963 年，第 448 頁。
200 《馬克思恩格斯選集》第 2 卷，北京：人民出版社，1972 年，第 68 頁。

造成這種衰落的主要的（主動的）罪人」[201]。同樣，在俄國農村公社的前途上，歷史主義的馬克思不同意民粹派的俄國公社可以直接過渡到共產主義的觀點，說「對於這種共產主義的黃金國，我從來不抱樂觀的看法」[202]。人道主義的馬克思卻認為，「俄國可以不通過資本主義制度的卡夫丁峽谷，而把資本主義制度的一切肯定的成就用到公社中來」，[203] 就是說，俄國的農村公社可以直接與共產主義相連。總之，當馬克思從歷史主義出發的時候，他認為資本的原始積累雖然會帶來痛苦，但這是不可避免的歷史過程，而且「既然痛苦是快樂的源泉，那又何必因痛苦而傷心？」[204] 然而，當馬克思從人道主義出發的時候，「他又發現自己日益憎於這種制度的殘酷性」[205]，千方百計地要避免資本主義制度所帶來的「一切極端不幸的災難」。於是，在這種人道主義歷史觀的主導下，馬克思終於在晚年提出了以東方國家跨越資本主義「卡夫丁峽谷」理論為內容的歷史發展雙線論。

　　從以上論述可以看到，馬克思的前期社會理論主張單線論，馬克思的後期社會理論主張雙線論。歷史發展單線論和歷史發展雙線論是兩種完全對立的理論，不僅不能統一，而且我們只能在二者之中擇其一。然而，在學術界，我們常常見到這樣一種觀點：不能簡單的將馬克思前期的社會理論歸結為單線論，也不能簡單的將馬克思後期的社會理論歸結為雙線論。馬克思的前期和後期的社會理論是統一的，只是側重點的不同：前期側重於歷史發展的普遍性，後期側重於歷史發展的特殊性。這種折衷主義的觀點要麼是在為尊者諱，要麼是在做宣傳，或者兼而有之，根本不值得一駁。其實，在馬克思逝世後，恩格斯已經發現了馬克思（以及恩格斯本人也在一定程度上參與其中）的俄國可以跨越

---

[201]《馬克思恩格斯全集》第 45 卷，北京：人民出版社，1985 年，第 304 頁。
[202]《馬克思恩格斯全集》第 32 卷，北京：人民出版社，1975 年，第 421 頁。
[203]《馬克思恩格斯全集》第 19 卷，北京：人民出版社，1963 年，第 435—436 頁。
[204]《馬克思恩格斯選集》第 2 卷，北京：人民出版社，1972 年，第 67—68 頁。
[205]〔英〕E. 霍布斯保姆：《馬克思〈資本主義生產以前各形態〉導言》，張書生等譯，載於郝鎮華編：《外國學者論亞細亞生產方式》上冊，北京：中國社會科學出版社，1981 年，第 25 頁。

資本主義「卡夫丁峽谷」理論的錯誤[206]，並且在很多場合對之做了雖然很不情願、很不徹底，但還算理性、還算大膽的糾正。1893年10月17日，恩格斯在《致尼·弗·丹尼爾遜》的信中，分析了俄國農業公社的性質和當時面臨的國際環境後指出：「因而，俄國就只能二者擇一：或者把公社發展成這樣一種生產形式，這種生產形式和公社相隔許多中間歷史階段，而且實現這種生產形式的條件當時甚至在西方也還沒有成熟——這顯然是一項不可能完成的任務；或者向資本主義發展。試問，除了這後一條路，它還有什麼辦法呢？」[207] 1894年1月，恩格斯在《〈論俄國的社會問題〉跋》中，針對當時俄國普遍存在的民粹主義，從歷史觀的高度指出：「要處在較低的經濟發展階段的社會來解決只是處在高得多的發展階段的社會才產生了的和才能產生的問題和衝突，這在歷史上是不可能的。」[208] 至少在這裡，恩格斯告訴我們，所謂社會形態的不同，本質上只不過是社會發展的高級階段和低級階段之分，根本不是如某些論者所說的什麼歷史發展的所謂統一性和多樣性的問題。而把社會形態的不同，從本質上看成是社會發展的高級階段和低級階段的區別，這種觀點就是歷史發展單線論。恩格斯對馬克思的俄國可以跨越資本主義「卡夫丁峽谷」理論的糾正表明，恩格斯力圖使人們從馬克思晚年的歷史發展雙線論的錯誤中折返回來，繼續沿著其前期的歷史發展單線論的道路前進。

　　然而，恩格斯的努力終究未能成功。這不僅因為俄國的民粹主義根深蒂固，而且因為馬克思的俄國可以跨越資本主義「卡夫丁峽谷」的理論在俄國的影響巨大，最終導致了十月革命的發生。有些論者以馬克思給查蘇利奇的信及其草稿在馬克思生前從未公開，在40多年內不為世界所知為由，否定馬克思在該信及其草稿中提出的俄國可以跨越資本主義「卡夫丁峽谷」理論對十月革命的影響。這種觀點顯然是不能成立的。馬克思的民粹主義思想不是產生於給查

---

[206] 所謂恩格斯也參與了馬克思所犯的錯誤，所指的事實之一是：1882年1月，馬克思和恩格斯在《共產黨宣言》俄文版「序言」中寫道：「假如俄國革命將成為西方無產階級革命的信號而雙方互相補充的話，那麼現今的俄國土地公有制便能成為共產主義發展的起點。」（《馬克思恩格斯選集》第1卷，北京：人民出版社，1972年，第231頁。）
[207] 《馬克思恩格斯全集》第39卷，北京：人民出版社，1965年，第148頁。
[208] 《馬克思恩格斯全集》第22卷，北京：人民出版社，1965年，第502頁。

蘇利奇寫信的 1881 年，從公開的資料看，至遲可以追溯到 1877 年的《給「祖國紀事」雜誌編輯部的信》。在該信中，馬克思已經提出了成熟的且與《致給查蘇利奇的信》及其草稿完全一樣的民粹主義主張。《給「祖國紀事」雜誌編輯部的信》在馬克思生前沒有寄出，也未發表，是馬克思逝世後，恩格斯從他的文件中發現的。但是，恩格斯複製了這封信，將其副本寄給了在日內瓦的「勞動解放社」成員維・伊・查蘇利奇。而且根據恩格斯介紹，這封信在被發現以後、發表之前，曾以法文原本的手抄本在俄國流傳很久，後來譯成俄文於 1886 年曾在日內瓦的「民意導報」雜誌第 6 期上發表；1888 年 10 月，又在俄國的合法刊物「司法通報」雜誌上發表。恩格斯說：「這封信同所有出自馬克思筆下的東西一樣，在俄國各界人士中引起極大注意，並被作了極不相同的解釋」。[209] 不難想像，馬克思的這封信在俄國產生了多麼廣泛的影響。這就是馬克思的俄國可以跨越資本主義「卡夫丁峽谷」理論與十月革命之間的聯繫。至於是誰以及通過什麼方式把馬克思的俄國可以跨越資本主義「卡夫丁峽谷」的理論變成俄國實踐的，將在第七章第三節中討論。

總之，現實和理論已經證明，並將繼續證明，馬克思的東方國家可以跨越資本主義「卡夫丁峽谷」的理論是錯誤理論。馬克思早年所謂的「四種生產方式」在空間上是具有普遍性的，其證據之一就是，資本主義的「卡夫丁峽谷」，作為社會發展進程中的自然歷史階段，對於任何國家而言，既不可取消，也不可跨越。

第七節

東西方社會生產方式的錯位及其實質和原因

截至馬克思的乃至今天的時代，西方社會的發展已經經歷了亞細亞的、古

---

[209]《馬克思・馬克思恩格斯全集》第 22 卷，北京：人民出版社，1965 年，第 504、752 頁。

代的和封建的幾個時代,並且早已處在資產階級的生產方式之中,但是,東方社會中的許多國家仍然處在亞細亞生產方式之中。這種現象意味著什麼?學術界一種普遍的觀點認為,它說明東方社會在歷史上走著與西方社會完全不同的道路,表明東方社會在歷史上是一個特殊的世界。這種觀點與前面幾節批評的觀點一樣十分流行;然而,它也同前面幾種觀點一樣不能成立。

東方社會的亞細亞生產方式與西方社會的亞細亞的、古代的、封建的和資產階級的幾種生產方式並存的現象,並不意味東方社會走著一條與西方社會不同的發展道路,那麼究竟如何解釋這一現象呢?為了回答這個問題,必須引進一個雖然前文已經多次使用過,但這裡還必須正式提出的概念,即文化形態學的概念。

文化的(或歷史的)「形態學」的概念是由奧斯維德·斯賓格勒提出來的。斯氏認為,任何文化都像田間的任何一棵植株一樣,都有一個發芽、生長到成熟,再到衰老的過程,即在整個生長過程中呈現出不同的形態。[210] 斯氏還認為,在對於兩種或多種文化進行比較的時候,必須將它們相同的發展階段,即「同時代的」形態進行比較,而不管這「同時代的」形態在編年史上距離多遠。[211] 斯賓格勒的「文化形態學」的概念,以及他的文化形態學的方法,確實具有重要的理論意義。但是問題在於,斯賓格勒的文化觀十分混亂,且自相矛盾。一方面,他是西方中心論者[212];另一方面,他又是文化相對主義者[213]。因此,斯賓格勒的文化形態學的方法只能對各種文化作形式上的比較,而不能作性質上的比較。也因此,他的文化形態學理論只具有抽象的理論意義,而不具有具體的實際意義。其實,在這方面,黑格爾和馬克思早已為我們做出了榜樣。

---

210 〔德〕斯賓格勒:《西方的沒落》上冊,齊世榮等譯,北京:商務印書館,1963年,第33、39頁。
211 〔德〕斯賓格勒:《西方的沒落》下冊,齊世榮等譯,北京:商務印書館,1963年,第776頁以後,表Ⅰ、表Ⅱ、表Ⅲ。
212 熟悉斯賓格勒的人對此應該沒有異議,因此無需詳論。
213 這裡需要做點說明。斯賓格勒不僅認為,每一文化各有自己的觀念、情欲、生活、願望、感情等等,彼此是互不瞭解的;而且他「不承認古典文化或西方文化比印度文化、巴比倫文化、中國文化、埃及文化、阿拉伯文化、墨西哥文化等佔有任何優越地位。」(〔德〕斯賓格勒:《西方的沒落》上冊,齊世榮等譯,北京:商務印書館,1963年,第306頁及其以下;同上書,第34頁。)

比如,馬克思的亞細亞生產方式理論和他的社會形態理論,雖然沒有明確提出文化形態學的概念,但卻處處貫串著文化形態學的方法。上述的東西方社會生產方式錯位的現象,至少在前期馬克思看來,並不意味東方社會在歷史上走著一條與西方社會不同的發展道路。相反,這僅意味著東方社會和西方社會在編年史的相同時間裡,在同一條道路的依次進化的進程中各自處在不同的階段而已。換句話說,東方社會和西方社會一直走著相同的發展道路。它們的所謂的不同,實質上只是同一發展形態在編年史上出現的時間不同,即表現為「時間差」。因此隨著時間的推移,行後者必然會依次進化到行前者當年所處的文化的階段。——這也就是馬克思所說的「工業發達的國家向工業較不發達的國家所顯示的,只是後者未來的景象」[214]這句話的具體涵義。

毋庸諱言,把東西方社會的區別定性為生產方式的錯位,並把這種生產方式錯位的實質定性為時間差,在中外學術界,遇到的阻力是極其巨大的。學術界有一種觀點十分流行,即認為在西元1500年以前,中國一直是領先於世界的,只是進入近代以後,中國才落後於歐洲的。撇開前文[215]論及的英國學者霍布森認為的,在西元500年至1800年間,「東方一直比西方發達」,東方一直領先於世界並影響著西方的觀點不談。近年,有一個德國人叫貢德‧弗蘭克的,著有《白銀資本:重視經濟全球化中的東方》(*ReOrient: The Global Economy in the Asian Age*[216])一書,更明確地提出了與霍布森相同的觀點,說什麼直到1800前,中國在整個世界經濟中一直處於領先位置,「佔據支配地位」。弗蘭克甚至認為,中國在全世界的領先不僅在經濟上,也在政治上:「雖然許多人依然聲稱,中國和亞洲其它地區的民間制度和公共／國家制度由於某種原因比歐洲『低劣』,但這顯然不符合實際情況。『亞細亞生產方式』是歐洲人特別是馬克思發明的一個神話,其目的在於證明子虛烏有的歐洲『獨特性』。」[217]

如果說上述中國領先論的觀點,只是一些普通學者憑據一個國家的經濟總

---

214 《馬克思恩格斯全集》第23卷,北京:人民出版社,1972年,第8頁。
215 第一章第三節。
216 Andre Gunder Frank, *ReOrient: The Global Economy in the Asian Age*, Berkeley / Los Angeles / London: University of California Press, 1998.
217 〔德〕弗蘭克:《白銀資本:重視經濟全球化中的東方》,劉北成譯,北京:中央編譯出版社,2000年,「中文版前言」第20頁。

第六章　亞細亞生產方式與所謂東方社會的特殊性

量或貿易順差額來衡量一個國家的文明發展程度和在世界歷史中的地位,因太過膚淺而不值得一駁,而嚴復和錢穆則是中國近現代史上嚴肅的思想家,竟也不能免俗。嚴復在甄克思的《社會通詮・譯序》中寫道:考歐洲之世變,希臘、羅馬尚算時尚。至於其它民族,所於今號極盛者,其趾封建,略當中國唐、宋間。比如英國、法國,「皆僅僅前今一二百年而已」,若何如此進步之銳?乃反觀吾中國之歷史,由唐、虞以訖於周,中間二千餘年,皆封建之時代,而所謂宗法,亦於此時最備。由周秦以至於今,又二千餘歲矣,審其政法、風俗與民眾的思維方式,則猶然一宗法社會。嚴復對此現象發出感歎:歐、亞之地世變之遷流,「在彼則始遲而終驟,在此則始驟而終遲」。[218] 錢穆在論及中國文化的前途、批評全盤西化論時,對中西文化高下的做了總體性的比較:「人類歷史演進,本非直線地上升或降落,而常循波浪式的曲線進行。若把中西歷史進程統體比看,有時中國光輝上進,西方暗淡墮落;有時西方光輝上進,中國暗淡墮落。我們不該橫切(西元 1800 年以後)這短短的兩百年,來衡量雙方全過程,而說中國文化根本要不得,便該全盤接受西方化。」[219] 西元 1500 年或西元 1800 年以前中國一直領先於世界,只是近代才落後於西方之類的觀點有沒有受到嚴復和錢穆的影響,我不知道。但是我知道,嚴復的「彼始遲而終驟,此始驟而終遲」的觀點、錢穆的「有時中國光輝向上,西方暗淡墮落;有時西方光輝上進,中國暗淡墮落」的觀點與該觀點如出一轍,而且本質上都是「三十年河東,三十年河西」論。既然從普通學者到嚴肅的思想家對此觀點如此廣泛的認同,就有認真肅對待的必要。

東西方社會區別的實質是不是生產方式的錯位?這種生產方式錯位的實質是不是時間差?東方/中國和西方/歐洲在世界史中的地位是三十年河東,三十年河西嗎?為了回答這些問題,有必要在一個長時段裡用編年史的方法,將東方/中國和西方/歐洲做一簡單對比。

在編年史上對兩個民族/國家的文明程度進行比較,主要的標準既不應該是經濟總量,也不應該是貿易順差。且不說不區分兩個國家的面積大小、人口

---

[218] 嚴復:《社會通詮・譯者序》,載於〔英〕甄克思:《社會通詮》,嚴復譯,北京:商務印書館,1981 年,前言頁 9—10。
[219] 錢穆:《錢賓四先生全集》第 37 卷,臺北:聯經出版公司,1998 年,第 73—74 頁。

眾寡、氣候條件差異等因素，簡單地比較經濟總量和貿易順差額毫無意義。即使在上述諸因素大致相當的情況下，簡單地用經濟總量和貿易順差額來比較也是不能說明問題的。因為在一定時期內，專制體制可能創造更高的經濟總量，但這是以犧牲人權為代價的。

在編年史上對兩個國家／民族的文明程度進行比較的主要標準應該是什麼？應該是一個國家的社會結構的發育程度和民眾自我意識的成長程度，因為這才是社會發展程度的本質所在。用社會結構的發育程度和民眾自我意識的成長程度這個標準衡量，我們就會發現，東方或中國和西方或歐洲，由於生產方式的錯位而造成的時間差，不是以十年、百年計，而應該以千年計。

東方社會和西方社會在文化演化進程上的差距是從什麼時候拉開的，恐怕沒有人能夠說得清，但至遲在希臘的克裡特時期這種差距就已相當明顯。黑格爾說：「後來斯巴達的那種社會情形———一黨專政，被徵服的他黨被強迫地聽候差遣——早就在克利特可以看得到了。」[220] 我們知道，克裡特文明存在的時間是西元前 30 世紀至前 15 世紀。這裡取克裡特文明的晚期，應該是西元前 17 世紀至前 15 世紀。就是說，在西元前 17 世紀至前 15 世紀，希臘的克裡特實行的是一黨專政的專治制度。而同期的中國正處於夏商之交。我們也知道，夏商之交的中國，還處在部落或部落聯盟的征戰時期，君臣之位尚未分定[221]，嚴格意義上的以君主專制為表現形式的一黨專政尚未形成。就是說，在西元前 17 世紀至前 15 世紀，中國人還根本不知道以君主專制為表現形式的一黨專政為何物。雖然夏商之交的中國，也有新派和舊派之間的黨爭，但本書《自序》已經論及，那不像克裡特-邁錫尼文明那樣是加強還是削弱王權之爭，而是事鬼敬神還是相信人事之爭。這是兩個完全不同的文化時代。這種差距在繼後的千餘年中一直延續乃至擴大，截至古典時期更加凸顯。前文亦已論及，希臘的克裡特時代的專治制度到前 15 世紀以後的邁錫尼時代，已經顯露解體的跡象，阿伽門農已經不是一個典型的專制君主。而至西元前 7 世紀，希臘人將專制君主稱

220〔德〕黑格爾：《歷史哲學》，王造時譯，北京：三聯書店，1956 年，第 272 頁。
221 且不說夏商之交的中國，君臣之位尚未分定。據王國維說，即使在殷周之際，中國的君臣之位也尚未分定。王國維在《殷周制度論》中指出：「殷以前無嫡庶之制」；「自殷以前，天子諸侯君臣之分未定……周初亦然……」（《王國維經典文存》，上海：上海大學出版社，2003 年，第 170、177 頁。）

第六章　亞細亞生產方式與所謂東方社會的特殊性　425

為「僭主」。之所以如此，亦如前所述，不是因為君主本身變壞了，而是民眾的自我意識覺醒了，所以本來認為具有合法性的專制君主，在此時希臘人看來，他們沒有統治的合法性了，所以才稱之為「僭主」，並千方百計地推翻之甚至謀殺之。正是這種自我意識的覺醒，才導致希臘古典時代的民主政治制度。此段時期的中國人在幹什麼呢？我們也知道，中國人在將夏啟開始的世襲制日益完善，不斷強化其專制性質，並在殷周之際以典章的形式從法統和道統上固定下來。春秋戰國時期所謂的「百家爭鳴」，不是百家關於要專制還是要民主的辯論，實際上是「百家爭寵」——百家爭向專制帝王貢獻馭民、治國之術。秦的統一是中國這段歷史上的重大事件。但周秦之變是以郡縣制取代分封制，僅此而已。其中專制王權的精髓傳子傳嫡制則被原封不動地保留下來。[222] 而由於小一統被大一統取代，變化後的專制王權愈益強大，也愈受崇拜，以至於漢武帝被「山呼萬歲」。顧准看到了這一差別。他曾明確指出：在西元前7、6兩個世紀，「希臘史向民主主義變，我們（指中國，實際上也指整個東方——引者注）向專制主義變」；希臘人對專制君主在政治感情上「格格不入」，東方人對專制君主歌功頌德。[223]

　　這裡比較一下東方社會和西方社會在歷史上的戰爭目的和戰爭性質，也許不無裨益。眾所周知，在西元前5世紀及其前後，東方和西方幾乎同時發生了一場規模宏大、曠日持久的戰爭，這就是中國春秋戰國時期的五國爭霸/七國爭雄和希臘鼎盛時期的伯羅奔尼薩戰爭。伯羅奔尼薩戰爭是以雅典為首的提洛同盟和以斯巴達為首的伯羅奔尼薩同盟之間的戰爭，實際上也是希臘城邦世界以雅典為首的民主陣營與以斯巴達為首的專制陣營[224]之間的戰爭。在這場戰爭中，無疑存在霸權爭奪的成分，但除此之外還有明顯的制度較量內涵。正如修

---

[222] 從周公姬旦的「惟日欲至於萬年，惟王子子孫孫永保民」（《尚書·周書·梓材》）的坐天下理念，到秦皇嬴政的「朕為始皇帝。後世以計數，二世三世至於萬世，傳之無窮」（司馬遷）：《史記·秦始皇本紀》）的思想就是證明。
[223]《顧准文集》，貴陽：貴州人民出版社，1994年，第260頁。
[224] 一般認為，斯巴達的政制是寡頭制。但寡頭制天然地包含僭主制的基因，並事實上會轉化為僭主制。所以斯巴達在戰勝雅典後按照自己的模式在雅典建立的寡頭政治的傀儡政府中的三十寡頭，被雅典民主派人士波呂克拉特斯直呼為「三十僭主」。(Peler Krentz, *The Thirty at Athens*, New York: ConerLL University Press, 1982, p.16.) 而僭主就是披著民主外衣的專制君主。

昔底德評論所言，在伯羅奔尼薩戰爭中，「整個希臘世界都受到波動，因為每個國家都有敵對的黨派，民主黨的領袖們設法求助於雅典人，而貴族黨的領袖們則設法求助於斯巴達人。」[225] 因此之故，有論者將伯羅奔尼薩戰爭稱之為人類歷史上的「第一次冷戰」[226]。就是說在西元前 5 世紀前後，希臘的雅典已經在人類歷史上的「第一次冷戰」中成為世界民主國家或各國追求民主人群的領導者。而同期的中國，無論是五國爭霸還是七國爭雄，也無論是合縱連橫還是遠交近攻，都只是諸侯問鼎、群雄逐鹿，其目的和性質也只是擴大疆土、爭奪霸權而已，所謂「春秋無義戰」是也。——儘管孟子所說的義與我理解的義相距甚遠，但這句話還是可以借來一用。順便說及，中國參與人類歷史上「冷戰」——「第二次冷戰」的時間是在 20 世紀中葉，但在這次冷戰中，中國是站在「斯巴達」一邊。而在 21 世紀二十年代開始的人類歷史上「第三次冷戰」中，中國自身就是「斯巴達」。聯繫前述國家的社會結構的發育程度和民眾自我意識的成長程度，希臘／西方在文化上領先於中國／東方之遙遠可見一斑。

　　希臘文化為羅馬所繼承和發展。羅馬在歷史上存在近千年，在編年史上相當於中國的秦漢時期，故中國史書將羅馬稱為大秦，並把大秦與中國相類比。[227] 古人既不認識自己，也不認識羅馬，更無形態學觀念，如此稱謂和認識之，實屬正常。但是，今天我們回過頭來看看，它們在大致相同的時期裡各自做了些什麼？歷史告訴我們，在羅馬共和時期，當貴族們自由地發表自己的各種政見，羅馬元老院的元老們在辯論如何處罰瀆職的行政官，而羅馬公民或自願或被金錢收買去投票的時候，中國的帝王們要麼在焚書坑儒，要麼在罷黜百家、獨尊儒術，而民眾則在不堪忍受「個體停止其為主體」，又沒有其它抗衡手段的情況下，有陳勝、吳廣的揭竿而起。在羅馬帝國時期，君士坦丁大帝遷都至君士坦丁堡，以與元老院對抗，並頒布《米蘭詔書》以承認（儘管在某種程度上是

225〔古希臘〕修昔底德：《伯羅奔尼薩戰爭史》，謝德風譯，北京：商務印書館，1960 年，第 237 頁。
226 秦暉：《學習雅典民主政治的經驗，吸取雅典失敗的教訓》，載《燕京書評》（北京），之所以說伯羅奔尼薩戰爭是冷戰，還因為當時沒有熱兵器。
227《後漢書》中記載：「大秦國，一名犂鞬，以在海西，亦云海西國。地方數千里，有四百餘城，小國役屬者數十……」。該書在對該國的地理位置和疆土面積做了比較詳細的記述後寫道：「……其人民皆長大平正，有類中國，故謂之大秦。」（《後漢書》卷 118，《西域傳》第七十八）

被迫承認）基督教的合法性。但此時的中國，一方面有規模浩大的農民軍的黃巾起義，另一方面則有已執掌朝廷大權，為準備登基網羅人才的司馬昭，殺害僅僅因為不肯入仕為之服務的「竹林七賢」之一嵇康的事件發生。中國的一面是朝廷對民眾的政治鎮壓和思想禁錮，一面是民眾的憤起而造反的狀況，延至隋唐依然如故。所以安德森說：「實際上，安東尼時期（Antonine）的羅馬和唐代中國及其複製品大寶時代的日本是根本不同的文明，各自建立在不同的生產方式的基礎上。」[228] 隋唐尚且如此，遑論秦漢了。

　　中世紀後半期及近代早期，歐洲人在幹什麼？中國人在幹什麼？我們也知道，11世紀，基督教會經過數百年的與王權的明爭暗鬥，終於羽翼豐滿，以格利高裡改革為標誌，揭開了教權與王權公開叫板的序幕。13世紀，英國的大憲章運動迫使國王簽訂「不經同意不納稅」等條款，從而拉開了限制君權的序幕，也拉開了近代民主憲政的序幕。而同期中國的宋、遼、金、元，除了一起又一起的詩禍、文禍、禁書令造成遍於國中的文字獄，[229] 以及一波又一波的農民起義造成橫屍遍野的悲慘景象，我們看不到任何實質性的建樹。誠然，在此期間，中國在農業、冶金等方面的技術有長足的發展，生產力和經濟總量都超過歐洲。但是，正如安德森所指出的，中國的所有制觀念同歐洲的財產權觀念相去甚遠；中國文化沒有形成自然法（natural laws）的理論概念；國家的法律規定基本上是懲罰性的，只是一味地鎮壓犯罪，而沒有提供指導經濟生活的正面的法律架構，而且國內生產和對外貿易的關鍵部門被國家壟斷。「帝國體系的上層建築傳統長期缺少民事法律和自然法則，必然會微妙地抑制城市製造業，而城市本身也從未實現市民自治。」[230] 而在14世紀至16世紀，當歐洲人在文藝復興和宗教改革中自我意識開始覺醒，個性獲得解放的時候，也正是中國的主張「存天理，滅人欲」的宋明理學大行其道的時期。近代初期的17世紀，當英國人要求荷蘭國王在接受「權利宣言」的前提下擔任英國國王，從而把國會的權力置

---

228 〔英〕安德森：《絕對主義國家的系譜》，劉北成譯，上海：上海人民出版社，2001年，第448頁。
229 李鐘琴：《致命文字：中國古代文禍真相》，合肥：安徽人民出版社，2008年，第68—156頁。
230 〔英〕安德森：《絕對主義國家的系譜》，劉北成等譯，上海：上海人民出版社，2001年，第562—563頁。

於國王的權力之上，亦即正式將權力關進籠子的時候，中國的經濟總量雖然仍然領先於世界並超過歐洲。但是，中國人不要說不知道國會為何物，甚至連國會這一名詞都未聽說過。相反，此時的中國仍然是變本加厲的文字獄、周而復始的農民起義和新一輪的改朝換代。如果我們把時間再往後推移 100 年，18 世紀，世界歷史的重大事件是法國革命和美國革命，西方文明的主流是民主憲政，一個接一個的國家將權力關進籠子。不言而喻，人民獲得充分的自由。此時的中國正值康乾時代。在所謂的康乾盛世，中國雖然疆域廣大、國庫充盈，但它是政府窮兵黷武、橫徵暴斂的結果，並沒有帶來民眾生活的富裕和安寧。與此相匹配，此時的中國依然故我地在延續著兩千多年來的故步自封、盲目傲慢、君臨天下和禁錮思想，並孕育著又一輪的農民起義和又一輪的改朝換代。同樣不言而喻，人民一直處在被奴役之中。再往後就不用講了，因為此後的事，中國曾經領先論者也承認中國落後於西方了——且不說他們所理解的「落後」與我所理解的「落後」的差別是多麼之大。縱觀五千年的文明史，中國何時領先於西方？中國何時主導過世界？中國又何時從「河東」跑到了「河西」？誠然，中國在儒家文化圈裡曾經一度起過主導作用，但是，那也只不過是山中無老虎，猴子稱大王罷了。從以上編年史的簡單比較中，我們是否已經看到了中國和歐洲之間、東方和西方之間的差距——時間差？

其實，對於中國和歐洲、東方和西方之間在文明發展程度上的時間差，陳獨秀早已看到了。1915 年，在比較中國人和歐洲白人在文明程度方面差距的文章中，陳獨秀說，中國是一個很落後的國家，「舉凡殘民害理之妖言，率能徵之故訓，而不可謂誣，謬種流傳，豈自今始！固有之倫理、法律、學術、禮俗，無一非封建制度之遺，持較皙種（白人——引者注）之所為，以並世之人，而思想差遲，幾及千載；尊重廿四朝之歷史性，而不作改進之圖；則驅吾民於二十世紀之世界之外，納之奴隸牛馬黑暗溝中而已，復何說哉！」[231] 如前所說，陳獨秀由於缺乏產生方式和社會形態的觀念，混淆宗法與封建的區別，把中國社會的倫理、法律、學術和禮俗的落後，一概歸咎於「封建制度之遺」是錯誤的。但是，他認為中國人與歐洲人雖並存於世，「而思想差遲，幾及千載」，

---

[231] 陳獨秀：《敬告青年》，載於《新青年》（上海），第 1 卷，第 1 號（1915 年 9 月 15 日）。

這一看法則是正確的。

　　對於上面的討論，有的讀者可能持不同意見。他們會說：你這裡只是拿歐洲的積極面與中國的消極面相比較，結果當然是這樣。那麼，下面以中世紀為例，將歐洲與中國的正面和負面作全面對比，看看情況又是如何？第四章已有很多論述，歐洲的中世紀並不是一片光明的世紀，歐洲中世紀的乃至近代早期的黑暗面非常之多。比如，沒有言論出版自由，沒有結社集會自由，沒有選舉權和被選舉權，等等，這些都是歐洲中世紀的消極面。在這方面，中國的傳統社會乃至今日社會一項不少，算是與歐洲的中世紀打了平手。現在，我們再比較雙方的積極面。如本章前幾節所述，歐洲中世紀的積極成果有以封土為紐帶的民眾的契約精神的養成；有教權和政權作為兩個獨立實體的明爭暗鬥乃至公開叫板，從而形成的權力對權力互相制約的機制；有個人權利意識的初步覺醒，以及財產的佔有必須附有公共義務的公平原則，等等。須知，歐洲中世紀的這些積極成果，都是與近代文明相貫通的，或者說後者就是在前者的基礎上發展起來的。試問，歐洲中世紀的這些積極成果，中國傳統社會乃至今日社會有嗎？那麼，中國傳統社會的積極成果是什麼呢？在經濟方面如前所述，自唐宋至近代，中國的經濟總量一直領先於世界。宋朝由於經濟特別是貿易的發展，甚至引起了一場「商業革命」。但是，「宋朝時的名副其實的商業革命，絲毫未對中國社會生產爆炸性的影響，而西方與此相應的商業革命卻對西方社會生產了爆炸性的影響」。[232] 具體地說，宋元之際，北京、杭州和揚州等城市的商業之繁華，使來自威尼斯的馬可·波羅為之驚訝。「但是，中國的城市、市井、市肆，卻從來是在皇朝控制之下，是皇朝的搖錢樹，皇朝決不會允許商業本位的城市、城邦的產生」[233]。而西方中世紀商業的發展則普遍地產生了商業本位的自治城市，以至於「14世紀之末，……倫敦市長只可由12個大行會裡選出」[234]。何況，按照中國的人口、幅員等自然條件，本來可以創造更多的財富。亞當·斯密曾經指出：「中國似乎長期處於靜止狀態，其財富也許在許久以前已完全達到該

---

[232]〔美〕L. S. 斯塔夫裡阿諾斯《全球通史》，吳象嬰、梁赤民譯，上海：上海社會科學院出版社，1988年，第439頁。
[233]《顧准文集》，貴陽：貴州人民出版社，1994年，第315頁。
[234]〔英〕A. L. 莫爾頓：《人民的英國史》，謝璉造等譯，北京：三聯書店，1958年，第67頁。

國法律制度所允許有的限度,但若易以其他法制,那麼該國土壤,氣候和位置所可允許的限度,可能比上述限度大得多。」[235] 所以,中國的經濟成就完全沒有值得驕傲的理由。中國古代的技術成果值得稱道,印刷術、火藥、和指南針等四大發明對歐洲社會的發展曾起了推動作用。然而,姑且不說這些技術成果對中國社會並沒有產生什麼作用,沒有引起中國社會的革命性變革;[236] 單就這些技術成果與科學相比較而言,也只是處於從屬地位,因為它不是文明的主幹。文明的主幹(之一)是科學。以理性主義和形式邏輯為基礎的科學產生在西方,而不是產生在中國。中國古代沒有任何一部思想經典對西方式的理性與邏輯做過清晰而系統的闡明論證。所以,這些技術成果不能與西方的科學相提並論。順便說及,所謂李約瑟難題[237],實際上是混淆基於經驗的技術和基於理論的科學之間區別的偽問題。中國在實用技術方面曾經有功於世界,但在理論科學方面從來沒有領先於西方。在文學藝術方面,毋庸置疑,它的成就是中國歷史上的燦爛篇章。從詩經、先秦散文到楚辭漢賦,從唐詩宋詞元曲到明清小說,或者文字優美,格調高雅,或者結構嚴謹,情節動人,或者二者兼有,堪稱文學經典。然而,中國文學與西方文學並不在同一層次上。由於二者產生在不同的生產方式即不同文化形態的背景之下,作者的思想境界和創作理念具有很大差異。所以,中國文學在審美價值方面不可謂不高,但在人文精神方面遠不能與

---

235 〔英〕亞當・斯密:《國民財富的性質和原因的研究》上卷,郭大力、王亞楠譯,北京:商務書館,1972 年,第 87 頁。

236 「中國的文明根深蒂固,中國的帝國組織滲透甚廣,決不允許這些發明破壞傳統的制度與習俗。於是,印刷術用於傳播古老的觀念,而不是新思想;火藥加固了皇帝的統治,而不是正在出現的諸民族君主的地位;指南針除鄭和用於著名的遠航外,並不像西方人那樣用於世界範圍的探險、貿易和帝國的建立。」總之,正如史家所指出的,「商業革命和技術進步都未給中國帶來徹底改變社會的革命影響」。(〔美〕L. S. 斯塔夫裡阿諾斯《全球通史》,吳象嬰、梁赤民譯,上海:上海社會科學院出版社,1988 年,第 454、443 頁。)

237 「李約瑟難題」的最初表述是在《中國科學技術史》第 2 卷中,現在公認比較規範的文本是 1990 年李約瑟發表在上海《自然雜誌》上《東西方的科學與社會》一文的表述:「為什麼在西元前 1 世紀到西元 15 世紀期間,中國文明在獲取自然知識並將其應用於人的實際需要方面要比西方文明有成效得多?」但是,「為什麼近代科學只在歐洲文明中發展,而未在中國(或印度)文明中成長?」(〔英〕J. 李約瑟:《東西方的科學與社會》,載於《自然雜誌(上海)》,1990 年,第 12 期,第 818—819 頁。)

西方文學比肩。比如，像伊索的《寓言》、索福克勒斯的《安提戈涅》，以及莎士比亞的《威尼斯商人》這樣的作品，中國的作家，且不說古代的，即使現代的，也無人能夠寫出，因為整個社會的自我意識和法治水準尚未發展到這一步。

下面重點談談中國在政治制度方面的積極成果。在政治制度方面，有兩個問題需要一提。第一，中國的科舉制度，長期以來一直被中國人引以為傲，認為它是中國貢獻於世界的「第五大發明」。孫中山在論及中國的科舉制時指出：現在歐美各國的考試制度，差不多都是學英國的。而窮流溯源，「英國的考試制度就是學我們中國的。中國的考試制度是世界最好的制度。」[238] 錢穆的看法更有過之。他說，從漢代察舉制到隋唐的科舉制，被「定為人民參加政治惟一的正途。由於有此制度，而使政府與社會緊密聯繫，融成一體。政府即由民眾所組成，用不著另有代表民意機關來監督政府之行為。近代西方政府民眾對立，由民眾代表來監督政府，此只可說是一種間接民權。若由民間代表自組政府，使政府與民眾融成一體，乃始可稱為是一種直接民權。」錢穆總結性地指出，在察舉制和科舉制下，「因全國人民參政，都由政府法律規定，皇帝也不能任意修改。」因此「中國傳統政治，早不是君主專制。」[239] 在錢穆看來，中國古代的察舉制和科舉制是比西方代議制優越的民主制度。

著者認為，孫中山和錢穆的觀點顯然太過皮相，以致過高地估計了中國科舉制的意義（囿於篇幅，這裡只討論科舉制）。科舉制的一個顯而易見的缺點是，那些參加考試的士人雖然很多來自平民，但他們入仕後只為自己當官發財，已不代表民眾利益。換句話說，這些入仕士之人只是從政而已，而不是代表民眾參政、議政。科舉制即便與歐洲中世紀封建貴族政治下的賜官制相比較，充其量也只能說在形式上具有一定的公平性，即為平民開闢了向上層社會流動的通道。然而，它的優點也正是它的弊端所在。科舉制的弊端不僅在於，在內容上用儒家思想禁錮所有士人的頭腦；而且更在於它的社會功能，如馬克思所指出的：「一個統治階級越能把被統治階級中的最傑出的人物吸收進來，它的統

---

[238]《孫中山選集》，北京：人民出版社，1956年，第496頁。
[239] 錢穆：《國史新論》，北京：三聯書店，2005年，第86、317頁。

治就越鞏固、越險惡。」[240] 因此，科舉制既是中國的專制制度特別險惡的原因之一，也是中國社會長期走不出亞細亞生產方式的原因之一。歐洲封建貴族政治下的賜官制固然有世襲制的缺陷，但它的優點是可以形成貴族集團，而貴族集團及其聯盟則可以與王權相抗衡。賜官制的這個優點是科舉制永遠不可能具備的。更何況，歐洲中世紀賜官制的世襲制缺陷，有中世紀的大學舉用平民的功能彌補，而中國科舉制無力抗衡王權的缺陷則沒有任何可以彌補的管道。孫中山和錢穆等所有吹捧科舉制度的人，幾乎都混淆了一個概念。「科舉」，英文譯作 the imperial examination 或 the civil-service examination，即國家考試或公務員考試。西方學習中國的科舉制，是用它來選取公務員即事務官的，近代以來西方的政務官則是通過選舉或議會任命產生的。而中國自隋唐至明清實行了1300多年的科舉制，則是用來選拔中央和地方的政務官的。如果說科舉制在西方中世紀的賜官制面前已相形見絀，那麼與西方近代的選舉制相比則有天壤之別。因此，把科舉制說成是世界上選擇官員的「最好的制度」，甚至是比西方代議制優越的民主制度，是不是坐井觀天、自吹自擂？

第二，中國古代的監察制度，長期以來也一直很受人們追捧。錢穆在讚揚中國科舉制的同時，也極力讚揚中國的監察制。錢穆說，中國朝廷設置諫官，專門監察皇帝。唐宋和明代，大臣「有權反駁皇帝的命令，只要他們不同意，可以把皇帝上諭原封退回」[241]。孫中山甚至認為，中國古代的監察制度「代表人民國家之正氣，此數千年制度可為世界進化之先覺」。[242] 我的看法正好與他們二位相反。中國古代的乃至今天的監察制度，且不說不能與西方的三權分立的制度相提並論，即使與歐洲中世紀的基於政教分立基礎上的相互制衡也不能同日而語。它的問題在於：在監察官的背後有一個更大的權力所有者——皇帝；由此，這種監察必然流於形式。錢穆所謂的大臣駁回皇帝的詔書即史稱的「封駁」，與史實並不符合。史家揭示的真實歷史表明：「自秦漢以來，歷代帝王雖曾設置諫官，但多數是虛應故事，擺設門面而已。諫臣們只是隨從左右陪侍，給皇帝拾遺、補闕也多是尋摘些微細小事以敷衍塞責，對大是大非問題能直言

240《馬克思恩格斯全集》第 25 卷，北京：人民出版社，1974 年，第 679 頁。
241 錢穆：《國史大綱》上冊，北京：商務印書館，1996 年，第 75 頁。
242《孫中山全集》第 1 卷，北京：中華書局，1981 年，第 445 頁。

極諫、犯顏進說的人在歷史上可說是鳳毛麟角。諫臣們即使是披肝瀝膽，在殿陛上叩頭流血也絲毫不能打動帝王鐵打的心。」[243] 史家還指出，在明代君主專制高度強化的情況下，雖也有諫臣向皇帝諫規獻納的，不僅不能起到「司君主之失」的作用，「而且倘觸犯了皇帝，還往往招來橫禍，輕則革職、廷杖，重則殺頭。」[244]。因此，指望這種皇權至上體制下的監察制度監督帝王濫權無異於白日做夢。屈原屢諫無效且屢屢被貶，並在國破山河碎的絕望中自沉汨羅，唐代睿宗朝的宰相劉褘之因為堅持「封駁」，對太后武則天的敕書說「不經鳳閣鸞台[245]，何謂為敕？」激怒了後者而被賜死[246]，都是這種監察制度必然失敗的典型例證。魏徵犯顏直諫且得以善終，全賴李世民的個人品德氣度，而不是制度使然。需要進一步指出的是，中國古代的監察制不僅不能有效地監督帝王，即使對朝廷其他官員和地方官員的監察也必然徒有虛名。「朝中有人好做官」、「三年清知府，十萬雪花銀」的說法在民間廣為流傳，前者反映的是朝廷百官的生存狀態，後者反映的是地方官員的生存狀態。二者都是對中國歷代監察制效果的生動且真實的評價。緣何如此？究其根源，由於這種監督的權力一直掌控在各級官府手中，從未交給民眾。因此，它只不過是統治者駕馭官員並駕馭民眾，從而鞏固政權的手段。所以，錢穆、孫中山者流的看法，只能說明他們既無知又狂妄。

　　誠然，明代思想家們提出過「不以孔子之是非為是非」、「不以天子之是非為是非」的主張；這表明中國先進知識份子的自我意識開始覺醒，是一種可喜的進步。但是，讀者可能記得，前文[247]已經講過，這種不以別人特別是主子之是非為是非的意識，在西元前6世紀時希臘的「驢子」就有了，而且是當時希臘人的普遍意識，而在明代的中國只是個別人、乃至今天的中國仍然是少數人的意識。如果我們把時間向前推移，呂不韋就提出「天下者非一人之天下，乃天下人之天下」的主張。[248] 孔子甚至提出過「天下為公，選賢與能，講信修

---

243 徐連達、朱子彥：《中國皇帝制度》，廣州：廣東教育出版社，1996年，第581頁。
244 徐連達、朱子彥：《中國皇帝制度》，廣州：廣東教育出版社，1996年，第286頁。
245 唐官署名。其主要職能是負責審查詔令，簽署章奏，有封駁之權。——引者注
246 劉昫 等：《舊唐書·劉褘之》，長春：吉林人民出版社，1995，第1803頁。
247 第三章，第二節。
248 呂不韋：《呂氏春秋·貴公》。

睦」[249]的大同思想。這些主張和思想，在中國後世的歷史上屢屢不絕。但是，兩千多年來，中國人何嘗發明過——哪怕從別人那裡拿來——一種制度，把這些美好的理想變成現實？誠然，在滿清末年，曾經有過關於民主憲政的熱烈討論，並在民國初年有過民主憲政的短期踐行；但是，民主憲政的制度未及成型便夭折。在民國期間，也曾有過兩個獨立政治實體之間的權鬥乃至戰爭，但那不是在一個統一體內部的互相較量，而只是在同一塊地皮上兩者之間的互相廝殺；它與歷史上歷代的起義農民與當局之間的廝殺並無本質差別。如此看來，中國歷史上的這些積極成果怎麼能與歐洲中世紀的契約精神、政教分立和公平原則等成果相提並論？但除此而外，我實在找不出中國歷史上可以與歐洲中世紀的正面相比肩的積極成果。人們在批評中國社會的負面現象時，常用的一句話是「中國尚未走出中世紀」。在很多人看來，這句話已經很深刻、很尖銳，甚至有點大逆不道了。但是在我看來，這種批評還遠遠不夠，至少不夠全面。從消極方面看，說「中國尚未走出中世紀」是恰當的；但是，從積極成果方面比較，毋寧說「中國尚未走進中世紀」更為恰當。——歐洲中世紀的契約精神、政教分立、公平原則等積極成果，中國社會在哪一項上達到了？中國尚未走進中世紀，這就是東方/中國和西方/歐洲之間在生產方式上的錯位。

東方/中國和西方/歐洲之間生產方式上的錯位，實際上也就是東方/中國和西方/歐洲之間文化發展形態上的錯位。關於東西方之間，特別是中國和歐洲之間的文化比較，人們常常拿萊布尼茨的觀點說事，用以證明中國和歐洲在文化上處於平行、並列和互補的地位。為了使上述東方/中國和西方/歐洲之間生產方式上錯位的觀點能夠成立，對萊布尼茨的中西文化觀進行分析就十分必要。首先需要指出，G. G. 萊布尼茨固然是中國文化的愛好者和熱捧者，但他更是一個文化相對主義者。萊布尼茨在編輯《中國近事》時，寫了一篇帶有序言性質的《致讀者》的長文。在該文中，萊布尼茨開宗明義地寫道：「人類最偉大的文明與最高雅的文化今天終於彙集在了我們大陸的兩端，即歐洲和位於地球另一端的——如同『東方歐洲』的『Tschina』（這是『中國』兩字的讀音）。我認為這是命運之神獨一無二的決定。也許天意注定如此安排，其目的就是當這兩個文明程度最高和相隔最遠的民族攜起手來的時候，也會把它們兩

---

[249] 孔子：《禮記·禮運》。

第六章　亞細亞生產方式與所謂東方社會的特殊性　435

者之間的所有民族都帶入一種更合乎理性的生活。」萊布尼茨緊接著寫道：「我相信，這絕不是偶然的，即借助其遼闊疆土把中國同歐洲連在一起，並統治著北冰洋沿岸那些北方不文明的地區的俄羅斯人，正在通過他們當今統治者和教會牧首的精誠努力，就像我所聽說的那樣，致力於仿效我們的功績。」[250] 萊布尼茨的這番話如果不是有意對歷史進行歪曲，就是暴露了他對歷史的無知，因為他在這裡犯了兩個明顯違反史實的錯誤。第一，萊布尼茨說，西歐和中國是分別是歐亞「兩個文明程度最高」的地區。說前者固然正確，但是，說中國是亞洲「文明程度最高」的地區就很成問題了。僅就中國與日本比較而言，固然中國文明在歷史上很長時期內曾經高於日本，以致我們曾經說過，大寶時期的日本是唐代中國的「複製品」。但是，至遲從萊布尼茨出版《中國近事》的1697年之前的六七個世紀起，中國已逐漸失去了這一領先地位。因為如本書第一章第三節所論，日本在10世紀已經開始向封建主義演變，截至萊布尼茨的時代，日本的封建主義雖不成熟但已初步成型，而中國仍然處在亞細亞生產方式之下。說亞細亞生產方式下的，即福澤諭吉所說的「一個把專制神權政府傳之於萬世的國家」的，社會結構中只有專制神權「一個因素」[251] 的文明，高於封建主義生產方式下的，即福澤諭吉所說的「在神權政府的基礎上配合以武力的國家」的，社會結構中包括公家和武家「兩個因素」[252] 的文明，已經不是對歷史的無知，而且是無智了。誠然，萊布尼茨的時代還是一個資訊很不發達的時代，要求萊布尼茨在當時知道日本已經發展出封建主義，似乎有點苛求前人。但是，他的中國是亞洲「文明程度最高」地區的觀點，至少在他身處的時代（後世就更不消說了）肯定是不符合歷史事實的。第二，萊布尼茨說，俄羅斯人正在通過他們的統治者和教會牧首的「精誠努力」，「致力於仿效我們（歐洲和中國）的功績」。說俄羅斯人正在「致力於仿效歐洲的功績」，無疑是正確的，但是，說俄羅斯人正在「致力於仿效中國的功績」，就是胡說八道了。翻開歷

250　〔德〕萊布尼茨：《中國近事》，梅謙立、楊保筠譯，鄭州：大象出版社，2005年，第28頁。
251　〔日〕福澤諭吉：《文明論概略》，北京編譯社譯，北京：商務印書館，2009年，第19頁。
252　〔日〕福澤諭吉：《文明論概略》，北京編譯社譯，北京：商務印書館，2009年，第19頁。

史,俄羅斯人什麼時候「仿效」過中國?即使把成吉思汗也算成中國人,也不能說中國文化對俄羅斯有多少影響,因為軍事徵服不等於文明傳播。誠然,俄羅斯的國徽圖案是雙頭鷹,它一邊望著西方,一邊望著東方。望著西方的寓意,固然是嚮往西歐——既是地理上也是文化上的西歐。但是,望著東方,只意味著它嚮往地理上的亞洲(特別是中國),而不是嚮往文化上的東方(中國),因為文化上的東方它自己就有,就是「過去古老的獨裁專制制度和宗法制」。[253]換言之,如果一定要說它的望著東方包含「嚮往」東方的涵義,那麼只能說它是在覬覦東方特別是中國這塊土地。所以,說俄國人在「致力於仿效中國的功績」,也是萊布尼茨杜撰的「史例」。而萊布尼茨杜撰了這兩個違反歷史事實的「史例」,目的就在於抬高中國文化,使之與歐洲文化平行、並列和互補。對於這樣一位既不知歷史的真實面貌,又無歷史形態學概念的文化相對主義者的,關於中國和歐洲之間文化比較的空泛之論,人們豈能信以為真?

然而,我說萊布尼茨是文化相對主義者,主要是就其顯意識而言的。如果考察其潛意識,我們發現,萊布尼茨其實是一個地地道道的西方中心論者。同是在《中國近事》的《致讀者》中,在作了上述那番空泛的議論後,萊布尼茨對歐洲文化和中國文化進行了具體比較。萊布尼茨說,歐洲人和中國人相比,在滿足日常生活所需的實用技術及以實驗的方式與自然打交道的能力上,我們不相上下;假如要進行互補對比的話,各自都能通過相互交流而獲得有益的知識。「但在思維的深邃和理論學科方面,我們則明顯更勝一籌。因為除了邏輯學、形而上學以及對精神事物的認識這些完全可以說屬於我們的學科之外,我們在對由理智從具體事物中抽象出來的觀念的理解方面,即在數學上,也遠遠超過他們。當把中國人的天文學與我們的進行比較時,人們確實也能看到這一點。他們到現在似乎對人類理智的偉大之光和論證藝術所知甚少,僅僅只是滿足於我們這裡的工匠所熟悉的那種靠實際經驗而獲得的幾何知識。」[254] 不難看出,萊布尼茨在這裡和所有西方中心論者一樣,明確指出,中國(實際上也包括整個東方)只有實用技術和實際經驗,而無理論科學。中國為什麼產生不出

253〔美〕沃爾特·G. 莫斯:《俄國史》,張冰譯,海口:海南出版社,2008年,第20頁。
254〔德〕萊布尼茨:《中國近事》,梅謙立、楊保筠譯,鄭州:大象出版社,2005年,第28—29頁。

理論科學呢？萊布尼茨說：「我認為其原因不是別的，只是因為他們缺少那個歐洲人的『一隻眼睛』，即幾何學。儘管他們認為我們是『一隻眼』，但我們還有另外一隻眼睛，即中國人還不夠熟悉的『第一哲學』。借助它，我們能夠認識非物質的事物。」[255] 萊布尼茨這裡所說的「第一哲學」即形而上學——中國人只有形而下學，而無形而上學；萊布尼茨這裡所說的幾何學，不是指手工工匠使用的幾何，而是哲學家們研究的幾何學——中國人只有前者，而無後者。而歐洲的這種形而上學和哲學家們研究的幾何學，不是萊布尼茨時代的歐洲人才發現的，而是當年的希臘人發現的。就是說，在萊布尼茨的心目中，中國人作為一個民族整體，其認識水準和思維方式還沒有達到當年希臘人的水準。希臘人是什麼水準？是奴隸社會的水準。也就是說，在萊布尼茨的心目中，中華民族整體的認識水準和思維方式還沒有達到奴隸社會的水準。沒有達到奴隸社會的水準，是什麼水準？是東方社會的，即亞細亞生產方式下的水準。總之，中國社會的文化或文明的發育程度，中華民族的整體認識水準和思維方式，不僅沒有達到中世紀的水準，而且沒有達到奴隸社會的水準，這就是中國和歐洲之間、東方和西方之間文化發展形態上的錯位，也是中國和歐洲之間、東方和西方之間在生產方式上的錯位。

人們不免要問，東方和西方之間、中國和歐洲之間在生產方式上錯位的原因究竟是什麼？對於這個問題，如前所說，需要從兩個層次回答：根本原因和直接原因。根本原因，是地理環境方面的自然因素，即希臘的地中海沿岸的海洋地貌和溫濕的氣候，不同於亞洲的廣袤大陸和乾燥的氣候。在這方面，遠的不說，就近代而言，博丹、孟德斯鳩、黑格爾和馬克思等人都有精闢的論述。近年來，加拿大籍華裔學者任不寐的《災變論——尋找另外一個中國》[256] 的分析更加具體、詳細，且具說服力。不過，該書在對中西文化差異的比較研究中，如果不把其主旨限定於「追問中國文化的獨特品質與其起源，探求文化創新之可能」，而追問在西方文化已經走出「災民理性」，並產生了「懺悔理性」的情況下，中國文化為什麼還停留在「災民理性」的階段，並進一步「探求（中

---

[255]〔德〕萊布尼茨：《中國近事》，梅謙立、楊保筠譯，鄭州：大象出版社，2005年，第32頁。
[256]〔加〕任不寐：《災變論——尋找另外一個中國》，香港：國際證主協會，2010年。

國）文化創新之可能」，也許其觀點更有解釋力。[257] 不管怎麼說，地理環境方面的因素不是人為的力量所能改變的，因此不予討論。需要討論的是，造成東方/中國和西方/歐洲在生產方式上錯位的直接原因。對於直接原因的回答，很可能使本書《自序》所說的韋伯的中國為什麼沒有產生資本主義的假問題在某種意義上成為真問題。事實上，中外學者中追問或者回答中國為什麼沒有產生資本主義問題的人很多。他們之所以這樣設問，只是因為他們生活在或面臨著西方的資本主義時代。如果他們生活在歐洲中世紀，一定會這樣設問：中國為什麼沒有產生封建主義？如果他們生活在羅馬時期，一定會這樣設問：中國為什麼沒有產生羅馬的共和制？如果他們生活在希臘時期，一定會這樣設問：中國為什麼沒有產生希臘的民主制？事實上，亞里斯多德就設問並回答過這樣的問題：東方（當然包括中國）為什麼只有專制君主而沒有產生希臘式的僭主？實際上，這些問題相對於他們的時代來說都是真問題。只不過對於今天的人來說，只有看到上述所有問題，才能使每一個問題成為真問題。本書《自序》之所說韋伯的中國為什麼沒有產生資本主義之問是偽問題，一方面是因為他執著於從宗教倫理的角度提出問題，而未從整個社會發展本身提出問題，另一方面是因為他只提出中國為什麼沒有產生資本主義，而未提出中國為什麼沒有產生封建主義等問題。儘管他的回答涉及整個社會並包含了這些問題，比如，他認為中國為什麼沒有產生資本主義的原因，是由於中國沒有歐洲中世紀的那些積極成果。

當我們承認韋伯的中國為什麼沒有產生資本主義的問題在某種意義上也是真問題後，這個問題就有重新回答的必要了。「中國和歐洲在生產方式上錯位的原因是什麼」的問題，可以置換成如下問題，即中國為什麼沒有產生資本主義。中國為什麼沒有產生資本主義呢？費爾南・布羅代爾的回答也許更加直

---

[257] 自然環境的惡劣即災變對人和文化影響的差異是相比較而言的——既是橫向意義上的、也是縱向意義上的比較。從進化論的觀點說，當人剛剛脫離動物界，沒有任何科學技術的時候，即使愛琴海周圍的溫濕、良好的地理環境，對於人來說也是災變重重。所以我們看到，《災變論》論及的種種所謂「災變理性」，即中國文化的主流價值，比如在與別人的關係中界定自己，專制權力扼殺思想自由和一切異端，以及統治者必須依靠一支強大的軍隊的支援等等，我們在西方的「懺悔理性」產生之前的時期，即本書所說的前希臘社會中，都可以見到。

接，也更為重要。在與伊曼紐・華勒斯坦的一次對話中，布羅代爾曾深刻地指出：「如果進行歷史追溯，人們就會發現，凡在國家勢力太強的地方，資本主義就不能得到充分的發展。」他接著論證說：「資本主義之所以能在歐洲乃至法國闊步前進，這是因為在一個重要歷史發展關頭，市民社會破除了封建制國家。」據此，布羅代爾進一步指出：「不事先徹底摧毀國家——無論是封建國家或非封建國家——，資本主義永遠也不可能發展起來；中國就是一個極好的例子。」[258] 布羅代爾的思想應該不難理解。資本主義是建立在自由的經濟體制和保障自由的政治體制之上的社會制度。國家勢力太強大，自然既產生不了自由的經濟體制，也產生不了保障自由的政治體制，即資本主義一直處於被抑制之中。

不過，在這裡我想將布羅代爾所說的導致中國沒有產生資本主義原因的國家太強大加以人格化。所謂國家，在這裡就其本質而言，就是專制政權；因此，國家太強大，也就是專制政權太強大。專制政權太強大，必然窒息一切社會力量生長發育的空間。徐復觀曾明確指出，在中國，「任何社會勢力，一旦直接使專制政治的專制者及其周圍的權貴感到威脅時，將立即受到政治上的毀滅性的打擊。沒有任何社會勢力，可以與專制的政治勢力，作合理的、正面的抗衡乃至抗爭」[259]。誠然，在中國兩千多年來的歷史中，政治家、思想家也不是沒有對專制政治下的國家治理做補偏救弊之努力，但是亦如徐復觀所說，這種「補救到要突破此一專制機器時，便立刻會被此一機器軋死」。因此，「一切文化、經濟，只能活動於此一機器之內，而不能逸出於此一機器之外，否則只有被毀滅。這是中國社會停滯不前的總根源。」[260] 原因已經十分明確，而且是終極性的：中國和歐國在生產方式上錯位的根本根本原因就是專制政權太強大。專制政權太強大，不僅阻礙了資本主義的產生，而且首先阻礙了古代社會和封建社會的許多積極因素，比如契約精神、政教分立和公民社會等等的生成，使社會一直處於亞細亞生產方式之下。——這就是本書通過反覆論證所找到的東西方社會生產方式錯位的原因。

258〔法〕布羅代爾：《資本主義論叢》，顧良、張慧君譯，北京：中央編譯出版社，1997年，第54—55頁。
259 徐復觀：《兩漢思想史》第1卷，上海：華東師範大學出版社，2001年，第91頁。
260 徐復觀：《兩漢思想史》第1卷，上海：華東師範大學出版社，2001年，第92頁。

第七章　改變東西方社會生產方式的錯位與馬克思主義本土化

關於《東西方文化思潮的審視與反思——東方在何處》的討論，一般說來，到上章末為止可以結束了。因為本書已經回答了西方的產生、東西方界線的變動以及歐洲國家西方化的原因，同時也駁斥了東方社會的所謂特殊性，分析了東西方生產方式錯位的原因和實質，特別是在這些問題上，全面地審視和反思了東西方文化思潮。就是說，作為解釋歷史，本書基本上已經完成了自己的任務。但是，馬克思認為：「哲學家們只是用不同的方式解釋世界，而問題在於改變世界。」[1] 用馬克思的這一標準要求，本書的任務不能說已經全部完成——解釋了東西方生產方式錯位的實質和原因，還不是我們的最終目的；最終目的是改變東西方社會生產方式的錯位。

東西方社會生產方式錯位的狀況可以改變嗎？凡是對東西方社會生產方式錯位的命題持肯定態度的讀者，也都會持肯定的答案。現在的問題是：如何改變這一錯位現象呢？這種改變需要馬克思主義指導嗎？如果說對前面問題的回答是肯定的，對這兩個問題尤其第二個問題的回答顯然要複雜得多，因為有不同的甚至完全相反的意見。有鑑於此，本章將改變東西方社會生產方式的錯位是否需要馬克思主義指導，以及如何運用馬克思主義指導的問題，亦即馬克思主義本土化的問題進行討論。

1　《馬克思恩格斯選集》第 1 卷，北京：人民出版社，1972 年，第 19 頁。

第七章　改變東西方社會生產方式的錯位與馬克思主義本土化　441

第一節
馬克思主義本土化何以成為問題
——兩重意義上的兩個馬克思

　　東西方社會生產方式錯位的改變，就人在其中所起的作用而言，大致可以區分為以自然演化為主和以人力主導為主的兩個不同的過程。在過去（19世紀以前）的歷史中，限於當時各個國家之間的聯繫狀況，東西方社會生產方式錯位的改變，基本上是以自然演化為主的過程。然而，在今天——19世紀及其以後的時代，由於交通和通訊條件的改善，東西方社會生產方式錯位的改變，已經不再以自然演化為主，而開始以人力主導為主的過程。所謂以人力主導為主，就是人的目的、意識即指導思想在其中的作用愈來愈大。而在思想巨擘馬克思之後的時代裡，東西方社會生產方式錯位的改變（嚴格地說，指的是東方國家生產方式的改變而縮小與西方國家生產方式間的差距，但為了便於比較，本章所論也包括西方國家生產方式的進一步演化），都離不開馬克思主義的指導。這裡就產生一個如何理解和解釋馬克思主義，如何運用馬克思主義指導，亦即馬克思主義本土化的問題。上一章曾經論及，馬克思有兩個，因而馬克思主義也有兩個，即前期的歷史主義的或單線論的馬克思主義和後期的人道主義的或雙線論的馬克思主義。假如這個觀點是正確的，馬克思主義本土化，就存在將哪個馬克思主義本土化的問題。那麼，上一章關於兩個馬克思和兩個馬克思主義的觀點能夠成立嗎？雖然著者的回答是肯定的，但毋庸諱言，由於本書內在結構的限制，那裡的論證顯然是不夠充分的。為了使應將哪個馬克思主義本土化的問題成為真問題，而不是假問題，首先必須使兩個馬克思和兩個馬克思主義的觀點建立在牢固的基礎上。為此，對兩個馬克思和兩個馬克思主義的觀點做進一步的論證是完全必要的。
　　關於前後兩對立的馬克思存在的事實方面的論證，第六章第六節已初步完成，這裡主要從邏輯上加以論證。
　　細讀馬克思的著作，我發現兩個馬克思的對立表現在：前期馬克思的科學

取向和價值取向之間是對立的，而後期馬克思的這種對立消失了。或者說，馬克思在前後兩個時期，經歷了科學取向和價值取向之間由對立向統一的轉化。

關於前期馬克思的科學取向和價值取向之間的對立，愛德華·伯恩施坦在其代表作《社會主義的前提和社會民主黨的任務》中講得十分清楚。儘管伯恩施坦未對馬克思作前後兩期的區分，但他的具體所指就是我所說的前期馬克思。伯恩施坦認為，馬克思的《資本論》以及其它許多著作都或隱或顯地表現出一種二元論。為了不致對伯恩施坦造成誤解，我擬對之作較長的引證。伯恩施坦說：就《資本論》而言，

> 這種二元論是：這一著作希望成為科學的研究，同時卻希望證明一個早在它起草之前就已完成的論綱；這一著作的基礎是一個公式，在這一公式中，發展應當導致的結果從一開始就已經確定了。回到《共產黨宣言》，在這裡指明了馬克思體系中實際存在的空想主義殘餘。馬克思基本上接受了空想主義者的解決方案，但是認為他們的手段和證據是不充分的。因此他對此著手修正，而且用的是科學天才所具有的勤奮、批判的尖銳性和對真理的愛。他不隱瞞任何重要事實，而且只要研究物件同證明公式的最後目標沒有直接的關係，他也不去勉強縮小這些事實的重要意義。在這一限度內，他的著作擺脫了一切必然會損害科學性的傾向。……但是一當馬克思接近認真討論那一最終目的的地方時，他就變得不可靠和不能信賴了，就產生了本書中尤其是在關於現代社會收入變動的一章中指出來的那種矛盾，就表明了這一偉大的科學天才原來到底是一種教義的俘虜。[2]

伯恩施坦接著說：

> 說得形象一些，他在一個現成的腳手架的框框裡建造一座巨大的建築物，在建築過程中，只要科學建築法的規律同腳手架的構造為他規定的條件不發生衝突，他是嚴格地遵守這些規律的。但是在腳手架太窄以致不容許遵守規律時，他就忽視規律或者避開規律。在腳手架限制

---

[2] 中共中央編譯局編：《伯恩施坦言論》，北京：三聯書店，1966年，第218頁。

了建築物,從而使它不能自由發展的地方,他不去拆毀腳手架,卻不惜犧牲比例而在建築物本身上作了改變,從而使建築物更加從屬腳手架。……無論如何,我的信念是,不管那種二元論表現在什麼地方,為了使建築物得到自己的權利,都必須摧毀腳手架。[3]

對於伯恩施坦批評馬克思的《資本論》和前期許多著作中的二元論的觀點,很多論者都持反批評的觀點。他們不對事實本身進行分析,而是不分青紅皂白地認為,這是伯恩施坦對馬克思的歪曲和污蔑,是反馬克思主義的表現,是徹頭徹尾的修正主義。這種只扣帽子不講道理的方法,實在不是學術研究的態度。平心而論,伯恩施坦關於馬克思的前期著作中的二元論觀點,即本書所說的科學取向和價值取向對立的觀點是能夠成立的。如果我們真正領會了馬克思前期著作的精神實質就會發現,這種二元論,即這種科學取向和價值取向對立的情況,在馬克思的前期著作中幾乎到處可見。在《共產黨宣言》中,馬克思的「主觀的」目的即價值取向是號召「全世界無產者聯合起來」,為推翻資產階級的統治和實現共產主義而鬥爭。但是,他的「客觀的」敘述即科學取向,卻是充分肯定資產階級在歷史上的進步作用,肯定了一切民族「採用資產階級的生產方式」的必然性,並且揭示了當今世界「未開化和半開化的國家從屬於文明的國家」、「農民的民族從屬於資產階級的民族」、「東方從屬於西方」[4]的歷史本質。在《資本論》中,馬克思主觀的價值訴求是反對他那個時代的工業社會的把物的價值置於人的價值之上的做法,以致他認為必須摧毀把這一價值原則強加給工人的資本主義制度。但是,他的「客觀的」敘述即科學取向,卻是論證了資本運動正以「鐵的必然性」向所有前資本主義國家擴展,而且這些國家既不能取消也不能跨越資本主義這一「自然歷史階段」。在這裡,我們看到的是二元論的馬克思,即科學取向和價值取向對立的馬克思。

如果還有人對前期馬克思的二元論,即科學取向和價值取向對立的觀點表示懷疑,不妨看看馬克思本人對他的《資本論》是否存在科學取向和價值取向對立的問題所持的看法。1867年12月7日,馬克思在給恩格斯的信中談及他

3　中共中央編譯局編:《伯恩施坦言論》,北京:三聯書店,1966年,第218—219頁。

4　《馬克思恩格斯選集》第1卷,北京:人民出版社,1972年,第255頁。

的剛剛出版的《資本論》時說：

> 至於這本書本身，那麼應該區別其中的兩個部分：作者所做的正面的敘述（另一個形容詞是「切實的」）和他所做的傾向性的結論。前者直接豐富了科學，因為實際的經濟關係是以一種完全新的方式，即用唯物主義方法進行考察的。……
>
> 至於作者的傾向，也同樣需要加以區別。當他證明現代社會，從經濟上來考察孕育著一個新的更高的形態時，他只是在社會關係方面揭示出達爾文在自然史方面所確立的同一個逐漸變革的過程。自由主義的關於「進步」的學說（……）是包括了這一點的，而作者的功績是：他指出，甚至在現代經濟關係伴隨著直接的恐怖的後果的地方，也存在著潛在的進步。由於他的這種批評的觀點，作者同時也就——也許是違反著自己的意志——消滅了所有專門家的社會主義，也就是所有烏托邦主義。
>
> 與此相反，作者主觀的傾向——他也許由於自己所處的黨的地位和自己過去的歷史而不得不如此——也就是說，他自己怎樣設想或者怎樣向別人表述現代運動、現代社會發展過程的最後結果，是同他對實際的發展的敘述沒有共同之處的。如果篇幅許可比較詳細論述這個問題，那也許可以指出，他的「客觀的」敘述把他自己的「主觀的」奇怪想法駁斥掉了。[5]

馬克思在這裡說得十分坦率。他的主張社會自然演化的科學傾向的觀點，「違反著自己意志」地「消滅了所有專門家的社會主義，也就是所有烏托邦主義」；他的「客觀的」敘述把他自己的「主觀的」奇怪想法駁斥掉了。這與伯恩施坦所說的馬克思的《資本論》存在「二元論」，「為了使建築物得到自己的權利，必須摧毀腳手架」有什麼不同？況且，伯恩施坦說的是為了使建築物得到自己的權利，「必須摧毀腳手架」，而馬克思說的是「腳手架」已經被「摧

---

[5] 《馬克思恩格斯全集》第 31 卷，北京：人民出版社，1972 年，第 410—411 頁。

毀」了——「他自己的『主觀的』奇怪想法」，已經被「駁斥掉了」。所以，這裡並不存在伯恩施坦歪曲、污蔑和反對馬克思的問題，而本書所說的前期馬克思的科學取向和價值取向對立的觀點也完全能成立。姑且不對前期馬克思著作中的二元論作價值評論，從事實出發，這裡我們看到的，是一個雖然在主觀上懷有人道理想和不切實際的空想，但在「客觀的敘述」中卻基本上遵循科學、理性的馬克思。所以說，這是一個科學取向和價值取向完全對立的馬克思。

然而，在馬克思的後期歷史理論、特別是俄國可以跨越資本主義「卡夫丁峽谷」理論中，這種科學取向和價值取向的對立消失了。這時候，馬克思主觀的價值取向沒有改變，依然是實現共產主義；但是，他的科學取向即「客觀的」敘述，卻改變了。如前所述，在後期馬克思那裡，曾經在亞洲造成了一場最大的「也是亞洲歷來僅有的一次社會革命」[6]的英國人，成了歷史的「罪人」[7]；「始終是東方專制制度的牢固基礎」[8]的村社制度，成了直接向共產主義過渡的出發點；「既不能跳過也不能用法令取消自然的發展階段」，成了任意可以跨越的「峽谷」。我們看到，在這時馬克思的「客觀的」敘述中，已經沒有了科學精神和理性原則，已不再嚴格遵守歷史發展的客觀規律。他以前認為的即使「在現代經濟關係伴隨著直接的恐怖的後果的地方，也存在著潛在的進步」這種徹底的理性精神，已經完全被他對資本主義苦難的恐懼和對共產主義嚮往的激情所徵服；被他的《資本論》中的理論邏輯「消滅了（的）所有專門家的社會主義，也就是所有烏托邦主義」，在他晚年的歷史理論中統統地復活了。總之，在馬克思的後期的著作中，伯恩施坦所指出的、也為他自己承認的那種「二元論」已經不存在了，即「客觀的」敘述不是把他自己的「主觀的」想法「駁斥掉了」，證偽了，而是把他自己的「主觀的」想法確證了。因此，這是一個科學取向和價值取向完全統一的馬克思——可惜的是兩個錯誤之間的統一。

由科學取向和價值取向完全對立的馬克思，向科學取向和價值取向完全統一的馬克思的轉變表明，兩個馬克思是一種客觀的存在，既不是馬克思的盲目的追隨者所能否定得了的，也不是馬克思本人所能否定得了的。兩個馬克思，

6　《馬克思恩格斯選集》第 2 卷，北京：人民出版社，1972 年，第 67 頁。
7　《馬克思恩格斯全集》第 45 卷，北京：人民出版社，1985 年，第 304 頁。
8　《馬克思恩格斯選集》第 2 卷，北京：人民出版社，1972 年，第 67 頁。

大致可以作如下簡單的界定：前期的馬克思，可稱之為歷史主義的馬克思，或民主主義的馬克思；後期的馬克思，可稱之為人道主義的馬克思，或共產主義的馬克思。與此相應，馬克思主義也應該分為前期和後期馬克思主義。前期馬克思主義，即歷史主義的馬克思主義，或民主主義的馬克思主義；後期馬克思主義，即人道主義的馬克思主義，或共產主義的馬克思主義。需要說明的是，這裡對馬克思和馬克思主義的前後兩個時期的區分，是從整體上考察的結果，而且主要是就其客觀的敘述而言的，並不排除伯恩施坦所說的前期馬克思的客觀的敘述中的某些不合理性的觀點，也不排除後期馬克思的客觀的論述中也有某些比較理性的成分。但是，就總體傾向而言，前後兩個馬克思或前後兩個馬克思主義的對立是無法否認的事實。

　　前後兩個馬克思的對立，實際上也是一種二元論，只不過是另一種意義上的二元論。如果將伯恩施坦所說的二元論一起考慮，馬克思則有雙重二元論：不僅有伯恩施坦所說的、他自己也坦然承認的二元論，即主觀的價值取向和客觀的敘述之間的對立；而且有我所說的、他自己卻斷然否認的在主觀的價值取向不變的前提下，客觀的敘述之間的對立。——在此意義上我認為，存在兩重意義上的兩個馬克思。

　　既然存在兩重意義上的兩個馬克思，即兩重意義上的兩個馬克思主義，在馬克思主義本土化的過程中，究竟將哪個馬克思主義本土化的問題就成了真問題，而不是假問題。

　　在改變東西方文明間差距的過程中（嚴格地說，指的是東方國家文明的進步而縮小與西方國家文明間的差距，但為了便於比較，本系列文章所論也包括西方國家文明的進一步演化），究竟應該將哪個馬克思主義本土化呢？

　　歷史的應然發展是一回事，歷史的實然發展是另一回事。由於存在著兩重意義上的兩個馬克思，因此在馬克思（以及他的合作者恩格斯）逝世後，他的自身包含矛盾和對立的學說，分別被他的兩部分不同的繼承者所繼承，朝兩個不同的方向發展。由此出發，也就導向了兩條截然相反的歷史道路。

第二節

馬克思主義本土化的成功範例
——以西歐為例

以愛德華·伯恩施坦和卡爾·考茨基為代表的第二國際和德國社會民主黨的領袖和理論家，繼承、發展了前期馬克思主義，同時也對馬克思的前期學說作了重大的修正，特別是克服了其前期著作的空想主義殘餘，從而使馬克思主義發展到了新的階段，並為馬克思主義本土化樹立了成功的範例。

在討論伯恩施坦、考茨基同馬克思的關係之前，首先必須糾正一個被人們歪曲了的觀念。長期以來，由於受列寧的影響，學術界尤其是中國學術界，把伯恩施坦、考茨基同馬克思、恩格斯完全對立起來，以至於在個別前衛學者開始重新思考伯恩施坦和考茨基的價值的今天，仍然以人劃線。他們已經形成了固定的思維模式：凡是伯恩施坦和考茨基批評馬克思的話，一概都是錯的；凡是列寧批判伯恩施坦和考茨基的話，一概都是對的。在這種思維方式的指導下，他們不加分析地把列寧當成正統馬克思主義的繼承者，而把伯恩施坦和考茨基當成馬克思主義的背叛者。後文的論述可以說明，這種看法是完全錯誤的。列寧是不是正統馬克思主義的繼承者，將在下一節討論，本節只討論伯恩施坦和考茨基。伯恩施坦和考茨基對馬克思都有嚴肅的批評和重大的修正，但他們絕不是馬克思的簡單的反對者和背叛者。以伯恩施坦而言，他所做的如同他自己所說，是弄清楚「哪些方面馬克思仍然是正確的和哪些方面他是不正確的」[9]。伯恩施坦明確指出，馬克思有不朽的地方，「馬克思的值得永垂不朽的地方在於建築物，而不在於腳手架」。[10] 考茨基與伯恩施坦一起，肯定了他們認為馬克思的應該肯定的東西，發展了他們認為馬克思不足的東西，同樣，也修正了他們認為應該修正的東西。至於他們所做的一切正確與否，後人自然可以評論。

伯恩施坦、考茨基同馬克思之間在理論上的聯繫和區別是一個複雜的問

9　殷敘彝編：《伯恩施坦讀本》，北京：中央編譯出版社，2008年，第206頁。
10　中共中央編譯局編：《伯恩施坦言論》，北京：三聯書店，1966年，第219頁。

題，全面考察二者之間的異同並作出評論不是本書的任務。就本章討論的主題而言，我認為，伯恩施坦和考茨基在為社會民主黨制定理論和策略的過程中，在與各種反對派的爭論中，對馬克思主義至少做出了如下幾個方面的貢獻。

一、繼承了馬克思的前期學說的精華

馬克思的前期的學說，值得肯定的並且被伯恩施坦和考茨基幾乎都毫無保留地繼承下來的思想主要有兩個方面。第一，進化論。馬克思的進化論思想如前所述，在其前期著作中表現得非常明顯。《共產黨宣言》對於資產階級歷史功績的肯定，《政治經濟學批判・序言》對於亞細亞的、古代的等四種生產方式序列的依次排列，以及《資本論》對於社會發展的「自然歷史過程」的論述等都是進化論的體現。恩格斯在《共產黨宣言・1888年英文版序言》中說，馬克思在該書中的一些思想，「對歷史學做出像達爾文學說對生物學那樣的貢獻」。儘管恩格斯所指的具體思想不盡恰當，但這樣的貢獻確實有過，比如前一節剛剛引述過的該書關於「三個從屬於」[11]的論斷就是屬於這樣的貢獻。馬克思本人也把自己看成是「社會科學界的達爾文」。1880年，馬克思曾將自己的一本《資本論》寄給了達爾文，達爾文回信，禮貌地請馬克思原諒自己在這個問題上的無知。伯恩施坦和考茨基都是馬克思的進化論的繼承者。伯恩施坦認為，馬克思在1859年發表的《政治經濟學批判》，提出「社會是一個發展的有機體，既不能任意地加以改變，也不能任意地使它僵化，這個社會寧可說有自己的完全獨特的發展規律」的觀點。伯恩施坦接著說：「同一年，達爾文的第一本關於有機自然界進化理論的巨著也出版了，人們完全有理由將這兩本著作相提並論。……它們的基本思想表現了同樣的精神。」——如同達爾文詳述了植物和動物的新的形態和品種的起源，馬克思闡明了人類各個社會發展的歷史，雖然這兩者的發展條件並不相同。[12]伯恩施坦還以更加簡練的語言指出：「我

11　馬克思說，資產階級「使未開化和半開化的國家從屬於文明的國家，使農民的民族從屬於資產階級的民族，使東方從屬於西方」。（《馬克思恩格斯選集》第1卷，北京：人民出版社，1972年，第255頁。）

12　中共中央編譯局編：《伯恩施坦言論》，北京：三聯書店，1966年，第346頁。

第七章 改變東西方社會生產方式的錯位與 馬克思主義本土化 449

堅決相信,各民族的發展中的重大時代是不能跳過的」。[13] 考茨基也認為:「任何國家的人民都不能超越或者用法令來取消那些自然的發展階段」。[14] 在下一節我們將會看到,伯恩施坦和考茨基不僅是馬克思的進化論的毫無保留的繼承者,而且是堅決的捍衛者,曾對違背進化論的行為做過嚴肅的批評,因此,他們都有進化論的社會主義者之稱。這裡需要指出的是,無論伯恩施坦還是考茨基,他們繼承和捍衛的進化論都不是批評者貶稱的所謂庸俗進化論;相反,他們主張的進化論——無論自然界的還是社會領域的——既有量變和有質變(突變)。考茨基曾以人的演化和社會的演化相類比:無論胎兒的發育還是嬰兒的成長,都是一個進化過程,但是,從胎兒到嬰兒要經過分娩即突變的過程。考茨基就此得出結論:「正如一切動物必須經歷一次突變(產仔或啄破蛋殼)來達到其更高的發展階段,社會也只有經過突變才能進入其更高的發展階段。」[15] 這就是伯恩施坦和考茨基對馬克思的進化論的繼承。

第二,與前一點密切相關,伯恩施坦和考茨基繼承了馬克思前期學說中社會主義只能在資本主義高度發達的基礎上產生的理論。前期馬克思認為,社會主義只能在高度發達的資本主義社會產生,因為在這樣的社會中大工業占經濟的主導地位,工人占人口的多數。相反,認為在前資本主義社會,特別是在農村公社的基礎上產生社會主義,在前期馬克思看來純粹是烏托邦。伯恩施坦和考茨基都不折不扣地繼承了馬克思的這一理論。伯恩施坦在《什麼是社會主義》一文中闡發馬克思和恩格斯的社會主義理論時說,馬克思和恩格斯反對任何關於社會主義體系的構想,反對任何固定的、一成不變的所謂社會主義的方案。「對他們說來社會主義是在一定的歷史條件下完成著的社會發展過程。不是方案,不是圖樣,而是以今天的資本主義生產方式為物質基礎的一種運動」。[16] 在闡發馬克思和恩格斯的社會主義理論後,伯恩施坦提出了自己的社會主義定義:「社會主義是現代資本主義社會中認識了自己的階級地位和本階級的任務

13　殷敘彝編:《伯恩施坦讀本》,北京:中央編譯出版社,2008年,第346—347頁。
14　〔德〕考茨基:《無產階級專政》,葉至譯,北京:三聯書店,1973年,第76頁。
15　〔德〕考茨基:《社會革命》,何江、孫小青譯,北京:人民出版社,1980年,第17頁。
16　殷敘彝編:《伯恩施坦讀本》,北京:中央編譯出版社,2008年,第468頁。

的工人的社會要求和自然意向的總和。」[17] 與伯恩施坦一樣，考茨基在《無產階級專政》一書中更加具體地論述了實現社會主義所需要的各種條件。考茨基認為，實現社會主義需要人的實現社會主義的意志，必須有相應的物質基礎，以及必須具備一種保持和正確運用這些條件的能力；所有這些條件只能在大工業的基礎上產生，而大工業只有在資本主義社會中產生。所以歸根到底，社會主義只能在高度發達的資本主義社會中產生。[18] 這些就是伯恩施坦和考茨基對馬克思前期學說中社會主義只能在資本主義高度發達的基礎上產生的理論的繼承。

二、發展了馬克思的前期學說

伯恩施坦和考茨基在繼承馬克思前期學說的精華的同時，還發展了馬克思的前期學說。自由和民主是馬克思前期學說中的重要思想之一。前文[19] 已經論述過，馬克思十分重視自由。個別地說，比如馬克思的雄文《評普魯士最近的書報檢查令》對於專制政權扼殺出版自由的批判，對於公民的言論、出版自由的主張，思想深刻，直至今天仍然具有重大的現實意義。一般地說，比如馬克思曾主張把國家由一個統治社會的機關轉變成一個從屬於社會的機關來實現公民的個人自由。同時，馬克思也十分重視民主。在早期的《黑格爾法哲學批判》中，馬克思認為民主制比君主制優越。「在君主制中，整體，即人民，從屬於他們存在的一種方式，即他們的政治制度。在民主制中，國家制度本身就是一個規定，即人民的自我規定。在君主制中是國家制度的人民；在民主制中則是人民的國家制度。」因此馬克思主張：不應該「是國家制度創造人民」，而應該「是人民創造國家制度」。[20] 在後來的《法蘭西內戰》中，馬克思曾設想以巴黎公社的各級「代表必須嚴格遵守選民的 mandat impératif（確切訓令），並

---

17 殷敘彝編：《伯恩施坦讀本》，北京：中央編譯出版社，2008 年，第 484 頁。
18 〔德〕考茨基：《無產階級專政》，葉至譯，北京：三聯書店，1973 年，第 7—9 頁。
19 本書第四章，第六節；第六章，第七節。
20 《馬克思恩格斯全集》第 1 卷，北京：人民出版社，1956 年，第 281 頁。

第七章　改變東西方社會生產方式的錯位與　馬克思主義本土化　451

且隨時可以撤換」[21]的辦法實現民主。但是，馬克思對自由、民主（這裡主要討論民主）的理解，尤其是對普選制的理解還是有侷限性的。在緊接上述關於巴黎公社選舉的設想後，馬克思說了一句令人費解的話：「普選制不是為了每三年或六年決定一次，究竟由統治階級中的什麼人在議會裡代表和壓迫人民，而是應當為組織在公社裡的人民服務」。[22]馬克思的這句話常常被一些人用來論證資本主義國家普選制的虛偽性，不是沒有道理的。這裡不存在「應當」的問題。既然代表是人民選舉產生的，在邏輯上講，他只能為人民服務；如果他不為人民服務，人民可以隨時將他撤換。這種邏輯上有問題的觀點，反映了馬克思對普選制的輕視。也正是在這裡，為伯恩施坦和考茨基發展馬克思的民主理論、尤其是普選制理論提供了空間。

　　伯恩施坦針對當時德國社會民主黨內很多人看不到革命帶來的一定程度的民主和選舉權的作用指出，社會主義變革不是在一個短促的時期內完成的行動，但是辦法已經有了，這個辦法就是選舉權。無產階級以及和它的地位相同的階級，既然已經有了這個巨大的武器，「即使他們在下一次選舉時不能立即獲得多數，就在那時我們也不會失敗。」伯恩施坦接著說，只要民主選舉權仍舊始終掌握在社會的最大階級手裡，而由這一階級的階級地位產生的堅持不懈的上進過程仍舊存在，「所有這一切會作為動力而存在著，並且必然會把工人階級所需要的改革爭到手。」[23]就此，伯恩施坦對選舉權給予了極高的評價，認為它可以與阿基米德支點相媲美。如果阿基米德說，用一個支點可以「把地球翻過來」，那麼，工人階級也可以說，普遍和平等的選舉權，可以「作為解放的基本條件的社會原則」。[24]我們看到一個多世紀以來，德國的和西歐的社會民主黨、工黨就是利用民主的選舉權不懈地為社會變革而努力。當然，普選制也會產生錯誤。比如，希特勒的總理職位雖然不是通過普選產生，而是通過陰謀欺騙手段獲得總統興登堡的信任而受後者任命的，但是，在興登堡去世後的一次公民投票中，有90%的人表示接受這個集總理、總統和三軍統帥職權於

21　《馬克思恩格斯選集》第2卷，北京：人民出版社，1972年，第376頁。
22　殷敘彝編：《伯恩施坦讀本》，北京：中央編譯出版社，2008年，第485頁。
23　殷敘彝編：《伯恩施坦讀本》，北京：中央編譯出版社，2008年，第485頁。
24　殷敘彝編：《伯恩施坦讀本》，北京：中央編譯出版社，2008年，第315頁。

希特勒一身的恐怖的獨裁政權。然而話說回來，普選制是多數人參與的民主制，不僅有自由討論和互相競爭的空間，而且有定期輪換和隨時彈劾的制度保障；即使有錯誤，也比專制體制容易改正錯誤。

　　從強調選舉權的重要性出發，伯恩施坦發展了馬克思的民主學說，並提出了一系列關於民主的理論。伯恩施坦認為：「民主是手段，同時又是目的。它是爭取社會主義的手段，它又是實現社會主義的形式。」民主雖然不能創造奇跡，也有很多缺點，「但是無論在英國和在瑞士，還是在法國、美國和斯堪的納維亞國家等等，民主已證明自己是社會進步的強有力的槓桿。」[25] 伯恩施坦還認為，民主是妥協的大學。「在實踐中已經表明，一個現代國家中的民主制度存在得愈久，對於少數人的權利的尊重和照顧就愈增加，黨派鬥爭就愈失去憎恨感。」[26] 針對守成主義者對於民主效率低的批評，伯恩施坦說：「如果說在個別問題上，政治上最先進的各國的立法不像政治上相對落後的各國在急於行動的君主或他們的大臣的影響下有時能做到的那樣迅速進行，那麼從另一方面說來，在民主已經根深蒂固的各國，在這些事情上是不會發生倒退的。」[27] 就是說，民主雖然使有些事情的進展顯得較慢，但是，它能保證方向的正確，不致使數十年甚至上百年的歷史進程被推倒重來。在伯恩施坦看來，民主的根本在於選舉權的落實。針對守成主義者的「民眾的文化素質低，不能實行普選制」的觀點，伯恩施坦指出，選舉權本身就是一所提高民眾民主能力的大學。「對於一個在數量上和文化上都不發達的工人階級來說，普選權可以長期表現為選舉『屠夫』本身的權利，但是隨著工人的數目和知識的增長，它就成為使人民代表從人民的主人轉變成人民的真正僕人的工具。」[28]

　　在伯恩施坦發展馬克思的民主理論的同時，考茨基也對馬克思的民主理論做出了重要發展。考茨基的民主理論極其豐富，限於篇幅，我只介紹兩點。第一，考茨基強調民主和社會主義的聯繫。考茨基說，對我們來說，沒有民主的社會主義是不可思議的。我們把現代社會主義不僅理解為社會化地組織生產，

25　殷敘彝編：《伯恩施坦讀本》，北京：中央編譯出版社，2008年，第314頁。
26　殷敘彝編：《伯恩施坦讀本》，北京：中央編譯出版社，2008年，第316頁。
27　殷敘彝編：《伯恩施坦讀本》，北京：中央編譯出版社，2008年，第316頁。
28　殷敘彝編：《伯恩施坦讀本》，北京：中央編譯出版社，2008年，第316頁。

第七章　改變東西方社會生產方式的錯位與　馬克思主義本土化　453

而且理解為民主地組織社會。「根據這個理解,對我們來說,社會主義和民主是不可分割地聯繫在一起的。沒有民主,就沒有社會主義。」[29] 第二,強調民主內在地包含著對少數派的保護。現代民主是無產階級在爭取政治權利的鬥爭中成長起來的。考茨基認為,在這種鬥爭中,同時也產生了一個新因素,即對國家中的少數派、反對派的保護。因此,「民主意味著多數派的統治。但是民主同樣也意味著保護少數派。」[30] 以上就是伯恩施坦和考茨基對馬克思的民主理論的發展和貢獻。不難看出,他們為馬克思理論的園地增植了極具生命力的鮮花。

伯恩施坦和考茨基對馬克思前期學說發展的另一個重要方面,是資本主義可以和平「長入社會主義」的思想。長期以來,很多人形成了這樣一種印象,即馬克思只有暴力革命理論,而無和平過渡到社會主義的思想。這一方面與馬克思本人有關,即馬克思早年(如在《共產黨宣言》中)強調的無疑是暴力革命而非和平過渡;另一方面也與列寧的歪曲有關。列寧筆下的馬克思,的確只有暴力革命理論,而無資本主義和平過渡到社會主義的思想。其實,馬克思在強調暴力革命之後的歲月裡,隨著時間的推移,認識也在逐漸發生變化:開始關注資本主義的和平過渡問題。1872 年 9 月 8 日,馬克思在海牙國際代表大會講演時說,大陸上的大多數國家必須用暴力奪取政權,「但是,我們從來沒有斷言,為了達到這一目的,到處都應該採取同樣的手段。」馬克思接著說:「我們知道,必須考慮到各國的制度、風俗和傳統;我們也不否認,有些國家,像美國、英國以及荷蘭,工人可能用和平手段達到自己的目的。」[31] 馬克思對當時情況下暴力手段與和平手段適用範圍劃分的觀點,雖然比 1848 年單純強調暴力革命的觀點有所進步,但在理論上仍然不夠徹底,也不符合客觀實際。尤其到了 19 世紀和 20 世紀之交,在資本主義社會內部的民主因素有了很大增長的情況下,這種觀點的侷限性就更加凸顯了。正是在這個時候,伯恩施坦和考茨基發展了馬克思的資本主義和平「長入社會主義」的思想,主張放棄暴力革命,進行議會鬥爭。伯恩施坦在 1898 年出版的《社會主義的前提和社會民主黨的任

29　〔德〕考茨基:《無產階級專政》,葉至譯,北京:三聯書店,1973 年,第 4 頁。
30　〔德〕考茨基:《無產階級專政》,葉至譯,北京:三聯書店,1973 年,第 17 頁。
31　《馬克思恩格斯全集》第 18 卷,北京:人民出版社,1964 年,第 179 頁。

務》一書中說：「具有各種僵化的等級制度的封建主義幾乎到處都必須用暴力來炸毀。現代社會的各種自由制度同那些制度的區別恰恰在於，自由制度是有伸縮性的，有變化和發展能力的。用不著炸毀它們，只需要繼續發展它們。為此需要組織和積極的行動，但不一定需要革命的專政。」[32] 在該書的另一處，伯恩施坦說得更加明確：「在一百年以前需要進行流血革命才能實現的改革，我們今天只要通過投票、示威遊行和類似的威逼手段就可以實現了。」[33] 在伯恩施坦看來，社會主義的到來或將要到來，不是一場巨大的政治決戰的結果，而是工人階級在經濟和政治等各個方面所取得的一整批勝利的結果；不是工人所受的壓迫、貧困和屈辱增加的結果，而是他們日趨增長的社會影響和他們所爭得的經濟、政治和一般社會條件相對改進的結果。因此，伯恩施坦認為，在資本主義社會中，階級鬥爭已經「採取愈來愈文明的形式」，社會民主黨應該「把階級鬥爭即工人的政治和經濟鬥爭的這種文明化看成實現社會主義的最好保證」。[34] 這就是伯恩施坦的資本主義和平「長入社會主義」的理論。

在伯恩施坦主張資本主義和平「長入社會主義」的同時，考茨基也持同樣的觀點。考茨基認為，社會革命或變革的形式取決於原來社會制度的性質和狀況。「資產階級革命是在專制制度壓迫著一切自由運動的國家裡爆發的，專制制度依靠一支脫離人民的軍隊的支持；在這種國家裡，沒有新聞出版自由、集會自由、結社自由，沒有普選制，也不存在真正的人民代議機構。在這種國家裡，反政府的鬥爭必然採取內戰的形式。今天的無產階級，至少在西歐，將在下列這樣的國家裡取得政權：在這些國家裡，幾十年以來，民主——即使不是『純粹的』民主，但畢竟是一定程度的民主——已經紮下深根，而軍隊也不像從前那樣完全脫離人民。在這種條件下，在那裡構成人民大多數的無產階級究竟將如何實現其奪取政權，這還需要等等再看。我們無論如何也決不需要推斷，法國大革命的過程會在西歐重演。」[35] 考茨基的話比較委婉，其實他與伯恩施坦一樣，都認為在有了一定程度的民主的西歐各國，應該利用議會鬥爭的和平

32　中共中央編譯局編：《伯恩施坦言論》，北京：三聯書店，1966年，第181頁。
33　中共中央編譯局編：《伯恩施坦言論》，北京：三聯書店，1966年，第78—79頁。
34　〔德〕伯恩施坦：《什麼是社會主義？》，史集譯，北京：三聯書店，1963年，第26頁。
35　〔德〕考茨基：《無產階級專政》，葉至譯，北京：三聯書店，1973年，第31頁。

手段，促使資本主義和平「長入社會主義」。

以上就是伯恩施坦和考茨基對馬克思的資本主義和平「長入社會主義」理論的發展。這一發展的意義，一點也不小於他們對馬克思的民主理論發展的意義。然而，在學術界——至少中國學術界，從公開出版的文字來看，伯恩施坦和考茨基的發展了的資本主義和平「長入社會主義」的理論，至今仍然被當成反馬克思主義的錯誤理論即所謂修正主義理論。從道理上辨明二者之間的是非，需要花費較多的筆墨。想到中國很多學者喜歡以人劃線，即凡是馬克思、恩格斯、列寧說的話都是正確的，我不妨以其人之道還治其人之身。

恩格斯在寫於 1891 年的《1891 年社會民主黨綱領草案批判》中，在公式化地重複了馬克思在近 20 年前說的英國、美國等民主國家可以和平過渡到社會主義後，著重批評了黨內有人主張的「現代的社會正在長入社會主義」的觀點，認為德國這樣一個「半專制制度的」國家，必須「用暴力來炸毀這個舊殼」。[36] 但是，僅僅 4 年後即 1895 年，恩格斯在《卡‧馬克思〈1848 年至 1850 年的法蘭西階級鬥爭〉一書導言》中寫道：「歷史表明我們也曾經錯了，我們當時所持的觀點（指《共產黨宣言》主張的用暴力革命推翻資產階級的觀點——引者注）只是一個幻想。……1848 年的鬥爭方法，今天在一切方面都已經陳舊了，這一點是值得在這裡較仔細地加以研究的。」[37] 在拋棄暴力革命的手段以後，無產階級應該採取怎樣的方式進行鬥爭呢？恩格斯認為，應該有效地利用普選權。恩格斯指出，德國工人對工人階級事業做出的一個重大貢獻，就是「他們給了世界各國同志一件新的武器——最銳利的武器中的一件武器，向他們表明了應該怎樣利用普選權」，把選舉權「由向來是欺騙的手段變為解放的手段」。[38] 十分清楚，恩格斯的觀點改變了。請問嚴厲批評伯恩施坦和考茨基的資本主義和平「長入社會主義」理論的先生們，你們怎麼看待恩格斯後來的這些話？是否也要批評一下恩格斯的「修正」？誠然，在伯恩施坦等人提出資本主義和平「長入社會主義」的理論後，世界並不太平，兩次世界大戰都是在資本主義國

36　《馬克思恩格斯全集》第 22 卷，北京：人民出版社，1965 年，第 273 頁。
37　《馬克思恩格斯全集》第 22 卷，北京：人民出版社，1965 年，第 595 頁。
38　《馬克思恩格斯全集》第 22 卷，北京：人民出版社，1965 年，第 603、601—602 頁。

家之間發生的,而且德國都是兩次戰爭的策源地之一。兩次世界大戰的原因十分複雜,後果也很嚴重,但是可以斷定的是,它們的目的不是為了炸毀資本主義社會的機體,其結果也沒有阻擋資本主義社會繼續以和平的方式向更公平、正義的社會即社會主義社會演變。因此,兩次世界大戰的事實並不能否定伯恩施坦和考茨基的資本主義可以和平「長入社會主義」的理論;相反,它們恰恰是在違背和平「長入」理論的情況下發生的。

三、修正和否定了馬克思學說中的某些觀點

伯恩施坦和考茨基在繼承和發展馬克思前期學說的同時,還修正和否定了馬克思學說中的某些觀點。第一,修正了資本主義崩潰論。馬克思一生中的一個很大錯誤就是對資本主義的壽命估計得太短,認為資本主義社會危機四伏,經濟、政治和社會方面的零散的危機很快會形成一次總危機,並通過無產階級革命將資本主義推翻。這種觀點被人們稱之為資本主義崩潰論。資本主義崩潰論的錯誤已被一百多年來的歷史所確證,而且繼續被目前資本主義仍然具有旺盛的生命力的現實所確證。而伯恩施坦和考茨基在一個世紀前就看到了馬克思的這一錯誤,並對之作了糾正。伯恩施坦在《〈社會主義的前提和社會民主黨的任務〉第一萬三千冊版序》中說:「我們必須預計到現存社會制度有比過去所假定的更長的壽命和更強的彈性,並且按照這一預計來展開我們的鬥爭實踐。這一思想正是本書的全部精髓所在。」[39]考茨基在《帝國主義》一書中提出了「超帝國主義」的觀點,認為隨著國際壟斷組織的形成和發展,帝國主義可以進入一個消除生產無政府狀態的「超帝國主義」階段。因此,帝國主義是資本主義的「一種特殊形式」,「一個新的階段」,[40]而不是資本主義的最高階段和無產階級革命的前夜。看到資本主義仍然具有生命力而未到全面崩潰的時刻,這是伯恩施坦和考茨基等社會民主黨人的卓識。

第二,釐清、修正並否定了無產階級專政理論。馬克思曾經說過:「在

---

39 〔德〕伯恩施坦:《社會主義的前提和社會民主黨的任務》,殷敘彝譯,北京:三聯書店,1965年,第23頁。
40 〔德〕考茨基:《帝國主義》,史集譯,北京:三聯書店,1964年,第12、17頁。

第七章　改變東西方社會生產方式的錯位與　馬克思主義本土化　457

資本主義社會和共產主義社會之間，有一個從前者變為後者的革命轉變時期。……這個時期的國家不能是別的任何東西，只能是無產階級的革命專政。」[41] 馬克思對無產階級專政的問題語焉不詳，給後人留下很大的解釋空間。就無產階級專政這個概念和理論本身而言，這無論如何是馬克思的一個敗筆，實有釐清、修正乃至否定的必要。

　　根據考茨基的研究，「無產階級專政」這個概念或理論有兩個問題。第一，無產階級「專政」的提法本身就是有問題的。考茨基認為，一個階級只能進行統治，但是不能進行治理（專政），因為一個階級是一種不定形的群體，而只有一個組織即政黨才能進行治理（專政）。[42] 所以，如果實行無產階級專政，在實踐中只能是如下兩種情況之一：在不可自由組黨的國家，無產階級專政就變成無產階級政黨的專政，即一黨專政；在可以自由組黨的國家，無產階級本身可能分成不同的政黨。在後一種情況下，「這些政黨中的一個政黨的專政就絕不再是無產階級專政，而是無產階級的一部分對另一部分的專政。」[43] 於是，無產階級專政就變成了十分奇特的東西。第二，與前一點相聯繫，無產階級專政的提法容易造成如下兩種情況的混淆。考茨基認為，從理論上講，無產階級專政可能被做出兩種解釋：一種是狀態；一種是政體。考茨基說，馬克思的本意不是指的政體，而是指的狀態，即在無產階級奪得政權的任何地方都必然要出現的狀態。[44] 但是在實踐中，往往造成兩種情況的混淆，即無產階級專政被當成政體。所以，考茨基強調，在探討這個問題時，必須防止把這種作為狀態的專政同那種作為政體的專政兩者混淆起來。因為「作為政體的專政，同剝奪反對派權利的含義相同。反對派被剝奪了選舉權、新聞出版自由和結社自由」。[45] 可見，專政一旦被作為政體，必然與自由、民主相對立。由於上述兩個原因，在考茨基看來，無產階級專政即使不予完全否定，也要從理論上對

41　《馬克思恩格斯選集》第3卷，北京：人民出版社，1972年，第21頁。
42　〔德〕考茨基：《無產階級專政》，葉至譯，北京：三聯書店，1973年，第17頁。
43　〔德〕考茨基：《無產階級專政》，葉至譯，北京：三聯書店，1973年，第26頁。
44　考茨基說，「馬克思認為，英國和美國可以和平地，也即用民主方法實現過渡，單這一點就可以證明，他在這裡所指的（是狀態而）不是政體」。（〔德〕考茨基：《無產階級專政》，葉至譯，北京：三聯書店，1973年，第24頁。）
45　〔德〕考茨基：《無產階級專政》，葉至譯，北京：三聯書店，1973年，第25頁。

它釐清、修正和限定。

如果說考茨基講的比較複雜，那麼，伯恩施坦說的就比較簡明。在伯恩施坦看來，無產階級專政的根本問題在於：它同民主相對立。「在社會民主黨的代表在一切有可能的地方實際上都已站在議會工作、比例人民代表制和人民立法（這一切都是和專政相矛盾的）的立場上的這一時代，堅持無產階級專政這一詞句究竟有什麼意思呢？這一詞句今天已經如此過時，以致只有把專政一詞的實際意義去掉並且賦予它隨便削弱了的意義，才能使這一詞句和現實相一致。」[46] 鑒於對無產階級專政的這種認識，伯恩施坦進一步指出，社會民主黨的信徒是在用民主的方法實現社會主義，所以他們認識到自己是一種更高級的文化的先鋒。「但是階級專政卻屬於較低下的文化，……是一種倒退，是政治上的返祖現象。」[47] 伯恩施坦之所以說「階級專政卻屬於較低下的文化」，「是政治上的返祖現象」，是因為在從資本主義社會向社會主義社會的過渡這一時期實行專政的國家，「還完全不知道今天的傳播和爭取法律的方法，或者只知道這些方法的很不完善的形態，而適合於這一目的的機關是沒有的。」[48] 應該說，伯恩施坦講的是有道理的。只有在不知道運用或有意不運用傳播即媒體和法律的地方才需要專政；在知道並且在實際上運用媒體和法律的地方，則無需專政。以上就是伯恩施坦和考茨基對馬克思的無產階級專政理論的釐清、修正和否定。

在這裡，我想專門對中國的一部分讀者說幾句。從前文的論述已經看到（從後文還可繼續看到），馬克思關於「無產階級專政」的提法雖然含糊其辭，錯誤很多，但顯然被後人、包括今人誤解了。誤解主要表現在兩方面。第一，在馬克思那裡，在資本主義社會和共產主義社會之間的、從前者變為後者的「革命轉變時期」，只是一個短暫的時期，而不是像後人和今人所理解的漫長的歷史階段。馬克思說過：「在革命之後，任何臨時性的國家機構都需要專政，並且需要強有力的專政。」[49] 既然國家機構是臨時性的，專政當然不可能是長期

46　殷敘彝編：《伯恩施坦讀本》，北京：中央編譯出版社，2008年，第318頁。
47　殷敘彝編：《伯恩施坦讀本》，北京：中央編譯出版社，2008年，第318頁。
48　殷敘彝編：《伯恩施坦讀本》，北京：中央編譯出版社，2008年，第318頁。
49　《馬克思恩格斯全集》第5卷，北京：人民出版社，1958年，第475頁。

的。而且在馬克思那裡，沒有資本主義、社會主義和共產主義三個歷史階段的概念。在馬克思那裡共產主義和社會主義是同一個概念，向社會主義轉變就是向共產主義轉變。因此，從資本主義向共產主義的轉變，只是一個短暫的時期，而不是像後人和今人所理解的漫長的乃至無限期的歷史階段。儘管馬克思的這一設想是一種空想，但這是馬克思的真實想法。第二，考茨基說得對，馬克思所說的「專政」，只是一種「狀態」，而不是一種「政體」。把馬克思所說的「專政」理解為「政體」而不是「狀態」，是對馬克思的極大的歪曲和篡改。這樣講的理由是：馬克思在《哥達綱領批判》中說「在資本主義社會和共產主義社會之間……的革命轉變時期……只能是無產階級的革命專政」那段話的前一頁，說了前面剛剛引證過的馬克思主張「把國家由一個高踞社會之上的機關變成完全服從這個社會的機關」，以實現自由的話。在那段話的後一頁，馬克思在批評德國工人黨主張的「通過國家來實施國民教育」的觀點時又說，這是完全錯誤的觀點。馬克思認為，教育應該通過法律來實施，而不是通過國家來實施；國家和政府不僅不應該是國民教育的實施者，「相反的，應該使政府和教會一樣地對學校不起任何影響」；國家不僅不應該是人民的教育者，相反的，「倒是國家需要從人民方面受到嚴格的教育。」[50] 馬克思明明主張置國家於社會之下、置政府於法律之下，國家不僅不應染指教育和其他社會事務，相反應該受到人民的教育和監督，有人卻說他主張實行那種「同剝奪反對派權利的含義相同」的作為政體的「專政」，豈不荒唐！所以，無產階級專政的問題，對馬克思來說，並不是多麼重要的問題。這個問題之所以後來在許多人的心目中變得那麼重要，完全是列寧及其後繼者們歪曲、篡改和大肆渲染的結果；至於後來演變為利益需要的結果，則更是另外一件事了。如果客觀地理性地思考，一定會得出這樣的結論：在這個問題上，伯恩施坦和考茨基是正確的。

第三，把社會主義由目的轉變為過程。關於社會主義主要是目的還是過程的問題，在馬克思的思想中存在著對立的兩種傾向。有時候馬克思主張社會主義是過程而不是目的。比如他在《法蘭西內戰》中寫道：「工人階級……不是要憑一紙人民法令去推行什麼現成的烏托邦。他們知道，為了謀求自己的解放，並同時創造出現代社會在本身經濟因素作用下不可遏止地向其趨歸的那種更高

---

[50] 《馬克思恩格斯選集》第3卷，北京：人民出版社，1972年，第23頁。

形式,他們必須經過長期的鬥爭,必須經過一系列將把環境和人都加以改造的歷史過程。工人階級不是要實現什麼理想,而只是要解放那些由舊的正在崩潰的資產階級社會本身孕育著的新社會因素。」[51] 但是,馬克思的著作更多是把工人運動、社會主義作為目的來關注的。資本主義崩潰論、暴力革命論,以及無產階級專政論——至於其後期的資本主義階段可以「超越論」就更不消說了——,都或隱或顯地帶有把社會主義作為目的的痕跡。由於強調社會主義主要是目的而不是過程,必然會出現種種急於求成的措施,乃至置客觀規律於不顧。伯恩施坦看到社會主義運動中的這一不良傾向,說出了「最終目的是微不足道的,運動就是一切」的名言。他說:「我坦白說,我對於人們通常所理解的『社會主義的最終目的』非常缺乏愛好和興趣。這個目的無論是什麼,對我來說都是毫不足道的,運動就是一切。」[52]

　　伯恩施坦的這句名言,在蘇俄和中國學術界,長時期以來都被當成否定社會主義的典型修正主義言論加以批判。這種批判顯然是沒有道理的。伯恩施坦的本意並非是否認社會主義的最終目的,而是認為社會主義沒有像人們設想的那樣固定的模式。他說:「明擺著的是,它不可能是表示對社會主義原則的最終實現漠不關心,而只是對事情將採取『什麼樣』的最後形態漠不關心,或者也許不如說不加操心。」[53] 在伯恩施坦看來,既然社會主義的目的是一種想像出來的東西,所以人們沒有必要以此為目的而展開自己的生命活動。「對於將來,我所感到興趣的從來沒有超出一般原則的範圍,我也不能讀完任何描繪將來的東西。我所關心的和努力以赴的是現在和最近將來的任務,超出這一範圍之外的遠景,只有當它們能成為我在這一方面的有效行動的準繩時,才能引起我的注意。」[54] 我同意伯恩施坦的處置目的和過程的觀點,把社會主義主要不是當成過程而當成目的,實際上是一種烏托邦。

　　「運動就是一切」之所以正確,因為它堅持社會發展的「自然歷史過程」的觀點。伯恩施坦說:「因為我堅決相信,各民族的發展中的重大時代是不能

51　《馬克思恩格斯選集》第3卷,北京:人民出版社,1995年,第60頁。
52　殷敘彝著:《伯恩施坦讀本》,北京:中央編譯出版社,2008年,第155頁。
53　中共中央編譯局編:《伯恩施坦言論》,北京:三聯書店,1966年,第75頁。
54　中共中央編譯局編:《伯恩施坦言論》,北京:三聯書店,1966年,第75頁。

第七章　改變東西方社會生產方式的錯位與　馬克思主義本土化　461

跳過的,所以我極為重視社會民主黨的當前任務……。我當時就是在這一意義上寫下這句話的:對我來說運動就是一切,人們通常所說的社會主義最終目的是微不足道的。」[55] 在 1901 年,伯恩施坦又一次解釋:「你們希望把最終目的放在心上,我承認這一最終目的,如果你們希望有一個理想的話,但是我認為,這個理想就存在於一步一步向前邁進的實踐運動本身之中。」[56] 我們在這裡看到,伯恩施坦的觀點,與前面引述的馬克思在《法蘭西內戰》中強調的工人運動、社會主義是過程而不是目的的觀點是多麼吻合。問題只在於,馬克思由於他的「二元論」的原因,沒有將這一觀點貫徹始終,並使之成為其主要傾向,而伯恩施坦將之糾正過來了。

其實,對於很多事情來說,注重其過程而不注重其最終目的或結果,這本來是很正常的,也是正確的。中國古人就懂得這個道理:苟日新,日日新,又日新。[57] 據說,這句話最早是商湯王刻在洗澡盆上的。人們天天洗澡,從最終結果或目的來說,肯定有利於健康長壽。但是,人們在洗澡的時候,誰也沒有把這一最終目的或結果放在心上,在意的是今天洗澡了,今天很舒服。這就是「最終目的是微不足道的,運動就是一切」這一名言的道理。遺憾的是,中國人只懂得把這個道理運用於洗澡,而不懂得也更沒能力將這個道理運用於社會改造,所以三千多年來,中國社會只能日復一日、年復一年、世紀復一世紀地在以改朝換代為表現形式的以傳子傳嫡為核心內容的同一個模式中循環往復。更加令人遺憾的是,在列寧的高壓和強勢灌輸下,在意識形態需要的支配下,中國學人失去了起碼的分辨是非的能力,以致今日仍然幾乎眾口一詞地對這一至理名言加以批判。試想,如果我們能把伯恩施坦的這一至理名言用於社會改造,使我們的社會今天比昨天好,明天比今天好,每天都克服掉一些缺點和錯誤,這樣,日復一日、年復一年地下去,還愁我們的社會到不了社會主義嗎——如果我們不把社會主義社會設想為固定模式的話。從這個意義上講,伯恩施坦把社會主義由目的轉變為過程,是對馬克思的社會主義理論的一個莫大貢獻。

55　殷敘彝編:《伯恩施坦讀本》,北京:中央編譯出版社,2008 年,第 201 頁。
56　中共中央編譯局編:《德國社會民主黨關於伯恩施坦問題的爭論》,北京:三聯書店,1981 年,第 421 頁。
57　《禮記·大學》。

以上就是圍繞本章的主題對伯恩施坦、考茨基與馬克思之間的異同所作的簡單考察和評論。在我看來，就本節論及的範圍而言，無論是伯恩施坦和考茨基對馬克思的繼承還是發展，抑或是修正和否定，都是正確的，都是對馬克思主義——準確地說，是前期馬克思主義——做出的重大貢獻。我們似乎可以這樣說，伯恩施坦（和考茨基）對馬克思主義的貢獻在於：惟其繼承、發展和修正，才使馬克思主義在西歐發展到了民主社會主義階段。而眾所周知，在當今的經濟的社會主義方案失敗之後，民主社會主義已經成了西歐各國社會民主黨、工黨追求一個更加美好的社會的總綱領。因為這個總綱領更加接近自由、公正、互助等基本價值，因此受到西歐各國人民的熱烈擁抱。西方各國之所以成為目前世界上最自由、公正、富裕、幸福的地區之一，與它們成功地吸取了民主社會主義的民主、改良等基本要素密切相關。也因此，伯恩施坦的思想成了當代民主社會主義的理論淵源。維利・勃蘭特於1979年11月14日在波恩發表的紀念《哥德斯堡綱領》20周年的演說中，明確指出：「在近幾年來社會民主黨的理論討論中就伯恩施坦發表了許多意見，恰好也從哥德斯堡綱領的角度談到他，一再把他稱為這個綱領的鼻祖。實際上，伯恩施坦所作的反對馬克思——首先是反對某些馬克思主義者——的社會分析有許多部分是說對了的。他那句像雷鳴一樣響徹全黨的名言『運動對我說來就是一切，目的是微不足道的』使他看起來像是一個『哥德斯堡人的先驅』。這句話的意思是：社會主義、民主、改良是持久的任務。」持此看法的不只是勃蘭特一人，而是大多數西歐社會民主黨領袖們的共識。正是在伯恩施坦和考茨基等社會民主黨的理論家繼承、發展和修正馬克思主義，並把馬克思主義發展到民主社會主義階段，使馬克思主義西歐化的意義上，我認為實行民主社會主義的西歐各國是馬克思主義本土化的成功範例。

也許有人會質疑道：伯恩施坦倡導的民主社會主義在很多方面是反對馬克思的，他的思想還能稱為馬克思主義嗎？還能說是馬克思主義的本土化嗎？

我對上述問題持肯定的看法：伯恩施坦不僅不是馬克思主義的叛徒，而且是馬克思主義的優秀的繼承者和發展者。在此，我再提供如下幾點證據。

第一，馬克思主義的核心，是哲學上的進化論即社會發展的「自然歷史過程」論，以及建立在此基礎上的社會主義只能在資本主義高度發達的階段才

能產生的社會歷史理論,還有民主國家的資本主義可以通過和平方式向社會主義過渡的理論。這些理論在馬克思的著作中都有明確的論述,是誰也否定不了的。伯恩施坦雖然對馬克思主義的許多問題乃至其理論基礎都有批評,但是,他對馬克思主義的這些核心內容都完全繼承下來了。就是說,在馬克思主義的核心問題上,伯恩施坦和馬克思是心心相印,完全一致的。西歐各國之所以成為馬克思主義本土化的成功典範,最根本的經驗就在於遵循前期馬克思的——當然是排除了「空想主義殘餘」的——教導,在資本主義高度發達的基礎上,以和平的方式開展社會主義運動,而且把社會主義作為過程而不是作為目的來追求。就此而論,伯恩施坦難道不是馬克思主義的優秀的繼承者和發展者嗎?

第二,我們來看看二者的價值觀。19世紀和20世紀之交,西方強國的殖民活動方興未艾,作為一個思想家,對此不能沒有自己的態度。伯恩施坦在《崩潰論和殖民政策》一文中寫道:「社會民主黨將反對對未開化民族或野蠻民族施加暴行和進行欺騙性的掠奪,但是社會民主黨也將放棄對於把這些民族納入文明化制度範圍的任何反抗,認為這是不合宜的,同樣也將放棄對擴大市場的任何原則性的反對,認為這是空想的。」[58] 前文曾論及馬克思對於英國殖民印度、中國的態度,也論及馬克思對於擴大市場的態度。如果將二者進行比較,我們發現,伯恩施坦和馬克思對於殖民政策的觀點以及所表現出來的價值觀,可謂驚人的一致。而殖民政策包括外交,只不過是內政的自然延伸。兩個在價值觀上高度一致的思想家,可能在一些理論問題甚至重要理論問題上發生分歧。但是,說其中的一個是另一個的背叛者,在邏輯上講不通,在實踐上也是不可能的。也就是說,價值觀的一致性,決定了伯恩施坦天然地只能是馬克思主義的繼承者和發展者,儘管對被繼承者有所批評。而惟其批評,而非亦步亦趨,一成不變,才更顯其價值。

第三,可以用形式邏輯的矛盾律和排中律證明伯恩施坦不是馬克思的單純的背叛者——如果不是單純的擁護者的話。根據形式邏輯的矛盾律和排中律,

---

58 〔德〕伊林·費徹爾:《作為任務的歷史——維利·勃蘭特關於工人運動歷史的演說》,波恩:1981年德文版。轉引自殷敘彝:《社會民主主義和民主社會主義(下)——概念的起源和歷史演變》,載於《當代世界社會主義問題》(濟南),2001年第4期,第12頁。

在馬克思主義的互相對立的二元論中，必有一對一錯。任何人只要承認馬克思主義中有二元論——而這是馬克思自己也承認的——，對馬克思主義都不可能做出一概肯定或一概否定的結論。實際上，已有論者從這個角度思考問題了。西德學者湯瑪斯·邁爾說，伯恩施坦屬於最早清楚地認識到馬克思主義貫串著二元論的理論家之一。伯恩施坦既然認為馬克思主義貫串著二元論，就「不可能單純地背棄或擁護馬克思主義理論」，而是要「把其中互相矛盾的因素區分開來，援引合乎理性的和被經驗證實的論據，批判地克服另一些論據」。[59] 邁爾還說，伯恩施坦通過這樣克服二元論而提出一種經濟社會觀，制定符合這一觀點的社會主義戰略。他可以聲稱自己是處於馬克思主義傳統（甚至可以說是它的優良傳統）之中的，同時又克服了馬克思主義的中心矛盾，他所做的是「用馬克思來反對馬克思」的工作。[60] 邁爾的評論既符合伯恩施坦的本意，也符合事實。伯恩施坦認為，馬克思主義中肯定有錯誤；這種錯誤就是他所謂的「腳手架」——空想主義殘餘。但是，伯恩施坦同時認為，馬克思主義雖然有錯誤，但問題不「在於克服馬克思主義**本身**」，而「在於排除還拖在馬克思主義身上的某些空想主義殘餘」。（黑體字是原文所用——引者注）[61] 伯恩施坦所做的主要工作就是拆除這空想主義的「腳手架」，使「建築物」——「馬克思主義本身」獲得存在的權利。這是一項具有建設性的工作。從以上幾點，我們不是能愈益清楚地看出伯恩施坦是馬克思主義優秀的繼承者和發展者嗎？

既然伯恩施坦是馬克思主義優秀的繼承者和發展者，他和考茨基等人提出的民主社會主義難道不是發展了的馬克思主義嗎？既然伯恩施坦和考茨基等人提出的民主社會主義又是西歐當代民主社會主義的理論源頭，奉行民主社會主義的西歐各國不是在將馬克思主義西歐化嗎？而奉行民主社會主義的西歐各國實際上已成為當今世界上最自由、民主、公平、富裕的地區之一，西歐各國的

---

59 〔德〕邁爾：《伯恩施坦修正主義——社會民主黨歷史經驗過程中的路標》，載於《新社會》（西德），1977年第12期。轉引自殷敘彝：《民主社會主義論》，北京：中央編譯出版社2007年版，第244頁。

60 〔德〕邁爾：《伯恩施坦的建設性社會主義》，西柏林和波恩：1977年，德文版，第382頁。轉引自殷敘彝：《民主社會主義論》，北京：中央編譯出版社，2007年，第244頁。

61 殷敘彝編：《伯恩施坦讀本》，北京：中央編譯出版社，2008年，第346—347頁。

馬克思主義西歐化,難道不是馬克思主義本土化的成功範例嗎?

誠然,馬克思本來就是德國人,對德國來說不存在馬克思主義本土化的問題。但是,馬克思主義及其發展了的產物——民主社會主義的影響所及,不只是德國,而是整個西歐。因此,當不至於有人以此為理由反對西歐是馬克思主義本土化的成功範例這一命題。

第三節

馬克思主義本土化的失敗典型
——以蘇俄為例

如本章第一節所論,存在兩重意義上的兩個馬克思:既有其前期著作中的主觀的價值取向和客觀敘述之間對立的兩個馬克思,又有在其前期和後期的主觀價值取向不變的前提下,前後期的客觀敘述之間互相對立的兩個馬克思。19世紀和 20 世紀之交,尤其是在 20 世紀前 20 年,在以伯恩施坦為代表的社會民主黨的右派領袖們在將前期馬克思主義——而且是「排除還拖在馬克思主義身上的某些空想主義殘餘」的前期馬克思主義——西歐化,從而開創了馬克思主義本土化的成功範例的同時,以列寧為代表的社會民主黨的左派,特別是俄國的布爾什維克的領袖們在將後期馬克思主義——不僅是從前期的價值取向中一直沿襲下來的主觀的價值取向中的後期馬克思主義,而且是客觀敘述中的後期馬克思主義,即主張俄國跨越「資本主義峽谷」的後期馬克思主義——俄國化,從而導致蘇俄成為馬克思主義本土化的失敗典型。

蘇俄的馬克思主義俄國化,是從列寧的理論觀點的轉變開始的。早期的列寧雖然在充滿民粹主義的文化氛圍中長大,但他主要接受的是後期的普列漢諾夫的影響,在社會理論上著重強調的是馬克思前期的社會發展的「自然歷史過程」論。比如,在俄國革命的問題上,1894 年,列寧在《什麼是「人民之友」?》中說:對於社會主義革命,「只有資本主義發展的高級階段,即大機器工業,

才能造成進行這場鬥爭所必需的物質條件和社會力量。在其餘一切地方，在資本主義發展的較低級的形式下，這種物質條件是沒有的」；而俄國是「村社土地佔有制形式下」的國家，所以根本不具備社會主義革命的條件。[62]1897年，列寧在《我們拒絕什麼遺產？》中，肯定並高度評價19世紀60年代俄國啟蒙者的思想，認為俄國應該繼承這一思想遺產，「熱烈擁護教育、自治、自由、西歐生活方式和整個俄國全盤歐化」。[63]列寧還很贊同地認為，這種啟蒙者的思想遺產，「根本不認為知識界和法律政治制度是一種能夠使歷史『越出軌道』的因素。」[64]再如，在對待民粹主義的問題上，列寧在1894年說：民粹主義「是社會民主黨最兇惡的敵人」。[65]1897年，列寧強調指出，「60年代遺產」的可貴之處就在於，「在這個遺產裡沒有任何民粹派的東西」。尤其需要指出的是，1905年，列寧甚至從歷史哲學的高度闡發了馬克思前期的社會發展的「自然歷史過程」的思想。在《社會民主黨在革命中的兩種策略》中，列寧說：「馬克思主義教導我們，以商品生產為基礎並且和文明的資本主義國家發生交換關係的社會，在發展到一定的階段時，自己也必不可免地要走上資本主義的道路。民粹主義者和無政府主義者說什麼俄國可以避免資本主義發展，……而經過其他道路來跳出或跳過這個資本主義。馬克思主義堅決屏棄了他們的這種荒誕言論。」列寧還強調指出，「除了使資本主義向前發展以外，妄想在任何其他方面替工人階級尋找出路，都是反動的。在像俄國這樣一些國家裡，工人階級與其說是苦於資本主義，不如說是苦於資本主義發展得不夠。因此……消滅一切妨礙資本主義廣泛、自由和迅速發展的舊時代的殘餘，對工人階級是絕對有利的。」[66]

但是，大約在1905年以後，列寧開始接受馬克思後期的俄國可以跨越資本主義「卡夫丁峽谷」的理論，並努力將此理論以及其中包含的民粹主義俄國化。

此時的列寧不再強調作為革命條件的物質基礎，相反，他把強調物質基

62　《列寧選集》第1卷，北京：人民出版社，1995年，第80頁。
63　《列寧全集》第2卷，北京：人民出版社，1984年，第395頁。
64　《列寧全集》第2卷，北京：人民出版社，1984年，第406頁。
65　《列寧選集》第1卷，北京：人民出版社，1995年，第1頁。
66　《列寧選集》第1卷，北京：人民出版社，1995年，第556頁。

礎的人稱之為經濟主義者。列寧批判道：經濟主義者「說什麼無論最熱心的思想家怎樣努力，都不能使工人運動脫離那條由物質因素和物質環境的相互作用所決定的道路，就完全等於拋棄社會主義」[67]。此時的列寧也不再強調資本主義階段的不可逾越性，而開始強調資本主義階段的可以逾越性。他反駁經濟主義者說：既然建立社會主義需要有一定的文化水準，那麼，「我們為什麼不能首先用革命手段取得達到這個一定水準的前提，然後在工農政權和蘇維埃制度的基礎上追上別國的人民呢？」[68] 後期的列寧也改變了對民粹主義的觀點。在1907 年的《土地綱領》中，列寧說，民粹派的理論在反對農奴制的鬥爭中包含著「從歷史角度看來是現實的和合理的內容」。[69]1912 年，列寧又說，民粹主義「在經濟學的形式上是錯誤的，而在歷史上卻是正確的」。[70] 同樣，在村社問題上，列寧的觀點也發生了 180 度的大轉彎。根據金雁的研究，列寧的《俄國資本主義發展》有 1899 年、1908 年兩個版本：前者認為「村社對農民的危害很大」，後者認為「解散村社對農民的危害很大」；前者反對俄國特殊論，後者和民粹主義搶「俄羅斯民族特殊論」的潮頭，最後把原來主張俄國特殊論的師傅擠下歷史舞臺，而由他自己領銜。[71]

與伯恩施坦在將馬克思主義西歐化的過程中把社會主義作為運動而不是作為目的相反，列寧在將馬克思主義俄國化的過程中把社會主義作為目的而不是作為運動。1900 年，列寧提出政治鬥爭高於經濟鬥爭的觀點：如果只從事經濟鬥爭，工人階級就不僅會「失去自己的政治獨立性，成為其它黨派的尾巴」，而且會使工人運動「脫離社會主義」這一最終目的。[72] 由此，列寧強調，社會民主黨的真正任務「不是消極地為每一階段的工人運動服務，而是要代表整個運動的利益，給這個運動指出最終目的，指出政治任務，保護它在政治上思想

---

67 《列寧選集》第 1 卷，北京：人民出版社，1995 年，第 327 頁。
68 《列寧選集》第 4 卷，北京：人民出版社，1972 年，第 691 頁。
69 《列寧全集》第 16 卷，北京：人民出版社，1988 年，第 203 頁。
70 《列寧選集》第 2 卷，北京：人民出版社，1995 年，第 300 頁。
71 金雁：《俄國革命與民粹主義》，載於 http://news.qq.com/a/20100729/002215.htm。
72 《列寧選集》第 1 卷，北京：人民出版社，1995 年，第 284、283 頁。

上的獨立性」。[73]1911 年,列寧在已經認識到舊的專制制度發生了變化,「在向資產階級君主制轉變的道路上邁了一步」,即在已經有「黑色的和黃色的杜馬」可以利用的情況下,他依然強調暴力革命,強調最終目的。在論及俄國社會民主工黨第二次代表大會制定的綱領時,列寧說:「我們的綱領確切地表述了我們的社會主義的任務、社會主義的最終目標,而且這種表述都特別強調反對機會主義和改良主義。」[74] 出於把社會主義作為最終目的的考慮,在 1915—1916 年間,列寧連續兩次明確提出:由於資本主義的經濟政治發展不平衡規律的作用,「社會主義可能首先在少數或者甚至單獨一個資本主義國家內取得勝利」,而「不能在所有國家內同時獲得勝利」的觀點。[75] 列寧的意思顯然是,像俄國這樣資本主義不發達的國家可以首先取得社會主義革命的勝利。

眾所周知,俄國是一個資本主義發展遲緩的國家,資產階級軟弱,無產階級的力量更加弱小。根據前期馬克思的思想,在俄國這樣的落後國家進行社會主義革命純粹是烏托邦;如前所說,列寧曾經完全贊同此觀點。然而,理論觀點發生了變化後的列寧,在把馬克思晚年的俄國可以在村社基礎上跨越資本主義「卡夫丁峽谷」的理論俄國化的道路上越走越快、越走越遠;以至於在 1917 年 3 月剛剛推翻沙皇政府建立資產階級政權的一個月後,他就在《四月提綱》中提出俄國應該由資產階級民主革命向社會主義革命過渡的計畫,並在當年 11 月(俄曆 10 月)發動了被他們自己稱為「十月革命」的所謂社會主義革命,建立了布爾什維克政權。

這裡順便提及,根本不存在「十月革命」一說。所謂「十月革命」,只不過是在布爾什維克知道自己不可能獲得議會選舉多數的情況下,由列寧主導的

73　《列寧選集》第 1 卷,北京:人民出版社,1995 年,第 284 頁。
74　《列寧全集》第 20 卷,北京:人民出版社,1989 年,第 361 頁。
75　《列寧選集》第 2 卷,北京:人民出版社,1972 年,第 709、873 頁。

第七章　改變東西方社會生產方式的錯位與　馬克思主義本土化　469

布爾什維克發動的一次軍事政變。[76] 所以，普列漢諾夫在其《政治遺囑》中從來不使用「十月革命」一詞，凡是說及「十月革命」的地方，都以「十月事件」、「十月政變」代之。[77] 最近，由俄國學者安德列·鮑裡索維奇·祖波夫主編的《二十世紀俄國史（1894—2007）》也不使用「十月革命」這個詞，使用「政變」這個詞。俄國的大部分教科書也如此。[78] 不過，為了敘述的方便，本書仍然使用「十月革命」這個名稱。

現在，需要討論的是，十月革命與馬克思究竟是什麼關係？關於這個問題，西方思想家們幾乎有著一致的看法，即十月革命與馬克思無關；或者說，十月革命是違反馬克思主義的。伯恩施坦說：「布爾什維主義的冒險事業在實際上是——或者迄今是——企圖通過一系列專橫行動而撇開必要的社會發展的一個重要階段的嘗試。……根據馬克思的一句話，專政被命名為無產階級專政，但是實際上它是一個黨的專政，這個黨依靠無產階級的一部分，在一個順利的時刻掌握了統治手段，借助徵募來的近衛軍和運用恐怖主義的措施而暴力地鎮

---

[76] 據史載，所謂十月革命的過程簡單地說是這樣：布爾什維克想要對之實施控制的第二屆全俄蘇維埃代表大會在11月初（俄曆10月中旬末）舉行，托洛茨基提議在這次代表大會上要把新的、布爾什維克佔絕大多數的政府合法化。11月6日，代表大會召開的前一天，克倫斯基輕率地下令關閉布爾什維克出版物，結果給共產黨政變提供了口實。部隊在托洛茨基和彼得格勒蘇維埃革命軍事委員會的領導下接管了各個部門，以防止任何「反革命行動」，並幾乎是當下便發動了進攻。11月7日，起義者們控制了聖彼德堡的各個重要建築。11月8日淩晨，冬宮被佔領，政變在付出微小的血的代價後取得了成功。（〔美〕沃爾特·G.莫斯：《俄國史》，張冰譯，海口：海南出版社，2008年，第185—186頁。）在政變初期，蘇維埃政府雖然宣布社會革命黨為非法組織，但並未否定立憲會議的合法性。雖然由於種種原因，立憲會議經過延期，但終於在1918年1月18日被獲準召開。「可當人們確信代表大會不會遵從布爾什維克的指導時，布爾什維克代表宣稱大會是反革命的工具後退出會場。大會的一次和惟一的一次分會繼續開到1月19日淩晨時分，直到紅軍部隊強迫會議結束為止。根據蘇維埃政府的命令，他們阻止大會在這一天稍晚時繼續舉行。」（同上書，第192頁。）

[77]《普列漢諾夫的政治遺囑》，載於《馬克思恩格斯列寧斯大林研究》（北京），（總第16輯），2000年第2期，第103、104頁。

[78] 見李玉貞：《一部顛覆性著作：〈二十世紀俄國史〉》，載於《炎黃春秋》（北京），2010年第10期，第83頁。

壓了一切別的黨派，不管它是否社會主義的。」[79] 在伯恩施坦看來，十月革命顯然是對馬克思主義的斷章取義，而不符合馬克思主義的基本精神，因為它企圖進行一次「撇開必要的社會發展的一個重要階段的嘗試」。

考茨基認為，布爾什維克是馬克思主義者，他們曾經使他們影響所及的無產者諸階層滿懷著對馬克思主義的熱愛。「然而他們的專政是違反馬克思的這一學說的：即任何國家的人民都不能超越或者用法令來取消那些自然的發展階段。針對這一點，他們從哪裡能找出馬克思主義的理論根據呢？」[80]

普列漢諾夫說得直截了當：「列寧關於社會主義革命能在單獨一個像俄國那樣落後的國家裡取得勝利的論斷，不是對馬克思主義的創造性態度，而是對它的背離。列寧得出這一結論決非偶然，因為他需要這個結論來鼓舞布爾什維克。」[81]

意大利共產黨創始人安東尼奧·葛蘭西在一篇專門討論十月革命的文章中說：十月革命「是反對卡爾·馬克思的《資本論》的革命」。因為在俄國，馬克思的《資本論》與其說是無產階級的書，不如說是資產階級的書。它批判地論證了事件應該如何沿著事先確定的進程發展下去：俄國在社會主義革命之前應該首先發展資本主義，按照西方文明的式樣，必須經過一個資本主義時代。但是，已發生的十月事件戰勝了馬克思制定的歷史唯物主義的原則，「布爾什維克否定了卡爾·馬克思」。[82]

上述幾位西方思想家們的觀點是完全一致的，即十月革命的原則與馬克思的《資本論》主張的社會發展的「自然歷史過程」的歷史唯物主義原則是對立的。

西方思想家們的這一觀點我完全贊同。不過，就整個馬克思主義與十月革命的關係而言，我想指出問題的另一方面，即如前所述，有前後對立的兩個馬克思主義。從這個角度考察，列寧領導的十月革命與前期馬克思主義即《資本論》的馬克思主義是對立的，但是，與後期馬克思主義即俄國可以跨越資本主

---

79 中共中央編譯局編：《伯恩施坦言論》，北京：三聯書店，1966年，第406頁。
80 〔德〕考茨基：《無產階級專政》，葉至譯，北京：三聯書店，1973年，第76頁。
81 《普列漢諾夫的政治遺囑》，載於《馬克思恩格斯列寧斯大林研究》（北京），（總第16輯），2000年第2期，第102頁。
82 中共中央編譯局編：《葛蘭西文選》，北京：人民出版社，1992年，第9—10頁。

義「卡夫丁峽谷」論的馬克思主義則是完全一致的。因此，如果不對馬克思做前後兩個時期的區分，似乎難以說清楚列寧與馬克思之間的關係。斯蒂芬·T.波索尼在討論列寧的書中說：「（包括列寧在內的）幾乎每一個俄國革命者都受益於馬克思，但是實際上沒有一個人是馬克思的真正追隨者，因為俄國條件同馬克思的學說是無關的。」[83] 波索尼的說法我能夠理解，他也是將領導十月革命的列寧們與撰寫《資本論》的馬克思做比較的。但這裡存在的問題是：既未對馬克思做前後兩個時期的區分，也未對列寧做前後兩個時期的區分。如果做這種區分，我們就會發現，前期的列寧由於主張社會發展的「自然歷史過程」論，雖然談不上是前期馬克思的虔誠的信徒，但起碼是合格的信徒。而後期的列寧由於將後期馬克思的俄國可以跨越資本主義「卡夫丁峽谷」的理論變成了實踐，不僅是後期馬克思的虔誠信徒，而且堪稱後期馬克思的傑出的繼承者和「發展者」了。從這個角度講，馬克思由於提出俄國可以跨越資本主義「卡夫丁峽谷」的理論，他應該在某種程度上為十月革命的發生負責。但是，現在的任務不是追究歷史責任，而是總結歷史教訓。從總結歷史教訓的角度來說，列寧堅持走一條與伯恩施坦相反的道路。當他違背馬克思的《資本論》，在俄國村社基礎上發動所謂社會主義性質的十月革命，用權力取消資本主義階段的時候，亦即當列寧將馬克思主張的俄國應該跨越資本主義「卡夫丁峽谷」的後期馬克思主義俄國化的時候，一切災難就從這時開始了。

在村社基礎上跨過資本主義階段實行所謂社會主義，本來就是烏托邦；為了使這一烏托邦變成「現實」，惟一的手段就是實行無產階級專政。於是我們看到，與伯恩施坦、考茨基在把前期馬克思主義西歐化過程中強調馬克思的自由民主主張，儘量淡化或取消無產階級專政的做法相反，列寧在把後期馬克思主義俄國化的過程中背棄馬克思的自由民主的主張，儘量強化並全面實行無產階級專政。列寧說：「民主這個詞用在共產黨身上，不僅在科學上不正確，而且在1917年3月以後，它已成為遮住革命人民眼睛的眼罩，妨礙它們自由地、大膽地、自動地建設新的工農兵代表蘇維埃，使它成為『國家』的惟一政權，

83　Stefan T. Possony, *Lenin*：*The Compulsive Revolutionary*, Chicago: Henry Regnery Company, 1964, p.23.

成為所有國家『消亡』的前驅。」[84] 列寧明確宣布，布爾什維克政權要與民主徹底決裂。與民主徹底決裂後，治理社會的手段是什麼呢？不言而喻，自然是無產階級專政。於是列寧宣布：「無產階級專政是無產階級為反對舊社會的勢力和傳統而進行的頑強鬥爭，即流血的與不流血的，強力的與和平的，軍事的與經濟的，教育的與行政的鬥爭。」[85] 列寧還認為，「專政是直接憑藉暴力而不受任何法律約束的政權。無產階級的革命專政是由無產階級對資產階級採用暴力手段來獲得和維持的政權，是不受任何法律約束的政權。」[86] 不要忘記，列寧的這一套全面的、血腥的、無法無天的無產階級專政理論，是打著馬克思的幌子傳布的。在十月革命後，列寧明確提出，承認不承認他的這一套無產階級專政理論，是區分真假馬克恩主義者的「試金石」。

然而，要使一種錯誤理論成為現實的罪惡，光有錯誤理論顯然是不夠的，還必須有能將這種錯誤理論付諸實施的權力實體。無產階級專政理論之所以成為現實的罪惡，關鍵就在於，列寧在發明無產階級專政理論的同時，也發明了使這一理論得以實施的權力實體，即把馬克思說的「專政」由本來意義上的「狀態」變成「政體」；而這個政體就是工農蘇維埃。列寧說：「迄今為止，人們只指出了建立無產階級專政的必要性，但沒有去研究這種專政應該採取什麼形式。俄國社會主義革命發現了這種形式。——這就是蘇維埃共和國的形式，就是無產階級和（俄國的）農民的貧苦階層實行長期專政的形式。」列寧接著強調指出：「在這方面，重要的是要指出下列這一點：即這裡所說的並不是一種按專政這個詞的狹義來理解的暫時現象，而是整整一個歷史時期內的國家形式。這裡是要組織一種嶄新的國家形式，不應該把這同某些反資產階級的特定措施相混淆；這些措施只不過是必須適應重大任務與鬥爭的特殊國家機構的職能而已。」[87] 讀者一定還記得，考茨基在論及馬克思的無產階級專政概念時，強調不應該把作為「政體」的專政和作為「狀態」（姑且理解為列寧所說的，

84　《列寧全集》第 24 卷，北京：人民出版社，1957 年，第 64 頁。
85　《列寧全集》第 31 卷，北京：人民出版社，1958 年，第 26 頁。
86　《列寧全集》第 35 卷，北京：人民出版社，1985 年，第 237 頁。
87　轉引自〔德〕考茨基：《無產階級專政》，葉至譯，三聯書店 1973 年版，第 77 頁。源自列寧的《四月提綱》第九條。但中文版的《列寧選集》和《列寧全集》不知何故，都沒有此內容。

第七章　改變東西方社會生產方式的錯位與　馬克思主義本土化　473

為「適應重大任務與鬥爭的特殊國家機構的職能」）的專政相混淆。但是，考茨基強調的是專政應該是「狀態」，而不應該是「政體」。列寧則與考茨基完全相反：他強調專政應該是「政體」，而不應該是「狀態」。在此我們看到，列寧不僅在理論上把無產階級專政變成了國家「政體」，而且發明了實施無產階級專政的具體形式——蘇維埃。

　　掌握無產階級專政大權的蘇維埃畢竟只是國家政權；而按照列寧主義，國家政權必須在布爾什維克黨的領導下進行工作。因此，通過暴力手段奪取政權，建立布爾什維克的一黨領導，是列寧在十月革命之前就孜孜追求的目標；這可從列寧在二月革命後對待臨時政府的態度上看出來。根據《二十世紀俄國史（1894—2007）》記載，列寧於1917年3月6日（俄曆）從蘇黎世向彼得格勒發電報說：「完全不得相信新政府，不得給予它一絲一毫的支持……武裝無產階級——這才是惟一的保證……不得謀求與其它政黨的任何接近。」這就明確提出了布爾什維克的任務：「通過武裝起義推翻臨時政府」，建立布爾什維克的「一黨專政」。[88] 後面事情的發展正如伯恩施坦所說，在十月革命中，布爾什維克「借助徵募來的近衛軍和運用恐怖主義的措施而暴力地鎮壓了一切別的黨派」。自此，蘇俄就開始長期在列寧發明的黨權至上、黨政合一、黨國一體的體制下運行。

　　如前所說，所謂的十月革命，實際上只不過是一場政變，十分缺乏群眾基礎。在農村，雖然布爾什維克有關於土地、和平和麵包的承諾，新政權暫時得到了底層農民的支援，但這種情況很快就發生變化。隨著搶奪農民的糧食以及其他種種暴行的發生，素來溫順服從的俄國農民便忍無可忍，起來反抗，暴動在全國各地此起彼伏。在城市，更是一片反對之聲。據史載，對布爾什維克政府的抵抗活動，早在十月革命後第一周就已出現了。且不說克倫斯基成功地徵募了一支不大的哥薩克部隊開進到彼得格勒郊外，單在首都城內，作為反對派的社會主義者、社會革命黨人及其他不滿分子，組成了一個「全俄拯救祖國和革命委員會」。該委員會號召人民收回對新政府的支持。絕大多數教授和知

---

[88]　〔俄〕安德列·鮑裡索維奇·祖波夫主編：《二十世紀俄國史（1894—2007）》上冊，第405頁。轉引自李玉貞：《一部顛覆性著作：〈二十世紀俄國史〉》；載於《炎黃春秋》（北京），2010年，第10期，第83—84頁。

識份子是反對布爾什維克的，許多白領工人包括政府僱員拒絕工作，部隊裡的社會革命黨人佔領了首都的某些建築。[89] 工人方面的情況也好不了多少。在布爾什維克黨剛剛建政後，工人階級還享有選舉、出版等方面的自由，也能選擇工作並取得優厚的報酬。但是，過了不多久，事情就發生明顯變化。根據考茨基的出版於 1919 年的《恐怖主義和共產主義》[90] 記載，變化的原因是，由於俄國廣大工人群眾的水準很低，上述這些措施有日益使工業完全喪失其作用的危險。為了拯救工業，不得不形成一個新的官吏階級，並使它掌握支配工人的權力。「這個新的階級逐漸把一切實際的和事實上的控制權抓在自己手裡，把工人們的自由變成純粹虛假的自由。」[91] 自然，這些事情的發生不能不引起工人群體的反對，而且這種反對由於缺乏糧食供應等原因勢必變得格外強烈。雖然新政權遭到工人、農民和市民的全面反抗，但是，此時的布爾什維克政權依靠「一黨專政」的力量，已經剝奪了工人和所有人的結社集會的自由。因此，「工人們的反對始終是沒有組織的和分散的，不能形成密集的隊伍來反對具有更高度的組織的官僚政治。工人們無法同他們抗衡。」[92]

僅僅在組織上阻止工人和其他各階層的反抗，對蘇維埃當局來說並不是上策；上策是如何使人們根本不可能產生任何懷疑蘇維埃制度的神聖性的思想和感情。要達到這一目的，就要統一思想；為了統一思想，就必須控制報刊；而控制報刊的手段，主要是報刊審批和出版審查。布爾什維克掌握政權後，控制報刊的手段是十分嚴厲的，不僅針對著資產階級報刊，而且針對著所有不效忠於現行政治制度的報刊。布爾什維克當局為這種嚴厲的報刊管理制度辯護的理由，是「從這樣一個天真的假設出發的，即：確實存在著一種絕對真理；只有共產黨人才掌握那種真理。它也從另一個假設出發，即：所有的新聞記者根據

---

89 〔美〕莫斯：《俄國史》，張冰譯，海口：海南出版社，2008 年，第 189—190 頁。
90 關於該書名中的「共產主義」概念，不是人們通常理解的馬克思意義上的共產主義；馬克思意義上的共產主義（社會）儘管是一種烏托邦，但絕沒有專政、暴力和血腥。而其所指的是蘇俄的社會和政治制度的理論與實踐，以及國際共產主義運動。
91 〔德〕考茨基：《恐怖主義和共產主義》，馬槐清譯，北京：三聯書店，1963 年，第 150 頁。
92 〔德〕考茨基：《恐怖主義和共產主義》，馬槐清譯，北京：三聯書店，1963 年，第 151 頁。

第七章　改變東西方社會生產方式的錯位與　馬克思主義本土化　475

他們的本性來說都是撒謊者,只有共產黨人才是真理的狂熱的擁護者。」[93] 在布爾什維克當局看來,到處都有那種對他們所看到的事情信以為真的撒謊者和盲信者,所以必須實行嚴格的報刊管理制度。報刊管理制度實行了,實際效果究竟如何呢?「在那些不必擔心受到壓制而又只有某種傾向的報刊才有權利發言的地方,最容易滋生謊言。這樣,報利就簡直有了撒謊的護身符,這種情況還鼓勵了那些喜歡騙人的傢伙。因此……關於報導的真實性並不會由於取消了出版自由而有所加強。相反地,它還因此受到最不利的影響。」[94] 在布爾什維克黨的統治下,到處都是欺騙和謊言。我們在這裡看到,欺騙和謊言的數量與報刊審查制度的嚴格性在惡性循環中成正比例發展的奇妙情景。

布爾什維克政權為了鎮壓工人和其它階層群眾由於利益受到侵犯而產生的反抗,並使之俯首貼耳地服從專制統治,除了使用輿論欺騙、道德說教等軟的手段外,還使用硬的手段。——具體地說,就是管、關、殺的紅色恐怖。據考茨基在1919年的記載:「蘇俄已經組成了一系列革命法庭和非常委具會(俄國自稱的『肅反委員會』——引者注),『以反對反革命和投機活動以及濫用職權的行為』。它們具有專斷的權力,可以宣告任何被控到它們那裡來的人的罪名,隨意決定槍斃那些不受它們歡迎的人們;也就是說,可以槍斃它們所捉到的一切投機商和奸商,以及他們在蘇維埃公務人員中的同謀犯。它們的手段並不到此為止,而是連累到每一個膽敢批評它們的可怕虐政的正直人士。在『反革命』這個集合名詞下,把各種各樣的反對者都包括了進去,不問這是發生在哪一類人中間,產生的動機是什麼,用的是什麼手段,抱的是什麼目的。」[95] 為了讓讀者瞭解這種無法無天的紅色恐怖的具體情況,介紹幾個具體細節不無裨益。據《國中之國:克格勃和它掌控下的俄羅斯》記載,契卡(cheka)們所奉的指示是:「你們審問被告時,不用找什麼證據,只消讓被捕者回答他是什麼出身,受什麼教育或職業。靠這個就能決定此人的死活。這就是紅色恐怖的

93　〔德〕考茨基:《恐怖主義和共產主義》,馬清槐譯,三北京:聯書店,1963年,第132頁。
94　〔德〕考茨基:《恐怖主義和共產主義》,馬清槐譯,北京:三聯書店,1963年,第132頁。
95　〔德〕考茨基:《恐怖主義和共產主義》,馬清槐譯,北京:三聯書店,1963年,第148頁。

内涵和實質。」[96] 據莫斯的《俄國史》記載，在紅色恐怖時期，外表特別像具有特權者的人會有麻煩。1918 年初，一個布爾什維克被殺死在薩拉托夫，因為他穿著一件時髦的外套，被人當做了一個「布林昂」（上流社會一員）。眼鏡也足以使一個人變得可疑；在國內戰爭中，有人甚至因為指甲乾淨、雙臂平直而被紅軍槍斃。[97] 在這次大清洗中，被殺的人數，普列漢諾夫在大清洗開始不久的 1918 年 4 月預言，「列寧將砍掉幾百萬人的腦袋」。[98] 如果說普氏的說法還是一種預見的話，下面的數字就是歷史事實了。據 2009 年成書的《二十世紀俄國史》記載，在 1918—1922 年 2 月，被殺的人不少於 200 萬。[99]

人們千萬不要以為，這些恐怖行為是在違背列寧和俄共中央意志或他們不知情的情況下，由基層布爾什維克造成的；恰恰相反，這一切都是在以列寧為首的俄共中央完全知情並親自部署下發生的。據前蘇共中央宣傳部部長亞歷山大·雅科夫列夫的 2003 年出版的著作記載，1918 年 1 月，反革命政變剛剛過去兩個月，列寧在《如何組織競賽？》一文中說，「有許許多多貫徹『社會主義金科玉律』的辦法」——他將其中的一個辦法叫做「將十分之一犯遊手好閒罪者處決」。決定命運的公式為「十分之一」。雅科夫列夫接著評論道，後來希特勒也喜歡上了這個公式，衛國戰爭中黨衛軍分子槍決蘇聯和平居民，是每十個人中殺一個。在壞人的行為中，一切都很相似。[100] 據《真理報》記載，當時有人寫信，要求布爾什維克黨和政府機關清洗所有那些不與共產黨共命運的、只是為了他們自己的目的才利用共產黨的壞蛋和野心家。列寧在 1919 年 3 月

96　Y.Albats and nd C.A. Fitzpatrick, *The State Within a State: The KGB and Its Hold on Russia　Past, Present, and Future*,1994. 又見〔俄〕祖波夫主編：《二十世紀俄國史（1894—2007）》上冊，第 546 頁。轉引自李玉貞：《一部顛覆性著作：〈二十世紀俄國史〉》；載於《炎黃春秋》（北京），2010 年，第 10 期，第 85 頁。

97　〔美〕莫斯：《俄國史》，張冰譯，海口：海南出版社，2008 年，第 191 頁。

98　《普列漢諾夫的政治遺囑》，載於北京：北京：《馬克思恩格斯列寧斯大林研究》（總第 16 輯），2000 年第 2 期，第 114 頁。

99　〔俄〕祖波夫主編：《二十世紀俄國史（1894—2007）》上冊，第 552 頁。轉引自李玉貞：《一部顛覆性著作：〈二十世紀俄國史〉》；載於《炎黃春秋》（北京），2010 年，第 10 期，第 85 頁。

100〔俄〕雅科夫列夫：《霧靄：俄羅斯百年憂思錄》，述弢譯，北京：社會科學文獻出版社 2013 年版，第 94 頁。關於對列寧的引文，參見《列寧選集》第 3 卷，北京：人民出版社，1972 年，第 400 頁。

第七章　改變東西方社會生產方式的錯位與　馬克思主義本土化　477

27日回信說：「寫信的人要我們純潔我們的黨和我們的政府機關，清除那些『毫無良心的臨時同路人、自私者、野心家、走狗和強盜』。這是正確的要求。我們早已提出並在實行這個要求。……我們現在和今後都會槍斃那些被捕獲的強盜、自私者和野心家。但是，為了使清洗工作進行得更徹底更迅速，就需要真誠的非黨知識份子在這方面協助我們。」[101] 列寧的這些指示和號召對於全國規模的大清洗，無疑起了直接動員的作用。至於在對全國各地的工人罷工、農民暴動、士兵逃跑等具體事件的處理中，列寧親自下達的槍斃、處決的命令則不計其數，這方面的詳細情況可參見蘆笛的網文《列寧與紅色恐怖：「仇恨與復仇的讚美詩」》。[102] 在大清洗的具體操作中，契卡發揮了重大作用。據考證，在1918年第一季開始的反對各式各樣的反對者、不配合者的「十字軍討伐」，使大清洗全面升級。根據列寧的指示和人民委員會的決議，契卡被授予絕對的權力：獨自進行搜查、逮捕和槍決的權力，尤其是契卡不經過任何法律手續，不用向任何法律機構報告的情況下可以自行槍決「人犯」的權力。更為嚴重的是，不僅國家契卡擁有這樣的權力，而且各州縣的下屬機構也擁有了這樣的權力。[103] 而對於契卡們的工作，據《二十世紀俄國史》記載，列寧也給予高度評價：「契卡在直接行使無產階級專政，這對於我們是很重要的，在這方面契卡的功勞之大無法估量。除了用暴力鎮壓剝削者，沒有別的辦法解放人民群眾。契卡就是這樣做的。」[104]

　　這裡需要指出的是，布爾什維克政權的這種即決裁判的恐怖手段根本沒有效果。因為這些非常委員會本身就不純潔；不但是庸碌之輩，而且還有已經幹了或正在幹著各種搶劫勾當的匪徒鑽進了各級委員會。能夠阻止這些壞蛋和野心家鑽進革命法庭和非常委員會的手段，只有不受管制的自由的報刊。但是，當時的俄國已經沒有自由、公正的報刊，相反，「報刊完全掌握在那些被壞蛋

---

101 《列寧全集》第29卷，北京：人民出版社，1956年，第202頁。
102 http://bbs.meyet.com/forum.php？mod=viewthread&tid=292689&archiveid=5。
103 聞一：《契卡的「十字軍討伐」》，載於《炎黃春秋》（北京），2014年，第2期，第86頁。
104 〔俄〕祖波夫主編：《二十世紀俄國史（1894—2007）》上冊，第546頁。轉引自李玉貞：《一部顛覆性著作：〈二十世紀俄國史〉》；載於《炎黃春秋》（北京），2010年，第10期，第85頁。

和野心家盤踞的政府機關手裡」。在這種情況下,「列寧有什麼把握不讓這些壞蛋和野心家設法鑽進革命法庭和非常委員會,從而推波助瀾,使真誠的非黨『知識份子』遭到槍殺呢?擁有至高無上的最專制的權力的,正就是這些被設立起來同貪污腐化現象作鬥爭的非常委員會。它們完全不受任何形式的監督,也就是說,它們大部分是在確實有利於貪污腐化現象的情況下活動的。」[105] 大清洗的成效如何姑且不論,我們關注的是,這種為了維持政權大規模地使用恐怖和暴力的行徑,無論如何是違反人道主義的,是對雅各賓恐怖主義的接續,而且是更為惡劣的接續。[106]

人們自然會產生疑問,一個如此恐怖、暴力、血腥的反人類運動,究竟是何以能在全國範圍內發生的?這要從列寧的強調獨裁說起。列寧在提出組建特別法庭和肅反委員會要求的同時,又提出實行個人獨裁的問題。在《蘇維埃政權的當前任務》中,列寧說:「無可爭辯的歷史經驗證明:在革命運動史上,個人獨裁成為革命階級專政的表現者、代表者和執行者,是屢見不鮮的事。」,「所以蘇維埃的(即社會主義的)民主制與實行個人獨裁之間,絕無任何原則上的矛盾。」[107] 為了把他的獨裁主張貫徹於全黨,列寧又隨即提出「給與一切企業的個別領導人以獨裁的和無限的權力」的要求。列寧說,為了社會主義的利益,必須強調「個人獨裁制」,任何大機器工業都要「使成百成千人的意志服從於一個人的意志」。[108] 事實上,列寧要把獨裁原則貫徹於全黨的主張,早在建政前就很明確。據奧地利學者尤利烏斯·布勞恩塔爾的《國際史》記載,列寧認為,一個處在獨裁政府體制統治下的革命黨,也不可能以民主原則——被選舉權和黨員對黨的領導機關進行民主監督的原則作為基礎。它不可能是民主的群眾性政黨。革命需要一個人數不多的、由「職業革命家」組成的黨,他

---

105 〔德〕考茨基:《恐怖主義和共產主義》,馬清槐譯,北京:三聯書店,1963年,第159頁。
106 法國大革命中的雅各賓恐怖是暴民出於對反革命報復的恐懼心理自發實行的,是所謂「群眾恐怖」而非「國家恐怖」;俄國革命中列寧發動的紅色恐怖不是「群眾恐怖」,而是「國家恐怖」,即國家政權經過精心謀劃,通過自己掌握的各級組織機構直接實施的恐怖。因此,後者比前者更為惡劣。
107 《列寧全集》第27卷,北京:人民出版社,1958年,第245—246頁。
108 《列寧全集》第27卷,北京:人民出版社,1958年,第246—247頁。

第七章　改變東西方社會生產方式的錯位與　馬克思主義本土化　479

們是動員群眾和領導群眾的槓桿。[109]建政後，列寧集黨政軍以及立法、司法、行政權力於一身，終於使他的獨裁主張得以大行其道。據《國際史》，阿克雪裡羅得曾寫道：被列寧加以理想化的有知識的「職業革命家」，只不過是像雅各賓一樣的激進資產階級，列寧的想法是把黨變成一所由一名以中央委員會面目出現的廠長領導的大工廠。托洛茨基寫道：列寧的方法是「一幅半明半暗的、可悲的雅各賓主義強硬派的諷刺畫……整個國際工人運動要被一座雅各賓派法庭指控犯有溫和罪，而掉下斷頭臺的第一顆腦袋，將是馬克思的巨人之首。」托洛茨基還預言，在布爾什維克體制下，「黨將會由黨的組織、黨的組織由中央委員會，以及最終中央委員會由獨裁者取而代之」——由「一個掌握生殺大權的人」取而代之。[110]在獨裁統治之下，無產階級還有主人翁的地位嗎？黨員個人還有價值嗎？還是《國際史》記載，「普列漢諾夫指控列寧力圖以對無產階級專政取代無產階級專政，並把『黨員』貶低為『小輪子和小螺絲釘』，說列寧的黨的思想是一種『神權政治性質的組織空想』，列寧關於職業革命家同工人階級的關係的見解是巴枯寧的觀點，不是馬克思的觀點。普列漢諾夫以先見之明寫道：列寧的組織原則將導致『歸根結蒂一切都圍著一個人轉，這個人注定了要總攬所有權力於一身』」。[111]在這裡我們看到，恐怖、暴力、獨裁、專政天生地緊密聯繫在一起。

　　俄國的馬克思主義俄國化——共產主義試驗，在開始的頭兩年就被證明失敗。但是，以列寧為首的布爾什維克政權為了保全自己作為執政黨的地位，不是承認失敗，改弦易轍，而是在統治手法上耍盡花招。他們突破了一切政治倫理的底線，違背了執政前向人民許下的所有承諾，改變了建黨時關於布爾什維克性質的初衷。考茨基記載，作為講究實際的徹底的政治家，布爾什維克在他們統治的過程中已經顯著地表現出他們的適應環境的本領。他們本來是根據平等的普選原則選出的國民議會的熱心宣傳者，可是當國民議會對他們有所妨

---

[109]〔奧地利〕布勞恩塔爾：《國際史》第2卷，楊壽國譯，上海：上海譯文出版社，1986年，第86頁。
[110]〔奧地利〕布勞恩塔爾：《國際史》第2卷，楊壽國譯，上海：上海譯文出版社，1986年，第89頁。
[111]〔奧地利〕布勞恩塔爾：《國際史》第2卷，楊壽國譯，上海：上海譯文出版社，1986年，第88頁。

礙時,他們便立刻把它打入冷宮。他們曾是死刑的堅決反對者,可是他們卻建立了殺人如麻的血腥統治。在執政之初,他們宣布自己的目的是粉碎那個代表舊政府的權力手段的官僚機構,但卻建立了一種新的官僚統治來代替舊的。他們曾經依靠瓦解軍隊的紀律並最後瓦解軍隊本身的辦法取得了政權,但現在已經建立了一支經過嚴格訓練的新的軍隊。他們本來力求把各個階級置於同一水準,但掌權後卻一手製造了新的階級差別。他們造成了一個地位低於無產階級的階級,而把無產階級提高到特權階級的地位。他們又使另一個階級出現在無產階級之上,這個階級領取高薪,享受種種非一般人所能想望的特權。他們最初無情地剝奪資本,目前卻正在準備把半個俄國的礦藏交給美國資本家,以便取得他們的幫助並在各方面同外國資本妥協。……[112] 考茨基的這些記載雖然是在1919年,但是,近年來發現的越來越多的史料證明,考茨基的記載是可信的。根據考茨基的記載,我們可以說,列寧和布爾什維克政權實際上只做了一件事情:拆了一座大廈,又建了一座大廈。不同的是,原來的大廈是別人的,現在的大廈是自己的,僅此而已。就大廈功能的積極作用和結構的合理性而言,後者遠不如前者。而為了這一拆一建,毀滅了無法計算的俄國人民的生命和財產。列寧和布爾什維克政權不僅不認為是罪惡,還一直把它作為歷史功績來歌頌。

  如果我們將列寧(和布爾什維克政權)在將馬克思主義俄國化過程中的罪錯加以概括,那就是否定人類在政治文明和精神文明方面的一切積極成果。普列漢諾夫說得對,許多為每一個文明人承認的全人類概念,列寧一概加以否定,或者從消極意義上加以詮釋。例如,對於任何一個有文化的人來說,自由主義是一個正面的觀點體系,而對於列寧來說,這無非是「自由主義的下流貨色」;對於任何一個有文化的人來說,資產階級民主,即使是打了折扣的,畢竟仍然是民主,而對於列寧來說,這是「庸俗行為」。可是,那種不受任何限制的階級恐怖,卻被他認為是「無產階級的民主」,「社會主義民主」。[113] 諸如此類的反對普世文明的概念和行為,對於列寧來說不勝枚舉。總之,列寧和布爾什

---

112 〔德〕考茨基:《恐怖主義和共產主義》,馬清槐譯,北京:三聯書店,1963年,第161—162頁。
113 《普列漢諾夫的政治遺囑》,載於《馬克思恩格斯列寧斯大林研究》(北京),(總第16輯),2000年第2期,第113—114頁。

第七章　改變東西方社會生產方式的錯位與　馬克思主義本土化　481

維克政權在人類社會有東方和西方兩條不同的發展道路的「理論」指導下，在俄國絕不走西方道路的口號下，他們拒絕了西方的、實際上也是全人類的政治文明和精神文明的所有積極成果——議會政治、三權分立、自由、平等和人權。在這條反人類、反文明的道路上，要清楚地瞭解布爾什維克政權的統治究竟是怎樣一副面貌，不妨再看看與列寧同時代的思想家們包括列寧戰友的揭露。

伯恩施坦在1919年8月的文章中說：「布爾什維克拋棄了選舉權，因為對他們來說有組織的發展進程是不適用於政治的。然而事物的邏輯勝過統治者的任何暴力，當暴力和發展的規律相矛盾的時候，它只會破壞而不會一致地為進步服務。而布爾什維克就是這樣。它的經濟政策和社會政策是由尖銳的矛盾組成的：極端的社會唯心主義和赤裸裸的東方暴君專制並列。只要不及時發生轉變，就必然會成為一個十足的畸形兒。」[114] 伯恩施坦是有先見之明的，蘇俄的社會主義模式確實是一個十足的畸形兒。

考茨基說，我們在俄國所看到的，不是社會主義，而是它的反面。俄國工人在無權支配生產資料這一點上，與資本主義國家的工人處於大致相同的境地。「蘇俄和西歐的差別是：發達的資本主義國家的工人已經足夠強大，在某種程度上限制了資本的專政，並且也把權力關係改變到了這樣的程度，即使重要經濟壟斷企業的社會化在最近的將來將成為工人的一項政治勝利；而在俄國，生產資料是高度集中在一隻手中，它的所有權受著專制的國家機器的保護，同時工人被分化了，沒有自己的組織，沒有一個自由的出版界或自由的選舉，完全被剝奪了任何反抗的手段。」[115]

考茨基還說：「在俄國，和財產所有權的壟斷相類似的是教育的壟斷。教育是專政藉以支持政權的工具之一。」此外，「更壞的是知識自由的遭到全部摧毀，這甚至也打擊了共產黨黨員這個集體。沒有了知識上的自由，就不可能有真正的教育，不可能真正參與我們的時代的知識。」[116]

奧托・鮑威爾認為，布爾什維克政權統治下的俄國是一個無限的專制主義

---

[114] 中共中央編譯局編：《伯恩施坦言論》，北京：三聯書店，1966年，第395頁。
[115] 〔德〕考茨基：《社會民主主義對抗共產主義》，李石秦譯，北京：三聯書店，1963年，第57—58頁。
[116] 〔德〕考茨基：《社會民主主義對抗共產主義》，李石秦譯，北京：三聯書店，1963年，第58頁。

的國家,這個國家專制的特點之一就是特別加強意識形態控制。鮑威爾說,在俄國,「專政按照自己的統治利益,規定在歷史、經濟、社會等問題上可以宣教些什麼。它不容許偏離統治政黨的現行觀點。它排斥種種學說,因為這些學說可能為統治政黨中一個被打倒、被擊敗了的派別服務。這就給歷史和社會領域內的自由研究劃定了狹窄的範圍。由於害怕受到懲罰,研究者不敢越雷池一步。這種恐懼把研究工作限制在正統思想的範圍內,正統思想有時歸根到底是用對執政黨領導人的著作的解釋來代替對事實的自由探討,從而倒退到經院哲學的方法之中。」[117] 在控制意識形態這一點上,鮑威爾還將布爾什維主義和法西斯主義做了對比。鮑氏說:「法西斯主義和布爾什維主義在其它方面是截然不同的,但在下面這一點上,兩者是完全相同的,即一小撮當權者決定關於歷史和社會哪些可以說、可以教、可以印。只允許一種意見、一種主義存在。不願意講授這一主義的教員,一個都不能容許在從小學到高等學校的所有學校任教。不宣傳這一主義的書報,一份也不能刊印;不為這一主義服務的藝術作品,一件也不能創作。誰膽敢發表另外一種意見,誰就在利帕裡群島和索洛夫基群島的集中營裡結束自己的生命。」[118]

考茨基還補充道:在沒有出版自由、知識自由的情況下,社會的任何主導思想(在俄國是官方自我稱謂並自我解釋的馬克思主義)必然變成國教。布爾什維克理解的馬克思主義,本來只是馬克思主義的一個學派。但是,「在(他們)奪取了國家政權之後,就把馬克思主義(的這一學派)變成國教,這個宗教的信條及其解釋都受到政府的監督,對於這個宗教的批評,甚至一點點最微末的偏差,都要受到國家的嚴厲處罰。這樣一種馬克思主義,以西班牙宗教裁判的方法來實行統治,以火刑和屠殺來進行宣傳,實行一種戲劇性的儀式(例如列寧屍體的防腐保存)。這樣一種馬克思主義不僅僅降到了一個國教的地位,而且是降到了中世紀或東方迷信的地位」。[119]

如果有人認為伯恩施坦和考茨基本來與列寧就不是一個派別,他們批評列

---

117 中共中央編譯局編:《鮑威爾言論》,北京:三聯書店,1978年,第452頁。
118 中共中央編譯局編:《鮑威爾言論》,北京:三聯書店,1978年,第454頁。
119〔德〕考茨基:《社會民主主義對抗共產主義》,李石秦譯,北京:三聯書店,1963年,第17頁。

第七章　改變東西方社會生產方式的錯位與　馬克思主義本土化　483

寧和布爾什維克政權是理所當然的。那我們來看看與列寧同為社會民主黨左派的理論家、並被列寧譽為「革命之鷹」的羅莎·盧森堡的觀察和評論吧。我們知道，盧森堡是暴力革命的支持者，也是十月革命的堅定擁護者：她在肯定列寧在十月革命後將工業、貿易、銀行國有化的同時，激烈地批評列寧將土地分給了農民而沒有國有化的做法；同時，她充分肯定十月革命的世界歷史意義。但是，就是這個盧森堡，卻在1919年對列寧和布爾什維克政權的反自由、反民主的表現和本質作了既生動又深刻的揭示。盧森堡認為在俄國命令工廠監工的獨裁暴力嚴酷的處罰恐怖統治，這一切都是治標的辦法。達到再生的惟一途徑應該是：公共生活本身的學校，不受限制的、最廣泛的民主，公共輿論。盧森堡指出：「如果這一切都取消了，現實中還剩下什麼呢？列寧和托洛茨基用蘇維埃代替了根據普選產生的代議機構，認為蘇維埃是勞動群眾惟一真正的代表。但是隨著政治生活在全國受到壓制，蘇維埃的生活也一定會日益陷於癱瘓。沒有普選，沒有不受限制的出版和集會自由，沒有自由的意見交鋒，任何公共機構的生命就要逐漸滅絕，就成為沒有靈魂的生活，只有官僚仍是其中惟一的活動因素。公共生活逐漸沉寂，幾十個具有無窮無盡的精力和無邊無際的理想主義的黨的領導人指揮著和統治著，在他們中間實際上是十幾個傑出人物在領導，還有一批工人中的精華不時被召集來開會，聆聽領袖的演說並為之鼓掌，一致同意提出來的決議，由此可見，這根本是一種小集團統治——這固然是一種專政，但不是無產階級專政，而是一小撮政治家的專政，就是說，純粹資產階級意義上的專政，雅各賓派統治意義上的專政。不僅如此，這種情況一定會引起公共生活的野蠻化：暗殺，槍決人質等等。這是一條極其強大的客觀的規律，任何黨派都擺脫不了它。」[120]

　　通過以上幾位思想家的揭示，我們大致已經瞭解了布爾什維克黨的統治情況和特點：其核心就是取消民主，實行專政。現在需要追問的是：既然取消民主，實行專政已經給俄國帶來無窮災難，列寧和他領導的布爾什維克黨為什麼還堅持這樣做呢？我們還是用當時思想家們的話來回答吧。考茨基是這樣解釋的：布爾什維克黨把無產階級專政當成實現社會主義所必需的先決條件，而把

---

[120]〔德〕盧森堡：《論俄國革命·書信集》，殷敘彝、傅惟慈等譯，貴陽：貴州人民出版社，2001年，第31—32頁。

社會主義當成無產階級專政的目標。考茨基指出：「一個社會主義政黨除了把它的權力用來實現社會主義之外，還能用來做什麼呢？它必須立即致力於此，並且不顧一切，毫無顧慮地掃清它所面臨的一切障礙。如果在這個過程中，民主同新政權發生了衝突⋯⋯就不得不用專政來代替民主；這尤其容易做到，因為人民的自由在俄國還是完全新的東西，還沒有在人民群眾中紮下深根。這時，專政的任務就是要實現社會主義。這種實際事例的教育不僅應該使國內那些仍然持反對態度的分子順應潮流，而且應該吸引其它資本主義國家的無產者來效法它，鼓勵他們去革命。」[121] 不能不承認，考茨基的分析是符合列寧和布爾什維克黨的主觀目的的。

如果說考茨基是從積極的意義上解釋，普列漢諾夫則是從消極的意義上解釋。針對當時布爾什維克已經奪取政權，以及列寧的在無產階級政權的條件下，可以更快地消滅文盲，迅速發展生產力的觀點，普列漢諾夫指出：「列寧實現了政變，把它宣布為社會主義革命，把俄國歷史引向錯誤的死胡同。俄國的發展將因此落後許多年，也許幾十年。」普列漢諾夫還指出：「列寧的無產階級專政將迅速變為一黨專政，黨的專政將變為黨的領袖的專政，維持領袖權力的起先是階級恐怖，後來是全面的全國恐怖。布爾什維克不能給人民以民主和自由，因為他們一實施民主和自由，馬上就會喪失政權。列寧很清楚這一點。既然如此，布爾什維克除了恐怖、欺騙、恐嚇和強制，就別無道路可走。但是通過恐怖、欺騙、恐嚇和強制能否迅速發展生產力和建成公正的社會呢？當然不能！這只有在民主的條件下，在自由的、自覺的和結合個人利益的勞動的基礎上才能做到。但布爾什維克在半年不到的時間裡查封的報紙雜誌比沙皇當局在整個羅曼諾夫皇朝時代查封的還要多，還有什麼民主可言呢？」[122] 通過考茨基和普列漢諾夫的揭示，我們終於明白，列寧和他領導的布爾什維克黨，之所以在明知取消民主、實行專政已經給俄國帶來無窮災難的情況下還堅持這樣做，是為了「使國內那些仍然持反對態度的分子」在懾於專政威力的情況下「順應（他們的）潮流」；是為了「吸引其它資本主義國家的無產者來效法它，鼓勵

121〔德〕考茨基：《無產階級專政》，葉至譯，北京：三聯書店，1973年，第75頁。
122《普列漢諾夫的政治遺囑》，載於《馬克思恩格斯列寧斯大林研究》（北京），（總第16輯），2000年第2期，第99、101頁。

他們去革命」。同時，也是最重要的，列寧和他領導的布爾什維克黨都很清楚，「因為他們一實施民主和自由，馬上就會喪失政權」。在上述主觀的動機和客觀的情勢下，布爾什維克黨由於它的本性所決定，應該和能夠採取什麼方法統治，答案自然不言而喻。

到現在為止，我們討論的列寧和布爾什維克黨的所作所為，都是在他們將馬克思主義本土化這個題目下進行的。根據上文初步揭示的材料，說蘇俄的馬克思主義俄國化失敗了，而且是失敗的典型，這個結論應該是能夠成立的。但是，這裡需要指出的是，上述列寧和布爾什維克黨的所作所為，並不都是依據馬克思主義的結果。他們在無產階級革命的條件並不成熟的情況下通過政變奪取政權，他們在取得政權後把馬克思的「專政」由「狀態」變成「政體」，取消了普選制，取消了出版自由、結社集會自由，實行一黨專政的獨裁統治和紅色恐怖等等，都是違背馬克思主義的。他們符合馬克思主義（主要是後期馬克思主義）的只有一點，即跨過了資本主義的「卡夫丁峽谷」，在村社基礎上建設社會主義。然而，恰恰就是這一點才是問題的根本所在。社會發展的客觀規律是不能違背的，社會發展的自然歷史階段是不能用權力取消的。蘇俄的馬克思主義本土化失敗的原因就在於，它不是將前期馬克思主義——強調「自然歷史過程」的馬克思主義俄國化，而是將後期馬克思主義——強調跨過資本主義的「卡夫丁峽谷」的馬克思主義俄國化。由於走出了這一步，如前所述，就等於打開了潘朵拉魔盒，人世間的所有邪惡必然由此而生。

蘇俄的馬克思主義本土化失敗的原因，除了從前期和後期馬克思主義對立這種二元論的角度分析外，還可以從前期馬克思主義的二元論的角度分析；伯恩施坦就是從這個角度分析的。伯恩施坦認為，布爾什維克失敗的原因在於，他們不能科學地區別地對待馬克思主義。「他們在早期的、自然道德化的和形式思辨的社會主義面前乾脆拋棄了馬克思主義學說的巨大進步。他們從這一學說中抽取了對資本主義剝削傾向的批判，然而他們忽視了其中對資本主義生產的歷史必要性的強調，即不承認資本主義企業主在現代經濟生活中所承當的經濟職能，因而竟致直接抑制其有效地為文明進步創造基礎的這種職能。」[123] 兩個角度的分析，異曲同工。相比之下，西歐之所以成為馬克思主義本土化的成

---

123 中共中央編譯局編：《伯恩施坦言論》，北京：三聯書店，1966年，第396頁。

功範例，根本原因就在於，以伯恩施坦為代表的社會民主黨的右派領袖們將前期馬克思主義，而且是「排除還拖在馬克思主義身上的某些空想主義殘餘」的前期馬克思主義西歐化。而蘇俄之所以成為馬克思主義本土化的失敗典型，根本原因就在於，以列寧為代表的俄國的布爾什維克黨的領袖們將後期馬克思主義，而且是作為後期思想主體的馬克思主義，即俄國可以跨越「資本主義峽谷」的後期馬克思主義俄國化。在此意義上，我贊成維利‧勃蘭特的觀點：「伯恩施坦戰勝了列寧」。[124] 而所謂伯恩施坦戰勝了列寧，也就是前期馬克思主義戰勝了後期馬克思主義；或者說，也就是前期馬克思主義中的科學傾向戰勝了空想主義殘餘。這個歷史功績應該歸於伯恩施坦和考茨基。

第四節

對與馬克思主義本土化有關的其他幾個問題的簡評

為了更深入地總結馬克思主義本土化的經驗和教訓，對與本章有關的其他幾個問題需要加以進一步說明。因限於篇幅，只講觀點，不展開討論。

第一，蘇俄的社會主義模式是誰的模式？

蘇俄的社會主義是什麼模式，誰的模式？這個問題在似乎已經有了答案——斯大林模式。不僅當今中國的理論家們斬釘截鐵地這樣回答，而且著有被稱為當代政治哲學經典的《極權主義的起源》一書的作者漢娜‧阿倫特也這樣

---

124 轉引自〔德〕霍‧海曼：《東方共產主義崩潰後的西方民主社會主義》，載於中央編譯局編：《當代國外社會主義：理論與模式》，北京：中央編譯出版社，1998年，第259頁。

回答。[125] 但是，我認為這個答案是錯誤的，在很大的程度上冤枉了斯大林，儘管斯大林從一開始就參與了這一模式的建立。細心的讀者可能已經注意到，前面我在引述諸位思想家們批評列寧和布爾什維克政權的話語的時候，大都注明了他們寫作的時間。其中除了考茨基的《社會民主主義對抗共產主義》一書和鮑威爾的一番話寫於20世紀30年代外，其餘的所有文字都是寫於列寧在世期間，而且是列寧主政期間即1922年之前。這就是說，蘇俄的社會主義模式——經濟模式、政治模式和思想管制模式，完全是列寧打造的，而且在列寧主政時就完全定型。斯大林所做的主要只有一件事，就是把農民的土地國有化。而土地的國有化只不過是列寧的理論的付諸實踐，同時也是專制政治的邏輯發展。因為要鞏固專制政權，必然要有相應的經濟基礎，而這經濟基礎就是企業、銀行的國有化和土地的國有化。誠然，斯大林的「大清洗」很殘酷；但是，「大清洗」並不是斯大林的發明和創造，而是對列寧的「大清洗」的繼承和延續。與列寧的「大清洗」相比，斯大林的「大清洗」除了因為他統治的時間較長因此持續的時間較長，殺害的人數較多外，其殘酷程度、慘烈程度，二者很難分出伯仲。總的說來，斯大林沒有違背列寧，更沒有背叛列寧，而是忠實地按照列寧的目標、理論和政策辦事，並延續了列寧的錯誤。既是斯大林傳記也是列寧傳記撰寫者的俄國學人德米特裡‧沃爾科戈諾夫，也持這樣的觀點。在近期有關列寧的著作中，沃爾科戈諾夫寫道：「在列寧去世後，蘇維埃俄國所作的一切都是按照他的藍圖、他的觀念和原則去做的；其中包括極權主義國家，官僚主義社會，單一意識形態的主導，好鬥的無神論哲學，計劃經濟和對

---

[125] 說中國理論家們這樣回答，大概無需證明；說漢娜‧阿倫特也這樣回答，則需要舉證。阿倫特說，極權主義運動的領袖只有兩個，即「希特勒和斯大林」；極權主義政權也只有兩個，即希特勒時期的德國的「納粹制度（政權）」和斯大林時期的俄國的「布爾什維克制度（政權）」。（〔美〕阿倫特：《極權主義的起源》，林驤華譯，北京：三聯書店，2008年，第477、23頁。）阿倫特還說，就俄國的極權主義的產生而言，列寧的統治雖然是革命專政，但並不是極權主義。列寧去世後，「對於斯大林掌權並將一黨專政轉化為全面統治（即極權統治——引者注），當時還可以有另外一種選擇，即奉行由列寧發起的新經濟政策。」但是，斯大林沒有這樣做；「斯大林……將列寧的革命專政改變成完全的極權主義統治」。（同上書，第25、414頁。）可見，在阿倫特看來，蘇俄的社會主義模式是斯大林打造的，是斯大林模式。

勞動力的難以置信的剝削,無休止的國家軍事化和永不疲倦地搜索新的敵人。……」[126] 所以,蘇俄的社會主義模式,嚴格地講,是列寧模式,而不是斯大林模式。考慮到列寧主政的時間較短,斯大林主政的時間較長,可以將這一模式稱之為列寧-斯大林模式,但絕不能稱為斯大林模式。把蘇俄的社會主義模式稱為斯大林模式,會產生一種誤導,即列寧開闢的十月革命這條道路和列寧所建立的這套制度還是正確的,只是由於斯大林個人的思想、品德和性格的缺陷,才造成了蘇俄社會主義的失敗。殊不知,列寧開闢的十月革命這條道路,其方向從一開始就是錯誤的。只要走上了這條道路,就是必然是一條不歸路──除非迷途知返,改弦易轍。

第二,存在馬克思列寧主義嗎?

長期以來,在中外許多論者的著述中,「馬克思列寧主義」(既有褒義的,也有貶義的)的提法並不鮮見。這一提法似是而非,需要糾正。前文已經反覆論證,馬克思有前期和後期之分,列寧也有前期和後期之分;前期的列寧是前期馬克思的合格的信徒,後期的列寧是後期馬克思的出眾的繼承者和發展者。從這一點來看,好像列寧是緊跟馬克思的,列寧主義和馬克思主義是一體的。但是,這只是表面現象。問題的實質在於,能夠作為馬克思主義的主體和標誌的是其前期的──當然是排除了「空想主義殘餘」的──思想,即社會發展的「自然歷史過程」論。後期的超越資本主義階段論,則是其思想理論發展史中較為次要的一個階段,以致西方思想家們在談論馬克思時往往不提及其後期思想。列寧就不同了。能夠作為列寧主義的主體和標誌的則是──或者說,完全是──其後期的思想和實踐,即超越自然歷史階段的十月革命論,以致西方思想家們在談論列寧時往往不提及其前期思想。簡而言之,什麼是馬克思主義?答曰:社會發展的「自然歷史過程」論。什麼是列寧主義?答曰:超越自然歷史階段的十月革命論。從這個角度──這是考察馬克思和列寧的最基本的角度──來看,把馬克思主義和列寧主義拼湊為一體,提出「馬克思列寧主義」概念,就是把主張「自然歷史過程」論和反對「自然歷史過程」論拼湊為一體;

---

126 Dmitri Volkogonov, *Lenin: A new biography*, Translated and edited by Harold Shukman, New York & London: The Free Press, 1994, p.450.

這無異於把冰與火融於「一體」。事情就是這麼不合邏輯！——西方思想家們一致認為，十月革命本身就是違反馬克思主義的，要表達的也是這個意思。誠然，前期馬克思的大陸的多數國家的無產階級需通過暴力方式奪取政權的觀點，以及關於無產階級專政的模糊不清的提法，都在相當大的程度上影響了列寧。這對馬克思來說，是他的第二位的東西；而對列寧來說，則是他的第一位的東西乃至全部。按照前期馬克思主義中第一位觀點，俄國在1917年二月革命中，資產階級剛剛通過暴力方式從專制的沙皇手中奪取了政權，這時的俄國在相當長時期內的任務是發展資本主義，而不是進行社會主義革命。所以，當時的俄國只要按照馬克思的要求，走西方的道路，而不是進行所謂社會主義革命的十月革命——即使實行曼徹斯特時期的資本主義，俄國的一切災難，包括公有制和計劃經濟造成的禍端等等，都可以避免。鑒於上述理由，我認為，雖然馬克思主義的名聲因為十月革命的勝利而鵲起，但是十月革命的勝利不是馬克思主義的勝利，而是列寧主義的勝利。相反，十月革命的最終失敗，才是馬克思主義的勝利。[127]

---

[127] 英國倫敦經濟學院全球治理中心主任梅格納德·德賽在他的新著《馬克思的報復：資本主義的復活與經濟統治社會主義的死亡》一書中指出：雖然馬克思主義似乎是隨著東歐社會主義和蘇聯的崩潰以及全球化自由自在的產生遭受嚴重的失敗，但實際上，這一切都是按照馬克思的資本主義發展理論而發生的。這是馬克思主義的證據，而不是否定。具體地說，德賽的意思是：馬克思看到了資本主義會擴展到全球，直到它不能再繼續成長發展了才會被取代。在欠發達地區建立社會主義的企圖導致歪曲、落後的制度的建立，這種制度實際上是國家資本主義的原始形式，它在與發達西方資本主義「自由市場」形式的比賽中必然失敗。（Meghnad Desai, Marx's Revenge: the Resurgence of Capitalism And the Death of Statist Socialism, New York: Verso, 2002;Reviewed by Thomas Riggins, Political Affair, July 2002.）英國倫敦經濟學院全球治理中心主任梅格納德·德賽在他的新著《馬克思的報復：資本主義的復活與經濟統治社會主義的死亡》一書中指出：雖然馬克思主義似乎是隨著東歐社會主義和蘇聯的崩潰以及全球化自由自在的產生遭受嚴重的失敗，但實際上，這一切都是按照馬克思的資本主義發展理論而發生的。這是馬克思主義的證據，而不是否定。具體地說，德賽的意思是：馬克思看到了資本主義會擴展到全球，直到它不能再繼續成長發展了才會被取代。在欠發達地區建立社會主義的企圖導致歪曲、落後的制度的建立，這種制度實際上是國家資本主義的原始形式，它在與發達西方資本主義「自由市場」形式的比賽中必然失敗。（Meghnad Desai, Marx』s Revenge: the Resurgence of Capitalism And the Death of Statist Socialism, New York: Verso, 2002;Reviewed by Thomas Riggins, Political Affair, July 2002.）

根據本來不擬展開討論的想法，這個問題應該就此打住。但是，如果就此打住，估計還有很多讀者未被說服。為了與這些讀者進一步討論，不得不再贅言幾句。關於十月革命與馬克思主義的關係，卡爾·波普爾的觀點可作另一種參考。波普爾在他的名著《開放社會及其敵人》中，反複地用俄國革命批評馬克思的歷史決定論。波普爾說，作為馬克思主義核心的歷史決定論認為，生產力決定上層關係，經濟基礎決定上層建築。按照這個理論，俄國革命只有在生產力高度發達後才能發生。但是，「在俄國，第一層次被變得與第三層次相適應」。就是說，俄國在生產力（第一層次）很低的情況下，卻用觀念和政權（第三層次）的力量改變了生產關係，因此，「這是一種對馬克思理論的令人驚訝的駁斥。」[128] 波普爾在十月革命與馬克思主義關係上的觀點，與西方其他思想家有相似之點，即十月革命違反馬克思主義，馬克思主義不能解釋十月革命。其他思想家們認為，十月革命是錯的，馬克思主義是對的，而波普爾的認識則相反。在波普爾看來，十月革命是正確的，馬克思主義是錯誤的。十月革命的正確，也就意味著列寧主義的正確和勝利，馬克思主義的錯誤和失敗。波普爾的這番話寫於20世紀30年代。顯然，他如果不是對當時蘇俄的情況不瞭解，就是被蘇俄當時的表面現象所迷惑——把歷史的虛假現象當成了歷史的真實。如果21世紀他在地下有知，或許會承認俄國革命已經失敗了。如果他的邏輯徹底，他應該得出進一步的結論：十月革命的失敗，意味著列寧主義的失敗，同時也意味著馬克思主義的勝利。

順便再多說幾句。前文曾引用普列漢諾夫《政治遺囑》中批評列寧和布爾什維克政權的許多話語和觀點。筆者當然也注意到，學術界有人質疑《政治遺囑》的真實性。主要理由之一是，普列漢諾夫不可能有如此的「先見之明」。但是，我寧信其真。因為這裡所謂的「先見之明」，既符合普列漢諾夫的晚期思想，也沒有超出同時代其他思想家們的認知水準——前文已反複論證，伯恩施坦和考茨基等人也都明確指出了列寧的錯誤和布爾什維克政權垮臺的必然性。即使普列漢諾夫的《政治遺囑》是有人偽託，也無法為列寧和布爾什維克政權翻案。被釘在歷史的恥辱柱上者，絕不會因多一根或少一根釘子而改變其

---

128 〔英〕波普爾：《開放社會及其敵人》第2卷，鄭一明等譯，北京：中國社會科學出版社，1999年，第177頁注①。

命運。普列漢諾夫《政治遺囑》的先見之明，只有從列寧主義的觀點來看才會感到驚訝；而從馬克思主義的觀點來看，這些所謂的先見之明其實都是常識。因此，真正具有先見之明的，應該是馬克思。普列漢諾夫是在十月革命發生後預言它必然失敗的，而馬克思在十月革命發生前就預言它必然失敗了。馬克思說：「當使資產階級生產方式必然消滅、從而也使資產階級的政治統治必然顛覆的物質條件尚未在歷史進程中、尚未在歷史的『運動』中形成以前，即使無產階級推翻了資產階級的政治統治，它的勝利也只能是暫時的。」[129] 馬克思豈不是比普列漢諾夫更先見之明地預言了十月革命的失敗嗎？既然馬克思預言了十月革命的必然失敗，那麼作為十月革命靈魂的列寧主義與馬克思主義之間究竟是什麼關係，不就很清楚了嗎？

誠然，從民主社會主義的觀點來看，資產階級生產方式未必會滅亡，生產力決定上層關係，經濟基礎決定上層建築的唯物史觀也未必正確，因為未來的社會主義是倫理社會主義，而不是經濟社會主義。但是無論如何，在列寧和馬克思、波普爾和馬克思紛爭的範圍內，馬克思是正確的，列寧和波普爾是錯誤的。在這裡我們又一次看到，馬克思主義和列寧主義的互不相容。

由此可見，所謂馬克思列寧主義在客觀上是不存在的；它是斯大林和布爾什維克政權的其他領導者們為了傳承列寧主義而杜撰出來的概念。

不存在馬克思列寧主義，倒是存在一個因詞序不同而詞義迥異的另一個概念，即美國學者沃爾特‧G. 莫斯發明的「列寧馬克思主義」，或「列寧的馬克思主義」。莫斯之所以要發明這個概念，就是要把「列寧的馬克思主義」與「馬克思的馬克思主義」區別開來。什麼是「列寧馬克思主義」或「列寧的馬克思主義」呢？莫斯在論及列寧的《四月提綱》時說：「這一『綱領』規劃了『列寧馬克思主義』嗣後的發展道路。」這裡所說的「列寧馬克思主義」以及它的發展道路，是指「列寧不但相信和他自己一樣的革命知識份子在其黨內佔有主導地位，而且，如今他還對馬克思的思想做了一些附加的修正。這些修正中最重要的部分涉及了帝國主義是資本主義的最後階段、農民的作用、俄國革命的性質及其與世界範圍內革命的關係等內容，並且還涉及了俄國的民族問題

---

[129]《馬克思恩格斯選集》第 1 卷，北京：人民出版社，1972 年，第 171 頁。

等。」[130] 在同一本書中，莫斯在論及列寧和布爾什維克政權在知道自己不可能在立憲會議選舉中獲得多數而解散立憲會議時說：「這樣一種對待經民主選舉產生的立憲會議的態度，與列寧的馬克思主義觀點是一致的」。這裡所說的「列寧的馬克思主義」的觀點，指的是「他強調階級鬥爭、無產階級和無產階級先鋒隊甚於強調民主選舉。1918年初，許多其他有關布爾什維克日益嚴重的獨裁專制主義的象徵進一步反映了列寧的觀點，尤其是當問題涉及革命知識份子的領導作用時。」[131]「列寧馬克思主義」和「列寧的馬克思主義」，實際上是一個概念；它準確地反映了列寧主義的觀點，實際上也就是列寧主義。區別於「馬克思的馬克思主義」的「列寧的馬克思主義」的存在，也進一步說明，馬克思列寧主義這個概念不能成立。

第三，馬克思為什麼在東方和西方遭到不同待遇？

在第二千禧年和第三千禧年之交，馬克思在西方不僅被人們懷念，而且被譽為世界千年第一偉人；而在東方，特別在中國，馬克思卻受到許多人的質疑、批評甚至詛咒。馬克思為什麼在東方和西方遭到完全不同的待遇？這個問題顯然太過重大，也很複雜，非三言兩語所能說清。但它與本章主題——馬克思主義本土化直接有關，不能迴避。所以，我試著從這個角度對之進行解釋。

前文已經論述，當代西方（這裡主要指西歐）最受歡迎的思想無疑是民主社會主義。要瞭解馬克思在西方人們心目中的形象，不能不考慮他與民主社會主義的關係。關於馬克思（主義）與民主社會主義的關係，學術界有截然不同的兩種觀點。一種觀點認為，馬克思本人就是民主社會主義的倡導者，因此，正統的馬克思主義就是民主社會主義。另一種觀點認為，馬克思主義不僅與民主社會主義無關，而且完全對立，民主社會主義是在「背叛」馬克思主義中發展起來的。這些觀點，我認為都有正確的一面，但也都有偏頗。關於民主社會主義與馬克思主義的關係，本章第二節已經做了考察，這裡不再贅敘。這裡，我只想補充說明，作為民主社會主義創始人的伯恩施坦，是如何認識主張民主社會主義的社會民主黨與馬克思的關係的。伯恩施坦說：「社會民主黨決不是

---

[130]〔美〕莫斯：《俄國史》，張冰譯，海口：海南出版社，2008年，第176頁。
[131]〔美〕莫斯：《俄國史》，張冰譯，海口：海南出版社，2008年，第192頁。

僅僅由於馬克思一個人而成為今天這種樣子的,甚至是在它在一些重要問題上同馬克思相對立的情況下成為今天這種樣子的。」[132] 伯恩施坦的這句話包括兩層含義。第一,承認馬克思對社會民主黨綱領民主社會主義的貢獻。比如前文論及的馬克思的進化論,社會主義只能在高度發達的資本主義國家產生的社會理論,以及民主國家的資本主義可以向社會主義的和平過渡論等,都是對民主社會主義理論的重要貢獻。第二,批評並否定了馬克思在一些重要問題上的錯誤觀點。比如前文論及的馬克思對於無產階級專政的含糊不清的提法,對於普選制重視程度的不夠,以及看重社會主義運動的目的而輕視其過程等,都是對馬克思的否定。民主社會主義對馬克思主義中正確成分的肯定和繼承,無疑有利於直接弘揚馬克思的名聲。民主社會主義對馬克思主義中錯誤成分的否定,當然會影響馬克思的名聲。但是不要忘記,伯恩施坦在對馬克思的「二元論」進行評論時一再強調,馬克思「有值得永垂不朽的地方」;他承認自己所做的工作不是「克服馬克思主義**本身**」,而是「排除還拖在馬克思主義身上的某些空想主義殘餘」。(黑體字系原文所用——引者注)[133] 任何偉人都不可能沒有錯誤;人們能夠原諒馬克思的這些錯誤。所以這些錯誤的存在,不會對馬克思的名譽產生太大的負面影響。

關於馬克思主義與民主社會主義的關係,也就是馬克思與伯恩施坦的關係。這種關係在本章第二節已經論及,認為伯恩施坦不是馬克思的背叛者。伯恩施坦從來不認為自己背叛了馬克思主義;相反,他一直以馬克思主義的繼承者自居。在伯恩施坦的著作中,我們屢屢看他引用馬克思和恩格斯的話為自己的觀點論證。甚至在有人因他批評馬克思的某些觀點而指責他的觀點是「修正主義」的時候,他還緊緊地把自己與馬克思聯繫在一起。伯恩施坦是這樣辯駁的:馬克思主義的根本是依據「歷史的存在條件」決定的精神,而不是按照「任何現成的公式」辦事的教義。「如果有人要把這種觀點稱為『修正主義』,那麼……馬克思和恩格斯在他們當時也是修正主義者,他們是社會主義歷史上所遇到的最大的修正主義者。任何一種新的真理,任何一種新的認識都是修正主

---

[132] 中共中央編譯局編:《伯恩施坦言論》,北京:三聯書店,1966年,第296頁。
[133] 中共中央編譯局編:《伯恩施坦言論》,北京:三聯書店,1966年,第219、221頁。

義。」[134] 我們在這裡看到，伯恩施坦對馬克思雖有批評，但在基本的方面卻是直接傳承。對於這種傳承關係，湯瑪斯·邁爾的評論頗為恰當：「如果想把伯恩施坦在科學創造性、知識、理論幻想、概念明確性等方面與馬克思相提並論，那確實是僭妄」。但是，伯恩施坦在承認馬克思本人的某些基本社會歷史認識繼續有效的條件下，把社會主義理論提到一個新的、比馬克思著作本身更加經受得起批判的高度。因此，「在形成一個新的社會主義理論基本結構方面，伯恩施坦是起引路作用的」。[135] 以上論述表明，由於伯恩施坦對馬克思的批判性傳承，馬克思在西方基本上是以一個民主社會主義者，儘管是有很多空想和嚴重錯誤的民主社會主義者的形象示人的。

討論馬克思在西方人心目中的形象，不能不論及馬克思主義與納粹主義的關係，因為中外學術界都有人直接將馬克思主義與納粹主義混同甚至等同起來。這種觀點是值得商榷的。全面論述馬克思主義與納粹主義的關係不是本書的任務。這裡，我只想強調一點，即馬克思主義與納粹主義固然有相近的一面，但更有相區別的一面。馬克思在西方的既有空想主義和嚴重錯誤，但又在主要方面是民主社會主義（社會民主主義）者的形象，甚至可以從希特勒的眼中看出來。希特勒在一次私人談話中，一方面承認他與馬克思主義之間的聯繫，即他「已從馬克思主義學習了許多東西」，比如勞動者的遊戲俱樂部、群眾示威、專為大眾而寫的傳單等這些鬥爭的方法和手段：「所有這些政治鬥爭的新法，本質上都是從馬克思主義那裡來的。」[136] 但是另一方面，希特勒又坦率地承認，他的納粹主義與馬克思主義之間具有重大區別。關於這種區別，希特勒說：「我的事情就只去把這些方法拿過來，使它適應我們自己的目的。社會民主主義因為嘗試要在民主主義的框格子裡邊實現它的進化，所以屢次失敗了，我現在只消使他們這種事情合理地發展起來。馬克思主義倘使能夠擺脫它跟民主主義秩

---

134 中共中央編譯局編：《伯恩施坦言論》，北京：三聯書店，1966年，第341頁。
135〔德〕邁爾：《伯恩施坦的建設性社會主義》，西柏林和波恩：1977年，德文版，第4頁。轉引自殷敘彝：《民主社會主義論》，北京：中央編譯出版社，2007年，第240頁。
136〔德〕赫爾曼·勞施寧：《希特勒語錄》，傅東華譯，上海：上海國際間社，1941年，第116—117頁。

序發生的那種不合理的人工的聯繫,那麼結果就跟國社主義沒有兩樣了。」[137]在希特勒的納粹主義與馬克思主義的關係中,正是這後一方面才是問題的根本。所以,英國蘭開郡埃奇·希爾大學教授艾倫·詹森最近在《世界事務》雜誌上發表的一篇關於「新共產主義」的文章中提出,「閱讀馬克思和恩格斯對資本主義的評論意味著你會因此採取比納粹造成的死亡還多的世界觀嗎?」詹森自問自答地說:「《共產黨宣言》和蘇聯當年的勞改營沒有直接的聯繫」。[138]詹森的意思是:《共產黨宣言》既和蘇聯當年的勞改營沒有直接的聯繫,也和德國當年的集中營沒有直接的聯繫。因此,那種簡單地將馬克思主義與納粹主義混同乃至等同的觀點是難以成立的。實際上,希特勒是既反對社會民主主義(民主社會主義),也反對馬克思主義的。而希特勒反對馬克思主義的一個重要原因,就是因為馬克思主義中的社會民主主義或民主社會主義內容。可見,馬克思在西方,即使在希特勒這樣的納粹主義者的眼中,主要也是一個民主社會主義者的形象。既然如此,今天的西方人有什麼理由不歡迎馬克思呢?

然而,在東方人,尤其許多中國人的心目中,馬克思的形象就不同了。中國人心目中的馬克思,完全不是伯恩施坦傳承下來的民主社會主義者的馬克思,而是列寧傳承下來的馬克思。列寧傳承下來的馬克思或馬克思主義是什麼?本章第三節已經做了論述,這裡只作簡單的歸納:第一,進化論的馬克思即主張社會發展「自然歷史過程」論的馬克思不見了,有的只是跳躍式的即跨越「自然歷史階段」論的馬克思。第二,民主的資本主義國家可以通過和平方式過渡到社會主義的馬克思不見了,有的只是「暴力論」,而且是暴力萬能論——暴力能把落後國家推進社會主義——的馬克思。第三,因對國家權力的疑懼而主張將國家置於社會之下以保障個人自由的馬克思不見了,有的只是國家權力可以在社會之上恣意妄為、無法無天、無惡不作的馬克思。第四,把「拖在馬克思主義身上的某些空想主義殘餘」,比如公有制和計劃經濟等設想變成了馬克思主義本身,成了現實的經濟制度。第五,把馬克思的雖然含糊不清但

---

[137]〔德〕赫爾曼·勞施寧:《希特勒語錄》,傅東華譯,上海:上海國際間社,1941年,第117頁。
[138]轉引自〔英〕斯圖爾特·傑佛瑞斯:《為什麼馬克思主義再次興起?》,載於李慎明主編:《當代資本主義評析》,北京:社會科學文獻出版社,2012年,第14頁。

原本指一種「狀態」的無產階級專政變成了「政體」，並在馬克思的名義下實行全面專政、個人獨裁和紅色恐怖，大規模屠殺無辜的個體生命。第六，違背馬克思的意志，但仍用馬克思的名義壟斷經濟資源、政治資源和思想資源。比如，在思想領域，置馬克思主張出版自由、批評書報檢查制度的精闢言論和深刻思想於不顧，然後在馬克思的名義下實行書報檢查制度，查封報刊，扼殺新聞自由和出版自由。這就是列寧改造後傳承下來的馬克思。這樣的馬克思當然不是民主社會主義者的形象，而是一個共產主義者即專制獨裁者的形象。二者的差別和對立，就像前文已經提及的考茨基的書名《社會民主主義對抗共產主義》所昭示的那樣——處於水火不容的狀態。馬克思的形象如此猙獰，為害如此之大，東方人尤其中國人，豈能不加詛咒。然而，這個人真是馬克思嗎？否！他不是馬克思，他是列寧！這裡的理論、制度和實踐不是伯恩施坦改造、傳承下來的馬克思主義即社會民主主義，而是列寧改造、傳承下來的「馬克思主義」即蘇俄的共產主義，亦即列寧主義。所謂「十月革命一聲炮響，給中國送來了馬克思列寧主義」，這是一個完全錯誤的命題。十月革命給中國送來的不是馬克思主義，而是列寧主義。馬克思在何時何地說過中國應該實行社會主義革命？前一章已經反覆論證，按照馬克思主義，中國還是一個亞細亞生產方式的國家，連奴隸社會和封建社會的文明程度都未達到，資產階級民主革命的任務更未完成[139]，遑論社會主義革命。而且，馬克思在 1850 年曾經明確指出，中國未來的前途是「中華共和國：自由，平等，博愛」。[140] 不用多加一個字，自由、平等、博愛的資產階級共和國，就是馬克思眼中的中國未來的道路。只有按照列寧主義，俄國和東方國家，當然首先是中國才應該拒絕西方文明，走一條不同於西歐的道路，在村社基礎上憑藉暴力和政權的力量推行社會主義。

現在我們終於明白。為什麼馬克思在西方被譽為世界千年第一偉人，而在東方，特別在中國，馬克思卻被人們詛咒？原因不在於西方人或東方人的認知

---

[139] 辛亥革命的主力不是資產階級，因為中國的資產階級不要說在一百年前，就是在今日也尚未長成；它不可能主導一次資產階級民主主義革命。辛亥革命的主要目的，或孫中山的三民主義的第一要義，是民族主義，即推翻大清王朝，而不是民主主義，即推行民主憲政。而辛亥革命的結果，作為民族主義革命，基本上成功了；作為民主主義革命，基本上失敗了。

[140]《馬克思恩格斯全集》第 7 卷，北京：人民出版社，1959 年，第 265 頁。

出了問題,而是因為他們據以作出判斷的是兩個完全不同的對象:前者是民主主義者的馬克思,後者是共產主義者的馬克思。而純粹共產主義者的或以共產主義為主體思想的共產主義者的馬克思,事實上就是列寧。從列寧的觀點來看,民主社會主義根本不是馬克思主義,而是「修正主義」;主張民主社會主義的伯恩施坦和考茨基根本不是馬克思主義的繼承者,而是馬克思主義和無產階級革命的「叛徒」,也就順理成章了。

很多人,尤其是東方的中國人,他們所瞭解的馬克思主義主要是來自於教科書,即由列寧和斯大林轉手過來的馬克思主義,因此,他們往往把馬克思和列寧混同乃至等同起來。西方則情況不同。在 20 世紀和 21 世紀之交,即在列寧建立的布爾什維克政權垮臺之後的背景下,西方將馬克思譽為世界千年第一偉人,則是為了將馬克思和列寧區別開來,不讓馬克思為列寧和其它所謂的馬克思主義者的錯誤背黑鍋。

結 語

　　本書需要討論的問題，基本上已討論完畢，應該結束了。這個結語不準備對全書做總結，因為本書該作的具體結論在相關章節已經做出。而全書的中心結論，凡是閱讀了本書的讀者只要依據書中的邏輯，自己一定能夠做出，無需我再費筆墨。至於讀者對書中的中心論點是否認同，那是另一回事。這裡，只準備沿著上一章的思路簡單地談及一個與馬克思主義本土化相關的問題；當然，也是與本書的中心論點相關的問題。

　　——這個問題是：是否存在「第三條道路」？

　　這裡所謂的「道路」，是指社會制度而言的。因此，是否存在「第三條道路」的問題，說的是在當今世界，在共產主義（社會主義）和資本主義——具體地說，以蘇俄為代表的社會主義制度和以美國為代表的資本主義制度——以外，是否存在第三種社會制度。

　　是否存在社會制度意義上的「第三條道路」的問題，不是老問題，而是新問題。在1917年俄國十月革命前，各個國家雖然各自在不同的社會形態下自覺或不自覺地向前演進，但是連第二條道路都沒出現，不可能有人提出第三條道路的問題。俄國的十月革命後，出現了一個不同於西方資本主義制度的社會主義國家，於是人類歷史的發展出現了資本主義和社會主義兩種制度，即兩條道路。在這之後截至第二次世界大戰結束，出現過德國希特勒的納粹政權。這個政權不同於西方的資本主義制度，與俄國的布爾什維克政權也有不同之處，但是沒有人認為它是第三條道路。甚至希特勒自己也不認為它是第三條道路，而

認為它是一條與俄國的布爾什維克主義和共產主義相同的道路。[1]第二次世界大戰後，出現了一批社會主義國家，社會主義的力量壯大，乃至出現了社會主義和資本主義兩個陣營。兩個陣營顯然各自代表著兩種不同的社會制度，亦即兩條不同的社會發展道路。在此之後的近半個世紀中，世界歷史在資本主義和社會主義兩種制度、兩條道路的對決中演進。雖然此間存在著第三世界，但那不是第三種社會制度，即不是第三條道路。因為第三世界中的國家或者尚未分化，或者實際上已經在上述兩種制度、兩條道路的博奕中站隊。「第三條道路」作為一種社會制度意義上的問題，是在20世紀末期提出來的。此時，蘇聯和東歐各國的社會主義制度已經解體，社會主義陣營亦不復存在，蘇俄模式的社會主義，至少在名聲上已臭不可聞，更不要說與以美國為代表的資本主義制度抗衡。在這樣一種歷史背景下，人們開始思考：在以美國為代表的資本主義制度和以蘇俄為代表的、以斯大林模式——實際上應為列寧-斯大林模式——命名的社會主義制度以外，是否存在著第三條道路？

在這種思考中，很多人持不存在社會制度意義上的第三條道路的觀點，著者也力主這種觀點。但是，在21世紀初，中國思想界出現了一篇題為《民主社會主義模式與中國前途》的文章，對上述問題持肯定的觀點。該文開宗明義地寫道，20世紀是一場人類評選最優社會制度的「模特大賽」。參賽的社會制度有三種：第一種是以美國為代表的資本主義制度，第二種是以蘇聯為代表的共產主義制度，第三種是以瑞典為代表的民主社會主義制度。「競賽的結果是民主社會主義勝利，既演變了資本主義，又演變了共產主義，民主社會主義正在改變世界。」該文的觀點十分明確：民主社會主義是介於資本主義和共產主義之間的「第三條道路」；而且，「只有民主社會主義才能救中國」。[2]這個觀點看似時髦，但似是而非，在思想界造成嚴重紊亂。

---

[1] 在一次談話中，希特勒在描述了他的國家社會主義的理想後被對方問及：「照你這麼形容起來，那是跟俄國的布爾什維克主義和共產主義沒有區別了。」希特勒直截了當地回答：「本來沒有區別呀！」希特勒還補充道，認為我們的納粹主義與俄國的布爾什維克主義、共產主義有區別，「你也犯了平常的錯誤了。」（〔德〕赫爾曼‧勞施寧：《希特勒語錄》，傅東華譯，上海：上海國際間社，1941年，第117頁。）

[2] 謝韜：《民主社會主義模式與中國前途》，載於《炎黃春秋》（北京），2007年，第2期。

20世紀後半期，特別是90年代以來，西方學術界也熱烈討論「第三條道路」的問題。但是，他們所說的「第三條道路」與上述文章所說的內涵不同，指的是西方發達國家為解決全球化時代出現的諸多問題而提出的一種新的社會思潮和

　　社會治理模式。這種「第三條道路」的思潮和模式具體表現在社會民主黨、工黨治下的西歐各國的民主社會主義中，其中又以瑞典和德國較為典型，故有「萊茵模式」之稱——以區別於以自由主義為核心價值的「新美國模式」和以往的民主社會主義。這種意義上的「第三條道路」源自於民主社會主義，想超越於民主社會主義又不同於自由主義。但是，實際上只不過是一個空想。在經濟上，「第三條道路」強調私有制的基礎性質，反對政府對私有制進行改造；它強調市場在資源配置方面的決定作用，而將政府的作用限於糾正市場偏差。在政治上，「第三條道路」主張以多黨競爭為表現形式的議會民主制。在價值觀上，「第三條道路」強調個人主義，把平等解讀為起點的平等，主張以自由主義的「形式公平」取代民主社會主義原來主張的「實質公平」。由此看來，在自由主義和民主社會主義之間，即在「新美國模式」和「萊茵模式」之間，並無實質上的不同，具有「共同的底線」，因此不存在所謂的「第三條道路」。[3] 西方知識界的很多人也不贊成西歐是「第三條道路」的觀點。西班牙學人曼努埃爾・巴斯克斯・蒙塔爾萬在題為《不存在歐洲的第三條道路》的訪談錄中說：「我們生活在一個過渡時期，在這個時期中，一切以社會主義為根據的替代模式，無論其採取的形式是蘇聯式的社會主義還是民主的社會主義，都遭到了失敗。」由此他還明確地否認美國的資本主義同瑞典的或者德國的資本主義之間的區別：「不存在歐洲的第三條道路。當歐洲的左派同社會黨人和共產黨人一起以一個他們統治下的歐洲為出發點的時候，曾經有過這樣的夢想。這包括在理論上構想歐洲的另一種藍圖……這個藍圖現在已無影無蹤了。歐洲現在是一個資本主義集團。」[4] 值得注意的是，第三條道路的倡導者安東尼・吉登斯在其

3　參見秦暉：《「第三條道路」，還是共同的底線？——讀吉登斯〈第三條道路〉》，載於《社會科學論壇》（石家莊），2002年，第6期。

4　原載於《法蘭克福評論》1992年9月26日。轉引自中央編譯局編：《當代國外社會主義：理論與模式》，北京：中央編譯出版社，1998年，第252頁。

有影響的著作《第三條道路》中也認為:「現在似乎再沒有人認為除了資本主義我們還有別的什麼選擇。」[5]

在以美國為代表的自由主義模式和以瑞典或者德國為代表的民主社會主義模式之間找不到第三條道路的事實說明,民主社會主義和自由主義之間雖有區別,但是,它們因有共同底線,在對立面——以蘇聯為代表的共產主義制度——面前結成統一戰線。從這個角度來看,20世紀的世界不存在三種社會制度,也不是三種社會制度的「模特大賽」,而是兩種社會制度——以美國為代表的資本主義制度和以蘇俄為代表的共產主義制度——之間的「模特大賽」。比賽的結果已盡人皆知:以前者勝利、後者失敗而告終。在此背景下思考中國的道路選擇,只有民主社會主義才能救中國的結論,顯然似是而非,過於膚淺。以為在「現實的社會主義」面前加上「民主」二字就成了民主社會主義,如果不是不瞭解歷史,就是在玩文字遊戲。雖然這一結論出來後反對者眾,批評之聲不絕於耳,但是,我反對的角度與別人不同。別人大多是從主觀上反對的,即認為民主社會主義雖有長處,但畢竟是資本主義,因此中國不能走民主社會主義道路。我是從客觀上反對的,即認為中國不可能走民主社會主義道路。就是說,即使在資本主義的模式下存在「新美國模式」和「萊茵模式」兩種亞資本主義模式,中國目前也沒有資格在以美國為代表的自由主義的資本主義制度和以瑞典或德國為代表的民主社會主義的資本主義制度之間選擇。中國目前只有在現實的社會主義和作為資本主義早期階段的曼徹斯特資本主義之間選擇的資格。選擇前者,就是近30多年來的糟糕狀況;由於主客觀條件都已發生變化,勢必會越來越糟糕。選擇後者,將在曼徹斯特資本主義階段共時態地完成奴隸社會、封建社會和初級資本主義社會的任務,並逐步創造條件向美國式的或瑞典、德國式的資本主義過渡。不過,這需要許多代人的努力。如果目光更開闊些,阿拉伯地區的伊斯蘭世界的東方,除了少數已經完成了西方化的國家外,其它國家原則上也要經歷這樣的歷史進程。歷史的發展受客觀條件制約,不是人的意志可以任意選擇的。所以維特根斯坦說,「當我遵守規則時,我不作選

---

[5] 〔英〕吉登斯:《第三條道路:社會民主主義的復興》,鄭戈譯,北京:北京大學出版社,2000年,第46頁。

擇。」⁶不作選擇，任由社會自然發展，也許才是最好的選擇。

在美國式的資本主義制度和蘇俄式的社會主義制度之間，要想找到一條根本區別於二者的道路不可能，但可以找到其他兩條道路：一條是民主社會主義，或社會民主主義；一條是法西斯主義，或納粹主義。前者根本區別於蘇俄式的社會主義，並稍微區別於美國式的資本主義，但本質上屬於資本主義；後者根本區別於美國式的資本主義，並稍微區別於蘇俄式的社會主義，但本質上屬於社會主義。中國既然在客觀上不可能選擇民主社會主義或社會民主主義，在無情的歷史規律面前，如果有人一意孤行地要在美國式的資本主義制度和蘇俄式的共產主義（社會主義）制度之間選擇第三條道路，當心重蹈法西斯主義或納粹主義的覆轍。

---

6 《維特根斯坦全集》第 8 卷，涂紀亮譯，石家莊：河北教育出版社，2003 年，第 119 頁。

參考文獻

一、中文部分

阿克頓：《自由與權力》，侯健、范亞峰譯，北京：商務印書館，2001年。
阿倫特：《極權主義的起源》，林驤華譯，北京：三聯書店，2008年。
阿庇安：《羅馬史》下卷，謝德風譯，北京：商務印書館，2009年。
阿諾德：《文化與無政府狀態：政治與社會批評》，韓敏中譯，北京：三聯書店，2008年。
艾愷：《世界範圍內的反現代化思潮》，貴陽：貴州人民出版社，1991年。
艾克：《魏瑪共和國》上卷，高年生等譯，北京：商務印書館，1994年。
埃爾德曼：《德意志史》第4卷上冊，高年生等譯，北京：商務印書館，1986年。
安德魯斯：《希臘僭主》，鐘嵩譯，北京：商務印書館，1997年。
安德森：《絕對主義國家的系譜》，劉北成、龔曉莊譯，上海：上海人民出版社，2001年。
安德森：《從古代到封建主義的過渡》，上海：上海人民出版社，2001年。
奧古斯丁：《上帝之城》，莊陶、陳維振譯，上海：復旦大學出版社，2011年。
巴克：《希臘政治理論——柏拉圖及其前人》，盧華萍譯，長春：吉林人民出版社，2003年。
白舍客：《基督宗教倫理學》，靜也、常宏等譯，上海：華東師範大學出版社，2010年。
阪本太郎：《日本史概說》，汪向榮等譯，北京：商務印書館，1992年。

《鮑威爾言論》，北京：三聯書店，1978年。

伯林：《自由論》，胡傳勝譯，南京：譯林出版社，2003年。

伯爾曼：《法律與宗教》梁治平譯，北京：三聯書店，1991年。

《伯恩施坦言論》，中央編譯局資料室編，北京：三聯書店，1966年。

《伯恩施坦讀本》，殷敘彝編，北京：中央編譯出版社，2008年。

伯恩施坦：《什麼是社會主義？》，史集譯，北京：三聯書店，1963年。

伯恩施坦：《社會主義的前提和社會民主黨的任務》，殷敘彝譯，北京：三聯書店，1965年。

柏拉圖：《理想國》，郭斌和、張竹明譯，北京：商務印書館，1986年。

柏拉圖：《理想國》，于文靜譯，延吉：延邊人民出版社，2000年。

柏拉圖：《法律篇》，張智仁、何勤華譯，上海：上海人民出版社，2001年。

《柏拉圖對話集》，王太慶譯，北京：商務印書館，2004年。

布洛赫：《封建社會》上卷，李增洪等譯，北京：商務印書館，2004年。

布洛赫：《封建社會》下卷，李增洪等譯，北京：商務印書館，2004年。

布羅代爾：《資本主義論叢》，顧良、張慧君譯，北京：中央編譯出版社，1997年。

布勞恩塔爾：《國際史》第2卷，楊壽國譯，上海：上海譯文出版社，1986年。

波普爾：《開放社會及其敵人》，第1卷，陸衡等譯，北京：中國社會科學出版社，1999年。

波普爾：《開放社會及其敵人》第2卷，鄭一明等譯，北京：中國社會科學出版社，1999年。

博登海默：《法理學：法律哲學與法律方法》，鄧正來譯，北京：中國政法大學出版社，1999年。

勃裡格斯：《英國社會史》，陳叔平等譯，北京：中國人民大學出版社，1991年。

別爾嘉耶夫：《俄羅斯思想》，雷永生等譯，北京：三聯書店，1995年。

博恩等：《德意志史》第3卷上冊，張載揚等譯，北京：商務印書館，1991年。

布克哈特：《意大利文藝復興時期的文化》，何新譯，北京：商務印書館，1979年。

布魯克爾：《文藝復興時期的佛羅倫薩》，朱龍華譯，北京：三聯書店，1985年。

賓克萊：《理想的衝突》，馬元德等譯，北京：商務印書館，1983年。

《蔡和森文集》，長沙：湖南人民出版社，1979年。

陳獨秀：《敬告青年》，《新青年》（上海），第1卷，第1號。

陳獨秀：《今日之教育方針》，《新青年》（上海），第1卷，第2號。

陳獨秀：《文學革命論》，《新青年》（上海），第2卷，第6號。

陳獨秀：《東西民族根本思想之差異》，《新青年》（上海），第1卷，第4號。

陳欽莊、孔陳焱、陳飛雁：《基督教簡史》，北京：人民出版社，2008年。

陳序經：《東西文化觀》，北京：中國人民大學出版社，2004年。

陳戎女：《荷馬的世界——現代闡釋與比較》，北京：中華書局，2009年。

叢日雲：《西方政治文化傳統》，長春：吉林出版集團有限責任公司，2007年。

叢日雲：《在上帝與凱撒之間：基督教二元政治觀與近代自由主義》，北京：三聯書店，2003年。

達爾：《論民主》，李柏光、林猛譯，北京：商務印書館，1999年。

丹尼爾：《週末讀完英國史》，侯豔、勞佳譯，上海：上海交通大學出版社，2009年。

大衛斯：《歐洲史》，郭方、劉北成等譯，北京：世界知識出版社，2007年。

德沃金：《自由的各種價值衝突嗎？》，載於馬克里拉等編：《以賽亞‧伯林的遺產》，劉擎等譯，北京：新星出版社，2006年。

丁建弘、李霞：《普魯士精神和文化》，杭州：浙江人民出版社，1993年。

杜蘭：《世界文明史：東方的遺產》，幼獅文化公司譯，北京：東方出版社，1998年。

杜蘭：《世界文明史：信仰的時代》第2冊，臺灣幼獅文化公司譯，北京：東方出版社，1998年。

杜蘭：《希臘的興起》，幼獅翻譯中心譯，臺北：幼獅文化事業公司出版，中國民國六十一年。

杜蘭：《希臘的黃金時代》，幼獅翻譯公司譯，臺北：幼獅文化事業公司，中華民國六十三年。

杜蘭：《伏爾泰時代的歐陸》，幼獅編譯部譯，臺北：幼獅文化事業公司，中華民國七十二年。

杜蘭：《路易十四時代》，臺灣幼獅文化譯，北京：華夏出版社，2010 年。

杜平：《古希臘政體與官制史》，長沙：湖南師範大學出版社，2001 年。

杜正勝：《古代社會國家》，臺北：允晨文化實業股份有限公司，1992 年。

恩格爾貝格：《俾斯麥》，陸世澄等譯，北京：世界知識出版社，1992 年。

范文瀾：《中國通史簡編》，北京：商務印書館，2010 年。

范文瀾：《中國通史》第 1 冊，北京：人民出版社，1979 年。

《馮友蘭文集》第 1 卷，長春：長春出版社，2008 年。

馮天瑜：《「封建」考論》，武漢：武漢大學出版社，2007 年。

馮天瑜：《「封建」考論》，北京：中國社會科學出版社，2010 年。

范曄纂：《後漢書》卷 118—120，上海：中華書局,1923。

福澤諭吉：《文明論概略》，北京編譯社譯，北京：商務印書館，1959 年。

伏爾泰：《風俗論》，梁守鏘譯，北京：商務印書館，1995 年。

弗蘭克：《白銀資本：重視經濟全球化中的東方》（ReOrient: The Global Economy in the Asian Age），劉北成譯，北京：中央編譯出版社，2000 年。

佛陀：《遺教經》。

甘霖：《基督教與西方文化》，趙中輝譯，北京：北京大學出版社，2005 年。

高德利埃：《亞細亞生產方式概念和馬克思主義的社會發展體系》，羅仲輝譯，載於郝鎮華編：《外國學者論亞細亞生產方式》上冊，北京：中國社會科學出版社，1981 年。

《葛蘭西文選》，北京：人民出版社，1992 年。

格羅脫：《希臘的僭主政治》，顧准譯，載於《顧准文集》，貴陽：貴州人民出版社，1994 年。

格蘭特：《羅馬史》，王乃新、郝際陶譯，上海：上海人民出版社，2008 年。

貢斯當：《古代人的自由與現代人的自由》，閻克文、劉滿貴譯，上海：上海人民出版社，2005 年。

古朗士：《希臘羅馬古代社會研究》，李玄伯譯，北京：商務印書館，1938 年。

《顧准文集》，貴陽：貴州人民出版社，1994 年。

《顧准筆記》，北京：中國青年出版社，2002 年。

《郭沫若全集》歷史編，第 1 卷，北京：人民出版社，1982 年。

《郭沫若全集》歷史編，第 3 卷，北京：人民出版社，1984 年。

郭沫若：《中國古代社會研究》，上海：現代書局，1929 年。

哈耶克：《自由秩序原理》，鄧正來譯，北京：三聯書店，1997 年。

哈耶克：《通向奴役的道路》，滕維藻、朱宗風譯，北京：商務印書館，1962 年。

哈伊：《意大利文藝復興的歷史背景》，李玉成譯，北京：三聯書店，1988 年。

海斯、穆恩、韋蘭：《世界史》下冊，中央民族學院研究室譯，北京：三聯書店，1975 年。

韓非：《韓非子》，北京：中華書局，2010 年。

漢密爾頓：《希臘方式——通向西方文明的源流》，徐齊平譯，杭州：浙江人民出版社，1988 年。

漢密爾頓：《希臘精神》，葛海濱譯，北京：華夏出版社，2008 年。

漢密爾頓、傑伊、麥迪森：《聯邦黨人文集》，程逢如等譯，北京：商務印書館，1980 年。

黑格爾：《法哲學原理》，范揚、張企泰譯，北京：商務印書館，1982 年。

黑格爾：《精神現象學》，賀麟、王玖興譯，北京：商務印書館，1972 年。

黑格爾：《歷史哲學》，王造時譯，北京：三聯書店，1956 年。

黑格爾：《哲學史講演錄》第 1 卷，北京大學哲學系譯，北京：三聯書店，1956 年。

黑格爾：《哲學史講演錄》第 2 卷，賀麟、王太慶譯，北京：商務印書館，2009 年。

赫德、韋利：《意大利簡史》，羅念生、朱海觀譯，北京：商務印書館，1975年。

荷馬：《伊利亞持》，陳中梅譯，南京：譯林出版社，2000年。

荷馬：《伊利亞特》，曹鴻昭譯，長春：吉林出版社集團有限責任公司，2010年。

亨廷頓：《文明的衝突？》，余國良譯，載於《二十一世紀》（香港），1993年10月號。

亨廷頓：《文明衝突和世界秩序的重建》，周琪等譯，北京：新華出版社，2002年。

寒光：《林琴南》，上海：中華書局，1935年。

侯外廬：《中國古代社會史論》，北京：人民出版社，1955年。

《侯外廬集》，北京：中國社會科學出版社，2001年。

胡適：《中國哲學史大綱》，北京：團結出版社，2005年。

《胡適文存》肆，北京：華文出版社，2013年。

胡塞爾：《歐洲科學的危機與超驗論的現象學》，王炳文譯，北京：商務印書館，2001年。

胡秋原：《亞細亞生產方式與專制主義》，載於《讀書雜誌·中國社會史的論戰》（上海），1932年，第7—8期。

霍布森：《西方文明的東方起源》，孫建黨譯，濟南：山東畫報出版社，2009年。

霍布斯保姆：《馬克思〈資本主義生產以前各形態〉導言》，張書生等譯，載於郝鎮華編：《國外對亞細亞生產方式問題的討論》，北京：中國社會科學出版社，1981年。

霍爾頓等：《歐洲文學的背景》，王光林譯，重慶：重慶出版社，1991年。

翦伯贊：《歷史哲學教程》，北京：北京大學出版社，1990年。

《翦伯贊全集》第6卷，石家莊：河北教育出版社，2008年。

翦伯贊：《中國農村社會之本質及其史的發展階段之劃分》，載於《三民半月刊》（南京），1930年，第6期。

吉林師範大學編著：《古代希臘史參考資料》，四平：吉林師範大學出版

社，1960年。

吉登斯：《第三條道路：社會民主主義的復興》，鄭戈譯，北京：北京大學出版社，2000年。

季羨林：《三十年河東 三十年河西》，北京：華藝出版社，2008年。

加亞爾、德尚等：《歐洲史》，蔡鴻濱、桂裕芳譯，海口：海南出版社，2000年。

基佐：《法國文明史》第1卷，沅芷、伊信譯，北京：商務印書館，1999年。

金觀濤：《在歷史的表像背後——對中國封建社會超穩定結構的探索》，成都：四川人民出版社，1984年。

金雁：《俄國革命與民粹主義》，載於http://news.qq.com/a/20100729/002215.htm。

卡特裡奇主編：《劍橋插圖古希臘史》，郭小淩等譯，濟南：山東畫報出版社，2005年。

康德：《歷史理性批判文集》，何兆武譯，北京：商務印書館，1990年。

克萊：《理想的衝突》，馬元德等譯，北京：商務印書館，1983年。

考茨基：《無產階級專政》，葉至譯，北京：三聯書店，1973年。

考茨基：《社會革命》，何江、孫小青譯，北京：人民出版社，1980年。

考茨基：《帝國主義》，史集譯，北京：三聯書店，1964年。

考茨基：《社會民主主義對抗共產主義》，李石秦譯，北京：三聯書店，1963年。

考茨基：《恐怖主義和共產主義》，馬清槐譯，北京：三聯書店，1963年。

克羅桑：《耶穌傳：一部革命性的傳記》，高師甯、段琦譯，北京：中國社會科學出版社，1997年。

庫朗熱：《古代城邦：古希臘羅馬祭祀、權利和政制研究》，譚立鑄等譯，上海：華東師範大學出版社，2006年。

拉甫：《德意志史：從古老帝國到第二共和國》（中文版），波恩：Inter Nationes出版社，1978年。

拉吉羅：《歐洲自由主義史》，科林伍德英譯，楊軍譯，長春：吉林人民出版社，2001年。

老子：《道德經》。

勞施寧：《希特勒語錄》，傅東華譯，上海：上海國際間社，1941年。

萊布尼茨：《中國近事》，梅謙立、楊保筠譯，鄭州：大象出版社，2005年。

《禮記》。

《李達文集》第1卷，北京：人民出版社，1980年。

《李達文集》第3卷，北京：人民出版社，1984年。

《李大釗文集》上冊，北京：人民出版社，1984。

《李大釗文集》下冊，北京：人民出版社，1984。

李宏圖：《民族精神的吶喊——論18世紀德意志和法國的文化衝突》，載於《世界歷史》（北京），1997年第5期。

李慎之、何家棟：《中國的道路》，廣州：南方日報出版社，2000年。

李天佑：《古代希臘史》，蘭州：蘭州大學出版社，1991年。

李偉：《關於國內民粹主義研究的幾點討論》，載於《馬克思主義研究（北京），2003年，第1期。

李約瑟：《東西方的科學與社會》，載於上海：《自然雜誌》1990年，第12期。

李玉貞：《一部顛覆性著作：〈二十世紀俄國史〉》，載於《炎黃春秋》（北京），2010年，第10期。

李鐘琴：《致命文字：中國古代文禍真相》，合肥：安徽人民出版社，2008年。

劉昫 等：《舊唐書·劉禕之》，長春：吉林人民出版社，1995。

梁漱溟：《東西文化及其哲學》，北京：商務印書館，1999年。

《列寧選集》第1卷，北京：人民出版社，1995年。

《列寧選集》第2卷，北京：人民出版社，1995年。

《列寧選集》第3卷，北京：人民出版社，1972年。

《列寧選集》第4卷，北京：人民出版社，1972年。

《列寧全集》第16卷，北京：人民出版社，1988年。

《列寧全集》第20卷，北京：人民出版社，1989年。

《列寧全集》第24卷，北京：人民出版社，1957年。

《列寧全集》第 27 卷，北京：人民出版社，1958 年。
《列寧全集》第 29 卷，北京：人民出版社，1956 年。
《列寧全集》第 31 卷，北京：人民出版社，1958 年。
《列寧全集》第 35 卷，北京：人民出版社，1985 年。
盧森堡：《論俄國革命·書信集》，殷敘彝、傅惟慈等譯，貴陽：貴州人民出版社，2001 年。
羅斑：《希臘思想和科學精神的產生》，陳修齋譯，北京：商務印書館，1965 年。
羅伯遜：《基督教的起源》，宋桂煌譯，北京：三聯書店，1958 年。
羅斯：《簡明猶太民族史》，黃福武、王麗麗等譯，濟南：山東大學出版社，1997 年。
勒魯：《論平等》，王允道譯，北京：商務印書館，1988 年版。
林國榮：《羅馬史隨想》，上海：上海三聯書店，2005 年。
林特納：《週末讀完意大利史》，郭尚興等譯，上海：上海交通大學出版社，2009 年。
雷立柏：《古希臘羅馬與基督宗教》，北京：社會科學文獻出版社，2002 年。
勒費弗爾：《法國革命史》，顧良等譯，北京：商務印書館，1989 年。
劉小楓：《現代性社會理論緒論》，上海：上海三聯書店，1998 年。
呂不韋：《呂氏春秋》。
呂萬和：《簡明日本近代史》，天津：天津人民出版社，1984 年。
呂振羽：《中國社會史綱》，上海：耕耘出版社，1947 年。
《呂振羽集》，北京：中國社會科學出版社，2001 年。
瑪律蒂諾：《羅馬政制史》第 1 卷，薛軍譯，北京：北京大學出版社，2009 年。
馬端臨：《文獻通考》，卷 2。
馬基雅維裡：《佛羅倫薩史》，李活譯，北京：商務印書館，1982 年。
馬基雅維裡：《君主論》，潘漢典譯，北京：商務印書館，1985 年。
馬基雅維利：《論李維》，馮克利譯，上海：上海人民出版社，2005 年。
《馬克思恩格斯選集》第 1 卷，北京：人民出版社，1972 年。

《馬克思恩格斯選集》第 2 卷，北京：人民出版社，1972 年。
《馬克思恩格斯選集》第 3 卷，北京：人民出版社，1972 年。
《馬克思恩格斯選集》第 4 卷，北京：人民出版社，1972 年。
《馬克思恩格斯全集》第 1 卷，北京：人民出版社，1972 年。
《馬克思恩格斯全集》第 2 卷，北京：人民出版社，1957 年。
《馬克思恩格斯全集》第 7 卷，北京：人民出版社，1959 年。
《馬克思恩格斯全集》第 8 卷，北京：人民出版社，1961 年。
《馬克思恩格斯全集》第 12 卷，北京：人民出版社，1962 年。
《馬克思恩格斯全集》第 13 卷，北京：人民出版社，1962 年。
《馬克思恩格斯全集》第 18 卷，北京：人民出版社，1964 年。
《馬克思恩格斯全集》第 19 卷，北京：人民出版社，1963 年。
《馬克思恩格斯全集》第 20 卷，北京：人民出版社，1971 年。
《馬克思恩格斯全集》第 22 卷，北京：人民出版社，1965 年。
《馬克思恩格斯全集》第 23 卷，北京：人民出版社，1972 年。
《馬克思恩格斯全集》第 24 卷，北京：人民出版社，1972 年。
《馬克思恩格斯全集》第 25 卷，北京：人民出版社，1974 年。
《馬克思恩格斯全集》第 28 卷，北京：人民出版社，1973 年。
《馬克思恩格斯全集》第 31 卷，北京：人民出版社，1972 年。
《馬克思恩格斯全集》第 32 卷，北京：人民出版社，1975 年。
《馬克思恩格斯全集》第 39 卷，北京：人民出版社，1965 年。
《馬克思恩格斯全集》第 45 卷，北京：人民出版社，1985 年。
《馬克思恩格斯全集》第 46 卷，北京：人民出版社，1979 年。
《馬克思古代社會史筆記》，北京：人民出版社，1996 年。
馬克垚：《中西封建社會比較研究》，上海：學林出版社，1997 年。
《毛澤東選集》第 2 卷，北京：人民出版社，1990 年。
麥金泰爾：《德性之後》，龔群等譯，北京：中國社會科學出版社，1995 年。
麥克曼勒斯：《牛津基督教史》，張景龍等譯，貴陽：貴州人民出版社，1995 年。
莫爾頓：《人民的英國史》，謝璉造等譯，北京：三聯書店，1958 年。

莫斯科維奇：《群氓的時代》，許列民等譯，南京：江蘇人民出版社，2003年。

莫里斯：《基督教文明》，載於麥克曼勒斯：《牛津基督教史》，張景龍等譯，貴陽：貴州人民出版社，1995年版。

莫斯：《俄國史》，張冰譯，海口：海南出版社，2008年。

摩根主編：《牛津英國通史》，王覺非等譯，北京：商務印書館，1993年。

摩爾根：《古代社會》，楊東蓴等譯，北京：商務印書館，1977年。

米蓋爾：《法國史》，蔡鴻濱等譯，北京：商務印書館，1985年。

孟子：《孟子》。

梅登：《信任帝國》，孫飴等譯，上海：學林出版社，2009年。

梅洛蒂：《馬克思與第三世界》，高銛等譯，北京：商務印書館，1981年。

莫爾：《基督教簡史》，福建師範大學外語系編譯室譯，北京：商務印書館，1981年。

尼采：《快樂的科學》，黃明嘉譯，桂林：灕江出版社，2000年。

《潘恩選集》，馬清槐譯，北京：商務印書館，1981年。

皮朗：《中世紀歐洲經濟社會史》，樂文譯，上海：上海人民出版社，1964。佩里主編：《西方文明史》，胡萬里等譯，北京：商務印書館，1993年。

佩爾努：《法國資產階級史》上冊，康新文等譯，上海：上海譯文出版社，1991年。

佩爾努：《法國資產階級史》下冊，康新文等譯，上海：上海譯文出版社，1991年。

普列漢諾夫：《馬克思主義的基本問題》，張仲實譯，北京：人民出版社，1957年。

普列漢諾夫：《俄國社會思想史》第1卷，孫靜工譯，北京：商務印書館，2009年。

《普列漢諾夫的政治遺囑》，載於北京：北京：《馬克思恩格斯列寧斯大林研究》（總第16輯），2000年，第2期。

錢乘旦：《談現代化過程中領導者力量的錯位——以德國為例》，載於《南京大學學報》（南京），1998年，第3期。

錢穆：《國史新論》，北京：三聯書店，2005年。
錢穆：《國史大綱》上冊，北京：商務印書館，1996。
錢穆：《錢賓四先生全集》第37卷，臺北：聯經出版公司，1998年。
秦暉：《「大共同體本位」與傳統中國社會》，載於《社會學研究》（北京），1999年，第3期。
秦暉：《「第三條道路」，還是共同的底線？——讀吉登斯〈第三條道路〉》，載於《社會科學論壇》（石家莊），2002年，第6期。
秦暉：《學習雅典民主政治的經驗，吸取雅典失敗的教訓》，載《燕京書評》（北京）。
瞿同祖：《中國封建社會》，北京：商務印書館，1937年。
瞿同祖：《中國封建社會》，上海：上海人民出版社，2003年。
屈勒味林：《英國史》上冊，錢端升譯，北京：中國社會科學出版社，2008年。
屈勒味林：《英國史》下冊，錢端升譯，北京：中國社會科學出版社，2008年。
邱吉爾：《英語國家史略》，薛力敏等譯，北京：新華出版社，1983年。
任不寐：《災變論——尋找另外一個中國》，香港：國際證主協會，2010年。
薩拜因：《政治學說史》上冊，盛葵陽等譯，北京：商務印書館，1986年。
薩拜因：《政治學說史》，鄧正來譯，上海：上海人民出版社，2008年。
薩爾瓦托雷利：《意大利簡史》，沈珩、祝本雄譯，北京：商務印書館，1998年。
薩達爾：《東方主義》，馬雪峰、蘇敏譯，長春：吉林人民出版社，2005年。
薩義德：《東方學》，王宇根譯，北京：三聯書店，1999年。
《尚書》。
商鞅：《商君書》，長沙：岳麓書社，2006年。
司馬光：《資治通鑒》，北京：中國和平出版社，2004年。
司馬遷：《史紀》。
斯賓格勒：《西方的沒落》上冊，齊世榮等譯，北京：商務印書館，1963年。
斯賓格勒：《西方的沒落》下冊，齊世榮等譯，北京：商務印書館，1963年。

《斯大林文選》上冊，北京：人民出版社，1962 年。

《斯大林全集》第 13 卷，北京：人民出版社，1956 年。

斯密：《國民財富的性質和原因的研究》上卷，郭大力、王亞楠譯，北京：商務書館，1972 年。

斯塔夫裡阿諾斯：《全球通史——1500 年以前的世界》，吳象嬰等譯，上海：上海社會科學院出版社，1988 年。

斯圖沃德編：《當代西方宗教哲學》，北京：北京大學出版社，2001 年。

孫武霞、許俊基編：《共產國際與中國革命資料選輯》（1919—1924），北京：人民出版社，1985 年。

《孫中山選集》上冊，北京：人民出版社，1956 年。

《孫中山選集》下冊，北京：人民出版社，1956 年。

《孫中山全集》第 1 卷，北京：中華書局，1981 年。

瑟諾博斯：《法國史》，沈煉之譯，北京：商務印書館，1964 年。

施特勞斯、科耶夫：《論僭政——色諾芬〈希耶羅〉義疏》，何地譯，北京：華夏出版社，2006 年。

施治生、郭方主編：《古代民主與共和制度》，北京：中國社會科學出版社，2002 年。

施治生、郭方：《「東方專制主義」概念的歷史考察》，載於《史學理論研究》（北京），1993 年，第 3 期。

《聖經·舊約全書》。

《聖經·新約全書》。

湯普遜：《中世紀經濟社會史》下冊，耿淡如譯，北京：商務印書館，1997 年。

湯因比：《歷史研究》上冊，曹未風譯，上海：上海人民出版社，1959 年。

湯因比：《歷史研究》下冊，曹未風等譯，上海：上海人民出版社，1964 年。

托克維爾：《舊制度與大革命》，馮棠譯，北京：商務印書館，1992 年。

王汾衷輯：《小畜外集》卷十一。

《王國維經典文存》，上海：上海大學出版社，2003 年。

王新命等：《中國本位的文化建設宣言》，載於馬芳若編：《中國文化建

設討論集》上冊，上海：國音書局，1936 年。

王新生：《〈聖經〉精讀》，上海：復旦大學出版社，2010 年。

韋伯：《新教倫理與資本主義精神》，于曉等譯，北京：三聯書店，1987 年。

韋伯：《儒教與道教》，洪天富譯，南京：江蘇人民出版社，1993 年。

韋爾南：《希臘思想的起源》，秦海鷹譯，北京：三聯書店，1996 年。

魏特夫：《東方專制主義》，徐式穀等譯，北京：中國社會科學出版社，1989 年。

《維特根斯坦全集》第 4 卷，程志民譯，石家莊：河北教育出版社，2003 年。

《維特根斯坦全集》第 8 卷，涂紀亮譯，石家莊：河北教育出版社，2003 年。

聞一：《契卡的「十字軍討伐」》，載於《炎黃春秋》（北京），2014 年第 2 期。

吳文祺：《五四運動與文學革命》，載於《五四與中國》，臺北：時報文化出版事業有限公司，1985 年。

吳忠：《吳忠談「九一三」事件》，載於《炎黃春秋》（北京），2012 年，第 1 期。

伍德沃德：《英國簡史》，王世訓譯，上海：上海外國語教育出版社，1990 年。

西塞羅：《論共和國》，王煥生譯，上海：上海人民出版社，2005 年。

西塞羅：《論法律》，王煥生譯，上海：上海人民出版社，2005 年。

西塞羅：《國家篇 法律篇》，沈叔平、蘇力譯，北京：商務印書館，1999 年。

向青：《共產國際與中國革命關係論文集》，上海：上海人民出版社，1985 年。

謝韜：《民主社會主義模式與中國前途》，載於《炎黃春秋》（北京），2007 年，第 2 期。

希羅多德：《歷史》，王以鑄譯，北京：商務印書館，1959 年。

夏光：《東亞現代性與西方現代性：從文化的角度看》，北京：三聯書店，2005 年。

夏伊勒：《第三帝國的興亡：納粹德國史》上卷，董樂山等譯，北京：世界知識出版社，2005 年。

肖特：《羅馬共和的衰亡》，許綬南譯，上海：上海譯文出版社，2001年。
徐復觀：《兩漢思想史》第1卷，上海：華東師範大學出版社，2001年。
徐連達、朱子彥：《中國皇帝制度》，廣州：廣東教育出版社，1996年。
徐友漁：《讀阿倫特〈極權主義的起源〉筆記》，載於 http://www.aisixiang.com/data/31957.html，2010年3月2日。
修昔底德：《伯羅奔尼薩戰爭史》，謝德風譯，北京：商務印書館，1960年。
亞里斯多德：《政治學》，吳壽彭譯，北京：商務印書館，1965年。
亞里斯多德：《雅典政制》，日知、力野譯，北京：三聯書店，1957年。
亞里斯多德：《尼各馬可倫理學》，廖申白譯，北京：商務印書館，2003年。
雅斯貝斯：《歷史的起源與目標》，魏楚雄、俞新天譯，北京：華夏出版社，1989年。
楊曉青：《憲政與人民民主制度之比較研究》，載於《紅旗文稿》（北京），2013年，第10期。
姚介厚：《西方哲學史》第2卷上冊，南京：江蘇人民出版社，2005年。
伊格納季耶夫：《伯林傳》，羅妍莉譯，南京：譯林出版社，2001年。
伊格爾頓：《耶穌：一個期待完美世界的革命者》，張良叢譯，載於《馬克思主義美學研究》（上海），2009年，第1期。
伊索：《伊索寓言》，陳璐譯，武漢：長江文藝出版社，2008年。
閻照祥：《英國政治制度史》，北京：人民出版社，1999年。
殷敘彝：《民主社會主義論》，北京：中央編譯出版社，2007年。
殷敘彝：《社會民主主義和民主社會主義——概念的起源和歷史演變》，載於《當代世界社會主義問題》2001年，第3—4期。
游斌：《基督教史綱》，北京：北京大學出版社，2010年。
于可：《試論原始基督教的政治思想》，載於《世界歷史》1981年，第6期。
趙淳：《反思與質疑：薩義德和薩義德東方主義》，載於《外國文學》（北京），2007年，第2期。
張鐵君：《唯物辯證法駁論》，載於《唯物辯證法評論集》（四），臺北：黎明文化事業公司，中華民國三十六年。
詹金斯：《羅馬的遺產》，晏紹祥、吳舒屏譯，上海：上海文藝出版社，

2002年。

詹森主編：《劍橋日本史》第5卷，王翔譯，杭州：浙江大學出版社，2014年。

張志偉：《西方哲學十五講》，北京：北京大學出版社，2004年。

甄克思：《社會通詮》（*A History of Politics*），嚴復譯，北京：商務印書館，1981年。

周穀城：《世界通史》，石家莊：河北教育出版社，2003年。

周枏：《羅馬法原論》，北京：商務印書館，1994年。

周瑞金：《從歷史視角看十八大》，載於《炎黃春秋》（北京），2013年，第1期。

周子東等：《三十年代中國社會性質論戰》，北京：知識出版社，1987年。

中村哲：《奴隸制與農奴制的理論——馬克思、恩格斯歷史理論的重構》，凍國棟等譯，武漢：武漢大學出版社，1994年。

《中國共產黨對於時局的主張》，載於《先驅》（上海），第九號，1922年6月20日。

中央檔案館編：《中共中央檔選集》第3冊，北京：中共中央黨校出版社，1983年。

中央檔案館編：《中共中央檔選集》第4冊，北京：中共中央黨校出版社，1989年。

中央編譯局編：《德國社會民主黨關於伯恩施坦問題的爭論》，北京：三聯書店，1981年。

中央編譯局編：《當代國外社會主義：理論與模式》，北京：中央編譯出版社，1998年。

朱寰主編：《世界上古中古史參考資料》，北京：高等教育出版社，1987年。

朱龍華：《羅馬文化與古典傳統》，杭州：浙江人民出版社，1993年。

朱其華：《動力派的中國社會觀的批判》，載於《讀書雜誌》（上海），第2卷，1932年，第2—3期合刊。

朱新繁：《關於中國社會之封建性的討論》，載於《讀書雜誌》（上海），第1卷，1932年，第4—5期合刊。

左丘明：《左傳》。

二、英文部分

Allen, J. W., *A History of Political Thought in the Sixteenth Century*, London: Methuen, 2010.

Augustine, *The City of God against the Pagans*, Edited and Translated by R. W. Dyson, Lacturer in Politics , University of Durham. Cambridge: Cambridge University Press, 1998.

Bernier, Francois, *Travels in the Mogul Empire,* Translated by Archibald Constanble, reedited Oxford, l934.

Bernal, M., *Black Athena：The Afroasiatic Roots of Classical Civilization*，USA：Rutgers University Press, 1987.

Christopher Rowe , Malcolm Schofield ed., *The Cambridge History of Greek and Roman Political Thought* , Cambridge: Cambridge University Press, 2000.

Desai , Meghnad, *Marx's Revenge: the Resurgence of Capitalism And the Death of Statist Socialism*,New York: Verso, 2002; Reviewed by Thomas Riggins, Political Affair, July 2002.

Frank, A. G., *ReOrient: The Global Economy in the Asian Age*, Berkeley / Los Angeles / London: University of California Press,1998.

Guthrie, W. K. C., *A History of Greek Philosophy*, vol. I, Cambridge: Cambridge University Press, 1971.

James, M. R., *The Apocrypha New Testament*, Oxford: The Crarendon Press, 1975.

Kohn, H., *Liberalism Surrenders*, in Theodore S. Hamerow, Otto von Bismarck, a Historical Assessment, Lexington : D. C. Heath and Company, 1962.

Kipling, R., *The Favorite Poems and Ballads of Rudyard Kipling*, New York : Triangle Books, 1939.

Kohn, Hans, *Liberalism Surrenders*, in Theodore S. Hamerow, Otto von Bismarck, a Historical Assessment, Boston, 1962.

Martin Bernal, *Black Athena : The Afroasiatic Roots of Classical Civilization*, London: Free Association Books, 1987.

Muller, H. J., *Freedom in the Western World: from the Dark Ages to Rise of Democracy*, New York, 1963.

Peler Krentz, *The Thirty at Athens*, New York: ConerLL University Press, 1982.

Pinson, K. S., *Pietism As a Factor in the Rise of German Nationalism*, New York: Columbia University Press, 1934.

Possony, Stefan T., *Lenin：The Compulsive Revolutionary*, Chicago: Henry Regnery Company, 1964.

Rackham, H., *The Athenian Constitution: Outline of Contents*. In Aristotle, The Athenian Constitution, London: William Heinemann Ltd., 1961.

Reynolds, B., *Proponents of Limited Monarchy in Sixteenth Century France: Francis Hotman and Jean Bodin*, New York: Columbia University Press, 1931.

Said, Edward W., *East isn't East: The impending end of the age of orientalism*, in Times Literary Supplement, February 3, 1995.

Schelkle, K. H., *Theology of the New Testament*, vol. III, Morality, Collegville, Minn. Liturgical Press, 1973.

The Holy Bible. Salt Lake City, Utah, U. S. A.: Church of Jesus Christ of Latter-Day Saints, 1979.

Trotsky, *1905*, Translated by Anya Bostock, New York: Vintage Books, 1972.

Volkogonov, Dmitri, *Lenin: A new biography*, Translated and edited by Harold Shukman, New York & London: The Free Press, 1994.

Weber, M., *General Economic History*, New Brunswick and London: Transaction Books, 1981.

後 記

　　本書以現在這樣的面貌與讀者見面，是在我意料之外的。

　　20年前，當我打算寫這本書時，是把它作為一部關於歷史哲學和文化哲學的論文集來設計的，《東方在何處》只是其中的開頭也是重點的一篇，以這篇文章的題目作為書名或其一部分曾是當初的方案之一。此文寫成後篇幅竟長達七八萬字，如何發表自然頗費思量。我曾將這一長文改寫成6篇系列論文，然後先後與幾家雜誌社聯繫商量發表事宜。他們均表示連續發表有困難，只能刊用其中的某一篇。考慮到這些論文如分散發表，缺乏在同一刊物連續發表的效果，於是便擱置下來。後經反覆考慮，為了更系統地論證和表達我的觀點，遂決定將此文擴充為專著。於是，在保持原先基本觀點和總體思路的前提下，對書稿體系進行重新構思，增加了一些章節，充實了許多材料，對整個書稿進行改寫或重寫，終於使之呈專著面貌——就是讀者現在看到的本書的內容和體系。

　　毋庸諱言，也毫不誇張地說，本書在人類文化史方面提出了一個十分大膽且與學術界主流觀點截然不同的觀點，並以這個觀點為核心建立了自己的理論體系。我當然知道這個觀點（甚至許多觀點）和體系會遭到很多人的批評和反對。但是，我不在意有多少人支持或者反對我的觀點。我只是本著「只問是非，不計利害」的原則，想我之所想，書我之所見。我惟一的願望，就是在學術爭鳴的領域添加我的一孔之見。當然，本書面世後如果能引起學術界的爭議，那是我很願意看到的。因為不同觀點的交鋒，是學術進步的直接動力。

　　正是考慮到本書的觀點和體系可能不為很多讀者認同，我在完成本書的同時，撰寫了原計劃內和計畫外的若干篇論文。這些論文當然都是關於歷史哲學和文化哲學的，而且都是對歷史哲學和文化哲學的基礎理論的研究。它們的任務就在於，為本書的人類文化史體系提供理論基礎。這裡將其中主要幾篇的篇

目開列出來。它們是《文化-價值一元論——兼評伯林的多元主義》、《文化形態學與東西方文化比較的方法論》、《文化流動的規律性》、《對馬克思東方社會理論的文化學提問》、《評〈甲申文化宣言〉的學理基礎》，以及《論維特根斯坦的文化觀》系列論文等。由於篇幅所限，不能將這些論文作為附錄收入書中，本書的《自序》開頭部分只是對其作了扼要的論述，自然不能呈現它們的全貌。有興趣的讀者在閱讀本書的同時，可以閱讀這些論文，因為實際上它們與本書的體系是融為一體的。如果有讀者想批評本書的體系本身，我建議首先批評它的理論基礎，因為先把基礎推倒，才能推倒建築物本身。

　　我在《自序》中已經提到，這裡再次說明：撰寫一部體系龐大、內容豐富的人類文化史，特別是在「東方在何處」問題上對東西方文化思潮進行審視和反思，是一項十分浩大的理論工程，絕非我個人的能力所能勝任。為什麼在明知力有不逮的情況下，費20年之時勉力為之？「知我者謂我心憂，不知我者謂我何求。」《詩經》所言，固有道理。實際上就我而言，主要是出於對人類文化史的——也許是自以為是的——認知，才有一股不可名狀的衝動和持久的熱情，驅使我義無反顧並勉為其難地完成了這一工作。著者雖在出版前小心求證，反覆琢磨，數易其稿，但畢竟綆短汲深，書中紕繆難免，希望讀者不吝指正。

　　我的摯友和同道、原《浙江社會科學》雜誌社編審王立嘉先生校閱過全部書稿，並提出了中肯的意見。臺灣蘭臺出版社的張加君女士、盧瑞容女士、楊容容女士、陳勁宏先生和古佳雯女士對本書的編輯工作付出了艱辛的勞動。值此本書出版之際，我謹向他們深表謝忱。

著者
2023年5月於南京

國家圖書館出版品預行編目資料

東西方文化思潮的審視與反思：東方在何處 / 顧乃忠著. --
初版. -- 臺北市：蘭臺出版社，2024.10
面；　公分
ISBN 978-626-97527-8-2(平裝)
1.CST: 哲學 2.CST: 歷史哲學 3.CST: 文化研究
110　　113004913

哲學系列3

東西方文化思潮的審視與反思——東方在何處

著　　　者：顧乃忠
主　　　編：盧瑞容
編　　　輯：陳勁宏、楊容容
美　　　編：陳勁宏
校　　　對：楊容容、古佳雯
封面設計：陳勁宏
出　　　版：蘭臺出版社
地　　　址：臺北市中正區重慶南路1段121號8樓之14
電　　　話：(02) 2331-1675 或 (02) 2331-1691
傳　　　真：(02) 2382-6225
E - MAIL：books5w@gmail.com或books5w@yahoo.com.tw
網路書店：http://5w.com.tw/
　　　　　https://www.pcstore.com.tw/yesbooks/
　　　　　https://shopee.tw/books5w
　　　　　博客來網路書店、博客思網路書店
　　　　　三民書局、金石堂書店
經　　　銷：聯合發行股份有限公司
電　　　話：(02) 2917-8022　　傳真：(02) 2915-7212
劃撥戶名：蘭臺出版社　　　帳號：18995335
香港代理：香港聯合零售有限公司
電　　　話：(852) 2150-2100　傳真：(852) 2356-0735
出版日期：2024年10月 初版
定　　　價：新臺幣580元整（平裝）
ISBN：978-626-97527-8-2

版權所有・翻印必究